Zinsschranke und IFRS

Schriften zum Gesellschafts-, Bilanz- und Unternehmensteuerrecht

Herausgegeben von Joachim Hennrichs

Band 10

PETER LANG

Frankfurt am Main · Berlin · Bern · Bruxelles · New York · Oxford · Wien

Alexander Kersten

Zinsschranke und IFRS

Rechtssystematische Einordnung einer punktuellen Maßgeblichkeit der IFRS im Steuerrecht am Beispiel der Zinsschranke

PETER LANG
Internationaler Verlag der Wissenschaften

Bibliografische Information der Deutschen Nationalbibliothek
Die Deutsche Nationalbibliothek verzeichnet diese Publikation in der Deutschen Nationalbibliografie; detaillierte bibliografische Daten sind im Internet über http://dnb.d-nb.de abrufbar.

Zugl.: Köln, Univ., Diss., 2011

Umschlaggestaltung:
© Olaf Glöckler, Atelier Platen, Friedberg

D 38
ISSN 1867-500X
ISBN 978-3-631-63273-4

www.peterlang.de

Meinen Eltern

Vorwort

Die vorliegende Arbeit wurde im Sommersemester 2011 von der Rechtswissenschaftlichen Fakultät der Universität zu Köln als Dissertation angenommen. Literatur und Rechtsprechung befinden sich auf dem Stand November 2011.

Herzlich danken möchte ich an erster Stelle meinem Doktorvater, Herrn Prof. Dr. Joachim Hennrichs, der mich in der Entscheidung für dieses reizvolle Thema nicht nur bestärkte, sondern den Fortgang der Arbeit stets mit großem Interesse und wertvollen Hinweisen begleitet hat. Er war es auch, der mich für den in der Rechtswissenschaft eher exotischen Bereich der internationalen Rechnungslegung begeisterte. Bedanken möchte ich mich bei ihm schließlich auch für die Möglichkeit der Publikation in dieser Schriftenreihe.

Besonderer Dank gebührt darüber hinaus Herrn Prof. Dr. Joachim Lang für die Erstellung des Zweitgutachtens. Während der Anfertigung der Arbeit waren mir die intensiven Gespräche, die ich mit ihm in familiärer Atmosphäre führen durfte, eine ganz besondere Hilfe.

Mein größter Dank gebührt meinen Eltern. Sie haben meine akademische Ausbildung stets großzügig, ermutigend und liebevoll begleitet und gefördert. Ihnen soll diese Arbeit gewidmet sein.

Schließlich möchte ich mich bei meinen engen Weggefährten aus FHF und Universität bedanken, die mir in zahllosen Diskussionen stets neue Anregungen geben konnten und mir halfen, die eigenen Ergebnisse kritisch zu hinterfragen und weiterzuentwickeln. Dieser fachliche Austausch und ihre persönliche Unterstützung haben meine Arbeit wesentlich gefördert. Hervorheben möchte ich Herrn Rechtsassessor Stefan Bajohr, dem ich für die kritische Durchsicht des Manuskripts besonders danke.

Köln, im Mai 2012 Alexander Kersten

Inhaltsverzeichnis

Abkürzungsverzeichnis XV

Einleitung 1

Allgemeiner Teil
Grundlegung, Regelungsinhalt der Zinsschranke und Bedeutung der IFRS für das deutsche Steuerrecht 13

Erstes Kapitel – Grundlegung 15
A. Zweck und Rechtfertigung der Zinsschranke 15
I. Missbrauchsprävention 16
1. Down-stream-Inboundfinanzierung 17
2. Up-stream-Inboundfinanzierung 17
3. Outboundfinanzierung 17
4. Schädliche Gesellschafterfremdfinanzierung 18
II. Stärkung der Eigenkapitalausstattung 18
III. Gegenfinanzierung 19
B. Konzeption und Systematik der Zinsschranke 22
C. Europa- und verfassungsrechtlicher Rahmen 25
I. Die Besteuerung von Unternehmen 26
II. Vorgaben des deutschen Verfassungsrechts 27
1. Gleichmäßigkeit der Besteuerung 28
2. Gesetzmäßigkeit der Besteuerung 31
3. Eigentumsgarantie und Übermaßverbot 33
III. Vorgaben des Europäischen Gemeinschaftsrechts 34

Zweites Kapitel – Regelungsinhalt der Zinsschranke nach §§ 4h EStG, 8a KStG 37
A. Persönlicher Anwendungsbereich 37
I. Vorbemerkung 37
II. Der Betriebsbegriff im Rahmen der Zinsschranke 37
B. Sachlicher Anwendungsbereich 40
I. Steuerliches EBITDA 41
II. Zinsaufwendungen und Zinserträge 41

C. Funktionsweise, Rechtsfolgen und Wirkungen der Zinsschranke 42
I. Abzugsverbot ohne Umqualifizierung 43
II. Zinsvortrag 43
III. Ausnahmetatbestände 44
1. Freigrenze (§ 4h Abs. 2 Satz 1 Buchst. a EStG) 44
2. Konzernklausel (§ 4h Abs. 2 Satz 1 Buchst. b EStG) 45
3. Eigenkapitalvergleich (§ 4h Abs. 2 Satz 1 Buchst. c EStG) 46
D. Zeitlicher Anwendungsbereich 48
E. Grundlegende Einwendungen gegen die Zinsschranke 49
I. Eingriffe in die Steuersystematik 50
II. Verfassungsrechtliche Einwände 53
1. Verstoß gegen den Grundsatz der Gleichmäßigkeit der Besteuerung (Art. 3 Abs. 1 GG) 53
a) Das objektive Nettoprinzip als gleichheitsrechtlicher Prüfungsmaßstab 53
b) Durchbrechung des objektiven Nettoprinzips durch die Zinsschranke 55
c) Rechtfertigung der Durchbrechung 58
aa) Rechtfertigung als Fiskalzwecknorm 58
bb) Rechtfertigung als Norm zur Missbrauchsvermeidung 60
2. Verstoß gegen das Verbot der Substanzbesteuerung (Art. 14 Abs. 1 GG) 68
3. Verstoß gegen rechtsstaatliche Grundsätze 69
III. Europarechtliche Einwände 70
1. Verstoß gegen Primärrecht 70
a) Diskriminierungsverbot 70
b) Beschränkungsverbot 73
c) Rechtfertigung 75
2. Verstoß gegen Sekundärrecht 78
IV. Die Zinsschranke als krisenverschärfende Steuernorm 80
F. Lockerungen der Zinsschranke durch das Bürgerentlastungsgesetz Krankenversicherung und das Wachstumsbeschleunigungsgesetz 82

Drittes Kapitel – Die internationale Rechnungslegung nach IFRS und ihre Vereinbarkeit mit dem deutschen Steuerrecht 85
A. Die Internationalisierung der Rechnungslegung 85
I. Überblick über die Entwicklung der Rechnungslegung in der Europäischen Union 87

II. Die Umsetzung der europäischen Harmonisierungsbetrebungen aus Deutscher Sicht ... 90
III. Die Internationalisierung des deutschen Handelsbilanzrechts durch das BilMoG ... 92
B. IFRS und Steuerrecht – eine neue Maßgeblichkeit ... 94
I. Der Maßgeblichkeitsgrundsatz im Lichte der Internationalisierung der Rechnungslegung ... 94
1. Die Maßgeblichkeit der Handelsbilanz für die Steuerbilanz ... 98
2. Grundlegende Unterschiede zwischen der Rechnungslegung nach HGB und IFRS ... 105
a) Ziele und Grundsätze der Rechnungslegung nach HGB ... 105
b) Ziele und Grundsätze der Rechnungslegung nach den IFRS ... 106
II. Die Systemtauglichkeit der IFRS für die steuerliche Gewinnermittlung ... 111
1. Ökonomische Aspekte ... 111
a) Entscheidungsneutralität ... 111
b) Durchführungsorientierte Effizienz ... 112
2. Rechtliche Beurteilung ... 113
a) Formal-rechtliche Kompatibilität ... 113
aa) Die IFRS und das steuerrechtliche Legalitätsprinzip ... 113
bb) Die IFRS und der steuerrechtliche Bestimmtheitsgrundsatz ... 120
(1) IFRS und Bilanzpolitik ... 120
(2) Objektivierungserfordernisse bei der steuerlichen Gewinnermittlung ... 122
(3) Die IFRS als „moving target“ ... 124
(4) Die IFRS als „case law“ ... 126
(5) Die Auslegung der IFRS ... 128
b) Materiell-rechtliche Kompatibilität ... 129
aa) Zielkonflikt zwischen IFRS-Abschluss und Steuerbilanz ... 129
bb) Die IFRS und der Grundsatz der gleichmäßigen und eigentumsschonenden Besteuerung ... 132
(1) Prinzip der Besteuerung nach der Leistungsfähigkeit und Übermaßverbot ... 133
(a) Steuerliches Realisationsprinzip ... 137

(b) Steuerliches Imparitätsprinzip 142
(c) Anschaffungswertprinzip 144
(d) Das allgemeine Vorsichtsprinzip für die Steuerbilanz 146
(2) Dualismus der Gewinnermittlung 149
III. Die IFRS als steuerlicher Bezugspunkt außerhalb der Gewinnermittlung 150
IV. Ergebnis des dritten Kapitels 152

Besonderer Teil
Verwirklichung einer punktuellen Maßgeblichkeit der IFRS im Steuerrecht im Rahmen der Zinsschranke 157

Viertes Kapitel – Die steuerliche Konzernzugehörigkeit im Rahmen der Zinsschranke 161
A. Der Konzern für steuerliche Zwecke nach § 4h ABS. 3 EStG 161
I. Die Aufstellung eines Konzernabschlusses 162
1. Sinn und Zweck des Konzernabschlusses 162
2. Pflicht zur Konzernrechnungslegung nach HGB 163
3. Bestimmung des Rechnungslegungssystems für den Konzernabschluss nach der IAS-Verordnung 167
II. Einbeziehung in den steuerlichen Konsolidierungskreis 168
1. Tatsächliche oder potenzielle Konsolidierung (§ 4h Abs. 3 Satz 5 EStG) 169
a) Maßgeblichkeit des zugrunde gelegten Rechnungslegungssystems 169
b) Betriebseigenschaft als Voraussetzung der steuerlichen Konsolidierung 173
c) Abgrenzung des Konsolidierungskreises nach IFRS 175
aa) Stufenkonzept der Konsolidierung 175
(1) Tochterunternehmen 176
(2) Gemeinschaftsunternehmen 180
(3) Assoziierte Unternehmen 184
(4) Schlichte Beteiligungen 185
bb) Bewertung der steuerlichen Anknüpfung an die Konsolidierungsregeln nach IFRS 186
2. Einheitliche Bestimmung der Finanz- und Geschäftspolitik (§ 4h Abs. 3 Satz 6 EStG) 188
3. Anwendungsreichweite der IFRS 191

4. Systematisches Verhältnis der steuerlichen Konzernbestimmungsregelungen ... 194
B. Ausgewählte Zweifelsfälle steuerlicher Konzernzugehörigkeit ... 195
I. Zweckgesellschaft ... 195
1. Wesen und Aufgabe einer Zweckgesellschaft ... 195
2. Konsolidierung von Zweckgesellschaften nach IFRS ... 196
3. Konsolidierung von Zweckgesellschaften nach HGB ... 198
4. Konzernzugehörigkeit von Zweckgesellschaften im Rahmen der Zinsschranke ... 199
II. Unwesentliche Tochterunternehmen ... 202
III. Nicht vollkonsolidierte Unternehmen ... 205
1. Gemeinschaftsunternehmen ... 206
2. Assoziierte Unternehmen ... 207
IV. Weitere Einzelfälle ... 209
1. Organschaft ... 209
2. Natürliche Personen und vermögensverwaltende Personengesellschaften als oberste Rechtsträger ... 210
3. Betriebsaufspaltung ... 213
4. GmbH & Co. KG ... 214
5. Atypisch stille Gesellschaft ... 217
6. Private-Equity-Investitionen ... 220
C. Ergebnis des vierten Kapitels ... 224

Fünftes Kapitel – Die Inbezugnahme der IFRS für Zwecke des Eigenkapitalvergleichs ... 227
A. Ermittlung der Eigenkapitalquote des Konzerns ... 227
I. Der Vergleichsmaßstab Eigenkapitalquote ... 227
II. Konzernspitze als maßgebliche Konsolidierungsebene ... 228
1. Konsolidierungsebenen im mehrstufigen Konzern ... 228
2. Sonderfall Private Equity ... 229
III. Bestimmung des anzuwendenden Rechnungslegungssystems ... 232
1. Subsidiarität der Rechnungslegungssysteme ... 232
2. Konzernspitze als maßgebende Einheit für die Bestimmung des Rechnungslegungssystems ... 233
3. Verweisungsziel ... 235
IV. Einbeziehung von Tochterunternehmen nach Wesentlichkeits- und Wirtschaftlichkeitsgesichtspunkten ... 236
V. Behandlung von nicht vollkonsolidierten Unternehmen ... 239

VI. Gesellschaftsrechtliche Kapitalüberlassung und ihre Darstellung im Rahmen des Eigenkapitalvergleichs ... 241
1. Begriff und Funktionen des Eigenkapitals ... 242
2. Die Kapitalabgrenzung im IFRS-Abschluss ... 244
a) Die Eigen- und Fremdkapitalabgrenzung nach IAS 32 (rev. 2003) ... 245
b) Die novellierte IFRS-Kapitalabgrenzung nach IAS 32 (rev. 2008) ... 250
3. Steuerliche Relevanz der Neufassung des IAS 32 ... 251
4. Ansatz im Rahmen des Eigenkapitalvergleichs ... 254
a) Geltung auch für Konzernabschluss ... 254
b) Aufstellung eines handelsrechtlichen Parallelabschlusses ... 256
B. Ermittlung der Eigenkapitalquote des Betriebs ... 258
I. Der Einzelabschluss als Vergleichsgröße ... 258
II. Ermittlung des Eigenkapitals einer Organschaft ... 262
III. Ausgewählte Modifikationen des Eigenkapitals und der Bilanzsumme des Betriebs ... 263
1. Geschäfts- oder Firmenwert ... 265
2. Beteiligungsbuchwertkürzung ... 271
3. Kündbare Gesellschaftereinlagen ... 272
4. Kürzung der Bilanzsumme um Kapitalforderungen ... 272
5. Korrespondierende Anpassungen der Bilanzsumme ... 274
C. Durchsetzung und Vollzug der IFRS-Verknüpfung ... 275
D. Ergebnis des fünften Kapitels ... 278

Zusammenfassung der Ergebnisse ... 281

Literaturverzeichnis ... 287

Abkürzungsverzeichnis

a.A.	andere(r) Ansicht
a.a.O.	am angegebenen Ort
a.F.	alte Fassung
ABl. EG	Amtsblatt der Europäischen Gemeinschaften
ABl. EU	Amtsblatt der Europäischen Union
Abs.	Absatz/Absätze
ABS	Asset Backed Securities
Abschn.	Abschnitt
ADS	Adler/Düring/Schmaltz (Kommentar)
a.E.	am Ende
AEUV	Vertrag über die Arbeitsweise der Europäischen Union
a.F.	alte Fassung
AfA	Absetzung für Abnutzung
AG	Aktiengesellschaft (Rechtsform) / Die Aktiengesellschaft (Zeitschrift)
AktG	Aktiengesetz
Anm.	Anmerkung
AO	Abgabenordnung
Art.	Artikel
AStG	Außensteuergesetz
BB	Betriebs-Berater (Zeitschrift)
BDI	Bundesverband der Deutschen Industrie e.V.
BFH	Bundesfinanzhof
BFH/NV	Sammlung nicht veröffentlichter Entscheidungen des Bundesfinanzhofs
BGB	Bürgerliches Gesetzbuch
BGBl.	Bundesgesetzblatt
BilMoG	Gesetz zur Modernisierung des Bilanzrechts
BilReG	Bilanzrechtsreformgesetz
BMF	Bundesministerium der Finanzen
BMF-Schreiben	Schreiben des Bundesministerium der Finanzen
BMJ	Bundesministerium der Justiz

BR-Drucks.	Bundesratsdrucksache
bspw.	beispielsweise
BStBl.	Bundessteuerblatt
BT-Drucks.	Bundestagsdrucksache
BVerfG	Bundesverfassungsgericht
BVerfGE	Amtliche Sammlung von Entscheidungen des Bundesverfassungsgerichts
bzw.	beziehungsweise
ca.	circa
CCCTB	Common Consolidated Corporate Tax Base
CGU	Cash Generating Unit
DB	Der Betrieb (Zeitschrift)
DBA	Doppelbesteuerungsabkommen
ders.	derselbe
d.h.	das heißt
dies.	dieselbe(n)
Diss.	Dissertation
DIW	Deutsches Institut für Wirtschaftsforschung
DK	Der Konzern (Zeitschrift)
DPR	Deutsche Prüfstelle für Rechnungslegung e.V.
DStJG	Deutsche Steuerjuristische Gesellschaft
DStR	Deutsches Steuerrecht (Zeitschrift)
DStRE	Deutsches Steuerrecht – Entscheidungsdienst (Zeitschrift)
DStZ	Deutsche Steuer-Zeitung (Zeitschrift)
EBIT	earnings before interest and taxes
EBITDA	earnings before interest, taxes, depreciation and amortization
EFG	Entscheidungen der Finanzgerichte
EG	Europäische Gemeinschaft(en)
EGV	Vertrag zur Gründung der Europäischen Gemeinschaft
Einf.	Einführung
endg.	endgültig
ESt	Einkommensteuer
EStB	Der Ertrag-Steuer-Berater (Zeitschrift)
EStG	Einkommensteuergesetz
EStR	Einkommensteuer-Richtlinien

etc.	et cetera
EU	Europäische Union
EuGH	Europäischer Gerichtshof
EUV	Vertrag über die Europäische Union
EuZW	Europäische Zeitschrift für Wirtschaftsrecht (Zeitschrift)
evtl.	eventuell
e.V.	eingetragener Verein
EWS	Europäisches Wirtschafts-und Steuerrecht – Betriebs-Berater für Europarecht (Zeitschrift)
F.	Fach
f.	folgende
ff.	fortfolgende
FASB	Financial Accounting Standards Board
FAZ	Frankfurter Allgemeine Zeitung
FG	Finanzgericht
Fn.	Fußnote
FR	Finanz-Rundschau (Zeitschrift)
FS	Festschrift
GbR	Gesellschaft bürgerlichen Rechts
gem.	gemäß
GewSt	Gewerbesteuer
GewStDV	Gewerbesteuer-Durchführungsverordnung
GewStG	Gewerbesteuergesetz
GewStR	Gewerbesteuerrichtlinien
GG	Grundgesetz
ggf.	gegebenenfalls
GKKB	Gemeinsame konsolidierte Körperschaftsteuer-Bemessungsgrundlage
GmbH	Gesellschaft mit beschränkter Haftung (Rechtsform)
GmbHR	GmbH-Rundschau (Zeitschrift)
GmbH-StB	GmbH-Steuer-Berater (Zeitschrift)
GoB	Grundsätze ordnungsgemäßer Buchführung
Gr.	Gruppe
grdl.	grundlegend
grds.	grundsätzlich
Habil.	Habilitationsschrift

Halbs.	Halbsatz
Hervorh.	Hervorhebung
HFA	Hauptfachausschuss
HGB	Handelsgesetzbuch
H/H/R	Herrmann/Heuer/Raupach
h.M.	herrschende(r) Meinung
Hrsg.	Herausgeber
IAS	International Accounting Standard(s)
IASB	International Accounting Standards Board
i.d.F.	in der Fassung
i.d.R.	in der Regel
IDW	Institut der Wirtschaftsprüfer in Deutschland e. V.
IFRIC	International Financial Reporting Interpretation Committee
IFRS	International Financial Reporting Standard(s)
IFSt	Institut für Finanzen und Steuern
i.H.v.	in Höhe von
InsO	Insolvenzordnung
i.S.	im Sinne
i.S.d.	im Sinne der/des
IStR	Internationales Steuerrecht (Zeitschrift)
i.Ü.	im Übrigen
i.V.	in Verbindung
i.V.m.	in Verbindung mit
IWB	Internationale Wirtschaftsbriefe (Zeitschrift)
JbFStR	Jahrbuch der Fachanwälte für Steuerrecht
JZ	Juristenzeitung
KfW	Kreditanstalt für Wiederaufbau
KG	Kommanditgesellschaft
KOM	Dokumente der Kommission der Europäischen Gemeinschaften
KoR	Zeitschrift für internationale und kapitalmarktorientierte Rechnungslegung (Zeitschrift)
KÖSDI	Kölner Steuerdialog (Zeitschrift)
KSt	Körperschaftsteuer
KStG	Körperschaftsteuergesetz
KStR	Körperschaftsteuer-Richtlinien

LBO	leveraged buy-out
Ls.	Leitsatz
m.E.	meines Erachtens
Mio.	Millionen
MoMiG	Gesetz zur Modernisierung des GmbH-Rechts und zur Bekämpfung von Missbräuchen
Mrd.	Milliarden
m.w.N.	mit weiteren Nachweisen
n.F.	neue Fassung
NJW	Neue Juristische Wochenschrift (Zeitschrift)
NJW-Beil.	Beilage zur Neuen Juristischen Wochenschrift (Zeitschrift)
Nr.	Nummer
NWB	Neue Wirtschaftsbriefe
NZG	Neue Zeitschrift für Gesellschaftsrecht (Zeitschrift)
o.a.	oben aufgeführte(n/r/s)
OECD	Organisation for Economic Co-operation and Development
OECD-MA	OECD-Musterabkommen
OFD	Oberfinanzdirektion
o.g.	oben genannte(n/r/s)
OHG	Offene Handelsgesellschaft
PE	Private Equity
PIR	Praxis der internationalen Rechnungslegung (Zeitschrift)
rev.	revised
RFH	Reichsfinanzhof
RIW	Recht der Internationalen Wirtschaft (Zeitschrift)
Rn.	Randnummer(n)
Rs.	Rechtssache
Rspr.	Rechtsprechung
Rz.	Randziffer(n)
s.	siehe
S.	Satz/Seite(n)

s.a.	siehe auch
SIC	Standing Interpretations Committee
Slg.	Amtliche Sammlung der Rechtsprechung des Europäischen Gerichtshofs
sog.	so genannte(n/r/s)
Sp.	Spalte
S:R	Status:Recht (Zeitschrift)
st.	ständige(r)
StB	Der Steuerberater (Zeitschrift)
StbJb	Steuerberater-Jahrbuch
Stbg	Die Steuerberatung (Zeitschrift)
StBp	Die steuerliche Betriebsprüfung (Zeitschrift)
str.	strittig
StuB	Steuern und Bilanz
StuW	Steuer und Wirtschaft (Zeitschrift)
SWI	Steuer & Wirtschaft International (Zeitschrift)
SWK	Steuer- und WirtschaftsKartei (Zeitschrift)
Tz.	Textziffer
u.a.	unter anderem
u.ä.	und ähnliches
Ubg	Die Unternehmensbesteuerung (Zeitschrift)
UmwStG	Umwandlungssteuergesetz
UntStR	Unternehmensteuerreform
UntStRef	Unternehmensteuerreform
UntStRefG	Unternehmensteuerreformgesetz
USA	United States of America (Vereinigte Staaten von Amerika)
US-GAAP	United States Generally Accepted Accounting Principles
u.U.	unter Umständen
v.	vom/von
v.a.	vor allem
Verf.	Verfassers
vGA	verdeckte Gewinnausschüttung
vgl.	vergleiche
VZ	Veranlagungszeitraum

WM	Wertpapier-Mitteilungen (Zeitschrift)
WPg	Die Wirtschaftsprüfung (Zeitschrift)
z.B.	zum Beispiel
ZGR	Zeitschrift für Unternehmens- und Wirtschaftsrecht (Zeitschrift)
ZHR	Zeitschrift für das gesamte Handelsrecht und Wirtschaftsrecht (Zeitschrift)
ZIP	Zeitschrift für Wirtschaftsrecht (Zeitschrift)
ZLRL	Zins- und Lizenzgebührenrichtlinie
zugl.	zugleich
zzgl.	zuzüglich

Einleitung

„Globalisierung ist en vogue. Diese Tatsache macht vor dem Steuerrecht nicht halt. Es steht derzeit vielmehr in einem besonderen Fokus, und es gerät, wie wohl allseits und sattsam bekannt ist, seit geraumer Zeit in ein wahres Kreuz-, ja Fegefeuer, sobald – und das ist in unseren Zeiten der vernetzten Welten fast immer der Fall – grenzüberschreitende Zusammenhänge betroffen sind."[1] *Business goes global, taxes stay local.* Mit dieser Redewendung wurde bislang das Spannungsverhältnis zwischen der fortschreitenden Internationalisierung der Wirtschaftstätigkeit und der unverändert nationalen Steuergesetzgebung beschrieben. Aufgrund dieses Spannungsverhältnisses hat jedoch auch der Steuerwettbewerb zwischen den einzelnen Staaten in den letzten Jahren dramatisch zugenommen. Die Dynamik dieses *„Law in Action"* wurde nunmehr durch eine Verknüpfung mit der internationalen Rechnungslegung, insbesondere den *International Financial Reporting Standards* (IFRS)[2] im Rahmen der Zinsschrankenregelung nochmal erhöht.[3]

„Die Mehrzahl der verlässlichen Vergleichsuntersuchungen zur internationalen Unternehmensteuerbelastung kommt zu dem Ergebnis, dass Deutschland im internationalen Vergleich bei Kapitalgesellschaften eine der höchsten nominalen und effektiven Steuerbelastungen aufweist. Mit dem in der EU höchsten nominalen Belastungssatz von 38,65 Prozent (Thesaurierungsbelastung von Kapitalgesellschaften mit Körperschaft-

---

1 Anschaulich *Gosch*, DStR 2007, 1553.

2 Das gesamte Regelungssystem wird mittlerweile einheitlich mit IFRS bezeichnet, vgl. IAS 1.7. Die Vorgängerstandards *International Accounting Standards* (IAS) wurden nicht umbenannt und existieren neben den neuen IFRS. Verwiesen wird durch das Steuergesetz auch auf die US-amerikanischen *Generally Accepted Accounting Principles* (US-GAAP). Dieser Beitrag beschränkt sich jedoch in seiner Darstellung auf die Auswirkungen der steuerlichen Inbezugnahme der IFRS. Die zitierten Standards und Interpretationen nach IAS/IFRS haben ohne entsprechende Kennzeichnung den Stand Februar 2011.

3 Durch die Zinsschrankenregelung findet die IFRS-Rechnungslegung ein zweites Mal ausdrücklich Eingang in das deutsche Steuerrecht. Daneben stellt auch das REIT-Gesetz vom 28. Mai 2007 (BGBl. I 2007 S. 914) in § 12 teilweise auf Vorschriften der IFRS ab.

steuer, Solidaritätszuschlag und Gewerbesteuer bei Hebesatz 400 Prozent) ist Deutschland international nicht wettbewerbsfähig."[4]

Insbesondere aufgrund dieser Einschätzung reformierte der deutsche Steuergesetzgeber in einem umfangreichen Gesetzgebungsverfahren im Jahr 2007[5] ein weiteres Mal die Besteuerung von Unternehmen. Im Lichte der interessierten Öffentlichkeit stand als bedeutender Bestandteil der Unternehmensteuerreform 2008 insbesondere die neue Restriktion der steuerlichen Abzugsfähigkeit von Fremdkapitalaufwand in Gestalt der Zinsschranke nach §§ 4h EStG, 8a KStG.[6]

Bereits der Koalitionsvertrag der Großen Koalition aus dem Herbst 2005[7] enthielt die Vereinbarung, das deutsche Unternehmensteuerrecht zum 1.1.2008 grundlegend fortzuentwickeln. Im Vordergrund der Diskussion stand hierbei stets die Realisierung international wettbewerbsfähiger Steuersätze zur Sicherung des Standorts Deutschland. Ausgangspunkt war die bereits von früheren Reformkonzepten geläufige Vorstel-

---

4 Gesetzesbegründung zum Entwurf eines Unternehmensteuerreformgesetzes 2008, BT-Drucks. 16/4841, S. 29.

5 Der Deutsche Bundestag hat den Gesetzentwurf der Koalitionsfraktionen (Referentenentwurf, BT-Drucks. 16/4841) in seiner 92. Sitzung am 30.3.2007 dem Finanzausschuss federführend zur Beratung überwiesen. Beteiligt waren ferner der Rechtsausschuss, der Ausschuss für Wirtschaft und Technologie, der Ausschuss für Ernährung, Landwirtschaft und Verbraucherschutz, der Ausschuss für Arbeit und Soziales, der Ausschuss für Verkehr, Bau und Stadtentwicklung, der Ausschuss für Bildung, Forschung und Technikfolgenabschätzung sowie der Ausschuss für Angelegenheiten der EU. Auch der Haushaltsausschuss wurde nach § 96 der Geschäftsordnung des Bundestages beteiligt. Der Entwurf der Bundesregierung zum Unternehmensteuerreformgesetz 2008 (Regierungsentwurf, BT-Drucks. 16/5377) ist schließlich dem Finanzausschuss sowie den zur Beratung des Fraktionsentwurfs benannten Ausschüssen in der 99. Sitzung am 23.5.2007 überwiesen worden. Der Finanzausschuss hat seine Beratungen in der 54. Sitzung am 30.3.2007 aufgenommen und nach weiterer Beratung am 9.5.2007 in der 61. Sitzung am 23.5.2007 abgeschlossen. Ferner hat der Ausschuss am 25.4.2007 und am 7.5.2007 öffentliche Anhörungen durchgeführt. Am 25.5.2007 hat der Deutsche Bundestag mit den Stimmen der Regierungskoalition die Unternehmensteuerreform 2008 beschlossen. Grundlage des Beschlusses war der Gesetzesentwurf der Bundesregierung vom 14.3.2007 in der vom Finanzausschuss des Bundestages leicht veränderten Fassung. Der Deutsche Bundesrat hat am 6.7.2007 dem Unternehmensteuerreformgesetz 2008 zugestimmt. Nach der Verkündung im Bundesgesetzblatt (BGBl. I 2007, S. 1912) ist das Unternehmensteuerreformgesetz 2008 am 18.8.2007 in Kraft getreten.

6 Flankierende Änderungen sind in § 15 Satz 1 Nr. 3 KStG n.F. und in §§ 4 Abs. 2 Satz 2, 20 Abs. 9 und 24 Abs. 6 UmwStG n.F. aufgenommen worden.

7 Vgl. Koalitionsvertrag der Parteien CDU, CSU und SPD vom 11.11.2005 „Gemeinsam für Deutschland. Mit Mut und Menschlichkeit.", S. 69, abrufbar unter (Abruf 30.10.2011): http://www.bundesregierung.de.

lung, dass die Unternehmensbesteuerung darauf ausgerichtet sein muss, die Unternehmen selbst im Interesse der Unternehmenserhaltung und der Sicherung von Arbeitsplätzen in ihrer Leistungsfähigkeit, Rentabilität, Innovationskraft und Wettbewerbsfähigkeit zu stärken.[8]

Richtig ist: Schon seit geraumer Zeit war international ein Steuersatzsenkungstrend zu beobachten, der dazu geführt hat, dass die durchschnittliche Steuerbelastung für Unternehmen innerhalb der Europäischen Union in den Jahren von 1993 bis 2007 von 38% auf 24,2% gesunken ist.[9] Auch Deutschland hatte in diesem Zeitraum die Steuerbelastung von Kapitalgesellschaften von 59,7% auf 38,65% (Thesaurierungsbelastung von Kapitalgesellschaften mit Körperschaftsteuer, Solidaritätszuschlag und Gewerbesteuer bei Hebesatz 400 Prozent) gesenkt, wies aber dennoch weiterhin die höchste nominelle Steuerbelastung innerhalb der Europäischen Gemeinschaft auf.[10] Dem anhaltenden Trend der Steuersatzsenkung wollte sich die Bundesregierung aus standortpolitischen Gründen langfristig nicht verschließen. „Selbst wenn der Produktionsstandort Deutschland aus Sicht internationaler Konzerne im Hinblick auf zahlreiche wichtige Standortfaktoren wie etwa Infrastruktur, Qualifikationsniveau der Arbeitnehmer oder Rechtssicherheit durchaus attraktiv ist, ergeben sich nicht automatisch aus einer hohen Wertschöpfung auch hohe Steuerzahlungen der Unternehmen."[11] Denn die Folge der hohen deutschen Nominalbelastung war, dass international operierende Unternehmen durch ausgeklügelte Finanzierungsstrukturen oder Verrechnungspreisgestaltung konzerninterner Dienstleistungen dafür sorgten, dass ein erheblicher Teil der in Deutschland erwirtschafteten Gewinne in anderen Ländern mit niedrigeren Steuersätzen versteuert wird. Diese Unternehmen nutzten also die Vorteile des Standortes Deutschland, entzogen sich aber durch Gewinnverlagerungen der Besteuerung.[12] Der Steuer- und Standortwettbewerb hat sich dabei durch die zunehmende

---

8 Zum früheren sog. *Betriebssteuerkonzept* vgl. *Watrin*, DStZ 1999, 238.

9 Vgl. KPMG's Corporate and Indirect Tax Rate Survey 2007, S. 10, abrufbar unter: http://www.kpmg.com/Global/en/IssuesAndInsights/ArticlesPublications/Pages/Corporate-and-indirect-tax-rate-survey-2007.aspx (Abruf 30.10.2011).

10 Vgl. Gesetzesbegründung zum Entwurf eines Unternehmensteuerreformgesetzes 2008, BT-Drucks. 16/4841, S. 29.

11 BT-Drucks. 16/4841, S. 29.

12 Vgl. dazu eingehend die Schrift *Institut „Finanzen und Steuern" e.V.*, Internationaler Steuerwettbewerb.

grenzüberschreitende Mobilität von Investitionen, Kapital und Dienstleistungen weltweit nur noch verstärkt.[13]

Nach dem Koalitionsvertrag sollten im Einzelnen erreicht werden:

- Eine Verbesserung der internationalen Wettbewerbsfähigkeit und Europatauglichkeit des deutschen Unternehmensteuerrechts.
- Eine weitgehende Rechtsform- und Finanzierungsneutralität.
- Eine Einschränkung der Gestaltungsmöglichkeiten.
- Eine Verbesserung der Planungssicherheit für Unternehmen und öffentliche Haushalte.
- Eine nachhaltige Sicherung der deutschen Steuerbasis.[14]

In Deutschland besteht aufgrund des hohen Anteils an Personenunternehmen die Besonderheit, dass selbst ein auf ein international konkurrenzfähiges Maß ermäßigter Körperschaftsteuersatz nur einem kleinen Teil der Unternehmen zugute käme.[15] Allerdings war nach Auffassung der damaligen Bundesregierung die Eigenkapitalausstattung deutscher Unternehmen im internationalen Vergleich zu gering und sollte verbessert werden. Schon vor diesem Hintergrund sollten neben den Körperschaften auch die Personenunternehmen von der Unternehmensteuerreform profitieren.[16]

Der Gesetzgeber verfolgte mit der Unternehmensteuerreform 2008 zum einen das Ziel, den Wirtschaftsstandort Deutschland zu stärken und international wettbewerbsfähig zu machen. Zum anderen sollte das Steueraufkommen gesichert werden, um weiterhin notwendige Zukunftsinvestitionen zur Erhaltung und Verbesserung der wirtschaftlichen und sozialen Rahmenbedingungen tätigen zu können.[17]

---

13 Vgl. *Fuest*, in: Truger, Die Zukunft des deutschen Steuersystems, S. 38.

14 Vgl. BT-Drucks. 16/4841, S. 29.

15 Etwa 85% aller deutschen Unternehmen sind personalistisch organisiert und erwirtschaften einen Anteil am Gesamtumsatz von 50%, vgl. *Hansen*, GmbHR 1997, 832; *Hey*, in: HHR, KStG, Einf. KSt, Rn. 191. Zur Unternehmensstruktur in Deutschland detailliert *Meyer*, GmbHR 2002, 177 ff. Aus diesem Grunde wurde für Personenunternehmen im Rahmen der Unternehmensteuerreform 2008 die Sondertarifierung des § 34a EStG mit dem Ziel eingeführt, die thesaurierten Gewinne von Personenunternehmen „in vergleichbarer Weise wie das Einkommen einer Kapitalgesellschaft tariflich zu belasten", vgl. Gesetzesbegründung zum Entwurf eines Unternehmensteuerreformgesetzes 2008, BT-Drucks. 16/4841, S. 62.

16 Vgl. BT-Drucks. 16/4841, S. 30.

17 Gesetzesbegründung zum Entwurf eines Unternehmensteuerreformgesetzes 2008, BT-Drucks. 16/4841, S. 29. Zur Unternehmensteuerreform 2008 ausführlich *Schaumburg*, in: Schaumburg/Rödder, UntStR 2008, S. 339 ff.

In dem Bemühen um Steuersatzsenkung muss aber berücksichtigt werden, dass die Ausgestaltung der steuerlichen Rahmenbedingungen bei unternehmerischen Standort- und Investitionsentscheidungen nur eines von vielen Kriterien ist. So müssen Staaten mit guten Standortbedingungen auch zukünftig in der Lage sein, höhere Steuern zu erheben als Staaten mit einer schlechteren Infrastruktur.[18] Allerdings ist festzustellen: „Für heutige Großunternehmen nehmen die ökonomischen und sozialen Bindungen an einen bestimmten Heimatstaat zusehends ab."[19] Der Steuerbelastung kommt unbestritten eine Bedeutung bei Standortentscheidungen internationaler Konzerne zu. Ob die steuerlichen Bedingungen aber entscheidungserheblich sind, wird uneinheitlich beurteilt. Nach der Auffassung von *Klaus Heilgeist* sei „das Steuerrecht [...] ein zentraler Faktor, der über die Attraktivität eines Wirtschaftsstandorts im globalen Wettbewerb entscheidet."[20] Demgegenüber vertritt *Joachim Lang* die Ansicht, dass Steuern zwar Entscheidungsparameter seien, deren Bedeutung im Verhältnis zu anderen Standortfaktoren jedoch vielfach überschätzt werde.[21] Dem ist zuzustimmen. Denn eine international tätige Unternehmung bezieht im Rahmen einer Gesamtbetrachtung bei ihrer Standortentscheidung neben den steuerlichen Rahmenbedingungen eine Fülle von Standortfaktoren mit ein, die auch außerhalb staatlicher Einflussnahme liegen.[22]

Die Kritik am deutschen Steuersystem beschränkte sich indes nicht nur auf die nominale Belastungshöhe. Darüber hinaus wird dem derzeitigen Steuersystem attestiert, dass es schwer verständlich und streitanfällig sei, wirtschaftliche Entscheidungen verzerre, keine Planungs- und Vollzugssicherheit biete sowie zu vielfältigen, unsystematischen Durchbrechungen fundamentaler Besteuerungsprinzipien führe. Dadurch werde Wachstum und Beschäftigung gehemmt und die Wettbewerbsfähigkeit

---

18 Vgl. *Institut „Finanzen und Steuern" e.V.*, Internationaler Steuerwettbewerb, S. 115.

19 Zutreffend *Burkert*, IStR 2003, 320.

20 Der Präsident der Bundessteuerberaterkammer *Klaus Heilgeist* zum Auftakt des Deutschen Steuerberaterkongresses 2006 am 8. und 9. Mai 2006 in Aachen, DStR-KR 2006, S. 21.

21 Vgl. *Lang*, FS Schaumburg, S. 50.

22 Die Größe und Struktur des Marktes, seine räumliche Nähe zum Produktionsstandort, die Absatzchancen, die technische und kulturelle Infrastruktur, Umweltschutzvorschriften, Lohnkostenniveau sowie Lebensqualität, Innovationskraft und Bildungsniveau der Bevölkerung sind weitere wichtige Faktoren für eine Investitionsentscheidung. Vgl. dazu auch die Mitteilung der Europäischen Kommission vom 23.5.2001, *„Steuerpolitik in der Europäischen Union – Prioritäten für die nächsten Jahre"*, KOM (2001) 260, S. 18.

beeinträchtigt.[23] In einer Rückschau ist zum jetzigen Zeitpunkt festzustellen: Die Ziele der Unternehmensteuerreform 2008 wurden überwiegend nicht erreicht und die gesteckten Erwartungen nicht erfüllt.[24]

Nach einer Studie des Deutschen Instituts für Wirtschaftsforschung (DIW) besteht bei Kapital- und Personengesellschaften zwischen den in der volkswirtschaftlichen Gesamtrechnung nachgewiesenen Gewinnen und den steuerlich erfassten positiven Gewinnen eine Besteuerungslücke in einer Größenordnung von 100 Mrd. Euro. Die errechnete Besteuerungslücke und die Geltendmachung hoher steuerlicher Verluste führen das DIW zu der Schlussfolgerung: „Dies deutet auf Steuervergünstigungen und Gestaltungsmöglichkeiten hin, mit denen die Unternehmen ihre steuerpflichtigen Gewinne herunter rechnen oder ins Ausland verlagern."[25] Ein weiteres bedeutsames Ziel der Unternehmensteuerreform war es deshalb, Anreize für international tätige Unternehmen zu schaffen, einen möglichst großen Teil der in Deutschland erwirtschafteten Gewinne auch dort zu versteuern. Der Gesetzgeber unternahm den Versuch, auf den Verlust von Steuersubtrat durch eine Verbreiterung der Bemessungsgrundlage und die Eindämmung von (missbräuchlichen) Gestaltungsspielräumen zu reagieren.

Insbesondere die bisherigen Regelungen zur Gesellschafterfremdfinanzierung[26] wurden als gescheitert angesehen. Die neue Zinsschrankenregelung sollte im Rahmen der Missbrauchsbekämpfung ein neues, wirkungsvolles Instrument bereitstellen. In der Vergangenheit hatten vor allem global agierende Unternehmen durch grenzüberschreitende Finanzierungsgestaltungen erreicht, dass in Deutschland steuerlich abzugsfähiger Zinsaufwand und im zumeist niedrig besteuernden Ausland Zinseinkünfte entstehen. Der Zinsaufwand wurde – mit der unerheblichen Einschränkung des heutigen § 8b Abs. 5 KStG – voll steuerwirksam gegen die höhere deutsche Tarifbelastung verrechnet.[27] Nach alter Rechtslage ließ sich auf diese Weise das internationale Steuersatzgefälle steuer-

---

23 *Fuest*, in: Truger, Die Zukunft des deutschen Steuersystems, S. 37; in diesem Sinne auch *Lang*, FS Schaumburg, S. 50; *ders.*, FS Reiß, S. 381; *ders.*, BB 2006, 1769, 1770.

24 Vgl. zu dieser These ausführlich *Lang*, FS Reiß, S. 379 ff. Im Rahmen einer Unternehmensbefragung des Jahres 2009 waren etwa drei Viertel der Unternehmen der Ansicht, dass die negativen Folgen der Gegenfinanzierungsmaßnahmen die positiven Effekte der Steuersatzsenkung überkompensieren, vgl. *Ortmann-Babel/Bolik/Fuest*, DStR 2010, 1865, 1866.

25 *DIW*, Wochenbericht 5/2007, S. 63 f.

26 Zur Gesellschafterfremdfinanzierung im Allgemeinen jüngst *Cryns*, Gesellschafterfremdfinanzierung, S. 55 ff.

27 Vgl. *Hey*, BB 2007, 1303, 1305.

mindernd ausnutzen. Die bereits vor der Unternehmensteuerreform 2008 existierenden steuerlichen Abwehrmaßnahmen innerhalb des Körperschaftsteuergesetzes und des Außensteuergesetzes waren nach Auffassung der damaligen Bundesregierung unzureichend.[28] Daher vollzog der Gesetzgeber einen revolutionären Systemwechsel von der Beschränkung der Gesellschafter-Fremdfinanzierung zum einem allgemeinen Zinsabzugsverbot.

Die Zinsschranke stellt in mehrfacher Hinsicht eine „beispiellose Steuerinnovation"[29] dar und gehört demzufolge zu einer der meist diskutierten steuerrechtlichen Reformmaßnahmen der jüngeren Vergangenheit.[30] Sowohl Wissenschaft als auch Praxis kommen dabei jedoch zu einem mehr oder weniger negativen Gesamturteil.[31] Neben zahlreichen Zweifelsfragen bezüglich Konzeption und Regelungsinhalt, ist gerade die neuartige Verknüpfung mit den IFRS im Rahmen der Befreiungstatbestände in den Mittelpunkt der fachlichen Diskussion gerückt. Diese Mischung vermeintlich höchst unterschiedlicher Rechtsgebiete wirft eine Vielzahl interessanter Fragen im Spannungsfeld zwischen nationalem Steuerrecht und internationaler Rechnungslegung auf.

In Deutschland sind die „handelsrechtlichen Grundsätze ordnungsmäßiger Buchführung" (GoB) für die steuerliche Gewinnermittlung bei buchführenden Gewerbetreibenden nach wie vor maßgeblich (§ 5 Abs. 1 Satz 1 EStG). Die Rechnungslegung deutscher Unternehmen war lange Zeit ausschließlich vom deutschen Handels- und Steuerrecht bestimmt. In den vergangenen Jahren haben sich diese Anforderungen entscheidend verändert. Die fortschreitende Globalisierung und die damit stetig wachsende Bedeutung der internationalen Kapitalmärkte und deren Inanspruchnahme durch die Unternehmen machte zunehmend eine Vergleichbarkeit von Abschlüssen und eine Internationalisierung der Rech-

28 Vgl. Gesetzesbegründung zum Entwurf eines Unternehmensteuerreformgesetzes 2008, BT-Drucks. 16/4841, S. 29.

29 *Homburg*, FR 2007, 717

30 Vgl. etwa die Nachweise bei *Küting/Weber/Reuter*, DStR 2008, 1602 (Fn. 2). Die Zinsschranke hat die steuerliche Fachliteratur in den letzten zwei Jahren wie kaum ein anderes Thema beherrscht. Ob dies eher ihrer Originalität oder ihrer Komplexität geschuldet ist, steht nicht fest, jedenfalls ist diese Reformmaßnahme sowohl aus wissenschaftlicher als auch praktischer Sicht von herausragender Bedeutung, vgl. *Herzig/Lochmann/Lieken-brock*, DB 2008, 593, 594.

31 Zu den grundlegenden Einwendungen gegen die Zinsschranke siehe Kapitel 2, Abschn. E (S. 49 ff.).

nungslegung wie auch der Abschlussprüfung[32] erforderlich. Nicht nur die jeweiligen Kapitalmärkte, sondern auch Fremdkapitalgeber und Lieferanten haben heute ein gesteigertes Interesse an international vergleichbaren Abschlüssen.[33] Im Zuge dieser Entwicklung wird die Frage nach der Eignung der IFRS als Bezugsquelle für die steuerliche Gewinnermittlung seit langer Zeit diskutiert. Im Rahmen der Zinsschranke finden die internationalen Rechnungslegungssysteme[34] nunmehr unmittelbar Eingang in das deutsche Steuerrecht.

Adressaten der Zinsschranke sind nach dem Willen des Gesetzgebers vornehmlich international tätige Konzerne, deren kapitalmarktorientierte Mutterunternehmen ohnehin nach IFRS Rechnung legen. Nach einer empirischen Untersuchung aus dem Jahr 2007 bilanzieren schon etwa 93% der großen deutschen Kapitalmarktkonzerne nach den IFRS.[35] Die IFRS erscheinen in diesem Kontext als bereits verfügbare und "möglichst einheitliche Beurteilungsgrundlage"[36] für eine steuerliche Abzugsbeschränkung. Allerdings ist die Zinsschranke rechtsformneutral ausgestaltet und trifft mit ihrer komplizierten und aufwendigen Regelungssystematik auch Personenunternehmen, die bislang nicht mit den IFRS in Berührung kamen. Diesen wird nunmehr durch das Steuerrecht ein für Konzerne entwickeltes, hochkomplexes Rechnungslegungssystem gleichsam aufdrängt.

Die Diskussionen um den steuerlichen Einfluss der IFRS gewinnen auch vor dem Hintergrund der Harmonisierungsbestrebungen der Europäischen Union, eine einheitliche körperschaftsteuerliche Bemessungsgrundlage zu schaffen, deutlich an Bedeutung. Die EU-Kommission sieht

---

32 Vgl. dazu die aktuellen Initiativen der EU-Kommission hinsichtlich einer Anerkennung von International Standards on Auditing oder Auditors' independence rules etc. abrufbar unter: http://ec.europa.eu/internal_market/auditing/index_en.htm (Abruf 30.10.2011).

33 *Heintges*, DB 2006, 1569. Die Inanspruchnahme internationaler Kapitalmärkte durch die Schaffung einer weltweit vergleichbaren Unternehmenspublizität gilt als Hauptauslöser für die Internationalisierung der Rechnungslegung. Daneben werden die vereinfachte Konzernabschlusserstellung, die vermeintlich erzielbaren Effektivitäts- und Effizienzzuwächse im Rahmen der internen Unternehmenssteuerung sowie das Streben nach einem besseren Image (Außendarstellung als „Global Player") als Gründe für die zunehmende Verbreitung internationaler Rechnungslegungsstandards genannt. Dazu z.B. *Kahle*, WPg 2003, 262, 272; *Brinkmann*, Zweckadäquanz der Rechnungslegung nach IFRS, S. 1 (Fn. 3).

34 Die vorliegende Untersuchung beschränkt sich auf die Rechnungslegung nach den IFRS.

35 Vgl. *Zwirner*, KoR 2007, 599, 600.

36 *Heintges/Kamphaus/Loitz*, DB 2007, 1261, 1266.

insbesondere aus Vereinfachungs- und Praktikabilitätsgründen in den IFRS eine nützliche Bezugsgröße für eine einheitliche europäische Steuerbemessungsgrundlage. Bereits im Jahr 2001 prognostizierte die Kommission, dass die zunehmende Integration der Finanzmärkte und die Einrichtung gesamteuropäischer Börsen die Harmonisierung im Bereich der Rechnungslegung weiter beschleunigen würde.[37] Schließlich wurde auch das deutsche Handelsbilanzrecht durch das Gesetz zur Modernisierung des Bilanzrechts (BilMoG) vom 25.5.2009[38] deutlich an die internationale Rechnungslegung nach IFRS angenähert.

Die Inbezugnahme der IFRS im Rahmen der Zinsschranke ist vor diesem Hintergrund als „nationaler Reflex" auf die Internationalisierung der Rechnungslegung zu werten. Ob diese gesetzgeberische Reaktion zulässig, verhältnismäßig oder sogar geboten war, ist Gegenstand dieser Untersuchung.

Die wissenschaftliche Debatte über eine generelle Eignung der IFRS für Besteuerungszwecke wurde durch die jüngsten Aktivitäten des Steuergesetzgebers von der Realität eingeholt und gewann damit erneut an Aktualität. Die IFRS werden im Rahmen der Zinsschranke zum ersten Mal konkret in eine ertragsteuerliche Gewinnermittlungsnorm einbezogen.[39] Mit dieser Verbindung werden sogleich alle Abweichungen zwischen deutschem Handelsrecht und IFRS sowie ungelöste Fragen zur internationalen Konzernrechnungslegung gleichsam über Nacht steuerlich relevant. Durch den Rückgriff kann die Rechnungslegung nach den IFRS über die steuerliche Abzugsfähigkeit von Schuldzinsen eines Betriebs entscheiden.[40] Anhand von verfassungs- und gemeinschafts-rechtlichen, steuersystematischen sowie ökonomischen Erwägungen muss ihre Adäquanz für die steuerliche Gewinnermittlung kritisch hinterfragt werden. Aus Sicht des Rechtsanwenders sind zudem erhebliche praktische Anwendungsfragen offen, die unmittelbar oder mittelbar auf der Verknüpfung von Steuerrecht und den IFRS beruhen. Diese wiegen aufgrund des intensiven Anpassungs- und Planungsbedarfs der Unternehmen zur Sicherung des Zinsabzugs schwer.[41]

---

37 Vgl. Mitteilung der Europäischen Kommission vom 23.10.2001, *„Ein Binnenmarkt ohne steuerliche Hindernisse"*, (KOM 2001) 582, S. 21.

38 BGBl. I 2009, S. 1102.

39 Vgl. *Kahle/Dahlke/Schulz*, StuW 2008, 266, 270.

40 Vgl. *Schulz*, DB 2008, 2043.

41 Vgl. *Herzig/Lochmann/Liekenbrock*, DB 2008, 593, 597. Einen umfassenden Beitrag zu Identifikation, Bewertung und Steuerung von Zinsschrankenrisiken lieferte jüngst *Liekenbrock*, Management und Bilanzierung von Zinsschrankenrisiken.

Gerade im Rahmen der Steuergesetzgebung kommt den wirtschaftlichen Bedürfnissen und wirtschaftspolitischen Erwägungen eine große Bedeutung zu. So ist denn auch die Zinsschranke bereits Gegenstand zahlreicher betriebswirtschaftlicher Abhandlungen geworden. Auch die im dritten Kapitel der Arbeit behandelte Frage, ob eine Maßgeblichkeit der IFRS für die steuerliche Gewinnermittlung überhaupt abstrakt geeignet ist, lässt sich auch unter ökonomischen Aspekten, d.h. im Hinblick auf die gesamtwirtschaftliche Effizienz und/oder die Wettbewerbsfähigkeit der deutschen Wirtschaft untersuchen und ist daher seit langem Gegenstand ausführlicher betriebswirtschaftlicher Diskussionen. Im Hinblick auf die traditionelle „Arbeitsteilung" zwischen rechtswissenschaftlicher und wirtschaftswissenschaftlicher Disziplin im Bereich des Steuerrechts und der Rechnungslegung[42] soll im Rahmen dieses Beitrags nicht näher auf ökonomische Wirkungen eingegangen werden. Dieser Beitrag versucht vielmehr eine rechtssystematische Einordnung des Untersuchungsgegenstandes vorzunehmen und die IFRS insoweit als Rechtsmaterie unter verfassungsrechtlichen Gesichtspunkten zu durchdringen. Der „Ausflug" des Steuergesetzgebers in die (noch) „fremde Welt" der internationalen Rechnungslegung hinterlässt zudem eine Reihe offener Fragen aus praktischer Sicht, die die Anwendbarkeit der Zinsschranke zusätzlich erschweren. Schwerpunkt dieser Untersuchung ist deswegen die Auseinandersetzung mit den Problemen, die durch die konkrete Verknüpfung von nationalem Steuerrecht und internationaler Rechnungslegung entstehen.

In konzeptioneller Hinsicht gliedert sich diese Arbeit in zwei Teile mit insgesamt fünf Kapiteln. Der allgemeine Teil, bestehend aus den Kapiteln 1 bis 3, dient zunächst als Grundlagenteil einführend dem Verständnis für die Schaffung einer Unterkapitalisierungsregel wie der Zinsschranke, ihrer Regelungssystematik sowie der bestehenden rechtlichen Rahmenbedingungen (Kapitel 1). Im zweiten Kapitel erfolgt in der gebotenen Kürze gewissermaßen als besondere Grundlegung eine Darstellung von gesetzlicher Ausgestaltung, Funktion und Wirkung der Zinsschranke sowie grundlegender Einwendungen abseits der Verknüpfung mit der internationalen Rechnungslegung. Anschließend wird im dritten Kapitel die abstrakte Geeignetheit der IFRS für Besteuerungszwecke sowie die Art und Weise ihrer steuerlichen Einbindung de lege lata erörtert. Im besonderen Teil, bestehend aus den Kapiteln 4 und 5, erfolgt eine vertiefte

42 Zur Rechnungslegung als interdisziplinärer Forschungsgegenstand vgl. *Hennrichs*, Wahlrechte im Bilanzrechte der Kapitalgesellschaften, S. 1 ff.

Darstellung und Untersuchung des nunmehr konkret verwirklichten Einflusses der IFRS auf die Besteuerung im Rahmen der Zinsschranke. Vor dem Hintergrund der gewonnenen Erkenntnisse werden konkrete Anwendungsfragen behandelt, Lösungsansätze hierfür entwickelt und rechtssystematisch bewertet. Allerdings beschränkt sich diese Analyse im Sinne eines klar abgegrenzten Untersuchungsgegenstandes stets auf die Inbezugnahme der IFRS. Eine thesenförmige Zusammenfassung der Ergebnisse beschließt die Arbeit.

Allgemeiner Teil:
Grundlegung, Regelungsinhalt der Zinsschranke und Bedeutung der IFRS für das deutsche Steuerrecht

Erstes Kapitel – Grundlegung

A. Zweck und Rechtfertigung der Zinsschranke

Die ertragsteuerliche Behandlung von Fremdfinanzierungsaufwand wurde durch das Unternehmensteuerreformgesetz 2008 mit Einführung der Zinsschranke in § 4h EStG und § 8a KStG völlig neu geregelt. Die steuerliche Absetzbarkeit wurde hierbei gegenüber dem bisherigen Rechtszustand massiv eingeschränkt.[43] Die Gesetzesbegründung führt hierzu aus:

„Deutsche Unternehmen weisen im internationalen Vergleich eine hohe Fremdkapitalquote aus. Dies ist problematisch, da Eigenkapital ein wichtiger Schutz vor Insolvenz ist. Die sog. Zinsschranke bei der Körperschaftsteuer ist deshalb grundsätzlich gegen eine übermäßige Fremdkapitalfinanzierung der Unternehmen gerichtet und soll verhindern, dass allein aus Gründen der Steueroptimierung eine hohe Fremdkapitalquote angestrebt wird. Sie soll insbesondere verhindern, dass Konzerne mittels grenzüberschreitender konzerninterner Fremdkapitalfinanzierung in Deutschland erwirtschaftete Erträge ins Ausland transferieren. Weiterhin soll die Zinsschranke verhindern, dass Konzerne sich gezielt über ihre deutschen Töchter auf dem Kapitalmarkt verschulden und über die gezahlten Zinsen vor allem in Deutschland die Steuerbemessungsgrundlage verringern."[44]

Wesentliche Ziele der Neuregelung sind die Bekämpfung von missbräuchlichen Finanzierungsgestaltungen, die Stärkung der Eigenkapitalausstattung und die Gegenfinanzierung im Rahmen der Unternehmensteuerreform 2008. Die Zinsschranke vereint damit wirtschaftspolitische Lenkungszwecke und fiskalpolitische Erwägungen. Für die rechtssystematische Begutachtung ist die steuerpolitische Zielsetzung der

---

43 Vgl. *Eilers,* in: Eilers/Rödding/Schmalenbach, Unternehmensfinanzierung, Rn. 598; *ders.,* FS Schaumburg, S. 281: Die vollständige Abzugsfähigkeit betrieblicher Schuldzinsen nach alter Rechtslage machte die fremdkapitalbasierte Finanzierung auch aus steuerlicher Sicht attraktiv.

44 Gesetzesbegründung zum Entwurf eines Unternehmensteuerreformgesetzes 2008, BT-Drucks. 16/4841, S. 31.

Norm von erheblicher Bedeutung, da sich hieraus wichtige Folgerungen für die Auslegung und Folgerichtigkeit ihrer Ausgestaltung ergeben.

I. Missbrauchsprävention

Ein Konzern kann als Verbindung mehrerer selbständiger Unternehmen zu einer wirtschaftlichen Einheit definiert werden (Einheitstheorie[45]). Innerhalb bestimmter Grenzen können Konzerne die rechtliche Selbständigkeit ihrer Konzerngesellschaften und die wirtschaftliche Einheit des Verbundes steuerlich nutzen. Im Rahmen einer Finanzierungsgestaltung erlaubt die Konzernstruktur die Beschaffung von Kapital auf verschiedenen Konzernstufen, dessen Weiterleitung an andere Konzerngesellschaften sowie die Umqualifizierung in andere Kapitalformen (z.B. durch *debt-equity-swap*).[46] Aufgrund des von der Rechtsprechung des BFH allgemein anerkannten Grundsatzes der Finanzierungsfreiheit – bei gleichzeitig fehlender Finanzierungsneutralität der Unternehmensbesteuerung – konnten grenzüberschreitende Konzerne insbesondere bei Durchleitung von Kapital ein internationales Steuersatzgefälle ausnutzen.[47] Denn trotz gleichgerichteter Interessen innerhalb des Verbundes werden konzerninterne Leistungsbeziehungen zwischen den einzelnen Gesellschaften steuerlich grundsätzlich anerkannt.[48]

Der Gesetzgeber identifizierte in erster Linie grenzüberschreitende Fremdkapitalfinanzierungen im Konzern als eine Möglichkeit Gewinne ins Ausland zu verlagern. Denn die in diesem Zusammenhang gezahlten Zinsen waren in Deutschland bislang vollumfänglich als Betriebsausgaben abzugsfähig und minderten auf diese Weise unmittelbar die steuerliche Bemessungsgrundlage. Ausgangspunkt für die Entscheidung zur Einführung einer generellen Zinsabzugsbeschränkung war die Einschätzung, dass typischerweise drei Fallgruppen einer grenzüberschreitenden

---

45 Das Wesen der Einheitstheorie besteht darin, dass der Konzern als eine in sich geschlossene wirtschaftliche Einheit betrachtet wird, in der die einzelnen Unternehmen unbeschadet ihrer rechtlichen Selbständigkeit wirtschaftlich die Stellung unselbständiger Betriebsabteilungen einnehmen, vgl. *IDW*, WP Handbuch 2006, Abschn. M, Rn. 6; *Förschle/Kroner*, in: Beck Bil-Komm., 7. Aufl., § 297 Rn. 190. Zu den theoretischen Konzepten des Konzernabschlusses *ADS*, Rechnungslegung und Prüfung der Unternehmen, Vorbemerkung zu §§ 290-315 HGB Rn. 18 ff.

46 Vgl. *Spindler*, ZHR 171 (2007), 245, 246 f.

47 *Jacobs*, Internationale Unternehmensbesteuerung, S. 911.

48 Zu den Fallgruppen und Voraussetzungen konzerninterner Gewinnverlagerung vgl. *Witt*, Konzernbesteuerung, S. 243 ff.

Konzern- und Unternehmensfinanzierung aus fiskalischer Sicht als missbrauchsanfällig im Hinblick auf den Verlust von deutschem Steuersubstrat einzustufen sind.[49]

1. Down-stream-Inboundfinanzierung

Eine ausländische Muttergesellschaft finanziert ihre inländische Tochterkapitalgesellschaft mit Fremdkapital. Durch den Zinsaufwand wird der Gewinn der inländischen Tochter gemindert und der inländischen Besteuerung entzogen. Der korrespondierende Zinsertrag wäre dann bei den ausländischen Anteilseignern im zumeist niedrig besteuerten Ausland zu erfassen.

2. Up-stream-Inboundfinanzierung

Die inländische Muttergesellschaft finanziert ihre ausländische Tochterkapitalgesellschaft übermäßig mit Eigenkapital. Die Tochter gewährt der Mutter Darlehen, die bei der Mutter zu abziehbaren Zinsaufwendungen führen. Der Gewinn der Auslandstochter unterliegt im Ansässigkeitsstaat im Zweifel einer niedrigeren Besteuerung und wird im Inland steuerfrei gestellt. Gewinnausschüttungen der ausländischen Tochter bleiben bei der Mutter zu 95% körperschaftsteuerfrei (§ 8b Abs. 1 und 5 KStG) und zu 100% gewerbesteuerfrei (§ 9 Nr. 7 GewStG). Die ausländische Tochtergesellschaft fungiert hierbei als Konzernfinanzierungsgesellschaft.[50]

3. Outboundfinanzierung

Die inländische Muttergesellschaft refinanziert ein Eigenkapitalinvestment in ihre ausländische Tochterkapitalgesellschaft durch einen Bankkredit (Fremdfinanzierung eines ausländischen Anteilserwerbs). Den in voller Höhe als Betriebsausgaben abziehbaren Bankzinsen bei der Mutter stehen in diesem Fall die körperschaftsteuerlich effektiv zu 95% und ge-

---

49 Zu den typischen Fallgruppen vgl. *Rödder/Stangl*, DB 2007, 479; *Blumenberg/Lechner*, in: Blumenberg/Benz, UntStR 2008, S. 108; *Welling*, FR 2007, 735, 737; *Mössner*, in: Lüdicke, UntStR 2008 im internationalen Umfeld, S. 4 ff.; *Schmidt-Fehrenbacher*, Ubg 2008, 469, 470; *München*, Die Zinsschranke, S. 11 ff.

50 Unter einer Konzernfinanzierungsgesellschaft werden Unternehmen verstanden, die ausschließlich oder weit überwiegend Finanzierungsfunktionen für den Konzern übernehmen, vgl. *Bohn*, Zinsschranke, S. 22 m.w.N.

werbesteuerlich zu 100% steuerfrei bleibenden Gewinnausschüttungen der ausländischen Tochter gegenüber.

Die Zinsschranke dient der Vermeidung dieser asymmetrischen Finanzierungsstrukturen zulasten des deutschen Fiskus und damit der Sicherung des inländischen Steuersubstrats. Den Unternehmen sollen Anreize gegeben werden, Gewinne im Inland zu belassen bzw. ins Inland zu verlagern, um im Gegenzug einen vollen Betriebsausgabenabzug zu erhalten. Durch einen konzernweiten Vergleich der Eigenkapitalquoten soll die einseitige Verlagerung von Finanzierungskosten ins Inland vermieden werden.[51] Die IFRS dienen hierbei als Darstellungsinstrument, um die internationale Verteilung des Eigenkapitals innerhalb eines Konzerns abzubilden.

4. Schädliche Gesellschafterfremdfinanzierung

Die bisherigen Regelungen zur Gesellschafterfremdfinanzierung in § 8a KStG a.F.[52] wurden durch eine weitreichende allgemeine Abzugsbeschränkung betrieblich veranlasster Finanzierungsaufwendungen ersetzt. Neben der Bekämpfung missbräuchlicher Konzernfinanzierung ist aber auch die Vermeidung steuerschädlicher Gesellschafterfremdfinanzierung wesentlicher Gesetzeszweck der Zinsschranke. Der Anwendungsbereich des § 4h EStG wurde deshalb über einen neuen § 8a KStG in das Körperschaftsteuerrecht ausgedehnt und um einige Elemente der traditionellen Regeln zur Gesellschafterfremdfinanzierung angereichert.

II. Stärkung der Eigenkapitalausstattung

Deutsche Unternehmen wiesen im internationalen Vergleich bislang nur eine relativ niedrige Eigenkapitalquote auf.[53] Daher sollte im Rahmen ei-

---

51 Vgl. Gesetzesbegründung zum Entwurf eines Unternehmensteuerreformgesetzes 2008, BT-Drucks. 16/4841, S. 48.

52 Nach Ansicht in der Literatur sei diese Regelung aufgrund bestehender Rechtsunsicherheit gescheitert, vgl. z.B. *Frotscher*, DStR 2004, 377, 385 („Desaster"); *Herzig/Bohn*, DB 2007, 1; *Thiel*, FR 2007, 729. Zur Rechtsentwicklung *Cryns*, Gesellschafterfremdfinanzierung, S. 193 ff.

53 Einer Studie der *Kreditanstalt für Wiederaufbau* (KfW) zufolge konnten deutsche Unternehmen des Mittelstands ihre Eigenkapitalquote von 18,7% im Jahr 2002 auf durchschnittlich 23,9% im Jahr 2005 steigern, vgl. *KfW*, „Die Entwicklung der Eigenkapitalausstattung kleiner und mittlerer Unternehmen 2002 bis 2005", WOB-online-2008-06,

ner umfassenden Unternehmensteuerreform auch die Eigenkapitalquote deutscher Unternehmen gestärkt werden.[54] Denn jedes Geschäftsrisiko ist mit einem bestimmten Eigenkapitalanteil auszugleichen. Zutreffend stellte der Gesetzgeber daher fest:

„Eine verbesserte Eigenkapitalausstattung stärkt die Investitionsfähigkeit der Unternehmen und ist gleichzeitig ein Insolvenzschutz in Krisenzeiten."[55]

Auch mit Hilfe der Zinsschranke sollen Anreize für eine stärkere Eigenkapitalzuführung und -erhaltung im Unternehmen geschaffen werden.[56]

III. Gegenfinanzierung

Nach der Gesetzesbegründung soll die Zinsschrankenregelung vorrangig der Missbrauchsbekämpfung dienen.[57] Allerdings lässt die konkrete Ausgestaltung als allgemeines Abzugsverbot vermuten, dass es dem Gesetzgeber wenigstens gleichrangig auf eine Gegenfinanzierung ankam.[58] In der Literatur wird die Zinsschranke als Fiskalzwecknorm und nicht als „typisierende Missbrauchsvermeidungsnorm" begriffen, insbesondere weil auch die typische Bankenfinanzierung erfasst wird, ein Fremdvergleich bzw. Entlastungsbeweis (*arm's-length-Prinzip*[59]) nicht möglich ist

---

S. 3 f., abrufbar unter: http://www.kfw.de/kfw/de/I/II/Download_Center/index.jsp (Abruf 30.10.2011).

54 Vgl. *Dörr/Geibel/Fehling*, NWB Fach 4, 5199. Die Absenkung der Unternehmenssteuersätze in Deutschland ist im internationalen Vergleich jedoch noch nicht so gravierend, dass die gesetzlich avisierte Eigenkapitalfinanzierung attraktiv werden wird, siehe dazu *Führich*, IStR 2007, 341; *Eilers*, in: Eilers/Rödding/Schmalenbach, Unternehmensfinanzierung, Rn. 607.

55 Gesetzesbegründung zum Entwurf eines Unternehmensteuerreformgesetzes 2008, BT-Drucks. 16/4841, S. 30.

56 Kritisch *Eilers*, Ubg 2008, 197.

57 Vgl. Gesetzesbegründung zum Entwurf eines Unternehmensteuerreformgesetzes 2008, BT-Drucks. 16/4841, S. 48. An anderer Stelle heißt es: Die Zinsschranke solle verhindern, dass „allein aus Gründen der Steueroptimierung eine hohe Fremdkapitalquote angestrebt wird", a.a.O., S. 31.

58 Zutreffend *Hey*, BB 2007, 1303, 1305 f. *Kußmaul/Ruiner/Schappe*, GmbHR 2008, 505, 506, bezeichnen die „als Missbrauchsbekämpfungsregel propagierte" Zinsschranke als „tragende Säule der Gegenfinanzierung der Unternehmensteuerreform 2008".

59 Das *Dealing-at-Arm's-Length-Prinzip* ist der international tragende Grundsatz der Einkunftsabgrenzung zwischen verbundenen Unternehmen. Der Fremdvergleichsgrundsatz betrifft dabei die Verrechnungspreise für Warenlieferungen, Miet- und Pachtzin-

und aufgrund der niedrigen Abzugsobergrenze ein Großteil der Zinsaufwendungen betroffen ist, der innerhalb einer marktüblichen Bandbreite liegt.[60] Die Regelung diene damit vorrangig der Schaffung von Steueraufkommen (Primärfunktion[61]).

Steuern stellen die wichtigste Einnahmequelle des Staates dar und sichern dessen Investitionen beispielweise in Infrastruktur, Bildung und die Daseinsvorsorge. Der Umfang der Steuerlast ist daher stets ein Spagat zwischen der Erhaltung eines wettbewerbsfähigen Wirtschaftstandorts und einer ausreichenden Handlungsfähigkeit des Staates.[62] Ein bedeutendes Ziel der Unternehmensteuerreform 2008 war daher auch die nachhaltige Sicherung der deutschen Steuerbasis.[63]

„Vorrangiges steuerpolitisches Ziel muss es sein, dem Staat auf allen Ebenen dauerhaft sichere Einnahmen zu garantieren und damit zu einer erfolgreichen, längst nicht erreichten, größeren Stabilisierung der öffentlichen Haushalte beizutragen."[64]

Da sich der rechtliche Gestaltungsspielraum des Gesetzgebers hinsichtlich der Steuergegenstände und der Steuersätze aufgrund der faktischen Grenzen, die der europäische und internationale Steuerwettbewerb setzt, nicht mehr nutzen lässt, ist eine Gegenfinanzierung wohl lediglich über die Gestaltung der Bemessungsgrundlage zu erreichen.[65] Der plakativen Optik einer massiven Steuersatzsenkung im Rahmen der Unternehmensteuerreform 2008 folgte damit ein umfangreiches, hoch technisiertes Gegenlenken auf Ebene der Steuerbemessungsgrundlage. Hierbei

---

sen oder Finanztransaktionen im Rahmen des Leistungsaustausches innerhalb von Konzernen, verbundenen Unternehmen oder Gesellschaftern mit ihren Unternehmen. Im Steuerrecht wird in vielen weiteren Bereichen auf einen Fremdvergleich zurückgegriffen, vgl. z.B. *Lang*, in: Tipke/Lang, Steuerrecht, § 9 Rn. 164, 248; *Schaumburg*, Internationales Steuerrecht, Rn. 16.266 ff., 18.106, 18.125.

60 *Eilers*, FR 2007, 733, 735 („Fiskalzwecknorm"); *IDW*, IDW-FN 2007, 194, 196; *Homburg*, FR 2007, 717, 719; *Thiel*, FR 2007, 729, 730; *Scheunemann/Socher*, BB 2007, 1144, 1145; auch nach *Hey*, BB 2007, 1303, 1305 f., ist die Zinsschranke aufgrund ihres weiten Anwendungsbereichs zur Missbrauchsbekämpfung ungeeignet.

61 Dazu *Lang*, in: Tipke/Lang, Steuerrecht, § 4 Rn. 20.

62 Vgl. *Persch*, UntStRef 2008, S. 7.

63 Gesetzesbegründung zum Entwurf eines Unternehmensteuerreformgesetzes 2008, BT-Drucks. 16/4841, S. 29. Neben der Erhöhung der Standortattraktivität hat sich der Gesetzgeber die langfristige Sicherung des Steueraufkommens zum Ziel gesetzt.

64 Bundesfinanzminister Peer Steinbrück zum Auftakt des Deutschen Steuerberaterkongresses 2006 am 8. und 9. Mai in Aachen, DStR-KR 2006, S. 21.

65 Vgl. *Hey*, FR 2008, 1033; 1035. Zu den Maßnahmen zur Eindämmung eines „schädlichen Steuerwettbewerbs" siehe auch IFSt-Schrift Nr. 427 (2005), S. 7 ff. Die zunehmende Bedeutung des Steuerwettbewerbs beschreibt auch *Bohn*, Zinsschranke, S. 108 ff.

ging der Gesetzgeber von einem Gegenfinanzierungsvolumen von rund 600 Mio. Euro[66] aus, mit dem er die Einführung der Zinsschranke rechtfertigte.[67] Vor dem Hintergrund der zurückliegenden Finanz- und Wirtschaftskrise 2008/2009, in der Banken und andere Unternehmen mit gigantischen Summen aus der Staatskasse gestützt wurden, erscheint dieser Betrag geradezu unbedeutend. Zum Vergleich: Die internationale Finanz- und Wirtschaftskrise veranlasste den Staat ab dem Jahr 2008 zu Dispositionen über Steueraufkommen in der Größenordnung von zwei- bis dreistelligen Milliardenbeträgen durch Stabilisierungsmaßnahmen in der Gestalt von „Bankenrettungsschirmen" und „Konjunkturpaketen".[68] Bis zum heutigen Tage sind die Nachwirkungen bei der Euro-Schuldenkrise spürbar.[69] Angesichts dieser Entwicklungen stellen sich die Gegen-

66 Das Aufkommen des § 4h EStG belief sich bei ursprünglich 30% EBIT-Grenze (Regierungsentwurf) auf EUR 1.475 Mio. (sog. Volljahreswirkung). Durch den Wegfall des § 8a KStG alter Fassung waren Mindereinnahmen von EUR 475 Mio. und zusätzlich eine Aufkommensminderung wg. 30% EBITDA-Grenze (Finanzausschuss) in Höhe von EUR 400 Mio. gegenzurechnen, vgl. BT-Drucks. 16/4841, S. 42/43 und BT-Drucks. 16/5454, S. 2. Das gesamte Gegenfinanzierungsvolumen der Unternehmensteuerreform 2008 belief sich auf 5 Mrd. Euro, vgl. Gesetzesbegründung zum Entwurf eines Unternehmensteuerreformgesetzes 2008, BT-Drucks. 16/4841, S. 30. Durch die neuerlichen Lockerungen (dazu Kap. 2, Abschn. F, S. 82 ff.) wird das Aufkommen weiter sinken.

67 Nach *Joachim Lang* besteht zwischen Gegenfinanzierungsvolumen und Schwere des Eingriffs ein arges Missverhältnis, vgl. *Lang*, FS Reiß, S. 391. In diesem Sinne auch *Töben/Fischer*, GmbHR 2007, 532, die den Schaden der Zinsschranke höher als den erhofften Finanzierungseffekt einschätzen.

68 Bereits am 13. Oktober 2008 hatte die Bundesregierung ein Maßnahmenpaket zur Stabilisierung der Finanzmärkte vorgelegt, das innerhalb weniger Tage von Bundestag und Bundesrat beschlossen wurde (Finanzmarktstabilisierungsgesetz v. 17.10.2008, BGBl. I 2008, S. 1982), vgl. dazu BT-Drucks. 16/10600. Zur Unterstützung des Finanzsystems wurden mit diesem Gesetz rund 500 Milliarden Euro Steuergelder bereitgestellt. Hierbei handelt es sich zum größten Teil, nämlich in Höhe von 400 Mrd. Euro, um Kreditbürgschaften, die an notleidende Institute vergeben werden können. Am 5. November 2008 wurde unter dem Namen „Schutzschirm für Arbeitsplätze" das erste Konjunkturpaket beschlossen: 15 Maßnahmen, mit denen die Wirtschaft gestärkt, Arbeitsplätze gesichert und private Haushalte entlastet werden sollen. Mit dem Paket werden Investitionen und Aufträge in der Größenordnung von rund 50 Mrd. Euro gefördert, vgl. z.B. im Hinblick auf steuerrechtliche Maßnahmen BT-Drucks. 16/10930. Im Januar 2009 folgte das Konjunkturpaket II, ein umfassendes Maßnahmenpaket in Höhe von 50 Milliarden Euro für die Jahre 2009 und 2010. Neben einer weiteren Erleichterung von Bürgerinnen und Bürgern zielte es darauf ab, dass Deutschland aus der globalen Wirtschafts- und Finanzkrise gestärkt und zukunftsfest hervorgeht, vgl. BT-Drucks. 16/11740.

69 Noch Ende März 2011 verständigten sich die Staats- und Regierungschefs der EU unter dem Eindruck der akuten finanziellen Notlage Portugals, Irlands und weiterer südeu-

finanzierungsmaßnahmen der Unternehmensteuerreform 2008 als „tagespolitisch kurzatmige Fehlentscheidung“[70] heraus.

B. Konzeption und Systematik der Zinsschranke

Mit der Zinsschranke gemäß §§ 4h EStG, 8a KStG wird mit Wirkung ab dem Veranlagungszeitraum 2008 ein grundlegend neues steuerliches Zinsabzugsverfahren eingeführt. Diese Regelung soll nach Ansicht ihres Verfassers – des deutschen Gesetzgebers – in erster Linie internationale Konzernstrukturen daran hindern, durch extensive Fremdfinanzierungsgestaltung inländisches Steuersubstrat ins Ausland zu verlagern.[71] Dabei ist der Verlust von inländischem Steuersubstrat für sich betrachtet kein Kriterium zur Identifizierung missbräuchlicher Gestaltungen, sondern lediglich Resultat des Abflusses.[72]

Die Zinsschranke sieht in ihrem Grundtatbestand zunächst einen unbegrenzten Abzug von Zinsaufwendungen in Höhe der im gleichen Wirtschaftsjahr erzielten Zinserträge vor. Hinsichtlich eines darüber hinausgehenden Zinsaufwandes erfolgt eine jährliche Abzugsbegrenzung auf 30% des um die Zinserträge und Zinsaufwendungen sowie Abschreibungen bereinigten Gewinns.[73] Allerdings bestehen Ausnahmetatbestände, die die Abzugsbeschränkung wieder aufheben.

---

ropäischer Staaten auf einen neuen Europäischen Stabilitätsmechanismus (ESM), der den Euro-Rettungsfonds im Jahr 2013 ablösen soll. Der ESM hat ein Gesamtvolumen von 700 Mrd. Euro. Ein Ende der Euro-Schuldenkrise ist derzeit nicht absehbar.

70 So treffend *Lang*, FS Schaumburg, S. 54.

71 Vgl. Gesetzesbegründung zum Entwurf eines Unternehmensteuerreformgesetzes 2008, BT-Drucks. 16/4841, S. 48. Hinsichtlich des Anwendungsbereichs führt die Gesetzesbegründung ausdrücklich nur die konzerninterne Fremdkapitalausstattung deutscher Tochtergesellschaften durch die im Ausland ansässige Muttergesellschaft sowie Fremdfinanzierungen über den Kapitalmarkt auf, vgl. Gesetzesbegründung zum Entwurf eines Unternehmensteuerreformgesetzes 2008, BT-Drucks. 16/4841, S. 31. Darüber hinaus beschränkt die Zinsschranke aber auch die fremdfinanzierte Akquisition ausländischer Tochtergesellschaften über in Deutschland bei der Muttergesellschaft abzugsfähigen Zinsaufwand.

72 Siehe *Hey*, StuW 2008, 167, 172.

73 Vor der Unternehmensteuerreform 2008 konnten Zinsaufwendungen grundsätzlich in voller Höhe gewinnmindernd als Betriebsausgaben abgezogen werden. In einigen Ausnahmefällen ergaben sich jedoch Abzugsbeschränkungen und Umqualifizierungen auf Ebene des Zinsempfängers (z.B. bei privater Mitveranlassung, wirtschaftlichem Zusammenhang mit steuerfreien Einnahmen, verdeckten Gewinnausschüttungen, Überentnahmen oder allgemein in Missbrauchsfällen, vgl. z.B. §§ 3c Abs. 1 und 2, 4

Die Neuregelung löste bei Körperschaften die Regelungen zur Gesellschafterfremdfinanzierung nach § 8a KStG a.F. ab. Die bisherige Regelung des § 8a KStG a.F. hatte ihr Ziel, eine übermäßige Minderung des steuerpflichtigen Einkommens einer Körperschaft durch Vergütungen an ihre Anteilseigner für die Überlassung von Fremdkapital zu verhindern, nicht erreicht. Die Regelungen zur Gesellschafterfremdfinanzierung wurden zuletzt im Jahr 2003 infolge des *Lankhorst-Hohorst-Urteils* des EuGH[74] angepasst. Hierbei wurde § 8a KStG a.F. durch das sog. *Korb II-Gesetz*[75] geändert und erstreckte sich seitdem einheitlich auf alle Inlands- und Auslandsfälle der Gesellschafterfremdfinanzierung.[76] Allerdings mangelte es insbesondere in Abgrenzungsfällen an einer überzeugenden und systematischen Umsetzung im Gesetz. Insbesondere die Rückgriffsfälle auf den Gesellschafter haben sich als kaum justiziabel erwiesen.[77] Der Versuch des Gesetzgebers, den auf die grenzüberschreitende Gesellschafterfremdfinanzierung zugeschnittenen § 8a KStG a.F. mit so wenigen Änderungen wie möglich europatauglich zu machen, hatte zu einer erheblichen Rechtsunsicherheit geführt.[78] Der alte § 8a KStG scheiterte nach seiner Ausdehnung auf das Inland an seinen praktischen Anwendungsproblemen. Die überaus komplexe Regelung, die das BMF durch umfangreiche Verwaltungsanweisungen[79] zu konkretisieren versuchte, hat auch deshalb versagt, weil die Unternehmen immer wieder Ausweggestaltungen zur Vermeidung der steuerlichen Sanktionen fanden.

Abs. 4a, 15 Abs. 1 Satz 1 Nr. 2 EStG, §§ 8 Abs. 3 Satz 2, 8a KStG. Abzugsbeschränkungen für Fremdkapitalaufwand sind in Deutschland und im Ausland durchaus üblich und teilweise sogar systematisch geboten, vgl. *Homburg*, FR 2007, 717, 720; *Middendorf/Stegemann*, INF 2007, 305, 306.

74 EuGH-Urteil v. 12.12.2002, DB 2002, 2690 ff. Der EuGH hatte im Rahmen dieser Entscheidung die Regelung der Fremdfinanzierung von Kapitalgesellschaften durch ausländische Anteilseigner im Sinne des § 8a KStG a.F. als Verstoß gegen die Kapitalverkehrsfreiheit angesehen.

75 Gesetz zur Umsetzung der Protokollerklärung der Bundesregierung zur Vermittlungsempfehlung zum Steuervergünstigungsabbaugesetz v. 22.12.2003, BGBl. I 2003, S. 2840.

76 Zur Entwicklung des § 8a KStG a.F. *Welling*, FR 2007, 735, 736 sowie *Prinz*, in: Piltz/Schaumburg, Internationale Unternehmensfinanzierung, S. 21 ff. mit zahlreichen weiteren Nachweisen in Fn. 1. Die Norm entwickelte sich zur zentralen Vorschrift der Unternehmensbesteuerung.

77 Vgl. *Herzig/Bohn*, DB 2007, 1; *Thiel*, FR 2007, 729.

78 Dazu im Einzelnen *Frotscher*, DStR 2004, 377 ff., der die Änderungen als „Desaster" bezeichnet.

79 Vgl. Anwendungserlasse des BMF vom 15.12.1994, BStBl. I 1995, S. 25 ff. und vom 15.7.2004, BStBl. I 2004, S. 593.

Diese Anwendungsprobleme haben den Gesetzgeber dazu veranlasst, im Rahmen der Unternehmensteuerreform 2008 ein völlig neues Konzept zur steuerlichen Berücksichtigung von Schuldzinsen einzuführen. Mit dem Institut der Zinsschranke betrat der Steuergesetzgeber in mehrfacher Hinsicht „steuerliches Neuland"[80]. Während die bislang geltende Vorschrift des § 8a KStG a.F. den Zinsabzug für Kapitalgesellschaften nur in Bezug auf Darlehen von wesentlich beteiligten Gesellschaftern begrenzte[81], werden künftig sämtliche Zinsaufwendungen eines Betriebes unabhängig von der Rechtsform des finanzierten Unternehmens, der Person des Kapitalgebers und der Art oder Laufzeit der Fremdfinanzierung erfasst. Zudem findet eine korrespondierende Umqualifizierung der Zinserträge auf Ebene des Zinsempfängers nicht mehr statt. Gefolgt wird damit einem internationalen Trend weg von einer Umqualifizierung hin zum einem Abzugsverbot, wenn auch die Ausdehnung des Anwendungsbereiches auf sämtliche Finanzierungsformen weit über das international übliche Maß hinausgeht.[82] Die Substitution des § 8a KStG a.F. durch eine stärker typisierende, rechtsformneutrale Regelung erscheint aus Sicht des Gesetzgebers zunächst konsequent.

Schließlich öffnet sich das deutsche Ertragsteuerrecht mit der Zinsschranke für die internationale Rechnungslegung, indem es die Nichtanwendbarkeit der Regelung teilweise von Parametern abhängig macht, die auf Basis internationaler Rechnungslegungsstandards zu ermitteln sind.[83] Der Wortlaut des Gesetzes ist durch ein Nebeneinander von steuerlichen Bezugsgrößen (maßgeblicher Gewinn, steuerpflichtiger Gewinn, maßgebliches Einkommen) und handels- bzw. gesellschaftsrechtlichen Begrifflichkeiten (Konzernabschluss, Konsolidierung, Eigenkapitalquote)

---

80 *Kußmaul/Pfirmann/Meyering/Schäfer*, BB 2008, 135, 141.

81 Nach § 8a KStG a.F. wurde eine Abzugsfähigkeit von Fremdkapitalzinsen bisher untersagt, wenn die Freigrenze in Höhe von 250.000 € überschritten wurde, wobei diese sich auf die Zinszahlungen und nicht auf das Fremdkapital bezog, wenn der Anteilseigner zu mehr als 25% an der Gesellschaft beteiligt war, wenn das Fremdkapital nicht kurzfristig überlassen wurde und wenn der *safe haven* in Höhe von 1,5 des Fremdkapital-Eigenkapitalverhältnisses überschritten wurde. Letzterer bezog sich dabei allein auf festverzinsliches Fremdkapital, da für gewinn- bzw. umsatzabhängiges Kapital kein *safe haven* gewährt wurde.

82 Vgl. *Kessler/Köhler/Knörzer*, IStR 2007, 418. Kritisch auch vor dem Hintergrund der Ausdehnung auf reine Inlandssachverhalte und deren fehlender gemeinschaftsrechtlicher Gebotenheit *Schön*, IStR 2009, 882, 883 ff.

83 So bei den Ausnahmetatbeständen der Konzernfreiheit und des Eigenkapitalvergleichs.

geprägt.[84] Damit werden die unterschiedlichen Regelungskreise der steuerlichen Gewinnermittlung und der Konzernrechnungslegung miteinander verknüpft. Erst das Zusammenspiel dieser Regelungsbereiche ergibt den Tatbestand des Steuergesetzes.[85]

Eine vergleichbare Regelung findet sich allenfalls in den US-amerikanischen *Earnings Stripping Rules* gem. Section 163(j) IRC.[86] Diese US-Regelungen betreffen allerdings, wie im Übrigen auch vergleichbare Unterkapitalisierungsregelungen in Frankreich und den Niederlanden, nur bestimmte Finanzierungen von Gesellschaftern oder rückgriffsberechtigten Dritten, nicht jedoch jede übliche Bankfinanzierung.[87] Das Institut der Zinsschranke ist mithin auch im Vergleich zu ähnlichen Regelungen anderer Länder ein absolutes Novum[88] und veränderte die steuerlichen Rahmenbedingungen für die Unternehmensfinanzierung grundlegend.[89] Die Pläne der Bundesregierung zur Einführung der Zinsschranke hatten daher im Rahmen der Reformvorbereitungen bereits früh heftige Kritik und umfangreiche Diskussionen ausgelöst.

C. Europa- und verfassungsrechtlicher Rahmen

Die deutsche Steuerrechtsordnung ist – wie alle Teilrechtsordnungen – in die deutsche und europäische Verfassungsordnung integriert. Aus gesetzgeberischer Sicht besteht bei der steuerrechtlichen Normsetzung ein Spannungsverhältnis zwischen der Schaffung eines attraktiven Wirt-

---

84 Vgl. *Köhler*, in: EY/BDI, UntStR 2008, S. 112.

85 Vgl. *Möhlenbrock/Pung*, in: Dötsch/Jost/Pung/Witt, Körperschaftsteuer, § 8a KStG (URefG 2008) Rn. 12.

86 Eine detaillierte Untersuchung internationaler Unterkapitalisierungsregeln liefert *Bohn*, Zinsschranke, S. 111 ff. Zu Unterkapitalisierungsregelungen in Europa vgl. *Bauer*, StuW 2009, 163 ff.; *Herzig/Bohn*, IStR 2009, 253 ff.; *Fischer*, S:R 2009, S. 14 f.

87 Vgl. *Homburg*, FR 2007, 717, 720; *Thiel*, FR 2007, 729; *Töben*, FR 2007, 739, 743; *Welling*, FR 2007, 735, 738; *Schön*, Öffentliche Anhörung des Finanzausschusses des Bundestages am 25.4.2007, Wortprotokoll Nr. 16/65, S. 47. Für einen rechtsvergleichenden Überblick zur Behandlung von Finanzierungsaufwendungen (Deutschland, USA, Niederlande, Frankreich) vgl. BDI/KPMG-Studie „Die Behandlung von Finanzierungsaufwendungen", 2009, abrufbar unter: http://www.kpmg.de/docs/20091014_BDI Zinsschranke.pdf (Abruf 30.10.2011).

88 *Dörr/Geibel/Fehling*, NWB Fach 4, 5199; *Homburg*, FR 2007, 717, 720.

89 In diesem Sinne treffend *Rödder*, Beihefter DStR 40/2007, S. 6: Durch die Zinsschranke wurden „die steuerlichen Rahmenbedingungen der Unternehmensfinanzierung in ihren Grundfesten" erschüttert.

schafts- bzw. Steuerstandorts und der Vermeidung von Missbrauchsanfälligkeit und Aufkommensschädlichkeit. In diesem Spannungsfeld bewegt sich der Gesetzgeber insbesondere im Rahmen des Unternehmens- und Konzernsteuerrechts.[90] Dabei sind insbesondere die Vorgaben höheren Rechts, d.h. des Verfassungs- und Europarechts, zu beachten. Die Zinsschranke ist als steuerliche Gewinnermittlungsvorschrift in den verfassungsrechtlichen und gemeinschaftsrechtlichen Kontext der Steuerrechtsordnung eingebettet.

I. Die Besteuerung von Unternehmen

Ein einheitliches, geschlossenes System der Unternehmensbesteuerung liegt dem deutschen Steuerrecht nicht zugrunde. Obwohl zivilrechtlich zwischen dem Unternehmen als „wirtschaftlicher Einheit" und dem Unternehmensträger als Zuordnungsobjekt von Rechten und Pflichten unterschieden wird, erfasst das Steuerrecht das Unternehmen als solches durchweg nicht als Steuerrechtssubjekt.[91] Steuersubjekte sind vielmehr nur natürliche oder juristische Personen, so dass auch alle steuerrechtlichen Konsequenzen mit der zivilrechtlichen Unterscheidung der Rechtssubjekte verknüpft werden.[92] Die Unternehmensbesteuerung folgt damit den unterschiedlichen Rechtsformen, die das Zivilrecht für die rechtliche Strukturierung von Unternehmen vorsieht. Die wirtschaftliche Betätigung des Unternehmens unterliegt je nach zivilrechtlicher Rechtsform entweder der Einkommen- oder der Körperschaftsteuer.[93] Insofern besteht in Deutschland ein duales System der Unternehmensbesteuerung.[94]

---

90 Vgl. *Schön*, ZHR 171 (2007), 410, 414 f.

91 Vgl. *Hennrichs*, StuW 2002, 201; *Jacobs*, Unternehmensbesteuerung, S. 91.

92 Vgl. BFH Beschluss vom 25.6.1984, BStBl. II 1984, S. 751, 759; ferner *Jacobs*, Unternehmensbesteuerung, S. 91 f.; *Hey*, in: Tipke/Lang, Steuerrecht, § 18 Rn. 2.

93 In Deutschland unterliegen Kapitalgesellschaften gem. § 1 KStG der unbeschränkten Körperschaftsteuerpflicht, sofern sie ihre Geschäftsleitung oder ihren Sitz im Inland haben. Sie sind beschränkt körperschaftsteuerpflichtig, wenn sie weder ihre Geschäftsleitung noch ihren Sitz im Inland haben. Die Bemessungsgrundlage für die Körperschaftsteuer bildet das zu versteuernde Einkommen. Grundlage des zu versteuernden Einkommens ist der nach den Vorschriften des Einkommensteuergesetzes ermittelte Gewinn der Kapitalgesellschaft. Damit ist auch hier der „Gewinn" die ausschlaggebende Größe für die körperschaftsteuerliche Bemessungsgrundlage. Der Steuersatz beträgt nach Inkrafttreten des Unternehmensteuerreformgesetzes 2008 nunmehr definitiv 15%. Aufgrund der Anerkennung der zivilrechtlichen Unabhängigkeit der Kapitalgesellschaft als juristische Person sind Kapitalgesellschaften als solche in vollem

II. Vorgaben des deutschen Verfassungsrechts

Das System einer Rechtsordnung wird von ordnungsstiftenden und richtungsgebenden Grundprinzipien getragen. Diese wertevermittelnden Grundsätze stellen Orientierungsmaßstäbe dar und bedürfen stets einer Konkretisierung in Form von Rechtsnormen und Regeln.[95]

Bei der Zinsschranke handelt es sich um eine Gewinnermittlungsvorschrift. Sämtliche Regeln zur steuerlichen Gewinnermittlung sind Teil des Steuerrechts und damit als öffentliches Eingriffsrecht eingebettet in den verfassungsrechtlichen Rahmen der Steuerrechtsordnung.[96] Dabei geben insbesondere die grundrechtlichen Direktiven Maß und Orientierung. In diesem Kontext sind die allgemeinen systemtragenden Prinzi-

---

Umfang selbständige Steuersubjekte. Die Ebenen von Gesellschaft und Gesellschafter bleiben steuerrechtlich klar getrennt (sog. Trennungsprinzip), vgl. *Pelka*, StuW 2000, 389, 390. Dies hat zur Folge, dass die bei der Kapitalgesellschaft angefallenen Gewinne auch bei dieser zugerechnet und besteuert werden. Eine Zurechnung und Besteuerung beim Anteilseigner erfolgt erst bei Ausschüttung dieser Gewinne. Bei Thesaurierung des Gewinns beträgt die nominelle Gesamtsteuerbelastung von Kapitalgesellschaften nach der Unternehmensteuerreform 2008 nunmehr 29,8% bei einem Gewerbesteuerhebesatz von 400%. Vorher betrug der Körperschaftsteueratz noch 25%, so dass unter Berücksichtigung von Gewerbesteuer und Solidaritätszuschlag eine nominelle Gesamtsteuerbelastung von Kapitalgesellschaften in Höhe von 38,65% bestand (bei Annahme eines Hebesatzes von 400%). Während Kapitalgesellschaften nach § 1 Abs. 1 Nr. 1 KStG selbst körperschaftsteuerpflichtig sind, unterliegen bei Personenunternehmen, also Einzelunternehmen oder Personengesellschaften, ausschließlich der Einzelunternehmer oder die Gesellschafter, denen die Einkünfte der Gesellschaft über eine gesonderte und einheitliche Feststellung gem. § 179 ff. der Abgabenordnung (AO) zugerechnet werden, als natürliche Personen der Einkommensteuer gem. § 1 Abs. 1 Satz 1 EStG oder als Körperschaften der Körperschaftsteuer gem. § 1 KStG, vgl. *Hey*, in: Tipke/Lang, Steuerrecht, § 18 Rn. 9. Personenunternehmen sind als solche mithin nicht voll einkommensteuerrechtsfähig. Steuersubjekte der Einkommensteuer sind vielmehr der Unternehmer oder die Gesellschafter, die den Steuertatbestand gemeinsam verwirklichen (§§ 1 Abs. 1 S. 1, 2 Abs. 1 Nr. 2, 15 Abs. 1 S. 1 Nr. 2 EStG), vgl. *Kirchhof*, in: Kirchhof, EStG, § 2 Rn. 73. Während insofern die Besteuerung der Kapitalgesellschaften durch den Gedanken der Einheit gekennzeichnet ist, herrscht bei der Besteuerung von Personenunternehmen der Gedanke der Vielheit vor. Die Gewinne werden direkt auf Ebene des Einzelunternehmers oder Gesellschafters zugerechnet und besteuert (sog. Transparenzprinzip). Aufgrund dieses Transparenzprinzips sind Personenunternehmen grundsätzlich steuerlich „durchlässig", vgl. *Hennrichs*, StuW 2002, 201, 202.

94 Vgl. *Hey*, in: Tipke/Lang, Steuerrecht, § 18 Rn. 530; kritisch zur verfassungsrechtlichen Rechtfertigung *Hennrichs*, FS Lang, S. 244 f.

95 *Lang*, in: Tipke/Lang, Steuerrecht, § 4 Rn. 11.

96 Vgl. *Hennrichs*, DStJG 24 (2001), 301, 307 f.; *Englisch*, FS Lang, S. 169.

pien des Steuerrechts auch grundlegend für die Regeln einer steuerlichen Gewinnermittlung. Als Fundamentalprinzipien des Steuerrechts gelten:

- Das Prinzip der Gleichmäßigkeit der Besteuerung nach der wirtschaftlichen Leistungsfähigkeit (Art. 3 Abs. 1 GG) mit seinen Unterprinzipien Sachgerechtigkeit, Systemgerechtigkeit und Folgerichtigkeit;
- das Prinzip der Gesetzmäßigkeit der Besteuerung (Art. 2 Abs. 1, 20 Abs. 3 GG) mit seinen Unterprinzipien Normenklarheit, Normenbestimmtheit und Rechtssicherheit;
- und schließlich die Eigentumsgarantie (Art. 14 GG) mit dem Übermaßverbot und dem Prinzip der eigentumsschonenden Besteuerung.[97]

1. Gleichmäßigkeit der Besteuerung

Die Vorstellung von Steuer(verteilungs)gerechtigkeit (iustitia distributiva[98]) wird in erster Linie aus dem Allgemeinen Gleichheitssatz nach Art. 3 Abs. 1 GG als Ausdruck der allgemeinen Gerechtigkeitsvorstellung des Grundgesetzes abgeleitet.[99] Der Allgemeine Gleichheitssatz weist den

---

97 Zu den Fundamentalprinzipien rechtsstaatlichen Steuerrechts grdl. *Lang*, in: Tipke/Lang, Steuerrecht, § 4 Rn. 70 ff.

98 Alle Versuche die Vorstellung von Steuergerechtigkeit juristisch zu definieren, gehen auf die Unterscheidung von Aristoteles (Nikomachische Ethik, 5. Buch, Kapitel 5) zwischen ausgleichender Gerechtigkeit (*iustitia commutativa*) und austeilender Gerechtigkeit (*iustitia distributiva*) zurück. Die iustitia commutativa ist eine Erscheinungsform des Gerechtigkeitsprinzips und stellt auf Situationen der Gleichordnung von Rechtssubjekten ab, typischerweise im Privatrecht bei Verträgen, Delikten oder ungerechtfertigter Bereicherung. Maxime ist eine Vertragsgerechtigkeit im Sinne des gegenseitigen Einhaltens von Verträgen (*„pacta sunt servanda"*), der Gleichheit der auszutauschenden Leistungen oder der angemessenen Kompensation von Schäden zwischen gleichgeordneten Rechtssubjekten. Die *iustitia distributiva* dagegen stellt auf Situationen der Über- und Unterordnung ab, wie sie für das öffentliche Recht charakteristisch sind, also für das Verhältnis von Bürger und Staat. Die Verteilung von Gütern und Lasten im Gemeinwesen soll bestimmten solidarischen Gerechtigkeitsanforderungen genügen. Hervorzuheben ist etwa die Belastung der Bürger und Unternehmen mit Steuern und anderen öffentlichen Abgaben nach der wirtschaftlichen Leistungsfähigkeit – und die Ausgestaltung des Indikators dieser Leistungsfähigkeit. Dabei handelt es sich durchweg um Anwendungsfelder des Allgemeinen Gleichheitssatzes gem. Art 3 Abs. 1 GG. Zur Unterscheidung zwischen *iustitia commutativa* und *iustitia distributiva* siehe *Bydlinski*, Juristische Methodenlehre und Rechtsbegriff, S. 339, 357 f.; ferner *Birk*, Das Leistungsfähigkeitsprinzip als Maßstab der Steuernormen, S. 165 (Fn. 46). Zur Begriffsgeschichte der Gerechtigkeit jüngst *Rüthers*, JZ 2009, 969, 970 f.

99 Vgl. *Lang*, in: Tipke/Lang, Steuerrecht, § 4 Rn. 70; *Englisch*, FS Lang, S. 172; *Tipke*, FS Lang, S. 31. Als weitere Grundlagen werden Art. 106 GG, das Rechtsstaats- sowie das

Gesetzgeber an, wesentlich Gleiches gleich und wesentlich Ungleiches seiner Eigenart entsprechend ungleich zu behandeln.[100] Er gilt für ungleiche Belastungen wie für ungleiche Begünstigungen. Aus dem Allgemeinen Gleichheitssatz ergeben sich je nach Regelungsgegenstand und Differenzierungsmerkmal unterschiedliche Grenzen für den Gesetzgeber, die vom bloßen Willkürverbot bis zu einer strengen Bindung an die Erfordernisse der Verhältnismäßigkeit reichen.[101] Der Gesetzgeber hat sich dabei „zunächst und vor allem" an „den in den Grundrechten konkretisierten Wertentscheidungen und den fundamentalen Ordnungsprinzipien des Grundgesetzes" zu orientieren.[102]

Aus dem im Allgemeinen Gleichheitssatz verankerten Grundsatz der Steuergerechtigkeit ergibt sich das Leistungsfähigkeitsprinzip, welches länder- und fachübergreifend als Fundamentalprinzip gerechter Besteuerung angesehen wird.[103] Das Leistungsfähigkeitsprinzip bildet auch im Bereich der Unternehmensbesteuerung den primären verfassungsrechtlichen Maßstab, an dem sich die Verteilung der Steuerlasten ausrichten muss.[104] Nach *Klaus Tipke* fragt das Leistungsfähigkeitsprinzip danach,

---

Sozialstaatsprinzip genannt, dazu *Wendt*, Prinzipien der Verlustberücksichtigung, DStJG 28 (2005), 41, 42. Das Bundesverfassungsgericht hat den Grundsatz der Steuergerechtigkeit und das Prinzip der Besteuerung nach der Leistungsfähigkeit schon früh aus Art. 3 Abs. 1 GG abgeleitet, vgl. BVerfG v. 17.1.1957, BVerfGE 6, 70; BVerfG v. 16.6.1959, BVerfGE 9, 337; BVerfG v. 9.7.1969, BVerfGE 26, 310; BVerfG v. 23.11.1976, BVerfGE 43, 118; BVerfG v. 3.11.1982, 61, 343 f.; BVerfG v. 22.2.1984, BVerfGE 66, 223; BVerfG v. 28.11.1984, BVerfGE 68, 310; BVerfG v. 10.2.1987, BVerfGE 74, 199 f., BVerfG v. 27.6.1991, BVerfGE 84, 268.

100 BVerfG v. 24.3.1976, BVerfGE 42, 53, 72; BVerfG v. 10.12.1985, BVerfGE 71, 255, 271; BVerfG v. 9.4.2003, BVerfGE 108, 52, 67. Zum Gleichheitssatz als Verfassungsnorm *Osterloh*, in: Sachs, Grundgesetz, Art. 3 Rn. 1 ff.; ferner mit entstehungsgeschichtlichen Hinweisen *Stern*, Staatsrecht III/2, S. 1824 ff.

101 St. Rspr., vgl. BVerfG v. 12.5.2009, DStRE 2009, 922, 923; BVerfG v. 21.6.2006, BVerfGE 116, 180; BVerfG v. 11.1.2005, BVerfGE 112, 174; BVerfG v. 8.6.2004, BVerfGE 110, 431; BVerfG v. 20.4.2004, BVerfGE 110, 291. Dazu eingehend *Schlotter*, Teilwertabschreibung, S. 122 ff.

102 BVerfG v. 24.3.1976, BVerfGE 42, 64, 72 f.

103 Weltweit besteht Einigkeit darüber, dass sich eine gerechte Steuerbelastung nach dem Prinzip der Besteuerung nach der Leistungsfähigkeit richten muss. Vgl. dazu eingehend *Birk*, Das Leistungsfähigkeitsprinzip als Maßstab der Steuernormen; ferner *Tipke*, StRO I, S. 479 ff.; *ders.*, FS Lang, S. 33 f.; *Lang*, in: Tipke/Lang, Steuerrecht, § 4 Rn. 81 ff.; *Schlotter*, Teilwertabschreibung, S. 129 ff.; je m.w.N.

104 BVerfG v. 29.5.1990, BVerfGE 82, 60, 86; BVerfG v. 3.11.1982, BVerfGE 61, 319, 343 f.; *Birk*, Das Leistungsfähigkeitsprinzip als Maßstab der Steuernormen, S. 160; *Kirchhof*, StuW 1985, 319, 323; *Hennrichs*, DStJG 24 (2001), 301, 308; *ders.*, FS Lang, S. 239; *Lang*, Bemessungsgrundlage der Einkommensteuer, S. 97 ff.; *ders.*, FS Kruse, S. 315; *ders.*,

was der Steuerpflichtige aus seinem Einkommen zur Finanzierung des Gemeinwohls beitragen kann, damit der Staat seine Aufgaben erfüllen kann.[105] Es gebietet im Sinne einer Steuerverteilungsgerechtigkeit und Belastungsgleichheit, dass die Steuerlasten nach dem Maßstab der wirtschaftlichen Leistungsfähigkeit nicht beliebig, irrational oder unvernünftig auf die Steuerpflichtigen verteilt werden.[106] Das Leistungsfähigkeitsprinzip ist konkretisierungsbedürftig und damit auf die Umsetzung durch den Gesetzgeber angewiesen. Es gibt als übergeordnetes Grundprinzip nicht den Umfang des steuerlich zu erfassenden Einkommens vor, sondern liefert einen Maßstab für die nähere Ausgestaltung der Einkommensermittlung.[107]

Das BVerfG[108] räumt dem Gesetzgeber jedoch bei der Konkretisierung des Indikators einer wirtschaftlichen Leistungsfähigkeit eine weitgehende Gestaltungsfreiheit ein. Der Wertungsspielraum ende erst dort, wo sich eine Ungleichbehandlung unter keinem sachlich vertretbaren Gesichtspunkt rechtfertigen lasse.[109] Dies gelte insbesondere im Hinblick auf die Auswahl des Steuergegenstandes und die Bestimmung des Steuersatzes.[110] Hinsichtlich der Gestaltung der steuerlichen Bemessungsgrundla-

---

DStJG 24 (2001), 49, 55; *Tipke*, StRO II, S. 619 m.w.N.; *Wendt*, DStJG 28 (2005), 41, 42 f.; *Cryns*, Gesellschafter-fremdfinanzierung, S. 300 f.; *Englisch*, FS Lang, S. 173 f.

105 Vgl. *Tipke*, StRO I, S. 479.

106 *Lang*, Bemessungsgrundlage der Einkommensteuer, S. 120; *München*, Die Zinsschranke, S. 55 f.; *Bohn*, Zinsschranke, S. 35 mit umfangreichen Rechtsprechungsnachweisen.

107 Vgl. *Birk*, Steuerrecht, Rn. 33 ff.; *Englisch*, FS Lang, S. 181; *Herzig*, IAS/IFRS und steuerliche Gewinnermittlung, S. 18; *Schlotter*, FR 2007, 951, 952 f. Ferner *Schön*, StuW 1995, 366, 371, der formuliert: „Das Leistungsfähigkeitsprinzip präjudiziert nicht von vornherein den Umfang des steuerpflichtigen Einkommens". Auch nach *Kirchhof*, StuW 1984, 297, 311, „[...] ist das Besteuerungsobjekt jedoch noch nicht abschließend aus dem Gleichheitssatz ableitbar".

108 Dies gilt insbesondere hinsichtlich „der Erschließung von Steuerquellen", vgl. BVerfG v. 13.3.1979, BVerfGE 50, 392. „Im Rahmen seiner Gestaltungsfreiheit im Bereich des Steuerrechts kann sich der Gesetzgeber beispielsweise von finanzpolitischen, volkswirtschaftlichen, sozialpolitischen oder steuertechnischen Erwägungen leiten lassen", BVerfG v. 13.3.1979, a.a.O.

109 BVerfG v. 16.6.1959, BVerfGE 9, 337: „Nur die Einhaltung dieser äußersten Grenzen der gesetzgeberischen Freiheit ist vom Bundesverfassungsgericht nachzuprüfen". Ferner BVerfG v. 13.5.1969, BVerfGE 26, 1, 8; BVerfG v. 25.10.1977, BVerfGE 46, 224, 239 f.; BVerfG v. 15.1.2008, BVerfGE 120, 1, 31.

110 St. Rspr., vgl. grdl. Vermögensteuerbeschluss v. 22.6.1995, BVerfGE 93, 121, 136; ferner Erbschaftsteuerbeschluss v. 7.11.2006, BVerfGE 117, 1, 30 f. und jüngst BVerfG v. 12.5.2009, DStRE 2009, 922, 924 sowie Urteil zur Pendlerpauschale v. 9.12.2008, DStR 2008, 2460, 2461; zuvor schon BVerfG v. 6.3.2002, BVerfGE 105, 73, 126; BVerfG v. 30.9.1998, BVerfGE 99, 95; BVerfG v. 6.12.1982, BVerfGE 65, 325, 354. Dazu auch *Wendt*,

ge im Binnenbereich einer Steuerart komme dem Gesetzgeber nur eine beschränkte Gestaltungsfreiheit zu.[111] Denn jedenfalls dort unterliegt er den engeren gleichheitsrechtlichen Bindungen des Folgerichtigkeitsgrundsatzes (Gebot der System- und Folgerichtigkeit).[112] Der Gesetzgeber muss Wertungswidersprüche vermeiden, indem er an seine eigenen, grundlegenden Wertentscheidungen widerspruchsfrei anknüpft. Nach ständiger Rechtsprechung des BVerfG bedürfen Ausnahmen von der folgerichtigen Umsetzung der einmal getroffenen Belastungsentscheidung eines besonderen, sachlichen Rechtfertigungsgrundes.[113] Insoweit führt das gleichheitsrechtliche Gebot der System- und Folgerichtigkeit zu einer Selbstbindung des Gesetzgebers.

2. Gesetzmäßigkeit der Besteuerung

Aus dem Rechtsstaatsprinzip (Art. 20 Abs. 2 und 3, Art. 19 Abs. 4 GG) entspringt das Gebot der Gesetzmäßigkeit der Besteuerung, welches dem Bürger vor allem Rechtssicherheit und Rechtsschutz gegenüber dem fiskalischen Eingriff gewähren soll. Dieser Eingriff darf daher nur durch oder aufgrund eines Gesetzes erfolgen (Legalitätsgrundsatz[114]), das sei-

---

DStJG 28 (2005), 41, 43, wonach dem Gesetzgeber eine weitgehende und lediglich durch das Willkürverbot begrenzte Freiheit bei der Auswahl der Indikatoren für die Bestimmung der Leistungsfähigkeit zukommt. Kritisch bezüglich eines „verfassungsrechtlichen Freiraums" *Hennrichs*, FS Lang, S. 241 ff.

111 Dadurch wird der Gesetzgeber durchaus erheblich in seiner gesetzgeberischen Gestaltungsfreiheit beschränkt, vgl. *Tipke*, JZ 2009, 533, 537; *Mössner*, FS Lang, S. 96. Kritisch zur Zweistufigkeit der Prüfung durch das BVerfG und der daraus resultierenden unterschiedlichen Kontrolldichte *Hey*, DStR 2009, 2561, 2562 f.; *dies.*, FR 2008, 1033, 1038; *Hennrichs*, FS Lang, S. 243 f.; *Englisch*, FS Lang, S. 188 ff.

112 *Wendt*, DStJG 28 (2005), 41, 43 f.; *Schlotter*, Teilwertabschreibung, S. 126 f., 210; *Hey*, DStR 2009, 2561 ff.; *Lang*, in: Tipke/Lang, Steuerrecht, § 4 Rn. 75 m.w.N. Zum Gebot der Folgerichtigkeit im Steuerrecht jüngst auch umfassend *Englisch*, FS Lang, S. 167 ff.

113 So zuletzt BVerfG v. 17.11.2009, DStR 2009, 434, 435; BVerfG v. 12.5.2009, DStRE 2009, 922; zuvor schon BVerfG v. 9.12.2008, DStR 2008, 2460, 2461; BVerfG v. 7.11.2006, BVerfGE 117, 1, 31; BVerfG v. 21.6.2006, BVerfGE 116, 164, 180 f.; BVerfG v. 4.12.2002, BVerfGE 107, 27, 47 f.; BVerfG v. 6.3.2002, BVerfGE 105, 73, 126; BVerfG v. 30.9.1998, BVerfGE 99, 88, 95; BVerfG v. 11.11.1998, BVerfGE 99, 289 f. Aus der Literatur z.B. *Kirchhof*, StuW 1984, 297, 301 f.; *ders.*, StuW 2000, 316, 318, 322 ff.; *Schön*, StuW 1995, 366, 371; *Tipke*, StRO I, S. 327 ff.; *Lang*, StuW 2007, 3, 5; dazu auch jüngst *Hey*, DStR 2009, 2561 ff., die eine Reihe von pauschalen Rechtfertigungsversuchen des Gesetzgebers benennt.

114 Zum steuerlichen Legalitätsprinzip jüngst *Schön*, DStJG 33 (2010), 29, 31 ff.

nerseits hinreichend klar und bestimmt ausgestaltet ist (Bestimmtheitsgrundsatz).

„Ein Rechtsstaat besteht nur, wenn die Einzelnen mit hinreichender Sicherheit und ohne allzu großen Aufwand feststellen können, was für häufig vorkommende Vorgänge und Sachverhalte geltendes Recht ist. [...] Ein Recht, das nur noch von Spezialisten verstanden werden kann, wird immer mehr zum bloßen Herrschaftsinstrument, weil der Bürger unverhältnismäßigen Zeit- und Geldaufwand treiben muss, um den behördlichen Rechtsauffassungen erfolgreich zu widersprechen. [...] Wirtschaftliche und persönliche Planungen setzen voraus, dass man erkennen kann, welche Rechtslage später für [...] Vorhaben bestehen wird."[115]

Nach dem aus dem Rechtsstaatsprinzip abgeleiteten Bestimmtheitsgebot wird der Gesetzgeber dazu angehalten, Vorschriften so präzise zu fassen, wie dies nach der Eigenart der zu regelnden Lebenssachverhalte und dem Normzweck möglich ist. Die Anforderungen an Normenklarheit und -bestimmtheit sind nach der Rechtsprechung des BVerfG dabei umso höher, je schwerwiegender die Auswirkungen eines Gesetzes sind.[116] Der Gesetzgeber ist nach dem Bestimmtheitsgebot verpflichtet, Maßnahmen so klar und unmissverständlich zu regeln, „dass die davon Betroffenen die Rechtslage erkennen und ihr Verhalten danach bestimmen können".[117]

Steuerbegründende Tatbestände sind nach der Rechtsprechung so zu formulieren, dass der Steuerpflichtige die auf ihn entfallende Belastung vorausberechnen kann. Danach genügt es nicht, dass sich die Wirkungen und Rechtsfolgen einer Norm allenfalls Experten erschließen.[118] Der Steuerpflichtige selbst und nicht etwa dessen steuerlicher Berater müsse seine steuerlichen Pflichten erkennen können.[119] Die Komplexität eines Regelungsgegenstands entbinde den Gesetzgeber nicht vom Grundsatz der Normenklarheit, sondern verpflichte ihn vielmehr zur Entwicklung

---

115 *Willgerodt*, FAZ v. 3.1.2011.

116 BVerfG v. 9.4.2003, BVerfGE 108, 52, 75; BVerfG v. 19.3.2003, BVerfGE 108, 1, 20; BVerfG v. 3.3.2004, BVerfGE 110, 33, 55.

117 BVerfG v. 7.4.1964, BVerfGE 17, 306, 314; BVerfG v. 3.3.2004, BVerfGE 110, 33, 53.

118 St. Rspr., vgl. z.B. BVerfG v. 10.10.1961, BVerfGE 13, 153, 160; BVerfG v. 12.10.1978, BVerfGE 49, 343, 362; BVerfG v. 23.10.1986, BVerfGE 73, 388, 400; BFH v. 6.9.2006, BStBl. II 2007, 167, 169.

119 H.M., vgl. BVerfG v. 10.11.1998, BVerfGE 99, 216, 243; BFH v. 6.9.2006, BStBl. II 2007, 167, 171 f.; *Hey*, Steuerplanungssicherheit als Rechtsproblem, S. 558 ff.; *München*, Die Zinsschranke, S. 82. Zum Meinungsstand eingehend *Shou*, Die Zinsschranke im Unternehmensteuerreformgesetz 2008, S. 88 f.

eines einfacheren Konzeptes.[120] Eingriffstatbestände müssen operationalisierbar und rechtsstaatskonform bleiben.

Dennoch bleibt ein unauflösbarer Widerspruch zwischen der notwendigen abstrakt-generellen Formulierung einer Steuernorm und dem Ideal einer Verständlichkeit für Jedermann.[121] Die unterste Grenze für den Gesetzgeber sei nach *Tipke* aber dort erreicht, wo sich eine Norm als schlechterdings nicht anwendbar, nicht vollziehbar und nicht justiziabel herausstellt.[122]

3. Eigentumsgarantie und Übermaßverbot

Schließlich fällt die Besteuerung als Akt staatlicher Gewalt in den Schutzbereich der Eigentumsgarantie nach Art. 14 Abs. 1 GG. Jedes belastende Steuergesetz stellt in diesem Sinne eine rechtfertigungsbedürftige Inhalts- und Schrankenbestimmung (Art. 14 Abs. 1 Satz 2 GG) dar.[123]

Im Steuerrecht folgt insbesondere aus der Eigentumsgarantie das sog. Übermaßverbot, welches Eingriffe in die freiheitlich geschützten Vermögensbereiche des Bürgers auf geeignete, erforderliche und angemessene Maßnahmen beschränkt.[124] Das Übermaßverbot stellt die negative Schlussfolgerung aus dem Verhältnismäßigkeitsgrundsatz dar, der eine vernünftige Zweck-Mittel-Relation gebietet.[125] Im Rahmen des Steuerrechts muss der Steuerzugriff geeignet zur Deckung des Finanzbedarfs des Staates, erforderlich im Sinne eines mildesten Mittels und schließlich angemessen im Hinblick auf den Nutzen für den Einzelnen und die Allgemeinheit sein. Die Gestaltungsfreiheit des Gesetzgebers wird somit

---

120 In der Vorschrift des § 2 Abs. 3 Sätze 2 ff. EStG a.F. erkannte der BFH eine Verletzung des Gebots der Normenklarheit, da sich Inhalt und Systematik der Vorschrift „bei hoher Fehleranfälligkeit allenfalls *mit subtiler Sachkenntnis, außerordentlichen methodischen Fähigkeiten und einer gewissen Lust zum Lösen von Denksportaufgaben*" erschließen, vgl. BFH v. 6.9.2006, BStBl. II 2007, 167, 172 f.

121 Siehe zu diesem Grundkonflikt ausführlich *Tipke*, StRO I, S. 140 ff.; ebenso *Shou*, Die Zinsschranke im Unternehmensteuerreformgesetz 2008, S. 92; *München*, Die Zinsschranke, S. 82 f.

122 *Tipke*, StRO I, S. 144.

123 BVerfG v. 18.1.2006, BVerfGE 115, 97, 111 f.; *Butzer*, StuW 1999, 227, 238; *Dederer*, StuW 2000, 91, 94.

124 *Lang*, in: Tipke/Lang, Steuerrecht, § 4 Rn. 209.

125 Vgl. BVerfG v. 18.7.1973, BVerfGE 35, 401.

auch an dieser Stelle durch den allgemeinen Grundsatz der Verhältnismäßigkeit begrenzt.[126]

Eine Verletzung des Art. 14 Abs. 1 GG liegt zumindest dann vor, wenn die Auferlegung von Geldleistungspflichten den Steuerpflichtigen übermäßig belasten und dessen Vermögensverhältnisse so grundlegend beeinträchtigen, dass sie „erdrosselnde" bzw. konfiskatorische Wirkung haben.[127] Erdrosselnd ist eine Steuer, wenn die steuerliche Geldleistungspflicht nicht aus den Erträgen einer Steuerquelle, sondern nur durch Verwertung der Quelle selbst erfüllt werden kann.[128] Damit begründet Art. 14 Abs. 1 GG in seiner Funktion als Abwehrrecht eine steuerliche Belastungsgrenze und als solche ein Leitprinzip im Steuerrecht.[129]

III. Vorgaben des Europäischen Gemeinschaftsrechts

Die Mitgliedstaaten der Europäischen Union haben sich die Schaffung eines Binnenmarktes innerhalb der Union, der einen freien Waren-, Personen-, Dienstleistungs- und Kapitalverkehr gewährleistet, zum Ziel gesetzt.[130] Art. 4 Abs. 3 EUV verbietet den Mitgliedstaaten alle Maßnahmen, welche die Verwirklichung der Vertragsziele gefährden könnten (negative Gemeinschaftstreue). Zu den Hindernissen der Konzeption eines einheitlichen Wirtschaftsraumes kann auch die Ausgestaltung eines nationalen Steuersystems gehören. Die Mitgliedstaaten der EU sind grund-

---

126 BFH v. 6.9.2006, BStBl. II 2007, S. 167, 170. Besondere Bedeutung kommt dabei den Anforderungen an ein hinreichendes Maß an Rationalität (Eignung und Erforderlichkeit der Beeinträchtigung) und an eine Ausgewogenheit beim Ausgleich zwischen den beteiligten individuellen Belangen und denen der Allgemeinheit zu, vgl. BVerfG v. 18.1.2006, BVerfGE 115, 97, 114 f.

127 BVerfG v. 24.7.1962, BVerfGE 14, 221, 241; BVerfG v. 17.7.1974, BVerfGE 38, 61, 102; BVerfG v. 22.3.1983, BVerfGE 63, 343, 368; BVerfG v. 22.6.1995, BVerfGE 93, 121, 149, 154 (abweichende Meinung *Böckenförde*); BVerfG v. 8.4.1997, BVerfGE 95, 267, 300; BFH v. 6.9.2006, BStBl. II 2007, S. 167, 170; vgl. *Lang*, in: Tipke/Lang, Steuerrecht, § 4 Rn. 213.

128 Vgl. *Kirchhof*, NJW 1987, 3217, 3224 f. Daraus folgt, dass es grundsätzlich keine Steuer auf die Vermögenssubstanz geben darf, sondern nur auf den Ertrag als Ergebnis einer Vermögensnutzung. Wenn eine Steuer formal an den Vermögensbestand anknüpft, ist sie nur zulässig, soweit die Belastungen aus dem typischerweise zu erwartenden Ertrag aus diesem Vermögen aufgebracht werden kann, vgl. BVerfG v. 22.6.1995, BVerfGE 93, 121, 137.

129 *Lang*, in: Tipke/Lang, Steuerrecht, § 4 Rn. 209 ff.; *Schlotter*, Teilwertabschreibung, S. 238 ff.; *Shou*, Die Zinsschranke im Unternehmensteuerreformgesetz 2008, S. 53 m.w.N. Dazu auch jüngst *Palao Taboada*, FS Lang, S. 274.

130 Art. 3 Abs. 3 EUV, Art. 26 Abs. 2 AEUV.

sätzlich autonom in der Gestaltung ihrer Steuersysteme. Aufgrund des Anwendungsvorrangs des Gemeinschaftsrechts im Verhältnis zu nationalen Rechtsvorschriften sind die europarechtlichen Vorgaben jedoch auch im Rahmen nationaler Besteuerungsvorschriften zu beachten.[131] Interessenkonflikte sind im Bereich des Steuerrechts wegen der notwendigen Harmonisierungsbedürfnisse der EU einerseits und der Wahrung nationaler Steuerautonomie der Mitgliedstaaten andererseits vorprogrammiert.[132] Im Falle der Kollision ist die betreffende nationale Vorschrift für grenzüberschreitende Sachverhalte innerhalb der EU nicht anzuwenden, und das Gemeinschaftsrecht setzt sich uneingeschränkt durch.[133] Die partielle Abgabe von Hoheitsrechten an die EU ist verfassungsrechtlich durch Art. 23 Abs. 1 GG legitimiert.

Die Mitgliedstaaten der EU müssen ihre Befugnisse unter Wahrung des Gemeinschaftsrechts ausüben und haben dabei die europäischen Grundfreiheiten und das allgemeine Diskriminierungsverbot des Art. 18 AEUV[134] einzuhalten.[135] Hierbei handelt es sich im Bereich der Unter-

---

131 St. Rspr. des EuGH vgl. bereits EuGH v. 15.7.1964, Slg. 1964, S. 1253 ff.; EuGH v. 7.7.1976, Slg. 1976, S. 1185, Tz. 16; EuGH v. 9.3.1978, Slg. 1978, S. 629, Tz. 17 f.; EuGH v. 22.6.1989, Slg. 1989, S. 1839, Tz. 30 f.; EuGH v. 7.2.1991, Slg. 1991, S. I-297, Tz. 17 ff. Aus der Literatur siehe stellvertretend *Grzeszick*, in: Maunz/Dürig, Kommentar zum GG, Art. 20, VI, Rn. 94; *Albert*, IFSt-Schrift Nr. 448 (2008), S. 30 ff. Auf dem Gebiet der direkten Steuern hat der EuGH in seiner Entscheidung vom 7.5.1985, Slg. 1985, S. 1339 ff., erstmals den Vorrang der europäischen Grundfreiheiten gegenüber der Souveränität des nationalen Steuergesetzgebers betont. Zum Verhältnis von Gemeinschaftsrecht und Steuerrecht ferner *Lang*, in: Tipke/Lang, Steuerrecht, § 5 Rn. 16.

132 *Shou*, Die Zinsschranke im Unternehmensteuerreformgesetz 2008, S. 97; *München*, Die Zinsschranke, S. 85.

133 Vgl. EuGH v. 7.2.1991, Slg. 1991, S. I-297, Tz. 17, 19; EuGH v. 28.1.1986, Slg. 1986, S. 273, Tz. 11 ff.; BVerfG v. 22.10.1986, BVerfGE 73, 339, 374 f., 387 („Solange II"); bestätigt durch BVerfG v. 12.10.1993, BVerfGE 89, 155, 174 f. („Maastricht-Urteil") und BVerfG v. 30.6.2009, BVerfGE 123, 267, 335 („Lissabon-Urteil"). Zustimmend auch *Englisch*, Dividendenbesteuerung, S. 214 m.w.N. sowie *Hirsch*, DStJG 23 (2000), 175, 176 ff.

134 Der bis Ende November des Jahres 2009 gültige *Vertrag zur Gründung der Europäischen Gemeinschaft* (EGV) wurde durch den Vertrag von Lissabon vom 13.12.2007 geändert und besteht nun in der reformierten Fassung als *Vertrag über die Arbeitsweise der Europäischen Union* (AEUV) mit abweichender Artikelabfolge fort.

135 Vgl. EuGH v. 14.2.1995, Slg. 1995, S. I-225, Tz. 21; EuGH v. 14.9.1999, Slg. 1999, S. I-5451, Tz. 20; EuGH v. 21.9.1999, Slg. 1999, S. I-6181, Tz. 58; EuGH v. 13.4.2000, Slg. 2000, S. I-2787, Tz. 17; EuGH v. 26.6.2003, Slg. 2003, S. I-6817, Tz. 25. Die Grundfreiheiten verdrängen hierbei nach st. Rspr. des EuGH das allgemeine Diskriminierungsverbot aus Gründen der Spezialität, vgl. EuGH v. 30.5.1989, Slg. 1989, S. 1461, Tz. 12 f. m.w.N.; EuGH v. 13.7.1993, Slg. 1993, S. I-4017, Tz. 21; EuGH v. 26.6.2003, Slg. 2003, S. I-6817, Tz. 61 m.w.N.

nehmenssteuern vor allem um die Niederlassungs- und Kapitalverkehrsfreiheit. Die Niederlassungsfreiheit gewährt das Recht, in einem anderen Mitgliedstaat nach dessen Rechtsvorschriften einer selbständigen Erwerbstätigkeit nachzugehen und Unternehmen und Niederlassungen zu gründen, Art. 49 AEUV.[136] Aus der Kapitalverkehrsfreiheit ergibt sich vor allem die Pflicht der Mitgliedstaaten, Beschränkungen im grenzüberschreitenden Kapital- und Zahlungsverkehr abzubauen, soweit dies für die Funktionalität eines gemeinsamen Marktes erforderlich ist, Art. 63 AEUV. Die europäischen Grundfreiheiten sind sowohl als Gleichheits- als auch Freiheitsrechte ausgestaltet. Aus dieser Doppelfunktion ergeben sich ein Diskriminierungs- und ein Beschränkungsverbot.[137]

Im Bereich des primären Gemeinschaftsrechts setzt neben den Grundfreiheiten auch das Beihilferecht nach Art. 107 ff. AEUV bestimmte Grenzen für die Ausgestaltung einer Zinsabzugsbeschränkung.[138] Schließlich sind für den Bereich konzerninterner Finanzierung im Allgemeinen und nationaler Unterkapitalisierungsvorschriften im Besonderen sekundärrechtlich die Zins- und Lizenzgebühren-Richtlinie (ZLRL[139]) und die Mutter-Tochter-Richtlinie [140] von Bedeutung.

---

136 Zur Niederlassungsfreiheit im Zusammenhang mit steuerlichen Unterkapitalisierungsregeln bei Gesellschafterdarlehen vgl. jüngst *Schön*, IStR 2009, 882, 883 ff.; *Bohn*, Zinsschranke, S. 54 ff.; *Shou*, Die Zinsschranke im Unternehmensteuerreformgesetz 2008, S. 100 f.; *Cryns*, Gesellschafterfremdfinanzierung, S. 359 ff.; *München*, Die Zinsschranke, S. 88 ff.

137 *München*, Die Zinsschranke, S. 88; *Baßler*, IStR 2005, 822; *Bohn*, Zinsschranke, S. 64 ff.; *Shou*, Die Zinsschranke im Unternehmensteuerreformgesetz 2008, S. 101 m.w.N.

138 Dazu ausführlich *Bohn*, Zinsschranke, S. 80 ff.

139 Richtlinie 2003/49/EG des Rates vom 3.6.2003 über eine gemeinsame Steuerregelung für Zahlungen von Zinsen und Lizenzgebühren zwischen verbundenen Unternehmen verschiedener Mitgliedstaaten, Abl. EU 2003, Nr. L 157, S. 49 – 54.

140 Richtlinie 90/435/EWG vom 23.7.1990 über das gemeinsame Steuersystem der Mutter und Tochtergesellschaften verschiedener Mitgliedstaaten, Abl. EG Nr. L 225, S. 6, zuletzt geändert durch Richtlinie 2004/66/EG, Abl. EU 2004, Nr. L 168, S. 35.

Zweites Kapitel – Regelungsinhalt der Zinsschranke nach §§ 4h EStG, 8a KStG

A. Persönlicher Anwendungsbereich

I. Vorbemerkung

Die Zinsschranke ist auf sämtliche betrieblichen Einkünfte natürlicher und juristischer Personen anwendbar, soweit der Betrieb im Inland steuerpflichtig ist.[141] Sie ist objektbezogen auf die steuerliche Einheit „Betrieb" und nicht subjektbezogen auf den Steuerpflichtigen ausgerichtet.[142] Die Zinsschranke ist als reines Betriebsausgabenverbot ausgestaltet, berührt also nicht den Werbungskostenabzug.[143]

II. Der Betriebsbegriff im Rahmen der Zinsschranke

Die Regelungen zur Zinsschranke gelten nach § 4h Abs. 1 Satz 1 EStG für „Zinsaufwendungen eines Betriebs". Obwohl der Betriebsbegriff zentrale Bedeutung für die Anwendung der Vorschrift hat, findet sich weder im Gesetz noch in der Gesetzesbegründung eine Definition dieser Bezugseinheit. Der Begriff des „Betriebs" deckt sich weder mit den Begrifflichkeiten des deutschen Handelsrechts noch mit denen der IFRS, die beide auf das „Unternehmen" als maßgebliches Bezugsobjekt abstellen. Auch der zivilrechtliche Begriff des Rechtsträgers ist an dieser Stelle nicht kongruent. Bei einem Betrieb im Sinne der Zinsschranke handelt es sich damit um eine inländische, steuerliche Einheit, die nicht zwingend mit

---

141 Vgl. Gesetzesbegründung zum Entwurf eines Unternehmensteuerreformgesetzes 2008, BT-Drucks. 16/4841, S. 48.

142 Vgl. *Loschelder*, in: Schmidt, EStG, § 4h Rn. 9.

143 *Dörr/Geibel/Fehling*, NWB Fach 4, 5199, 5200; *Korn*, KÖSDI 2008, 15866, 15867. Eine rein vermögensverwaltend tätige Personengesellschaft kann ihre Zinsaufwendungen folglich uneingeschränkt als Werbungskosten abziehen, während eine gewerblich tätige (§ 15 Abs. 1 Satz 1 Nr. 2 und Abs. 3 Nr. 1 EStG) oder gewerblich geprägte Personengesellschaft (§ 15 Abs. 3 Nr. 2 EStG) der Abzugsbeschränkung unterliegt, vgl. *Korn*, in: Beratungsschwerpunkt UntStRef 2008 (KSp 3), Tz. 76.

einem handelsrechtlichen Unternehmen oder einer juristischen Einheit gleichzusetzen ist.[144]

Aus diesem Grund soll nach einer Ansicht in der Literatur grundsätzlich der kodifizierte Betriebsbegriff des Einkommensteuerrechts für Gewerbebetriebe gelten (enger Betriebsbegriff).[145] Der Zinsschranke unterliegen nach dieser Auffassung nur gewerbliche Unternehmen unabhängig von Rechtsform und Bilanzierungsart. Darüber hinaus wird teilweise auf die Begrifflichkeiten der §§ 14, 15 Abs. 2, 16, 18 Abs. 3 EStG und 20 UmwStG verwiesen (funktionaler Betriebsbegriff).[146]

Nach einer vermittelnden Ansicht sind alle Betriebe im Sinne der ertragsteuerlichen Gewinneinkünfte nach § 2 Abs. 2 Nr. 1 EStG, also Gewerbebetriebe, Betriebe der Land- und Forstwirtschaft sowie freiberufliche Betriebe, in den Anwendungsbereich der Zinsschranke einzubeziehen.[147] Für diese Betriebe gelten die Regelungen der einkommensteuerlichen Gewinnermittlung nach §§ 4 ff. EStG und damit auch die Abzugsbeschränkung des § 4h EStG. Die Betriebseigenschaft kann daher auch gegeben sein, wenn der Steuerpflichtige den Gewinn als Überschuss der

---

144 So auch *Heintges/Kamphaus/Loitz*, DB 2007, 1261.

145 Siehe Antwort der Bundesregierung, BT-Drucks. 16/4835 v. 27.3.2007 zu 3.; *Korn*, KÖSDI 2008, 15866, 15870; *ders.*, in: Beratungsschwerpunkt UntStRef 2008 (KSp 3), Tz. 77; *Möhlenbrock/Pung*, in: Dötsch/Jost/Pung/Witt, Körperschaftsteuer, § 8a KStG (URefG 2008) Rn. 45. Nach § 15 Abs. 2 EStG ist ein Gewerbebetrieb eine selbständige, nachhaltige Betätigung, die mit der Absicht, Gewinn zu erzielen, unternommen wird und sich als Beteiligung am allgemeinen wirtschaftlichen Verkehr darstellt, wenn die Betätigung weder als Ausübung von Land- und Forstwirtschaft noch als Ausübung eines freien Berufs noch als eine andere selbständige Arbeit anzusehen ist. Auch eine rein vermögensverwaltende Tätigkeit wäre nicht als gewerblich und mithin nicht als Betrieb im Sinne der Zinsschranke zu verstehen, vgl. Richtlinie 15.7 „Allgemeines" EStR; *Möhlenbrock/Pung*, in: Dötsch/ Jost/Pung/Witt, Körperschaftsteuer, § 8a KStG (URefG 2008) Rn. 45. Problematisch ist dieses Verständnis im Hinblick auf die Vorschrift des § 8 Abs. 2 KStG. Denn danach wird auch bei einer Kapitalgesellschaft mit rein vermögensverwaltender Tätigkeit ein Gewebebetrieb unterstellt, so dass die Zinsschranke greifen würde, vgl. *Schaden/Käshammer*, BB 2007, 2317, 2319.

146 *Dörr/Geibel/Fehling*, NWB 2007, Fach 4, 5199, 5201; *Heintges/Kamphaus/Loitz*, DB 2007, 1261; *Köhler*, DStR 2007, 597, 598; *Musil/Volmering*, DB 2008, 12. Kritisch *Kraft/Mayer-Theobald*, DB 2008, 2325, 2326, wonach diese Normen entsprechend ihrer Zielrichtung erhebliche Unterschiede im Verständnis des Betriebsbegriffs erkennen lassen, so dass eine einheitliche Begriffsbestimmung auf dieser Grundlage nicht möglich sei.

147 Vgl. BMF-Schreiben vom 4.7.2008, BStBl. I 2008, S. 718, Rn. 2; *Hick*, in: HHR, EStG, § 4h Rn. 22; *Blumenberg/Lechner*, in: Blumenberg/Benz, UntStR 2008, S. 114; *Schaden/Käshammer*, BB 2007, 2317, 2319; *Shou*, Die Zinsschranke im Unternehmensteuerreformgesetz 2008, S. 73.

Betriebseinnahmen über die Betriebsausgaben ansetzt (§ 4 Abs. 3 EStG).[148] Aus der systematischen Stellung des § 4h EStG ergibt sich, dass es sich hierbei um eine Gewinnermittlungsvorschrift handelt. Innerhalb der einkommensteuerrechtlichen Gewinnermittlungsregelungen ist der Betriebsbegriff einheitlich zu verstehen, so dass auf die §§ 4 – 6 EStG zurückzugreifen ist. Der Betrieb sei damit jene steuerliche Einheit, deren Gewinn nach diesen Normen ermittelt wird. Der Betriebsbegriff ist normspezifisch auszulegen.[149] Dieser normspezifischen Auslegung ist zuzustimmen, weil damit ein klar abgegrenzter Anwendungsbereich geschaffen wird.

Unter einem „Betrieb" kann nur ein rechtlich selbständiges Unternehmen verstanden werden, welches für sich eine wirtschaftliche Einheit bildet, und nicht ein nur unselbständiger Teil eines anderen Betriebes oder eines Unternehmens ist.[150] Erforderlich ist daher eine Gesamtbetrachtung der steuerlichen Einheit. Auch einzelne Betriebsstätten eines Unternehmens sollen für sich betrachtet keinen Betrieb i.S. des § 4h EStG darstellen.[151] Körperschaften und Mitunternehmerschaften[152] besitzen re-

---

148 Diese Auffassung vertritt auch die Finanzverwaltung, vgl. BMF-Schreiben vom 4.7.2008, BStBl. I 2008, S. 718, Rn. 4. Ebenso *Shou*, Die Zinsschranke im Unternehmensteuerreformgesetz 2008, S. 87. Dem stünde jedoch entgegen, dass eine Befreiung von der Zinsschranke durch den Eigenkapitalvergleich gem. § 4h Abs. 2 Satz 1 Buchst. c EStG eine Gewinnermittlung durch Betriebsvermögensvergleich (Bilanz) erfordert. Andererseits wird bei Betrieben, die nicht buchführungspflichtig sind, regelmäßig die Freigrenze eingreifen.

149 In diesem Sinne *Prinz*, DB 2008, 368; *Köster-Böckenförde/Clauss*, DB 2008, 2213, 2214 f.; *Loschelder*, in: Schmidt, EStG, § 4 Rn. 25.

150 Vgl. auch Abschn. 11 Abs. 2 GewStR. Demgegenüber handelt es sich bei einem Konzern um einen Verbund von rechtlich selbständigen Unternehmen. Zum Konzernbegriff vgl. Kapitel 4, Abschnitt A (S. 161 ff.).

151 Vgl. BMF-Schreiben vom 4.7.2008, BStBl. I 2008, S. 718, Rn. 9; *München*, Die Zinsschranke, S. 19. So ist die Zinsschranke im Verhältnis zwischen einer inländischen Betriebsstätte und dem ausländischen Stammhaus nicht anzuwenden, h.M. vgl. *Grotherr*, IWB Gr 3 Fach 3, 1489, 1496; *Möhlenbrock/Pung*, in: Dötsch/Jost/Pung/ Witt, Körperschaftsteuer, § 8a KStG (URefG 2008) Rn. 49; *Blumenberg/Lechner*, in: Blumenberg/Benz, UntStR 2008, S. 115. Dies folgt aus der rechtlichen Einheit von Stammhaus und Betriebsstätte, bei der schuldrechtliche Vereinbarungen zwischen rechtlich unselbständigen Teilen eines Unternehmens nicht möglich sind. An dieser Stelle gelten die allgemeinen Regeln über die Gewinnabgrenzung im Einheitsunternehmen. Eine Zuordnung von Forderungen und Verbindlichkeiten zum ausländischen Stammhaus und zur inländischen Betriebsstätte richtet sich weiterhin nach den Grundsätzen des BMF-Schreibens vom 24.12.1999, BStBl. I 1999, S. 1076, Tz. 2.5. „Betrieb" im Sinne der Zinsschranke ist daher die Gesamtheit der den Betrieb bildenden Betriebstätten. Nach der Gesetzesbegründung fallen nur inländische Betriebe in den Anwendungsbereich der

gelmäßig nur einen Betrieb. Demgegenüber können Einzelunternehmer gleichzeitig mehrere Betriebe unterhalten, die dann auch für Zwecke der Zinsschranke getrennt zu behandeln sind.[153]

B. Sachlicher Anwendungsbereich

Nach § 4h Abs. 1 Satz 1 EStG sind Zinsaufwendungen eines Betriebes nunmehr nur noch in Höhe des vom Betrieb im gleichen Veranlagungszeitraum erzielten Zinsertrages steuerlich uneingeschränkt abziehbar. Der Abzug darüber hinausgehender Zinsaufwendungen (sog. Nettozinsaufwand)[154] ist auf 30% des „steuerlichen EBITDA" beschränkt.

Zinsschranke, vgl. BT-Drucks. 16/4841, S. 48. Die inländische, beschränkt steuerpflichtige Betriebsstätte selbst ist aber als Betrieb im Sinne der Zinsschranke anzusehen, vgl. *München*, Die Zinsschranke, S. 21.

152 Zum Betrieb einer mitunternehmerischen Personengesellschaft gehört – im Einklang mit den allgemeinen Grundsätzen der Besteuerung von Mitunternehmerschaften – neben dem Gesamthandsvermögen auch das Sonderbetriebsvermögen der Mitunternehmer i.S. des § 15 Abs. 1 Satz 1 Nr. 2 EStG. „Betrieb" im Sinne der Zinsschranke ist auch die nach § 15 Abs. 3 Nr. 2 EStG gewerblich geprägte Personengesellschaft, insbesondere die GmbH & Co. KG. Gleiches gilt für die „gewerblich gefärbte" Personengesellschaft i.S. des § 15 Abs. 3 Nr. 1 EStG. § 4h EStG ist damit auch auf das gesamte Ergebnis einer solchen Personengesellschaft anwendbar, deren Einkünfte nur teilweise originär gewerblich sind und im Übrigen als gewerbliche Einkünfte umqualifiziert werden. Dies gilt auch für vermögensverwaltende Personengesellschaften, die ihrerseits an einer gewerblich tätigen Personengesellschaft beteiligt sind. Außerhalb des Anwendungsbereichs von § 15 Abs. 3 EStG sind rein vermögensverwaltende Personengesellschaften nicht selbst „Betrieb" im Sinne der Zinsschranke. Für ihre Wirtschaftsgüter gilt allerdings die Bruchteilsbetrachtung des § 39 Abs. 2 Nr. 2 AO, d.h. sie sind steuerlich (anteilig) den Gesellschaftern zuzuordnen. Wenn ein Gesellschafter seine Beteiligung an einer solchen Personengesellschaft in einem (inländischen) Betriebsvermögen hält (sog. Zebragesellschaft), sind die auf Ebene der Personengesellschaft gegebenen Merkmale, insbesondere die Zinsaufwendungen, bei ihm entsprechend seiner Beteiligung zu berücksichtigen, vgl. BMF-Schreiben vom 4.7.2008, BStBl. I 2008, S. 718, Rn. 43. Zu den Besonderheiten der Zinsschranke bei Personengesellschaften vgl. *van Lishaut/Schumacher/Heinemann*, DStR 2008, 2341 ff.; insbesondere zur Zuordnungsregelung für Sonderbetriebsvermögen gem. § 4h Abs. 2 Satz a Buchst. c Satz 7 EStG m.w.N. *Herzig/Liekenbrock*, Ubg 2009, 750, 758.

153 Vgl. z.B. BFH vom 9.8.1989, BStBl. II 1989, S. 90; Abschn. 16 Abs. 1 und 2 GewStR; *Köhler*, DStR 2007, 597, 598; *Blumenberg/Lechner*, in: Blumenberg/Benz, UntStR 2008, S. 114.

154 Im Schrifttum auch als „negativer Zinssaldo", „Schuldzinsenüberhang" oder „Nettozinssaldo" bezeichnet.

I. Steuerliches EBITDA

Referenzgröße für die Berechnung ist das sog. "steuerliche EBITDA"[155], d.h. der um (alle) Zinsaufwendungen und Abschreibungen auf Wirtschaftsgüter des Anlagevermögens erhöhte sowie um die Zinserträge verminderte maßgebliche Gewinn, § 4h Abs. 1 Satz 1 EStG. Nur die im Gesetz ausdrücklich genannten Beträge modifizieren das steuerliche EBITDA.[156] Der maßgebliche Gewinn ist gem. § 4h Abs. 3 Satz 1 EStG der nach den Vorschriften des Einkommensteuergesetzes ermittelte steuerpflichtige Gewinn.[157]

II. Zinsaufwendungen und Zinserträge

Nach § 4h Abs. 3 Satz 2 EStG sind Zinsaufwendungen Vergütungen für Fremdkapital, die den Gewinn gemindert haben, unabhängig von der Person des Kreditgebers. Dies schließt jede Bankfinanzierung mit ein.[158] Es werden jedoch nur abzugsfähige Zinsen i.S. des Einkommensteuerge-

---

155 Dieses sog. „steuerliche EBITDA" (*Earnings before interest, taxes, depreciation and amortization*) ist nicht identisch mit dem betriebswirtschaftlichen Begriff des EBITs. Es handelt sich hierbei lediglich um eine vergleichende Beschreibung. Beide Werte können u.U. gravierend voneinander abweichen, vgl. dazu *Rödder/Stangl*, DB 2007, 479 f.

156 Das sind neben der GWG- und Poolabschreibung nach § 6 Abs. 2 und 2a EStG nur die linearen und degressiven Abschreibungen für abnutzbare materielle und immaterielle Wirtschaftsgüter des Anlagevermögens nach § 7 EStG.

157 Bei Personengesellschaften sind die Ergebnisse aus Ergänzungs- und Sonderbilanzen Bestandteile des maßgeblichen steuerpflichtigen Gewinns. Obwohl die Personengesellschaft nicht selbst das der Einkommensteuer unterliegende Steuerrechtssubjekt ist, verkörpert sie dennoch einen Betrieb i.S. der Zinsschranke. Auf diese Weise können die Gewinne von Tochtergesellschaften in mehrstöckigen Personengesellschaftsstrukturen mehrfach EBITDA-erhöhend genutzt werden, vgl. *Hahne*, DStR 2007, 1947, 1950. Bei Kapitalgesellschaften tritt an die Stelle des Gewinns das bereinigte körperschaftsteuerliche Einkommen, das ohne die Anwendung der §§ 4h EStG (Zinsschranke) und 10d EStG (Verlustabzug) sowie § 9 Abs. 1 Nr. 2 KStG (Spendenabzug) zu ermitteln ist, § 8a Abs. 1 KStG. Auf Kapitalgesellschaften, die ihre Einkünfte nach § 2 Abs. 2 Nr. 2 EStG als Überschuss der Einnahmen über die Werbungskosten ermitteln (z.B. beschränkt steuerpflichtige Immobilien-Objektgesellschaften) ist § 4h EStG sinngemäß anzuwenden, § 8a Abs.1 Satz 4 KStG.

158 Auch die Aufwendungen für Disagio, Provisionen, Gebühren und eine Vorfälligkeitsentschädigung im Rahmen einer üblichen Bankfinanzierung führen zu Zinsaufwand im Sinne der Zinsschranke, vgl. BMF-Schreiben vom 4.7.2008, BStBl. I 2008, S. 718, Rn. 15 Satz 3; ferner *Dörr/ Geibel/Fehling*, NWB Fach 4, 5199, 5202; *Scheunemann/Socher*, BB 2007, 1144, 1147 f.; Abschn. 46 Abs. 1 GewStR.

setzes für die Zinsschranke relevant, die den maßgeblichen Gewinn als Aufwand gemindert haben. Ein tatsächlicher Mittelabfluss ist hingegen nicht erforderlich.[159]

Zinserträge sind gem. § 4h Abs. 3 Satz 3 EStG alle Erträge aus Kapitalforderungen jeder Art, die den Gewinn erhöht haben.[160] Im Rahmen des sachlichen Anwendungsbereichs wird ein enger Zinsbegriff zugrunde gelegt.[161] Denn nur Aufwendungen und Erträge aus der vorübergehenden Überlassung von Geldkapital (Zinserträge und Zinsaufwendungen im engeren Sinne) werden erfasst.[162] Erträge aus der Überlassung von Sachkapital (z. B. Anleihen, Metalle, Energieprodukte, landwirtschaftliche Erzeugnisse oder entsprechende synthetische Produkte) unterliegen nicht der Zinsschranke.[163]

C. Funktionsweise, Rechtsfolgen und Wirkungen der Zinsschranke

Entscheidende Rechtsfolge der Zinsschranke ist die Nichtabziehbarkeit von Zinsaufwendungen auf Ebene des Leistenden. Soweit die Abzugsobergrenze überschritten ist, soll nach der typisierenden Betrachtungsweise der Zinsschranke eine missbräuchliche Fremdfinanzierung vorliegen, die als „Sanktion" eine (teilweise) Versagung des betrieblichen Schuldzinsenabzugs zur Folge hat.

---

159 *Möhlenbrock/Pung*, in: Dötsch/Jost/Pung/Witt, Körperschaftsteuer, § 8a KStG (URefG 2008) Rn. 218, 220; *Köhler*, DStR 2007, 597, 598. Auch Zinsaufwendungen, die zugleich Sondervergütungen nach § 15 Abs. 1 Satz 2 EStG oder verdeckte Gewinnausschüttungen nach § 8 Abs. 3 Satz 2 KStG darstellen, mindern den maßgeblichen Gewinn bzw. das maßgebliche Einkommen nicht. Damit verdrängen diese steuerlichen Sonderregelungen die Anwendung der Zinsschranke, auch wenn dem Grunde nach Zinsen vorliegen, vgl. *Prinz*, S:R 01/2009, 20, 21. Neben tatsächlich angefallenen Finanzierungsaufwendungen bzw. -erträgen werden über § 4h Abs. 3 Satz 4 EStG auch gesetzlich fingierte Zinsen in den Anwendungsbereich der Zinsschranke einbezogen. Auch Abzinsungs- und Aufzinsungsbeträge aus Forderungen und Verbindlichkeiten führen danach zu Zinserträgen oder Zinsaufwendungen.

160 Dazu rechnen auch die Gewinnanteile des stillen Gesellschafters oder partiarischen Darlehensgebers, vgl. Abschn. 46 Abs. 1 GewStR.

161 Vgl. *Köhler*, DStR 2007, 597, 598; *Rödder/Stangl*, DB 2007, 479, 480.

162 Vgl. Gesetzesbegründung zum Entwurf eines Unternehmensteuerreformgesetzes 2008, BT-Drucks. 16/4841, S. 49; *Rödder*, Beihefter DStR 40/2007, S. 7.

163 Vgl. *Winkeljohann/Fuhrmann*, in: PWC, UntStR 2008, Rn. 1029.

I. Abzugsverbot ohne Umqualifizierung

Mit Einführung der Zinsschranke vollzog der Gesetzgeber einen Systemwechsel bei der steuerlichen Berücksichtigung von betrieblichem Fremdfinanzierungsaufwand. Er verfolgt dabei einen typisierenden Ansatz in Form eines partiellen oder sogar vollständigen Abzugsverbots. Anders als nach bisheriger Verwaltungsauffassung zu § 8a KStG a.F.[164] findet eine korrespondierende Umqualifizierung auf Ebene des Zinsempfängers nicht mehr statt. Während nach § 8a KStG a.F. nicht abzugsfähige Zinsen als teilweise steuerbefreiter Dividendenbezug des Gesellschafters umqualifiziert wurden[165], bewirkt die neue Zinsschrankenregelung eine (temporäre) Doppelbesteuerung.[166] Denn die Zinsaufwendungen oberhalb der Abzugsgrenze unterliegen einem – zumindest formal temporären – Abzugsverbot. Die Wirkungen dieses Abzugsverbots beschränken sich allein auf den Darlehensnehmer. Auf Ebene des Darlehensgebers erfolgt keine steuerliche Freistellung der korrespondierenden Erträge aus der Kapitalüberlassung. Obwohl die Zinsaufwendungen beim Darlehensnehmer nicht steuermindernd berücksichtigt werden, muss der Darlehensgeber die Erträge (auch) in voller Höhe versteuern.[167]

II. Zinsvortrag

Die in einem Veranlagungszeitraum nicht sofort abziehbaren Zinsaufwendungen sind gem. § 4h Abs. 1 Satz 5 EStG in die folgenden Wirtschaftsjahre vorzutragen. Eine zeitliche Begrenzung des Zinsvortrages ist nicht vorgesehen. In den Folgejahren erhöht der Vortrag den Zinsaufwand, nicht jedoch den maßgeblichen Gewinn, § 4h Abs. 1 Satz 6 EStG. Der um den Zinsvortrag erhöhte Zinsaufwand ist in den Folgejahren wiederum nur unter den pauschalisierten Grenzen der Zinsschranke ab-

164 BMF vom 15.7.2004, BStBl. I 2004, S. 593 Tz. 11.

165 Nach bisheriger Rechtslage wurde in diesen Fällen eine verdeckte Gewinnausschüttung angenommen, die nach dem sog. Halbeinkünfteverfahren gem. § 3 Nr. 40 Buchst. d EStG nur zur Hälfte als Einnahmen aus Kapitalvermögen anzusetzen waren. Ab dem Veranlagungszeitraum 2009 gilt das sog. Teileinkünfteverfahren, welches diese Einnahmen nur noch zu 40% steuerfrei stellt.

166 Vgl. *Köhler*, DStR 2007, 597, 603; *Müller-Gatermann*, Stbg 2007, 145, 152; *Winkeljohann/Fuhrmann*, in: PWC, UntStR 2008, Rn. 1005; *Hey*, BB 2007, 1303, 1305; *Cryns*, Gesellschafterfremdfinanzierung, S. 207; *München*, Die Zinsschranke, S. 68.

167 Vgl. *Winkeljohann/Fuhrmann*, in: PWC, UntStR 2008, Rn. 1007; *G. Förster*, in: Breithecker/Förster/Förster/Klapdor, UntStRefG, § 4h EStG Rn. 45.

ziehbar.[168] Für bestimmte Fälle wird der Untergang des Zinsvortrags ausdrücklich angeordnet.[169]

III. Ausnahmetatbestände

Durch den ausgedehnten persönlichen und sachlichen Anwendungsbereich des Grundtatbestandes werden weit mehr Fallkonstellationen erfasst als vom Gesetzeszweck gedeckt sind. Die restriktive Höhe der Abzugsobergrenze bedingt begleitende Maßnahmen zur Steigerung der Zielgenauigkeit der Regelung.[170] Diese Maßnahmen sollen den Anwendungsbereich dahingehend begrenzen, dass offenkundig nicht missbräuchliche und gerechtfertigte Fälle oder Finanzierungsstrukturen ausgenommen werden. Die Zinsschranke greift nicht ein, wenn einer der drei persönlichen Steuerbefreiungstatbestände (Freigrenze, Konzernklausel oder Eigenkapitalvergleich) des § 4h Abs. 2 Satz 1 EStG erfüllt ist.[171] In diesem Fall sind die Zinsaufwendungen wieder in vollem Umfang abziehbar. Durch diese Ausnahmeregelungen soll der Wirkungsbereich der Zinsschranke zielgenau auf den gesetzlichen Regelungszweck ausgerichtet werden.

1. Freigrenze (§ 4h Abs. 2 Satz 1 Buchst. a EStG)

Nach der ursprünglichen Regelung kam die Zinsschranke gem. § 4h Abs. 2 Satz 1 Buchst. a EStG nicht zur Anwendung, wenn der Nettozinsaufwand, d.h. sämtliche Zinsaufwendungen abzüglich der im Wirtschaftsjahr erzielten Zinserträge, weniger als 1 Mio. € beträgt.[172] Durch die Einführung dieser Freigrenze sollen kleine und mittlere Betriebe von

---

168 Zum Zinsvortrag in Organschaftsfällen vgl. *Herzig/Liekenbrock*, DB 2007, 2387, 2390 f.; *dies.*, DB 2009, 1949 ff.

169 Gemäß § 4h Abs. 5 Satz 1 EStG geht der Zinsvortrag beispielsweise bei Aufgabe oder Übertragung des Betriebs unter. Einen ausführlichen Überblick zum Untergang des Zinsvortrags geben *Schaden/Käshammer*, in: EY/BDI, UntStR 2008, S. 130 ff.

170 Zu sog. „Ausgrenzungs"-Befreiungen im Steuertatbestand *Lang*, in: Tipke/Lang, Steuerrecht, § 7 Rn. 19.

171 Die Ausnahmeregelungen werden für Kapitalgesellschaften im Hinblick auf die Möglichkeit einer schädlichen Gesellschafterfremdfinanzierung nach § 8a Abs. 2 und 3 KStG n.F. modifiziert.

172 Nach anhaltender Kritik an der „krisenverschärfenden Wirkung" der Zinsschranke wurde die Höhe der Freigrenze angepasst. Dabei wurde die Freigrenze auf nunmehr 3 Mio. € angehoben. Vgl. dazu Abschn. F in diesem Kapitel (S. 82 ff.).

den Wirkungen der Zinsschranke verschont werden.[173] Zu beachten ist allerdings der Charakter einer Freigrenze: Denn ab einem nur geringfügig höheren Nettozinsaufwand greift die Ausnahmeregelung nicht mehr und die Zinsschranke gelangt voll zur Anwendung. Die Freigrenze wirkt daher wie ein Fallbeil, eine ausgleichende Gleitklausel hat der Gesetzgeber nicht vorgesehen. Schon das Überschreiten der Freigrenze um nur 1 € kann also dazu führen, dass ein erheblicher Teil des Zinsaufwands nicht als Betriebsausgaben abgezogen werden darf.[174] Die starre Grenzziehung erscheint demnach unangemessen typisierend und kann zu ungerechtfertigten Härten führen.[175]

Die Freigrenze ist betriebsbezogen ausgestaltet. Dies bewirkt bei Personengesellschaften, dass sämtliche Zinsaufwendungen, die im steuerlichen Gewinn der Mitunternehmerschaft enthalten sind, also bspw. auch Zinsaufwendungen aus dem Sonderbereich der Mitunternehmer zur Finanzierung der Beteiligung (sog. Sonderbetriebsvermögen II), den Zinssaldo der Mitunternehmerschaft erhöhen und zu einem Überschreiten der Freigrenze führen können.[176] Im Rahmen einer Organschaft ist die Freigrenze wegen ihrer Betriebsbezogenheit nur einmal anwendbar.

2. Konzernklausel (§ 4h Abs. 2 Satz 1 Buchst. b EStG)

Die Zinsschranke soll in ihrer Wirkung nur Betriebe betreffen, die zu einem Konzern gehören. Dadurch wird die Zielsetzung der Zinsschranke als Regelung zur Missbrauchsbekämpfung deutlich. Die aus fiskalischer

---

173 Vgl. Gesetzesbegründung zum Entwurf eines Unternehmensteuerreformgesetzes 2008, BT-Drucks. 16/4841, S. 48.

174 Es wird in diesen Fällen allerdings in der Regel möglich sein, den maßgeblichen Zinsaufwand durch rechtzeitige bilanz- und finanzierungstechnische Maßnahmen unter die kritische Grenze von 1 Mio. € zu reduzieren. Durch die Aufspaltung von Betrieben und die Bildung mehrerer neuer Einzelbetriebe im Sinne des § 4h EStG kann eine mehrfache Inanspruchnahme der Freigrenze erreicht werden.

175 *Köhler*, DStR 2007, 597, 598; *Middendorf/Stegemann*, INF 2007, 305, 308; *Cryns*, Gesellschafterfremdfinanzierung, S. 334 ff. Aufgrund dieser Tatsache wird im Schrifttum vielfach erwogen, ob anstelle der Freigrenze ein Freibetrag gewährt werden sollte, vgl. zu dieser Diskussion eingehend *Bohn*, Zinsschranke, S. 255 f. Für eine Rechtfertigung der Freigrenze *Shou*, Die Zinsschranke im Unternehmensteuerreformgesetz 2008, S. 76 f.

176 Vgl. *Winkeljohann/Fuhrmann*, in: PWC, UntStR 2008, Rn. 1060. Keine Auswirkungen haben indes Darlehensbeziehungen zwischen Personengesellschaft und Gesellschafter (sog. Sonderbetriebsvermögen I), da in diesem Fall jedem Aufwandsposten auch ein Ertrag in entsprechender Höhe gegenübersteht, der bei der Ermittlung des Gewinns der Mitunternehmerschaft saldiert wird.

Sicht unerwünschten Gewinnverlagerungen bei Fremdfinanzierung treten nach Meinung des Gesetzgebers typischerweise bei konzernmäßiger Verbundenheit auf. Die Ausnahmeregelung des § 4h Abs. 2 Satz 1 Buchst. *b* EStG greift daher ein, wenn der Betrieb „nicht oder nur anteilmäßig" zu einem Konzern gehört. Die Beweislast für die fehlende Konzernzugehörigkeit trägt der Steuerpflichtige.

Trotz fehlender Konzernzugehörigkeit greift die Zinsschranke bei Körperschaftsteuersubjekten nach § 8a Abs. 2 KStG dennoch in den Fällen einer steuerschädlichen Gesellschafterfremdfinanzierung.[177] Wiederum haben die Steuerpflichtigen den Nachweis zu führen, dass keine Gesellschafterfremdfinanzierung in diesem Sinne vorliegt. Nach § 4h Abs. 2 Satz 2 EStG gilt diese Rückausnahme entsprechend, wenn eine mitunternehmerische Personengesellschaft unmittelbar oder mittelbar einer Körperschaft nachgeordnet ist. Gesetzestechnisch wurde damit ein kompliziertes Regel-Ausnahme-Rückausnahme-Verhältnis etabliert.

Die Notwendigkeit einer Konzernklausel[178] ergibt sich aufgrund der Ausdehnung des Anwendungsbereiches – im Gegensatz zu § 8a KStG a.F. – auf jedwede Form der Fremdfinanzierung unabhängig von der Person des Fremdkapitalgebers und der Rechtsform des Fremdkapitalnehmers.

3. Eigenkapitalvergleich (§ 4h Abs. 2 Satz 1 Buchst. c EStG)

Die dritte Ausnahme erfasst konzernangehörige Betriebe. Im Rahmen des Eigenkapitalvergleichs[179] nach § 4h Abs. 2 Satz 1 Buchst. c EStG greift die Zinsabzugsbeschränkung auch dann nicht, wenn die Eigenkapitalquote eines konzernzugehörigen inländischen Betriebs nicht oder nicht mehr als 1% (Toleranzgrenze)[180] hinter derjenigen des Konzerns zurückbleibt.

---

177 Eine schädliche Gesellschafterfremdfinanzierung liegt vor, wenn die Vergütungen für Fremdkapital an einen zu mehr als 25% beteiligten Anteilseigner, eine diesem nahe stehende Person oder einen rückgriffsberechtigten Dritten mindestens 10% des Nettozinsaufwands betragen. Siehe im Einzelnen *Schaden*, BB 2007, 2259, 2260 ff.; *Goebel/Eilinghoff*, DStZ 2010, 515 ff.

178 Weitere Bezeichnungen: „Stand-alone-Klausel" bzw. Stand-alone-Escape".

179 Weitere Bezeichnungen: „Escape-Klausel" oder „Eigenkapitaltest".

180 Die Eigenkapitalquote ist insbesondere bei größeren Konzernen gewissen Schwankungen unterworfen und einer exakten Steuerung entzogen, vgl. *Stangl/Hageböke*, in. Schaumburg/Rödder, UntStR 2008, S. 478 f.; *Middendorf/Stegemann*, INF 2007, 305, 312; *Preißer/von Rönn/Schultz-Aßberg*, UntStRef 2008, S. 134. Vor diesem Hintergrund wurde im Schrifttum teilweise eine Erhöhung der Toleranzgrenze gefordert, so u.a. *Rödder/Stangl*, DB 2007, 479, 484; *Scheunemann/Socher*, BB 2007, 1144, 1150; *Töben*, FR 2007, 739,

Im Rahmen des Eigenkapitalvergleichs sind die Eigenkapitalquoten von Betrieb und Konzern, zu welchem der Betrieb gehört, zu ermitteln und gegenüberzustellen. Maßgebend ist jeweils die Eigenkapitalquote des vorangegangenen Abschlussstichtags.[181]

Zweck dieses Kapitalstrukturtests ist es, Betriebe in die Lage zu versetzen, den Nachweis zu führen, dass die Verschuldung der deutschen Konzerngesellschaft nicht von der Verschuldung des Gesamtkonzerns abweicht.[182] Konzerngesellschaften mit einer für ihren Konzern typischen Finanzierungsstruktur sollen dadurch verschont werden.[183] Insofern wird auch bei der Zinsschranke gewissermaßen ein entlastender „Fremdvergleich"[184] zugestanden.

Auch im Rahmen des Eigenkapitalvergleichs ist die Rückausnahme der schädlichen Gesellschafterfremdfinanzierung zu beachten. Bei Körperschaftsteuersubjekten ist der Eigenkapitalvergleich nach § 8a Abs. 3 KStG in den Fällen der konzernexternen Gesellschafterfremdfinanzierung ausgeschlossen.[185] Nach dieser Vorschrift könnte bereits eine schäd-

---

740; *Schwarz*, IStR 2008, 11, 13; ferner *Köhler*, DStR 2007, 597, 600 f., der eine relative Unschädlichkeitsgrenze anregt. Dem wurde mittlerweile von Seiten des Gesetzgebers entsprochen, siehe dazu Abschn. F in diesem Kapitel (S. 82 ff.).

181 Um eine Vergleichbarkeit zu gewährleisten, sollte für steuerliche Zwecke der Einzelabschluss des Betriebs auf den Stichtag des Konzernabschlusses ermittelt werden, vgl. *Stangl/Hageböke*, in: Schaumburg/Rödder, UntStR 2008, S. 478. Nach dem BMF-Schreiben vom 4.7.2008, BStBl. I 2008, S. 718, Rn. 70, ist im Fall der Neugründung auf die Eröffnungsbilanz des Betriebs abzustellen, wobei der relevante Konzernabschluss nicht um den neuen Betrieb zu erweitern ist.

182 Diesen Nachweis kann der Betrieb dadurch erbringen, indem er sowohl Konzern- als auch Einzelabschluss in deutscher Sprache oder einer beglaubigten Übersetzung vorlegt. Während beim Konzernabschluss zwingend ein Testat eines Abschlussprüfers erforderlich ist, ist dies beim Einzelabschluss nur auf Verlangen der Finanzbehörde notwendig, vgl. Gesetzesbegründung zum Entwurf eines Unternehmensteuerreformgesetzes 2008, BT-Drucks. 16/4841, S. 49.

183 Vgl. *Schreiber/Overesch*, DB 2007, 813, 817; *Volb*, UntStR 2008, S. 54. Ebenso *Pawelzik*, DB 2008, 2439, 2440: „Der zu testende Betrieb muss in jeder Hinsicht ein Ausschnitt des Gesamtkonzerns sein."

184 Unter einem Fremdvergleich versteht man richtigerweise nur den Außenvergleich. Im Hinblick auf eine Konzernstruktur könnten zu diesem Zweck also nur außerhalb des Verbunds stehende (fremde) Unternehmen herangezogen werden.

185 Ein solcher Fall liegt vor, wenn die Vergütungen für Fremdkapital der betroffenen Körperschaft oder irgendeines anderen konzernangehörigen Rechtsträgers an einen zu mehr als 25% unmittelbar oder mittelbar beteiligten Gesellschafter, eine nahestehende Person oder einen rückgriffsberechtigten Dritten mindestens 10% des Nettozinsaufwandes des zahlenden Rechtsträgers betragen, dazu Beschluss des Niedersächsischen FG, DStR 2010, 597 f. Konzerninterne Verbindlichkeiten, die aufgrund der Schulden-

liche Finanzierung durch einen ausländischen Minderheitsgesellschafter einer ausländischen konzernangehörigen Gesellschaft dazu führen, dass allen Konzerngesellschaften des Gesamtkonzerns der Eigenkapitalvergleich verwehrt bleibt.[186] Betroffen wären damit sämtliche Konzerngesellschaften, wenn auch nur eine steuerschädliche Gesellschafterfremdfinanzierung bei irgendeiner – in- oder ausländischen – Konzerngesellschaft vorläge. Dadurch werde eine Art „Gruppenhaftung“ [187] statuiert. Der Gesetzeswortlaut bleibt diesbezüglich ungenau. Allerdings sollen nach der Gesetzesbegründung nur Zinsaufwendungen, die Teil einer inländischen Gewinnermittlung sind, für Zwecke der Zinsschranke einbezogen werden.[188] Im Schrifttum wird daher gefordert, die Regelung des § 8a Abs. 3 KStG teleologisch zu reduzieren, so dass eine schädliche Gesellschafterfremdfinanzierung nur vorliegt, wenn der Zinsaufwand in eine inländische Gewinnermittlung einbezogen wird. Zinsaufwand, der sich nur im Ausland auswirkt, kann demnach nicht zu einer „Infizierung“ der gesamten Gruppe im Rahmen des Eigenkapitalvergleichs führen.[189]

Die Darlegungs- und Beweislast für das Nichtvorliegen einer schädlichen Gesellschafterfremdfinanzierung trägt im Übrigen wieder die durch den Eigenkapitalvergleich belastete inländische Körperschaft, § 8a Abs. 3 Satz 1 a.E. KStG.[190]

D. Zeitlicher Anwendungsbereich

Anders als die meisten Regelungen im Rahmen der Unternehmensteuerreform 2008 (Wirkung ab 2008 oder 2009) gilt die Zinsschranke bereits erstmals für Wirtschaftsjahre, die nach dem 25. Mai 2007 (Beschlussfassung des Deutschen Bundestages) begonnen haben und nicht vor dem

---

konsolidierung nicht mehr im Konzernabschluss abgebildet werden, bleiben bei Ermittlung der 10%-Grenze unberücksichtigt, vgl. *Middendorf/Stegemann*, INF 2007, 305, 311. Nach § 4h Abs. 2 Satz 2 EStG ist die vorgenannte Rückausnahme auch entsprechend für konzernzugehörige mitunternehmerische Personengesellschaften anzuwenden. Dazu im Einzelnen *Cryns*, Gesellschafterfremdfinanzierung, S. 347 ff.

186 Vgl. *Köhler*, DStR 2007, 597, 600; *Rödder*, Beihefter DStR 40/2007, S. 10; *Reiche/Kroschewski*, DStR 2007, 1330, 1333; *Töben/Fischer*, BB 2007, 974, 978; *Hey*, BB 2007, 1303, 1306; ferner *Eilers*, FS Schaumburg, S. 283; „Dominoeffekt“.

187 Treffend *Rödder*, Beihefter DStR 40/2007, S. 10.

188 Vgl. Gesetzesbegründung zum Entwurf eines Unternehmensteuerreformgesetzes 2008, BT-Drucks. 16/4841, S. 48.

189 So *Dörr/Geibel/Fehling*, NWB Fach 4, 5199, 5210.

190 Kritisch zu dieser Beweislastverteilung *Thiel*, FR 2007, 729, 732.

01. Januar 2008 enden (§ 52 Abs. 12d EStG, § 34 Abs. 6a Satz 3 KStG). Somit betrifft die Regelung bereits Unternehmen, deren Wirtschaftsjahr vom 01. Juli 2007 bis zum 30. Juni 2008 läuft. Bei kalendergleichem Wirtschaftsjahr gilt die Regelung erstmals für das Geschäftsjahr 2008.[191]

Da der Eigenkapitalvergleich nach § 4h Abs. 2 Satz 1 Buchst. c EStG auf die Abschlüsse zum Ende des vorangegangenen Wirtschaftsjahres Bezug nimmt, ist in der Regel bereits der Jahres- bzw. Einzelabschluss 2007, z.B. bei kalenderjahrgleichem Wirtschaftsjahr auf den 31.12.2007, als Maßstab für die Zinsschrankenprüfung in 2008 relevant.[192]

E. Grundlegende Einwendungen gegen die Zinsschranke

Die Einführung der Zinsschranke hat ein überwältigendes Echo im Schrifttum gefunden. Dabei wird die Regelung weit überwiegend negativ beurteilt. Mit der Zinsschranke verletze der Gesetzgeber nach herrschender Auffassung fundamentale Besteuerungsprinzipien.[193] Neben verfassungsrechtlichen Vorbehalten werden auch Verstöße gegen europarechtliche[194] und völkerrechtliche[195] Grundsätze festgestellt.

---

191 Das Gesetz sieht keine Anpassungs- und Übergangsregeln vor, vgl. *Köhler*, DStR 2007, 597, 604; *Scheunemann/Socher*, BB 2007, 1144, 1149; BMF-Schreiben vom 4.7.2008, BStBl. I 2008, S. 718, Rn. 1. Im Hinblick auf die Anknüpfung an die Eigenkapitalquoten am Schluss des vorangegangenen Abschlussstichtages wurden bereits die Abschlüssen des Wirtschaftsjahres 2007 relevant. Sofern bestimmte Anpassungen der Bilanzierungs- und Bewertungsmethoden mit Blick auf die Zinsschranke erforderlich sind, waren diese bereits in 2007 vorzunehmen, vgl. *Küting/Weber/Reuter*, DStR 2008, 1602, 1604.

192 Zum maßgeblichen Zeitpunkt der Prüfung der Konzernzugehörigkeit siehe *Bohn*, Zinsschranke, S. 280 f.; *Herzig/Liekenbrock*, Ubg 2009, 750, 751 f.

193 Vgl. u.a. *Hallerbach*, StuB 2007, 487, 493; *Hey*, BB 2007, 1303, 1305; *Homburg*, FR 2007, 717, 726; *Gosch*, DStR 2007, 1553, 1559; *Musil/Volmering*, DB 2008, 12, 14 f.; *Kaligin*, in: Lademann, EStG, § 4h Rn. 10; *Lang*, FS Reiß, S. 379; *Seer*, JbFStR 07/08, 9, 12 ff.; *Shou*, Die Zinsschranke im Unternehmensteuerreformgesetz 2008, S. 47 ff.

194 Vgl. zum Stand der Diskussion *Mössner*, in: Lüdicke, UntStRef 2008 im internationalen Umfeld, S. 41 ff.; *Führich*, IStR 2007, 341 ff.; *Dörr/Fehling*, NWB 2007, F.2, 9375, 9376 ff.; *Homburg*, FR 2007, 717, 723 ff.; *Hallerbach*, StuB 2007, 487, 493 f.; *Kraft/Bron*, EWS, 2007, 487 ff.; *Heuermann*, in: Blümich, EStG, § 4h Rn. 24; *Hick*, in: HHR, Jahresband 2008, § 4h EStG Rn. J 07-5.

195 Vgl. *Homburg*, FR 2007, 717, 725 f.; *Mössner*, in: Lüdicke, UntStRef 2008 im internationalen Umfeld, S. 37 ff.; ferner ausführlich *Bohn*, Zinsschranke, S. 44 ff.; *Shou*, Die Zinsschranke im Unternehmensteuerreformgesetz 2008, S. 152 ff.; *Cryns*, Gesellschafterfremdfinanzierung, S. 425 ff.; *München*, Die Zinsschranke, S. 127 ff.

I. Eingriffe in die Steuersystematik

Die Zinsschranke ist in ihrem Anwendungsbereich nicht auf internationale Konzernstrukturen beschränkt. Sie erfasst den reinen Inlandssachverhalt ebenso wie die unternehmerische Tätigkeit einer Personengesellschaft oder eines Einzelunternehmens. Nach ihren Sinn und Zweck ist die Zinsschranke aber *Konzernsteuerrecht* und müsste systematisch ausschließlich im Körperschaftsteuerrecht verortet werden. Auch die Anknüpfung an die Rechnungslegung nach IFRS bildet einen Fremdkörper im deutschen Einkommensteuerrecht und unterstreicht den körperschaftsteuerlichen Charakter der Regelung.[196]

Kennzeichnend für das gegenwärtige System der Unternehmensbesteuerung ist dessen fehlende Rechtsformneutralität.[197] Dieses Gebot gewinnt an Konturen, wenn man es als Irrelevanz der Steuerbelastung für die Rechtsformentscheidung definiert. Das rechtsformabhängig ausgestaltete (Zivilrechts-)Verhältnis von Unternehmen und Unternehmern erlaubt dagegen durchaus unterschiedliche Steuerfolgen.[198] Nach einer Ansicht stelle die fehlende Rechtsformneutralität des deutschen Steuersystems nicht zwangsläufig einen Makel dar, den es zu beseitigen gelte.[199] Aufgrund der Wahlfreiheit hinsichtlich der Rechtsform bei Unternehmensgründung und der Möglichkeit einer steuerneutralen Umwandlung nach dem Umwandlungssteuergesetz könne das Unternehmen faktisch zwischen einer Besteuerung als Personengesellschaft oder Kapitalgesellschaft wählen. Bei einer freien Rechtsformwahl bestehe somit kein Bedürfnis nach einer Rechtsformneutralität der Besteuerung.

Nach anderer Auffassung gebiete bereits das Verfassungsrecht die Rechtsformneutralität der Besteuerung.[200] Deren Notwendigkeit ergebe

---

196 Vgl. *Lang*, FS Reiß, S. 390. Dies erkennt auch der Gesetzgeber, vgl. Gesetzesbegründung zum Entwurf eines Unternehmensteuerreformgesetzes 2008, BT-Drucks. 16/4841, S. 31. Einer Regelung im Körperschaftsteuergesetz stünde nicht entgegen, dass auch Personenunternehmen vom Anwendungsbereich erfasst werden sollen. Auch die bisherige Vorschrift zur Gesellschafter-Fremdfinanzierung regelte in § 8a Abs. 5 und 6 KStG die Anwendung auf Personengesellschaften.

197 *Watrin*, DStZ 1999, 238, 241. Eine Besteuerung ist rechtsformneutral, wenn wirtschaftlich gleichförmige Sachverhalte mit gleicher Belastungswirkung besteuert werden.

198 Vgl. *Lang*, GmbHR 2000, 453, 459, der sich für eine steuerliche Gleichbehandlung von thesaurierten Gewinnen ausspricht.

199 Vgl. *Watrin*, DStZ 1999, 238, 241.

200 Dazu *Kirchhof*, StbJb 2002/2003, 7, 16 f.; *Lang*, StuW 1990, 107, 115 f.; *Hey*, in: Tipke/Lang, Steuerrecht, § 18 Rn. 533; *Jachmann*, DStJG 23 (2000), 9, 41 f.; *Shou*, Die Zinsschranke im Unternehmensteuerreformgesetz 2008, S. 82.

sich unmittelbar aus dem Leistungsfähigkeitsprinzip.[201] Eine absolute Gleichbehandlung ist dabei nicht möglich und auch verfassungsrechtlich nicht geboten.[202] Das Verfassungsprinzip der Gleichmäßigkeit der Besteuerung fordert nicht, bestehende oder relevante Unterschiede einzuebnen. Die Zivilrechtsordnung hält aus gutem Grund mehrere Rechtsformen für die unternehmerische Tätigkeit bereit und überlässt die Wahl dem einzelnen Unternehmer. Ändern sich später die Parameter oder ergeben sich bessere Erkenntnisse, so kann der Unternehmer sein Unternehmen steuerneutral umstrukturieren. Dadurch wird das Gebot einer rechtsformneutralen Besteuerung zumindest relativiert.[203]

Die Zinsschranke ist „gleichsam rechtsformneutral" ausgestaltet.[204] Hieraus ergibt sich jedoch auch die besondere Brisanz der Neuregelung. Denn sie ist in ihrem Anwendungsbereich nicht auf grenzüberschreitende Finanzierungsgestaltungen in typischen Konzernstrukturen beschränkt, sondern trifft zunächst alle Unternehmens- und Finanzierungsformen. Damit wird auch die normale Bankfinanzierung von Inlandsinvestitionen erfasst. Dies ist unter Missbrauchsgesichtspunkten offenkundig nicht gerechtfertigt und wirtschaftspolitisch kontraproduktiv.[205] Die Zinsschranke soll Finanzierungsstrukturen international agierender Unternehmen eindämmen, die sich zu Lasten des deutschen Fiskus auswirken. Betroffen wird jedoch weitgehend eine andere Gruppe, nämlich wirtschaftlich schwache Unternehmen mit niedrigem Gewinn und hohem Fremdfinanzierungsbedarf (z.B. Gründungsunternehmen, Krisen- und Sanierungsfälle) sowie investitionsintensive Betriebe mit spezifischer Aufgabenstellung (z.B. Holding-, Factoring-, Leasing- sowie Forschungs- und Entwicklungsgesellschaften).[206] Zweifel bestehen auch, ob die be-

---

201 *Englisch*, DStZ 1997, 778; *Tipke*, StRO II, S. 1030 f.; *Pelka*, StuW 2000, 389, 393; *Lang*, in: Tipke/Lang, Steuerrecht, § 4 Rn. 84.

202 Vgl. *Pelka*, StuW 2000, 389, 396; *Thiel*, StbJb 2002/2003, 27, 32; *Shou*, Die Zinsschranke im Unternehmensteuerreformgesetz 2008, S. 79, 82.

203 *Thiel*, StbJb 2002/2003, 27, 33.

204 In diesem Sinne etwa *Möhlenbrock*, Ubg 2008, 1; dagegen *Prinz*, DB 2008, 368 ff., der lediglich eine rechtsformübergreifende Regelung erkennt.

205 Nach *Rödder*, ZHR 171 (2007), 380, 398, sollte auch die Erfassung der Finanzierung von Outboundinvestments kritisch hinterfragt werden, da insoweit keine missbrauchsverdächtigen Gestaltungen, sondern systemimmanente Besteuerungsfolgen der Dividendenfreistellung vorlägen. Auch vor dem Hintergrund der Exportabhängigkeit Deutschlands dürfe an dieser Stelle keine Schlechterstellung inländischer Unternehmen erfolgen.

206 *Korn*, in: Beratungsschwerpunkt UntStRef 2008 (KSp 3), Tz. 74; *Seer*, JbFStR 07/08, 9, 13. Rein im Inland tätige mittelständische Unternehmen können auf Ausweichgestaltun-

zweckte Stärkung der Eigenkapitalfinanzierung der Unternehmen im Inland erreicht werden kann.[207] Eher werden wohl die Anpassung von Finanzierungsentscheidungen und die Verlagerung von Geschäftsbereichen folgen.

Die Zinsschrankenregelung ist in ihrer Ausgestaltung hochkomplex. Dies gab Anlass zu der Befürchtung, dass sie die Wirkung einer „Investitionsschranke" entfaltet, die ausländische Investoren fernhält und inländische Unternehmen auswandern lässt. Derart drastische Konsequenzen lassen sich bis heute nicht feststellen. Im Hinblick auf Verwaltungsvereinfachung und Entbürokratisierung erscheint diese komplexe und verwaltungsintensive Regelung allerdings völlig kontraproduktiv und konterkariert die öffentlichkeitswirksam verkündeten Forderungen nach Bürokratieabbau und Steuervereinfachung.[208]

Der Zinsschranke haften auch konzeptionelle Verwerfungen an. Allen voran ist hier die mangelnde Zielgenauigkeit infolge des weiten Anwendungsbereichs sowie der Ergebnisabhängigkeit zu nennen. Aus diesem Grund musste der Grundtatbestand einer Ergebnisgrenze durch eine Vielzahl von Ausnahmetatbeständen (wie z.B. de lege lata die Konzernklausel oder der Eigenkapitalvergleich) und intertemporalen Komponenten (wie z.B. de lege lata der Zinsvortrag oder der EBITDA-Vortrag nach § 4h Abs. 1 Sätze 3 und 5 EStG) erweitert werden. Bereits vor Einführung der Zinsschranke wurde die „Chaotisierung der Einkommensteuergesetzgebung"[209] beklagt. Das deutsche Unternehmensteuerrecht werde durch inflationäre "abc-Paragraphen" bis zu seiner Unkenntlichkeit deformiert, unverständlich und rechtsunsicher. Rechtsmaximen der Systemkonsequenz, -folgerichtigkeit und -verständlichkeit bleiben auf

---

gen nur begrenzt zurückgreifen. Insbesondere die Bau- und Schiffsbauindustrie, in denen typischerweise langfristige Projektfinanzierungen aufgenommen werden, neu gegründete (Forschungs-) Unternehmen mit Anlaufverlusten, aber auch finanzierungsintensive Leasinggesellschaften werden insoweit besonders hart von der Zinsschranke getroffen.

207 Vgl. *Eilers*, Ubg 2008, 197.

208 Die Missbrauchsvermeidungsgesetzgebung, auch in Gestalt der Zinsschranke, widerspricht den politischen Steuervereinfachungsversprechen, dazu eingehend *Hey*, StuW 2008, 167, 168. So hat der betroffene Steuerpflichtige nunmehr im Rahmen seiner Steuererklärung auch eine weitere separate Anlage „Zinsschranke" beim Finanzamt einzureichen, soweit die Zinsaufwendungen die Zinserträge um mindestens 3 Millionen Euro übersteigen und/oder ein Zinsvortrag festgestellt wurde.

209 *Lang*, FR 1993, 661, 665.

der Strecke.[210] In einer beunruhigenden Kontinuität offenbart auch die Zinsschranke zahlreiche Unklarheiten und Systembrüche. Sie ist in Teilbereichen überkompliziert, schwer praktizierbar und verwaltungsaufwändig. Die Komplexität des deutschen Steuerrechts hat durch die Unternehmenssteuerreform 2008 eine neue Dimension erreicht. So räumte die steuerrechtliche Fachzeitschrift *Finanz-Rundschau* im Erscheinungsjahr 2007 allein der Zinsschranke ein ganzes Heft ein[211], ohne dabei alle Detailprobleme dieser sog. „Steuerinnovation"[212] annähernd erfassen zu können. Insgesamt trägt die radikale Neuregelung in hohem Maße zur weiteren Verkomplizierung und unnötigen Verschärfung der steuerlichen Rahmenbedingungen für unternehmerisches Handeln in Deutschland bei.

II. Verfassungsrechtliche Einwände

Neben steuersystematischen Verwerfungen sind es vor allem verfassungsrechtliche Einwände, die der Zinsschranke bereits in ihrer Grundkonzeption entgegengehalten werden.

1. Verstoß gegen den Grundsatz der Gleichmäßigkeit der Besteuerung (Art. 3 Abs. 1 GG)

a) Das objektive Nettoprinzip als gleichheitsrechtlicher Prüfungsmaßstab

Als eine wichtige Konkretisierung des Leistungsfähigkeitsprinzips ist das objektive Nettoprinzip anerkannt.[213] Einfachgesetzlich in § 2 Abs. 2 EStG

210 Vgl. dazu *Hey*, DStR 2009, 2561, 2566 f.; *Mössner*, FS Lang, S. 83, 96. Zu bestehenden Rechtsunsicherheiten zuletzt *Herzig/Liekenbrock*, Ubg 2011, 102 ff.

211 Vgl. *Finanz-Rundschau*, Heft 15 aus dem Jahr 2007.

212 *Homburg*, FR 2007, 717.

213 Zu den Grundlagen des objektiven Nettoprinzips *Tipke*, StRO II, S. 763 ff.; *Lang*, Tipke/Lang, Steuerrecht, § 9 Rn. 54 ff. m.w.N.; *ders.*, Bemessungsgrundlage der Einkommensteuer, S. 60 ff., 183 ff.; *Schulze-Osterloh*, DStJG 23 (2000), 67, 69 ff.; *Schön*, FR 2001, 381, 382 ff.; *Schlotter*, Teilwertabschreibung, S. 219 ff. Zum Stellenwert des objektiven Nettoprinzips im deutschen Einkommensteuerrecht *Lang*, StuW 2007, 3 ff. Neben dieses objektive Nettoprinzip tritt das für die Einkommensermittlung natürlicher Personen geltende subjektive Nettoprinzip, welches zusätzlich den Abzug privater, existenzsichernder Aufwendungen verlangt, vgl. *Lang*, in: Tipke/Lang, Steuerrecht, § 9 Rn. 68 ff. Dieses Prinzip ist jedoch im Rahmen der Unternehmensbesteuerung irrelevant und bedarf daher an dieser Stelle keiner Erörterung.

normiert, gilt nach diesem Prinzip nur das wirtschaftliche Ergebnis einer Erwerbstätigkeit als steuerlich belastbar.[214] Lediglich die Nettoeinkünfte als Differenz zwischen Erwerbseinnahmen und damit im Zusammenhang stehenden (erwerbssichernden) Aufwendungen sind einer Besteuerung zu unterwerfen. Zahlreiche Abzugsbeschränkungen sowie Beschränkungen der Verlustberücksichtigung lassen jedoch auf einen weiten Gestaltungsspielraum des Gesetzgebers hinsichtlich der Umsetzung des objektiven Nettoprinzips schließen.[215]

Ungeklärt ist bisher, ob auch eine verfassungsrechtliche Bindung des Gesetzgebers an dieses Prinzip existiert. Während die Lehre ganz überwiegend den (originären) Verfassungsrang des objektiven Nettoprinzips annimmt[216], hat das BVerfG bisher offen gelassen, ob die „Geltung dieses Prinzips des Einkommensteuerrechts auch verfassungsrechtlich geboten" ist.[217] Der BFH hat in einer Vielzahl von Entscheidungen den systemprägenden Charakter des objektiven Nettoprinzips hervorgehoben.[218] Jedenfalls hat sich der Gesetzgeber bei der Auswahl des Besteuerungsgegenstandes im Einkommen- und Körperschaftsteuerrecht für das objektive Nettoprinzip entschieden und sich damit nach dem verfassungsrechtlichen Gebot der System- und Folgerichtigkeit selbst gebunden.[219] Aus-

---

214 BVerfG v. 4.12.2002, BVerfGE 107, 47 f.; zuvor schon BVerfG v. 30.9.1998, BVerfGE 99, 95; BVerfG v. 11.11.1998, BVerfGE 99, 289 f. Das Bundesverfassungsgericht misst dem objektiven Nettoprinzip bei diesen Entscheidungen jene Bedeutung zu, die es auch dem gleichheitsrechtlich fundierten Leistungsfähigkeitsprinzip für eine folgerichtige Umsetzung der getroffenen Sachentscheidung zuschreibt, vgl. *Wendt*, DStJG 28 (2005), 41, 50. Insofern nimmt das objektive Nettoprinzip als Unterprinzip an der verfassungsrechtlichen Verankerung des Leistungsfähigkeitsprinzips teil, vgl. *Schön*, FR 2001, 381, 382 ff.; *Hey*, BB 2007, 1303, 1304.

215 Dazu etwa die nicht abschließende Aufzählung bei *Birk*, Steuerrecht, Rn. 619 ff.

216 Vgl. *Tipke*, StRO II, S. 763; *Lang*, Bemessungsgrundlage der Einkommensteuer, S. 183 ff.; *Schulze-Osterloh*, DStJG 23 (2000), 67, 69; ferner jüngst *Lehner*, DStR 2009, 185 ff.; *Englisch*, Beihefter DStR 34/2009, S. 92 ff.; *Hey*, Beihefter DStR 34/2009, S. 11; *Mössner*, FS Lang, S. 94; *Hennrichs*, FS Lang, S. 246 f.; differenzierend *Schneider*, Beihefter DStR 34/2009, S. 89 ff.; je m.w.N.

217 BVerfG v. 30.9.1998, DStR 1998, 1743; BVerfG v. 4.12.2002, BVerfGE 107, 48; BVerfG v. 7.11.2006, BStBl. II 2007, S. 192; BVerfG v. 9.12.2008, DStR 2008, 2460. In einem jüngeren Beitrag hat *Lang* die wechselhafte Haltung nachgezeichnet, die das BVerfG in den letzten Jahrzehnten gegenüber dem Nettoprinzip eingenommen hat, vgl. *Lang*, StuW 2007, 3, 4 ff. Zur Rechtsprechungsentwicklung auch *Shou*, Die Zinsschranke im Unternehmensteuerreformgesetz 2008, S. 55 ff.; *München*, Die Zinsschranke, S. 58 ff.

218 Vgl. beispielsweise BFH v. 21.11.1983, NJW 1984, 1054, 1055; BFH v. 30.1.1995, DStR 1995, 446, 448.

219 Besteuerungsgegenstand und damit Steuerobjekt ist jeweils das Ergebnis der Erwerbstätigkeit bzw. das Einkommen, vgl. *Lang* und *Hey*, in: Tipke/Lang, Steuerrecht,

nahmen von der folgerichtigen Umsetzung dieser Belastungsentscheidung bedürfen eines besonderen, sachlichen Rechtfertigungsgrundes. Das objektive Nettoprinzip verkörpert damit ein wesentliches Ordnungsprinzip, von dem der Gesetzgeber nicht beliebig abweichen darf.[220]

b) Durchbrechung des objektiven Nettoprinzips durch die Zinsschranke

Im Rahmen des objektiven Nettoprinzips hat der Gesetzgeber die Zuordnung von Aufwendungen zur betrieblichen Sphäre danach vorgenommen, ob eine betriebliche Veranlassung besteht.[221] In zeitlicher Hinsicht muss sich der Gesetzgeber an den von ihm festgelegten Gewinnermittlungsarten nach §§ 4 ff. EStG festhalten lassen, wonach die Besteuerungsgrundlagen für den jeweiligen Gewinnermittlungszeitraum zu bestimmen sind (Periodenprinzip). Er hat insoweit auch eine grundlegende Entscheidung über die zeitliche Zuordnung einzelner Besteuerungsgrundlagen getroffen.[222] Für den Zinsaufwand einer Kapitalgesellschaft bedeutet dies, dass dieser nach den Regeln des Betriebsvermögensvergleichs nach § 4 Abs. 1 Satz 1 i.V.m. § 5 Abs. 1 Satz 1 EStG einem bestimmten Wirtschaftsjahr zuzuordnen und dort als Besteuerungsgrundlage zu erfassen ist. Jede Begrenzung des steuerlichen Abzugs betrieblich veranlasster Schuldzinsen im jeweiligen Veranlagungszeitraum steht damit grundsätzlich im Widerspruch zum objektiven Nettoprinzip.[223]

Auch die Möglichkeit des Zinsvortrags in nachfolgende Wirtschaftsjahre gem. § 4h Abs. 1 Satz 5 i.V.m. Abs. 4 EStG führt zu keiner anderen

---

§ 9 Rn. 40, § 11 Rn. 36; *Schlotter*, Teilwertabschreibung, S. 227. Das objektive Nettoprinzip ist eine vom Gesetzgeber selbst festgelegte Sachgesetzlichkeit, vgl. *Shou*, Die Zinsschranke im Unternehmensteuerreformgesetz 2008, S. 58.

220 In diesem Sinne auch *Birk*, DStR 2009, 877, 881; *Cryns*, Gesellschafterfremdfinanzierung, S. 303; *München*, Die Zinsschranke, S. 61. Aufschlussreich ist das Votum des Deutschen Juristentags 1988 (Sitzungsbericht N, München 1988, 214): „Das Nettoprinzip gehört zu den identitätskonstituierenden Merkmalen der Einkommensteuer. Als solches steht es nicht zur Disposition des Gesetzgebers." Dazu *Lang*, in: Tipke/Lang, Steuerrecht, § 9 Rn. 55.

221 § 4 Abs. 4 EStG; vgl. BVerfG v. 9.12.2008, DStR 2008, 2460.

222 Zum Periodizitätsprinzip als Konkretisierung einer gleichmäßigen Besteuerung nach der Leistungsfähigkeit siehe *Shou*, Die Zinsschranke im Unternehmensteuerreformgesetz 2008, S. 62 f.; *Hennrichs*, FS Lang, S. 251.

223 Das Problem der gemischten Veranlassung stellt sich – im Gegensatz zu anderen Fällen eines Abzugsverbots für Betriebsausgaben (z.B. § 4 Abs. 5 EStG) – vorliegend nicht, da eine private Mitveranlassung ausscheidet.

Beurteilung.[224] Denn die Nutzung des Zinsvortrags setzt voraus, dass sich das Verhältnis von Zinserträgen und Zinsaufwendungen signifikant verbessert, ein höherer Gewinn – und damit ein höheres steuerliches EBITDA – erzielt wird oder ein Befreiungstatbestand eintritt. Die dafür erforderliche nachhaltige Veränderung der Ergebnis- und Finanzierungssituation lässt sich jedoch allenfalls langfristig erreichen. Falls die Strukturen im Unternehmen weitgehend unverändert bleiben, ist der Zinsvortrag wertlos. In bestimmten Wirtschaftsbereichen wie z.B. der Immobilienwirtschaft, bei der langfristige Finanzierungen mit Laufzeiten über 10 bis 20 Jahren branchenüblich sind und die Ergebnisse aus der Überlassung von Bestandsimmobilien i.d.R. nur geringen Schwankungen unterworfen sind, bleibt die steuermindernde Wirkung des Zinsvortrags illusorisch. Gleiches gilt im Krisen- und Sanierungsfall. Es besteht damit ein beachtliches Risiko, dass der Zinsvortrag in den Folgejahren nicht oder nicht zeitnah genutzt werden kann.[225] Die Fälle einer Verschmelzung[226] und eines Gesellschafterwechsels[227] führen ebenso wie das Ausscheiden eines Mitunternehmers oder eine Betriebsaufgabe nach § 4h Abs. 5 EStG jeweils zu einem dauerhaften Untergang des Zinsvortrags und damit zu einer Durchbrechung des objektiven Nettoprinzips.[228] Soweit der Zinsvortrag in den Folgejahren nicht genutzt werden kann oder untergeht, wirkt die Zinsschranke wie ein definitives Abzugsverbot betrieblich veranlasster Schuldzinsen.

Hinzuweisen ist an dieser Stelle auf die Rechtsprechung des BFH. Dieser hatte zum Fall des Verlustvortrags im Rahmen der Mindestbesteuerung (§ 2 Abs. 3 EStG i.d.F. des Steuerentlastungsgesetzes 1999/2000/2002) entschieden, dass das objektive Nettoprinzip nicht notwendiger-

---

224 *Loschelder*, in: Schmidt, EStG, § 4h Rn. 3; *Hey*, BB 2007, 1303, 1305; *München*, Die Zinsschranke, S. 63 ff.; *Cryns*, Gesellschafterfremdfinanzierung, S. 352 ff.; *Hick*, in: HHR, EStG, § 4h Rn. 6; *Goebel/Eilinghoff*, DStZ 2010, 550, 555. Gleiches gilt für den durch das Wachstumsbeschleunigungsgesetz eingeführten EBITDA-Vortrag gem. § 4h Abs. 1 Satz 3, 4 EStG, vgl. *Lenz/Dörfler*, DB 2010, 18, 19. A.A. *Frotscher*, in: Frotscher, EStG, § 4h Rn. 8, der eine zeitliche Streckung als verfassungsrechtlich unbedenklich ansieht.

225 *Hey*, BB 2007, 1303, 1305; *München*, Die Zinsschranke, S. 64 f.; *Musil/Volmering*, DB 2008, 12, 14; *Süß/Wilke*, SteuerStud 2010, 561, 566; *Cryns*, Gesellschafterfremdfinanzierung, S. 353; *Dorenkamp*, DStJG 33 (2010), 301, 322.

226 § 4 Abs. 2 Satz 2 UmwStG.

227 § 8a Abs. 1 Satz 3 i.V.m. § 8c KStG.

228 *Shou*, Die Zinsschranke im Unternehmensteuerreformgesetz 2008, S. 61; *Prinz*, GmbHR 2007, R 257, R 258. Im Hinblick auf diesen drohenden dauerhaften Untergang des Zinsvortrags stellt die Zinsschranke eine bedeutende Hürde für Umstrukturierungen dar, vgl. eingehend *Hierstetter*, DB 2009, 79 ff.

weise in jedem einzelnen Veranlagungszeitraum verwirklicht werden müsse.[229] Allerdings hat der BFH seine Ausführungen zu den aus dem objektiven Nettoprinzip abzuleitenden Folgerungen ausdrücklich auf den Bereich der Verlustverrechnung beschränkt und insbesondere mit der Beschränkung des Verlustrücktrags einerseits sowie der wechselvollen Geschichte des Verlustvortrags andererseits begründet. Damit unterscheidet sich der entschiedene Streitgegenstand deutlich von der hier fraglichen innerperiodischen Berücksichtigung betrieblich veranlassten Zinsaufwands.[230] Diese Rechtsprechung ist auf Fälle der Zinsschranke mithin nicht übertragbar. Im Hinblick auf eine abweichende Ausgangslage beim Zinsaufwand ist zudem festzustellen, dass derselbe Senat des BFH in zwei Beschlüssen vom 6.3.2003 (allerdings zum subjektiven Nettoprinzip) die Mindestbesteuerung insofern als verfassungswidrig beurteilt hat, als dort die Verlustberücksichtigung auch dann ausgeschlossen war, wenn beim Steuerpflichtigen ein tatsächlicher Abfluss von Mitteln stattgefunden hatte.[231] Die Zahlung betrieblicher Schuldzinsen führt aber gerade – anders als ein Verlustvortrag – immer zu einem tatsächlichen Mittelabfluss im jeweiligen Veranlagungszeitraum und verringert unmittelbar die Liquidität des Unternehmens.[232]

Die Zinsschranke führt zu einer Durchbrechung des objektiven Nettoprinzips und damit zu einer Ungleichbehandlung im Sinne des Art. 3 Abs. 1 GG. Ausnahmen von der folgerichtigen Umsetzung dieser Belastungsentscheidung bedürfen eines besonderen, sachlichen Rechtfertigungsgrundes.

---

229 BFH v. 9.5.2001, DStR 2001, 1109, 1111. Dieser Beschluss ist schon dem Grunde nach zu kritisieren, da eine zeitliche Streckung von Verlusten zur Folge haben kann, dass die Verlustverrechnung dauerhaft verhindert wird. Die Mindestbesteuerung führt zudem zu einem Liquiditätsentzug, der eine existenzgefährdende Wirkung entfalten kann, vgl. *Lang* in: Tipke/Lang, Steuerrecht, § 9 Rn. 66; *Hey*, BB 2007, 1303, 1305; *Cryns*, Gesellschafterfremdfinanzierung, S. 315; eingehend *Karrenbrock*, DB 2004, 559 ff. In zahlreichen finanzgerichtlichen Verfahren des vorläufigen Rechtsschutzes wurde die Verfassungswidrigkeit der Mindestbesteuerung wegen Verletzung des objektiven Nettoprinzips angenommen, vgl. FG Niedersachsen v. 13.6.2003, EFG 2003, 1316; FG Düsseldorf v. 4.3.2002, DStRE 2002, 762; Hessisches FG v. 4.12.2001, EFG 2002, 776; FG Münster v. 7.9.2000, DStRE 2000, 1121.

230 *Hey*, BB 2007, 1303, 1305; *München*, Die Zinsschranke, S. 63; *Cryns*, Gesellschafterfremdfinanzierung, S. 316.

231 BFH v. 6.3.2003, XI B 7/02, DStR 2003, 927; BFH v. 6.3.2003, XI B 76/02, BB 2003, 1159.

232 So auch *Hey*, BB 2007, 1303, 1305; *Musil/Volmering*, DB 2008, 12, 14; *München*, Die Zinsschranke, S. 63; *Cryns*, Gesellschafterfremdfinanzierung, S. 316.

c) Rechtfertigung der Durchbrechung

Im Rahmen des objektiven Nettoprinzips räumt das BVerfG ein hohes Maß an gesetzgeberischer Freiheit ein. In diesem Sinne könne der Gesetzgeber das objektive Nettoprinzip bei Vorliegen gewichtiger Gründe durchbrechen und sich dabei generalisierender, typisierender und pauschalierender Regelungen bedienen.[233] Insbesondere bei einer Typisierung muss allerdings ein klares Bedürfnis für eine Vereinfachungsnorm bestehen, die voneinander abweichende Fälle – entgegen dem Gleichheitssatz – gleich behandelt.[234] Während das BVerfG dem Gesetzgeber in einer früheren Entscheidung noch eine Durchbrechung des objektiven Nettoprinzips bei Vorliegen „sachlich einleuchtender Gründe" zubilligte[235], verlangt es in seinen aktuellen Entscheidungen die Rechtfertigung anhand „besonderer sachlicher" oder „gewichtiger Gründe"[236]. Damit wird die Entwicklung der gleichheitsrechtlichen Anforderungen an den Gesetzgeber vom bloßen Willkürverbot zu einer strengen Bindung an Verhältnismäßigkeitserfordernisse deutlich.[237]

aa) Rechtfertigung als Fiskalzwecknorm

Die Zinsschranke wurde schon im Gesetzgebungsverfahren offen auch als Gegenfinanzierungsmaßnahme gekennzeichnet, wodurch haushaltspolitische Motive gegenüber Gerechtigkeitsüberlegungen in den Vordergrund rücken.[238]

---

233 BVerfG v. 23.1.1990, BVerfGE 81, 237; BVerfG v. 8.10.1991, BVerfGE 84, 359 m.w.N.; BVerfG v. 10.4.1997, BVerfGE 96, 6; BVerfG v. 11.11.1998, BVerfGE 99, 290; BVerfG v. 6.3.2002, BVerfGE 105, 127; BVerfG v. 21.6.2006, BVerfGE 116, 182 f. Dazu auch *Shou*, Die Zinsschranke im Unternehmensteuerreformgesetz 2008, S. 67 f.; *Cryns*, Gesellschafterfremdfinanzierung, S. 304.

234 Die Typisierung besteht in einer Durchbrechung eines durch den Gleichheitssatz vorgegebenen Differenzierungsgebots, vgl. *Tipke*, StRO I, S. 349. Dabei werden bestimmte im Wesentlichen gleiche Lebenssachverhalte, trotz eventueller Besonderheiten im Einzelfall, normativ zusammengefasst, vgl. BVerfG v. 9.12.2008, DStR 2008, 2460, 2462.

235 BVerfG v. 2.10.1969, BStBl. II 1970, S. 140, 142.

236 So zuletzt BVerfG v. 17.11.2009, DStR 2010, 434, 435; BVerfG v. 9.12.2008, DStR 2008, 2460, 2461 f.

237 Vgl. *Englisch*, Beihefter DStR 34/2009, 92, 97; *Lehner*, DStR 2009, 185, 186; *Drüen*, StuW 2008, 3, 12. *Shou*, Die Zinsschranke im Unternehmensteuerreformgesetz 2008, S. 63 f. Zur sog. „neuen Formel" *Lang*, in: Tipke/Lang, Steuerrecht, § 4 Rn. 73.

238 „Hauptziel der Unternehmensteuerreform ist deshalb neben der Erhöhung der Standortattraktivität die längerfristige Sicherung des deutschen Steuersubstrats", vgl. Gesetzesbegründung zum Entwurf eines Unternehmensteuerreformgesetzes 2008, BT-

Dem Einwand einer „verdeckten“ Gegenfinanzierung muss allerdings entgegengehalten werden, dass auch die Bekämpfung von Missbräuchen zwangsläufig auch einen (Gegen-)Finanzierungseffekt bewirkt.[239] Die Sicherung von Steueraufkommen kann vielmehr sowohl durch neue Belastungsnormen als auch durch die Abwehr von Missbrauchsfällen erreicht werden. Denn Kern einer missbräuchlichen Gestaltung im Steuerrecht ist in der Regel das Bemühen um (rechtlich unzulässige) Steuervermeidung. Gleichzeitig kann nicht jeder Verlust an Steuersubstrat auf missbräuchliche Gestaltungen zurückgeführt werden. Die Ziele der Gegenfinanzierung und der Missbrauchsbekämpfung überschneiden sich damit in Teilen, sind aber keineswegs deckungsgleich.[240]

Nach einer Ansicht in der Literatur könne der Gesetzgeber bei Absenkung der Steuersätze im Gegenzug die Bemessungsgrundlage im Sinne einer Sicherung des Steuersubstrats ausgestalten.[241] Diese Sichtweise bestätigt den Charakter der Zinsschranke als Fiskalzwecknorm.

Nach der Rechtsprechung des BVerfG sind der Finanzbedarf des Staates oder eine knappe Haushaltslage in jedem Fall untaugliche Rechtfertigungsgründe für die Durchbrechung einer gesetzgeberischen Grundsatzentscheidung.[242] Dies entspricht der überwiegenden Ansicht in der Literatur.[243] Der staatliche Finanzbedarf ist Anlass für die gerechte Lastenverteilung im Rahmen eines Besteuerungssystems und taugt damit nicht (auch) als Grund für deren Missachtung.[244] In jüngeren Entscheidungen hat das BVerfG wiederholt die Notwendigkeit einer folgerichtigen Verwirklichung des objektiven und subjektiven Nettoprinzips und

---

Drucks. 16/4841, S. 1, 30 f.; *Möhlenbrock*, Ubg 2008, 1; *Hey*, BB 2007, 1303, 1304; *Eilers*, FR 2007, 733, 735; *Loschelder*, in: Schmidt, EStG, § 4h Rn. 3.

239 Dies erkennt auch *Bohn*, Zinsschranke, S. 42.

240 *Hey*, BB 2007, 1303, 1304. Zur Zinsschranke als Kompensationsmaßnahme für die Einführung der Abgeltungsteuer *Cryns*, Gesellschafterfremdfinanzierung, S. 355 ff.

241 Mit dieser Begründung *Heuermann*, in: Blümich, EStG, § 4h Rn. 25. Ähnlich *Leisner-Egensperger*, BB 2007, 639, 644 („Haushaltslagen abwägend berücksichtigen“) oder *Cremer*, DÖV 2003, 921, 922, 929 (staatliches Finanzausstattungsinteresse als Rechtfertigungsgrund).

242 Dazu BVerfG v. 21.6.2006, BVerfGE 116, 182: „Auch wenn der Staat auf Einsparungsmaßnahmen angewiesen ist, muss er auf die gerechte Verteilung der Lasten achten“.

243 Vgl. *Tipke*, BB 2007, 1525, 1528; *Lang*, FS Reiß, S. 391; *Hey*, in: Tipke/Lang, Steuerrecht, § 11 Rn. 56; *Englisch*, FS Lang, S. 199 f.; *Thiel*, FR 2007, 729, 730; *Cryns*, Gesellschafterfremdfinanzierung, S. 318 f.; *Goebel/Eilinghoff*, DStZ 2010, 550, 556.

244 *Englisch*, Beihefter DStR 34/2009, 92, 97; *Drüen*, StuW 2008, 3, 12; *Musil/Volmering*, DB 2008, 12, 14; *München*, Die Zinsschranke, S. 66.

die Unzulässigkeit rein fiskalisch motivierter Durchbrechungen hervorgehoben.[245]

bb) Rechtfertigung als Norm zur Missbrauchsvermeidung

Die Verhinderung von Missbräuchen kann einen Rechtfertigungsgrund darstellen. Allerdings müssen die vom Gesetzgeber zur Begründung herangezogenen Missbrauchskonstellationen auch tatsächlich vorliegen und klar erkennbar sein.[246] Vor dem Hintergrund der Verhältnismäßigkeit muss sich die Ausgestaltung einer Missbrauchsvermeidungsnorm am Zweck der Missbrauchstypisierung orientieren.[247] Sie muss am wirtschaftlichen Normalfall ausgerichtet werden und darf als Leitbild keinem atypischen Fall folgen.[248]

In der Gesetzesbegründung zur Zinsschranke wird diesbezüglich der Schutz des deutschen Steuersubstrats vor missbräuchlichen Gewinnverlagerungen, insbesondere bei Auslandssachverhalten, genannt.[249] Diese gesetzgeberische Absicht ist zunächst legitim und verfassungsrechtlich nicht zu beanstanden.[250] In einem weiteren Schritt ist jedoch zu prüfen, ob die konkrete gesetzliche Ausgestaltung dem Regelungszweck der

---

245 Zum subjektiven Nettoprinzip vgl. BVerfG v. 13.2.2008, FR 2008, 372 ff. und hinsichtlich des objektiven Nettoprinzips sowie einer Rechtfertigung durch rein fiskalischen Einnahmenerhöhungszweck BVerfG v. 9.12.2008, DStR 2008, 2460 ff.

246 Zu den Anforderungen eines Rechtfertigungsgrundes der Missbrauchsvermeidung vgl. bspw. BVerfG v. 30.9.1998, BVerfGE 99, 97 ff. Analog zu der vom BVerfG für die Rechtfertigung von Sozialzwecknormen aufgestellten Forderung nach tatbestandlicher Erkennbarkeit des Lenkungszwecks, vgl. BVerfG v. 22.6.1995 in BVerfGE 93, 121, 148, ist auch für die Regelungen zur Missbrauchsbekämpfung erforderlich, dass der Missbrauchsvermeidungszweck im Tatbestand „zielgenau und normenklar" zum Ausdruck kommt, vgl. BVerfG v. 7.11.2006, BVerfGE 117, 34.

247 Vgl. *Hey*, StuW 2008, 167, 175; *Lang*, in: Tipke/Lang, § 4 Rn. 132; dazu m.w.N. *Cryns*, Gesellschafterfremdfinanzierung, S. 320 f.

248 BVerfG v. 17.11.2009, DStR 2010, 434, 441; BVerfG v. 9.12.2008, DStR 2008, 2460, 2462; BVerfG v. 21.6.2006, BVerfGE 116, 183; BVerfG v. 11.1.2005, BVerfGE 112, 180; BVerfG v. 16.3.2005, BVerfGE 112, 280 f. Aus der Literatur z.B. *Rödder*, ZHR 171 (2007), 380, 398; *Hey*, StuW 2008, 175, 176; *Drüen*, StuW 2008, 3, 13; *Hick*, in: HHR, EStG, § 4h Rn. 6. Die Grundlage einer Pauschalierung muss in diesem Sinne eine der Lebenserfahrung entsprechende Schätzung sein, vgl. *Shou*, Die Zinsschranke im Unternehmensteuerreformgesetz 2008, S. 68.

249 Gesetzesbegründung zum Entwurf eines Unternehmensteuerreformgesetzes 2008, BT-Drucks. 16/4841, S. 29, 31, 48.

250 *Heuermann*, in: Blümich, EStG, § 4h Rn. 25; *Englisch*, Beihefter zu DStR 34/2009, 92, 97; *Shou*, Die Zinsschranke im Unternehmensteuerreformgesetz 2008, S. 65.

Missbrauchsbekämpfung auch tatsächlich gerecht wird und einer Verhältnismäßigkeitsprüfung standhält.

Falls eine gesetzliche Regelung zur Missbrauchsbekämpfung so weit gefasst ist, dass auch Fallgestaltungen betroffen sind, bei denen ein Missbrauch von vornherein nicht zu befürchten ist, wird der Grundsatz der Gleichmäßigkeit der Besteuerung verletzt. Vor diesem Hintergrund lässt sich bereits die Anwendbarkeit der Zinsschranke auf den reinen Inlandskonzern mit dem Argument der Missbrauchsbekämpfung nicht mehr rechtfertigen. Denn die Ausnutzung eines internationalen Steuersatzgefälles ist einem Konzern ohne ausländische Konzerngesellschaft gerade nicht möglich.[251] Es besteht mithin kein Missbrauchspotenzial. Die Einbeziehung reiner Inlandssachverhalte, bei denen eine missbräuchliche Gestaltung im Sinne der Zinsschranke per se ausscheidet, verdeutlicht erneut den stark überschießenden Charakter der Regelung.[252] Auch die Möglichkeit durch Errichtung einer Organschaft den Wirkungen der Zinsschranke zu entgehen, vermag die Unzulässigkeit der Missbrauchstypisierung nicht zu beseitigen. Gleiches gilt für den Einwand einer möglichen Europarechtswidrigkeit bei einem präzisen Zuschnitt auf grenzüberschreitende Sachverhalte.[253] Denn eine unzulässige Missbrauchstypisierung lässt sich nicht mit dem Ziel der Europarechtskonformität rechtfertigen.[254] Eine Durchbrechung fundamentaler Besteuerungsprinzipien zur Herstellung einer Europarechtstauglichkeit ist und bleibt verfassungswidrig.

Auch die Erfassung üblicher Bankfinanzierungen läuft dem Sinn und Zweck der Zinsschranke zuwider.[255] Im Kern geht es bei der Regelung nämlich um die missbräuchliche Gesellschafterfremdfinanzierung. Finanzierungsabreden unter fremden Dritten sind kein Mittel der Steuer-

---

251 *Hick*, in: HHR, EStG, § 4h Rn. 6; *Rödder/Stangl*, DB 2007, 479, 483; *Hey*, BB 2007, 1303, 1305; *dies.*, FR 2008, 1033, 1037; *Cryns*, Gesellschafterfremdfinanzierung, S. 323.

252 *Lenz/Dörfler*, DB 2010, 18, 19; *Hey*, BB 2007, 1303, 1305; *Süß/Wilke*, SteuerStud 2010, 561, 568; *Lang*, FS Reiß, S. 391.

253 Nach der EuGH-Rechtsprechung, insbesondere in der Rechtssache *Lankhorst-Hohorst* (EuGH v. 12.12.2002, DB 2002, 2690 ff.), war der Gesetzgeber angehalten bei der Regelung zur Gesellschafterfremdfinanzierung Inlands- und Auslandssachverhalte im Wesentlichen gleich zu behandeln. Vgl. dazu *Hey*, StuW 2005, 317, 322 f.; *München*, Die Zinsschranke, S. 68.

254 *Hey*, BB 2007, 1303, 1305; *Cryns*, Gesellschafterfremdfinanzierung, S. 323. *München*, Die Zinsschranke, S. 69.

255 *Hey*, BB 2007, 1303, 1305; *Rödder/Stangl*, DB 2007, 479, 483; *IDW*, IDW-FN 2007, 194, 196; *Drüen*, StuW 2008, 3, 13; *Lang*, FS Reiß, S. 390; *Frotscher*, in: Frotscher, EStG, § 4h Rn. 4; *Hoffmann*, in: Littmann/Bitz/Pust, Einkommensteuerrecht, § 4h Rn. 1.

umgehung, da sie im Rahmen einer betriebswirtschaftlich motivierten Unternehmensfinanzierung zu üblichen Konditionen vereinbart werden.[256] Insbesondere die Regelungen in § 8a Abs. 2 und 3 KStG zeigen, dass dem Gesetzgeber ein milderes Mittel gegenüber einer generellen Erfassung jeglicher Fremdfinanzierungsform zur Verfügung stand. Auch die Gefahr einer missbräuchlichen Zwischenschaltung von Banken im Rahmen einer Gesellschafterfremdfinanzierung[257] erfordert keine Anwendung auf sämtliche Bankfinanzierungen. Auch hier zeigt sich die mangelnde Zielgenauigkeit der Regelung. Eine präzise gesetzliche Ausrichtung auf diese speziellen Fallkonstellationen wäre geboten gewesen.

Im Rahmen der Zinsschranke legte der Gesetzgeber eine weite Typisierungsregel fest, ohne dass deutlich wird, welche Fälle er im Sinne einer effektiven Missbrauchsbekämpfung treffen will.[258] Dies zeigt sich insbesondere an folgenden Regelungsbestandteilen:

Pauschalierte Abzugsquote

Nach § 4h Abs. 1 EStG wird die Abziehbarkeit des Nettozinsaufwands bis zur Höhe von 30% des verrechenbaren EBITDA unwiderlegbar beschränkt. Durch die Orientierung des Abzugsverbots an einem bestimmten Verhältnis von Nettozinssaldo und EBITDA lässt sich eine Eingrenzung auf Missbrauchsfälle im Sinne realitätsgerechter Typisierung nicht erreichen.

Zunächst stellt eine pauschale Abzugsobergrenze ohne Entlastungsmöglichkeit kein zulässiges Mittel zur Missbrauchsbekämpfung dar.[259] Die Missbrauchsvermeidungsgrenze von 30% widerspricht zudem den wirtschaftlichen Realitäten. Sie unterstellt bei vereinfachender Annahme identischer Renditen von Eigen- und Fremdkapital eine Eigenkapitalquote von 70%. Dies läuft den tatsächlichen realwirtschaftlichen Gegebenheiten völlig zuwider.[260] Die Abzugsobergrenze orientiert sich damit an einem atypischen Fall und überschreitet die Grenzen einer zulässigen

256 *Cryns*, Gesellschafterfremdfinanzierung, S. 323.

257 Sog. „Back-to-Back-Finanzierung" bzw. "Rückgriffsfälle".

258 Vgl. *Hey*, BB 2007, 1303, 1304; *Rödder*, ZHR 171 (2007), 380, 398; *Thiel*, FR 2007, 729, 730; *Cryns*, Gesellschafterfremdfinanzierung, S. 321.

259 *Shou*, Die Zinsschranke im Unternehmensteuerreformgesetz 2008, S. 71.

260 Vgl. *Lenz/Dörfler*, DB 2010, 18, 19; *Rödder/Stangl*, DB 2007, 479, 483; *Thiel*, FR 2007, 729, 730; *Süß/Wilke*, SteuerStud 2010, 561, 568; *München*, Die Zinsschranke, S. 70. Nach *Cryns*, Gesellschafterfremdfinanzierung, S. 328, liege die mittlere Eigenkapitalausstattung deutscher Industriebetriebe bei rund 25%.

Typisierung. Nach dem Verhältnismäßigkeitsgrundsatz dürfen die mit einer Typisierung verbundenen „Härten und Ungerechtigkeiten" nur im Einzelfall unvermeidbar sein. Daher muss die Zahl der Betroffenen „verhältnismäßig klein" und der Verstoß gegen den Gleichheitssatz „nicht sehr intensiv" sein.[261] Die Zinsschranke erfasst eine große Zahl von Betrieben, deren Fremdfinanzierungsanteil in der üblichen Bandbreite der betreffenden Branche liegt. Die Pauschalierung stellt damit nach dem Maßstab des Verhältnismäßigkeitsgrundsatzes nicht das mildeste Mittel zur Erreichung des Vereinfachungszwecks dar.[262] Schon das Grundkonzept der Zinsschranke in Form einer pauschalen Abzugsbeschränkung ohne Entlastungsbeweis genügt verfassungsrechtlichen Anforderungen nicht.

Der Konzern als Normadressat

Nach der Intention des Gesetzgebers sollte die Zinsschranke die Möglichkeiten der Gewinnverlagerung mittels grenzüberschreitender konzerninterner Fremdkapitalfinanzierung begrenzen.[263] Durch die Eingrenzung des persönlichen Anwendungsbereichs werden zunächst alle (nicht konzernangehörigen) Betriebe ausgeklammert, bei denen die Gefahr einer solchen Gewinnverlagerung ohnehin nicht besteht. Nach der Konzernklausel wird unterstellt, dass die Fremdfinanzierung nicht konzernzugehöriger Betriebe schon vom Grundsatz her nicht missbräuchlich ist. Hierin dokumentiere sich nach einer Ansicht im Schrifttum der herrschende Generalverdacht des Gesetzgebers, dass im Umkehrschluss eine konzerninterne Fremdfinanzierung a priori auf Missbrauch angelegt ist.[264]

Die steuerliche Konzernzugehörigkeit ist als typisierende „gesetzliche Missbrauchsvermutung" für eine Beschränkung des Zinsabzugs ungeeignet, da eine Konzernzugehörigkeit sowie Art und Umfang einer Beteiligung weder Rückschlüsse auf die steuerliche Leistungsfähigkeit noch

---

261 BVerfG v. 8.2.1983, BVerfGE 63, 119, 128; BVerfG v. 8.10.1991, BVerfGE 84, 348, 361; BVerfG v. 4.4.2001, BVerfGE 103, 310, 319.

262 Vgl. ebenso *Shou*, Die Zinsschranke im Unternehmensteuerreformgesetz 2008, S. 70 f.; *München*, Die Zinsschranke, S. 70; *Goebel/Eilinghoff*, DStZ 2010, 550, 557.

263 Gesetzesbegründung zum Entwurf eines Unternehmensteuerreformgesetzes 2008, BT-Drucks. 16/4841, S. 31.

264 Vgl. *Hick*, in: HHR, Jahresband 2008, § 4h EStG Rn. J 07-21; *Rödder*, Beihefter DStR 40/2007, S. 9; *Kahle/Dahlke/Schulz*, StuW 2008, 266, 270.

auf die Unangemessenheit einer gewählten Gestaltung zulassen.[265] Denn diese Sichtweise verkennt, dass die Struktur eines Unternehmensverbundes vor allem bei Kapitalgesellschaften bereits zur weitverbreiteten Realität, wenn nicht sogar zur Regel geworden ist. Ausschlaggebend sind dabei weit überwiegend ökonomische Aspekte und nicht etwa steuerliche Gestaltungsüberlegungen.[266] Eine „alleinstehende" Kapitalgesellschaft erscheint heute schon eher als seltenes Phänomen. Der Konzern stellt heute die wichtigste Organisationsform großer nationaler und internationaler Unternehmen dar. Er ist in der Unternehmenspraxis seit langem keine Ausnahme mehr. So stehen etwa 90% der deutschen Aktiengesellschaften und über die Hälfte der deutschen Personengesellschaften in Konzern- oder wenigstens konzernähnlichen Verbindungen zu anderen Gesellschaften.[267] Dennoch sollen im Rahmen der Zinsschranke weitreichende steuerliche Folgen davon abhängig sein, ob und inwieweit ein Betrieb zu einem Konzern gehört.

Ein steuerlicher Missbrauchsverdacht bei verbundenen Unternehmen stünde auch im Widerspruch zur Rechtsordnung, da zahlreiche differenzierte Regelungen für Konzerne bestehen. Insofern entbehren nach *Stangl/Hageböke* bereits die Grundannahme der Konzernklausel und damit auch die Rechtfertigung der Zinsschranke jeder Grundlage.[268] Bei isolierter Betrachtung der Konzernklausel ergibt sich die Annahme, dass Finanzierungsaufwendungen innerhalb eines Konzerns *stets* auf missbräuchlicher Gestaltung beruhen und einer steuerrechtlichen Restriktion

---

265 *Stangl/Hageböke*, in: Schaumburg/Rödder, UntStR 2008, S. 450; *Hey*, StuW 2008, 167, 172. Allein die Verbindung von Unternehmen zur Begründung einer typisierten Missbrauchsvermutung heranzuziehen, erscheint unangemessen. In diesem Sinne unabhängig von der Zinsschranke bereits *Schön*, ZHR 171 (2007), 409, 415, der konstatiert, dass die Politik den Generalverdacht hegt, ein Konzernverhältnis sei a priori auf missbräuchliche Gestaltungen angelegt. Ferner im Hinblick auf die Konzernklausel *Stangl/Hageböke*, in: Schaumburg/Rödder, UntStRef 2008, S. 450; *Kahle/ Dahlke/Schulz*, StuW 2008, 266, 270. Ähnlich argumentiert *Köhler*, DStR 2007, 597, 599, der einen „hinreichenden inhaltlichen Konnex" zwischen Konzernunternehmen und Zinsabzug verlangt, „der eine Verknüpfung dieser Merkmale zu einem Tatbestand sinnvoll zuließe".

266 Zu den Gründen für eine Unternehmensorganisation als Konzern zählen bspw. die Verbesserung der Wettbewerbssituation und/oder die Nutzung von Synergieeffekten, vgl. *Theisen*, Der Konzern, S. 91 ff.

267 Vgl. *Theisen*, Der Konzern, S. 21; *Baetge*, Vorwort zur ersten Auflage der „Konzernbilanzen" (1994), abgedruckt in: *Baetge/Kirsch/Thiele*, Konzernbilanzen, 9. Auflage 2011; *Witt*, Konzernbesteuerung, 2006, S. 1 f.; *Küting/Weber*, Konzernabschluss, S. 111.

268 *Stangl/Hageböke*, in: Schaumburg/Rödder, UntStRef 2008, S. 450; ähnlich *Köhler*, DStR 2007, 597, 598.

bedürfen. Eine solche Missbrauchstypisierung orientiert sich nicht am wirtschaftlichen Normalfall und ist als unverhältnismäßig zu bewerten.[269]

Dem ist jedoch entgegen zu halten, dass ein weiterer Ausnahmetatbestand existiert, der speziell Konzernsachverhalten Rechnung trägt. Der Eigenkapitalvergleich gem. § 4h Abs. 2 Satz 1 Buchst. c EStG betrifft ausschließlich Konzerne, so dass eine typisierende Missbrauchsvermutung zu Lasten von Konzernstrukturen gerade nicht über den Umkehrschluss aus der Existenz der Konzernklausel abgeleitet werden kann.[270] Die Zinsschranke ist in ihrer gesamten Regelungssystematik zu bewerten. Sie bringt implizit zum Ausdruck, dass steuerschädliche Finanzierungsgestaltungen effektiv nur im Rahmen eines Konzernsachverhalts zu finden sind.[271] Eine generelle Missbrauchstypisierung für Konzernsachverhalte legt die Zinsschranke allerdings nicht fest. Ob die Ausrichtung auf bestimmte konzernangehörige Betriebe eine zulässige Missbrauchstypisierung darstellt, lässt sich nur nach Beurteilung des Eigenkapitalvergleichs beantworten.

Eigenkapitalvergleich

Im Rahmen des Eigenkapitalvergleichs gem. § 4h Abs. 2 Satz 1 Buchst. c EStG unterstellt das Gesetz bei einer konzernuntypischen Eigenkapitalquote des inländischen Betriebs typisierend eine missbräuchliche Fremdfinanzierungsgestaltung zum Zwecke der Gewinnverlagerung.[272]

---

269 *Hey*, BB 2007, 1303, 1306; *Musil/Volmering*, DB 2008, 12, 15; *Cryns*, Gesellschafterfremdfinanzierung, S. 326; *München*, Die Zinsschranke, S. 70.

270 In diesem Sinne zutreffend *Bohn*, Zinsschranke, S. 257.

271 So bereits ausdrücklich die Gesetzesbegründung zum Entwurf eines Unternehmensteuerreformgesetzes 2008, BT-Drucks. 16/4841, S. 31: „Sie (die Zinsschranke) soll insbesondere verhindern, dass Konzerne mittels grenzüberschreitender konzerninterner Fremdkapitalfinanzierung in Deutschland erwirtschaftete Erträge ins Ausland transferieren. Weiterhin soll die Zinsschranke verhindern, dass Konzerne sich gezielt über ihre deutschen Töchter auf dem Kapitalmarkt verschulden und über die gezahlten Zinsen vor allem in Deutschland die Steuerbemessungsgrundlage verringern."

272 Vgl. *Dorenkamp*, DStJG 33 (2010), 301, 314. Darin kann auch ein Verstoß gegen die Finanzierungsfreiheit (Art. 2 Abs. 1 GG) des Unternehmers gesehen werden. Der Grundsatz der Finanzierungsfreiheit wurde durch den BFH mehrfach bestätigt, vgl. BFH v. 5.2.1992, FR 1992, 525, 527 f.; BFH v. 20.6.2000, DB 2000, 2098, 2099 f. Nach diesem Prinzip steht es dem Steuerpflichtigen frei, seine Wirtschaftsgüter mit Eigen- oder Fremdmitteln zu finanzieren, vgl. dazu jüngst *Prinz*, FR 2009, 593 ff. Zur Finanzierungsfreiheit im Rahmen der Zinsschranke auch *Eilers*, FR 2007, 733 f.; *Thiel*, FR 2007, 729. In einer missbräuchlichen Verlagerungsmöglichkeit aufgrund leichterem Kapital-

Der zwingende Kausalzusammenhang zwischen der Abweichung von der Konzerneigenkapitalquote und einer missbräuchlichen Finanzierungsgestaltung leuchtet allerdings nicht ein. Die Diversifikation von Aufgaben, Geschäftsbereichen, Betriebsgrößen, Beschäftigtenzahlen, Ertragsaussichten etc. der Tochterunternehmen bedingt geradezu eine abweichende Finanzierungsstruktur, ohne dass ein Steuergestaltungswille dahinter steht.[273]

Auch bei dieser Ausnahmeregelung wird durch eine typisierte Vergleichsrechnung der zunächst erhobene Vorwurf des Missbrauchs zu entkräften versucht. Dabei entbehrt der Eigenkapitalvergleich nach teilweiser Auffassung im Schrifttum ebenso wie die Konzernklausel mit ihrer typisierenden Wirkung einer ökonomischen Rechtfertigung.[274] Zutreffend ist, dass eine „normale", „typische" oder „angemessene" Eigenkapitalquote des Betriebs aufgrund der unterschiedlichen Aufgaben, Branchen, Geschäftsfelder und wirtschaftlichen Situationen in einem internationalen Umfeld abwegig erscheint. Denn Finanzierungsentscheidungen beruhen in aller Regel auf einer komplexen Abwägung zahlreicher, vor allem außersteuerlicher Faktoren.[275] Auch innerhalb eines Konzerns gibt es gewichtige außersteuerliche Gründe für die Wahl bestimmter Finanzierungsformen. Erkennbar wird dies an der Tatsache, dass auch Gesellschaften reiner Inlandskonzerne, für die ein Steuersatzgefälle keine Rolle spielt, in ganz unterschiedlichem Ausmaß mit Eigen- und Fremdkapital ausgestattet sind.[276]

---

transfer erkennt *Frotscher*, in: Frotscher, EStG, § 4h R. 10, eine Rechtfertigung; ähnlich *Heuermann*, in: Blümich, EStG, § 4h Rn. 25.

273 *Musil/Volmering*, DB 2008, 12, 15; *Köhler*, DStR 2007, 597, 601; *Hick*, in: HHR, EStG, § 4h Rn. 5; *Führich*, IStR 2007, 341, 345; *ders.*, Ubg 2009, 30, 40; *München*, Die Zinsschranke, S. 71; *Süß/Wilke*, SteuerStud 2010, 561, 569; *Cryns*, Gesellschafterfremdfinanzierung, S. 338; *Homburg*, FR 2007, 717, 722.

274 Vgl. *Schulz*, DB 2008, 2043; *Homburg*, FR 2007, 717, 722; *Köhler*, DStR 2007, 597, 600 f.; *Stangl/Hageböke*, in: Schaumburg/Rödder, UntStR 2008, S. 479; *Frotscher*, in: Frotscher, EStG, § 4h Rn. 72b.

275 Für die Frage in welcher Höhe ein unternehmerisches Engagement mit Eigen- oder Fremdmitteln auszustatten ist, bestehen zunächst keine Regularien im nationalen wie internationalen Zivil- und Handelsrecht. Lediglich ein Mindesteigenkapital wird gesetzlich für manche Rechtsformen vorgeschrieben. Darüber hinaus besteht Finanzierungsfreiheit, so dass der Unternehmer seine Finanzierungsentscheidung nach haftungsrechtlichen, betriebswirtschaftlichen und steuerlichen Aspekten ausrichten muss.

276 Vgl. *Homburg*, FR 2007, 717, 722. Beispielsweise werden die Gesellschaften innerhalb eines Spartenkonzerns, der Geschäftsfelder wie Immobilienwirtschaft, Handel und Produktion bedient, höchst unterschiedliche Eigenkapitalquoten aufweisen.

Allerdings legt die Regelung des Eigenkapitalvergleichs nicht eine bestimmte Eigenkapitalquote des Betriebs fest, sondern verlangt (lediglich) den Gleichlauf mit der Finanzierungsstruktur des Konzerns.[277] Dennoch bleibt der Einwand begründet, dass selbst ein „natürlicher" Gleichlauf der Finanzierungsstruktur gerade bei Mischkonzernen aus den vorgenannten Gründen wirtschaftlich fernliegend ist. Eine konzerntypische Eigenkapitalquote vor dem Hintergrund historisch gewachsener Finanzierungsentscheidungen wäre wirtschaftlich wohl eher ein Zufall. Die Zinsschranke erzwingt auf diese Weise unwirtschaftliches Verhalten und verhält sich weder wettbewerbs-, noch finanzierungsneutral. An dieser Stelle „verschärft sich die Annahme realitätsferner Kapitalstrukturen zu einer allumfassenden Missbrauchsvermutung".[278] Damit stellt auch der Eigenkapitalvergleich kein zulässiges Mittel zur Missbrauchstypisierung dar.

Schließlich kann die Zinsschranke aufgrund ihres weiten Anwendungsbereiches nicht als mildestes Mittel im Rahmen der Prüfung der Verhältnismäßigkeit angesehen werden.[279] Eine Rechtfertigung mit dem Verweis auf Missbrauchsbekämpfung scheitert (spätestens) an dem uferlosen Anwendungsbereich sowohl in personeller als auch sachlicher Hinsicht.

Die Gegenfinanzierung im Rahmen der Unternehmensteuerreform 2008 stellt ebenso wenig wie der pauschale Verweis auf eine Missbrauchsbekämpfung einen hinreichenden Rechtfertigungsgrund dar. Damit liegt ein Verstoß gegen den Grundsatz der Gleichmäßigkeit der Besteuerung und eine Verletzung von Art. 3 Abs. 1 GG vor.[280] Die Zinsschranke ist bereits aus diesem Grunde verfassungswidrig.

---

277 Zum Bestehen des Eigenkapitaltests fordert das Gesetz damit eine relative Mindesteigenkapitalquote des Betriebs, vgl. zutreffend *Bohn*, Zinsschranke, S. 295 (Fn. 1111).

278 Treffend *Süß/Wilke*, SteuerStud 2010, 561, 569.

279 In diesem Sinne auch *Schreiber/Overesch*, DB 2007, 813, 818.

280 Diesen Verstoß gegen Verfassungsrecht feststellend z.B. *Hey*, BB 2007, 1303, 1305; *Köhler*, DStR 2007, 597, 602; *Lang*, FS Reiß, S. 391; *Loschelder*, in: Schmidt, EStG, § 4h Rn. 3; *Rödder/Stangl*, DB 2007, 479, 482 ff.; *Scheunemann/Socher*, BB 2007, 1144, 1151; *München*, Die Zinsschranke, S. 72; *Herzig/Bohn*, DB 2007, 1, 2; *Herzig*, WPg 2007, 7, 13; *Homburg*, FR 2007, 717, 726; *Hick*, in: HHR, EStG, § 4h Rn. 6; *Hallerbach*, StuB 2007, 487, 493; *Musil/Volmering*, DB 2008, 12, 14 f.; *Lenz/Dörfler*, DB 2010, 18, 19; *Shou*, Die Zinsschranke im Unternehmensteuerreformgesetz 2008, S. 71; *Goebel/Eilinghoff*, DStZ 2010, 550, 555; *Kessler/Köhler/Knörzer*, IStR 2007, 418, 419; *Thiel*, FR 2007, 729, 730; *Schaden/Käshammer*, BB 2007, 2317; *Seer*, JbFStR 07/08, 9, 12; *Köhler*, in: EY/BDI, UntStR 2008, S. 110 und 122; *Korn*, KÖSDI 2008, 15866, 15882; differenzierend *Frotscher*, in: Frotscher, EStG, § 4h Rn. 8 ff. Gegen eine Verfassungswidrigkeit *Wienbergen/Kolbe*, in: Mössner/Seeger, KStG,

2. Verstoß gegen das Verbot der Substanzbesteuerung (Art. 14 Abs. 1 GG)

Verfassungsrechtlich bedenklich ist weiter, dass durch die Zinsschranke auszahlungswirksame Aufwendungen besteuert werden, was zu einer Substanzbesteuerung führen kann.[281] Das Grundrecht der Eigentumsgarantie gem. Art. 14 Abs. 1 GG schützt den Grundrechtsträger vor einer „erdrosselnden Wirkung" der Besteuerung.[282]

Hat der Betrieb handelsrechtlich unter Berücksichtigung des vollen Zinsaufwands im Wirtschaftsjahr einen Verlust erzielt, kann ein Eingreifen der Zinsschranke dazu führen, dass dennoch eine Besteuerung erfolgt. In diesem Fall müssen die zur Erfüllung der steuerlichen Pflichten erforderlichen Mittel aus der Substanz des Betriebs gezogen werden. Steuerzahlungslasten trotz operativer Verluste können damit eine existenzbedrohende (erdrosselnde) Wirkung entfalten. Gleiches gilt bereits in Fällen mit nur geringem EBITDA und einem hohen Nettozinsaufwand.[283] Der Einwand des nur temporären Charakters der Abzugsbeschränkung trägt dabei nicht, da die steuerliche Zahllast aus vorhandener Liquidität beglichen werden muss. Ein Eingriff in Art 14 Abs. 1 GG liegt vor.[284]

---

§ 8a Rn. 13 unter Hinweis auf die Einschätzungsprärogative des Gesetzgebers; *Möhlenbrock/Pung*, in: Dötsch/Jost/Pung/Witt, Körperschaftsteuer, § 8a KStG (URefG 2008) Rn. 22; *Nawrath*, DStR 2009, 2, 3; *Heuermann*, in: Blümich, EStG, § 4h Rn. 25. Zum Meinungsstand in der Literatur siehe auch *Cryns*, Gesellschafterfremdfinanzierung, S. 313. Das Niedersächsische FG hat die Frage in seinem Beschluss vom 18.2.2010 ausdrücklich offen gelassen, vgl. DStR 2010, 597, 598.

281 Vgl. *Hallerbach*, StuB 2007, 487, 488 f.; *Kußmaul/Zabel*, BB 2007, 967, 973; *Köhler*, in: EY/BDI, UntStR 2008, S. 126; *Grotherr*, IWB Gr 3 Fach 3, 1489, 1493; *Dörr/Geibel/Fehling*, NWB 2007, Fach 4, 5199, 5205; *München*, Die Zinsschranke, S. 49; *Eilers/Bühring*, DStR 2009, 137; *Scheunemann/Socher*, BB 2007, 1144, 1146; *Wienbergen/Kolbe*, in: Mössner/Seeger, KStG, § 4h Rn. 14; *Goebel/Eilinghoff*, DStZ 2010, 550, 555. Hinzu kommt, dass nicht abzugsfähige Zinsaufwendungen im Verlustfall nicht in den Verlustvortrag, sondern in den Zinsvortrag wandern. Dort sind sie im Folgejahr nur unter den erschwerten Bedingungen der Zinsschranke nutzbar, vgl. *Blumenberg/Lechner*, in: Blumenberg/Benz, UntStR 2008, S. 113. Eine Verfassungswidrigkeit bezweifeln *Möhlenbrock/Pung*, in: Dötsch/Jost/Pung/Witt, Körperschaftsteuer, § 8a KStG (URefG 2008) Rn. 22.

282 Zum Verbot der Erdrosselungssteuer siehe Kapitel 1, Abschnitt C/II, Gliederungspunkt 3 (S. 33 f.).

283 Eine anschauliche Darstellung anhand von Berechnungsbeispielen liefert *München*, Die Zinsschranke, S. 49 ff.

284 *Frotscher*, in: Frotscher, EStG, § 4h Rn. 13; *Knopf/Bron*, BB 2009, 1222, 1224; *München*, Die Zinsschranke, S. 51 f.; *Hallerbach*, StuB 2007, 487, 489. Für eine Rechtfertigung des Ein-

Eine Rechtfertigung des Eingriffs muss unter Verweis auf die zu Art. 3 Abs. 1 GG vorgenannten Ausführungen abgelehnt werden. Nach der Rechtsprechung des BVerfG darf der Schutzbereich des Art. 14 Abs. 1 GG „nur so weit beschränkt werden, dass dem Grundrechtsträger (Steuerpflichtigen) ein Kernbestand des Erfolges eigener Betätigung im wirtschaftlichen Bereich in Gestalt der grundsätzlichen Privatnützigkeit des Erworbenen und der grundsätzlichen Verfügungsbefugnis über die geschaffenen vermögenswerten Rechtspositionen erhalten bleibt"[285]. Dies ist in den beschriebenen Konstellationen erkennbar nicht der Fall.

3. Verstoß gegen rechtsstaatliche Grundsätze

Neben einer Überprüfung am Maßstab der Grundrechte ist die Zinsschranke auch anhand sonstiger verfassungsrechtlicher Vorgaben, insbesondere des Rechtsstaatsprinzips, zu beurteilen. Im Hinblick auf die Komplexität der Regelung kommt dem Bestimmtheitsgrundsatz dabei eine besondere Bedeutung zu.

Mit der Zinsschranke gem. §§ 4h EStG, 8a KStG hat der Gesetzgeber erneut eine umfangreiche und in ihrer Regelungssystematik hochkomplexe Steuernorm geschaffen. Schon die Lektüre der Vorschriften mit ihren zahlreichen Ausnahme- und Rückausnahmetatbeständen macht dies deutlich. Neben § 8a KStG als Sondervorschrift für Körperschaften finden sich weitere Sonderregelungen in § 15 Satz 1 Nr. 3 KStG (Organschaftsfälle) und §§ 4 Abs. 2 Satz 2, 15 Abs. 3, 16, 20 Abs. 9, 24 Abs. 6 UmwStG (Umwandlungs- und Einbringungsvorgänge). Im Hinblick auf das vorgenannte Bestimmtheitsgebots ergeben sich daher schon aus dem Gesetzesaufbau begründete verfassungsrechtliche Zweifel.[286]

---

griffs in den Schutzbereich der Eigentumsgarantie *Heuermann*, in: Blümich, EStG, § 4h Rn. 25. Zudem kann sich bei Existenzbedrohung ein Verstoß gegen Art. 12 Abs. 1 GG (Schutz der Erwerbsbetätigung) ergeben, vgl. BVerfG v. 17.7.1974, BVerfGE 38, 61, 85 („berufsregelndes Steuergesetz"); *Lang*, in: Tipke/Lang, Steuerrecht, § 4 Rn. 213; *Shou*, Die Zinsschranke im Unternehmensteuerreformgesetz 2008, S. 53 f.; gegen einen Eingriff der Zinsschranke in die Berufsfreiheit *München*, Die Zinsschranke, S. 53 ff. (keine berufsregelnde Tendenz).

285 BVerfG v. 25.9.1992, BVerfGE 87, 153, 169. Zur Rechtsprechungsentwicklung vgl. *München*, Die Zinsschranke, S. 46 ff.

286 *Hick*, in: HHR, EStG, § 4h Rn. 6; *Loschelder*, in: Schmidt, EStG, § 4h Rn. 3; *Müller-Gatermann*, Stbg 2007, 145, 158; *Hennrichs*, FS Lang, S. 242; *Goebel/Eilinghoff*, DStZ 2010, 550, 558; *Knopf/Bron*, BB 2009, 1222, 1223; *München*, Die Zinsschranke, S. 73 f. Auch diese Frage hat das Niedersächsische FG in seinem Beschluss vom 18.2.2010 offen gelassen, vgl. DStR 2010, 597, 598.

Darüber hinaus entstehen insbesondere aus der Verknüpfung mit der internationalen Rechnungslegung zahlreiche Konflikte mit dem rechtsstaatlichen Bestimmtheitsgrundsatz, die ausführlich im weiteren Verlauf der Untersuchung thematisiert werden.

III. Europarechtliche Einwände

Das durch eine übergeordnete Werteordnung entstehende Spannungsverhältnis zwischen dem freiheitsverkürzenden Gestaltungsspielraum des Gesetzgebers und dem Schutzbedürfnis der Bürger ist nicht auf innerstaatliches Recht beschränkt. Vor allem die zwischen den Mitgliedstaaten der EU geschlossenen Verträge schaffen eine höherrangige Werteordnung.

Auch die Vereinbarkeit der Zinsschranke mit dem Europäischen Gemeinschaftsrecht wird bezweifelt.

1. Verstoß gegen Primärrecht

Der Schutzbereich der Niederlassungsfreiheit ist vorliegend eröffnet, da die Zinsschranke bereits nach ihrem Leitgedanken auf grenzüberschreitende Konzerne ausgerichtet ist. Sie erfasst damit potenziell sowohl die Hauptniederlassung von Staatsangehörigen oder Unternehmen eines anderen Mitgliedstaats (Art. 49 Abs. 1 Satz 1 AEUV) als auch deren Zweigniederlassungen und Tochterunternehmen im Inland (Art. 49 Abs. 1 Satz 2 AEUV).[287] Gleiches gilt für den Schutzbereich der Kapitalverkehrsfreiheit, da die Zinsschranke die grenzüberschreitende entgeltliche Aufnahme und Vergabe von Darlehen und damit den von Art. 63 AEUV geschützten Transfer von Geldkapital betrifft.[288]

a) Diskriminierungsverbot

Die Grundfreiheiten sind in ihrer Funktion als „Diskriminierungsverbot" im Laufe der Zeit zu einem weitreichenden Benachteiligungsverbot

---

287 *Cryns*, Gesellschafterfremdfinanzierung, S. 361 f.; *München*, Die Zinsschranke, S. 90 f.

288 Zum Schutzbereich der Kapitalverkehrsfreiheit sowie zum Konkurrenzverhältnis der Grundfreiheiten siehe *Cryns*, Gesellschafterfremdfinanzierung, S. 362 ff.; *München*, Die Zinsschranke, S. 97 ff.; *Bohn*, Zinsschranke, S. 57 ff.; *Führich*, Ubg 2009, 30, 34. Als Ergebnis stellen die Autoren unter Hinweis auf die st. Rspr. des EuGH eine exklusive Anwendbarkeit der Niederlassungsfreiheit im Fall der Zinsschranke fest.

grenzüberschreitender Wirtschaftsvorgänge entwickelt worden.[289] Eine Diskriminierung liegt nach der Rechtsprechung des EuGH vor, wenn „vergleichbare Sachverhalte rechtlich unterschiedlich oder unterschiedliche Sachverhalte rechtlich gleichbehandelt werden".[290] Da die Zinsschranke zunächst alle inländischen Betriebe ungeachtet ihres räumlichen Betätigungsfeldes erfasst, führt sie formal nicht zu einer Benachteiligung von Unternehmen, die grenzüberschreitende Investitionen tätigen. Eine offene Diskriminierung liegt jedenfalls nicht vor, da die Staatsangehörigkeit kein Anknüpfungspunk der Zinsschranke ist.[291]

Im Rahmen einer verdeckten Diskriminierung knüpft eine Ungleichbehandlung an Unterscheidungskriterien an, die nicht ausschließlich, aber typischerweise Staatsangehörige anderer Mitgliedstaaten betreffen.[292] Auch unterschiedslos anwendbare Vorschriften können danach einem Diskriminierungsvorwurf ausgesetzt sein, wenn sie typischerweise den Auslandssachverhalt betreffen.[293] Dies ist bei der Grundregel der Zinsschranke nicht der Fall. Denn dort wird regelmäßig auch der Inlandssachverhalt erfasst.[294]

Etwas anderes könnte sich im Hinblick auf die Privilegierung der Organschaft im Rahmen der Zinsschranke ergeben. Organträger und Organgesellschaft(en) gelten im Rahmen eines Organkreises gem. § 15 Satz 1 Nr. 3 KStG für die Anwendung des § 4h EStG als ein Betrieb. Finanzierungsgestaltungen zwischen Organträger und Organgesellschaft gleichen sich innerhalb des Organkreises aus und sind damit im Rahmen der Zinsschranke unbeachtlich.[295] Eine ertragsteuerliche Organschaft kann

---

289 *München*, Die Zinsschranke, S. 88; *Shou*, Die Zinsschranke im Unternehmensteuerreformgesetz 2008, S. 100 f. Das allgemeine Diskriminierungsverbot gem. Art. 18 AEUV ist gegenüber den spezielleren Grundfreiheiten ausdrücklich subsidiär.

290 EuGH v. 8.10.1980, Slg. 1980, IV-2747, Tz. 16; EuGH v. 16.10.1980, Slg. 1980, IV-3005, Ls. 2; EuGH v. 13.11.1984, Slg. 1984, V-3791, Tz. 7; EuGH v. 13.12.1984, Slg. 1984, V-4209, Tz. 28.

291 *Schreiber/Overesch*, DB 2007, 813, 817; *Führich*, IStR 2007, 341; *Scheunemann/Socher*, BB 2007, 1144, 1151; *Shou*, Zinsschranke im Unternehmensteuerreformgesetz 2008, S. 103; *Cryns*, Gesellschafterfremdfinanzierung, S. 382; *München*, Die Zinsschranke, S. 89.

292 EuGH v. 12.2.1974, Slg. 1974, S. 153, Tz. 11; EuGH v. 23.5.1996, Slg. 1996, S. I-2617, Tz. 17 ff.; *Shou*, Die Zinsschranke im Unternehmensteuerreformgesetz 2008, S. 103.

293 EuGH v. 12.2.1974, Slg. 1974, S. 153, Tz. 11.

294 So auch *Cryns*, Gesellschafterfremdfinanzierung, S. 382 f.; *München*, Die Zinsschranke, S. 89.

295 Vgl. *Herzig/Liekenbrock*, DB 2007, 2387; *dies.*, Ubg 2009, 750 ff.; *Eilers*, in: Eilers/Rödding/Schmalenbach, Unternehmensfinanzierung, Rn. 605. Erst auf Ebene des Organträgers werden die Zinserträge und Zinsaufwendungen sowie das Einkommen der Organgesellschaften zusammengefasst und über die Abzugsfähigkeit der Zinsaufwendungen

jedoch nur im Inland Wirkung entfalten, da eine Anerkennung als Organgesellschaft eine doppelte Ansässigkeit von Geschäftsleitung und Sitz im Inland voraussetzt.[296] Auch der Organträger muss grundsätzlich nach § 14 Abs. 1 Satz 1 Nr. 2 KStG eine unbeschränkt steuerpflichtige natürliche Person oder eine nicht steuerbefreite Körperschaft, Personenvereinigung oder Vermögensmasse mit Geschäftsleitung im Inland sein.[297] Akquisitionen im Ausland können nicht eingebunden werden. Diese Tatsache führt zu einer Begünstigung inländischer Konzerne, da einem Konzern mit Auslandsbezug die zinsschrankenbefreiende Errichtung einer inländischen Organschaft verwehrt bleibt. Während Inlandskonzerne durch Bildung einer Organschaft der Zinsschranke ausweichen können, gilt dies für grenzüberschreitende Unternehmensverbindungen nicht. Eine Beeinträchtigung der Niederlassungsfreiheit liegt vor.[298] Internationale

---

des gesamten Organkreises entschieden. Die Organschaft ermöglicht die steuerliche Konsolidierung der Ergebnisse *inländischer Konzernkapitalgesellschaften*. Kennzeichen einer ertragsteuerlichen Organschaft ist, dass Gewinne bzw. Verluste der untergeordneten Organgesellschaften bei diesen nicht der Besteuerung unterliegen. Die Ergebnisse dieser Tochterkapitalgesellschaften werden vielmehr bei der Besteuerung auf Ebene des Organträgers zusammen mit dessen eigenen Einkünften erfasst. Neben einer finanziellen Eingliederung der beherrschten Gesellschaft (Mehrheitsbeteiligung) setzt die ertragsteuerliche Organschaft insbesondere den Abschluss eines auf mindestens 5 Jahre abgeschlossenen Ergebnisabführungsvertrages voraus (§§ 14, 17 KStG). Die Finanzierungsrelevanz einer ertragsteuerlichen Organschaft gewinnt durch die Einführung der Zinsschranke sowohl für künftige Akquisitionsfinanzierungen als auch für bestehende Unternehmensstrukturen neue Bedeutung, vgl. *Prinz*, S:R 2008, 22, 23; zu den Nachteilen im Umfeld der Finanzmarktkrise *Eilers*, FS Schaumburg, S. 284.

296 Sog. doppelter Inlandsbezug der ertragsteuerlichen Organschaft, § 14 Abs. 1 Satz 1 KStG. Dazu auch *Herzig/Liekenbrock*, Ubg 2009, 750, 757. Einen Überblick über die europarechtliche Bewertung der deutschen Organschaftsregelungen in Rechtsprechung und Literatur liefert *Shou*, Die Zinsschranke im Unternehmensteuerreformgesetz 2008, S. 104 ff. Nach Ansicht der Europäischen Kommission verstößt dieser doppelte Inlandsbezug gegen die Niederlassungsfreiheit. Sie hat diesbezüglich ein Vertragsverletzungsverfahren (Nr. 2008/4909) eingeleitet. Daraufhin reagierte das BMF, so dass die Regelungen zur Organgesellschaft (§ 14 Absatz 1 Satz 1 und § 17 KStG) künftig auch dann anzuwenden sind, wenn eine im EU/EWR-Ausland gegründete Kapitalgesellschaft (lediglich) ihre Geschäftsleitung in Deutschland hat, vgl. BMF vom 28.3.2011, IV C 2 – S 2770/09/10001, DB 2011, 793.

297 Eine Ausnahme existiert nach § 18 KStG, wonach ein ausländischer Rechtsträger unter bestimmten Voraussetzungen auch Organträger sein kann.

298 *Führich*, IStR 2007, 341, 343; *ders.*, Ubg 2009, 30, 39; *Hick*, in: HHR, EStG, § 4h Rn. 6; *Kraft/Bron*, EWS 2007, 487, 489; *Cryns*, Gesellschafterfremdfinanzierung, S. 383 ff.; *München*, Die Zinsschranke, S. 96; *Hallerbach*, StuB 2002007, 487, 493; *Shou*, Die Zinsschranke im Unternehmensteuerreformgesetz 2008, S. 110; in diesem Sinne auch *Homburg*, FR 2007, 717, 725; *Goebel/Eilinghoff*, DStZ 2010, 550, 559. Demgegenüber erkennen *Möh-*

Konzerne können bei Investitionen in Deutschland von der Ausweichgestaltung einer Organschaft nur für den im Inland ansässigen Teil des Konzerns profitieren.

Auch die Möglichkeit des Zinsvortrags lässt einen Eingriff nicht entfallen, da nach der Rechtsprechung des EuGH auch Liquiditäts- und Zinsnachteile europarechtswidrige Wirkung entfalten.[299]

b) Beschränkungsverbot

In ihrer Funktion als „Beschränkungsverbot" sanktionieren die Grundfreiheiten alle Hindernisse für den innergemeinschaftlichen Wirtschaftsverkehr, die nicht auf einer Diskriminierung beruhen.[300] Ein Eingriff in den Schutzbereich liegt nach der „Dassonville-Formel" bereits vor, wenn eine „unmittelbare oder mittelbare, tatsächliche oder potenzielle" Schlechterstellung eines grenzüberschreitenden gegenüber einem rein innerstaatlichen Wirtschaftsvorgang festgestellt werden kann.[301]

Allerdings ist die Zinsschranke als Teil der direkten Besteuerung dem nicht harmonisierten Bereich des europäischen Steuerrechts zuzuordnen. Dort kommt der Autonomie der Mitgliedstaaten noch eine gewichtigere Bedeutung zu.[302] Regelungen aus diesem Bereich sind daher in erster Linie an gleichheitsrechtlichen Maßstäben (Diskriminierungsverbot) zu messen. Eine freiheitsrechtliche Prüfung kommt in diesem Bereich nur bei einem Eingriff in den Kernbereich der jeweiligen Grundfreiheit in Betracht.[303]

---

lenbrock/Pung, in: Dötsch/Jost/Pung/Witt, Körperschaftsteuer, § 8a KStG (URefG 2008) Rn. 31, höchstens eine Europarechtswidrigkeit der Organschaftsbesteuerung, nicht aber der Zinsschranke; ähnlich *Frotscher*, in: Frotscher, EStG, § 4h Rn. 6b; *Heuermann*, in: Blümich, EStG, § 4h Rn. 24; mit guten Gründen gegen eine derart eindimensionale Sichtweise *München*, Die Zinsschranke, S. 96; *Cryns*, Gesellschafterfremdfinanzierung, S. 389; *Knopf/Bron*, BB 2009, 1222, 1223; *Kraft/Bron*, EWS 2007, 487, 490.

299 Vgl. EuGH v. 8.3.2001, Slg. 2001, S. I-1727, Tz. 44; EuGH v. 11.3.2004, Slg. 2004, S. I-2409, Tz. 43; EuGH v. 13.12.2005, Slg. 2005, S. I-10837, Tz. 32 ff.; EuGH v. 29.3.2007, Slg. 2007, S. I-2647, Tz. 29; dazu auch *Cryns*, Gesellschafterfremdfinanzierung, S. 385 f.; *Goebel/Eilinghoff*, DStZ 2010, 550, 559; *Führich*, Ubg 2009, 30, 35.

300 Zur Entwicklung und Reichweite des Beschränkungsverbots *Shou*, Zinsschranke im Unternehmensteuerreformgesetz 2008, S. 114 ff.

301 Vgl. EuGH v. 11.7.1974, Slg. 1974, S. 837, Tz. 5.

302 EuGH v. 6.12.2007, Slg. 2007, S. I-10451, Tz. 27, 51; *Goebel/Eilinghoff*, DStZ 2010, 550, 558; *Führich*, Ubg 2009, 30, 31.

303 *Shou*, Die Zinsschranke im Unternehmensteuerreformgesetz 2008, S. 122; *Führich*, Ubg 2009, 30, 35.

Bezogen auf die Niederlassungsfreiheit darf die Zinsschranke Vorgänge in deren Kernschutzbereich, also die Errichtung einer Haupt- oder Zweigniederlassung im Gemeinschaftsgebiet nicht verhindern oder erschweren. Nach Auffassung im Schrifttum wird eine Schlechterstellung durch die Zinsschranke begründet, da grenzüberschreitende Konzerne gezwungen werden, anstelle der wirtschaftlichsten die steuerlich günstigste Finanzierung der in- und ausländischen Konzerngesellschaften zu wählen.[304] Mehr noch: Diese Restriktion grenzüberschreitender Finanzierungen ist ausdrücklicher Zweck des Gesetzes.[305] Zum einen steigen die Kapitalkosten eines ausländischen Unternehmens bei einer Inlands-Investition, da die deutsche Tochter mit „ausreichend" Eigenkapital ausgestattet werden muss, um der Zinsschranke im Rahmen der Eigenkapitalvergleichs zu entgehen. Zum anderen erhöhen sich auch die Finanzierungskosten eines inländischen Unternehmens, das eine Investition im Ausland tätigt. Denn eine ausländische Tochter ist in einem höheren Maße fremd zu finanzieren, um den vollen Zinsabzug durch eine höhere betriebliche Eigenkapitalquote im Inland zu erhalten.[306]

Allerdings stellen diese Wirkungen keinen Eingriff in den Kernbereich der Niederlassungsfreiheit dar. Denn die Errichtung einer grenzüberschreitenden Niederlassung selbst („Ob") wird nicht behindert oder erschwert. Allenfalls die Art und Weise ihrer wirtschaftlichen Betätigung („Wie") ist durch die Beschränkung des Zinsabzugs betroffen. Damit wirkt die Zinsschranke zwar negativ auf Investitionsentscheidungen, der Kernbereich der Niederlassungsfreiheit bleibt jedoch unberührt.[307]

Hinsichtlich der Kapitalverkehrsfreiheit werden im Bereich des Steuerrechts nach Art. 65 Abs. 1 Buchst. a und b AEUV bestimmte beschränkende Maßnahmen ausdrücklich erlaubt. Dies verdeutlicht die Autonomie nationalstaatlicher Besteuerungshoheit.[308] Allerdings ist hier eine restriktive Anwendung durch Art. 65 Abs. 3 AEUV vorgegeben. Daraus ergibt sich die folgende Grenzziehung: Soweit eine Gleichbehandlung

---

304 Vgl. z.B. *Loschelder*, in: Schmidt, EStG, § 4h Rn. 3; *Führich*, IStR 2007, 341, 343; *Homburg*, FR 2007, 724; *Musil/Volmering*, DB 2008, 12, 15.

305 Gesetzesbegründung zum Entwurf eines Unternehmensteuerreformgesetzes 2008, BT-Drucks. 16/4841, S. 31: „Sie (die Zinsschranke) soll insbesondere verhindern, dass Konzerne mittels grenzüberschreitender konzerninterner Fremdkapitalfinanzierung in Deutschland erwirtschaftete Erträge ins Ausland transferieren."

306 Zu diesen Konstellationen siehe auch *Eilers*, FR 2007, 733, 735.

307 In diesem Sinne auch *Shou*, Die Zinsschranke im Unternehmensteuerreformgesetz 2008, S. 122 f. Allgemein zur Grundfreiheitsbeschränkung im Steuerrecht *Baßler*, IStR 2005, 822 ff.; *Führich*, Ubg 2009, 30, 35.

308 EuGH v. 14.2.1995, Slg. 1995, S. I-225, Tz. 32 (Schlussanträge Generalanwalt).

von inländischen und grenzüberschreitenden Sachverhalten gesichert ist, wird den Mitgliedstaaten ein „kon-trollfreier Raum" zugestanden.[309] Die Zinsschranke erfasst den Darlehensnehmer als Zinszahlenden in diesem Sinne unabhängig von der Herkunft des Kapitals aus dem In- oder Ausland. Eine Gleichbehandlung von inländischem und grenzüberschreitendem Kapitalverkehr liegt damit vor. Weitergehende Schutzwirkungen kommen der Kapitalverkehrsfreiheit im Bereich des Steuerrechts nicht zu.

c) Rechtfertigung

Allerdings begründet ein Eingriff in den Schutzbereich der Grundfreiheiten für sich genommen noch keinen Vertragsverstoß. Denn bei Vorliegen eines besonderen, sachlichen Grundes könnte der Eingriff gerechtfertigt sein. Eine Beeinträchtigung der Grundfreiheiten kann nur aus zwingenden Gründen des Allgemeinwohls gerechtfertigt werden.[310]

Wie das BVerfG sieht auch der EuGH in der Sicherung oder Mehrung des nationalen Steueraufkommens keinen hinreichenden Rechtfertigungsgrund für eine Vertragsverletzung.[311]

Eine Rechtfertigung der Ungleichbehandlung des Auslandssachverhalts ist auch unter den Gesichtspunkten der Territorialität und der Kohärenz nicht zu begründen.[312] Nach dem Kohärenzprinzip[313] soll die innerhalb eines nationalen Regelungswerkes existierende Lastengleichheit und Systemgerechtigkeit gewährleistet bleiben. Zu diesem Zweck soll

---

309 Vgl. EuGH v. 6.12.2007, Slg. 2007, S. I-10451, Tz. 27 f., 51; EuGH v. 14.10.1999, Slg. 1999, S. I-7041, Tz. 24. Aus der Literatur *Haferkamp*, Die Kapitalverkehrsfreiheit, S. 101; *Shou*, Die Zinsschranke im Unternehmensteuerreformgesetz 2008, S. 127; kritisch dazu *Baßler*, IStR 2005, 822, 823.

310 EuGH v. 20.2.1979, Slg. 1979, S. 649, Tz. 8; EuGH v. 30.11.1995, Slg. 1995, S. I-4165, Tz. 37; *Kraft/Bron*, EWS 2007, 487, 489. Daneben existiert mit Art. 52 AEUV eine Rechtfertigungsnorm für Sonderfälle.

311 EuGH v. 16.7.1998, Slg. 1998, S. I-4695, Tz. 28; EuGH v. 21.9.1999, Slg. 1999, S. I-6161, Tz. 51; EuGH v. 8.3.2001, Slg. 2001, S. I-1727, Tz. 59 f.; EuGH v. 11.3.2004, Slg. 2004, S. I-2409, Tz. 60. Dazu auch *Jacobs*, Internationale Unternehmensbesteuerung, S. 221 m.w.N.; *München*, Die Zinsschranke, S. 104; *Shou*, Die Zinsschranke im Unternehmensteuerreformgesetz 2008, S. 112.

312 *Hallerbach*, StuB 2007, 487, 493; *Führich*, IStR 2007, 341, 343 f.; *Cryns*, Gesellschafterfremdfinanzierung, S. 392 ff.

313 EuGH v. 28.1.1992, Slg. 1992, S. I-249, Tz. 21 ff.; EuGH v. 14.11.1995, Slg. 1995, S. I-3955, Tz. 18; EuGH v. 6.6.2000, Slg. 2000, S. I-4071, Tz. 56 ff.; EuGH v. 13.3.2007, Slg. 2007, S. I-2107, Tz. 68; EuGH v. 28.2.2008, Slg. 2008, S. I-1129, Tz. 37 f. Weitere Rechtsprechungsnachweise bei *Cryns*, Gesellschafterfremdfinanzierung, S. 395 (Fn. 1977).

verhindert werden, dass infolge grenzüberschreitender Wirtschaftstätigkeit steuerliche Vorteile erlangt werden, ohne dass im Sinne einer ausgleichenden Symmetrie entsprechende steuerliche Belastungen getragen werden.[314] Bestimmte Vor- und Nachteile, die innerhalb eines Steuersystems in unmittelbarem Zusammenhang und strenger Wechselbeziehung stehen, sind damit Voraussetzung für die Anwendung des Kohärenzprinzips. Bei Heranziehung dieses Gedankens stellt sich im Falle der Zinsschranke schon die Frage, wo der einer Versagung des Zinsabzugs gegenüberstehende steuerliche Vorteil liegt. Der einzige ersichtliche Vorteil besteht in einer niedrigeren Besteuerung im Ausland. Dieser Vorteil ist indes nicht Ausfluss des nationalen Steuersystems in Deutschland und steht damit in keiner unmittelbaren Wechselbeziehung im Sinne des Kohärenzprinzips.[315]

Nach dem Territorialitätsprinzip[316] soll eine sachgerechte Aufteilung der Besteuerungshoheit innerhalb der EU sichergestellt werden. Die Besteuerung durch den einzelnen Mitgliedstaat hat nach den Grundsätzen des Internationalen Steuerrechts zu erfolgen, um eine doppelte Verlustnutzung sowie Steuerflucht zu vermeiden und die Deckung des staatlichen Finanzbedarfs zu gewährleisten. Gewinne und Verluste sollen „spiegelbildlich" berücksichtigt werden.[317] Die Zinsschranke erfasst jedoch gerade nicht vorhandene Auslandsgesellschaften, sondern allein die in Deutschland ansässigen Unternehmen. Eine doppelte Verlustnutzung ist nicht möglich, da gezahlte Schuldzinsen beim Empfänger zu einem Ertrag führen. Dieser Ertrag führt regelmäßig zu einer Besteuerung im Ausland. Die Zinsschranke verhindert zudem eine „spiegelbildliche" Behandlung, da sie Zinsaufwand vom Abzug ausschließt, während Zinserträge stets herangezogen werden. Auswirkungen auf die Ausgewogen-

---

314 *München*, Die Zinsschranke, S. 105; *Bohn*, Zinsschranke, S. 70; *Führich*, Ubg 2009, 30, 36.

315 *Kraft/Bron*, EWS 2007, 487, 489 f.; *Shou*, Zinsschranke im Unternehmensteuerreformgesetz 2008, S. 111; *Bohn*, Zinsschranke, S. 71; *Cryns*, Gesellschafterfremdfinanzierung, S. 397; *Führich*, Ubg 2009, 30, 39. Zu diesen und weiteren fehlenden Voraussetzungen für die Anwendbarkeit des Kohärenzgedankens *München*, Die Zinsschranke, S. 105; *Führich*, IStR 2007, 341, 343.

316 EuGH v. 15.5.1997, Slg. 1997, S. I-2471, Tz. 18 ff.; EuGH v. 18.9.2003, Slg. 2003, S. I-9409, Tz. 37 ff.; EuGH v. 13.12.2005, Slg. 2005, S. I-10837, Tz. 36; EuGH v. 12.9.2006, Slg. 2006, S. I-7995, Tz. 56; EuGH v. 13.3.2007, Slg. 2007, S. I-2107, Tz. 75; EuGH v. 29.3.2007, Slg. 2007, S. I-2647, Tz. 41 ff.; EuGH v. 15.5.2008, Slg. 2008, S. I-3601, Tz. 41.

317 EuGH v. 13.12.2005, Slg. 2005, S. I-10837, Tz. 43. *München*, Die Zinsschranke, S. 107; *Kraft/Bron*, EWS 2007, 487, 490; *Shou*, Die Zinsschranke im Unternehmensteuerreformgesetz 2008, S. 111.

heit der Besteuerungsbefugnisse zwischen den einzelnen Mitgliedstaaten ergeben sich nicht.[318]

Schließlich kann die Verhinderung von steuerlichem Missbrauch auch hier als Rechtfertigungsgrund dienen.[319] Nach der Rechtsprechung des EuGH darf eine gerechtfertigte Missbrauchsvorschrift aber nicht generalisierend jedwede Situation erfassen. Zulässig sind Normen, welche speziell auf „rein künstliche Konstruktionen" ausgerichtet sind, die wiederum allein der Steuerumgehung dienen.[320] Ziel der gesetzlichen Beschränkung muss die Verhinderung von Verhaltensweisen sein, die darin bestehen, rein künstliche Konstruktionen zum Zweck der Steuervermeidung zu errichten.[321]

An dieser Stelle ist erneut die Stellung der Zinsschranke als Missbrauchsvorschrift kritisch zu hinterfragen. Nach *Stefan Homburg* lässt sich die Zinsschranke nicht einmal als überschießende Missbrauchsvorschrift einordnen, da sie „nicht nur im Nebeneffekt", sondern bereits weit überwiegend normale Fremdfinanzierungen zu marktüblichen Konditionen trifft, die keinen Missbrauch darstellen.[322] Insbesondere in der Wahl günstiger Finanzierungsformen erkennt der EuGH keinen Missbrauch. Nach der Grundfreiheit des Kapitalverkehrs gem. Art. 63 AEUV ist es Unternehmen vielmehr ausdrücklich gestattet, Eigen- und Fremdkapital innerhalb des gemeinsamen Marktes nach Belieben zu verteilen und sich damit für divergierende Eigenkapitalquoten im Konzern zu entscheiden. Eine Gewinnverlagerung in einen anderen Mitgliedstaat läuft dem Sinn und Zweck eines Binnenmarktes nicht zuwider und stellt für sich genommen gemeinschaftsrechtlich keinen Rechtsmissbrauch dar.[323] Bereits die übliche Bankfinanzierung kann nicht als „künstliche Konstruktion" im Sinne der EuGH-Rechtsprechung angesehen werden. Eine Zinsab-

---

318 *Musil/Volmering*, DB 2008, 12, 16; *Cryns*, Gesellschafterfremdfinanzierung, S. 394; *München*, Die Zinsschranke, S. 107; *Kraft/Bron*, EWS 2007, 487, 490; *Shou*, Die Zinsschranke im Unternehmensteuerreformgesetz 2008, S. 112; *Führich*, IStR 2007, 341, 344; *ders.*, Ubg 2009, 30, 39.

319 EuGH v. 16.7.1998, Slg. 1998, S. I-4695, Tz. 26; EuGH v. 8.7.1999, Slg. 1999, S. I-4809, Tz. 18; EuGH v. 21.11.2002, Slg. 2002, S. I-10829, Tz. 60 f.

320 Im Rahmen seiner Entscheidung vom 12.9.2006 (*Cadbury-Schweppes*) hat der EuGH hervorgehoben, dass er nur bei rein künstlichen Gestaltungen („wholly artificial arrangements") einen Missbrauch annehme, Slg. 2006, S. I-7995, Tz. 51 ff.

321 EuGH v. 12.12.2002, Slg. 2002, S. I-11779, Tz. 37; EuGH v. 11.3.2004, Slg. 2004, S. I-2409, Tz. 50; EuGH v. 13.3.2007, Slg. 2007, S. I-2107, Tz. 74; dazu auch *Cryns*, Gesellschafterfremdfinanzierung, S. 397 ff.

322 *Homburg*, FR 2007, 717, 724.

323 *Shou*, Die Zinsschranke im Unternehmensteuerreformgesetz 2008, S. 113 m.w.N.

zugsbeschränkung muss stets an diesem Erfordernis scheitern, wenn sie schon konzeptionell nicht nur auf Missbrauchsfälle ausgerichtet werden kann.[324]

Im Übrigen kann hinsichtlich einer fehlenden Rechtfertigung auf die vorgenannten Ausführungen zu Art. 3 Abs. 1 GG verwiesen werden.

2. Verstoß gegen Sekundärrecht

Im Rahmen der gemeinschaftsrechtlichen Bewertung der Zinsschranke ist sekundärrechtlich insbesondere die ZLRL[325] relevant. Ziel der ZLRL ist es, steuerliche Hindernisse bei der grenzüberschreitenden konzerninternen Zahlung von Zinsen und Lizenzgebühren zu beseitigen. Die Richtlinie ordnet an, dass für Zinsen und Lizenzgebühren, die innerhalb eines europäischen Konzerns grenzüberschreitend gezahlt werden, im Herkunftsland der Zahlung keinerlei Steuern, insbesondere keine Quellensteuern, erhoben werden dürfen.[326] Dadurch wird das in DBA übliche Prinzip, dass Zinsen unter Ausschluss des Quellensteuerabzugs nur im Ansässigkeitsstaat des Empfängers besteuert werden dürfen, zu einem Grundsatz des Europäischen Gemeinschaftsrechts.

Die Zinsschranke läuft diesem Postulat der Vermeidung von Doppelbesteuerung zuwider, weil die nicht abziehbaren Schuldzinsen sowohl beim Zinsschuldner als auch beim Zinsgläubiger der Besteuerung unterliegen. Nach einer Ansicht in der Literatur verstoße die Regelung daher auch gegen die ZLRL.[327]

---

324 Zutreffend *Bohn*, Zinsschranke, S. 75; ähnlich *Shou*, Die Zinsschranke im Unternehmensteuerreformgesetz 2008, S. 113 f.; *Cryns*, Gesellschafterfremdfinanzierung, S. 407 ff.; *Goebel/Eilinghoff*, DStZ 2010, 550, 560; *München*, Die Zinsschranke, S. 109 ff.; *Führich*, Ubg 2009, 30, 40. Zum Rechtfertigungsargument der mangelnden Vergleichbarkeit von inländischen und grenzüberschreitenden Konzernen *München*, Die Zinsschranke, S. 96 f.; *Cryns*, Gesellschafterfremdfinanzierung, S. 387 f.

325 Die Zins- und Lizenzgebührenrichtlinie (siehe Fn. 138) wurde im Jahr 2004 in § 50g EStG in nationales Recht umgesetzt.

326 Art. 1 Abs. 1 ZLRL; dazu ferner *Bohn*, Zinsschranke, S. 85 f.; *Kraft/Bron*, EWS 2007, 487, 491; *Führich*, Ubg 2009, 30 ff.; *Hölscher*, RIW 2010, 51, 52; *Cryns*, Gesellschafterfremdfinanzierung, S. 411; *München*, Die Zinsschranke, S. 113 f.

327 Vgl. *Loschelder*, in: Schmidt, EStG, § 4h Rn. 3; *Scheunemann/Socher*, BB 2007, 1144, 1151; *Homburg*, FR 2007, 717, 725; *Hick*, in: HHR, EStG, § 4h Rn. 6; *Cryns*, Gesellschafterfremdfinanzierung, S. 411 ff.; *München*, Die Zinsschranke, S. 122; *Goebel/Eilinghoff*, DStZ 2010, 550, 560; *Kraft/Bron*, EWS 2007, 487, 491; *Shou*, Die Zinsschranke im Unternehmensteuerreformgesetz 2008, S. 143 ff.; *Müller-Gatermann*, Stbg 2007, 145, 158; *Köhler*, DStR 2007, 597, 604; differenzierend *Bohn*, Zinsschranke, S. 90 ff. Einen Verstoß verneinen *Möhlenbrock/Pung*, in: Dötsch/Jost/Pung/Witt, Körperschaftsteuer, § 8a KStG

Die Beantwortung dieser Frage hängt von zahlreichen Auslegungsfragen der ZLRL ab.[328]

Gegen einen Richtlinienverstoß wird beispielsweise eingewandt, dass der Wortlaut der ZLRL („*Einkünfte* in Form von Zinsen", Art. 1 Abs. 1 ZLRL) nur die Besteuerung auf Seiten des Fremdkapitalgebers, nicht aber die des Fremdkapitalnehmers betrifft.[329] Diese Fehlinterpretation lässt sich auf den Wortlaut der deutschen Richtlinienfassung zurückführen. Anders als nach deutschem Verständnis wird in Art. 1 Abs. 1 Halbs. 1 ZLRL nicht der Empfängerstaat, sondern der Quellenstaat bezeichnet. Denn eine Zahlung gilt als in dem Mitgliedstaat angefallen (Einkünfte), in dem das zinszahlende Unternehmen ansässig ist, Art. 1 Abs. 2 ZLRL. Im englischen Richtlinientext ist demgegenüber von *payments* die Rede. Diese Begrifflichkeit umfasst Zahlungen aus der Sicht des Zinsempfängers und des Zinszahlenden. Dies spricht gegen eine einschränkende Auslegung der Richtlinie.[330] Zutreffend wird aber gleichzeitig darauf hinwiesen, dass in Art. 2 ZLRL der Zinsbegriff auch in der englischen Sprachfassung als *Einkünfte aus Forderungen jeder Art* definiert wird. Eine Einschränkung des Besteuerungsverbots auf den Zinsempfänger ist m.E. dennoch nicht vertretbar und sinnwidrig.[331] Auch das Vorliegen einer Quellenbesteuerung im Sinne der ZLRL wird im Fall der Zinsschranke teilweise bezweifelt.[332]

Demgegenüber spricht der Sinn und Zweck der Richtlinie für eine Anwendung auf beide Beteiligten. Denn die Richtlinie soll jede auch nur vorübergehende Doppelbesteuerung von Zinszahlungen innerhalb eines

---

(URefG 2008) Rn. 31; *Frotscher*, in: Frotscher, EStG, § 4h Rn. 7; *Führich*, Ubg 2009, 30, 38. Zum Meinungsstand auch *Cryns*, Gesellschafterfremdfinanzierung, S. 412 (Fn. 2085).

328 Im Hinblick auf die Vereinbarkeit der gewerbesteuerlichen Hinzurechnung von Zinsen mit der ZLRL legte der BFH dem EuGH bereits entsprechende Rechtsfragen zur Vorabentscheidung vor, vgl. Vorlagebeschluss des BFH v. 27.5.2009, DStR 2009, 2191.

329 *Möhlenbrock/Pung*, in: Dötsch/Jost/Pung/Witt, Körperschaftsteuer, § 8a KStG (URefG 2008) Rn. 31; *Frotscher*, in: Frotscher, EStG, § 4h Rn. 7; *Führich*, Ubg 2009, 30, 38.

330 *München*, Die Zinsschranke, S. 121; *Cryns*, Gesellschafterfremdfinanzierung, S. 413 f.; *Shou*, Die Zinsschranke im Unternehmensteuerreformgesetz 2008, S. 143 ff.

331 So aber *Hölscher*, RIW 2010, 51, 53.

332 Vgl. *Führich*, Ubg 2009, 30, 38. Überzeugend argumentieren *Shou*, Die Zinsschranke im Unternehmensteuerreformgesetz 2008, S. 143 ff. und *Cryns*, Gesellschafterfremdfinanzierung, S. 415, gegen eine rein formale und zugunsten einer wirtschaftlichen Betrachtungsweise bei der Beurteilung einer Steuerbelastung „an der Quelle". Zum Begriff der Quellensteuer in der EuGH-Rechtsprechung zur Mutter-Tochter-Richtlinie eingehend *Cryns*, Gesellschafterfremdfinanzierung, S. 419 ff.; *München*, Die Zinsschranke, S. 117 ff.; *Shou*, Die Zinsschranke im Unternehmensteuerreformgesetz 2008, S. 131 ff.; *Führich*, Ubg 2009, 30, 32 f.

grenzüberschreitenden Konzerns verhindern.[333] Sie erfasst zu diesem Zweck in ihrem personellen Anwendungsbereich nur verbundene Unternehmen. Dort macht die Besteuerung auf Ebene des Zinsempfängers oder des Zinszahlenden aber keinen Unterschied, da eine Belastung für den Konzern in jedem Fall besteht.[334] Ein zielführendes Doppelbesteuerungsverbot muss sich daher im Rahmen einer Gesamtbetrachtung auf die Belastung von Zinsgläubiger und Zinsschuldner beziehen.

Nach einer weiteren Ansicht werde die Doppelbesteuerung bei der Zinsschranke durch den Zins- und EBITDA-Vortrag ausgeglichen.[335] Dem ist wiederum entgegen zu halten, dass nach der Rechtsprechung des EuGH auch Liquiditäts- und Zinsnachteile europarechtswidrige Wirkung entfalten können.[336] Eine Nichtanwendung der Richtlinie gem. Art. 5 ZLRL aus Gründen der Missbrauchsbekämpfung scheitert jedenfalls an der bereits erörterten mangelnden Zielgenauigkeit der Zinsschranke.[337] Damit lässt sich ein Verstoß der Zinsschranke gegen die ZLRL mit guten Gründen vertreten.

IV. Die Zinsschranke als krisenverschärfende Steuernorm

Die Einführung der Zinsschranke hat die Finanzierungsfreiheit der betroffenen Unternehmen erheblich eingeschränkt, erfolgte allerdings noch in Zeiten einer stabilen, zumindest in Europa andauernden Hochkonjunkturphase.[338] Gerade in der Finanz- und Wirtschaftskrise der letzten Jahre wirkte die zuvor schon einschneidende Regelung geradezu verhee-

---

333 Vgl. Erwägungsgründe 3 und 4 der ZLRL, Abl. EU 2003, Nr. L 157, S. 49.

334 Vgl. zutreffend *Bohn*, Zinsschranke, S. 91; *Hölscher*, RIW 2010, 51, 53; *Cryns*, Gesellschafterfremdfinanzierung, S. 417 ff.; *Shou*, Die Zinsschranke im Unternehmensteuerreformgesetz 2008, S. 146 f.

335 *Heuermann*, in: Blümich, EStG, § 4h Rn. 24.

336 In der Anerkennung von Liquiditätsnachteilen zeigte sich der EuGH jedoch bislang äußerst zurückhaltend, siehe aber EuGH v. 13.12.2005, Slg. 2005, S. I-10837, Tz. 32.

337 Vgl. *Bohn*, Zinsschranke, S. 89; *München*, Die Zinsschranke, S. 122; eingehend *Shou*, Die Zinsschranke im Unternehmensteuerreformgesetz 2008, S. 147 ff.

338 In diesem Zusammenhang bezeichnen *Eilers/Bühring*, DStR 2009, 137, die Zinsschranke treffend als „Schönwetter-Steuerrecht". Bereits früh wurde die existenzgefährdende Wirkung der Zinsschranke für ertragsschwache Unternehmen mit hohem Fremdkapitalanteil, also insbesondere für Gründungs-, Krisen- und Sanierungsunternehmen kritisiert, vgl. *Eickhorst*, BB 2007, 1707, 1708; *Herzig*, WPg 2007, 7, 13; *Kußmaul/Ruiner/Schappe*, GmbHR 2008, 505; *Korn*, in: Beratungsschwerpunkt UntStRef 2008 (KSp 3), Tz. 74.

rend. Denn die Haltung der Kreditgeber war wegen der angespannten Lage auf dem Kapitalmarkt und der eigenen massiven Verluste äußerst restriktiv. Dies galt sowohl für bestehende Finanzierungen, z.B. langfristige Darlehensverträge mit variablen Konditionen, die neu verhandelt werden mussten, als auch für die Aufnahme neuer Kredite, die, sofern überhaupt möglich, nur zu kostspieligen Bedingungen erhältlich sind. Die Finanzmarktkrise führte in der Folge zu einem enormen Anstieg der Finanzierungskosten.[339] Während sich die Ertragssituation der Unternehmen nach unten entwickelte, stiegen gleichzeitig die Kosten der Fremdfinanzierung und die Anforderungen an die Kreditvergabe. Weiterer (Fremd-)Kapitalbedarf war die Folge. Dieser Teufelskreis bewirkt einen weitgehenden Verbrauch der liquiden Mittel im Unternehmen und fordert im Extremfall eine Veräußerung von Substanzwerten. Dazu kommt, dass bestehende Finanzierungsstrukturen in aller Regel durch langfristige Verträge abgesichert und nicht neu verhandelbar sind. Einer übergangslosen Änderung des steuerlichen Schuldzinsenabzugs in Deutschland wäre nur durch Kündigung von langfristigen Kreditverträgen zu begegnen, was entweder unmöglich oder mit hohen Kosten verbunden wäre.[340] Der Entscheidungsspielraum der Unternehmen war in diesem wirtschaftlichen Umfeld massiv eingeschränkt. Die Zinsschranke greift damit faktisch rückwirkend in getroffene Dispositionen ein.[341]

In dieser Situation wirkt insbesondere die Begrenzung des Schuldzinsenabzugs auf einer ergebnisabhängigen Grundlage rezessionsverschärfend und zieht substanzbesteuernde Effekte nach sich.[342] Denn schwächere Unternehmensergebnisse führen zu einer Absenkung der Abzugsobergenze für Zinsaufwendungen (30% des EBITDA zzgl. Zinserträge). Gleichzeitig steigen aber die notwendigen Finanzierungskosten. Die Regelung der Zinsschranke führt nun dazu, dass dieser erhöhte Zinsaufwand zu einem großen Teil nicht mehr steuerlich berücksichtigt werden kann, was u.U. dazu führen kann, dass ein Unternehmen besteuert wird,

---

339 Vgl. *Eilers*, FS Schaumburg, S. 275.

340 Vgl. *Köhler*, DStR 07, 597, 604.

341 In diesem Sinne auch *Eilers*, FS Schaumburg, S. 284: „Die Zinsschranke hat damit in der Finanzkrise fatale Wirkungen: Sie bestraft die Unternehmen, die ohnehin bereits mit den sich verschlechternden Wirtschaftsbedingungen und höheren Fremdkapitalkosten zu kämpfen haben, zusätzlich."

342 *Scheunemann/Dennisen*, BB 2009, 2564; *Neumann*, Ubg 2009, 461, 463 f. So formulierte *Eilers*, FS Schaumburg, S. 276: „Die Realität der Finanzmarktkrise hat mittlerweile den Steuergesetzgeber und die betroffenen Unternehmen ein- bzw. überholt."

das handelsrechtlich keinen Gewinn mehr erzielt.[343] Daraus ergibt sich folgendes Paradoxon: Wirtschaftlicher Misserfolg führt zu steuerlichen Mehrbelastungen. Dies verstößt massiv gegen das Verständnis des Grundgesetzes, welches das Gemeinwesen als Produktivitätsgemeinschaft anerkennt, in der der Staat zunächst die Dispositionsfreiheit über Privateigentum respektiert und nach Ausübung dieser Freiheit im Erfolgsfall an privaten Eigentümerdispositionen teilhat.[344] Es besteht ein Konnex zwischen freiheitlichem Wirtschaften und einer Verantwortungsübernahme für das Ergebnis der Freiheitsrealisierung.[345]

Eine weitere konzeptionelle Schwachstelle der Zinsschranke ist damit die Ergebnisabhängigkeit, da vor allem in Krisenzeiten auch Unternehmen mit gewöhnlichen Finanzierungsstrukturen infolge unvermeidbarer Ergebnisschwankungen von der Zinsschranke erfasst werden können. Die Zinsschranke verfehlt damit ihren Normzweck und trägt zu einer Verschärfung der Krise bei.

F. Lockerungen der Zinsschranke durch das Bürgerentlastungsgesetz Krankenversicherung und das Wachstumsbeschleunigungsgesetz

Das *Bürgerentlastungsgesetz Krankenversicherung* vom 16.7.2009[346] bewirkte eine erste Lockerung der Zinsschrankenregelung. Hierbei hatte der Gesetzgeber die bisherige Freigrenze rückwirkend und beschränkt auf die Veranlagungszeiträume 2008 und 2009 von 1 Mio. Euro auf 3 Mio. Euro erhöht.[347]

Weitere Abmilderungen wurden mit dem *Wachstumsbeschleunigungsgesetz* vom 22.12.2009[348] eingeführt. Die Grundkonzeption der Zinsschranke wurde beibehalten; die Änderungen betreffen lediglich die technische Ausgestaltung von Tatbestand und Rechtsfolge. Nunmehr

---

343 Vgl. *Rödding*, DStR 2009, 2649; *Kaligin*, in: Lademann, EStG, § 4h Rn. 17.

344 Zu dieser Grundsatzentscheidung des GG anschaulich *Kirchhof*, NJW 1987, 3217, 3224.

345 Vgl. *Höfling*, NJW-Beil. 2010, 98, 101.

346 Gesetz zur verbesserten steuerlichen Berücksichtigung von Vorsorgeaufwendungen (Bürgerentlastungsgesetz Krankenversicherung) vom 16.7.2009, BGBl. I 2009, S. 1959.

347 Nach § 52 Abs. 12d Satz 4 EStG a.F. sollte die erhöhte Freigrenze letztmalig in Wirtschaftsjahren, die vor dem 1.1.2010 enden, angewendet werden.

348 Gesetz zur Beschleunigung des Wirtschaftswachstums (Wachstumsbeschleunigungsgesetz), BGBl. I 2009, S. 3950. Dazu *Scheunemann/Dennisen*, BB 2009, 2564 ff.; *Rödding*, DStR 2009, 2649 ff.; *Kessler/Lindemer*, DB 2010, 472 ff.

sind Zinsaufwendungen in Höhe des Zinsertrages, darüber hinaus nur bis zur Höhe des *verrechenbaren EBITDA* abzugsfähig (§ 4h Abs. 1 Satz 1 EStG n.F.). Mit dem sog. verrechenbaren EBITDA wird eine neue steuerliche Größe eingeführt, die der Sache nach zu keiner Änderung führt, sondern lediglich im Hinblick auf den neuen EBITDA-Vortrag Bedeutung erlangt. Das *Wachstumsbeschleunigungsgesetz* sieht darüber hinaus drei Änderungen der Zinsschrankenregelung vor, wovon zwei den Anwendungsbereich der Norm verkleinern, indem sie auf Tatbestandsebene die Ausnahmetatbestände erweitern, während eine Änderung die großzügigere Nutzung des Zinsaufwandes auf Rechtsfolgenseite ermöglichen soll. Im Einzelnen betreffen die Änderungen eine dauerhafte Erhöhung der Freigrenze, die Erhöhung der Toleranzgrenze im Rahmen des Eigenkapitalvergleichs und die Einführung eines sog. EBITDA-Vortrags.

Die Freigrenze wurde bereits im Rahmen des *Bürgerentlastungsgesetzes Krankenversicherung* auf 3 Mio. € angehoben. Die Erhöhung war allerdings zeitlich begrenzt.[349] Diese Befristung wurde nunmehr gestrichen, wodurch die auf 3 Mio. € erhöhte Freigrenze „dauerhaft" Anwendung findet.[350]

Nach der bisherigen Rechtslage war im Rahmen des Eigenkapitalvergleichs ein Unterschreiten der Eigenkapitalquote des Konzerns von bis zu einem Prozentpunkt unschädlich, d.h. selbst eine geringfügige Unterschreitung in diesem Sinne führt trotzdem zur Nichtanwendbarkeit der Zinsschranke (sog. Toleranzgrenze). Hier setzt nun das Wachstumsbeschleunigungsgesetz an, indem künftig ein Unterschreiten der Konzern-Eigenkapitalquote um bis zu 2% unschädlich ist.[351]

Bei Eingreifen der Zinsschranke ist die entscheidende Größe für die Höhe des möglichen Schuldzinsenabzugs das steuerliche EBITDA. Diese Größe richtete sich bisher ausschließlich nach dem EBITDA des jeweiligen Veranlagungszeitraums. Dagegen konnten Zinsaufwendungen, die nach Anwendung der Zinsschranke unberücksichtigt bleiben, weil das

---

349 Begründet wurde die Erhöhung, die auf Initiative des Bundesrates im Finanzausschuss eingefügt worden war, damit, dass insbesondere kleine und mittelständische Unternehmen in Zeiten der Finanz- und Wirtschaftskrise – in denen naturgemäß ein erhöhter Fremdkapitalbedarf besteht – von den Folgen der Zinsschranke freigestellt werden sollten, vgl. BT-Drucks. 16/13429, S. 43.

350 § 52 Abs. 12d Satz 3 EStG n.F. Bemerkenswert ist, dass obgleich die Änderungen wieder insbesondere mit der Krise begründet werden, sich kein Hinweis darauf findet, ob die Regelung wieder angepasst werden soll, wenn die Krise ausgestanden ist.

351 Zeitlich findet die erweiterte Toleranzgrenze erstmals für den Veranlagungszeitraum 2010 Anwendung (§ 52 Abs. 12d Satz 4 EStG).

EBITDA nicht ausreichte, in künftige Veranlagungszeiträume vorgetragen werden (Zinsvortrag). Die Regelung des § 4h Abs. 1 Satz 3 EStG n.F. setzt gewissermaßen bei dem umgekehrten Fall an: Soweit in einem Veranlagungszeitraum ein höheres EBITDA zur Verfügung steht, als es durch Zinsaufwendungen nutzbar gemacht werden kann, ist dieses nunmehr vorzutragen (EBITDA-Vortrag). Das bedeutet, dass in den Jahren, in denen der Betrieb mit seinen Zinsaufwendungen den Abzugsrahmen der Zinsschranke nicht ausschöpft, der nicht ausgeschöpfte Teil dieses Abzugsrahmens in künftige Wirtschaftsjahre vorgetragen wird.[352]

352 Der Vortrag erfolgt allerdings maximal in die folgenden fünf Wirtschaftsjahre, ein danach nicht verbrauchter EBITDA-Vortrag verfällt. Der EBITDA-Vortrag bewirkt, dass Zinsaufwendungen, die nach Berücksichtigung des Zinsertrags und des verrechenbaren EBITDA eigentlich nicht abgezogen werden können, bis zur Höhe der EBITDA-Vorträge in den Folgejahren abziehbar sind. Sind hiernach Zinsaufwendungen durch Verwendung des EBITDA-Vortrags abziehbar, wird der EBITDA-Vortrag in gleicher Höhe verbraucht, wobei der jeweils älteste EBITDA-Vortrag als zuerst verbraucht gilt (§ 4h Abs. 1 Satz 4 EStG n.F.). Ein EBITDA-Vortrag entsteht bzw. erhöht sich allerdings nur dann, wenn der Betrieb in dem jeweiligen Wirtschaftsjahr nicht aufgrund eines Ausnahmetatbestandes nach § 4h Abs. 2 EStG von der Anwendung der Zinsschranke ausgenommen ist (§ 4h Abs. 1 Satz 3 Halbsatz 2 EStG). Der EBITDA-Vortrag ist zudem – wie der Zinsvortrag – gesondert festzustellen (§ 4h Abs. 4 Satz 1 EStG). Zum EBITDA-Vortrag ausführlich *Cryns*, Gesellschafterfremdfinanzierung, S. 331 ff.; ferner jüngst *Bohn/Loose*, DStR 2011, 241 ff.

Drittes Kapitel – Die internationale Rechnungslegung nach IFRS und ihre Vereinbarkeit mit dem deutschen Steuerrecht

A. Die Internationalisierung der Rechnungslegung

Die Rechnungslegung deutscher Unternehmen war lange Zeit ausschließlich vom deutschen Handels- und Steuerrecht bestimmt. In den vergangenen Jahren haben sich diese Bedingungen entscheidend verändert. Das europäische Bilanzrecht und auch die deutsche Rechnungslegung unterliegen einem tiefgreifenden Wandel. Die fortschreitende Globalisierung und die Verflechtung von Wirtschaftsaktivitäten sowie die damit einhergehende Bedeutung des internationalen Kapitalmarkts und dessen Inanspruchnahme durch die Unternehmen machte zunehmend eine Vergleichbarkeit von Finanzinformationen erforderlich. So erstellen bereits heute alle 30 Dax-Unternehmen ihren Konzernabschluss nach mindestens einem der beiden international üblichen Rechnungslegungssysteme, den US-amerikanischen *Generally Accepted Accounting Principles* (US-GAAP) oder den in Europa stärker verbreiteten IFRS. Die Gründe für eine Konzernbilanzierung nach internationalen Standards sind vielfältig. Sie reichen von der Notwendigkeit einer Bilanzierung nach den US-GAAP als Voraussetzung für eine Börsennotierung an der New Yorker Börse bis hin zu dem Bemühen, durch eine internationale Rechnungslegung in der Außendarstellung das Bild eines global agierenden Konzerns zu vermitteln.

Ziel der Schaffung internationaler Rechnungslegungsstandards ist eine weltweite Verbesserung und Harmonisierung von Rechnungslegungsnormen.[353] Das Bedürfnis nach internationaler Vergleichbarkeit ist dabei keineswegs neu. Bereits am 29.6.1973 wurde das *International Accounting Standards Committee* (IASC) als privatrechtlicher Verein nationaler Berufsverbände von Rechnungslegern und Wirtschaftsprüfern aus Australien, Kanada, Frankreich, Deutschland, Japan, Mexiko, den Niederlanden, Großbritannien, Irland sowie den USA mit Sitz in London gegründet. Ziel des IASC war es, ein internationales Rechnungslegungssystem

---

353 Vgl. *Baetge/Kirsch/Thiele*, Bilanzen, S. 53; *Hennrichs*, NZG 2005, 783: „Weltbilanzstandards".

mit weltweit einheitlichen Rechnungslegungsstandards für alle Unternehmen zu schaffen.[354] Ursprünglich waren die Standards lediglich fachliche Empfehlungen des Berufsstands der Wirtschaftsprüfer. Über viele Jahre führte das IASC ein kaum beachtetes Schattendasein, bis die EU im Jahr 2000 beschloss, bei der Fortentwicklung von Rechnungslegungsvorschriften mit dem IASC zusammenzuarbeiten.

Im Jahr 2001 erfolgten eine Umstrukturierung des IASC und die Umbenennung in *International Accounting Standards Board* (IASB). Das IASB besteht heute aus 14 sachverständigen und unabhängigen Mitgliedern verschiedener Berufsrichtungen, vor allem aus Wirtschaftsprüfern, Erstellern von Unternehmensabschlüssen, Finanzanalysten und Wissenschaftlern. Die Finanzierung des IASB erfolgt über den Verkauf von Veröffentlichungen und durch Spenden, die in erster Linie von den bilanzierenden Unternehmen und großen Wirtschaftsprüfungsgesellschaften geleistet werden. Dabei treten Interessenkonflikte zutage, die auch in der aktuell geführten Diskussion um die Rolle der Rating-Agenturen bei der Entstehung der Finanzmarktkrise scharf kritisiert werden. Vor allem die Finanzierungsstruktur des IASB lässt sich vor dem Hintergrund einer notwendigen Unabhängigkeit des Gremiums beanstanden. So wird teilweise eingewandt, dass ein interessengerechter Normermittlungsprozess auf dieser Grundlage nicht vollständig gewährleistet werden könne.[355]

Sämtliche bis dato vom IASC verabschiedeten *International Accounting Standards* (IAS) behielten zunächst ihre Gültigkeit und werden nach und nach modifiziert oder vom IASB durch neue Standards ersetzt. Die neuen, vom IASB entwickelten Rechnungslegungsstandards werden nunmehr als *International Financial Reporting Standards* (IFRS) bezeichnet. Diese Standards werden laufend vom IASB verabschiedet und sind das Ergebnis eines Verfahrens, an dem sowohl Nutzer als auch Ersteller von Rechnungslegungsinformationen beteiligt werden. Die Akzeptanz wird dabei durch die Möglichkeit der Teilnahme und Einflussnahme aller an

---

354 Zur historischen Entwicklung vgl. *Watrin*, in: MünchKommBilR IFRS, Einf., Rn. 4 ff. Hinsichtlich Organisation und Zielsetzung der Nachfolgerorganisation IASB siehe auch *Bohl*, in: Beck-IFRS-HB, § 1 Rn. 1 ff.; *Watrin*, in: MünchKommBilR IFRS, Einf., Rn. 15 ff.; *Albert*, IFSt-Schrift Nr. 448 (2008), S. 10 ff.

355 Vgl. *Wüstemann/Bischof/Kierzek*, in: HdJ, Abt. I/3 Rn. 2, 5; *Ballwieser*, FS Röhricht, S. 743. Die vier größten Prüfungsgesellschaften gehören zu den wichtigsten Sponsoren des IASB. Sie zahlen jährlich jeweils 1 Mio. $, während die Unterstützungsleistungen von Industrie und Banken sich lediglich auf 100.000 bis 200.000 € pro Jahr beläuft. Außerdem senden die „Big Four" regelmäßig Mitarbeiter in die entsprechenden Gremien des IASB und üben damit auch einen unmittelbaren Einfluss aus.

der Rechnungslegung interessierten multinationalen Gruppen im Rahmen des Standardsetzungsprozesses (sog. *due process*), also durch eine Art „Demokratisierung" der Regelsetzung, erreicht.[356]

Die Rechnungslegung nach IFRS besteht jedoch nicht nur aus den umfangreichen Einzelstandards der IAS und IFRS, sondern auch aus weiteren Verlautbarungen in Gestalt des Rahmenkonzepts[357] und der zu den Einzelstandards vom *International Financial Reporting Interpretations Committee* (IFRIC) erarbeiteten Interpretationen (House of IFRS).

I. Überblick über die Entwicklung der Rechnungslegung in der Europäischen Union

Bereits seit dem Vertrag zur Gründung der Europäischen Wirtschaftsgemeinschaft im Jahre 1957 wurde eine Harmonisierung der Rechnungslegung in den Mitgliedstaaten angestrebt, da ein ungehinderter Austausch vergleichbarer Finanzinformationen schon früh als Voraussetzung für die effektive Errichtung und Funktionsfähigkeit eines gemeinsamen Binnenmarktes erachtet wurde.[358] Zur Erreichung dieses Ziels im Wege der Rechtsangleichung wurden in der Folgezeit zahlreiche EU-Richtlinien erlassen.[359] Hierbei handelt es sich um Rechtsnormen, die für jeden

---

356 Zum Ablauf des Standardsetzungsprozesses *Wüstemann/Bischof/Kierzek*, in: HdJ, Abt. I/3 Rn. 3; *U. Schreiber*, StuW 2004, 212, 225; *Albert*, IFSt-Schrift Nr. 448 (2008), S. 13 ff.; kritisch *Kuntschik*, Steuerliche Gewinnermittlung und IAS/IFRS, S. 179 ff.

357 In dieser Quelle sind die Grundlagen und Prinzipien der IFRS-Rechnungslegung niedergelegt. Zum gesamten Regelbestand der IFRS siehe *Hennrichs*, in: MünchKommBilR IFRS, Einf., Rn. 58.

358 Vgl. Mitteilung der Europäische Kommission vom 14.11.1995, *"Harmonisierung auf dem Gebiet der Rechnungslegung: Eine neue Strategie im Hinblick auf die internationale Harmonisierung"*, KOM (1995) 508, S. 5.

359 Von besonderer Bedeutung für das Bilanzrecht sind insbesondere die 4. EG-Richtlinie (Bilanzrichtlinie 78/660/EWG vom 25.7.1978, ABl. Nr. L 222 v. 14.8.1978, S. 11 ff.) und die 7. EG-Richtlinie (Konzernrichtlinie 83/349/EWG vom 13.6.1983, Abl. EG Nr. L 193 v. 18.7.1983, S. 1 ff.). Diese Richtlinien wurden in den Folgejahren mehrfach geändert, wobei auch stets der Einklang mit den IFRS beachtet wurde, vgl. z.B. Modernisierungsrichtlinie 2003/51/EG vom 18.6.2003, ABl. EU Nr. L 178 v. 17.7.2003, S. 16: „Die Mitgliedstaaten sollten die Möglichkeit haben, die Gliederung der Gewinn- und Verlustrechnung sowie der Bilanz an die internationalen Entwicklungen, die ihren Niederschlag in den vom International Accounting Standards Board (IASB) herausgegebenen Standards finden, anzupassen. Die Mitgliedstaaten sollten die Möglichkeit haben, im Einklang mit den internationalen Entwicklungen, die ihren Niederschlag in den vom IASB herausgegebenen Standards finden, Neubewertungen und Bewertungen zum

Mitgliedstaat verbindlich sind, aber ihre Wirkung erst nach der Umsetzung durch den jeweiligen nationalen Gesetzgeber entfalten. Durch die zahlreichen, in den Richtlinien enthaltenen Wahlrechte sowie die differenzierte Ausgestaltung und Auslegung durch die nationalen Gesetzgeber konnte die erwünschte Harmonisierung des europäischen Bilanzrechts jedoch nur bedingt erreicht werden. Deshalb und vor dem Hintergrund der wachsenden Bedeutung einer international einheitlichen Rechnungslegung wurden die IFRS im Jahre 2002 durch die sog. „IAS-Verordnung" [360] als verbindlich anzuwendendes Rechnungslegungssystem für kapitalmarktorientierte Mutterunternehmen, die dem Recht eines Mitgliedstaats unterliegen, eingeführt.[361] Die (damaligen) Standards wurden dann überwiegend am 29. 9. 2003 im Rahmen einer daran anknüpfenden Durchführungsverordnung in das Gemeinschaftsrecht übernommen.[362]

Auch die internationale Erfolgsgeschichte der IFRS[363] begann nicht zuletzt mit der veränderten Rechnungslegungsstrategie der Europäischen Kommission seit 1995.[364] Den vorläufigen Höhepunkt dieser Entwicklung markierte die IAS-Verordnung, die ein neues Kapitel in den handelsrechtlichen Harmonisierungsbestrebungen der EU einleitete.[365] Seit der Übernahme in europäisches Recht sind die IAS/IFRS auch für Unternehmen in Deutschland verbindlich. Ihr verpflichtender Anwen-

---

beizulegenden Zeitwert (*fair value*) zu gestatten oder vorzuschreiben." Dazu auch *Kahle*, WPg 2003, 262, 263; einschränkend *Schulze-Osterloh*, in: HdJ, Abt. I/1 Rn. 25 ff. Zu weiteren wichtigen europäischen Bilanzrichtlinien vgl. *Hennrichs*, DStJG 24 (2001), 301, 306 (Fn. 21).

360 Verordnung Nr. 1606/2002 vom 19.7.2002 des Europäischen Parlamentes und des Rates betreffend die Anwendung internationaler Rechnungslegungsstandards, Abl. EG L 243 vom 11.9.2002. Zur IAS-Verordnung siehe Kapitel 4, Abschnitt A/I, Gliederungspunkt 3 (S. 167).

361 Beachtlich an dieser Entwicklung war zudem, dass an dieser Stelle erstmalig auf das gesetzgeberische Mittel der Verordnung zurückgegriffen wurde. Einer Verordnung kommt – im Gegensatz zur Richtlinie – nach Art. 288 AEUV auch ohne nationalen Umsetzungsakt unmittelbare Geltung in allen Mitgliedstaaten zu.

362 Verordnung (EG) Nr. 1725/2003 der Kommission vom 29. September 2003, Abl. EG L 261 vom 13.10.2003. Inzwischen sind nahezu alle bestehenden IAS/IFRS in europäisches Recht übernommen worden.

363 Zur Geschichte und Entwicklung der IFRS und der Finanzberichterstattung im Allgemeinen vgl. *Peemöller*, in: Wiley IFRS-Kommentar, Abschn. 1 Rn. 5 ff.

364 Vgl. Mitteilung der Europäische Kommission vom 14.11.1995, *"Harmonisierung auf dem Gebiet der Rechnungslegung: Eine neue Strategie im Hinblick auf die internationale Harmonisierung"*, KOM (1995) 508.

365 *Fuchs*, in: Löffler/Rohatschek, Rechnungslegung am Wendepunkt, S. 89.

dungsbereich ist indes (noch) relativ klein. Denn allein kapitalmarktorientierte Mutterunternehmen müssen ihren Konzernabschluss nach den IFRS aufstellen. Für gesellschafts- und steuerrechtliche Zwecke sind alle deutschen Unternehmen weiterhin verpflichtet einen Jahresabschluss nach HGB zu erstellen.

Dennoch nimmt die Bedeutung der internationalen Rechnungslegung stetig zu. Mittelständische Unternehmen sind typischerweise nicht kapitalmarktorientiert und kamen bis jetzt (noch) nicht mit den IFRS in Berührung.[366] Sie sehen sich jedoch zunehmend aus finanzwirtschaftlichen Überlegungen einem faktischen Druck ausgesetzt, neben dem verpflichtenden Jahresabschluss nach HGB einen zusätzlichen Abschluss nach den IFRS aufzustellen.[367] So legen Kapitalgeber und auch Geschäftspartner heute verstärkt Wert auf international „lesbare" und vergleichbare Abschlüsse. Auf der Suche nach Alternativen zum üblichen Hausbankkredit wird auch der Kapitalmarkt in Anspruch genommen (z.B. durch die Emission einer Industrieanleihe). Hierbei ist ein IFRS-Abschluss vorteilhaft, wenn nicht sogar Voraussetzung. Auch bei der Akquisition einer Kapitalanlage aus dem Ausland wird eine Bilanzierung nach IFRS erforderlich, da ausländische Investoren i.d.R. nicht mit dem HGB-Abschluss vertraut sind und internationale Abschlüsse fordern.[368] Auch wird vielfach behauptet, dass internationale Abschlüsse zu einem besseren Rating-Ergebnis und auf diese Weise zu einer Senkung der Kapitalkosten führten.[369] Schließlich forcieren auch die großen Wirtschaftsprüfungsgesell-

---

366 Nach *Oehler*, KoR 2006, 19 belaufe sich die Zahl der in Deutschland zur Aufstellung eines IFRS-Konzernabschlusses verpflichteten Unternehmen auf „weniger als 1000". Nach der *Europäischen Kommission* sind von etwa fünf Millionen Unternehmen in der EU nur ungefähr 7.000 (1,4%) an einer Börse notiert und daher verpflichtet einen konsolidierten Abschluss nach IFRS aufzustellen, siehe Mitteilung der Europäischen Kommission vom 24.11.2003, *„Ein Binnenmarkt ohne steuerliche Hindernisse – Ergebnisse, Initiativen, Herausforderungen"*, KOM (2003) 726, S. 18.

367 Kritisch und mit einer ausführlichen Darstellung des Diskussionsstands *Pöschke*, Eigenkapital mittelständischer Gesellschaften nach IAS/IFRS, S. 6 ff.

368 Vgl. *Kahle*, IRZ 2006, 87, 89. Wie bedeutend Auslandsinvestitionen geworden sind, verdeutlicht eine aktuelle Berechnung des Handelsblatts. Danach sind etwa 52% der Aktien der Dax-Konzerne in ausländischem Besitz. Im Jahr 2001 waren es erst 35,3%. Die Bayer AG ist Spitzenreiter mit 82,2%, Schlusslicht ist Volkswagen mit einem Anteil an ausländischen Aktionären von 17,7%, vgl. Handelsblatt vom 4.1.2010, Nr. 001, S. 1 „Auslandsinvestoren stützen Dax-Firmen".

369 Dies als falsche Behauptung entlarvend *Pöschke*, Eigenkapital mittelständischer Gesellschaften nach IAS/IFRS, S. 7 ff. Dennoch bleibt die Verbesserung der Kennzahlen. Der VW-Konzern hatte z.B. bei erstmaliger Anwendung der IFRS zum 31.12.2001 im Konzernabschluss Entwicklungskosten i.H.v. 5,7 Mrd. Euro aktiviert; d.h. ca. 5,4% der Bi-

schaften die Internationalisierung der Rechnungslegung aus eigenen wirtschaftlichen Interessen.

Der wirtschaftlichen Bedeutung von kleinen und mittleren Unternehmen in Deutschland Rechnung tragend[370] hatte sich im Zuge der internationalen Veränderungen eine stürmische Debatte über die Anwendung der IFRS auch in mittelständischen Unternehmen entwickelt.[371] Hauptaugenmerk liegt dabei auf der Frage, ob die umfangreichen und vielfach als zu kompliziert erachteten IFRS generell für die externe Rechnungslegung mittelständischer Unternehmen geeignet sind. Neben der Komplexität sind Intransparenz und verwirrende Schnelllebigkeit weitere Kritikpunkte.

II. Die Umsetzung der europäischen Harmonisierungsbestrebungen aus deutscher Sicht

Zunächst eröffnete § 292a HGB a.F.[372] kapitalmarktorientierten Mutterunternehmen die Möglichkeit, einen befreienden Abschluss nach international anerkannten Rechnungslegungsgrundsätzen anstelle des han-

---

lanzsumme und 23,7% des Eigenkapitals. Im Jahr 2003 wurden die Beträge schon auf etwa 6,3% der Bilanzsumme und 30% des Eigenkapitals erhöht, dazu *Ballwieser*, FS Röhricht, S. 728. Das Kredit-Rating wird auf eine allgemeine Verbesserung der Kennzahlen bei Übergang von HGB- auf IFRS-Bilanzierung mit einer entsprechenden Veränderung bzw. Erhöhung der Anforderungen reagieren müssen. Denn die Schuldendeckungsfähigkeit eines Unternehmens wird durch einen Wechsel des Rechnungslegungssystems nicht beeinflusst, vgl. *Kahle*, IRZ 2006, 87, 88. Selbst die Überlegenheit der IFRS hinsichtlich der Informationsvermittlung ist empirisch nicht bewiesen, sehr wohl jedoch die bessere Liquidität der Aktien nach einer Umstellung, vgl. *Kahle*, WPg 2003, 262, 266. Mithin bringt die Bilanzierung nach den IFRS mindestens einen „psychologischen Vorteil".

370 Der Mittelstand wird seit jeher als „Rückgrat" der deutschen Wirtschaft bezeichnet. In diesem Bereich werden nach einer aus dem Jahr 2004 stammenden Untersuchung von *Günterberg/Kayser* 41,2% aller umsatzsteuerpflichtigen Umsätze erwirtschaftet sowie 70,2% der Arbeitsplätze und 81,9% der Ausbildungsplätze in der Privatwirtschaft zur Verfügung gestellt. Vgl. *Günterberg/Kayser*, SMEs in Germany 2004, S. 5.

371 Vgl. dazu *Pöschke*, Eigenkapital mittelständischer Gesellschaften nach IAS/IFRS, S. 1 m.w.N. Inzwischen macht der Mittelstand gegen die Anwendung der IFRS mobil: Die Abgrenzung von Eigen- und Fremdkapital nach IAS 32 sei „der Todesstoß für die GmbH & Co. KG" (FAZ v. 20.1.2006, Nr. 17, S. 11 „Mittelstand gegen IFRS").

372 Eingeführt wurde diese Regelung mit dem Gesetz zur Verbesserung der Wettbewerbsfähigkeit deutscher Konzerne an Kapitalmärkten und zur Erleichterung der Aufnahme von Gesellschafterdarlehen (Kapitalaufnahmeerleichterungsgesetz, KapAEG) vom 20.4.1998, BGBl. I 1998, S. 707.

delsrechtlichen Konzernabschlusses zu erstellen. Welche Rechnungslegungsvorschriften als international anerkannt galten, wurde durch § 292a HGB jedoch nicht bestimmt. Nach allgemeiner Ansicht fielen die IFRS und die US-GAAP allerdings darunter.[373] Bei der Vorschrift des § 292a HGB handelte sich jedoch um eine Übergangsregelung, deren Anwendungszeitraum durch das Bilanzrechtsreformgesetz (BilReG)[374] für alle kapitalmarktorientierten Unternehmen letztmalig auf Wirtschaftsjahre verlängert wurde, die vor dem 01. Januar 2005 begannen.[375]

Im deutschen Handelsrecht wurden die europäischen Vorgaben der IAS-Verordnung im Dezember 2004 durch das BilReG in den §§ 315a, 325 Abs. 2a HGB umgesetzt.[376] Die verpflichtende Anwendung der IFRS für kapitalmarktorientierte Mutterunternehmen wurde in § 315a Abs. 1 HGB geregelt.[377] Nicht kapitalmarktorientierten Mutterunternehmen wurde gem. § 315a Abs. 3 HGB ein Wahlrecht eröffnet, wonach diese ihren Konzernabschluss ebenfalls nach IFRS aufstellen dürfen. Das kann z.B. für solche Unternehmen von Interesse sein, die sich auf einen Börsengang vorbereiten oder deren Kreditgeber für das Rating einen Abschluss nach IFRS erwarten. Allen sonstigen Unternehmen wurde es zudem nach § 325 Abs. 2a HGB gestattet, anstelle des handelsrechtlichen Jahresab-

---

373 Vgl. *Berger/Lütticke*, in: Beck Bil-Komm., 5. Aufl., § 292a HGB, Rn. 16; *Herzig*, WPg 2000, 104 (Fn. 4).

374 Gesetz zur Einführung internationaler Rechnungslegungsstandards und zur Sicherung der Qualität der Abschlussprüfung (Bilanzrechtsreformgesetz – BilReG) vom 4.12.2004, BGBl. I 2004, S. 3166.

375 Für bestimmte Unternehmen wurde der Anwendungszeitraum sogar bis zum Ablauf des 31.12.2006 ausgedehnt. Hierbei handelt es sich zum einen um Unternehmen, die ihre Geschäftstätigkeit vor dem 11.9.2002 begonnen haben, die ihren Konzernabschluss auf der Grundlage international anerkannter Rechnungslegungstandards zu erstellen haben und deren Wertpapiere zum öffentlichen Handel in einem Drittstaat zugelassen sind (z.B. Anwendung der US-GAAP bei Zulassung der Wertpapiere in den USA). Dies gilt insbesondere für Unternehmen wie Siemens, die an der New York Stock Exchange notiert sind und ihren Konzernabschluss nach den US-GAAP aufstellen. Zum anderen sind Unternehmen, die ausschließlich Schuldpapiere in einem EU-Mitgliedstaat oder einem Staat innerhalb des EWR emittiert haben, von der Übergangsregelung begünstigt, Art 57 EGHGB.

376 Die Vorschriften der §§ 315a Abs. 1 und 3 sowie 325 HGB fanden erstmals auf das nach dem 31.12.2004 beginnende Geschäftsjahr Anwendung. Die Regelung des § 315a Abs. 2 HGB fand erstmals auf das nach dem 31.12.2006 beginnende Geschäftsjahr Anwendung.

377 Nach §§ 315a Abs. 2 HGB, 11 Abs. 6 Nr. 2 PublG gilt diese Verpflichtung zur Anwendung der IFRS nunmehr auch für Unternehmen, die zum betreffenden Bilanzstichtag die Zulassung eines Wertpapiers i.S. von § 2 Abs. 1 Satz 1 WpHG zum Handel an einem organisierten Markt i.S. von § 2 Abs. 5 WpHG beantragt haben.

schlusses einen nach Maßgabe der IFRS aufgestellten befreienden Einzelabschluss offen zu legen. Damit eröffnete das BilReG insbesondere großen Kapitalgesellschaften die Möglichkeit, dass in den Pflichtveröffentlichungen ein IFRS-Einzelabschluss an die Stelle des traditionellen HGB-Abschlusses treten kann.

Die beschriebenen Vorschriften haben dennoch bislang eine ausschließlich handels- und konzernrechtliche Dimension. Auswirkungen auf das deutsche Steuerrecht hatten diese Entwicklungen im Rahmen der Rechnungslegung zunächst nicht. Für Zwecke der Zahlungsbemessung ist als Ausschüttungs- und Besteuerungsgrundlage nach wie vor ein HGB-Jahresabschluss aufzustellen.[378]

III. Die Internationalisierung des deutschen Handelsbilanzrechts durch das BilMoG

Mit dem BilMoG hat der deutsche Gesetzgeber im Hinblick auf die Internationalisierung der Rechnungslegung einen deutlichen Schritt zur Annäherung an die IFRS unternommen. Diese Annäherung wurde dennoch klar begrenzt: So sollte „das bewährte HGB-Bilanzrecht zu einer dauerhaften und im Verhältnis zu den internationalen Rechnungslegungsstandards vollwertigen, aber kostengünstigeren und einfacheren Alternative“ weiter entwickelt werden, ohne dabei als eines der "Eckpunkte des HGB-Bilanzrechts" die Maßgeblichkeit der Handelsbilanz für die steuerliche Gewinnermittlung aufzugeben.[379] Eine solche Grundsatzentscheidung des Gesetzgebers war zu begrüßen und dürfte für die nächsten Jahre Bestand haben.[380] Zu diesem Zweck wurden einerseits zahlreiche bilanzielle

378 Vgl. *Euler*, BB 2002, 875. Nach § 241a HGB i.d.F. des BilMoG sind kleine Einzelkaufleute von der Bilanzierungspflicht befreit.

379 Vgl. Regierungsentwurf eines Gesetzes zur Modernisierung des Bilanzrechts (BilMoG) vom 30.7.2008, BT-Drucks. 16/10067, S. 1. Damit können sich die durch die internationale Rechnungslegung beeinflussten Änderungen des HGB-Bilanzrechts, vorbehaltlich zwingender steuerlicher Spezialvorschriften und des steuerlichen Bewertungsvorbehalts nach § 5 Abs. 6 EStG, auf die steuerliche Gewinnermittlung auswirken, vgl. *Kahle/Dahlke/Schulz*, StuW 2008, 266.

380 Vgl. *Böcking/Gros*, DStR 2007, 2339, 2344. Nach *Herzig*, DB 2008, 1, werde mit dem BilMoG „die Informationsfunktion des handelsrechtlichen Jahresabschlusses deutlich aufgewertet und zumindest gleichrangig neben die Zahlungsbemessungsfunktion gestellt“.

Wahlrechte abgeschafft.[381] Andererseits wurden einige neue Ansatz- und Bewertungsregelungen eingeführt, die dem Ziel einer verbesserten Informationsvermittlung des HGB-Abschlusses dienen.[382]

Steuerrechtlich ist von zentraler Bedeutung, dass die umgekehrte Maßgeblichkeit (§ 5 Abs. 1 Satz 2 EStG a.F.)[383] zur Stärkung der Informationsfunktion des Jahresabschlusses aufgegeben, gleichzeitig jedoch an der materiellen Maß-geblichkeit (§ 5 Abs. 1 Satz 1 Halbs. 1 EStG i.d.F. des BilMoG) unverändert festgehalten wurde.[384] Die nach dem BilMoG künftig größere Relevanz der Überschussrechnung gemäß § 4 Abs. 3 EStG reduziert jedoch gleichzeitig den Anwendungsbereich des Maßgeblichkeitsprinzips.[385] Im Gefolge der Modernisierung des HGB-Bilanzrechts kam es insoweit auch zu einer „Neuausrichtung der Maßgeblichkeit".[386] Zu-

---

381 Dies entspricht einer seit langem erhobenen Forderung des Schrifttums, vgl. z.B. *Arbeitskreis Bilanzrecht*, BB 2002, 2372, 2378; *Hennrichs*, Wahlrechte im Bilanzrecht der Kapitalgesellschaften, S. 4 ff., 74 ff., 434 ff.; *ders.*, Ubg 2009, 533. Die Streichung von Ansatz- und Bewertungswahlrechten bewirkte zudem eine Angleichung des Handelsbilanzrechts an die steuerlichen Gewinnermittlungsgrundsätze.

382 Ohne auf die einzelnen Änderungen einzugehen, sei auf folgende wesentliche Neuerungen der Ansatz- und Bewertungskonzeption hingewiesen: Aktivierungsmöglichkeit für selbst geschaffene immaterielle Vermögensgegenstände des Anlagevermögens mit Entwicklungskosten (§§ 248 Abs. 2, 255 Abs. 2 Satz 4, Abs. 2a HGB), Verrechnung von Vermögensgegenständen und Schulden bei sog. Planvermögen zur Deckung der Altersversorgungsverpflichtungen (§§ 246 Abs. 2, 253 Abs. 1 Satz 4 HGB), Änderung der Rückstellungsbewertung zur realitätsnäheren Abbildung (§§ 253 Abs. 1 Satz 2, Abs. 2 HGB).

383 Dieses Rudiment einer formellen Maßgeblichkeit wurde seit langem heftig kritisiert, da die Regelung durch den Rückschlag der steuerlichen Bilanzierungs- und Bewertungsansätze in die Handelsbilanz zu einer deutlichen und überflüssigen Verzerrung des handelsrechtlichen Jahresabschlusses führte, vgl. dazu stellvertretend *Arbeitskreis Bilanzrecht*, DStR 2008, 1057 ff.; *Hennrichs*, Ubg 2009, 533 ff.

384 Vgl. Regierungsentwurf eines Gesetzes zur Modernisierung des Bilanzrechts (BilMoG) vom 30.7.2008, BT-Drucks. 16/10067, S. 34. Zur Reichweite der materiellen Maßgeblichkeit und des neuen Wahlrechtsvorbehalts nach § 5 Abs. 1 Satz 1 EStG i.d.F. des BilMoG siehe *Hennrichs*, Ubg 2009, 533, 535 ff.

385 Die zunehmende Bedeutung der Überschussrechnung und die damit verbundene Deregulierung durch das BilMoG trägt auf der einen Seite den durchführungsorientierten Effizienzargumenten Rechnung, steht aber andererseits dem Grundsatz der Gleichmäßigkeit der Besteuerung entgegen. Im Übrigen sind Betriebe für Zwecke des Eigenkapitalvergleichs im Rahmen der Zinsschranke weiter auf eine Gewinnermittlung durch Bestandsvergleich angewiesen.

386 *Herzig*, DB 2008, 1, 3. Zu einer ausführlichen Diskussion des Maßgeblichkeitsgrundsatzes im Zusammenhang mit dem Vordringen der IFRS auch *Link*, in: Schön, Steuerliche Maßgeblichkeit, S. 207 ff.; ferner *Oestreicher/Spengel*, DB 1999, 593 ff.

sätzlich gewinnt die Debatte um den zunehmenden Einfluss der IFRS auf die steuerliche Gewinnermittlung erneut an Brisanz.

B. IFRS und Steuerrecht – eine neue Maßgeblichkeit?

Durch die neuartige Verknüpfung von Einkommensteuer- und Körperschaftsteuerrecht mit der internationalen Rechnungslegung nach IFRS bekam die deutsche Maßgeblichkeitsdebatte eine neue Dimension. Zum ersten Mal erfolgte eine steuerrechtliche Verweisung auf das internationale Bilanzrecht. Theoretische Diskussionen im Schrifttum über die Vereinbarkeit von IFRS und Steuerrecht wurden gleichsam über Nacht zu realen, praktischen Anwendungsfällen. Vor diesem Hintergrund erscheinen die wissenschaftlichen Abhandlungen zu diesem Thema brandaktuell und eine erneute Auseinandersetzung gerecht-fertigt. Vorgreifend kann bereits an dieser Stelle festgehalten werden: Nach herrschender Auffassung sei die umfassende Heranziehung der IFRS zur Ermittlung der steuerlichen Bemessungsgrundlage abzulehnen.[387] Eine noch weiter gehende Ansicht betrachtet die IFRS sogar generell als für Besteuerungszwecke ungeeignet.[388] Ob diese Ansichten nach wie vor tragfähig sind, und wenn ja, wie die steuerliche Inbezugnahme der IFRS im Rahmen der Zinsschranke damit in Einklang zu bringen ist, bedarf einer näheren Untersuchung.

I. Der Maßgeblichkeitsgrundsatz im Lichte der Internationalisierung der Rechnungslegung

Im Zentrum der Unternehmensbesteuerung stehen die ergebnisabhängigen Steuern, die Einkommen-, Körperschaft- und Gewerbesteuer. Für die

---

387 Vgl. *Arbeitskreis Bilanzrecht*, BB 2002, 2372, 2378 ff.; *Arnold*, StuW 2005, 148, 150; *Fülbier/Gassen*, DB 1999, 1511, 1512 f.; *Prinz*, DStR 2003, 1359, 1363; *Herzig*, WPg 2005, 211, 213 f.; *ders.*, IAS/IFRS und steuerliche Gewinnermittlung, S. 31 ff.; *Hüttemann*, BB 2004, 203, 205 f.; *Hennrichs*, StuW 2005, 256, 262 f.; *ders.*, DStJG 24 (2001), 301, 312; ausführlich *Brinkmann*, Zweckadäquanz der Rechnungslegung nach IFRS, S. 160 ff., 222 ff.; *Kuntschik*, Steuerliche Gewinnermittlung und IAS/IFRS, S. 164 ff.; *Pottgießer*, Einflüsse internationaler Standards, S. 249; *Spengel*, DB 2006, 681, 682.

388 So z.B. *Prinz*, FS Raupach, S. 289 unter Hinweis auf die Vorschläge der Bundessteuerberaterkammer aus Oktober 2005, Kammerreport, Beihefter zu DStR 40/2005: Steuerliche Gewinnermittlung überarbeiten – nicht an IFRS ausrichten.

Ermittlung der steuerlichen Bemessungsgrundlage, des Gewinns nach § 4 Abs. 1 Satz 1 EStG, haben buchführende Gewerbetreibende das Betriebsvermögen anzusetzen, das nach den handelsrechtlichen GoB auszuweisen ist, § 5 Abs. 1 Satz 1 EStG. Aufgrund dieses Maßgeblichkeitsprinzips bildet der handelsrechtliche Jahresabschluss die Grundlage für die steuerliche Gewinnermittlung. Das Ertragsteuerrecht macht sich damit seit jeher ein außersteuerliches Normensystem zu nutze.[389]

Durch die Öffnung der deutschen Rechnungslegung gegenüber internationalen Rechnungslegungsstandards hat auch die Diskussion über die Maßgeblichkeit der Handelsbilanz für die Steuerbilanz eine neue Dimension erreicht. Denn über die Verknüpfung von Handels- und Steuerrecht können auch die europäischen Harmonisierungsbestrebungen und die internationalen Entwicklungen bei der Rechnungslegung indirekt auf die nationale Besteuerung ausstrahlen.[390] Die IAS-Verordnung vom 19.7.2002 bildete in diesem Zusammenhang ein erstes „Einfallstor" für einen Einfluss der IFRS auf das deutsche Steuerrecht. Spätestens seit diesem Zeitpunkt stellte sich die Frage, inwieweit die IFRS für deutsche Besteuerungszwecke überhaupt geeignet und mit den steuerrechtlichen Grundsätzen vereinbar sind.

Desweiteren zeichnete sich schon vor der Unternehmensteuerreform 2008 eine immer deutlichere direkte Verknüpfung von steuerlicher Gewinnermittlung und den IFRS ab. So beabsichtigt die EU-Kommission bereits seit dem Jahr 2001 die Steuerbemessungsgrundlage in der Europäischen Gemeinschaft zu harmonisieren.[391] Richtungsweisend war in diesem Zusammenhang die Ankündigung, die IFRS als Ausgangspunkt

---

389 Vgl. *Hennrichs*, StuW 1999, 138. Der Maßgeblichkeitsgrundsatz ist annähernd so alt wie die moderne Einkommensbesteuerung in Deutschland. Bereits die Einkommensteuergesetze von Bremen und Sachsen aus dem Jahr 1874 enthielten einen Verweis auf „die nach Handelsgesetzbuch erstellte Jahresbilanz". Zur historischen Entwicklung des Maßgeblichkeitsgrundsatzes vgl. *Schütz*, Maßgeblichkeitsgrundsatz, S. 24 ff.; *Sittel*, Grundsatz der umgekehrten Maßgeblichkeit, S. 36 ff.

390 *Fuchs*, in: Löffler/Rohatschek, Rechnungslegung am Wendepunkt, S. 89; *Herzig*, WPg 2000, 104, 107; *Arnold*, StuW 2005, 148, 150.

391 Vgl. Mitteilung der Europäischen Kommission vom 23.10.2001, *„Ein Binnenmarkt ohne steuerliche Hindernisse – Strategie zur Schaffung einer konsolidierten Körperschaftsteuer-Bemessungsgrundlage für die grenzüberschreitende Unternehmenstätigkeit in der EU"*, KOM (2001) 582, S. 17 ff.; Mitteilung der Europäischen Kommission vom 24.11.2003, *„Ein Binnenmarkt ohne steuerliche Hindernisse – Ergebnisse, Initiativen, Herausforderungen"*, KOM (2003) 726, S. 12 ff.; dazu ferner *Herzig/Bär*, DB 2003, 1, 5; *Hey*, StuW 2004, 193, 203 ff.; *U. Schreiber*, StuW 2004, 212 ff.; *Oestreicher*, StuW 2002, 342 ff.; *Kahle*, IRZ, 2006, 87, 92 ff.

(„starting point“) für eine Harmonisierung der steuerlichen Gewinnermittlung in den Mitgliedstaaten – insbesondere als Basis für die Konzernbesteuerung – zu nutzen.[392] Die EU-Kommission sieht in den IFRS nicht zuletzt aus Vereinfachungs- und Praktikabilitätsgesichtspunkten eine geeignete Ausgangsbasis für die Schaffung einer europäischen Steuerbasis für Kapitalgesellschaften, einer *gemeinsamen konsolidierten Körperschaftsteuerbemessungsgrundlage*[393]. Eine umfassende IFRS-Maßgeblichkeit strebt die Kommission jedoch nicht an.[394] Die Heranziehung der

---

392 Vgl. Mitteilung der Europäischen Kommission vom 23.10.2001, *„Ein Binnenmarkt ohne steuerliche Hindernisse – Strategie zur Schaffung einer konsolidierten Körperschaftsteuer-Bemessungsgrundlage für die grenzüberschreitende Unternehmenstätigkeit in der EU“*, KOM (2001) 582, S. 21; Mitteilung der Europäischen Kommission vom 24.11.2003, *„Ein Binnenmarkt ohne steuerliche Hindernisse – Ergebnisse, Initiativen, Herausforderungen“*, KOM (2003) 726, S. 22; dazu ferner *Hey*, StuW 2004, 193, 204; *Böcking/Gros*, DStR 2007, 2339, 2344; *J. Schreiber*, DStR 2005, 1351; *Breithecker/Klapdor/Rokitta*, StuW 2007, 145, 148. Nach *Herzig*, WPg 2005, 211, 214, bieten sich die IAS/IFRS auch als *starting point* für die Entwicklung eines eigenständigen nationalen Bilanzsteuerrechts an; dieser Ansicht folgend *Spengel*, DB 2006, 681, 682 f. Demgegenüber vertritt *Kahle*, StuW 2001, 126, 135, dass der bisherige Weg einer eingeschränkten Maßgeblichkeit weiter zu verfolgen sei, indem unerwünschte steuerliche Folgen durch steuerrechtliche Spezialnormen verhindert werden.

393 Common Consolidated Corporate Tax Base (CCCTB). Am 16.3.2011 hat die EU-Kommission nun den lang erwarteten Richtlinienentwurf KOM (2011) 121 zur Einführung einer „Gemeinsamen konsolidierten Körperschaftsteuer-Bemessungsgrundlage“ veröffentlicht. Vgl. dazu *Herzig/Kuhr*, DB 2011, 2053 ff.; *Bünning/Möser*, BB 2011, 2647 ff.

394 Auch die EU-Kommission erkennt mögliche Schwierigkeiten einer umfassenden IFRS-Maßgeblichkeit: „Einige Aspekte der IFRS bedürfen besonderer Beachtung. Die allgemeinen Grundsätze der Wesentlichkeit und der wirtschaftlichen Betrachtungsweise stehen eindeutig nicht völlig mit den geltenden steuerlichen Grundsätzen in Einklang, weshalb zur Ermittlung einer Steuerbemessungsgrundlage Anpassungen erforderlich wären. Die Wesentlichkeit von Abschlüssen ist eher als Schwellen- oder Grenzwert definiert, bei dessen Überschreiten das Weglassen einer Information oder eine fehlerhafte Angabe die wirtschaftlichen Entscheidungen der Abschlussadressaten beeinflussen könnten. Für steuerliche Zwecke ist jedoch in der Regel ein höheres Maß an Präzision erforderlich. Zwar wird in Handelsbilanzen der wirtschaftlichen Substanz eines Vorgangs gegenüber seiner rechtlichen Einordnung Vorrang eingeräumt (z.B. bei geleasten Vermögensgegenständen), aber für steuerliche Zwecke wird dieser Grundsatz weniger einheitlich angewandt. Beide Grundsätze bedürften wohl der Anpassung an steuerliche Erfordernisse. Auch hinsichtlich des Konzepts des beizulegenden Zeitwerts (wenn z.B. Vermögensgegenstände zum Marktwert neu bewertet werden und der Wertzuwachs in der Handelsbilanz als Gewinn erfasst wird) wären Anpassungen erforderlich, damit diese nicht realisierten Gewinne nicht besteuert werden. Generell gelangte bei der Erkundung der Möglichkeiten zur Nutzung der IFRS für steuerliche Zwecke eine Frage in den Vordergrund, die jegliche mögliche Form einer einheitlichen Steuerbemessungsgrundlage betrifft, nämlich die Frage des Verhältnisses zwischen

IFRS wird in erster Linie aus pragmatischen Gründen favorisiert. Denn die IFRS sind international anerkannt und werden in der weltweiten Rechnungslegungspraxis vorrangig angewendet.[395] Die ebenfalls weltweit anerkannten US-GAAP dürften als US-amerikanisches Rechnungslegungssystem schon aus politischen Gründen für eine Übernahme in der EU ausscheiden. Insbesondere kapitalmarktorientierten Konzernen soll damit ein einheitlicher, systematischer Rahmen vorgegeben werden, der den Anforderungen einer grenzüberschreitenden Geschäftstätigkeit innerhalb des europäischen Binnenmarktes gerecht wird.[396]

Der EG-Vertrag enthält für den Bereich der direkten Steuern anders als bei den indirekten Steuern, z.B. der Umsatzsteuer, keine spezifischen Vorgaben zur Harmonisierung der Steuerbemessungsgrundlage in der EU.[397] Nach Ansicht der Kommission lassen sich jedoch unterschiedliche

---

Handelsbilanz und Steuerbilanz, die so genannte *Maßgeblichkeit*", siehe Mitteilung der Europäischen Kommission vom 24.11.2003, *„Ein Binnenmarkt ohne steuerliche Hindernisse – Ergebnisse, Initiativen, Herausforderungen"*, KOM (2003) 726, S. 19 f. Vgl. dazu auch *Herzig*, IStR 2006, 557, 558; *Kahle/Dahlke/Schulz*, StuW 2008, 266, 267; *U. Schreiber*, StuW 2004, 212, 224; *Kahle*, IRZ 2006, 87, 93 f. Zu den Anforderungen an eine europäische Steuerbilanz eingehend *Breithecker/Klapdor/Rokitta*, StuW 2007, 145 ff.

395 Vgl. Mitteilung der Europäische Kommission vom 13.6.2000, *„Rechnungslegungsstrategie der EU: Künftiges Vorgehen"*, KOM (2000) 359, S. 6 f. In Europa, sowie in vielen Staaten Asiens, Südamerikas, Afrikas und in Australien sind die IFRS inzwischen als Börsenzulassungsstandard fest etabliert. Zwischenzeitlich hat auch Japan's *Financial Services Agency* beschlossen, heimischen Unternehmen die Verwendung der IFRS ab Anfang März 2010 zu gestatten. Damit sind die USA die einzige große Volkswirtschaft, die eine Anwendung der IFRS als globales Regelwerk für die Finanzberichterstattung nicht unterstützt. Betrachtet man die geographische Verbreitung der IFRS wird deutlich, dass die USA ebenso den größten und bedeutendsten „weißen Fleck" auf der Landkarte darstellen. Denn die USA repräsentieren den größten nationalen Kapitalmarkt der Welt. So lag beispielsweise die Marktkapitalisierung von NYSE und NASDAQ zum 31.12.2009 bei über 15 Mrd. US-$, die der Deutschen Börse, der Londoner Stock Exchange und der Tokio Stock Exchange zum gleichen Stichtag zusammengenommen nur bei etwa 7 Mrd. US-$, vgl. *Pellens*, Internationale Rechnungslegung, S. 46. Eine detaillierte Übersicht zur weltweiten Anwendungspflicht und Verbreitung der IFRS findet sich auf der von der Wirtschaftsprüfungsgesellschaft *Deloitte* bereitgestellten Website „IAS Plus", abrufbar unter (Abruf 30.10.2011): http://www.iasplus.de/country/useias.php.

396 Vgl. Mitteilung der Europäischen Kommission vom 23.10.2001, *„Ein Binnenmarkt ohne steuerliche Hindernisse – Strategie zur Schaffung einer konsolidierten Körperschaftsteuer-Bemessungsgrundlage für die grenzüberschreitende Unternehmenstätigkeit in der EU"*, KOM (2001) 582, S. 18.

397 Vgl. *Lang*, in: Tipke/Lang, Steuerrecht, § 2 Rn. 53 ff. Zur Harmonisierung auf dem Gebiet der indirekten Steuern siehe Mitteilung der Europäischen Kommission vom

steuerliche Gewinnermittlungsvorschriften mit der Idee eines gemeinsamen Binnenmarktes nach Art. 3 Abs. 3 EUV nicht vereinbaren.[398] Eine Harmonisierung von Bemessungsgrundlagen, Steuersätzen und Abgabenverfahren sei damit zumindest theoretisch unabdingbar. Ein Rückgriff auf das bestehende System der IFRS erscheint dabei als eine auf den ersten Blick willkommene und vermeintlich einfache Lösung.[399] Auch im Schrifttum wird teilweise eine eigenständige, europäische Regelung der steuerlichen Gewinnermittlung gefordert, die grundlegende Standards der IFRS, sofern steuerlich geeignet, einbezieht. Dabei sollen die IFRS als „Mittel zum Zweck“[400] dienen und gleichzeitig „Konsens mobilisierend wirken“[401].

Ferner hat die EU-Kommission angekündigt, dass sie die Harmonisierung der Rechnungslegung innerhalb der Gemeinschaft basierend auf den IFRS, insbesondere auch eine Ausweitung auf den Einzelabschluss, weiter fördern wird.[402] Damit ist auch über diesen Weg künftig mit steuerlichen Folgewirkungen zu rechnen.

1. Die Maßgeblichkeit der Handelsbilanz für die Steuerbilanz

In Deutschland sind die handelsrechtlichen Grundsätze ordnungsgemäßer Buchführung für die steuerliche Gewinnermittlung inhaltsbestimmend.[403] Daraus ergibt sich ein kompliziertes Geflecht von genereller Verweisung auf ein außersteuerliches Normensystem und speziellen

---

23.5.2001, *„Steuerpolitik in der Europäischen Union – Prioritäten für die nächsten Jahre“*, KOM (2001) 260, S. 9 ff.; *Reiß*, in: Tipke/Lang, Steuerrecht, § 14 Rn. 7 ff.

398 Vgl. Mitteilung der Europäischen Kommission vom 23.10.2001, *„Ein Binnenmarkt ohne steuerliche Hindernisse – Strategie zur Schaffung einer konsolidierten Körperschaftsteuer-Bemessungsgrundlage für die grenzüberschreitende Unternehmenstätigkeit in der EU“*, KOM (2001) 582, S. 18.

399 Vgl. *Heuser*, in: Heuser/Theile, IFRS-Handbuch, Rn. 16.

400 *U. Schreiber*, StuW 2004, 212, 225.

401 *Kahle*, IRZ 2006, 87, 94. Ob die IFRS tatsächlich Konsens mobilisierend wirken können, ist jedoch zweifelhaft, da bereits die länderspezifischen Wertvorstellungen innerhalb der EU sehr unterschiedlich sind und die IFRS enorme Auslegungsschwierigkeiten aufweisen.

402 Vgl. Mitteilung der Europäische Kommission vom 13.6.2000, *„Rechnungslegungsstrategie der EU: Künftiges Vorgehen“*, KOM (2000) 359, S. 4 ff.; auch *Arnold*, StuW 2005, 148, 151 m.w.N.

403 Eine ausführliche Darstellung des Maßgeblichkeitsgrundsatzes liefert *Sittel*, Grundsatz der umgekehrten Maßgeblichkeit, S. 31 ff. Zum Streit über das genaue Verweisungsziel und die Reichweite des Maßgeblichkeitsgrundsatzes siehe m.w.N. *Hennrichs*, StuW 1999, 138, 139 ff.; *Schlotter*, Teilwertabschreibung, S. 7 ff.

steuerrechtlichen Einzelvorschriften.[404] Der Grundsatz der Maßgeblichkeit der Handelsbilanz für die Steuerbilanz ist in § 5 Abs. 1 Satz 1 EStG kodifiziert. Danach sind für die steuerliche Gewinnermittlung bei buchführenden Gewerbetreibenden die abstrakten handelsrechtlichen GoB maßgeblich (sog. materielle Maßgeblichkeit). Ergänzend hat sich die Steuerbilanz grundsätzlich nach den Ansätzen und Bewertungen der im Einzelfall konkret erstellten Handelsbilanz des Steuerpflichtigen zu richten (sog. formelle Maßgeblichkeit).[405] Der nach den handelsrechtlichen GoB ermittelte Jahresüberschuss wird durch das Maßgeblichkeitsprinzip in die Steuerbilanz übertragen und dient dort als Ausgangsgröße der steuerlichen Gewinnermittlung. Das Steuerrecht begibt sich insoweit unter die „Fittiche" der handelsrechtlichen Rechnungslegung. Das Maßgeblichkeitsprinzip sollte im traditionellen Sinne die Aufstellung einer Einheitsbilanz ermöglichen und somit durch Vereinfachung zu einer Kosteneffizienz beitragen (Paradigma der Einheitsbilanz).[406] Als weitere Vorzüge wurden die Schutzfunktion gegenüber dem Fiskus und einer übermäßigen Besteuerung (Paradigma der stillen Teilhabe des Fiskus am gewerblichen Gewinn)[407] oder das Interesse an der Einheit der Rechtsordnung benannt.[408]

---

404 Auch im Steuerrecht gilt die allgemeine Regel zur Lösung von Normkonflikten: *Lex specialis derogat legi generali.* In diesem Sinne bereits *Hennrichs*, DStJG 24 (2001), 301, 303, der zutreffend anmerkt, dass der Maßgeblichkeitsgrundsatz „von zahlreichen sog. *Steuervorbehalten,* also steuergesetzlichen Sonderregelungen [...] geradezu durchlöchert" wird. Zu den Grenzen der Maßgeblichkeit *ders.*, StuW 1999, 138, 141 ff.

405 Vgl. *Knobbe-Keuk,* Bilanz- und Unternehmenssteuerrecht, S. 22. Nach *Buciek,* in: Blümich, EStG, § 5 Rn. 181, 183, sei der Gedanke der „formellen Maßgeblichkeit" nach der Neufassung des § 5 EStG durch das BilMoG mittlerweile überholt. Zwar habe der Gesetzgeber an der materiellen Maßgeblichkeit festgehalten, zugleich jedoch den Vorrang und die Autonomie steuerrechtlicher Bilanzierungsregeln betont.

406 Historisch begründet wurde die Anknüpfung an die Handelsbilanz mit Praktikabilitäts- und Vereinfachungserwägungen. Dem Kaufmann sollte eine zweifache Gewinnermittlung für handels- und steuerrechtliche Zwecke erspart werden, vgl. *Tipke,* StRO II, S. 688; *Stobbe,* in: HHR, EStG, § 5 Rn. 80; *Hennrichs,* StuW 1999, 138, 144; *Selchert,* FS Fischer, S. 918 f. Zu den Vorzügen des Maßgeblichkeitsprinzips ferner *Söffing,* FS Budde, S. 650 ff.

407 Vgl. *Döllerer,* BB 1971, 1333, 1334; *Stobbe,* in: HHR, EStG, § 5 Rn. 81; *Sittel,* Grundsatz der umgekehrten Maßgeblichkeit, S. 75 f.; kritisch z.B. *Hennrichs,* StuW 1999, 138, 144; *Herzig,* WPg 2000, 104, 113; *Prinz,* FR 2010, 917, 920.

408 Vgl. *Hoffmann,* in: Littmann/Bitz/Pust, Einkommensteuerrecht, §§ 4, 5 Rn. 8; *Schütz,* Maßgeblichkeit, S. 179 f., 206 ff.; *Sittel,* Grundsatz der umgekehrten Maßgeblichkeit, S. 83; *Stobbe,* in: HHR, EStG, § 5 Rn. 80.

Gegner des Maßgeblichkeitsprinzips führen an, dass die handelsrechtlichen GoB zu unbestimmt seien, zu viele Wahlrechte enthielten[409] und die Berücksichtigung drohender Verluste zuließen. Ein Verstoß gegen das steuerrechtliche Leistungsfähigkeitsprinzip sei die Folge.[410] Auch eine grundsätzliche Zieldivergenz von Handels- und Steuerbilanz wird gegen eine Anknüpfung an die handelsrechtliche Gewinnermittlung vorgebracht.[411] Das auf dem handelsrecht-lichen Vorsichtsprinzip basierende Ergebnis entspräche nach diesem Vorbringen nicht mehr dem Grundsatz gleichmäßiger Besteuerung.[412] Ferner käme dem Aspekt der Einheit der

---

409 Eine systematische Darstellung der handelsrechtlichen Wahlrechte liefert *Hennrichs*, Wahlrechte im Bilanzrecht der Kapitalgesellschaften, S. 66 ff. Aufgrund dieses weitreichenden Ermessensspielraums bei der Gestaltung des bilanziellen Erfolgs- und Vermögensausweises („Bilanzpolitik") hat der Große Senat des BFH mit Beschluss v. 3.2.1969 – GrS 2/68 – unter Hinweis auf Art. 3 Abs. 1 GG entschieden, dass handelsrechtliche Aktivierungs- und Passivierungswahlrecht in der Steuerbilanz zum Nachteil des Steuerpflichtigen in Aktivierungsgebote und Passivierungsverbote umqualifiziert werden müssen – der Kaufmann dürfe sich (steuerlich) nicht „ärmer machen, als er ist", vgl. BStBl. II 1969, S. 291, 293 f. Zur Übernahme handelsrechtlicher Wahlrechte in die steuerliche Gewinnermittlung siehe auch *Schön*, StuW 1995, 366, 376 f.

410 Vgl. *Pezzer*, DStJG 14 (1991), 3, 17 ff.; *Weber-Grellet*, DB 1994, 288, 289; *ders.*, DStR 1998, 1343, 1344 f. Eine ausführliche Darstellung des Meinungsstands liefern *Sittel*, Grundsatz der umgekehrten Maßgeblichkeit, S. 70 ff. und *Schlotter*, Teilwertabschreibung, S. 81 ff.

411 Zu Für und Wider den Maßgeblichkeitsgrundsatz vgl. eingehend *Söffing*, FS Budde, S. 650 ff.; ferner *Hennrichs*, StuW 1999, 138, 151 f. m.w.N.

412 Im Vergleich zu den Überschusseinkunftsarten und gemessen am Zweck der steuerlichen Gewinnermittlung den vollen Gewinn zu ermitteln, erscheint das handelsrechtliche Vorsichtsprinzip systemfremd zu sein. Denn die durch das Leistungsfähigkeitsprinzip vorgegebene Aufgabe der Steuerbilanz lautet, den Gewinn in realistischer Höhe und nicht besonders vorsichtig und damit tendenziell gering abzubilden. Allerdings zeigen sich die Unterprinzipien des Vorsichtsprinzips, insbesondere das Realisationsprinzip und das Imparitätsprinzip, vor dem Hintergrund des steuerlichen Übermaßverbots als zwingend erforderlich für die steuerliche Gewinnermittlung, vgl. dazu *Pezzer*, DStJG 14 (1991), 3, 21 ff. Ein steuerlicher Zugriff auf nicht realisierte Vermögensbestandteile und damit eine Substanzbesteuerung sowie die Gefahr der übermäßigen Besteuerung werden damit vermieden. Um eine Übermaßbesteuerung zu vermeiden, kann der Zuwachs an Vermögen der Besteuerung nur dann unterworfen werden, wenn er gesichert erscheint, vgl. *Lang*, Bemessungsgrundlage der Einkommensteuer, S. 368 m.w.N.; *Hey*, in: Tipke/Lang, Steuerrecht, § 17 Rn. 67 ff. Nach dieser Auffassung sind die handelsrechtlichen GoB nur insoweit für die Steuerbilanz heranzuziehen, als sie mit den steuerlichen Fundamentalprinzipien, namentlich dem Leistungsfähigkeitsprinzip, vereinbar sind, vgl. *Pezzer*, DStJG 14 (1991), 3, 17 ff.; *Hennrichs*, DStJG 24 (2001), 301, 308 ff.; *Weber-Grellet*, BB 1999, 2659, 2660 f.; *ders.*, DStR 1998, 1343. Nach der Gegenauffassung stimmen die Bilanzzwecke von Handels- und Steuerbilanz weitgehend überein, was für eine Beibehaltung des Maßgeblichkeitsgrundsatzes

Rechtsordnung aufgrund der Vielzahl steuerrechtlicher Spezialregelungen keine Bedeutung mehr zu.[413] Schließlich könne die Idee der Vereinfachung und Kostenreduzierung durch die Einheitsbilanz sowohl in Anbetracht der gesetzgeberischen „Übergriffe" als auch aufgrund der technischen Entwicklung der Datenverarbeitung nicht mehr überzeugen.[414] Vielmehr erwiesen sich diese vielgerühmten Vorzüge des Maßgeblichkeitsprinzips, insbesondere eine kosteneffiziente Einheitsbilanz und die Schutzfunktion gegenüber dem Fiskus zunehmend als „Schimären".[415]

De lege lata lassen in der Tat zahlreiche Durchbrechungen des Maßgeblichkeitsprinzips bzw. steuerspezifische Abweichungen von den GoB die Aufstellung einer Einheitsbilanz als faktisch unmöglich erscheinen.[416] Es darf daher durchaus bezweifelt werden, „ob noch von einem umfassenden Maßgeblichkeitsprinzip gesprochen werden kann."[417] So kommen beispielsweise *Böcking/Gros* zu dem Schluss, dass der Gesetzgeber unter dem Eindruck der Erforderlichkeit profiskalischer Korrekturen der Handelsbilanz „durch steuerrechtliche Sonderregelungen ein faktisch selbständiges Steuerbilanzrecht geschaffen" habe.[418] Jedenfalls hat der Zuwachs an speziellen steuerbilanziellen Vorschriften dazu geführt, dass sich Handelsbilanz und Steuerbilanz deutlich auseinander entwickelt ha-

---

spricht, vgl. z.B. *Döllerer*, BB 1971, 1333, 1334; *Schön*, in: Schön, Steuerliche Maßgeblichkeit, S. 1 ff.; *Schulze-Osterloh*, DStJG 23 (2000), 67, 74 f. Zu dem Streit um das Maßgeblichkeitsprinzip siehe m.w.N. *Hey*, in: Tipke/Lang, Steuerrecht, § 17 Rn. 45 f.

413 Vgl. zu den Einwänden gegen das Maßgeblichkeitsprinzip *Kuntschik*, Steuerliche Gewinnermittlung und IAS/IFRS, S. 47 ff.

414 *Hennrichs*, DStJG 24 (2001), 301, 305; *ders.*, StuW 1999, 138, 144, 151; *Kuntschik*, Steuerliche Gewinnermittlung und IAS/IFRS, S. 48; *Herzig*, WPg 2000, 104, 118. So bemerkte bereits *Schulze-Osterloh*, StuW 1991, 284, 291: „Die Idee einer Einheitsbilanz lässt sich auf der Grundlage des geltenden Rechts nicht verwirklichen".

415 So treffend *Herzig*, Internationalisierung der Rechnungslegung, S. 181.

416 Dazu jüngst *Hennrichs*, Ubg 2009, 533, 542; *Prinz*, FR 2010, 917, 920; ferner *Hennrichs*, DStJG 24 (2001), 301, 305; *Herzig*, WPg 2000, 104, 118; *Schulze-Osterloh*, in: HdJ, Abt. I/1 Rn. 5; *ders.*, ZGR 2000, 594, 600; je m.w.N.

417 *Schulze-Osterloh*, ZGR 2000, 594, 595.

418 *Böcking/Gros*, DStR 2007, 2339, 2340. Die Zulässigkeit steuerlicher Korrekturen wurde seit langem auch durch die Rechtsprechung bestätigt, vgl. z.B. Großer Senat des BFH v. 3.2.1969, BStBl. II 1969, S. 291 ff., wonach handelsrechtliche Aktivierungswahlrechte steuerliche Aktivierungsgebote nach sich ziehen.

ben.[419] Die Zukunft des Maßgeblichkeitsgrundsatzes ist daher mehr denn je ungewiss.[420]

Nach wie vor tragfähig ist allerdings die Erwägung, dass die Geschäftsbilanz des „ehrbaren Kaufmanns" die relativ sicherste Grundlage (auch) für die Steuerbemessung ist. Sie wurde und wird der Steuerbilanz zugrunde gelegt, weil (und soweit) sie für steuerliche Zwecke geeignet ist.[421] Das Maßgeblichkeitsprinzip ist jedoch nur dann geeignet, die wirtschaftliche Leistungsfähigkeit für die Besteuerung abzubilden, wenn die Zwecke von Handels- und Steuerbilanz nicht auseinanderfallen. Beide Rechenwerke müssten gleichgerichtet dasselbe Ziel verfolgen, nämlich im Interesse einer möglichst zutreffenden Abschnittsbesteuerung den betrieblichen Erfolg vollständig und periodengerecht zu bestimmen. Anderenfalls muss das Steuerrecht in besonderen Fällen steuerliche Spezialvorschriften bereithalten.[422] Insoweit vermag das inkorporierte Handelsrecht zwingendes Steuerrecht sowie dessen Fundamentalprinzipien nicht zu verdrängen.[423] „Das Steuerbilanzrecht ist [...] Steuerrecht, nicht Handelsrecht."[424] Aus der historisch gewachsenen *Eigenständigkeit der steuerlichen Gewinnermittlung* folgt, dass der Verweisung auf das Handelsbilanzrecht dort teleologische Grenzen gesetzt sind, wo sie sich als steuerlich

---

419 In diesem Sinne auch *Herzig*, Internationalisierung der Rechnungslegung, S. 181 f.

420 Dazu auch jüngst *Schanz/Schanz*, StuW 2009, 311, 317 sowie *Hennrichs*, Ubg 2009, 533, 542; ferner *Schön*, Steuerliche Maßgeblichkeit, S. 1 ff.; *Prinz*, FS Raupach, S. 292 f.; *Hey*, in: Tipke/Lang, Steuerrecht, § 17 Rn. 47 ff.

421 Vgl. *Hennrichs*, StuW 1999, 138, 144; *Mössner*, FS Lang, S. 90; *Prinz*, FR 2010, 917, 918. Ebenso *Pezzer*, DStJG 14 (1991), 3, 19, der den GoB eine „dienende Funktion" zuschreibt. Eine Ausrichtung des Steuerbilanzrechts an bestehenden Rechnungslegungssystemen bleibt unumgänglich, da das übergeordnete Prinzip der Besteuerung nach der Leistungsfähigkeit oder das Diktum der Besteuerung des „vollen Gewinn" keinen hinreichend bestimmten und verlässlichen Maßstab bietet, vgl. *Hey*, in: Tipke/Lang, Steuerrecht, § 17 Rn. 54; *Hennrichs*, DStJG 24 (2001), 301, 309.

422 Vgl. *Hey*, in: Tipke/Lang, Steuerrecht, § 17 Rn. 44.

423 Nach verbreiteter Ansicht kann eine Vorschrift des Handelsbilanzrechts steuerrechtlich nur Geltung beanspruchen, wenn sie dem Prinzip der Besteuerung nach der Leistungsfähigkeit entspricht. Vgl. dazu *Pezzer*, DStJG 14 (1991), 3, 17 f.; *Weber-Grellet*, DB 1994, 288 f.; *ders.*, BB 1999, 2659, 2661; *ders.*, StuW 1999, 311, 315; *Hennrichs*, DStJG 24 (2001), 304 f.; *ders.*, StuW 1999, 138, 143; *Schlotter*, FR 2007, 951, 952; *Hey*, in: Tipke/Lang, Steuerrecht, § 17 Rn. 45.

424 *Tipke*, StRO II, S. 687. In diesem Sinne auch ein Beschluss des Großen Senats des BFH v. 7.8.2000, BStBl. II 2000, S. 632, wonach Handels- und Steuerrecht unterschiedlichen Sachgesetzlichkeiten folgen. Der BFH betont insoweit ausdrücklich die Selbstständigkeit des Bilanzsteuerrechts gegenüber dem Handelsbilanzrecht. Dazu auch *Kleinle*, in: HHR, EStG, § 5 Rn. 223.

ungeeignet erweist.[425] Wenn beispielsweise keine steuerliche Gewinnerzielungsabsicht vorliegt, geht ein handelsrechtlicher Gewinn bzw. Verlust für steuerliche Zwecke ins Leere. Falls ein Wirtschaftsgut steuerlich nicht Betriebsvermögen sein kann, ist es aus der Steuerbilanz herauszunehmen, auch wenn es in der Handelsbilanz erscheint.[426] Schließlich besteht ein steuerlicher Bewertungsvorbehalt gemäß § 5 Abs. 6 EStG.

Über den Maßgeblichkeitsgrundsatz könnten primär handelsrechtliche Entwicklungen mittelbar auch zu einer Veränderung der steuerlichen Gewinnermittlung führen. Bereits in der „Tomberger-Entscheidung" aus dem Jahr 1996[427] hatte der EuGH deutlich gemacht, dass diejenigen Regelungen des HGB, die auf Grundsätze der Vierten EG-Richtlinie[428] zurückgehen, nur noch richtlinienkonform verstanden werden dürfen. Mit der Umsetzung der europäischen Bilanzrichtlinien[429] sei damit ein *europäisches Verständnis der GoB* an die Stelle des früher rein deutschen Verständnisses dieser Grundsätze getreten.[430] In der Rechtssache „BIAO" urteilte der EuGH, dass konkrete Bilanzierungsfragen in Ermangelung von Detailregelungen der Bilanzrichtlinie nach dem nationalen Recht zu beurteilen seien, wobei er in Parenthese hinzufügte: „gegebenenfalls

---

425 Vgl. *Pezzer*, DStJG 14 (1991), 3, 17; *Hennrichs*, StuW 1999, 138, 145 f.; *Weber-Grellet*, in: Schmidt, § 5 Rn. 21; *Buciek*, in: Blümich, EStG, § 5 Rn. 164 f.; *Hey*, in: Tipke/Lang, Steuerrecht, § 17 Rn. 45, 76 ff. Zur Steuerbilanz als (alleinige) Besteuerungsgrundlage instruktiv *Ahmann*, FS Schmidt, S. 280 ff.

426 Vgl. BFH v. 16.3.1983, BStBl. II 1983, S. 459, 461 f. Auch im umgekehrten Fall bestehen bedeutende Unterschiede zwischen Handels- und Steuerbilanz: Vermögensgegenstände, die ein Gesellschafter seiner Personengesellschaft mietweise überlässt, stellen steuerrechtlich Sonder*betriebsvermögen* dar. Dem Handelsrecht wiederum ist das Institut des Sonderbetriebsvermögens fremd. Vgl. dazu *Weber-Grellet*, in: Schmidt, EStG, § 5 Rn. 22.

427 EuGH v. 27.6.1996, Slg. 1996, S. I-3133.

428 Vierte Richtlinie 78/660/EWG des Rates der Europäischen Gemeinschaften vom 25.7.1978 aufgrund von Artikel 54 Absatz 3 Buchstabe g) des Vertrages über den Jahresabschluß von Gesellschaften bestimmter Rechtsformen, ABl. Nr. L 222 vom 14.8.1978, S. 0011-0031.

429 Vgl. dazu Abschnitt A/I dieses Kapitels (S. 87 ff.).

430 Vgl. *Herzig*, WPg 2000, 104, 107; *Kahle*, IRZ 2006, 87, 91. Ob ein Festhalten am gegenwärtigen Maßgeblichkeitsprinzip bei fortschreitender Internationalisierung der Rechnungslegung Sinn macht, konnte seinerzeit mit überzeugenden Gründen bestritten werden. Bereits im Falle eines moderaten Eingangs der IFRS in den handelsrechtlichen Einzelabschluss wurde daher die Aufgabe der Maßgeblichkeit als eine unmittelbare Konsequenz erachtet, vgl. *Kahle*, WPg 2003, 262, 271 m.w.N. Durch das BilMoG kam es nun zu einer maßvollen Anpassung an internationale Standards bei gleichzeitigem Festhalten am Maßgeblichkeitsprinzip. Damit scheint die Möglichkeit der Koexistenz bewiesen zu sein.

unter Berücksichtigung internationaler Rechnungslegungsstandards (IAS)".[431]

Jedenfalls werden die IFRS bei zunehmendem Einfluss auf den handelsrechtlichen Jahresabschluss über den (Um-)Weg der Maßgeblichkeit auch steuerliche Relevanz erlangen.[432] Die Zukunft der handelsrechtlichen Rechnungslegung und des althergebrachten Maßgeblichkeitsgrundsatzes, der seit über einem Jahrhundert das Zusammenwirken von Handels- und Steuerbilanz in vielschichtiger Weise geprägt hat, ist daher nicht nur für kapitalmarktorientierte Großkonzerne von Bedeutung, die an einer einheitlichen internationalen Rechnungslegung für Jahres- und Konzernabschluss interessiert sein dürften. Insbesondere die in Deutschland überwiegend tätigen Unternehmen von kleinerer und mittlerer Größe, die derzeit noch unter dem Aspekt der Wirtschaftlichkeit versuchen dem Konzept der *Einheitsbilanz* zu folgen, werden durch die internationalen Entwicklungen vor große Herausforderungen gestellt.

Die Frage nach den Auswirkungen einer Internationalisierung der Rechnungslegung ist umso bedeutender, als aus deutscher Sicht bisher eher ein umgekehrtes Wirkungsverhältnis der beiden Rechenwerke zu beobachten war. Die Steuerbilanz dominierte vom Ergebnis her meist die Handelsbilanz. Gesetzliche Änderungen im Bereich des Handelsbilanzrechts wurden vom Gesetzgeber stets mit Blick auf die steuerlichen Konsequenzen durchgeführt (Vorbehalt der Steuerneutralität). Der Maßgeblichkeitsgrundsatz war damit bislang ein „Bollwerk gegen Internationalisierungstendenzen".[433]

---

431 EuGH v. 7.1.2003, Slg. 2003, I-1, Tz. 118, 103. Kritisch hinsichtlich der normativen Geltungsreichweite der IFRS *Hennrichs*, NZG 2005, 783, 784 ff.

432 *Herzig*, WPg 2000, 104, 106; *Kahle*, IRZ 2006, 87, 91. Zur Europäisierung des Steuerbilanzrechts „durch die Hintertür" auch *Hennrichs*, StuW 1999, 138, 149 ff.; *ders.*, NZG 2005, 783, 784. Zu den möglichen Folgen der Internationalisierung der Rechnungslegung für das Maßgeblichkeitsprinzip siehe auch *Selchert*, FS Fischer, S. 921 ff.

433 *Selchert*, FS Fischer, S. 914. In diesem Sinne auch *Hennrichs*, NZG 2005, 783, 784, der handelsrechtliche Jahresabschlüsse und Steuerbilanzen als „Oasen der Beständigkeit" bezeichnet.

2. Grundlegende Unterschiede zwischen der Rechnungslegung nach HGB und IFRS

Die Anknüpfung der Steuerbilanz an die Handelsbilanz wurde ursprünglich mit ihrer Zweckidentität gerechtfertigt.[434] Vor diesem Hintergrund erscheint ein Zielvergleich der heutigen steuerlichen Bezugsquellen – also des HGB und der IFRS – hilfreich.

Zunächst ist beiden Rechenwerken gemeinsam, dass sie Aufschluss über den Erfolg eines abgelaufenen Geschäftsjahres auf der Basis von Zahlungsvorgängen, gleichgestellten bereits entstandenen Ansprüchen sowie gewissen und ungewissen Verbindlichkeiten geben.[435] Obgleich nahezu alle Grundsätze der handelsrechtlichen Rechnungslegung auch bei der Rechnungslegung nach den IFRS zu finden sind und umgekehrt, so lassen sich hinsichtlich der Gewichtung und Interpretation dieser Prinzipien doch wesentliche Unterschiede zwischen beiden Rechnungslegungssystemen erkennen, die in der Praxis zu erheblichen Abweichungen beim Bilanzausweis führen können.[436] Grundlegende Unterschiede zwischen beiden Systemen lassen sich bereits auf Ebene der Zielsetzungen und der tragenden Grundsätze festmachen.

a) Ziele und Grundsätze der Rechnungslegung nach HGB

Die kaufmännische Buchführung dient einerseits dem Interesse der Allgemeinheit an einer ordnungsgemäßen Unternehmensführung durch Dokumentation sämtlicher Geschäftsvorfälle sowie andererseits dem Gläubigerschutz durch Selbstkontrolle des Kaufmanns und der Verfügbarkeit von Geschäftsunterlagen im Insolvenzfall.[437] Ein aus der Buchführung entwickelter Jahresabschluss erfüllt hierbei in erster Linie die Aufgabe der Selbstkontrolle des Kaufmanns sowie der Rechenschaftslegung gegenüber Gesellschaftern und anderen Mitgliedern einer Interessen-

---

434 Allerdings spricht heute auch das BVerfG von einer nur beschränkten Übereinstimmung zwischen den Zielhorizonten von Handels- und Steuerbilanz, vgl. BVerfG v. 12.5.2009, DStRE 2009, 922, 925.

435 Vgl. *Institut „Finanzen und Steuern" e.V.*, Bilanzierung nach IAS/IFRS und Besteuerung, S. 12.

436 Eine detaillierte Darstellung der Bilanzierungs- und Bewertungsunterschiede kommt angesichts des Untersuchungsgegenstandes nicht in Betracht. Erforderlich ist an dieser Stelle lediglich eine grundlegende Betrachtung zum Zwecke einer integrativen Würdigung der IFRS.

437 H.M., vgl. statt aller *Schulze-Osterloh*, in: HdJ, Abt. I/1 Rn. 34 m.w.N.

gruppe des Unternehmens (*stakeholder*). Vor allem ist der handelsrechtliche Jahresabschluss Basis eines ausdifferenzierten Geflechts gesellschaftsrechtlicher Kapitalerhaltungsregeln und schützt in diesem Sinne auch das Unternehmen selbst.[438] Dem Jahresabschluss werden zusammenfassend drei Aufgaben zugeschrieben. Demnach erfüllt er eine Dokumentationsfunktion, eine Zahlungsbemessungsfunktion und eine Informationsfunktion.[439]

Während das für den Konzern im Rahmen eines konsolidierten Abschlusses ermittelte Ergebnis keine unmittelbaren Zahlungsfolgen auslöst, da der Konzern keine eigene Rechtspersönlichkeit besitzt und nicht Träger von Rechten und Pflichten sein kann[440], werden an den handelsrechtlichen Jahresabschluss unterschiedliche Zahlungsansprüche angeknüpft. Denn der ausgewiesene Gewinn ist Bemessungsgrundlage für die gewinnabhängigen Ansprüche der Gesellschafter, Arbeitnehmer und des Fiskus. Die Erfüllung dieser Ansprüche führt zum Entzug von Mitteln, so dass deren Verfügbarkeit in Form von nachweislich realisierten Gewinnen erforderlich ist.[441] Damit korrespondiert die tragende Rolle des Vorsichtsprinzips, welches als das Grundprinzip des deutschen Handelsbilanzrechts gilt.

b) Ziele und Grundsätze der Rechnungslegung nach den IFRS

Der Zweck eines IFRS-Abschlusses liegt in der Vermittlung entscheidungsrelevanter Information (*decision usefulness*). Primär orientieren sich die IFRS dabei an den Informationsbedürfnissen aktueller und potenzieller Investoren. Der wesentliche Unterschied zu den Rechnungslegungsvorschriften des HGB besteht darin, dass nicht mehr Gläubigerschutz und Kapitalerhaltung, sondern allein die Information im Vordergrund stehen. Insbesondere den Investoren am Kapitalmarkt sollen über

---

438 Vgl. *Herzig*, WPg 2000, 104, 108; *Beisse*, FS Beusch, S. 83.

439 Vgl. *Brinkmann*, Zweckadäquanz der Rechnungslegung nach IFRS, S. 67; *Dauber*, Realisationsprinzip als Grundprinzip der steuerrechtlichen Gewinnermittlung, S. 78 ff. Das Zwecksystem des handelsrechtlichen Jahresabschlusses wird häufig auch aus den Elementen Dokumentation, Rechenschaft und Kapitalerhaltung zusammengesetzt, vgl. *Baetge/Zülch*, in: HdJ, Abt. I/2 Rn. 30 ff.

440 Vgl. *Küting/Weber*, Konzernabschluss, S. 81; *ADS*, Rechnungslegung und Prüfung der Unternehmen, Vorbemerkung zu §§ 290-315 HGB Rn. 16. Zu der kontroversen Diskussion über die Zahlungsbemessungsfunktion des Konzernabschlusses, vgl. *Pottgießer*, Einflüsse internationaler Standards, S. 91 (Fn. 359).

441 Vgl. *Institut „Finanzen und Steuern" e.V.*, Bilanzierung nach IAS/IFRS und Besteuerung, S. 12.

eine periodengerechte Erfolgsermittlung Rückschlüsse auf die *künftige Performance* des Unternehmens[442] ermöglicht werden, die sie für ihre Anlageentscheidung benötigen.

IAS 1.9 definiert die Ziele eines IFRS-Abschlusses wie folgt:

„Die Zielsetzung eines allgemeinen Abschlusses ist es, Informationen über die Vermögens- und Finanzlage, die Ertragskraft und die Cashflows eines Unternehmens bereitzustellen, die für ein breites Spektrum von Adressaten nützlich sind, um wirtschaftliche Entscheidungen zu treffen. Ein Abschluss legt ebenfalls Rechenschaft über die Ergebnisse der Verwaltung des dem Management anvertrauten Vermögens ab. Um diese Zielsetzungen zu erfüllen, liefert ein Abschluss Informationen über: (a) Vermögenswerte; (b) Schulden; (c) Eigenkapital; (d) Erträge und Aufwendungen, einschließlich Gewinne und Verluste aus Veräußerungen langfristiger Vermögenswerte und aus Wertveränderungen; (e) Kapitalzuführungen von Eigentümern und Ausschüttungen an Eigentümer, die jeweils in ihrer Eigenschaft als Eigentümer handeln; und (f) Cashflows eines Unternehmens. Diese Informationen helfen den Adressaten zusammen mit den anderen Informationen im Anhang, die künftigen Cashflows des Unternehmens sowie insbesondere deren Zeitpunkt und Sicherheit des Entstehens vorauszusagen."

Die Vermittlung entscheidungsnützlicher Information kann über den Ausweis einer Ergebnisgröße erfolgen, wenn diese als Prognosegröße oder Performancemaß geeignet ist. Der bilanzielle Gewinn stellt jedoch nicht allein die im Geschäftsjahr erzielte Effektivvermögenssteigerung dar.[443] Auch unter Einschränkung des Vorsichtsprinzips könnten die Informationsdefizite aufgrund der Wertveränderungen der einzelnen (teilweise nicht bilanzierten) Unternehmenswertbestandteile nicht vermieden werden, so dass ein Rückschluss von Periodengewinn auf *Shareholder Value* nicht möglich ist. Zweck der Abschlüsse nach IFRS ist es daher, dem Adressaten entscheidungsrelevante Informationen über die im Unternehmen vorhandenen sowie zeitnah bewerteten Vermögenswerte und damit über die Chancen und Risiken einer Investition zu vermitteln.

Zu den Adressaten zählen nach F.9 des Rahmenkonzepts sowohl aktuelle und potenzielle Investoren, als auch Arbeitnehmer, Kreditgeber, Lieferanten und weitere Kreditoren, Kunden, Regierungen und die Öf-

---

442 Zur Problematik der Schätzung zukünftiger Zahlungsüberschüsse eingehend *Kahle*, WPg 2003, 262, 265 f.

443 Vgl. *Kahle*, WPg 2003, 262, 264. Die einzige Ausnahme betrifft den Fall eines im abgelaufenen Jahr unverändert gebliebenen Geschäftswertes.

fentlichkeit. Vorrangig wird der Schutz der Eigenkapitalgeber verfolgt, da sie dem Unternehmen Risikokapital zur Verfügung stellen und als wichtigste Einflusspersonen gelten (Rahmenkonzept F.10). Die Information der Risikokapitalgeber steht gegenüber anderen Abschlussadressaten im Vordergrund und wird teilweise sogar als ausschließlicher Zweck benannt.[444]

Der Hintergrund dieses Bilanzierungsziels ist das angloamerikanische Grundprinzip des *true and fair view* bzw. der *fair presentation,* das über die Umsetzung von Art. 2 der Vierten EG-Richtlinie[445] auch im deutschen Handelsrecht seinen Niederschlag gefunden hat. Nach den §§ 264 Abs. 2 Satz 1, 297 Abs. 2 Satz 2 HGB sollen der handelsrechtliche Jahres- und Konzernabschluss bei Kapitalgesellschaften ein den tatsächlichen Verhältnissen entsprechendes Bild der Vermögens-, Finanz- und Ertragslage vermitteln. Nahezu wortgleich formulieren auch die IFRS.[446] Der EuGH hat mehrfach die übergeordnete Bedeutung dieses Grundprinzips herausgestellt.[447] Welche Bedeutung dem True and Fair View-Prinzips im deutschen Handelsrecht zukommt, ist im Schrifttum umstritten. Nach wohl h.M. wird vertreten, dass dieser Grundsatz hinter den Einzelvorschriften der §§ 265 ff. HGB und hinter den GoB zurücktritt, so dass es

---

444 Vgl. *Ernst*, StbJb 2003/2004, 69, 72; *Ballwieser*, FS Röhricht, S. 730. Das System der IFRS wird daher als sog. *kapitalmarktorientierte Rechnungslegung* bezeichnet, vgl. *Heuser*, in: Heuser/Theile, IFRS-Handbuch, Rn. 6.

445 Vierte Richtlinie 78/660/EWG des Rates der Europäischen Gemeinschaften v. 25.7.1978 aufgrund von Artikel 54 Absatz 3 Buchstabe g) des Vertrages über den Jahresabschluß von Gesellschaften bestimmter Rechtsformen, ABl. Nr. L 222 v. 14.8.1978 S. 11-31.

446 IAS 1.15: „Abschlüsse haben die Vermögens-, Finanz- und Ertragslage sowie die Cashflows eines Unternehmens den tatsächlichen Verhältnissen entsprechend darzustellen. Eine den tatsächlichen Verhältnissen entsprechende Darstellung erfordert, dass die Auswirkungen der Geschäftsvorfälle sowie der sonstigen Ereignisse und Bedingungen übereinstimmend mit den im Rahmenkonzept enthaltenen Definitionen und Erfassungskriterien für Vermögenswerte, Schulden, Erträge und Aufwendungen glaubwürdig dargestellt werden.. Die Anwendung der IFRS, gegebenenfalls um zusätzliche Angaben ergänzt, führt annahmegemäß zu Abschlüssen, die ein den tatsächlichen Verhältnissen entsprechendes Bild vermitteln."

447 Grdl. EuGH v. 27.6.1996, Slg. 1996, I-3133, Tz. 17; ferner zum Steuerbilanzrecht: EuGH v. 14.9.1999, Slg. 1999, I-5331, Tz. 26; EuGH v. 7.1.2003, Slg. 2003, I-1, Tz. 70 ff. Die 4. EG-Richtlinie und die sie konkretisierenden Entscheidungen des EuGH können jedoch selbst keine Maßgeblichkeit für die steuerliche Gewinnermittlung entfalten, vgl. *Hennrichs*, StuW 1999, 138, 150.

sich – entgegen der angloamerikanischen Konzeption – nicht um ein "*overriding principle*" handelt.[448]

Das Konzept der *fair presentation* bildet jedenfalls die Grundausrichtung der IFRS. Im Vordergrund stehen die Kriterien der Relevanz, Verlässlichkeit, Verständlichkeit und Vergleichbarkeit der Information.[449] Die Ansatz- und Bewertungswahlrechte im Rahmen der IFRS sind im Verhältnis zum deutschen Handelsrecht deshalb eng begrenzt.[450] Das Vorsichtsprinzip (*prudence*) spielt als Bestandteil der Verlässlichkeit eine nur untergeordnete Rolle. Es dient zwar als Entscheidungshilfe bei Bewertungsunsicherheiten, nicht jedoch im Rahmen der Bildung stiller Reserven oder der Höher-Bewertung von Rückstellungen.[451] In diesem Kontext zeigt sich ein weiterer entscheidender konzeptioneller Unterschied zwischen der Bilanzierung nach IFRS und HGB, nämlich die unterschiedliche Interpretation des Realisationsprinzips. Dies wird deutlich an der Fair Value-Bewertung[452], der großzügigen Bilanzierung von immateriellen Vermögenswerten[453] und der Erfolgsrealisierung bei langfristiger

---

448 Vgl. stellvertretend *Winkeljohann/Schellhorn,* in: Beck Bil-Komm., 7. Aufl., § 264 HGB Rn. 25 ff.; *ADS,* Rechnungslegung und Prüfung der Unternehmen, § 264 HGB Rn. 50 ff., 92 ff.,103; kritisch *Hennrichs,* Wahlrechte im Bilanzrecht der Kapitalgesellschaften, S. 330 ff., 339; *Hey,* in: Tipke/Lang, Steuerrecht, § 17 Rn. 73. Zu dem Meinungsstreit m.w.N. auch *Kleinle,* in: HHR, EStG, § 5 Rn. 223. Unter einem *overriding principle* wird eine Generalnorm verstanden, die Vorrang vor den Einzelvorschriften hat und das Unternehmen daher insbesondere bei der Ausübung von Wahlrechten bindet.

449 Siehe Rahmenkonzept F.24 ff. Zu den einzelnen Kriterien *Theile* in: Heuser/Theile, IFRS-Handbuch, Rn. 266 ff.

450 Nach *Prinz,* FS Raupach, S. 290, sind die IFRS jedoch keineswegs „wahlrechtslos". Vielmehr eröffnen sie sogar größere Ermessens- und Gestaltungspielräume als das HGB. Durch die stärkere Betonung der Informationsfunktion des HGB-Abschlusses nach dem BilMoG scheint die bisherige Zweckdivergenz zwischen HGB- und IFRS-Bilanzierung an Bedeutung zu verlieren.

451 Nach dem Verständnis der IFRS würde dadurch die Verlässlichkeit beeinträchtigt, vgl. Rahmenkonzept F.37. Vorsicht (*prudence*) bedeutet danach vor allem Sorgfalt in der Ermessensausübung im Falle erforderlicher Schätzungen. Vermögenswerte oder Erträge dürfen nicht zu hoch und Schulden oder Aufwendungen nicht zu gering angesetzt werden, vgl. *Theile,* in: Heuser/Theile, IFRS-Handbuch, Rn. 271.

452 Der *fair value* ist im Rahmen der IFRS definiert als der Betrag, zu dem ein Vermögenswert zwischen sachverständigen, vertragswilligen und unabhängigen Geschäftspartnern übereignet bzw. eine Schuld beglichen werden könnte. Die Definition findet sich in zahlreichen Standards, z.B. IAS 16.6 oder IAS 17.4. Der *fair value* ist damit als Markt- oder Verkehrswert zu verstehen. Eine Fair Value-Bewertung findet sich bspw. bei der Bilanzierung von Anlageimmobilien (IAS 40) oder von Finanzinstrumenten (IAS 39).

453 Nach § 5 Abs. 2 EStG dürfen selbst geschaffene immaterielle Vermögenswerte des Anlagevermögens nicht aktiviert werden. Im Rahmen der IFRS ist eine Aktivierung unter

Fertigung[454]. Auch für die Passivierung von Rückstellungen bestehen bei den IFRS wesentlich höhere Ansatzvoraussetzungen hinsichtlich der Wahrscheinlichkeit des Entstehens einer Verbindlichkeit und deren betragsmäßiger Schätzbarkeit.[455] Schließlich weicht der Begriff des Vermögenswertes (*asset*) von dem handelsrechtlichen Begriff des Vermögensgegenstandes ab.[456]

Als „technischer" Unterschied in der Kodifizierung der Vorschriften ist das HGB als *code law* ausgestaltet, was eine weitgehende Abstraktion des Gesetzestextes und zumeist eine Interpretation bezogen auf den Einzelfall zur Folge hat. Die deutsche Rechnungslegung ist folglich als „prinzipienbasiert" zu qualifizieren. Die IFRS sind hingegen als *case law* verfasst, um möglichst viele erdenkliche Einzelfälle zu regeln.[457] Dieser Unterschied wird bereits in Umfang und Fülle des Regelwerks deutlich. Während die relevanten Vorschriften des Dritten Buches des HGB je nach Drucklegung nur 50 Seiten umfassen, sind die IFRS i.d.R. bis zu 1.000 Seiten stark. Allerdings gibt es beim IASB deutliche Bemühungen, die IFRS ebenfalls ausschließlich prinzipienorientiert und nicht sachverhaltsspezifisch auszugestalten. Doch birgt dies Risiken hinsichtlich der weltweiten Einheitlichkeit der Auslegung der Rechnungslegungsnormen.

---

den Voraussetzungen des IAS 38 möglich. Auch nach § 248 Abs. 2 HGB i.d.F. des BilMoG ist eine Aktivierung, außer für selbst geschaffene Marken, Drucktitel, Verlagsrechte, Kundenlisten oder vergleichbare immaterielle Vermögensgegenstände des Anlagevermögens, möglich. Zu der Abschaffung des früheren handelsrechtlichen Bilanzierungsverbots im Zuge des BilMoG vgl. *Hennrichs*, DB 2008, 537 ff.

454 Vgl. dazu IAS 11.25 ff. Bei einem langfristigen Fertigungsauftrag geht die Erteilung des Auftrags der Leistungserstellung voraus, die Dauer der Fertigung bzw. Leistung erstreckt sich über mindestens einen Bilanzstichtag und es wurden keine Teilleistungen vereinbart. Die Ertragsrealisierung erfolgt bei der *Percentage-of-completion-Methode* nach dem Leistungsfortschritt bzw. Fertigstellungsgrad.

455 Zum Kriterium der Wahrscheinlichkeit der Inanspruchnahme (sog. dreiteiliger Wahrscheinlichkeitsbegriff) sowie der zuverlässigen Schätzung der Verpflichtungshöhe vgl. *Pawelzik/Theile*, in: Heuser/Theile, IFRS-Handbuch, Rn. 2320 ff.

456 Der Begriff des Vermögenswerts wird in Rahmenkonzept F.49(a) i.V.m. F.83 definiert: „Ein Vermögenswert ist eine in der Verfügungsmacht des Unternehmens stehende Ressource, die ein Ergebnis von vergangenen Ereignissen darstellt, und von der erwartet wird, dass dem Unternehmen aus ihr künftiger wirtschaftlicher Nutzen zufließt." Vgl. *Breithecker/Klapdor/Rokitta*, StuW 2007, 145, 151; *Arbeitskreis Bilanzrecht*, BB 2002, 2372, 2374.

457 Zur Unterscheidung der Rechnungslegungskonzeptionen von HGB und IFRS vgl. *Baetge/Zülch*, in: HdJ, Abt. I/2 Rn. 303 ff.

II. Die Systemtauglichkeit der IFRS für die steuerliche Gewinnermittlung

Bei Heranziehung der IFRS als Bezugspunkt für die steuerliche Gewinnermittlung erhalten die internationalen Rechnungslegungsstandards eine unmittelbare Steuerbemessungsfunktion. Zur systematischen Einordnung einer solchen Maßgeblichkeit sind zahlreiche rechtliche und ökonomische Fragestellungen zu erörtern. Zieht man die Möglichkeit einer Anknüpfung der steuerlichen Gewinnermittlung an die IFRS – wenigstens als Ausgangspunkt für die Ermittlung der Steuerbemessungsgrundlage – in Betracht, so stellt sich die grundlegende Frage nach der Vereinbarkeit von Steuerrecht und den IFRS. Hierbei gilt es zu erörtern, ob und inwieweit die IFRS in konzeptioneller Hinsicht und tatsächlicher Ausgestaltung eine Grundlage für die steuerliche Gewinnermittlung darstellen können. Zusammenfassend stellt sich die Frage: Ist ein nach den IFRS erstellter Abschluss eine geeignete Grundlage für die Gewinnbesteuerung? Diese Frage lässt sich nur durch eine wertende Betrachtung beantworten.[458] Hierbei sind neben rechtlichen Vorgaben auch ökonomische Aspekte zu berücksichtigen.

1. Ökonomische Aspekte

a) Entscheidungsneutralität

Das Gebot der neutralen Besteuerung entspringt der ökonomischen Steuerwissenschaft. Ein ideales Steuersystem muss danach entscheidungsneutral konzipiert sein. Eine entscheidungsneutrale Besteuerung ist dann gegeben, wenn sich die Rangfolge der wirtschaftlichen Handlungsalternativen bei Existenz oder Berücksichtigung der Besteuerung nicht ändert. Es soll insbesondere keine Verzerrung von Investitions- und Finanzierungsentscheidungen sowie von Entscheidungen über die konsumtive Verwendung von verfügbaren finanziellen Mitteln auftreten.[459] Aber auch Rechtsform-, Betriebsgrößen-, Standort- und Branchenneutra-

458 Vgl. *Spengel*, IStR 2003, 29, 34; *Herzig*, IAS/IFRS und steuerliche Gewinnermittlung, S. 14.

459 Vgl. *D. Schneider*, BB 2003, 299; *Kraus*, Körperschaftsteuerliche Integration von Personenunternehmen, S. 83. Zu dem Grundsatz der Neutralität der Besteuerung siehe *Hey*, in: HHR, KStG, Einf. KSt, Rn. 37 ff.

lität sind als Postulate einer entscheidungsneutralen Besteuerung zu nennen.

Im Hinblick auf das Steuerbilanzrecht wird deutlich, dass das Postulat eines entscheidungsneutralen Steuersystems in einem untrennbaren Zusammenhang mit dem Fundamentalprinzip der Besteuerung nach der wirtschaftlichen Leistungsfähigkeit steht.[460] Falls wirtschaftlich gleiche Sachverhalte mit gleicher Belastungswirkung besteuert werden und abweichende Sachverhalte entsprechend ungleich, können bilanzielle Ausweichgestaltungen dahinstehen und die Investitionsentscheidung erfolgt ausschließlich aufgrund ihrer Wirtschaftlichkeit. Infolge des aus dem Vorsichtsprinzip abgeleiteten Imparitätsprinzips werden positive und negative Ergebnisse asymmetrisch für Besteuerungszwecke herangezogen. Eine Gleichbehandlung im Sinne von Investitionsneutralität ist bei der Ermittlung der Besteuerungsgrundlage mit Hilfe einer Steuerbilanz von vorneherein nicht gegeben. Daher erscheint die ausschließliche Orientierung an der Entscheidungsneutralität hier nicht als ausreichend.[461] Drastischer formuliert *Holger Kahle*: „Für die Bindung der steuerlichen Gewinnermittlung an GoB oder IFRS gibt es keinen materiellen ökonomischen Grund. Das Maßgeblichkeitsprinzip ist mit den Grundsätzen neutraler und effizienter Besteuerung völlig unvereinbar."[462]

Somit lässt sich vorläufig festhalten, dass in Bezug auf die Entscheidungsneutralität im Steuerrecht weder eine Beibehaltung der traditionellen handelsrechtlichen GoB noch ein Übergang zu den IFRS entscheidende Vorzüge bietet. Oder anders formuliert: Die IFRS sind ebenso wenig wie geltendes Steuerbilanzrecht dazu geeignet, eine systematische Entscheidungsneutralität herzustellen.

b) Durchführungsorientierte Effizienz

Neben der wirkungsorientierten Entscheidungsneutralität zählen die durchführungsorientierten Effizienzargumente zu den ökonomischen Anforderungen an die steuerliche Gewinnermittlung. Sie beziehen sich auf den gesamten Prozess der Steuerdurchführung, also die Steuergestaltung, die Steuerermittlung und die Steuererhebung. Dieser Prozess ist

---

460 Vgl. *Lang*, StuW 1990, 107, 115 f.; *Jachmann*, DStJG 23 (2000), 8, 41 f.; *Kraus*, Körperschaftsteuerliche Integration von Personenunternehmen, S. 83.

461 Vgl. *Breithecker/Klapdor/Rokitta*, StuW 2007, 145, 146; *Wagner*, in: Becker/Kloock/Schmidt/Wäscher, Unternehmen im Wandel und Umbruch, S. 59 ff.

462 *Kahle*, IRZ 2006, 87, 89.

hinsichtlich der Kostenbelastung effizient zu optimieren.[463] Bei kapitalmarktorientierten Unternehmen dürfte eine einheitliche Anwendung von Bilanzierungsregeln im Einzel- und Konzernabschluss zu einer deutlichen Senkung von Deklarations-, und Transaktionskosten führen.[464] Dagegen ist für Unternehmen, die die internationalen Finanzmärkte nicht in Anspruch nehmen wollen, eine Rechnungslegung nach HGB einfacher und kostengünstiger, da sie im Falle einer Übernahme der IFRS für den Einzelabschluss zusätzlich eine „Ausschüttungsbilanz" nach HGB und die eigenständige Steuerbilanz erstellen müssten. Vor allem bei mittelständischen Unternehmen würden die Kosten für erforderliche Schulungs- und Weiterbildungsmaßnahmen des Personals oder für die externe Beratung und Abschlusserstellung enorm ansteigen. Dieser Aufwand würde zu einer zusätzlichen Belastung des Unternehmensergebnisses führen. Unter ökonomischen Effizienzgesichtspunkten muss also differenziert werden, ob die IFRS für kapitalmarktorientierte oder nichtkapitalmarktorientierte Unternehmen im Rahmen der steuerlichen Gewinnermittlung herangezogen werden sollen.[465]

2. Rechtliche Beurteilung

Die Vereinbarkeit von Steuerbemessung und IFRS-Rechnungslegung lässt sich sowohl anhand formal-rechtlicher als auch materiell-rechtlicher Maßstäbe untersuchen. Eine steuerliche Gewinnermittlung muss zunächst den rechtsstaatlichen und demokratischen Grundsätzen entsprechen.

a) Formal-rechtliche Kompatibilität

aa) Die IFRS und das steuerrechtliche Legalitätsprinzip

Das Demokratieprinzip nach Art. 20 Abs. 1 und 2 GG verlangt eine hinreichende Legitimation der Staatsgewalt durch das Volk. Der demokratische Rechtsstaat schafft die Grundlagen seiner Rechtsordnung durch Gesetze. Das parlamentarische Verfahren im Rahmen der Gesetzgebung bewirkt eine demokratische Legitimation sowie Richtigkeitsgewähr und

463 Vgl. *Fülbier*, StuW 2006, 228, 233.
464 Vgl. *Kahle*, WPg 2003, 262, 273.
465 Vgl. *Kahle*, WPg 2003, 262, 273 f.

verbürgt das erreichbare Maß an Vernunft und Gemeinwohldienlichkeit des Gesetzesinhalts.[466]

Charakteristisch für das Steuerrecht als öffentliches Eingriffsrecht sind die hohen verfassungsrechtlichen Anforderungen an Steuergesetzgebung und Finanzverwaltung.[467] Die Grundsätze der Gesetzmäßigkeit und der Gleichmäßigkeit der Besteuerung bilden systemtragende Fundamente.[468] Steuern sind nach § 3 Abs. 1 der Abgabenordnung (AO) Geldleistungen, die keine Gegenleistung für eine besondere Leistung darstellen und von einem öffentlich-rechtlichen Gemeinwesen zur Erzielung von Einnahmen allen auferlegt werden, bei denen der Tatbestand verwirklicht ist, an den das Gesetz die Leistungspflicht knüpft. Das Merkmal „Auferlegen" bedeutet, dass der Rechtsgrund der Verpflichtung einseitig und ohne Rücksicht auf den Willen des Abgabepflichtigen durch hoheitlichen Akt bestimmt sein muss. Rechtsgrund der Verpflichtung ist dabei das Gesetz, welches die Leistungspflicht begründet.[469] Die Auferlegung von Steuerlasten ist damit dem Gesetz vorbehalten; sie ist nur zulässig, sofern und soweit sie durch Gesetz angeordnet wird (sog. Vorbehalt des Gesetzes).[470] Ins-besondere dieses steuerrechtliche Legalitätsprinzip verlangt stets die Rückführbarkeit einer Regelung auf einen demokratisch legitimierten Gesetzgebungsprozess. „Die Steuerschuld ist obligatio ex lege."[471] Schließlich fordert auch die Schutzbedürftigkeit des Staates einen steuerlichen Gesetzesvorbehalt in diesem Sinne, damit dieser seiner Funktion als Wirtschaftsaufsicht, als Garant ausreichender Versorgung mit Gütern und Dienstleistungen, als Mitverantwortlicher für Arbeitsmarkt und Infrastruktur sowie als Bürge für soziale Sicherheit gerecht werden kann.[472] Mit diesen Vorgaben ist es nicht vereinbar, die Bestimmung der steuerlichen Bemessungsgrundlage auch nur teilweise in private Hände zu geben.[473]

---

466 *Ossenbühl*, in: Isensee/Kirchhof, Handbuch des Staatsrechts, Bd. III, § 61 Rn. 20.

467 Dazu *Lang*, in: Tipke/Lang, Steuerrecht, § 1 Rn. 11, § 4 Rn. 50 ff.

468 Vgl. dazu bereits ausführlich Kapitel 1, Abschn. C/II (S. 27 ff.).

469 *Drüen*, in: Tipke/Kruse, AO, § 3 Tz. 10.

470 Siehe umfassend zu Grundlage und Bedeutung des steuerrechtlichen Legalitätsprinzips *Lang*, in: Tipke/Lang, Steuerrecht, § 4 Rn. 150 ff.; ferner *Hey*, Steuerplanungssicherheit als Rechtsproblem, S. 185 ff.

471 *Lang*, in: Tipke/Lang, Steuerrecht, § 4 Rn. 156. In diesem Sinne formulierte das BVerfG bereits im Jahre 1962: „das Steuerrecht [...] lebt dementsprechend aus dem Diktum des Gesetzgebers", BVerfG v. 24.1.1962, BVerfGE 13, 328.

472 Vgl. *Kirchhof*, ZGR 2000, 681, 684.

473 Dazu *Arbeitskreis Bilanzrecht*, BB 2002, 2372, 2379; *Hey*, in: Tipke/Lang, Steuerrecht, § 17 Rn. 54.

Auch die Regeln zur steuerlichen Gewinnermittlung sind Bestandteile des Steuerrechts und fallen als öffentliches Eingriffs- und Lastenverteilungsrecht[474] in den Kompetenzbereich des deutschen Gesetzgebers. Nach dem Grundsatz der Gesetzmäßigkeit der Besteuerung ist die Konkretisierung der steuerlichen Bemessungsgrundlage anhand von Normen einer privatrechtlichen Institution verfassungsrechtlich nicht möglich.[475] Auch die Bestimmung von Umfang, Form und Grundsätzen einer Rechnungslegung sowie die Verpflichtung zur Aufstellung und Offenlegung von Einzel- und Konzernabschlüssen sind als Recht der Rechnungslegung öffentliches Recht[476] und als solches nach dem Rechtsstaats- und Demokratieprinzip dem nationalen Gesetzgeber vorbehalten.[477]

Hinsichtlich formal-rechtlicher Vorgaben ist zunächst das Zustandekommen der IFRS bedenklich. Bei den IFRS handelt es sich um Rechnungslegungstandards, die von einer privatrechtlichen Institution mit Sitz in London, dem IASB, erlassen werden. Dieses private Gremium berät und beschließt Empfehlungen zu internationalen GoB in Form der IAS/IFRS. Ein privater Fachausschuss kann jedoch keine öffentlich-rechtlichen Rechtsnormen erlassen.[478] Damit kann den IAS/IFRS nach rechtsstaatlichen und demokratischen Grundsätzen keine unmittelbare Rechtsgeltung zukommen. Sie genügen dem steuerrechtlichen Legalitätsprinzip nicht und sind keine die Leistungsplicht begründenden Rechtsnormen im Sinne der §§ 3, 4 AO. Mithin läge ein Verfassungsverstoß vor, wenn der IFRS-Rechnungslegung ohne Weiteres eine Steuerbemessungsfunktion übertragen würde.[479]

---

474 Das Steuerrecht ist vor allem auch ein Recht der Lastenverteilung und daher untrennbar mit dem deutschen Verfassungsrecht verknüpft, vgl. dazu *L. Schmidt*, DStR 1991, 1346; *Weber-Grellet*, DStR 1998, 1343, 1344.

475 Vgl. *Hennrichs*, DStJG 24 (2001), 301, 307.

476 *Schulze-Osterloh*, in: HdJ, Abt. I/1 Rn. 28 m.w.N.; differenzierend als öffentliches Gesellschaftsrecht *Hennrichs*, FS Horn, S. 391 f.

477 *Kirchhof*, ZGR 2000, 681; *Hommelhoff*, FS Odersky, S. 790 ff. Auch der Verweis des Steuergesetzes auf das HGB im Rahmen des Maßgeblichkeitsgrundsatzes liegt vollständig in der Kontrolle des (gleichen) nationalen Gesetzgebers, vgl. *Schön*, in: Schön, Steuerliche Maßgeblichkeit, S. 108. Ähnlich *Hennrichs*, DStR 2007, 1926, 1930, der Rechnungslegungspflichten als öffentlich-rechtliche, prinzipiell grundrechtsrelevante Lasten erkennt.

478 *Schulze-Osterloh*, ZIP 2003, 93, 98; *Hey*, in: Tipke/Lang, Steuerrecht, § 17 Rn. 54; ebenso *Albert*, IFSt-Schrift Nr. 448, (2008), S. 55 ff.

479 Vgl. *Arbeitskreis Bilanzrecht*, BB 2002, 2372, 2379; *Herzig*, WPg 2005, 211, 213; *Kahle*, WPg 2003, 262, 271; *ders.*, Internationale Rechnungslegung, S. 218 ff.

Um überhaupt normative Wirkung entfalten zu können, verschafft die Europäische Union diesen Standards in einem formalen Übernahmeverfahren (sog. Endorsement-Prozess[480]) einen verbindlichen Rechtsstatus. Der Prozess der Übernahme ist zweistufig gegliedert.

Stufe 1: Die Grundlage der Übernahme wurde durch die IAS-Verordnung gelegt. Sie ist in der Terminologie des Europäischen Gemeinschaftsrechts die *Grundverordnung* und regelt nicht selbst die Umsetzung, sondern lediglich die Voraussetzungen für eine Implementierung der Einzelstandards. Formell sieht Art. 3 Abs. 1 i.V.m. Art. 6 Abs. 2 der IAS-Verordnung für die Erlangung einer Rechtsqualität das sog. „Komitologieverfahren" als besonderes Anerkennungsverfahren vor. Dabei werden die Kompetenzen des Europäischen Parlaments und des Rates zur Anerkennung auf die Europäische Kommission übertragen.

Stufe 2: Die Übernahme der Einzelregelungen erfolgt dann im Anschluss mittels *Durchführungs- und Übernahmeverordnungen*. Erst nach dieser „Freischaltung"[481] durch die Europäische Kommission und Veröffentlichung in allen Amtssprachen der EU, werden die Regelungen für die Unternehmen relevant. Je stärker ein Gesetzgeber auf nationaler Ebene in diese Rechtssetzung eingebunden wäre, umso geringer dürften die Chancen auf eine vollständige, dynamische und zeitnahe Übernahme der IFRS in dem jeweiligen Mitgliedstaat sein.[482] Das Komitologieverfahren zur Schaffung europäischen Rechts erstreckt sich auf die Standards (IAS und IFRS) sowie auf die Interpretationen (SIC und IFRIC). Das Rahmenkonzept, die Begründungserwägungen und die Anwendungsleitlinien der IFRS durchlaufen diesen Prozess hingegen nicht und werden dementsprechend auch nicht Teil des europäischen Bilanzrechts. Nach den materiellen Voraussetzungen des Art. 3 Abs. 2 der IAS-Verordnung dürfen IAS/IFRS nur dann übernommen werden, wenn sie im Einklang mit dem „True and Fair View-Prinzip" der Vierten[483] und Siebten EG-Richt-

---

480 Zu diesem Übernahmeverfahren: *Schulze-Osterloh*, in: HdJ, Abt. I/1 Rn. 104 ff.; *Lanfermann/Röhricht*, BB 2008, 826 ff.; *Kahle*, WPg 2003, 262, 263; *Albert*, IFSt-Schrift Nr. 448 (2008), S. 16 ff.

481 Vgl. *Theile*, in: Heuser/Theile, IFRS-Handbuch, Rn. 55.

482 Vgl. *Herzig*, IStR 2006, 557, 559.

483 Vierte Richtlinie 78/660/EWG des Rates der Europäischen Gemeinschaften vom 25.7.1978 aufgrund von Artikel 54 Absatz 3 Buchstabe g) des Vertrages über den Jahresabschluß von Gesellschaften bestimmter Rechtsformen, ABl. Nr. L 222 vom 14.8.1978, S. 11-31.

linie[484] stehen, dem öffentlichen Interesse entsprechen und den Kriterien der *Verständlichkeit, Erheblichkeit, Verlässlichkeit* und *Vergleichbarkeit* genügen.[485]

Durch die Übernahme der „Original-IFRS“ aus London in das Europäische Gemeinschaftrecht im Wege des Endorsement-Verfahrens (ver-)wandeln sich die IFRS hinsichtlich ihrer Normqualität. Sie erhalten ihre staatliche Legitimation und werden in den Rang einer Rechtsnorm erhoben. Die ursprünglich von einem privatrechtlichen Fachgremium erarbeiteten Empfehlungen bekommen mit der Anerkennung durch die Europäische Kommission einen (Quasi-) Rechtsnormcharakter[486] und werden Teil des europäischen Sekundärrechts.[487]

In Deutschland verlangt der demokratische Parlamentsvorbehalt, dass alle wesentlichen Entscheidungen im Staate dem Parlament vorbehalten sind (sog. *Wesentlichkeitstheorie*[488]) und keine Übertragung parlamentarischer Normsetzungsbefugnisse auf privatrechtliche Institutionen erfolgt.[489] Gerade weil der Endorsement-Prozess aus dem Entscheidungsbereich des (EU-)Parlaments ausgenommen war und damit keiner par-

---

484 Siebente Richtlinie 83/349/EWG des Rates der Europäischen Gemeinschaften vom 13.6.1983 aufgrund von Artikel 54 Absatz 3 Buchstabe g) des Vertrages über den konsolidierten Abschluß, ABl. Nr. L 193 vom 18.7.1983, S. 1-17.

485 Zur Vereinbarkeit dieser Grundprinzipien mit den steuerlichen Anforderungen eingehend *Breithecker/Klapdor/Rokitta*, StuW 2007, 145, 150 f.

486 Vgl. *Wüstemann/Bischof/Kierzek*, in: HdJ, Abt. I/3 Rn. 13. Kritisch *Albert*, IFSt-Schrift Nr. 448 (2008), S. 45 ff. m.w.N., der den IFRS auch nach dem Endorsement-Prozess nur den Charakter einer fachtechnischen Norm, nicht aber einer Rechtsnorm zubilligt.

487 Vgl. *Theile*, in: Heuser/Theile, IFRS-Handbuch, Rn. 55; *Schön*, BB 2004, 763, 766. Zum Legitimationsprozess und dem Status der IFRS als Gemeinschaftsrecht *Wojcik*, Die IFRS als europäisches Recht, S. 111 ff.

488 Nach der sog. *Wesentlichkeitstheorie* müssen alle grundlegenden Fragen, die den Bürger unmittelbar betreffen, durch Gesetz geregelt werden, vgl. BVerfG v. 28.10.1975, BVerfGE 40, 249; BVerfG v. 8.8.1978, BVerfGE 49, 126; BVerfG v. 20.10.1982, BVerfGE 61, 275; BVerfG v. 29.10.1987, BVerfGE 77, 230 f. Hinsichtlich Inhalt und Zielrichtung der Wesentlichkeitstheorie vgl. *Ossenbühl*, in: Isensee/Kirchhof, Handbuch des Staatsrechts, Bd. III, § 62 Rn. 41 ff.; *Jarass*, in: Jarass/Pieroth, Grundgesetz, Art. 20 Rn. 47 ff.

489 Der Vorbehalt des Gesetzes verlangt, dass staatliches Handeln *in bestimmten grundlegenden Bereichen* durch ein *förmliches* Gesetz legitimiert wird, vgl. BVerfG v. 14.7.1998, BVerfGE 98, 251. Ihm entspringt damit zugleich ein Parlamentsvorbehalt, vgl. grdl. BVerfG v. 28.10.1975, BVerfGE 40, 249; ferner BVerfG v. 20.10.1981, BVerfGE 58, 274. Die tragenden verfassungsrechtlichen Säulen des Gesetzesvorbehalts sind zum einen das Rechtsstaats- und zum anderen das Demokratieprinzip. Dazu und zum Verhältnis von rechtstaatlichem Gesetzesvorbehalt und demokratischem Parlamentsvorbehalt vgl. *Ossenbühl*, in: Isensee/Kirchhof, Handbuch des Staatsrechts, Bd. III, § 62 Rn. 32 ff.; *Jarass*, in: Jarass/Pieroth, Grundgesetz, Art. 20 Rn. 44 ff.

lamentarischen Kontrolle unterlag, standen dieser Legitimationsform stets verfassungsrechtliche Bedenken entgegen.[490] Dabei wird die Gefahr einer demokratischen Legitimationslücke durch die Einflussnahme privater Interessengruppen noch verstärkt. Das gilt für den Fall einer steuerrechtlichen Anbindung an die IFRS umso mehr. Denn: Dass die steuerliche Bemessungsgrundlage im Ergebnis durch eigeninteressierte Privatpersonen in England und nicht mehr durch den deutschen Bundestag nach Vorbereitung eines deutschen Ministeriums definiert wird, ist schwerlich mit dem Demokratie- und Rechtsstaatsprinzip des Grundgesetzes zu vereinbaren.[491]

„Die [...] Standard- und Normsetzung ist heute weitgehend international und ein hoheitlich-privates „Verbundprodukt". Charakteristisch ist zugleich ein hohes Maß an Informalität und die Prädominanz professioneller Standardsetter. [...] Zu den Gefahren einer so strukturierten Standardsetzung zählen effektivitätsbeeinträchtigende Komplexität, intransparente Verantwortungsdiversifizierung, Kontrolldefizite und selektive Interessenartikulation. Auf diese Weise läuft der Staat Gefahr, Gruppeninteressen unreflektiert zu seinen eigenen zu machen und seine Verpflichtung auf Neutralität und Objektivität zu relativieren."[492]

Den verfassungsrechtlichen Bedenken gegen eine Übertragung der Normensetzungsbefugnis auf eine privatrechtliche Institution wird entgegengehalten, dass durch die Übernahme der IFRS auf Grundlage einer EU-Verordnung die Rechnungslegung nicht mehr der autonomen Selbstverwaltung durch ein privates Gremium überlassen bleibt, sondern durch ein öffentliches Überwachungsverfahren abgesichert wird.[493] Ohnehin gelten nur diejenigen IFRS als rechtsverbindliche „EU-IFRS", die

---

490 Vgl. *Herzig*, WPg 2005, 211, 213; *Brinkmann*, Zweckadäquanz der Rechnungslegung nach IFRS, S. 161; *Kahle*, IRZ 2006, 87, 90; *ders.*, WPg 2003, 262, 263; *Böcking/Gros*, DStR 2007, 2339, 2342; *Albert*, IFSt-Schrift Nr. 448 (2008), S. 27 ff.

491 *Kahle*, StuW 2001, 126, 136; *ders.*, IRZ 2006, 87, 90; *Arnold*, StuW 2005, 148, 150; *Hennrichs*, DB 2007, 2101, 2103 (Fn. 26); *München*, Die Zinsschranke, S. 78. Zur Qualität dieses Rechtsetzungsaktes im Hinblick auf Demokratieerfordernisse siehe *Arbeitskreis Bilanzrecht*, BB 2002, 2372, 2379; *Herzig*, WPg 2005, 211, 213; *Kirchhof*, ZGR 2000, 681 ff.

492 So *Höfling*, NJW-Beil. 2010, 98, 99 f., der mit dieser treffenden Analyse allerdings die Tätigkeit der finanzmarktregulierenden Standard- und Normsetzung, insbesondere des Baseler Ausschusses für Bankenaufsicht, bewertet. Die Parallelen zur internationalen Rechnungslegung sind indes unübersehbar. So wurden auch die Kapitalanforderungen aus Basel I und Basel II durch Richtlinien in europäisches Gemeinschaftsrecht übernommen und dann von den nationalen Gesetzgebern umgesetzt.

493 So z.B. *Spengel*, IStR 2003, 29, 31.

von der EU-Kommission endgültig angenommen werden.[494] Im Rahmen des Endorsement-Prozesses werden sowohl alle neuen Standards als auch geänderte alte Standards überprüft, gegebenenfalls modifiziert oder zurückgewiesen. Von diesem Prüfungsrecht macht die Kommission auch praktischen Gebrauch. So wurden beispielsweise die Standards IAS 32 und IAS 39 in ihrer ursprünglichen Fassung nicht übernommen.[495]

Nach der Komitologiereform aus dem Jahre 2006[496], mit der das sog. *Regelungsverfahren mit Kontrolle* in das Gemeinschaftsrecht aufgenommen wurde, dürften die vorgenannten verfassungsrechtlichen Bedenken weitgehend ausgeräumt sein. Seitdem die Anwendung des neuen Komitologieverfahrens am 10. 4. 2008 auch in der IAS-Verordnung verbindlich festgeschrieben worden ist[497], wird sich auch die formale Übernahme eines Standards künftig nach dem neuen *Regelungsverfahren mit Kontrolle* richten. Danach ist das EU-Parlament nunmehr mit Rechten ausgestattet, die es ihm ermöglichen, nicht wie bisher nur beratend bei der Entscheidung über die Anwendbarkeit neuer Standards in der Gemeinschaft mitzuwirken, sondern den von der Kommission unterbreiteten Entwurf zur Übernahme inhaltlich zu beeinflussen oder sogar abzulehnen. Entsprechend dem Ziel der Reform, die Stellung des Parlaments als Mitgesetzgeber angemessen zu berücksichtigen, wurde dessen Einfluss auf den Übernahme- und Anerkennungsprozess deutlich erhöht. Neben einem umfassenden Prüfungsrecht im Sinne einer „Gesetzgebungskontrolle" kommt dem Parlament nun sogar das Recht zu, die Übernahme eines IFRS in europäisches Recht abzulehnen. Dieses „Vetorecht" räumt dem Parlament zugleich eine Verhandlungsposition ein, die es in die Lage versetzt, auch den Inhalt des Übernahmeentwurfs der Kommission maßgeblich zu beeinflussen.[498]

Es bleibt jedoch festzuhalten, dass bei einer Maßgeblichkeit der IFRS die Hoheit über das deutsche Steuerrecht partiell nach London (IASB) bzw. Brüssel (EU) abgegeben würde. Dieser Befund erscheint zumindest

494 Im Rahmen dieser Arbeit werden mit der Bezeichnung „IFRS" im Folgenden nur die von der EU angenommenen EU-IFRS angesprochen.

495 Vgl. *Dettmeier/Pöschke*, JuS 2007, 313, 314. Zwischenzeitlich hat die Europäische Kommission nahezu alle gültigen Standards übernommen, vgl. zum Stand des Übernahmeprozesses (Abruf 30.10.2011): http://www.standardsetter.de/drsc/docs/standendorsement.pdf sowie http://www.iasplus.de/documents/Stand%20Uebernahme.pdf.

496 Beschluss des Rates v. 17.7.2006 (2006/512/EG), ABl. Nr. L 200 v. 22.7.2006, S. 11 ff.

497 Art. 1 Abs. 2 Buchst. a Änderungsverordnung VO (EG) Nr. 297/2008 vom 11.3.2008, ABl. Nr. L 97/62 v. 9.4.2008.

498 Zu diesem modifizierten Übernahmeverfahren *Lanfermann/Röhricht*, BB 2008, 826 ff.; *Inwinkl*, WPg 2007, 289 ff.

im Hinblick auf die europäische Rechtssetzung wenig überraschend, da das deutsche Steuerrecht bereits heute in weiten Teilen gemeinschaftsrechtlichen Vorgaben folgt.[499]

bb) Die IFRS und der steuerrechtliche Bestimmtheitsgrundsatz

Das Steuerbilanzrecht unterliegt – wie gesehen – dem rechtsstaatlichen und demokratischen Gesetzesvorbehalt. Dieser erschöpft sich nicht in der Forderung nach einer gesetzlichen Grundlage, sondern verlangt vielmehr auch, dass das förmliche Gesetz hinreichend bestimmt und genau ist. In diesem Sinne muss das Steuerbilanzrecht den Grundsätzen der Bestimmtheit und Wesentlichkeit genügen, denn die Gesetzmäßigkeit der Besteuerung konkretisiert sich im Gebot der Normenklarheit und -bestimmtheit.[500] Dieser Bestimmtheitsgrundsatz soll nach der Rechtsprechung des BVerfG sicherstellen, dass die Verwaltung als Rechtsanwender verhaltenssteuernde und verhaltensbegrenzende Maßstäbe vorfindet und den Gerichten eine effektive Rechtskontrolle möglich ist.[501] Für den steuerbelasteten Bürger müssen die Steuertatbestände und deren Rechtsfolgen so eindeutig bestimmt sein, dass er die auf ihn entfallende Steuerlast voraussehen kann.[502] Bestimmtheit und Verständlichkeit des Steuergesetzes sind wesentliche Voraussetzungen von Steuerplanungssicherheit.[503] Fraglich ist, ob die IFRS diesem Bestimmtheitsgrundsatz genügen.

(1) IFRS und Bilanzpolitik

Ein besonderes, bereits in der Grundkonzeption der IFRS angelegtes Problem besteht darin, dass für eine *fair presentation* des ökonomischen Gehalts eines Vermögenswertes vom bilanzierenden Unternehmen Annahmen getroffen werden können, bei denen offen ist, ob sie in hinreichen-

---

499 Zur „Europäisierung" des deutschen Steuerrechts siehe eingehend *Lang*, in: Tipke/Lang, Steuerrecht, § 2 Rn. 47 ff.

500 Vgl. *Arbeitskreis Bilanzrecht*, BB 2002, 2372, 2379.

501 BVerfG v. 3.3.2004, BVerfGE 110, 53 f.; BVerfG v. 27.7.2005, BVerfGE 113, 375 f.

502 BVerfG v. 3.3.2004, BVerfGE 110, 53 f.: „Der Betroffene muss die Rechtslage anhand der gesetzlichen Regelung so erkennen können, dass er sein Verhalten danach auszurichten vermag". Hinsichtlich der Steuer- und Abgabenlast ausdrücklich BVerfG v. 14.12.1965, BVerfGE 19, 267; BVerfG v. 28.2.1973, BVerfGE 34, 365; BVerfG v. 12.10.1978, BVerfGE 49, 362.

503 Dazu erschöpfend *Hey*, Steuerplanungssicherheit als Rechtsproblem, S. 547 ff.

dem Maße überprüfbar sind.[504] So ist es z.B. fraglich, ob die hinreichende Wahrscheinlichkeit eines zukünftigen Nutzens und die verlässliche Bewertbarkeit im Rahmen der Aktivierung selbst geschaffener immaterieller Vermögenswerte nach IAS 38.21 und IAS 38.51 mit dem Bestimmtheitsgrundsatz vereinbar sind. So beklagt *Karlheinz Küting* mit Blick auf die zahlreichen Ermessensspielräume zu Recht, dass „eine Flut von unbestimmten Rechtsbegriffen und ein verstärkter Zukunftsbezug zu einer Ausweitung der bilanzpolitischen Gestaltungen (führen), ja zur Bilanzpolitik geradezu einladen".[505] Nach anderer Ansicht verfüge die internationale Rechnungslegung über eine breitere Basis an Einzelregelungen und weniger Wahlrechte als das Handelsbilanzrecht, so dass die steuerliche Bemessungsgrundlage gleichmäßig und genau bestimmbar sei.[506]

Richtig ist, dass eine höhere Regelungsdichte grundsätzlich weniger Auslegungsspielräume eröffnet. Allerdings ergeben sich auch nach den IFRS explizite Wahlrechte sowie vielfältige, mitunter bedeutende implizite Ermessens- und Gestaltungsspielräume.[507] Diese beeinträchtigen a priori das Bestreben nach umfassendem Informationsgehalt. So beruht etwa die Abgrenzung zwischen nicht aktivierbaren Forschungskosten und aktivierungspflichtigen Entwicklungskosten auf unbestimmten und daher auslegungsbedürftigen Merkmalen (IAS 38.54 ff.). Auch die Definition eines Vermögenswertes ist sehr weit gefasst.[508] Dies entspricht ei-

---

504 Zu Prognosen und den daraus resultierenden Einschätzungsspielräumen im IFRS-Abschluss siehe *Hennrichs,* AG 2006, 698, 700 ff.

505 *Küting,* BB 2004, Heft 30, S. I. Zu den bilanzpolitischen Gestaltungsmöglichkeiten in einem IFRS-Abschluss im Hinblick auf die Zinsschranke ausführlich *Köster,* BB 2007, 2278, 2281 ff.; *Kirsch,* DK 2007, 657, 660 ff.

506 Vgl. *Oestreicher/Spengel,* DB 1999, 593, 594.

507 Dazu *Hennrichs,* FS Röhricht, S. 883 f.; ferner jüngst *Küting/Eichenlaub,* BB 2011, 1195, 1198. Zur Bilanzpolitik im Rahmen eines IFRS-Abschlusses eingehend *Rammert,* in: Lüdenbach/Hoffmann, Haufe IFRS-Kommentar, 8. Aufl. 2010, § 51 Rn. 4 ff.; *Köster,* BB 2007, 2278; *Ganssauge/Mattern,* DStR 2008, 267; *Führich,* IStR 2007, 341, 344. Als Beispiele für Ermessenspielräumen bei den IFRS benennt *Hennrichs,* AG 2006, 698, 700 ff.: Den Begriff des Vermögenswerts, den Ansatz selbst geschaffener immaterieller Vermögenswerte nach IAS 38.51 ff., den Komponentenansatz bei Abschreibung von Sachanlagen nach IAS 16.13 und IAS 16.43 ff., die Fair Value-Bewertung, den Werthaltigkeitstest beim Goodwill nach IFRS 3.54 f. und IAS 36.80 ff., die Bilanzierung von Rückstellungen sowie die Ertragsrealisierung bei langfristiger Fertigung nach IAS 11.25 ff.

508 Ein Vermögenswert ist eine materielle oder immaterielle Ressource (Rahmenkonzept F.56), deren wirtschaftlicher Nutzen direkt oder indirekt zur Erhöhung des Cashflows beiträgt (F.53). Für die Kontrolle über die Ressource ist das wirtschaftliche Eigentum entscheidend (F.57). Weiterhin müssen die Kriterien Wahrscheinlichkeit des Zuflusses

nerseits dem steuerlichen Vollständigkeitsgebot, läuft aber andererseits wegen bestehender Ermessens- und Auslegungsspielräume dem Bestimmtheitsgebot zuwider.[509] Zudem kann die Aktivierung latenter Steuern (IAS 12.34) und die Neubewertung zum *fair value*[510] für bilanzpolitische Zwecke herangezogen werden. Weitere Bilanzierungsspielräume ergeben sich bei Rückstellungen durch die Relativierung des Vorsichtsprinzips (IAS 37.23) und der Klassifizierung von Wertpapieren (IAS 39.45). Diese Bilanzierungsspielräume beeinträchtigen die Rechenschaftsfunktion der IFRS. Diese verlangt eine objektivierte, d.h. frei von subjektiven Erwartungen und Beurteilungen gehaltene, zuverlässige Darstellung der Vermögens-, Finanz- und Ertragslage.

Im Hinblick auf die steuerliche Gewinnermittlung verstoßen diese bilanzpolitischen Gestaltungsspielräume gegen das steuerrechtliche Bestimmtheitsgebot und führten zu einer steigenden Volatilität der Steuerbilanz. Denn die Besteuerung hat gleichmäßig zu erfolgen (Art. 3 GG). Damit sind (faktische) Wahlrechte und Spielräume des Steuerpflichtigen an sich unvereinbar. Steuerrecht ist im Kern zwingendes Recht und fordert klare, grundsätzlich wahlrechtsfreie Regeln.[511]

(2) Objektivierungserfordernisse bei der steuerlichen Gewinnermittlung

Sowohl nach deutschem Bilanzsteuerrecht als auch nach den IFRS sind Geschäftsvorfälle und sonstige betriebliche Vorgänge grundsätzlich unabhängig von ihrer rechtlichen Wirksamkeit zum Zeitpunkt ihrer wirtschaftlichen Umsetzung abzubilden und periodengerecht auszuweisen.[512]

---

eines wirtschaftlichen Nutzens und Verlässlichkeit der Bewertung für einen Ansatz gegeben sein (F.50, F.83a).

509 Dies betrifft sowohl die Auslegung des Begriffs „Ressource“ als auch das Merkmal eines „künftigen wirtschaftlichen Zuflusses“ und eines „vergangenen Ereignisses“, vgl. *Brinkmann*, Zweckadäquanz der Rechnungslegung nach IFRS, S. 105 ff.

510 Vgl. IAS 16.29 für Sachanlagen und IAS 38.72 für immaterielle Vermögenswerte (erfolgsneutral durch Bildung einer sog. Neubewertungsrücklage), IAS 39.45 ff. für Finanzinstrumente und IAS 40.30 für Immobilienvermögen (erfolgswirksam). Dazu *Moreno/Kaiser*, StuW 2007, 172, 175 f. Zur steuerlichen Eignung der Bewertungsmaßstäbe der IFRS bei Zugangs- und Folgebewertung siehe auch *Breithecker/Klapdor/Rokitta*, StuW 2007, 145, 154 ff.

511 Vgl. BFH v. 7.8.2000, BStBl II 2000, S. 632. Für eine großzügigere – dem Handelsrecht vergleichbare – Handhabung von Auslegungsfragen bei Anwendung der IFRS im Steuerrecht plädiert *Hennrichs*, DStR 2007, 1926, 1930.

512 Die periodengerechte Erfolgsermittlung für Besteuerungszwecke (*accrual basis*) ist auch eine Folge des verfassungsrechtlichen Gebots der Folgerichtigkeit, vgl. *Hennrichs*, DStJG 24 (2001), 301, 313; *ders.*, StuW 1999, 138, 146. Dies impliziert gleichzeitig eine

Die rechtsstaatlichen Anforderungen der Rechtssicherheit und der Rechtsklarheit lassen sich für die steuerliche Gewinnermittlung unter dem *Prinzip der Verlässlichkeit* zusammenfassen.[513] Eine steuerliche Gewinnermittlung muss danach anhand objektiver, nach außen in Erscheinung tretender und nachprüfbarer Kriterien durchgeführt werden. Die Steuerbelastung darf dem Grunde und der Höhe nach nicht zur Disposition des Steuerpflichtigen stehen.[514] Im Rahmen des Besteuerungsverfahrens als Massenverfahren[515] ist die Objektivierbarkeit als Element der Streitvermeidung daher von zentraler Bedeutung. [516] Den informationsgeprägten IFRS kann insbesondere dann keine steuerliche Maßgeblichkeit zukommen, wenn sie den notwendigen Objektivierungsregeln entgegenstehen. Die zahlreichen (faktischen) Beurteilungsspielräume der IFRS geraten deshalb mit den Objektivierungsanforderungen des Steuerrechts in Konflikt. Schon aufgrund dieses Objektivierungsdefizits wären die IFRS für eine Übernahme im Rahmen der steuerlichen Gewinnermittlung ungeeignet.[517] „Das Maßgeblichkeitsprinzip kann sich nur auf solche GoB beziehen, die objektivierungsgeprägt sind und daher Rechtssicherheit und Rechtsklarheit gewährleisten."[518] Dem kann entgegengehalten werden, dass das Steuerrecht bereits heute (oder besser: seit jeher) an diversen Stellen auf unbestimmte Rechtsbegriffe zurückgreift, die aus-

---

wirtschaftliche Betrachtungsweise, denn Geschäftsvorfälle sind unabhängig von ihrer Liquiditätswirkung (Orientierung an Zahlungsströmen) bereits zum Zeitpunkt ihrer wirtschaftlichen Verwirklichung erfolgswirksam zu erfassen. Vgl. zum Konzept der Periodenabgrenzung nach IFRS auch IAS 1.22, Rahmenkonzept F.22.

513 Vgl. *Hennrichs*, DStJG 24 (2001), 301, 313.

514 Vgl. grdl. BFH v. 3.2.1969, BStBl. II 1969, S. 291, 293; ferner BFH vom 20.1.1999, BStBl. II 1999, S. 369 f.; BFH v. 7.8.2000, DStR 2000, 1682, 1685, 1687. Zum Objektivierungserfordernis der steuerlichen Gewinnermittlung siehe auch *Schlotter*, Teilwertabschreibung, S. 235 ff.

515 Zum Vollzug der Steuergesetze unter den Bedingungen einer Massenverwaltung *Seer*, DStJG 31 (2008), S. 7 ff.

516 Objektivierung meint auf der einen Seite Ausschaltung alles Subjektiven und auf der anderen Seite Vergegenständlichung. Im Kontext einer Rechnungslegung wird damit die Forderung nach einer willkürfreien, weitgehend ermessensunabhängigen, intersubjektiv nachvollziehbaren und nachprüfbaren Bilanzierung und Bewertung verbunden, vgl. *Brinkmann*, Zweckadäquanz der Rechnungslegung nach IFRS, S. 30 (Fn. 83); *Herzig*, WPg 2005, 211, 215; *Küting*, DB 2011, 1404, 1405 f.

517 Vgl. *Arbeitskreis Bilanzrecht*, BB 2002, 2372, 2379; *Hennrichs*, StuW 2005, 256, 262 f. m.w.N.; *Herzig*, WPg 2005, 211, 215; *ders.*, IAS und steuerliche Gewinnermittlung, S. 70, der auch von „gebotener Objektivierung" spricht.

518 *Moxter*, DStZ 2000, 157, 158; ebenso *Hennrichs*, DStJG 24 (2001), 301, 312; *Brinkmann*, Zweckadäquanz der Rechnungslegung nach IFRS, S. 32 f.

schließlich von der Rechtsprechung ausgefüllt werden.[519] Allerdings darf wegen einer unzureichenden Realisierung eines Ideals nicht das Ideal als solches in Frage gestellt werden. Allgemein gilt: Für ein Rechnungslegungssystem mit Zahlungsbemessungsfunktion ist eine objektivierte, d.h. weitgehend ermessensfreie Bilanzierung und Bewertung zu fordern.

Hierbei ist allerdings zu beachten, dass auch die IFRS ein bestimmtes Maß an Objektivierung aufweisen müssen. Denn Informationen, die als unzuverlässig qualifiziert werden, können nicht als entscheidungsnützlich angesehen werden. Objektivierte Gewinnermittlungsregeln zeigen die IFRS beispielsweise bei der Bewertung von Sachanlagen zu Anschaffungs- oder Herstellungskosten (IAS 16.15), dem Verzicht auf reine Aufwandrückstellungen (IAS 37.63) oder dem Aktivierungsverbot für Forschungsaufwendungen (IAS 38.54). Obwohl die IFRS einen Kern an objektivierten Gewinnermittlungsregeln aufweisen, kommt es bei den Regelungskreisen kapitalmarktorientierter Rechnungslegung tendenziell zu stärkeren Entobjektivierungen als dies bei der deutschen handelsrechtlichen Rechnungslegung der Fall ist.[520] Dies ist der stärkeren Zukunftsbezogenheit einer Vermittlung entscheidungsnützlicher Information über die künftige Unternehmensleistung geschuldet.

Auch das verfassungsrechtliche Übermaßverbot lässt sich an dieser Stelle heranziehen. Es verbietet die unverhältnismäßige Steuerbelastung und hält den Gesetzgeber gleichzeitig dazu an, die Besteuerung auf möglichst sichere Grundlagen zu stützen.[521] Dies betrifft in erster Linie die ertragsteuerliche Gewinnrealisierung, aber auch die Ausgestaltung objektivierbarer Bilanzierungsregeln. Damit lässt sich das Postulat der Klarheit und Verständlichkeit von Steuernormen auf das Übermaßverbot stützen.

(3) Die IFRS als „moving target"

Weitere rechtsstaatliche Bedenken ergeben sich, da die IFRS wegen ständiger Veränderung („moving target") möglicherweise keinen rechtssi-

---

519 Vgl. Beispiele bei *Söffing*, FS Budde, S. 662; *Sittel*, Grundsatz der umgekehrten Maßgeblichkeit, S. 73.

520 Vgl. *Kuhner*, in: Ballwieser/Beyer/Zelger, Unternehmenskauf, S. 4 f.; ferner jüngst eingehend *Küting*, DB 2011, 1404, 1406 ff.

521 Zum Übermaßverbot im Steuerrecht grundlegend *Lang*, Bemessungsgrundlage der Einkommensteuer, S. 144 ff., 276, 368 ff. Nach einer Mindermeinung im Schrifttum soll dem Übermaßverbot bei der Bestimmung der Steuerbemessungsgrundlage keine Bedeutung zukommen, vgl. *C. Kraft*, Steuergerechtigkeit und Gewinnermittlung, S. 27.

cheren Maßstab für die Besteuerung bieten.[522] Rechtsvorschriften müssen für die Normadressaten hinsichtlich ihres Tatbestands und ihrer Rechtsfolgen hinreichend bestimmt und verständlich sein.

Die Inbezugnahme der IFRS im Rahmen des § 4h EStG erfolgt durch eine sog. *dynamische Verweisung*. Die Verweisung auf Vorschriften eines anderen Normgebers ist als Regelungstechnik geläufig und vor dem Hintergrund gesetzestechnischer Vereinfachung grundsätzlich verfassungsrechtlich unbedenklich. So zumindest dann, wenn sich der verweisende Normgeber den Inhalt von Rechtsvorschriften in der Fassung zu Eigen macht, wie sie bei Erlass seines Gesetzes galten.[523] Das BVerfG stuft auch dynamische Verweisungen nicht generell als verfassungswidrig ein, und zwar selbst bei fehlender Identität der Gesetzgeber.[524] Bezieht sich die Verweisung jedoch auf Vorschriften *in ihrer jeweils geltenden Fassung*, so ist diese Verweisungstechnik nur zulässig, wenn der Inhalt der Bezugsnormen im Wesentlichen feststeht und der Gesetzgeber die Regelungsentscheidung nicht Dritten schrankenlos überlässt.[525]

Bei den IFRS handelt es sich um ein wirtschaftlich geprägtes, induktives und schnelllebiges Regelungssystem, bei dessen lebendiger Entwicklung zunächst keine demokratisch legitimierte Instanz beteiligt ist.[526] Diese Unbeständigkeit verstößt gegen das Stetigkeitsgebot der Steuernormen und die notwendige Rechtssicherheit.[527] Auch die Transparenz der Bezugsquelle wird durch laufende Änderungen stark eingeschränkt. Zudem sind von den europäischen Unternehmen nicht automatisch alle

522 Vgl. *Hennrichs*, DB 2007, 2101, 2103; *Kahle*, WPg 2003, 262, 271 m.w.N.

523 Damit wird eine *statische Verweisung* beschrieben, vgl. BVerfG v. 25.2.1988, BVerfGE 78, 36. Als zulässige Beispiele von Regelwerken, die ebenfalls von Privaten entwickelt wurden, seien TA-Lärm und TA-Luft sowie die DIN-Normen genannt.

524 Vgl. BVerfG v. 1.3.1978, BVerfGE 47, 311 f.; BVerfG v. 16.10.1984, BVerfGE 67, 363; dazu auch *Jarass*, in: Jarass/Pieroth, Grundgesetz, Art. 20 Rn. 64 f.

525 Nach BVerfG v. 25.2.1988, BVerfGE 78, 36 sind dynamische Verweisungen nicht per se unzulässig, aber nur innerhalb der Grenzen der Prinzipien der Rechtsstaatlichkeit, Demokratie und Bundesstaatlichkeit anzuerkennen. Nur wenn der Inhalt der Verweisungsnorm feststeht, genügt dies den vorgenannten Prinzipien und ein Verzicht des Gesetzgebers auf seine Rechtssetzungsbefugnis liege nicht vor. In diesem Sinne auch BVerfG v. 14.6.1983, BVerfGE 64, 214; BVerfG v. 1.3.1978, BVerfGE 47, 312 ff.; *Kirchhof*, ZGR 2000, 681, 685; ferner mit Bezug zu den IFRS *Albert*, IFSt-Schrift Nr. 448 (2008), S. 42, 50 ff.

526 Vgl. *Herzig*, IStR 2006, 557, 559. Erst im Rahmen des europäischen Übernahmeverfahrens werden EU-Parlament und diverse Ausschüsse sowie die Europäische Kommission beteiligt.

527 Die Stetigkeit der Steuernormen stellt die Planbarkeit der Besteuerung sicher, vgl. *Breithecker/Klapdor/Rokitta*, StuW 2007, 145, 147.

vom IASB herausgegebenen Standards und Interpretationen anzuwenden. Art. 3 der IAS-Verordnung enthält insoweit einen Anwendungsvorbehalt. Erst wenn ein Standard oder eine Interpretation als Kommissionsverordnung veröffentlicht wurden, sind diese zu beachten. Kontinuierlich erfolgen Änderungen bestehender oder die Schaffung neuer Einzelregelungen durch das IASB, die dann wieder den europäischen Übernahmeprozess durchlaufen müssen. Die Grundgesamtheit des europäischen Bilanzrechts i.S. der IAS-Verordnung ist damit zu keinem Zeitpunkt festgeschrieben.[528] Sie unterliegt in Abhängigkeit von der Tätigkeit des IASB einem steten Wandel. Aufgrund dieser Schnelllebigkeit bleibt die „dynamische Verweisung" des Steuergesetzes verfassungsrechtlich in hohem Maße bedenklich.[529]

Schließlich ist die Planungssicherheit sowohl der Steuerpflichtigen als auch des Staates ein hohes Gut, dem eine fortlaufende Veränderung des steuerlichen Gewinnermittlungsrechts zuwider liefe.[530] Es ist bedenklich, wenn ein Unternehmen allein infolge einer Änderung der Bilanzierungsregeln eine höhere Steuer erleiden kann, ohne dass sich die wirtschaftlichen Verhältnisse geändert haben. Eine rechtssichere Vorhersage zukünftiger Steuerbelastungen, die gerade für die Beurteilung langfristiger Investitionsvorhaben notwendig ist, wäre nur eingeschränkt möglich.

(4) Die IFRS als „case law"

Bei den IFRS handelt es sich um ein sog. *Case-Law*-System[531]. Dessen Entstehung führte zu einer Fülle von sehr umfangreichen Standards und verbindlichen Interpretationen, die einerseits durch die hohe Regelungsdichte weniger Auslegungsspielräume eröffnen. Andererseits läuft diese Einzelregelfixierung aber den Kriterien der Verständlichkeit, Systematik,

---

528 Vgl. *Theile*, in: Heuser/Theile, IFRS-Handbuch, Rn. 55.

529 In diesem Sinne auch *Arbeitskreis Bilanzrecht*, BB 2002, 2372, 2378 f.; *Albert*, IFSt-Schrift Nr. 448 (2008), S. 51.

530 Vgl. *Herzig*, WPg 2000, 104, 116; im Hinblick auf die Zinsschranke *Dettmeier*, S:R 2008, 92. Zur Steuerplanungssicherheit als Kontinuitätsgebot siehe *Hey*, Steuerplanungssicherheit als Rechtsproblem, S. 189 ff.

531 Hierbei handelt es sich um einen Ansatz, der dem angelsächsischen „common law" entstammt und durch eine deutliche Fallbezogenheit charakterisiert werden kann. Aus der Lösung von Einzelfällen wird versucht, Regeln abzuleiten, während umgekehrt nach dem kontinentaleuropäischen Modell Einzelfälle durch Subsumtion auf der Grundlage von kodifizierten Prinzipien gelöst werden. Zur Entwicklung der unterschiedlichen Rechnungslegungssysteme anschaulich *Pellens*, Internationale Rechnungslegung, S. 36 ff.

Beständigkeit, und Transparenz zuwider und widerspricht damit den Erfordernissen von Rechtssicherheit und Rechtsklarheit.[532] Schon aufgrund der Fülle der Regelungen und deren Komplexität wird der Unternehmer, der sich erstmals mit der Rechnungslegung nach IFRS beschäftigt, einen hohen Beratungs- und Anpassungsbedarf haben und große Rechtsunsicherheit empfinden.[533] Im Bereich des Steuerbilanzrechts darf dem Steuerpflichtigen „kein unverhältnismäßiger Buchführungs- und Bewertungsaufwand abverlangt werden"[534]. Dies folgt bereits aus dem Übermaßverbot. Die steuerliche Gewinnermittlung muss daher wirtschaftlich, praktikabel, möglichst einfach und verständlich sein. Auch der Grundsatz der Gleichmäßigkeit der Besteuerung verlangt im Übrigen eine willkürfreie Erfassung, objektiver und mit einem angemessenen Aufwand feststellbarer Erfolgsposten.[535]

Neben diesen praktischen Schwierigkeiten, ist der Normcharakter der IFRS als angelsächsisch geprägtes Case-Law-System mit der kontinentaleuropäisch geprägten Prinzipienorientierung des Handels- und Steuerbilanzrechts nicht kongruent. Das kontinentaleuropäische Recht ist gegenüber den IFRS aufgrund seiner Kodifizierung leichter zugänglich und durch seine wissenschaftlich standardisierte Anwendung und Auslegung relativ berechenbar. Das über Jahre gewachsene Verständnis der Grundsätze ordnungsgemäßer Buchführung sowie deren geübte Anwendung und Interpretation sind nicht ohne Weiteres auf die Anwendung der IFRS übertragbar. Hinzu kommt die einer Verständlichkeit dienende systematische Anordnung kontinentaleuropäischer Regelungen. Dies gilt sowohl für die äußere Platzierung im Gesetzestext als auch für den inneren Zusammenhang benachbarter Normen. Demgegenüber liegt der Anordnung der IAS/IFRS kein sachlogisches System zugrunde. Vielmehr

---

532 *Breithecker/Klapdor/Rokitta*, StuW 2007, 145, 150; *Moxter*, BB 13/2006, Erste Seite; *Ballwieser*, FS Röhricht, S. 739; *Kuntschik*, Steuerliche Gewinnermittlung und IAS/IFRS, S. 175. Nach *Arnold*, StuW 2005, 148, 150, sind die IFRS „eher lehrbuchartig" – besser wäre wohl kommentarähnlich – formuliert und laufen damit dem Bestimmtheitserfordernis des Steuertatbestands zuwider. Das Enforcement-Verfahren der DPR machte Ende 2009 eine hohe Fehlerquote in den geprüften IFRS-Abschlüssen sichtbar. Ursache für diese Fehler sei vor allem die Komplexität der IFRS, die insbesondere durch die umfangreiche Fair Value-Bewertung getrieben wird, vgl. *Meyer/Braun*, BB 2010, 1779 ff.

533 Aus diesem Grund wollte das BMJ die Masse der mittelständischen Unternehmen nicht „in möglicherweise unnötige und teure Bilanzabenteuer" stürzen, vgl. *Ernst*, BB 2003, 1487, 1491.

534 *Hennrichs*, DStJG 24 (2001), 301, 312.

535 In diesem Sinne auch *Kirchhof*, StuW 1984, 297, 307: Ein gleichmäßiger Gesetzesvollzug verlangt aber praktikable, für alle Beteiligten verständliche Gesetzesinhalte."

ergibt sich die Reihenfolge der Standards und Interpretationen eher zufällig aus dem jeweiligen Zeitpunkt ihrer erstmaligen Verabschiedung.

(5) Die Auslegung der IFRS

Weitere Unsicherheiten bestehen hinsichtlich der Auslegungshoheit über die IFRS, insbesondere im Zuge einer Verknüpfung mit der steuerlichen Gewinnermittlung.

Bei den von der EU übernommenen IFRS handelt es sich um europäisches Sekundärrecht. Im Rahmen von Rechtsstreitigkeiten kommt es damit zu einer Auslegung und Interpretation der IFRS durch die nationalen Gerichte.[536] Hierbei besteht jedoch die Möglichkeit bei entscheidungserheblichen Fragen den Europäischen Gerichtshof im Wege des Vorabentscheidungsersuchens anzurufen.[537] Diese Zuständigkeit des EuGH gilt auch dann, wenn Europäisches Gemeinschaftsrecht kraft zwingender Verweisung im nationalen Recht anwendbar ist.[538] Damit ergibt sich eine mehrfache Auslegungszuständigkeit, denn der EuGH und die nationalen Gerichten haben auch die Interpretationen des IFRIC bzw. des *Standing Interpretations Committee* (SIC)[539] zu berücksichtigen, soweit diese auch von der EU-Kommission in europäisches Recht übernommen wurden.[540]

Als Folge dieser Zuständigkeitsverteilung können sich mitunter erhebliche Auslegungsunterschiede ergeben, die eine weltweit einheitliche Anwendung der IFRS unmöglich machen.[541] Allerdings steht auch fest: Falls die IFRS als Grundlage der steuerlichen Gewinnermittlung herangezogen werden, „bedarf es zwingend einer Auslegungszuständigkeit

---

536 Vgl. *Kahle/Dahlke/Schulz*, StuW 2008, 266, 277; *Köster*, BB 2007, 2278, 2284; *Kahle*, IRZ 2006, 87, 90.

537 Art. 267 AEUV (bisher Art. 234 EGV); vgl. *Schulze-Osterloh*, in: HdJ, Abt. I/1 Rn. 131. Zu einer eventuellen Vorlagepflicht auch *Kahle*, IRZ 2006, 87, 90 f.; *Schön*, in: Schön, Steuerliche Maßgeblichkeit, S. 110; *Schulze-Osterloh*, in: HdJ, Abt. I/1 Rn. 101 ff.; *Dettmeier/Pöschke*, JuS 2007, 313, 314.

538 Vgl. EuGH v. 17.7.1997, Slg. 1997, S. I-4291, Tz. 23.

539 Dies ist die Vorgängerorganisation des International Financial Reporting Interpretations Committee (IFRIC).

540 Ausführlich dazu *Schön*, BB 2004, 763 ff.; ferner zur Gefahr der Uneinheitlichkeit der Auslegung der IFRS siehe *Kahle*, IRZ 2006, 87, 90. Trotz dieser Selbstinterpretation des Standardsetters ist Raum für die Auslegung durch die Rechtsanwender und Gerichte, vgl. *Schulze-Osterloh*, in: HdJ, Abt. I/1 Rn. 122 ff. Kritisch zu der Einheit von Normsetzung und Auslegung *Kuntschik*, Steuerliche Gewinnermittlung und IAS/IFRS, S. 176 f.

541 *Wüstemann/Bischof/Kierzek*, in: HdJ, Abt. I/3 Rn. 22. Zu dem weiteren Problem uneinheitlicher Übersetzung der englischen Originalstandards vgl. *Kuntschik*, Steuerliche Gewinnermittlung und IAS/IFRS, S. 178 f.

nationaler Gerichte"[542]. Dies verlangt schon die Rechtsweggarantie des Art. 19 Abs. 4 Satz 1 GG.

b) Materiell-rechtliche Kompatibilität

Unabhängig von den vorgetragenen formal-juristischen Bedenken gilt es der Frage nachzugehen, ob die IFRS materiell-rechtlich als Grundlage für die steuerliche Gewinnermittlung geeignet sind.

Der zentrale materielle Einwand, der gegen eine Maßgeblichkeit der IFRS für die steuerliche Gewinnermittlung vorgebracht wird, ist die unterschiedliche Zielsetzung der beiden Systeme. Denn das Maßgeblichkeitsprinzip wird in erster Linie über eine Zweckidentität hinsichtlich der Zahlungsbemessungsfunktion von Handelsbilanz und Steuerbilanz gerechtfertigt. Darüber hinaus müssten die IFRS mit dem Grundsatz der Gleichmäßigkeit der Besteuerung vereinbar sein.

aa) Zielkonflikt zwischen IFRS-Abschluss und Steuerbilanz

Die Einbeziehung der IFRS in die Regelungssystematik der Zinsschranke wird zu Recht als „ungewöhnlich" [543] bezeichnet, da die Zielsetzungen von steuerlicher Gewinnermittlung und den IFRS nicht inhaltsgleich sind. Zweck der steuerlichen Gewinnermittlung ist die objektive Feststellung der wirtschaftlichen Leistungsfähigkeit des Steuerpflichtigen für eine abgelaufene Periode, d.h. die Ermittlung des vollen, wirklichen Gewinns nach Maßgabe einer wirtschaftlichen Betrachtungsweise.[544] Adressat dieses Rechenwerks ist allein der Fiskus, der an das ermittelte Ergebnis seine Zahlungsansprüche zur Deckung des Finanzbedarfs der öffentlichen Haushalte knüpft.

Der Zweck der IFRS-Rechnungslegung beschränkt sich unter der Prämisse des True and Fair View-Prinzips, wie gesehen, allein auf die Vermittlung entscheidungsrelevanter Information über die *künftige* Ent-

542 *Kahle*, IRZ 2006, 87, 90. Dieser Ansicht ist auch *Link*, in: Schön, Steuerliche Maßgeblichkeit, S. 264 m.w.N.

543 *Heintges/Kamphaus/Loitz*, DB 2007, 1261.

544 Vgl. wegweisend BFH v. 3.2.1969, BStBl. II 1969, S. 291, 293; ferner *Birk*, Steuerrecht, Rn. 823; *Hey*, in: Tipke/Lang, Steuerrecht, § 17 Rn. 44; *Hoffmann*, in: Littmann/Bitz/Pust, Einkommensteuerrecht, §§ 4, 5 Rn. 13; *Weber-Grellet*, in: Schmidt, EStG, § 5 Rn. 21. Treffend formuliert auch *Hennrichs*, DStJG 24 (2001), 301, 314: „Dort ist Ziel vielmehr die folgerichtige, eigentumsschonende und rechtsstaatliche Messung wirtschaftlicher Leistungsfähigkeit."

wicklung des Unternehmens und richtet sich in erster Linie an aktuelle und künftige Investoren. Dabei steht als Bild des typischen Investors nicht der Gesellschafter einer mittelständischen GmbH im Vordergrund, sondern vielmehr der anonyme Teilnehmer (z.B. als Aktionär oder Anleihegläubiger) eines organisierten Kapitalmarktes. Grundlegender Maßstab für den IFRS-Abschluss ist daher eine *fair presentation*, die nicht durch Aspekte der Vorsicht und der Risikovorsorge eingeschränkt werden soll.[545]

Eine Informationsfunktion kommt der Steuerbilanz jedenfalls nicht zu. Der Fiskus kann sich alle für einen ordnungsgemäßen Ablauf des Steuerfestsetzungsverfahrens notwendigen Angaben durch entsprechende Mitwirkungspflichten des Steuerpflichtigen oder evtl. Auskunftsersuchen bei Dritten beschaffen.[546] Während der handelsrechtliche Jahresabschluss wenigstens unter anderem auch der Information dient, fallen die Zwecke von IFRS-Abschluss und Steuerbilanz vollständig auseinander.[547] Denn die Steuerbilanz dient als vergangenheitsbezogenes Zahlungsbemessungsinstrument allein der gleichmäßigen Ermittlung der steuerlichen Leistungsfähigkeit (Art. 3 Abs. 1 GG).[548] Hierbei ist der möglichst periodengerecht abgegrenzte Gewinn festzustellen, der als Indikator für die wirtschaftliche Leistungsfähigkeit eines Steuerpflichtigen gilt. Die Periodisierung ist im Interesse einer konsistenten Abschnittsbesteuerung gleichsam ein Gebot der Folgerichtigkeit im Subsystem der steuerlichen Gewinnermittlung durch Betriebsvermögensvergleich.[549] Neben diesem Hauptzweck stellt die Steuerbilanz auch ein Lenkungs- und Umverteilungsinstrument dar, da der Gesetzgeber durch steuerliche Subventio-

545 Vgl. zur Unterscheidung zwischen HGB- und IFRS-Rechnungslegung Abschnitt B/I, Gliederungspunkt 2 in diesem Kapitel (S. 105 ff.).

546 Vgl. *Hoffmann*, in: Littmann/Bitz/Pust, Einkommensteuerrecht, §§ 4, 5 Rn. 15.

547 *Arbeitskreis Bilanzrecht*, BB 2002, 2372, 2379. Schon die Bilanzen aus der HGB-Welt waren in ihrer Überzeugungskraft durch den ungelösten Zielkonflikt zwischen Informationsorientierung auf der einen Seite und Zahlungsbemessung auf der anderen Seite deutlich herabgesetzt, was immer wieder zu einer grundsätzlichen Kritik am Maßgeblichkeitsgrundsatz führte. Vgl. dazu Abschn. B/I, Gliederungspunkt 1 in diesem Kapitel (S. 98 ff.).

548 Dazu *Herzig*, WPg 2005, 211, 214; *Dauber*, Realisationsprinzip als Grundprinzip der steuerrechtlichen Gewinnermittlung, S. 83; *Marx*, BB 2011, 1003, 1004 f.

549 Zur Periodisierung als Wesensmerkmal der Gewinnermittlung durch Bestandsvergleich siehe *Lang*, in: Tipke/Lang, Steuerrecht, § 9 Rn. 190; *W. Richter/Sailer Khuepach*, in: HHR, EStG, § 5 Rn. 222 ff.; *Hennrichs*, DStJG 24 (2001), 301, 313; *ders.*, FS Lang, S. 249 f.; *Prinz*, FR 2010, 917, 919.

nen, Belastungen und Vergünstigungen wirtschafts- und sozialpolitische Zwecke verfolgt.[550]

Demgegenüber stellt ein IFRS-Abschluss gerade keine Zahlungsbemessungsgrundlage dar, sondern bezweckt ausschließlich eine Information.[551] Wegen dieser Abweichungen in Zielsetzung, Adressatenkreis und Verwendungsfunktion werden beide Rechenwerke teilweise als gegensätzlich oder zumindest unvereinbar angesehen.[552]

Nach einer weiteren Ansicht im Schrifttum führe eine teilweise[553] Zieldivergenz jedoch nicht zwangsläufig zu einer absoluten Ungeeignetheit.[554] „Denn die Objektivierungsnotwendigkeit führt dazu, dass eine Periodisierungsregel mit verschiedenen Zielen kompatibel sein kann; auch IAS weisen einen Kern an objektivierten Gewinnermittlungsregeln auf."[555] Auch das Grundkonzept der IFRS erfordert die Verlässlichkeit einer entscheidungsnützlichen Information.[556] Danach bedeutet die Verfolgung eines anderen Primärzwecks nicht zwingend, dass die IFRS nicht auch dem Ziel einer Steuerbilanz entsprechen können. Eine Gewinnermittlungsfunktion könnte grundsätzlich auch mit den Zielsetzungen der IFRS in Einklang gebracht werden. Denn das nach den IFRS ermittelte Ergebnis ist bereits ein wesentlicher Bestandteil der entscheidungsrelevanten Information.[557] Während jedoch der Informationszweck erst durch zusätzliche Angaben z.B. im Anhang erschöpfend erfüllt wird, beruht die Ermittlung der steuerlichen Bemessungsgrundlage allein auf der Bilanz- und Erfolgsrechnung. Beiden Systemen liegen zudem die ökonomischen Grundgedanken der Ergebnisermittlung durch Vermögensvergleich sowie die Abbildung von laufenden und abgelaufenen Geschäftsvorfällen zugrunde. Dabei soll das Vermögen zwischen zwei

---

550 *Pottgießer*, Einflüsse internationaler Standards, S. 207.

551 Dazu explizit Rahmenkonzept F.6:„Finanzberichte für besondere Zwecke, beispielsweise [...] Berechnungen für steuerliche Zwecke, fallen nicht unter den Anwendungsbereich dieses Rahmenkonzeptes".

552 *Küting/Lauer*, DB 2011, 1985, 1990; *Arbeitskreis Bilanzrecht*, BB 2002, 2372, 2379; *Herzig*, WPg 2000, 104, 111. Nach einer früheren Ansicht wurde bereits aus der Zieldivergenz die Nichtkompatibilität gefolgert, vgl. z.B. *Fülbier/Gassen*, DB 1999, 1511, 1512 f.

553 Es darf dabei nicht verkannt werden, dass die jeweiligen Zwecke und Grundsätze der einzelnen Rechenwerke zum Teil nur unterschiedlich gewichtet und strukturiert sind, vgl. *Herzig*, WPg 2000, 104, 111 f.

554 Vgl. u.a. *Herzig*, WPg 2000, 104, 112; *Kahle*, StuW 2001, 134 f.; *Oestreicher/Spengel*, DB 1999, 593, 595; *Breithecker/Klapdor/Rokitta*, StuW 2007, 145, 149; je m.w.N.

555 *Kahle*, WPg 2003, 262, 271; *ders.*, IRZ, 2006, 87, 89.

556 Siehe zu diesem Bilanzierungsgrundsatz der IFRS ausdrücklich Rahmenkonzept F.31.

557 Vgl. *Wawrzinek*, in: Beck-IFRS-HB, § 2 Rn. 7 f., § 15 Rn. 1.

Stichtagen ermittelt und auf diesem Wege die „Leistung" des Unternehmens gemessen werden.[558]

Aufgrund der unterschiedlichen Perspektiven der Adressaten lassen sich dennoch nicht alle Zweifel an einer Zweckkompatibilität ausräumen. Während die steuerliche Gewinnermittlung im Hinblick auf rechtsstaatliche Gebote wie Objektivierbarkeit, Gleichmäßigkeit, Streitunanfälligkeit und Verhältnismäßigkeit der Besteuerung höhere Anforderungen an die Verlässlichkeit der verwendeten Daten stellt (*reliability*), ist für die Informationsvermittlung im Rahmen der IFRS eher die Verwendung entscheidungsrelevanter, zukunftsorientierter und damit risikobehafteter Daten sinnvoll (*relevance*).[559] Der Einwand der Diskrepanz von Verlässlichkeit und Risiko ist dabei unüberwindbar.

bb) Die IFRS und der Grundsatz der gleichmäßigen und eigentumsschonenden Besteuerung

Die Modalitäten einer Besteuerung sind durch Normen eines verteilungsgerechten Steuersystems zu bestimmen. Der Grundsatz der Gleichmäßigkeit der Besteuerung zwischen Steuerpflichtigen gleicher Leistungsfähigkeit (horizontale Steuergerechtigkeit) ist hierbei ebenso wie die relativ stärkere Belastung einer höheren steuerlichen Leistungsfähigkeit gegenüber einer geringeren (vertikale Steuergerechtigkeit) zu beachten.[560] Das Leistungsfähigkeitsprinzip drückt sich dabei vor allem im *Gebot zur Systemkonsequenz* aus.[561]

Ob die IFRS mit dem Grundsatz gleichmäßiger Besteuerung vereinbar sind und damit dem Gleichheitssatz des Grundgesetzes entsprechen, lässt sich nur klären, wenn sich aus dem Leistungsfähigkeitsprinzip konkrete Bilanzierungsregeln ableiten ließen, an denen die IFRS zu messen

---

558 *Böcking/Gros*, DStR 2007, 2339, 2341; *Spengel*, DB 2006, 681, 682; *Hoffmann*, in: Littmann/Bitz/Pust, Einkommensteuerrecht, §§ 4, 5 Rn. 14.

559 Vgl. *Herzig*, WPg 2005, 211, 214.

560 Vgl. BVerfG v. 29.5.1990, BVerfGE 82, 60, 89; BVerfG v. 10.11.1998, BVerfGE 99, 246, 260; BVerfG v. 4.12.2002, BVerfGE 107, 27, 45 f.; BVerfG v. 21.6.2006, BVerfGE 116, 164, 180. Zu den Grundsätzen vertikaler und horizontaler Steuergerechtigkeit vgl. eingehend *Birk*, Das Leistungsfähigkeitsprinzip als Maßstab der Steuernormen, S. 165 ff.; ferner *D. Schneider*, BB 2003, 299, 300; *Breithecker/Klapdor/Rokitta*, StuW 2007, 145, 146; zu sozialstaatlich gerechter Besteuerung siehe *Lang*, in: Tipke/Lang, Steuerrecht, § 4 Rn. 184 ff. Da die vertikale Steuergerechtigkeit vorwiegend Aspekte des Steuertarifs (Grundfreibeträge, Eingangs- und Spitzensteuersatz, progressiver Tarifverlauf etc.) betrifft, unterbleibt an dieser Stelle eine vertiefte Darstellung.

561 *Hennrichs*, DStJG 24 (2001), 301, 310.

wären. Das ist aber ohne Werturteile nicht möglich. Bei der Bilanzierung treten in der Praxis ganz erheblich persönliche oder öffentliche Interessen in den Vordergrund. Indem die Geschäftsleitung einer Publikums-AG nach dem Prinzip des Shareholder-Value die Performance ihres Unternehmens gegenüber Aktionären und Gläubigern in ein besonders gutes Licht stellen will und daher tendenziell höhere Gewinne auszuweisen versucht, handelt sie gleichzeitig dem legitimen Ziel der Steuervermeidung zuwider.[562] In Anbetracht eines übereinstimmenden Interesses von Anteilseignern und Fiskus an der Unternehmenserhaltung ist das Prinzip vorsichtiger Gewinnermittlung, insbesondere in den Ausprägungen des Realisations- und Imparitätsprinzips, auch im Rahmen der steuerlichen Gewinnermittlung von besonderer Bedeutung.[563]

(1) Prinzip der Besteuerung nach der Leistungsfähigkeit und Übermaßverbot

Die IFRS orientieren sich mit der Erfassung auch am Markt noch nicht tatsächlich realisierter Vermögenszuwächse nicht wie das geltende EStG an der Markteinkommenstheorie, sondern stärker an der klassischen Reinvermögenszugangstheorie.[564]

562 *Hoffmann*, in: Littmann/Bitz/Pust, Einkommensteuerrecht, §§ 4, 5 Rn. 14. Zu der Abgrenzung legaler Steuervermeidung von illegaler Steuerumgehung *Lang*, in: Tipke/Lang, Steuerrecht, § 7 Rn. 20; *Hey*, StuW 2008, 167, 169 m.w.N.

563 *Brinkmann*, Zweckadäquanz der Rechnungslegung nach IFRS, S. 161.

564 Die geltende Einkommensteuer beruht auf keiner einheitlichen Gesamtkonzeption. Das Einkommensteuerobjekt hatte sich zunächst unter den Einflüssen der *Quellentheorie* und der *Reinvermögenszugangstheorie* entwickelt. Die ursprünglich dominierende Quellentheorie macht die Bestimmung des Einkommens von dem Vorhandensein einer ständig fließenden Einkommensquelle abhängig. Sie will nur die laufenden Einkünfte erfassen und vernachlässigt Wertveränderungen und einmalige Zuflüsse, die bei der Veräußerung einer Quelle entstehen. Die Quellentheorie lag auch dem preußischen EStG von 1891 zugrunde. Allerdings rückten in der Folgezeit die Nachteile dieses zu engen Einkommensbegriffs in den Vordergrund, so dass der Gesetzgeber des EStG 1920 die *Quellentheorie* zugunsten der *Reinvermögenszugangstheorie* verwarf. Aber auch diese Theorie hatte ihre Schwäche in einem nunmehr zu weiten Verständnis des Einkommensbegriffs. Bereits der Gesetzgeber des EStG 1925 hatte die von *Georg v. Schanz* entwickelte *Reinvermögenszugangstheorie* verworfen und den Einkommensbegriff durch einen abschließenden enumerativen Katalog von Einkunftsarten ausgefüllt. Die bis heute geltende Orientierung an der Markteinkommenstheorie kann auf Gründe der Praktikabilität und der Verhältnismäßigkeit zurückgeführt werden. Zu den Einkommenstheorien umfassend *Lang*, Bemessungsgrundlage der Einkommensteuer, S. 36 ff.; *ders.*, DStJG 24 (2001), 49, 61 f.; *ders.* in: Tipke/Lang, Steuerrecht, § 8 Rn. 30 ff; *Pezzer*, DStJG 14 (1991), 3, 12 f.; *Tipke*, StRO II, S. 624 ff.

Der Reinvermögenszugangstheorie entspricht die „net accretion theory" der Amerikaner *R. M. Haig* und *H. Simons*, welche die steuerliche Leistungsfähigkeit anhand sämtlicher für die Bedürfnisbefriedigung geeigneter Vorteile erfasst.[565] Dies beinhaltet neben sämtlichen Vermögenszugängen und Vermögensabgängen im juristischen Sinne, einschließlich nicht realisierter Wertsteigerungen und sonstigen Zuwendungen (z.B. Geschenke und Erbschaften), zusätzlich auch private Nutzungen und Wertschöpfungen. Nach diesen Vorgaben wäre eine globale, alle realisierten und nicht realisierten Vermögenssteigerungen erfassende Wertzuwachssteuer das Ideal.[566] Der Ausweis auch von nicht realisierten Gewinnen nach IFRS würde diesen Vorgaben entsprechen.

Dass damit ein anderer Maßstab für die Leistungsfähigkeit angelegt wird als nach dem geltenden Einkommensteuerrecht, ändert nichts daran, dass die ursprüngliche Reinvermögenszugangstheorie eine ökonomisch durchaus sinnvolle Interpretation des Leistungsfähigkeitsprinzips darstellt.[567] Nach *Herzig* knüpft der Begriff der „wirtschaftlichen Leistungsfähigkeit" im Kern an eine wirtschaftliche Größe an und ist damit nicht a priori *unveränderlich* definiert.[568] Der Maßstab der wirtschaftlichen Leistungsfähigkeit und deren bestmögliche Ermittlung stehen damit stets unter dem Vorbehalt besserer oder veränderter Erkenntnisse bzw. zeitgenössischer Wertungen. Jedenfalls stellt die Tatsache, dass die IFRS im Rahmen der Gewinnermittlung zu einem anderen Ergebnis gelangen als die steuerlich (derzeit) anerkannten Methoden, nicht per se einen Einwand gegen die Übernahme der IFRS-Rechnungslegung für steuerliche Zwecke dar. Prinzipiell ist die Grundausrichtung der IFRS mit der Besteuerung nach der wirtschaftlichen Leistungsfähigkeit vereinbar.

Andererseits lassen sich die frühzeitig im Rahmen der Gesetzgebung zum EStG 1925 aufgeworfenen Argumente gegen die Reinvermögenszugangstheorie analog gegen eine Maßgeblichkeit der IFRS für die Steuer-

---

565 Nach internationalem Sprachgebrauch wird die *Reinvermögenszugangstheorie* als *Haig-Simons-Schanz-Concept* bezeichnet. Zur rechtlichen Würdigung des Haig-Schanz-Simons-Konzepts siehe auch *Lang*, in: Rose, Integriertes Steuer- und Sozialsystem, S. 97 ff.

566 *Lang*, in: Tipke/Lang, Steuerrecht, § 4 Rn. 107.

567 Dem Charakter einer Leistungsfähigkeitssteuer soll nach *Lang*, in: Tipke/Lang, Steuerrecht, § 8 Rn. 32, am ehesten die Reinvermögenszugangstheorie entsprechen. Ebenso *Kuntschik*, Steuerliche Gewinnermittlung und IAS/IFRS, S. 210.

568 *Herzig*, WPg 2000, 104, 112. Ähnlich auch *Hennrichs*, DStJG 24 (2001), 301, 309, der feststellt, dass der Gewinn als Indikator der Leistungsfähigkeit (wiederum) nicht vorgegeben, sondern relativ ist.

bilanz anführen. Dies waren vor allem Gründe der Praktikabilität und der Verhältnismäßigkeit.[569] Da die Belastung einer nicht realisierten Vermögensmehrung dem Bestandsschutz widersprach und die Vergleichbarkeit der Einkommen wegen bestehender Ermessensspielräume nicht gewährleistet war, hatte sich dieses System nicht durchgesetzt. Ein derart weiter Einkommensbegriff ließ sich zudem rechtspraktisch nicht umsetzen.[570] Genau genommen handelt es sich bei der Markteinkommenstheorie also um eine Modifikation der Reinvermögenszugangstheorie aus pragmatischen Gründen. Denn Vermögensminderungen werden sehr wohl schon antizipiert berücksichtigt (Reinvermögen), während Gewinne erst bei Realisation erfasst werden (Markteinkommen).[571]

Die Orientierung an den Prinzipien der Markteinkommenstheorie, hier namentlich der Besteuerung von (am Markt) realisierten Vermögensmehrungen, ist ein gleichheitsrechtliches Gebot der System- und Folgerichtigkeit, das über das Subsystem der steuerlichen Gewinnermittlung durch Betriebsvermögensvergleich hinaus gilt.[572] Insoweit zeigt sich eine deutliche Parallele zum objektiven Nettoprinzip.[573] Allerdings hindert der Folgerichtigkeitsgrundsatz den Gesetzgeber nicht, im Rahmen eines Prinzipien- oder Systemwechsels neue Regeln einzuführen.[574] Gleichzeitig macht das BVerfG aber deutlich, dass der Gesetzgeber sich von der einmal getroffenen Systementscheidung nicht durch punktuelle Maßnahmen, sondern nur durch eine konsequent umgesetzte, neue Systementscheidung lösen kann.[575] Punktuelle Maßnahmen können nur dann als

---

569 Dazu ausführlich *Lang*, Bemessungsgrundlage der Einkommensteuer, S. 37 ff.; *Tipke*, StRO II, S. 630 f.

570 *Lang*, StuW 1990, 107, 121.

571 *Pottgießer*, Einflüsse internationaler Standards, S. 212 (Fn. 878); *Schlotter*, Teilwertabschreibung, S. 202 f.

572 Demgegenüber bildet der Maßgeblichkeitsgrundsatz gem. § 5 Abs. 1 EStG kein übergeordnetes Prinzip zur Ermittlung der steuerlichen Leistungsfähigkeit. Eine Abweichung vom handelsrechtlichen Ansatz führt damit per se nicht zu einem Verstoß gegen das Gebot der Folgerichtigkeit, vgl. *Hey*, in: Tipke/Lang, Steuerrecht, § 17 Rn. 45. Auch nach *Kuntschik*, Steuerliche Gewinnermittlung und IAS/IFRS, S. 210, fügt sich eine Gewinnermittlung nach IFRS nicht in das momentane System des EStG ein.

573 Siehe zur verfassungsrechtlich gebotenen, folgerichtigen Umsetzung des objektiven Nettoprinzips Kapitel 2, Abschn. E/II, Gliederungspunkt 1 a) (S. 53 ff.).

574 Vgl. zuletzt BVerfG v. 9.12.2008, BVerfGE 122, 210, 242. So genießt beispielsweise das Markteinkommensprinzip keine verfassungsrechtliche Bestandsgarantie. Eine Ausrichtung der Einkommensteuer am gesamten Reinvermögenszugang wäre ebenso verfassungsrechtlich zulässig, vgl. *Lang*, in: Tipke/Lang, Steuerrecht, § 4 Rn. 15. Zu den Anforderungen an einen zulässigen Systemwechsel siehe *Englisch*, FS Lang, S. 192 ff.

575 Vgl. BVerfG v. 9.12.2008, BVerfGE 122, 210, 241 f.

Teilschritte eines Systemwechsels gedeutet werden, wenn ihnen ein erkennbarer Plan zugrunde liegt.[576] Der Prinzipienwechsel nur innerhalb der Gewinnermittlungsart des Betriebsvermögensvergleichs, z.B. durch uneingeschränkte Anknüpfung an die IFRS, könnte nicht als Systemwechsel im Bereich der Einkommensbesteuerung gewertet werden. Eine Verletzung des verfassungsrechtlichen Gebots der Folgerichtigkeit wäre die Konsequenz.

Insoweit ist das Vorsichtsprinzip als Grundsatz der steuerrechtlichen Bilanzierung auch generell für die Bestimmung der wirtschaftlichen Leistungsfähigkeit im Einkommensteuerrecht systemprägend. Zumindest ist es dem geltenden Einkommensteuerrecht systemimmanent.[577] In ihm vereinigen sich zudem – wie gesehen – grundsätzliche Einwände gegen den Maßgeblichkeitsgrundsatz und internationale Vorbehalte gegenüber der deutschen Handelsbilanz.[578] Eine nähere Untersuchung der

---

576 *Hey*, DStR 2009, 2561, 2564.

577 Dies verkennt das BVerfG in seiner jüngeren Entscheidung zu Jubiläumsrückstellungen, vgl. BVerfG v. 12.5.2009, DStRE 2009, 922, 925: „Im historischen Rückblick wie auch gegenwärtig erweist sich die Maßgeblichkeit der handelsrechtlichen Grundsätze ordnungsmäßiger Buchführung nicht etwa als eine strikte, einmal getroffene Belastungsgrundentscheidung des Gesetzgebers, sondern als eine entwicklungsoffene Leitlinie. Noch weniger lässt sich speziell die Maßgeblichkeit des handelsrechtlichen Vorsichtsprinzips für die Bildung von Rückstellungen in der Steuerbilanz als eine grundlegende Entscheidung des Gesetzgebers über eine steuergerechte Lastenverteilung deuten.[…] Hiernach bewirkt das Rückstellungsverbot weder eine relevante Abweichung von einer verfassungsrechtlich gebotenen Besteuerung nach finanzieller Leistungsfähigkeit noch eine Durchbrechung des (einfachgesetzlichen) objektiven Nettoprinzips, das grundsätzlich für Gewinn- und Überschusseinkunftsarten gleichermaßen gilt. Diese belastungsrelevanten Grundentscheidungen verhalten sich vielmehr gegenüber dem untergeordneten allgemeinem Grundsatz der Maßgeblichkeit der Grundsätze ordnungsmäßiger Buchführung und dem speziellen der Maßgeblichkeit des handelsrechtlichen Vorsichtsprinzips regelmäßig neutral." Kritisch auch *Hey*, DStR 2009, 2561, 2565 ff.; *Hennrichs*, FS Lang, S. 249 ff.; *Prinz*, FR 2010, 917, 919 f.; *Englisch*, FS Lang, S. 203 ff.

578 Der internationale Vorwurf lautet, deutsche Handelsbilanzen seien einseitig „übervorsichtig", vgl. *Hennrichs*, DStJG 24 (2001), 301, 315, und lieferten aus diesem Grund nur ein verzerrtes Bild der Vermögens-, Finanz- und Ertragslage. Andere klassische GoB sind demgegenüber weitgehend unproblematisch und als gefestigte Steuerbilanzprinzipien anerkannt. Darunter fallen z.B. die Prinzipien der Vollständigkeit, Klarheit und Wahrheit, des Bilanzzusammenhangs und der Kontinuität, der Einzelbewertung samt Verrechnungsverbot sowie das Stichtags- und Nominalwertprinzip. Vgl. zu den Steuerbilanzprinzipien eingehend *Lang*, Bemessungsgrundlage der Einkommensteuer, S. 344 ff.; *Hey*, in: Tipke/Lang, Steuerrecht, § 17 Rn. 65 ff.

IFRS im Hinblick auf dieses besondere Steuerbilanzprinzip mit seinen Ausprägungen ist daher angezeigt.

(a) Steuerliches Realisationsprinzip

Das Übermaßverbot und das Prinzip der eigentumsschonenden Besteuerung lassen sich zu einem *Prinzip der Unternehmensschonung und -erhaltung* zusammenfassen. Steuerliche Gewinnermittlungsregeln müssen in einer Weise konstruiert sein, dass eine Substanzbesteuerung vermieden wird.[579]

Im heutigen Einkommensteuerrecht erfolgt eine Beschränkung der Besteuerung auf das bereits realisierte und am Markt bestätigte Einkommen. Für die Steuerbilanz ist dieser Grundsatz in Form des Realisationsprinzips explizit geregelt (§ 5 Abs. 1 Satz 1 EStG i.V.m. § 252 Abs. 1 Nr. 4 Halbs. 2 HGB).[580] Die bloße Wertsteigerung ruhender Vermögensgegenstände wird nicht berücksichtigt. Erst ein durch Markttransaktion erfolgter tatsächlicher Zuwachs an Vermögen wird als sicherer Indikator für eine wirtschaftliche Leistungsfähigkeit betrachtet.[581] Maßgeblich ist dabei nach überwiegender Auffassung der Zeitpunkt der Leistungsbewirkung und damit in der Regel der Übergang der Preisgefahr.[582] Die Erfolgsrealisation ist nach dieser Konzeption an einen so gut wie vollständigen Risikoabbau gebunden.[583]

Im Rahmen der IFRS rückt das Prinzip der Periodenabgrenzung deutlich in den Vordergrund und führt zu einer Relativierung des Realisationsprinzips. Die Gewinnrealisierung wird demgegenüber nur unvoll-

---

579 Vgl. *Breithecker/Klapdor/Rokitta*, StuW 2007, 145, 147; *Hennrichs*, DStJG 24 (2001), 301, 314. In diesem Sinne auch *Herzig*, WPg 2000, 104, 113: „Der verfassungsrechtliche Schutz des Unternehmens verlangt nach Rechnungsgrundsätzen, welche ähnlich dem System der handelsrechtlichen Kapitalerhaltung den Bestand der Unternehmung sichern, zumal die Erhaltung der Steuerquelle im ureigensten Interesse des Fiskus liegt."

580 Das (steuerbilanzielle) Realisationsprinzip ist markteinkommenstheoretisch fundiert, vgl. *Lang*, in: Tipke/Lang, Steuerrecht, § 8 Rn. 33, § 9 Rn. 52.

581 *Pezzer*, DStJG 14 (1991), 3, 24 f.; *Schlotter*, Teilwertabschreibung, S. 12 f. Nach dem Prinzip der periodengerechten Abschnittsbesteuerung wäre eine Erfassung auch nichtrealisierter Wertsteigerungen konsequent. Auch eine noch nicht realisierte Vermögensmehrung stellt unter wirtschaftlichen Gesichtspunkten eine betrieblich veranlasste Erhöhung des Betriebsvermögens dar, vgl. *Lang*, in: Tipke/Lang, Steuerrecht, § 8 Rn. 32 f.; *Pezzer*, DStJG 14 (1991), 3, 13 f.; *Hennrichs*, DStJG 24 (2001), 301, 315.

582 *Knobbe-Keuk*, Bilanz- und Unternehmenssteuerrecht, S. 245 f.; *Schlotter*, Teilwertabschreibung, S. 16 m.w.N.; *Hommel/Berndt*, BB 2009, 2190, 2193.

583 Vgl. BFH v. 17.1.1963, BStBl. III 1963, S. 257, 258; BFH v. 11.12.1985, BFH/NV 1986, S. 595, 596; BFH v. 25.2.1986; BStBl. II 1986, S. 788, 789; BFH v. 27.6.2001; BFH/NV 2001, S. 1334, 1336; *Knobbe-Keuk*, Bilanz- und Unternehmenssteuerrecht, S. 246 f.

ständig und uneinheitlich geregelt. So schließt IAS 18 als Standard zur Ertragsvereinnahmung wichtige Sachverhalte aus seinem Anwendungsbereich aus (IAS 18.6). Dazu gehören etwa Leasing- und Versicherungsverträge sowie Finanzinstrumente.[584] Aus der unterschiedlichen Interpretation des Realisationsprinzips erwächst ein entscheidender konzeptioneller Unterschied zwischen der Bilanzierung nach IFRS und dem Steuerbilanzrecht de lege lata. Während bei der steuerlichen Gewinnermittlung Erträge erst dann erfasst werden, wenn sie am Markt tatsächlich realisiert worden sind, werden im Rahmen der IFRS unter *realised* auch Erträge verstanden, die lediglich künftig „realisierbar" sind.[585] Dies kommt insbesondere im Rahmen der Fair Value-Bewertung von Finanzinstrumenten nach IAS 39 zum Ausdruck. So werden Wertpapiere grundsätzlich mit ihrem Marktpreis bewertet. Dadurch werden Kurssteigerungen bereits vor ihrer tatsächlichen Realisierung durch Verkauf erfolgswirksam berücksichtigt. Auch bei der Erfassung von Grundvermögen, das als Finanzinvestition gehalten wird, kann eine Bewertung nach dem *fair value* nach IAS 40.33 ff. erfolgen. Die IFRS lassen ferner im Rahmen der Aktivierung von Entwicklungskosten, bei der Neubewertung des Anlagevermögens, bei der Equity-Bewertung und der Umrechnung von Fremdwährungen den Ausweis nicht realisierter Gewinne zu.

Eine weitere nennenswerte Abweichung vom steuerlichen Realisationsprinzip wird in der Anwendung der sog. *Percentage-of-completion-Methode* bei langfristiger Auftragsfertigung nach IAS 11.26 deutlich. Nach dieser international vorherrschenden Gewinnrealisierungsmethode werden die Auftragserlöse und -aufwendungen entsprechend dem Grad der Fertigstellung erfolgswirksam in den Bilanzierungsperioden erfasst, in denen die Leistung erbracht wurde (IAS 11.22, IAS 18.20). Ebenso wie bei den Finanzinstrumenten gelten dabei weit weniger strenge Kriterien einer Ertragsrealisation. Aus Informationsaspekten hat der Ausweis der auf die einzelne Periode entfallenden Teilerfolge große Bedeutung. Jedoch sind zumeist aufwendige Schätzungen und Nachprüfungen früherer Schätzungen hinsichtlich der Gesamterlöse, der Gesamtkosten und des Fertigstellungsgrades erforderlich. Anwendungsbereiche dieser Regelung sind überwiegend Groß- und Mehrjahresprojekte, z.B. im Anla-

584 *Hommel/Berndt*, BB 2009, 2190, 2194.

585 Für eine bilanzielle Erfassung von Erträgen genügt nach den IFRS teilweise schon eine Realisierbarkeit, vgl. *Breithecker/Klapdor/Rokitta*, StuW 2007, 145, 153. Kritisch zu dieser Schätz- und Hoffnungsbewertung im Hinblick auf die Anforderungen an eine gesetzmäßige und gleichmäßige Besteuerung *von der Laage/Reusch*, NZG 2009, 245, 247 f.

gen-, Schiffs- oder Flugzeugbau sowie allgemein in der Baubranche.[586] In Anlehnung an das deutsche Handelsrecht ist auch in der Steuerbilanz in solchen Fällen – sofern keine abrechenbaren Teilleistungen abgenommen wurden – nach der *Completed contract-Methode,* d.h. nach Erfüllung des Gesamtauftrags, zu bilanzieren. Diese traditionelle Methode ist steuerlich vorzugswürdig, da die Realisierung eines Erfolges wegen der daran anknüpfenden Steuerlast erhebliches Gewicht hat und angesichts der Vielzahl möglicher Schätzfehler erst mit Ablieferung des fertigen Werkes sicher angenommen werden kann.[587] Tendenziell ergibt sich nach IAS 11 ein früherer Gewinnausweis, der eine frühere Besteuerung nach sich ziehen würde. Allerdings gilt nach IAS 11.36 auch das Gebot eines strengen Niederstwert-Testes, nach dem der gesamte am Bilanzstichtag ersichtliche (drohende) Verlust zu berücksichtigen ist. Dass die *Percentage-of-completion-Methode* damit per se zu einer höheren Zahlungsbemessungsgrundlage führen würde, kann weder im Allgemeinen noch im Einzelfall bestätigt werden.[588]

Weitere Unsicherheiten hinsichtlich des Realisationszeitpunktes im Rahmen der IFRS ergeben sich u.a. bei Mehrkomponentengeschäften[589] und Immobilientransaktionen[590]. Schließlich dürfen immaterielle Vermögensgegenstände nach den IFRS im Gegensatz zur steuerlichen Bilanzierung auch dann aktiviert werden, wenn sie nicht entgeltlich erworben wurden. Diese Aktivierung wird mit der nachvollziehbaren Argumenta-

---

586 Vgl. dazu die nicht abschließende Aufzählung von möglichen Fertigungsaufträgen in IAS 11.4.

587 Vgl. *Herzig,* WPg 2000, 104, 114; *Breithecker/Klapdor/Rokitta,* StuW 2007, 145, 153; *D. Schneider,* BB 2003, 299, 301.

588 Vgl. *Hoffmann,* in: Littmann/Bitz/Pust, Einkommensteuerrecht, §§ 4, 5 Rn. 14.

589 Im Rahmen eines Mehrkomponentengeschäfts (*multiple deliverables*) werden mehrere Leistungen gleichzeitig oder zeitnah an den gleichen Abnehmer erbracht. Die Leistungen sind eng miteinander verbunden und daher häufig in einem zivilrechtlichen Vertrag mit einem Gesamtpreis enthalten. Bilanzrechtlich stellt sich hier die Frage, ob diese Leistungen als Komponenten einer von einheitlichen wirtschaftlichen Motiven getragenen Transaktion separaten Erlöskriterien unterliegen oder der Realisationszeitpunkt einheitlich zu beurteilen ist, s. *Lüdenbach,* in: Lüdenbach/Hoffmann, Haufe IFRS-Kommentar, 9. Aufl. 2011, § 25 Rn. 68 ff.

590 In Abhängigkeit von den in IFRIC D21 aufgeführten Kriterien sind die Gebäudeverkaufsvereinbarungen entweder nach IAS 11 (mit einer sukzessiven Umsatzrealisierung gemäß Fertigstellungsgrad) oder nach IAS 18 (zeitpunktbezogene Erfassung der Erlöse z.B. bei Übergang von Nutzen und Lasten) zu bilanzieren, vgl. draft Interpretation IFRIC D21 Real Estate Sales, abrufbar unter: http://www.iasb.org (Abruf 30.10.2011). Zum Verhältnis von IAS 18 zu IAS 11 siehe *Lüdenbach,* in: Lüdenbach/Hoffmann, Haufe IFRS-Kommentar, 9. Aufl. 2011, § 25 Rn. 8.

tion begründet, dass auch solche Vermögensteile für die Darstellung der tatsächlichen Finanz-, Vermögens- und Ertragslage relevant sind. Neben weiteren Begründungsansätzen[591] bleibt aus steuerrechtlicher Sicht aber das Grundproblem der Bilanzierung von selbst geschaffenen immateriellen Vermögensgegenständen bestehen. Nämlich eine fehlende objektive Bestimmbarkeit der Werthaltigkeit. Dieses bislang ungelöste Objektivierungsproblem rechtfertigt daher auch weiterhin das steuerrechtliche Aktivierungsverbot gem. § 5 Abs. 2 EStG.

Festzuhalten bleibt, dass die abweichende Interpretation des Realisationsprinzips im Rahmen der IFRS in einigen Bereichen zu einer Besteuerung nicht realisierter Erträge führen würde. Der Gewinnausweis nach den IFRS erfolgt tendenziell früher als nach den Vorschriften des HGB. Die sich daraus ergebenden Nachteile einer früheren Steuerbelastung dürften sich jedoch wegen der Zweischneidigkeit der Bilanz in den Folgeperioden wieder ausgleichen.[592] Eine Besteuerung dieser Gewinnchancen kann jedoch ebenso wie eine Ausschüttung unsicherer Vermögenszuwächse im Falle des Ausbleibens der Gewinnrealisierung bestandsgefährdende Entwicklungen auslösen. Zahlreiche Ausschüttungssperren und sonstige Korrekturen im steuerlichen Rechenwerk würden erforderlich. Damit folgt bereits aus dem Verbot der Substanzbesteuerung, dass Wertsteigerungen erst bei ihrer Realisation der Besteuerung unterliegen. Anderenfalls würde steuerlich ein Realisationsakt unterstellt, der nicht dem Willen des Verfügungsberechtigten entspricht.[593] Eine Besteuerung nicht realisierter Gewinne ist mit dem Übermaßverbot nicht vereinbar, da es grundsätzlich unzumutbar ist, den Steuerpflichtigen zur Veräußerung oder Beleihung von Wirtschaftsgütern oder Aufnahme von Krediten zu zwingen, um seiner Steuerzahlungspflicht nachzukommen (*Argument der fehlenden Liquidität*). [594] Dies kann nur *„ultima ratio"* sein.[595] Der Steuerzu-

591 Dazu im Einzelnen *Hennrichs*, ZGR 2000, 627, 640 f.

592 Vgl. *Selchert*, FS Fischer, S. 923. Deutlich wird dies an Abrechnung langfristiger Fertigungsaufträge. Nach vollständiger Abwicklung des Vertrages bestehen im Gewinnausweis nach beiden Regelwerken keine Unterschiede mehr.

593 Vgl. *Jachmann*, DStJG 23 (2000), 9, 56.

594 *Lang*, Bemessungsgrundlage der Einkommensteuer, S. 173 f., 368; *Hey*, in: Tipke/Lang, Steuerrecht, § 17 Rn. 202; *Knobbe-Keuk*, Bilanz- und Unternehmenssteuerrecht, S. 270; *Hennrichs*, DStJG 24 (2001), 301, 316 f.; *Englisch*, FS Lang, S. 182; *Arnold*, StuW 2005, 148, 154; *Herzig*, IAS/IFRS und steuerliche Gewinnermittlung, S. 49; *Breithecker/Klapdor/Rokitta*, StuW 2007, 145, 147; *Kuntschik*, Steuerliche Gewinnermittlung und IAS/IFRS, S. 68. Kritisch zur Relevanz der Liquidität im Steuersystem *Moreno/Kaiser*, StuW 2007, 172, 179 f.

griff muss vielmehr möglichst eigentumsschonend und wirtschaftlich maßvoll sein.

Zudem sind unrealisierte Gewinne häufig kaum verlässlich zu ermitteln, so dass es auch an der steuerrechtlich notwendigen Objektivierbarkeit fehlt. Erst die Veräußerung als ein am Markt realisierter Vorgang bestätigt den Sachwert eines Objekts. Während sich bestätigte Wertsteigerungen aus der Differenz zwischen dem Veräußerungspreis und den ursprünglichen Anschaffungskosten ermitteln lassen, besteht bei nicht realisierten Vermögenszuwächsen ohne Übertragungsakt kein sicherer Ansatzpunkt (*Argument der unsicheren Bewertung*).[596] Aufweichungen des Realisationsprinzips, die handelsrechtlich unter Informationsgesichtspunkten sinnvoll erscheinen, dürfen im Steuerrecht schon unter freiheitsrechtlichen Gesichtspunkten nicht nachvollzogen werden.

Daneben ist die Orientierung an den Prinzipien der Markteinkommenstheorie, hier namentlich der Besteuerung von (am Markt) realisierten Vermögensmehrungen, auch ein gleichheitsrechtliches Gebot der System- und Folgerichtigkeit.[597] Die ein Fundamentalprinzip konkretisierenden Subprinzipien sind im Sinne einer „vertikalen" Folgerichtigkeit[598] ohne Wertungswiderspruch umzusetzen.[599] Das (steuerliche) Realisationsprinzip erlangt damit – analog zum objektiven Nettoprinzip – zumindest einen derivativen Verfassungsrang.

Die Beschränkung des Steuerzugriffs auf realisierte Vermögenszugänge ist damit ein Gebot sowohl der Verlässlichkeit der Besteuerung als auch der Unternehmensschonung und -erhaltung.[600]

---

595 Zutreffend *Hey*, in: Tipke/Lang, Steuerrecht, § 17 Rn. 231; *Pezzer*, DStJG 14 (1991), 3, 23; *Knobbe-Keuk*, Bilanz- und Unternehmenssteuerrecht, S. 271; *Hennrichs*, DStJG 24 (2001), 301, 317. Zu Substanzsteuereffekten s. *Lang*, in: Tipke/Lang, Steuerrecht, § 4 Rn. 103 ff.

596 Vgl. *Lang*, Bemessungsgrundlage der Einkommensteuer, S. 174, 368; vgl. dazu bereits die Ausführungen zu Gliederungspunkt 2 a) bb) (2) in diesem Abschnitt (S. 122 ff.).

597 Ähnlich bereits *Schlotter*, Teilwertabschreibung, S. 233, der einen erfolgswirksamen Ansatz unrealisierter Wertverluste vor dem Hintergrund des markteinkommenstheoretischen Einkommensbegriffs als unzulässig bewertet. Ebenso *Mössner*, FS Lang, S. 95, der die Orientierung an der realisierten Vermögensmehrung allerdings im Rahmen des objektiven Nettoprinzips als „verfassungskräftig" bewertet.

598 Vgl. *Tipke*, JZ 2009, 533, 535; *ders.*, FS Lang, S. 40.

599 Vgl. *Englisch*, FS Lang, S. 182, der dem Fundamentalmaßstab insoweit eine gleichheitsrechtliche Transmissions- und Integrationsfunktion zuweist.

600 *Herzig*, IAS/IFRS und steuerliche Gewinnermittlung, S. 49; *ders.*, WPg 2000, 104, 113; *Pezzer*, DStJG 14 (1991), 3, 22 f.; *Hennrichs*, DStJG 24 (2001), 301, 316. Zum einkommensteuerrechtlichen Realisationsprinzip grdl. *Lang*, Bemessungsgrundlage der Einkommensteuer, S. 344 ff.

(b) Steuerliches Imparitätsprinzip

Nach § 252 Abs. 1 Nr. 4 Halbs. 1 HGB sind alle vorhersehbaren Risiken und Verluste, die bis zum Abschlussstichtag entstanden sind, zu berücksichtigen, selbst wenn diese erst zwischen dem Abschlussstichtag und dem Tag der Aufstellung des Jahresabschlusses bekannt geworden sind. Über den Maßgeblichkeitsgrundsatz gem. § 5 Abs. 1 EStG gilt dieses Prinzip auch für die Steuerbilanz. Nach diesem Grundsatz, der ebenfalls Ausfluss des handelsrechtlichen Vorsichtsprinzips ist, werden Wertminderungen bereits vor Realisierung erfasst, so dass bilanziell eine Ungleichbehandlung (Imparität) von Gewinnen und Verlusten erfolgt.[601]

Während das Realisationsprinzip im Sinne eines verfassungskonformen Steuerbilanzrechts als erforderlich angesehen wird, fällt die Rechtfertigung des Imparitätsprinzips für die steuerliche Gewinnermittlung erheblich schwerer. Das Imparitätsprinzip bildet nach der Dogmatik des Realisationsprinzips nicht die gegenwärtige Vermögenslage des Kaufmanns ab, sondern seine zukünftige.[602] Daraus folgert ein Teil des Schrifttums, dass insbesondere die frühzeitige Verlustantizipation nicht zu einem Ergebnis führe, welches die steuerliche Leistungsfähigkeit wiederspiegelt.[603] Die herrschende Meinung befindet jedoch auch das Imparitätsprinzip in der Steuerbilanz, insbesondere wegen der verfassungsrechtlich notwendigen Tatbestandsmäßigkeit der Besteuerung und des Übermaßverbots, als (gegenwärtig) systemkonform.[604]

---

601 Allerdings erfolgen im Steuerrecht gerade im Bereich des handelsrechtlichen Imparitätsprinzips zahlreiche Durchbrechungen des Maßgeblichkeitsgrundsatzes, in erster Linie aus fiskalischen Gründen, vgl. *Hey*, in: Tipke/Lang, Steuerrecht, § 17 Rn. 78. Diese Durchbrechungen implizieren einen Gleichheitsverstoß und bedürfen einer besonderen Rechtfertigung. Eine besondere Brisanz ergibt sich bei einer Kombination mit der Beschränkung des Verlustabzugs. Denn Verluste gänzlich unberücksichtigt zu lassen, verstieße gegen das objektive Nettoprinzip, vgl. *Schulze-Osterloh*, DStJG 23 (2000), 67, 75 (Fn. 34); *Hennrichs*, DStJG 24 (2001), 301, 324.

602 So formulierte treffend *Schulze-Osterloh*, DStJG 23 (2000), 67, 72.

603 *Doralt*, DB 1998, 1357 f.; *Schulze-Osterloh*, DStJG 23 (2000), 67, 73 ff.; *Jachmann*, DStJG 23 (2000), 9,56; *Siegel*, BB 1994, 2237, 2244; *C. Kraft*, Steuergerechtigkeit und Gewinnermittlung, S. 206. So auch die Begründung zum Steuerentlastungsgesetz 1999/2000/2002, BT-Drucks. 14/23, S. 171. Eine ausführliche Darstellung zur Diskussion bei *Dauber*, Realisationsprinzip als Grundprinzip steuerrechtlicher Gewinnermittlung, S. 105 ff.

604 Vgl. statt aller *Lang*, Bemessungsgrundlage der Einkommensteuer, S. 368 f.; *Pezzer*, DStJG 14 (1991), 3, 24 f.; *Breithecker/Klapdor/Rokitta*, StuW 2007, 145, 147. Einen Überblick über den Meinungsstand zum steuerlichen Imparitätsprinzip und die Rechtfertigung von Rückstellungen und Teilwertabschreibungen in der Steuerbilanz liefert *Hennrichs*, DStJG 24 (2001), 301, 317 ff. m.w.N. Nach *Herzig*, WPg 2000, 104, 113, er-

Eine Streitentscheidung ist an dieser Stelle nicht angezeigt, da sich jedenfalls kein Einwand gegen die Vereinbarkeit mit den IFRS herleiten lässt. Denn im Rahmen der IFRS werden in konsequenter Anwendung des Prinzips der Periodenabgrenzung Gewinne und Verluste gleich behandelt. Danach sind drohende Verluste wie selbstverständlich durch Bildung einer Rückstellung zu berücksichtigen und außerplanmäßige Abschreibungen zugelassen.[605] Vielmehr geht die Berücksichtigung von Verlusten sogar über die steuerrechtlichen Ansatzmöglichkeiten hinaus.[606] In konsequenter Anwendung des True and Fair View-Prinzips er-

---

scheint das Imparitätsprinzip zumindest solange unverzichtbar, wie das Steuerrecht keine sofortige Verlustberücksichtigung gewährleistet (Verlustabzug) und den Verlustausgleich beschränkt. In diesem Sinne auch *D. Schneider*, BB 2003, 299, 300 f. und *Kahle*, WPg 2003, 262, 271, nach denen eine verteilungsgerechte Besteuerung einen sofortigen, vollständigen Verlustausgleich erfordert.

605 Vgl. zum Ansatz von Rückstellungen IAS 37.14 ff. und speziell Verlustrückstellungen IAS 37.66 ff.; zu den außerplanmäßigen Abschreibungen für das Vorratsvermögen IAS 2.9, IAS 2.28 sowie für Sachanlagen IAS 16.63 und immaterielle Vermögenswerte IAS 38.111.

606 Steuerrechtlich dürfen gem. § 5 Abs. 4a EStG – entgegen § 249 Abs. 1 Satz 1 HGB – Rückstellungen für drohende Verluste aus schwebenden Geschäften nicht gebildet werden. Auch die bisherigen Wahlrechte zur Bildung von Aufwandsrückstellungen nach § 249 Abs. 1 Satz 3, Abs. 2 HGB a.F. führten steuerrechtlich zu Passivierungsverboten. Im Rahmen der Anpassung des Handelsbilanzrechts an internationale Rechnungslegungsstandards durch das BilMoG wurden diese Wahlrechte jedoch abgeschafft. Auch nach den IFRS ist ein Ansatz von Aufwandsrückstellungen grundsätzlich nicht zulässig, vgl. IAS 37.63. Allerdings wird bei dieser Betrachtung übersehen, dass die IFRS der Aufwandsverrechnung anderweitig Rechnung tragen. So gewährleistet der sog. Komponentenansatz (IAS 16.43 ff.), dass einzelne Bestandteile eines Vermögenswerts mit kürzerer Nutzungsdauer selbständig abgeschrieben werden können und damit periodengerecht zu entsprechendem Aufwand führen, vgl. dazu Anhang C zu IAS 37, Beispiel 11A; ferner *Hoffmann*, in: Lüdenbach/Hoffmann, Haufe IFRS-Kommentar, 9. Aufl. 2011, § 8 Rn. 34. Abschreibungsmethoden für Gebäude, bewegliche und immaterielle Wirtschaftsgüter sowie die Abschreibungszeiträume für Gebäude und Grundstücke sind nach den IFRS restriktiver als nach deutschem Recht; vgl. z.B. IAS 16.57, wonach die Nutzungsdauer bei Sachanlagen unternehmensindividuell festzulegen ist. Aufgrund des Bewertungsvorbehalts nach § 5 Abs. 6 EStG gelten für die Steuerbilanz, unabhängig von handelsrechtlichen Entwicklungen, die Abschreibungsregeln des § 7 EStG. Bei den Berechnungsgrundlagen für die Bildung von Pensionsrückstellungen erlauben die IFRS – v.a. wegen der Berücksichtigung von aktuellen Lohn- und Rentenentwicklungstendenzen – im Vergleich zum deutschen Steuerrecht höhere Ansätze. Durch das BilMoG erfolgte jedoch auch hier eine Anpassung an die IFRS, vgl. § 253 Abs. 1 Satz 2, Abs. 2 HGB i.d.F. des BilMoG. Im Steuerrecht hat weiterhin § 6a EStG Bestand.

folgt zudem ein grundsätzlich für alle Vermögenswerte verbindlich durchzuführender, jährlicher Wertminderungstest.[607]

(c) Anschaffungswertprinzip

Als folgerichtige Konkretisierung der verfassungsrechtlichen Anforderungen an die Steuerbilanz, namentlich des Leistungsfähigkeitsprinzips und des Übermaßverbots, ist neben dem Verbot nicht realisierte Gewinne auszuweisen auch die Orientierung an den Anschaffungswerten (§ 6 Abs. 1 Nr. 1 Satz 1, Nr. 2 Satz 1 EStG) anstelle einer Zeitwertbilanzierung zu nennen.[608] Für die Bewertung von Aktiv- und Passivposten bedeutet dies, dass Aktiva nicht über ihre Anschaffungs- oder Herstellungskosten hinaus aufgewertet und Passiva nicht unter ihren Erfüllungsbetrag abgewertet werden dürfen. Diese Bewertungsgrenzen sind Ausdruck des Vorsichtsprinzips und des Objektivierungsgrundsatzes.

Die Übernahme der Fair Value-Bewertung in der Steuerbilanz stellte einen Paradigmenwechsel weg von der traditionellen vorsichtigen Bewertung dar.[609] Während eine solche Zeitwertbilanzierung unter Informationsaspekten[610] sinnvoll ist, erscheint sie sowohl unter dem Aspekt der Gleichmäßigkeit als auch der gebotenen Verhältnismäßigkeit der Be-

---

607 Vgl. IAS 36.1. Ausnahmen im Anwendungsbereich werden in IAS 36.2 geregelt. Zu den umfassenden Ermessensspielräumen beim Goodwill-Impairment-Test aus steuerlicher Sicht *Langkau*, DStR 2009, 652, 656 ff. Allerdings ist der *impairment only approach* der IFRS nicht mit den Anforderungen des europäischen Bilanzrechts (Art. 37 Abs. 2 i.V.m. Art. 34 Abs. 1 Buchst. a der EG-Jahresabschlussrichtlinie vom 25.7.1978, 78/660/EWG, ABl. L 222 vom 14.8.1978, S. 11) in Einklang zu bringen.

608 Vgl. *Arbeitskreis Bilanzrecht*, BB 2002, 2372, 2379; *Hennrichs*, StuW 2005, 256, 262. Zu den verfassungsrechtlichen Grenzen bei der Ausgestaltung des Steuerbilanzrechts, vgl. *Schlotter*, FR 2007, 951 ff.

609 Aus historischer Sicht ist folgendes interessant: In Deutschland gab es bereits eine Fair Value-Bewertung im Allgemeinen Deutschen Handelsgesetzbuch (AD HGB) aus dem Jahre 1861. Dieser Bewertungsansatz wurde dann jedoch bereits im Jahr 1884 wegen bestehender Manipulationsmöglichkeiten zugunsten des heutigen Anschaffungs- und Herstellungskostenprinzips abgeschafft. Zu Nachweisen IFSt-Schrift Nr. 424 (2005), S. 33.

610 Der Ansatz von Finanzinstrumenten zum *fair value* wird – sofern Marktwerte zuverlässig ermittelbar sind – als geeigneterer Indikator zukünftiger *cash flows* angesehen als der Ansatz zu den fortgeführten Anschaffungs- oder Herstellungskosten (AK/HK). Die Zeitwertbilanzierung erhält in einer informationsgeprägten Rechnungslegung daher den Vorzug. Ein genereller Zeitwertansatz vermag zudem im Rahmen der Derivatebilanzierung eine Willkürbewertung zu verhindern und trägt damit den steuerlichen Objektivierungserfordernissen Rechnung, vgl. *Herzig*, WPg 2000, 104, 114 m.w.N. Außerhalb der Derivatebilanzierung bietet der Rückgriff auf die fortgeführten AK/HK jedoch nach wie vor den sichersten Ansatz.

steuerung äußerst bedenklich. Die heute gegen die Fair Value-Bewertung vorgebrachten Argumente stimmen im Wesentlichen mit den traditionellen Argumenten gegen eine Besteuerung nicht realisierter Gewinne überein. Denn auch diese Bewertung kann die Besteuerung eines nicht realisierten Gewinns infolge einer Wertsteigerung nach sich ziehen. Dies führt unmittelbar zur Entstehung einer Steuerforderung ohne tatsächlichen Mittelzufluss.[611] Steuerliche Leistungsfähigkeit setzt nämlich Liquidität voraus,[612] die im Fall nicht realisierter Gewinne offenkundig nicht gegeben ist. So führt auch das Fair Value-Konzept, das über die historische Anschaffungs- oder Herstellungskostenbewertung hinausgeht, zu einer Besteuerung von Scheingewinnen ohne eine reale wirtschaftliche Leistungsfähigkeit (*Argument der fehlenden Liquidität*). Zahlreiche Ausschüttungssperren und sonstige Korrekturen im steuerlichen Rechenwerk würden notwendig.

Ferner ist erneut auf die Schwierigkeiten bei der Zeitwertermittlung hinzuweisen.[613] Grundlage der Berechnung von Zeitwerten sind Buch- und Marktwerte. Da die Marktpreise nicht durch eine Transaktion objektiv bestätigt wurden, sind sie mit erheblichen Unsicherheiten behaftet (*Argument der unsicheren Bewertung*). Unsichere Wertschätzungen beeinträchtigen die Vergleichbarkeit des Gewinns als Leistungsfähigkeitsindikator und bergen damit die Gefahr einer Ungleichmäßigkeit der Besteuerung wegen ungleicher Bewertung von Einkommen.[614]

---

611 Vgl. *Herzig*, Internationalisierung der Rechnungslegung, S. 186.

612 Vgl. *Lang*, in: Tipke/Lang, § 4 Rn. 102; *Hennrichs*, FS Lang, S. 239. Dazu auch *Birk*, Das Leistungsfähigkeitsprinzip als Maßstab der Steuernormen, S. 167, der dieses Ergebnis auch auf den Rechtsgedanken der Verteilungsgerechtigkeit stützt. Steuerrecht ist auch öffentliches Lastenverteilungsrecht, bei der die wirtschaftliche Leistungsfähigkeit den Verteilungsmaßstab darstellt. Bereits aus dem Wortsinn der „Verteilung" folgt das Vorhandensein einer effektiven Zahlungsfähigkeit. Frei nach dem Motto: „Was nicht vorhanden ist, kann auch nicht verteilt werden."

613 Differenzierend *Moreno/Kaiser*, StuW 2007, 172, 180, die feststellen, dass auch Aktiva existieren, deren jährliche Bewertung mit dem *fair value* unproblematisch sei (z.B. die an offiziellen Märkten gehandelten Finanzinstrumente und deren Derivate). Das Anschaffungswertprinzip sei damit für die Bewertung nicht aller Aktiva zwingend. An dieser Stelle sei der Hinweis erlaubt, dass der Beitrag von *Moreno/Kaiser* vor der weltweiten *Subprime*-Krise publiziert wurde. Vor dem Hintergrund dieser Krise müssen die vorgenannten Feststellungen relativiert werden. Vielmehr liefern die heutigen Erkenntnisse ausreichend Argumentationsstoff gegen die Sicherheit von Fair Value-Bewertungen.

614 Zutreffend *Lang*, in: Tipke/Lang, Steuerrecht, § 4 Rn. 104, § 8 Rn. 33; *Hennrichs*, DStJG 24 (2001), 301, 316; *ders.*, StuW 2005, 256, 263.

(d) Das allgemeine Vorsichtsprinzip für die Steuerbilanz

Handelsrechtlich galt das Vorsichtsprinzip aus Gründen des Gläubigerschutzes lange Zeit als fundamental und gegenüber dem Prinzip der Periodenabgrenzung vorgreiflich.[615] Auch das BilMoG hat dieses zentrale Bekenntnis in § 252 Abs. 1 Nr. 4 HGB nicht abgeschafft und damit keinen grundsätzlichen Paradigmenwechsel zum *true and fair view* der IFRS vollzogen.

Nach den IFRS stellt das Vorsichtsprinzip (*prudence*) kein Leitprinzip dar, sondern folgt der Grundannahme der periodengerechten Erfolgsermittlung (*accrual basis*) und gilt lediglich als Unterprinzip der Verlässlichkeit.[616] So wird beispielsweise ausdrücklich hervorgehoben, dass eine Beeinträchtigung der Verlässlichkeit durch vorsichtige Bilanzierung nicht zulässig ist.[617]

Teilweise wird im Schrifttum vertreten, dass der Grundsatz des *true and fair view* besser mit dem Ziel einer steuerlichen Gewinnermittlung vereinbar sei als das handelsrechtliche Vorsichtsprinzip.[618] Die IFRS werden deswegen teilweise sogar als geeigneter für eine steuerliche Gewinnermittlung angesehen, weil dem Grundsatz der Vorsicht dort kein so hoher Stellenwert zukommt wie im HGB-Bilanzrecht. Zudem erfolgt bei den IFRS eine Zuordnung der Vermögenswerte nach einer rein wirtschaftlichen Betrachtungsweise („*substance over form*"), die im Wesentlichen dem steuerrechtlichen Konzept des wirtschaftlichen Eigentums nach § 39 Abs. 2 Nr. 1 Satz 1 AO entspricht.[619] Die Konkretisierung des Vorsichtsprinzips durch eine möglichst umfassende Information bewirke

---

615 Dazu z.B. *Beisse*, FS Beusch, S. 83. Zur Veränderung der Bedeutung des handelsrechtlichen Vorsichtsprinzips aufgrund internationaler Entwicklungen bereits *Herzig*, WPg 2000, 104, 110 f.

616 Vgl. zu diesem bedeutungsvollen Unterschied in der konzeptionellen Basis von IFRS und HGB *Lüdenbach/Hoffmann*, in: Lüdenbach/Hoffmann, Haufe IFRS-Kommentar, 9. Aufl. 2011, § 1 Rn. 10 ff.

617 Vgl. Rahmenkonzept F.37.

618 *Weber-Grellet*, StuW 1999, 311, 315; *Oestreicher/Spengel*, DB 1999, 593, 594 und *dies.*, DB 1999, 1511, 1516. Einen ausführlichen Überblick zu dem Diskussionsstand liefern *Herzig*, IAS/IFRS und steuerliche Gewinnermittlung, S. 31 ff. und *Link*, in: Schön, Steuerliche Maßgeblichkeit, S. 248 ff.

619 Vgl. *Herzig*, IAS und steuerliche Gewinnermittlung, S. 82 ff. Einschränkend ist jedoch zu beachten, dass die rechtliche Form der Geschäftsvorfälle eine wesentliche Bedeutung für die Bilanzierung hat, weil sie i.d.R. auch den wirtschaftlichen Inhalt widerspiegelt, vgl. dazu bspw. IAS 8.10(b), IAS 39.14. Insofern zeigt sich im Hinblick auf § 39 Abs. 1 AO eine weitere Parallele zum Steuerrecht.

bei den IFRS eine deutlich geringere Verzerrung der Darstellung von Finanz-, Geschäfts- und Ertragslage im Vergleich zu dem vom Maßgeblichkeitsprinzip geprägten Bilanzsteuerrecht. Die Regelungsdichte verhelfe zudem zu einer besseren Periodisierung des Ergebnisses.

Dem wird entgegen gehalten, dass das handelsrechtliche Vorsichtsprinzip aus Gründen der Unternehmensschonung und -erhaltung auch zwingend für die Steuerbilanz gelte, da sich die Teilhaberrechte des Fiskus als Großgläubiger auch lediglich auf den entziehbaren Gewinn beschränken. Der Fiskus könne als „stiller Teilhaber" unter dem Gesichtspunkt der Unternehmenserhaltung ebenso wie der Anteilseigner nicht mehr von dem Unternehmen verlangen als den vorsichtig ermittelten ausschüttungsfähigen Gewinn.[620]

Das *handelsrechtliche Vorsichtsprinzip* ist als dominierendes Leitmotiv für die steuerliche Gewinnermittlung ungeeignet.[621] Denn diese zielt nicht auf den *möglichst vorsichtig* ermittelten Gewinn, sondern auf den

---

620 Zur sog. „Teilhaberthese" grdl. *Döllerer*, BB 1971, 1333, 1334; zustimmend *Moxter*, StuW 1994, 97, 99; *ders.*, DStZ 2000, 157, 159 ff.; *Beisse*, FS Beusch, S. 77 ff., 85 f.; *Brinkmann*, Zweckadäquanz der Rechnungslegung nach IFRS, S. 223; ferner jüngst *Marx*, BB 2011, 1003, 1005 f. In diesem Kontext verweist *Schön*, StuW 1995, 366, 377, mit Recht auf die durch Art. 14 GG geschützte Erhaltung der Substanz (im Sinne der Ertragsquelle). Gegen die These vom „Fiskus als stiller Teilhaber" wendet *Herzig*, WPg 2000, 104, 113 ein, dass der Fiskus vielmehr „eindeutig gewinnbevorrechtigter Gläubiger der Unternehmung" sei. Die dem Maßgeblichkeitsgrundsatz zugedachte Schutzfunktion vor fiskalischen Beutezügen, habe sich als Trugschluss erwiesen. Ablehnend ebenso *Kuntschik*, Steuerliche Gewinnermittlung und IAS/IFRS, S. 65 f. m.w.N.

621 Dem ist auch der Gesetzgeber gefolgt. Vgl. hierzu den Gesetzesentwurf der Bundesregierung, Entwurf eines Steuerentlastungsgesetzes 1999/2000/2002 v. 13.1.1999, BT-Drucks. 14/265: „Die handelsrechtliche Gewinnermittlung ist inzwischen nicht nur im Hinblick auf die enge Verknüpfung mit der steuerlichen Gewinnermittlung unbefriedigend. Die deutschen Vorschriften werden zunehmend kritisiert, da ihre auf dem Gläubigerschutz basierenden Prinzipien nur einen eingeschränkten Einblick auf die tatsächliche Ertragslage ermöglichen. Sie behindert auch die Globalisierungsbemühungen deutscher Unternehmen. […] Im Hinblick auf die vorgesehene Unternehmensteuerreform schaffen die Vorschriften zur Objektivierung der Gewinnermittlung die Voraussetzungen für eine international vergleichbare Bemessungsgrundlage, durch die die Absenkung des Steuersatzes auf Unternehmensgewinne von nur noch höchstens 35 Prozent ermöglicht wird." Diese Aussage bedeutete eine steuerpolitische Kehrtwende hinsichtlich der Stellung des Vorsichtsprinzips, denn im Gesetzesentwurf zum Kapitalaufnahmeerleichterungsgesetz v. 6.3.1997 (KapAEG), BT-Drucks. 13/7141, S. 8 hieß es noch: „Das deutsche Vorsichtsprinzip hat sich bewährt. Es ist Grundlage der Maßgeblichkeit der Handelsbilanz für die steuerliche Gewinnermittlung. Seine Aufgabe wäre nicht nur für die mittelständische Wirtschaft nachteilig. Seine Aufgabe oder Einschränkung kommt daher nicht in Frage.

möglichst periodengerecht abgegrenzten, verlässlich bestimmten Erfolg.[622] Die im Handelsrecht nachvollziehbare Idee des Gläubigerschutzes gilt für das Steuerrecht nicht.[623] Ein *steuerrechtliches Vorsichtsprinzip* muss sich vielmehr an der Zielrichtung der Steuerbilanz orientieren. Dies ist die folgerichtige, eigentumsschonende und rechtsstaatliche Messung wirtschaftlicher Leistungsfähigkeit. Das *steuerrechtliche Vorsichtsprinzip* ist ein Unterprinzip der Grundsätze der Verlässlichkeit und Unternehmensschonung. Es steht im Dienste der Objektivierung und des Übermaßverbots[624], indem es dafür Sorge trägt, dass „nicht ein ungewisser Gewinn als tatsächlicher Gewinn angesetzt" und der Besteuerung unterworfen wird.[625] In diesem Sinne ist insbesondere das Realisationsprinzip, als besondere Ausprägung des Vorsichtsprinzips, ein tragender „Eckpfeiler"[626] der Steuerbilanz, welcher grundlegend von der Konzeption einer *fair presentation* im Sinne der IFRS abweicht.[627] Das steuerrechtliche Vorsichtsprinzip entspricht damit nur in Teilen dem handelsrechtlichen. In diesen Bereichen ist es dann aber auch steuerrechtlich fundamental und gegenüber der Konzeption der IFRS für die Ermittlung der Steuerbemessungsgrundlage überlegen. „Ein am Leistungsfähigkeitsprinzip ausgerichtetes, auf Rechtssicherheit und maßvolle Besteuerung bedachtes

---

622 Siehe *Pezzer*, DStJG 14 (1991), 3, 21; *Hennrichs*, DStJG 24 (2001), 301, 325 f.; *ders.*, StuW 1999, 138, 148; *Lang*, Bemessungsgrundlage der Einkommensteuer, S. 344; *Dauber*, Realisationsprinzip als Grundprinzip der steuerrechtlichen Gewinnermittlung, S. 107. Ferner *Lang*, DStJG 4 (1981), 45, 82: „Das handelsrechtliche Vorsichtsprinzip stellt grundsätzlich nur dann einen tauglichen Maßstab für die Konkretisierung des rechtsstaatlichen Übermaßverbots dar, wenn und soweit der Steuerpflichtige *wirtschaftlich berechtigte* Vorsicht walten lässt."

623 *Hennrichs*, DStJG 24 (2001), 301, 325; *Weber-Grellet*, DStR 1998, 1343, 1344; *Siegel*, BB 1994, 2237, 2244; *ders.*, StuB 2000, 29, 32; a.A. *Beisse*, FS Beusch, S. 85.

624 Nach *Lang*, Bemessungsgrundlage der Einkommensteuer, S. 368, impliziert das Verbot der Übermaßbesteuerung einen vorsichtigen und damit zugleich sicheren Vermögensausweis.

625 *Jachmann*, DStJG 23 (2000), 9, 56.; *Kuntschik*, Steuerliche Gewinnermittlung und IAS/IFRS, S. 69; ähnlich *Breithecker/Klapdor/Rokitta*, StuW 2007, 145, 147; *Schlotter*, Teilwertabschreibung, S. 258; *Dauber*, Realisationsprinzip als Grundprinzip der steuerrechtlichen Gewinnermittlung, S. 107.

626 *Hennrichs*, DStJG 24 (2001), 301, 315 ff.; *ders.*, StuW 2005, 256, 262; *Arbeitskreis Bilanzrecht*, BB 2002, 2372, 2379; *Herzig*, WPg 2000, 104, 113; *ders.*, WPg 2005, 211, 215 ff.; *Kahle*, WPg 2003, 262, 271; *Kuntschik*, Steuerliche Gewinnermittlung und IAS/IFRS, S. 66 ff.; *Weber-Grellet*, DStR 1998, 1343, 1347; *Schulze-Osterloh*, DStJG 23 (2000), 67, 71, 75.

627 Zutreffend *Hey*, in Tipke/Lang, Steuerrecht, § 17 Rn. 67 f.; *Albert*, IFSt-Schrift Nr. 448 (2008), S. 39.

Steuerbilanzrecht wird mit den traditionellen Prinzipien der Realisation, der Imparität und der Vorsicht nicht vollständig brechen."[628]

(2) Dualismus der Gewinnermittlung

Im Hinblick auf die horizontale Steuergerechtigkeit kann schließlich ein weiteres Argument gegen eine mögliche Maßgeblichkeit der IFRS angeführt werden. Das geltende Einkommensteuerrecht geht von zwei Säulen der Einkünfteermittlung aus, dem Betriebsvermögensvergleich und dem Überschuss der (Betriebs-)Einnahmen über die Werbungskosten (in den Überschusseinkünften) bzw. die Betriebsausgaben (in der vereinfachten Gewinnermittlung nach § 4 Abs. 3 EStG).[629] In diesem Dualismus wird bereits im bestehenden Steuersystem vielfach ein Verstoß gegen das Prinzip der Gleichmäßigkeit der Besteuerung gesehen.[630] So ergibt sich auf den ersten Blick ein Widerspruch zur verteilungsgerechten Besteuerung, da durch die frühzeitige Aufwands- und Verlustberücksichtigung infolge des Imparitätsprinzips für den Bilanzierenden eine gegenüber dem Überschussrechner niedrigere Steuerbelastung eintritt.[631] Die Gewinnermittlung nach Betriebsvermögensvergleich weicht im Rahmen der IFRS schon vom Grundsatz her (Fair Value-Bewertung, weiter Asset-Begriff) in noch stärkerem Maße von einer Überschussrechnung ab, als nach den handelsrechtlichen GoB.

Da auf die Einnahmen-Überschuss-Rechnung, insbesondere auf die Gewinnermittlung nach § 4 Abs. 3 EStG, aus Praktikabilitäts- und Vereinfachungsgründen nicht verzichtet werden soll[632], würde sich im Falle ei-

628 *Hey*, in: Tipke/Lang, Steuerrecht, § 17 Rn. 54.

629 Ergänzende Erfolgsrechnungen bei Betriebsveräußerung und –aufgabe (§§ 14; 16; 18 Abs. 3 EStG) sowie die privilegierenden Gewinnermittlungen nach Durchschnittssätzen bei Land- und Forstwirtschaft (§ 13a EStG) und nach der Tonnage von Schiffen (§ 5a EStG) bleiben an dieser Stelle unberücksichtigt.

630 Vgl. eingehend m.w.N. *Lang*, in: Tipke/Lang, Steuerrecht, § 9 Rn. 180 ff.; dazu ferner *Kahle*, IRZ 2006, 87, 89; *Schlotter*, Teilwertabschreibung, S. 245 f.

631 Dagegen *Hennrichs*, FS Lang, S. 250: „Folgerichtigkeit erfordert Stimmigkeit innerhalb eines Subsystems."

632 Im Gegenteil soll Anwendung der Einnahmen-Überschuss-Rechnung nach dem BilMoG weiter ausgeweitet werden. Mit § 241a HGB n.F. wird die bisher bestehende Verknüpfung zwischen der Kaufmannseigenschaft und der daran anknüpfenden Verpflichtung zur handelsrechtlichen Buchführungspflicht teilweise aufgegeben. Einzelkaufleute, die die größenabhängige Befreiung in Anspruch nehmen dürfen, sollen ihre Rechnungslegung auf eine Einnahmen-Überschuss-Rechnung nach Maßgabe des § 4 Abs. 3 EStG beschränken dürfen. Vgl. Gesetzesbegründung BilMoG, BT-Drucks. 16/10067, S. 46.

ner Maßgeblichkeit der IFRS die Ungleichbehandlung wegen unterschiedlicher Gewinnermittlungsarten noch verschärfen.

III. Die IFRS als steuerlicher Bezugspunkt außerhalb der Gewinnermittlung

Da in der Literatur vereinzelt der Eindruck erweckt wird, dass die IFRS nun durch die Verknüpfung im Rahmen der Zinsschranke eine Steuerbemessungsfunktion erhielten[633], ist an dieser Stelle eine differenziertere Betrachtung der Art und Weise der steuerlichen Inbezugnahme im Rahmen der Zinsschranke angezeigt.

Erst das Zusammenwirken von Steuerbemessungsgrundlage und Steuertarif ergibt die letztlich entscheidende steuerliche Belastungswirkung. Von besonderem Interesse sind daher stets diejenigen Bilanzierungsprinzipien, die die Höhe oder den Zeitpunkt eines Bilanzansatzes betreffen und damit unmittelbar das Ergebnis der Gewinnermittlung beeinflussen. Die Steuerbemessungsgrundlage wird nach wie vor nicht nach den Standards der IFRS berechnet, so dass kein direkter Einfluss auf die Höhe des Gewinns vorliegt. Der Eigenkapitalvergleich auf der Grundlage der IFRS-Rechnungslegung ist Bestandteil des Steuertatbestandes, nämlich der steuerlichen Hilfsnorm des § 4h EStG.[634] Durch die Bezugnahme auf die IFRS erwächst lediglich ein *bedingter* Einfluss der internationalen Rechnungslegung auf die steuerliche Gewinnermittlung.[635] Die IFRS werden im Zuge der („Ausgrenzungs"[636]-)Befreiungstatbestände der Zinsschranke maßgeblich und wirken sich damit allenfalls *mittelbar* auf die Höhe der Bemessungsgrundlage aus. Die Standards dienen als technisches Instrument einer Beurteilung, ob der Grundtatbestand der Zinsschranke angewendet wird oder nicht. Sie entscheiden damit über das Eingreifen einer steuerlichen Abzugsregel, nicht mehr und nicht weniger. Eine Maßgeblichkeit der IFRS für die steuerliche Gewinnermittlung liegt – zumindest nach dem bisherigen Verständnis in

---

633 Siehe z.B. *Küting/Weber/Reuter*, DStR 2008, 1602, 1606; *Lüdenbach/Hoffmann*, DStR 2007, 636, 641.

634 *Hennrichs*, DStR 2007, 1926, 1929. Zum Steuertatbestand grdl. *Lang*, in: Tipke/Lang, Steuerrecht, § 5 Rn. 46, § 7 Rn. 17 ff.

635 Vgl. zutreffend *Langkau*, DStR 2009, 652; *Hey*, in: Tipke/Lang, Steuerrecht, § 17 Rn. 48.

636 Nach *Lang*, in: Tipke/Lang, Steuerrecht, § 7 Rn. 19, handelt es sich bei Ausnahmebestimmungen zur Verbesserung der Zielgenauigkeit um sog. „Ausgrenzungs-Befreiungen".

der wissenschaftlichen Diskussion – nicht vor. Vielmehr handelt es sich bei der steuerlichen Indienstnahme der IFRS an dieser Stelle um eine „tatbestandsausschließende Maßgeblichkeit mit subjektiver Befreiungswirkung". Maßgeblichkeit bedeutet nach diesem Verständnis nicht mehr zwangsläufig direkten Einfluss auf die Höhe des Steuerbetrags. Anstelle einer *Maßgeblichkeit für die steuerliche Gewinnermittlung* sollte insoweit allgemeiner von einer *Maßgeblichkeit für Besteuerungszwecke* gesprochen werden.

Vor diesem Hintergrund müssen die in Abschnitt B/II gefundenen Ergebnisse relativiert werden. Während die Ausführungen zur formalrechtlichen Kompatibilität der IFRS uneingeschränkt Geltung beanspruchen, können die Einwände aus materiell-rechtlicher Sicht nicht ohne Weiteres herangezogen werden. So kann der Verweis auf einen Verstoß der IFRS gegen das steuerrechtliche Realisationsprinzip im Rahmen der Zinsschranke nicht erfolgreich vorgebracht werden, da die Bemessung des Gewinns hier nicht unmittelbar nach den IFRS erfolgt. Die abweichende Interpretation der Erfolgsverwirklichung bei den IFRS hat mithin keine steuerlichen Belastungswirkungen. Gleiches gilt für die weiteren Steuerbilanzprinzipien, die zur Beurteilung der Ansatz- und Bewertungskonzeption der IFRS herangezogen wurden, namentlich das Imparitätsprinzip und das Anschaffungswertprinzip. Auch die Kritik an einer zunehmenden Ungleichbehandlung der Gewinnermittlungsarten greift für die Zinsschranke nicht durch, da alle Betriebe im Anwendungsbereich des Eigenkapitalvergleichs insofern den gleichen Anforderungen unterliegen. Andere Betriebe außerhalb des Anwendungsbereichs fallen im Rahmen einer Gleichheitssatzprüfung damit schon nicht in die relevante Vergleichsgruppe.

Dennoch verbleibt der Verstoß gegen den steuerrechtlichen Bestimmtheitsgrundsatz, der zu einer Untauglichkeit der IFRS auch für diesen speziellen Besteuerungszweck führt. Für die Beurteilung der Befreiungstatbestände ist im Hinblick auf die steuerlichen Fundamentalprinzipien der Gleichmäßigkeit und Gesetzmäßigkeit der Besteuerung ein ebenso strenger Maßstab anzulegen, wie dies für Normen mit unmittelbarer Steuerbemessungsfunktion notwendig ist.[637]

---

637 Nach *Hey*, StuW 2008, 167, 177, müssen an Missbrauchsvermeidungsvorschriften sogar gesteigerte Anforderungen bezüglich ihrer Klarheit und Verständlichkeit gestellt werden. Die Zinsschranke unterfällt mitsamt der Befreiungstatbestände ebenfalls dieser Kategorie. Ebenso *Hennrichs*, FS Lang, S. 252, der eine „universelle" Geltung der verfassungsrechtlichen Vorgaben für sämtliche Teile des Steuertatbestandes anmahnt.

Nach den Zielsetzungen der Zinsschranke sollen neben der Sanktion von schädlicher Gesellschafterfremdfinanzierung in erster Linie missbräuchliche Finanzierungsgestaltungen in grenzüberschreitenden Konzernstrukturen abgewehrt werden. Die zielgenaue Erfassung dieser Konstellationen soll hierbei durch die beschriebenen persönlichen Steuerbefreiungstatbestände erreicht werden. Danach werden kleine und mittlere Betriebe bereits durch die Frei-grenze und nicht konzernzugehörige Betriebe durch die Konzernklausel befreit. Schließlich sind Betriebe eines reinen Inlandskonzerns durch die Bildung einer Organschaft privilegiert. Um im Rahmen der verbleibenden Betriebe die mutmaßlichen Missbrauchsfälle herauszufiltern, hat sich der Gesetzgeber für einen konzernweiten Vergleich der Kapitalstruktur (Eigenkapitalvergleich) entschieden. Als Vergleichsmaßstab wurde wegen der grenzüberschreitenden Dimension ein internationaler Abschluss gewählt. Die IFRS bieten sich hierfür aufgrund ihrer weltweiten Verbreitung und Anwendung an. Der Steuergesetzgeber orientierte sich dabei – wie i.Ü. auch der Handelsgesetzgeber im Zuge des BilMoG – an den wirtschaftlichen Realitäten in der Konzernrechnungslegung. Ein alternativer Maßstab ist im Rahmen dieser Konzeption nicht erkennbar.

IV. Ergebnis des dritten Kapitels

Die Rechnungslegung in Deutschland wird durch europäische und internationale Entwicklungen stark beeinflusst. Im Rahmen des BilMoG hat der deutsche Gesetzgeber bereits einen großen Schritt zur Annährung des Handelsbilanzrechts an die internationalen Rechnungslegungsstandards nach IFRS unternommen. Auch die Harmonisierungsbestrebungen der EU lassen ein weiteres Vordringen der IFRS in steuerrechtlich relevante Bereiche erwarten.

Eine unmittelbare Steuerbemessungsfunktion der IFRS ist sowohl aus formal-rechtlichen als auch aus materiell-rechtlichen Gründen abzulehnen.[638]

Zunächst sind die Herkunft und das Zustandekommen der EU-IFRS verfassungsrechtlich zumindest bedenklich. Denn die Regeln zur steuer-

638 Dies ist auch die überwiegende Auffassung im Schrifttum vgl. z.B. *Arbeitskreis Bilanzrecht*, BB 2002, 2372, 2379; *Hennrichs*, StuW 2005, 256, 263; *Herzig*, WPg 2000, 104, 115; *Kahle*, WPg 2003, 262, 271; *Fülbier*, StuW 2006, 228, 230 m.w.N.; *Breithecker/Klapdor/Rokitta*, StuW 2007, 145, 160; *Brinkmann*, Zweckadäquanz der Rechnungslegung nach IFRS, S. 160 ff., 222 ff.

lichen Gewinnermittlung sind Bestandteile des Steuerrechts und fallen als solche in den Kompetenzbereich des deutschen Gesetzgebers. Bei den IFRS handelt es sich ursprünglich um rein fachliche Empfehlungen ohne normative Geltung, die von einer privatrechtlichen Institution in London verabschiedet werden. Erst durch ein formales Anerkennungsverfahren werden diese Regeln in europäisches Recht übernommen. Hierbei ist jedoch festzuhalten, dass die Beteiligung und Einflussnahme des EU-Parlaments, d.h. einer demokratisch legitimierten Institution, durch das neue *Regelungsverfahren mit Kontrolle* entscheidend verbessert wurden. Die verfassungsrechtlichen Bedenken vor dem Hintergrund des steuerrechtlichen Legalitätsprinzips wurden dadurch weitgehend ausgeräumt.

Allerdings trägt die IFRS-Rechnungslegung dem rechtsstaatlichen Bestimmtheitsgebot nicht ausreichend Rechnung. So erscheinen Regelungsdichte und Regelungsgeschwindigkeit der IFRS nach wie vor höchst problematisch. Ein Steuerrecht, das verfassungsrechtlichen Anforderungen gerecht werden will, muss Rechtsklarheit und Rechtssicherheit gewährleisten. Die Komplexität und Volatilität der steuerlichen Gewinnermittlung würden durch eine IFRS-Anknüpfung weiter drastisch zunehmen. Die steuerliche Gewinnermittlung muss nicht nur dem Grunde, sondern auch der Höhe nach anhand objektiver, nach außen in Erscheinung tretender Kriterien nachprüfbar sein. Eine Gewinnermittlung, die aufgrund vielfältiger Beurteilungsspielräume letztlich von Willen und Gestaltung des Steuerpflichtigen abhängt, genügt diesen Anforderungen nicht.

Neben den formal-rechtlichen Bedenken sind auch gravierende materiell-rechtliche Einwände gegen eine Steuerbemessungsfunktion der IFRS vorzubringen. Den IFRS ist eine monistische Aufgabenstellung übertragen. Sie dienen primär der Vermittlung entscheidungsnützlicher Informationen an Investoren und jedenfalls keiner Zahlungsbemessung. Durch diese Zweckkonzentration vergeben die IFRS (bewusst) die Chance die Bedürfnisse anderer Bilanz-adressaten (z.B. des Fiskus) zu befriedigen. Demgegenüber ist die Steuerbilanz ausschließlich und die Handelsbilanz zumindest auch auf Zahlungsbemessung ausgerichtet. Beide Systeme folgen vergleichbaren Prinzipien und unterliegen einem ähnlich Grundkonflikt zwischen Periodisierung und Objektivierung, wobei der Verlässlichkeit der Daten gegenüber der Periodisierung der Vorrang eingeräumt wird. Ohne Zahlungsbemessungsfunktion stimmt die Risikolage des IFRS-Abschlusses nicht mit Handels- und Steuerbilanz überein. Die IFRS können sich daher einen „Vorrang der Periodisierung“ leisten, während das Vorsichtsprinzip nur eine untergeordnete Rolle spielt. Die Erhöhung des Vermögensbestandes löst hier keinen Liquiditätsabfluss durch Steuerzugriff aus und unterliegt daher – anders als im Steuerrecht – keinen besonderen Rechtfertigungsmaßstäben.

Der Aktivierungs- und Passivierungskonzeption der IFRS kann steuerrechtlich ebenfalls nur in geringem Umfang gefolgt werden. Bei der Entscheidung zum Ansatz bestehen Ermessensspielräume, sowohl durch die Interpretation der Ansatzkriterien, als auch durch die Erfassung lediglich realisierbarer Erträge auf unsicherer Bewertungsgrundlage. Eine steuerliche Gewinnermittlung nach IFRS wäre damit in hohem Maße gestaltungsanfällig. Auch die Bewertungsmaßstäbe der IFRS können steuerlich nur eingeschränkt gelten. Eine IFRS-Steuerbilanz würde durch den Ausweis nicht realisierter Gewinne zu einer höheren Besteuerung (evtl. sogar Substanzbesteuerung) führen. Entscheidend sind dabei die Argumente der fehlenden Liquidität und der unsicheren Bewertung. Die Orientierung an den Prinzipien der Markteinkommenstheorie, hier namentlich der Besteuerung von (am Markt) realisierten Vermögensmehrungen, ist ein gleichheitsrechtliches Gebot der System- und Folgerichtigkeit. Vor diesem Hintergrund wird deutlich, dass bereits die Verstöße der IFRS-Bewertungs-konzeption gegen die Grundsätze der steuerlichen Gewinnrealisierung eine Steuerbemessungsfunktion ausschließen. Das steuerrechtliche Vorsichtsprinzip ist in dieser Ausprägung für die steuerliche Gewinnermittlung fundamental und weicht grundlegend von dem Konzept einer *fair presentation* nach IFRS ab.

Im Hinblick auf Praktikabilität, Bestimmtheit und Verhältnismäßigkeit der Besteuerung gibt es somit eine Reihe von Bedenken, die gegen eine umfassende Übernahme der IFRS sprechen. Ein pauschaler Verweis auf den IFRS-Abschluss als steuerliche Erfolgsrechnung wäre damit nicht vereinbar. Die Analyse hat jedoch auch gezeigt, dass die IFRS durchaus Regelungen enthalten, die die steuerlichen Anforderungen, z.B. im Hinblick auf eine bessere Periodenabgrenzung, erfüllen. Es besteht daher weitgehend Einigkeit in der Literatur, dass eine steuerliche Bezugnahme auf solche Einzelregelungen der IFRS beschränkt sein kann, die sich für die steuerlichen Zwecke als geeignet und sinnvoll darstellen.[639]

---

639 So *Böcking*, in: FS Mellwig, S. 69 f.; *Herzig*, IAS/IFRS und steuerliche Gewinnermittlung, S. 60 ff.; *ders.*, WPg 2000, 104, 115 f., 118; *Breithecker/Klapdor/Rokitta*, StuW 2007, 145, 159; *U. Schreiber*, StuW 2004, 212, 225; *Kahle*, IRZ 2006, 87, 89, 93 f.; *Link*, in: Schön, Steuerliche Maßgeblichkeit, S. 248 ff.; *Kahle/Dahlke/Schulz*, StuW 2008, 266; *Hey*, in: Tipke/Lang, Steuerrecht, § 17 Rn. 54. Nach *Herzig*, WPg 2005, 211, 214, könnte eine Steuerbilanz auch durch Überleitung aus einem IFRS-Abschluss oder spezifischem Rückgriff auf IAS/IFRS-Regelungen gewonnen werden. Die These „Maßgeblichkeit nur soweit sinnvoll“ wurde bereits für die Verbindung von Handels- und Steuerbilanz durch die

Im Rahmen der Zinsschranke erfolgte nun erstmals im Steuerrecht ein Verweis auf die IFRS. Dieser erfolgte jedoch nicht mit unmittelbarer Wirkung auf die Steuerbemessung, sondern lediglich im Rahmen der Ausgestaltung von Befreiungstatbeständen. Die Befreiungstatbestände entscheiden über die Anwendung der Zinsschranke als Gewinnermittlungsnorm. Die IFRS erhalten dadurch keine unmittelbare Steuerbemessungsfunktion. Eine Untauglichkeit der IFRS für diesen speziellen Besteuerungszweck muss dennoch festgestellt werden. Obwohl die materiellrechtlichen Maßstäbe nur eingeschränkt angewendet werden können, bleiben die Bedenken in formaler Hinsicht vollumfänglich bestehen. Die Internationalisierung der Rechnungslegung vermag den Rückgriff des Steuergesetzgebers auf die IFRS zwar zu erklären, rechtfertigen kann sie ihn nicht.

Verweisung des § 5 Abs. 1 Satz 1 EStG postuliert, vgl. *Hennrichs*, StuW 1999, 138, 146 m.w.N.

Besonderer Teil: Verwirklichung einer punktuellen Maßgeblichkeit der IFRS im Steuerrecht im Rahmen der Zinsschranke

Nach § 4h Abs. 2 Satz 1 Buchst. c Satz 8 EStG sind die für den Eigenkapitalvergleich maßgeblichen Abschlüsse einheitlich nach den IFRS zu erstellen. Diese konkrete Anknüpfung an die IFRS im Rahmen der Zinsschranke stellt deren deutlichste Einflussnahme auf die gegenwärtige Unternehmensbesteuerung dar.[640] Ansatz und Bewertung der für den Eigenkapitalvergleich maßgebenden Werte werden durch die IFRS bestimmt. Soweit die Zinsschranke als Missbrauchsvorschrift und nicht als reine Gegenfinanzierungsmaßnahme im Rahmen der Unternehmensteuerreform 2008 angesehen wird, kommt den IFRS als Teil der Escape-Klausel sogar eine Schutzwirkung zu.[641] Um bei Eingreifen des Grundtatbestandes der Zinsschranke dennoch einen vollen Zinsabzug zu erreichen, muss einer der drei Ausnahmetatbestände des § 4h Abs. 2 S. 1 EStG erfüllt sein. Als problematisch erweisen sich hier die in § 4h Abs. 2 S. 1 Buchst. b und c EStG formulierten Tatbestände, denn sowohl die „Konzernklausel" als auch der „Eigenkapitalvergleich" werden anhand der IFRS konkretisiert.

Die Zinsschranke ist zu einer der umstrittensten Normen des deutschen Einkommensteuerrechts avanciert.[642] Ursächlich hierfür ist nicht zuletzt der Rückgriff auf die Vorschriften der internationalen Rechnungslegung. Die Auswirkungen einer steuerlichen Maßgeblichkeit der IFRS soll im Folgenden auf der Grundlage ihrer konkreten Verflechtung innerhalb der Zinsschrankensystematik untersucht werden.

---

640 Daneben besteht eine weitere unmittelbare IFRS-Verknüpfungen im Rahmen des im Jahr 2007 neu geschaffenen REIT-Gesetzes (§ 12 Abs. 1 REIT-G).

641 Vgl. *Thiel*, FR 2007, 729, 731.

642 Statt aller *Homburg*, FR 2007, 717 ff.

Viertes Kapitel – Die steuerliche Konzernzugehörigkeit im Rahmen der Zinsschranke

Nach der sog. *Konzernklausel* gemäß § 4h Abs. 2 Satz 1 Buchst. b EStG kommt die Zinsabzugsbeschränkung – vorbehaltlich der Rückausnahme nach § 8a Abs. 2 KStG – nicht zur Anwendung, wenn der Betrieb nicht oder nur anteilmäßig zu einem Konzern gehört.[643] Nicht konzernzugehörige Betriebe werden von vornherein durch die Konzernklausel von der Zinsschranke befreit.[644] Der steuerlichen Konzernzugehörigkeit kommt mithin eine zentrale Bedeutung zu.

A. Der Konzern für steuerliche Zwecke nach § 4h Abs. 3 EStG

Die Konzernzugehörigkeit eines Betriebs im Sinne der Zinsschranke wird in § 4h Abs. 3 Sätze 5 und 6 EStG geregelt:

„Ein Betrieb gehört zu einem Konzern, wenn er nach dem für die Anwendung des Absatzes 2 Satz 1 Buchstabe c zugrunde gelegten Rechnungslegungsstandard mit einem oder mehreren anderen Betrieben konsolidiert wird oder werden könnte. Ein Betrieb gehört für Zwecke des Absatzes 2 auch zu einem Konzern, wenn seine Finanz- und Geschäfts-

---

643 Nach dem Anwendungserlass des BMF soll die Prüfung der Konzernzugehörigkeit auf die Verhältnisse am Schluss des vorangegangenen Wirtschaftsjahres abstellen, vgl. BMF-Schreiben vom 4.7.2008, BStBl. I 2008, S. 718, Rn. 68. Diese Regelung findet sich jedoch nicht im Gesetz. Zu den hiermit verbundenen Zweifelsfragen vgl. *Köhler/Hahne*, DStR 2008, 1505, 1514 f.; *Fischer/Wagner*, BB 2008, 1872, 1877; *Hallerbach*, StuB 2008, 624, 625.

644 Da das Gesetz auf die Organisationseinheit *Betrieb* abstellt, sind evtl. Betriebsstätten im In- oder Ausland für die Anwendbarkeit der Konzernklausel unschädlich, vgl. *Heuermann*, in: Blümich, EStG, § 4h Rn. 56, 65. Daher war die Umwandlung ausländischer Tochterunternehmen in Betriebsstätten eine vieldiskutierte Veränderungsstruktur, siehe *Rödder/Stangl*, DB 2007, 479, 484; *Lüdenbach/Hoffmann*, DStR 2007, 636, 638 f.; *Gans-sauge/Mattern*, DStR 2008, 267, 269; *Reiche/Kroschewski*, DStR 2007, 1330, 1332 f.; *Eilers*, FS Schaumburg, S. 285. Siehe zum Betriebsbegriff der Zinsschranke die Ausführungen in Kapitel 2, Abschnitt A/II (S. 37 ff.).

politik mit einem oder mehreren anderen Betrieben einheitlich bestimmt werden kann."

Die Gesetzesbegründung[645] führt zum Konzernbegriff weiter aus:

„Für die Anwendung der Zinsschranke wird ein erweiterter Konzernbegriff zugrunde gelegt. Ein Betrieb gehört zu einem Konzern, wenn er nach dem jeweiligen Rechnungslegungsstandard in einen Konzernabschluss einzubeziehen ist oder, ohne dass tatsächlich ein handelsrechtlicher Konzernabschluss erstellt wird, einbezogen werden könnte. Daneben wird ein Konzern für Zwecke der Zinsschranke aber auch angenommen, wenn seine Finanz- und Geschäftspolitik mit einem oder mehreren anderen Betrieben einheitlich bestimmt werden kann (Beherrschungsverhältnis nach IAS 27). Ein Betrieb kann i.d.R. nur durch einen einzelnen mittelbar oder unmittelbar beteiligten Anteilseigner oder Gesellschafter beherrscht werden."

Für die Abgrenzung von konzernzugehörigen und konzernfreien Betrieben ist der erweiterte Konzernbegriff der Zinsschranke heranzuziehen, der zwischen einem originären und einem steuerlichen Konzern unterscheidet.[646] Welche Organisationsstrukturen im Einzelnen einen Konzernverbund im Sinne der Zinsschranke begründen, bleibt jedoch unklar.[647] Zur Bestimmung der Reichweite der steuerlichen Konzernzugehörigkeit ist systematisch zunächst die Pflicht zur Aufstellung eines Konzernabschlusses von der Einbeziehung in einen Konsolidierungskreis zu unterscheiden.

I. Die Aufstellung eines Konzernabschlusses

1. Sinn und Zweck des Konzernabschlusses

Ein Konzern besteht aus Unternehmen, die, obwohl rechtlich selbständig, wirtschaftlich voneinander abhängig sind.[648] Innerhalb des Konzerns

---

645 Gesetzesbegründung zum Entwurf eines Unternehmensteuerreformgesetzes 2008, BT-Drucks. 16/4841, S. 50.

646 Vgl. *Hick*, in: HHR, Jahresband 2008, § 4h EStG Rn. J 07-41 u. -45.; *Dörfler*, Ubg 2008, 693, 701. Die Unterscheidung ist nicht eindeutig aus dem Gesetzeswortlaut ersichtlich, vgl. zum Meinungsstand im Schrifttum hinsichtlich Auslegung und Verhältnis der Sätze 5 und 6 von § 4h Abs. 3 EStG *Schulz*, DB 2008, 2043, 2044 f.

647 Erhebliche Rechtsunsicherheiten in der Praxis sind die Folge, vgl. *Centrale für GmbH Dr. Otto Schmidt*, GmbHR 2007, 421, 423.

648 Vgl. *Baetge/Kirsch/Thiele*, Konzernbilanzen, S. 1.

können die verbundenen Unternehmen hierarchisch (Unterordnungskonzern) oder gleichberechtigt (Gleichordnungskonzern) organisiert sein. Ein Konzernabschluss setzt sich aus den einzelnen Jahresabschlüssen der einer Muttergesellschaft untergeordneten Tochterunternehmen zusammen.[649] Er dient in erster Linie der Information externer Adressaten. Nach § 297 Abs. 2 Satz 2 HGB soll der Konzernabschluss unter Beachtung der GoB ein den tatsächlichen Verhältnissen entsprechendes Bild der Vermögens-, Finanz- und Ertragslage der Gruppe vermitteln. Durch die vielfältige Ausgestaltung von Leistungsbeziehungen zwischen den einzelnen Konzerngesellschaften werden deren Jahresabschlüsse beeinflusst und verlieren isoliert betrachtet ihre Aussagekraft. Dieses Informationsdefizit soll durch die zusätzliche Aufstellung eines konsolidierten Abschlusses, des Konzernabschlusses, ausgeglichen werden. Ein Kompensationseffekt wird dadurch erreicht, dass die Geschäftsvorfälle bei der Zusammenfassung der Jahresabschlüsse aus Sicht der wirtschaftlichen Einheit neu beurteilt und konzerninterne Geschäfte und Beziehungen neutralisiert werden.[650]

Im Rahmen des Konzernabschlusses tritt an die Stelle der einzelnen rechtlich selbständigen Unternehmen die wirtschaftliche Einheit des Konzerns, die für die Aufstellung des Konzernabschlusses wie ein einheitliches Unternehmen behandelt wird, § 297 Abs. 3 Satz 1 HGB.

2. Pflicht zur Konzernrechnungslegung nach HGB

Das deutsche Handelsrecht regelt die allgemeine Verpflichtung zur Erstellung eines Konzernabschlusses und Konzernlageberichts für inländische Kapitalgesellschaften und diesen gleichgestellte Personenhandelsgesellschaften i.S.v. § 264a HGB in den Vorschriften der §§ 290 bis 293 HGB.[651] Für Unternehmen anderer Rechtsformen folgt die Ver-

---

649 Vgl. *Küting/Weber*, Konzernabschluss, S.82 f. Der handelsrechtliche Konzernabschluss besteht im Wesentlichen aus der Konzernbilanz, der Konzern-Gewinn-und-Verlust-Rechnung (Konzern-GuV) und dem Konzernanhang. Nach § 297 Abs. 1 HGB kommen noch die Kapitalflussrechnung und der Eigenkapitalspiegel hinzu. Nach IAS 1.10 besteht ein vollständiger IFRS-(Konzern-)Abschluss aus Bilanz, GuV, Eigenkapitalveränderungsrechnung, Kapitalflussrechnung und Anhang.

650 Vgl. *Baetge/Kirsch/Thiele*, Konzernbilanzen, S. 46 f.; *ADS*, Rechnungslegung und Prüfung der Unternehmen, Vorbemerkung zu §§ 290-315 HGB Rn. 12 f.

651 Ein Mutterunternehmen ist nach § 293 HGB von der Pflicht zur Erstellung eines Konzernabschlusses befreit, wenn der Konzern an zwei aufeinanderfolgenden Abschlussstichtagen mindestens zwei von drei Schwellenwerten bei den Kriterien Bilanzsumme, Umsatzerlöse und Mitarbeiteranzahl nicht überschreitet.

pflichtung bei Vorliegen bestimmter Größenkriterien aus §§ 11 ff. PublG.[652]

Nach der konzeptionellen Änderung der Kriterien des handelsrechtlichen Konzerntatbestands durch das BilMoG ist für die Feststellung einer Konzernrechnungslegungspflicht nur noch das sog. *Control-Konzept* maßgeblich.[653] Diese Anpassung soll zu einer Ausweitung des handelsrechtlichen Konsolidierungskreises führen. Insbesondere die zusätzliche Streichung des Beteiligungskriteriums soll die Konsolidierung von Zweckgesellschaften ermöglichen. Durch die Verknüpfung im Rahmen der Zinsschranke kann diese Erweiterung des handelsrechtlichen Konsolidierungskreises auch unmittelbar steuerliche Folgen nach sich ziehen.[654]

Nach § 290 Abs. 1 HGB i.d.F. des BilMoG[655] ergibt sich eine Konzernrechnungslegungspflicht für das Mutterunternehmen, wenn dieses auf ein anderes Unternehmen (Tochterunternehmen) unmittelbar oder mittelbar einen beherrschenden Einfluss ausüben *kann*.

---

652 Die Konzernrechnungslegungsvorschriften des PublG verweisen dabei weitestgehend auf die §§ 290 ff. HGB. Ein Unternehmen mit Sitz im Inland, welches weder eine Kapitalgesellschaft noch eine Personengesellschaft i.S.d. § 264a HGB ist, unterliegt nach § 11 PublG der Pflicht zur Aufstellung eines Konzernabschlusses, wenn es die einheitliche Leitung über ein oder mehrere andere Unternehmen ausübt und der Konzern an drei aufeinanderfolgenden Abschlussstichtage jeweils zwei der drei Grenzwerte bei Bilanzsumme, Umsatzerlösen oder Mitarbeiteranzahl überschreitet. Vgl. *ADS*, Rechnungslegung und Prüfung der Unternehmen, § 11 PublG Rn. 1 ff.; *IDW*, WP Handbuch 2006, Abschn. O, Rn. 1 ff.

653 Diese Änderungen sind erstmals für Geschäftsjahre anzuwenden, die nach dem 31.12.2009 beginnen. Allerdings besteht ein Wahlrecht zur vorzeitigen Anwendung für Geschäftsjahre, die nach dem 31.12.2008 beginnen. Das bislang neben dem *Control*-Konzept existierende *Konzept der einheitlichen Leitung* wurde im Rahmen des Handelsbilanzrechts nicht mehr weiterverfolgt und zugunsten eines einheitlichen Konzeptes des beherrschenden Einflusses aufgehoben. Zu den Änderungen der Konzeption des § 290 HGB durch das BilMoG siehe *Kozikowski/Ritter*, in: Beck Bil-Komm., 7. Aufl., § 290 HGB Rn. 4 ff.; *Goebel/Eilinghoff*, DStZ 2010, 487, 489 f. Nach § 290 Abs. 1 HGB a.F. bestand zwischen zwei Unternehmen ein Mutter-Tochter-Verhältnis, wenn das (Tochter)unternehmen unter der einheitlichen Leitung eines Mutterunternehmens stand und das Mutterunternehmen eine Beteiligung i.S.v. § 271 Abs. 1 HGB an dem Tochterunternehmen hielt. Hierbei war zu beachten, dass Anteile an Unternehmen nach § 271 Abs. 1 Satz 1 HGB nur dann Beteiligungen darstellen, wenn sie auf Dauer und dem Geschäftsbetrieb dienend gehalten werden, also nicht als reine Kapitalanlage fungieren, vgl. *ADS*, Rechnungslegung und Prüfung der Unternehmen, § 271 Rn. 15.

654 Vgl. *Dettmeier*, NWB 2008, 3159, 3166.

655 Vorschriften des HGB werden im weiteren Verlauf der Arbeit, soweit nicht anders gekennzeichnet, in der Fassung nach dem BilMoG zitiert.

Ein beherrschender Einfluss besteht für das Mutterunternehmen nach § 290 Abs. 2 HGB, wenn

Nr. 1 ihm bei einem anderen Unternehmen die Mehrheit der Stimmrechte der Gesellschafter zusteht;[656]

Nr. 2 ihm bei einem anderen Unternehmen das Recht zusteht, die Mehrheit der Mitglieder des die Finanz- und Geschäftspolitik bestimmenden Verwaltungs-, Leitungs- oder Aufsichtsorgans zu bestellen oder abzuberufen, und es gleichzeitig Gesellschafter ist;[657]

Nr. 3 ihm das Recht zusteht, die Finanz- und Geschäftspolitik auf Grund eines mit einem anderen Unternehmen geschlossenen Beherr-

---

656 Die Berechnung der Stimmrechte erfolgt nach § 290 Abs. 4 Satz 1 HGB, wonach die dem Mutterunternehmen zustehenden Stimmrechte ins Verhältnis zur Gesamtzahl der Stimmrechte gesetzt werden. Von dieser Gesamtzahl sind nach § 290 Abs. 4 Satz 2 HGB die Stimmrechte aus eigenen Anteilen abzuziehen, die dem Tochterunternehmen selbst, einem seiner Tochterunternehmen oder einer anderen Person für Rechnung dieser Unternehmen zustehen. Obwohl die Mehrheit der Stimmrechte in der Regel mit der Mehrheit der Kapitalanteile zusammenfällt, kommt es auf eine Mehrheitsbeteiligung nicht an, vgl. *von Keitz/Ewelt*, in: Baetge/Kirsch/Thiele, Bilanzrecht, § 290 HGB Rn. 171. Im Gegensatz zu dem an tatsächlichen Kriterien ausgerichteten Konzept der einheitlichen Leitung (§ 290 Abs. 1 HGB a.F.) war beim Control-Konzept bislang der *rechtliche* Bestand der Mehrheit der Stimmrechte erforderlich, so dass rein faktische Verhältnisse, wie z.B. eine nachhaltige Präsenzmehrheit auf der Hauptversammlung, nicht ausreichend waren, vgl. *Hoyos/Ritter-Thiele*, in: Beck Bil-Komm., 6. Aufl., § 290 HGB Rn. 41; *ADS*, Rechnungslegung und Prüfung der Unternehmen, § 290 HGB Rn. 34; *IDW*, WP Handbuch 2006, Abschn. M, Rn. 44. Nach dem BilMoG wird nunmehr lediglich die Möglichkeit der Ausübung eines beherrschenden Einflusses verlangt, so dass auch bei Präsenzmehrheiten grds. eine Konsolidierung zu prüfen ist, vgl. *Kozikowski/Ritter*, in: Beck Bil-Komm., 7. Aufl., § 290 HGB Rn. 50; *von Keitz/Ewelt*, in: Baetge/Kirsch/Thiele, Bilanzrecht, § 290 HGB Rn. 56 ff. Ein Mutter-Tochter-Verhältnis besteht auch dann, wenn laut Satzung eine qualifizierte Mehrheit von 75% für wesentliche Entscheidungen nötig ist, das Mutterunternehmen jedoch nur 51% der Stimmrechte hält, vgl. *ADS*, Rechnungslegung und Prüfung der Unternehmen, § 290 HGB Rn. 35 f.; *IDW*, WP Handbuch 2006, Abschn. M, Rn. 45; *Küting/Weber*, Konzernabschluss, S. 129.

657 Die Möglichkeit der Beherrschung muss *rechtlich* gesichert sein, vgl. *von Keitz/Ewelt*, in: Baetge/Kirsch/Thiele, Bilanzrecht, § 290 HGB Rn. 71; *ADS*, Rechnungslegung und Prüfung der Unternehmen, § 290 HGB Rn. 48. Ob die Organe dabei gesetzlich oder fakultativ gebildet werden, ist unerheblich. Erfasst sind daher sämtliche Vorstandsmitglieder, Geschäftsführer, geschäftsführende Gesellschafter, Aufsichtsräte, Verwaltungsräte, Beiräte etc., vgl. *ADS*, Rechnungslegung und Prüfung der Unternehmen, § 290 HGB Rn. 45; *IDW*, WP Handbuch 2006, Abschn. M, Rn. 47. Entscheidend ist, ob das jeweilige Organ wesentliche Bereiche der Geschäftstätigkeit beeinflussen kann, vgl. *von Keitz*, in: Baetge/ Kirsch/Thiele, Bilanzrecht, § 290 HGB Rn. 51; *Kozikowski/Ritter*, in: Beck Bil-Komm., 7. Aufl., § 290 HGB Rn. 55.

schungsvertrages oder auf Grund einer Bestimmung in der Satzung des anderen Unternehmens zu bestimmen,[658] oder

Nr. 4 es bei wirtschaftlicher Betrachtung die Mehrheit der Risiken und Chancen eines Unternehmens trägt, das zur Erreichung eines eng begrenzten und genau definierten Ziels des Mutterunternehmens dient (Zweckgesellschaft). Neben Unternehmen können Zweckgesellschaften auch sonstige juristische Personen des Privatrechts oder unselbständige Sondervermögen des Privatrechts, ausgenommen Spezial-Sondervermögen im Sinn des § 2 Abs. 3 des Investmentgesetzes, sein.

Sobald nach den nationalen Vorschriften ein Konzernabschluss aufgestellt werden muss, ergibt sich hinsichtlich des anzuwendenden Rechnungslegungsrechts ein differenzierteres Bild. So müssen deutsche kapitalmarktorientierte Mutterunternehmen gem. § 315a Abs. 1 HGB einen IFRS-Konzernabschluss aufstellen. Dagegen dürfen nicht-kapitalmarktorientierte deutsche Mutterunternehmen gem. § 315a Abs. 3 HGB einen Konzernabschluss wahlweise entweder nach HGB oder IFRS erstellen. Liegt dagegen eine ausländische Muttergesellschaft vor, wird das anzuwendende Rechnungslegungssystem für den Konzernabschluss von den jeweiligen einzelstaatlichen Regelungen des Ansässigkeitsstaats bestimmt.

Nach diesem verflochtenen Regelungssystem bleiben in Deutschland für die Frage nach der Pflicht zur Aufstellung eines Konzernabschlusses allein die handelsrechtlichen Vorschriften der §§ 290 ff. HGB maßgebend. Generelle Voraussetzung ist somit, dass nach nationalem Recht eine Pflicht besteht, einen Konzernabschluss aufzustellen.[659]

Es bleibt also festzuhalten: Während sich das *Ob* einer Konzernabschlusserstellung zwingend nach nationalem Recht bestimmt, richtet sich

---

658 Trotz der scheinbar abschließenden Formulierung des § 290 Abs. 2 Nr. 3 HGB beschränkt sich die Vorschrift nicht allein auf Beherrschungsverträge oder entsprechende Satzungsbestimmungen. Obwohl sich der Anwendungsbereich des Beherrschungsvertrags gem. § 291 AktG nur auf Aktiengesellschaften bezieht, können Unternehmen jeder Rechtsform unter einem beherrschenden Einfluss i.S.d. § 290 Abs. 2 Nr. 3 HGB stehen, vgl. *ADS*, Rechnungslegung und Prüfung der Unternehmen, § 290 HGB Rn. 58. Ferner können bestimmte Statuten, ohne Satzung zu sein, die Voraussetzungen des § 290 Abs. 2 Nr. 3 HGB erfüllen, wenn sie dem Mutterunternehmen Weisungs-, Zustimmungs- und Widerspruchsrechte einräumen, und damit einen beherrschenden Einfluss ermöglichen, vgl. *Baetge/Kirsch/Thiele*, Konzernbilanzen, S. 91.

659 *Kozikowski/Ritter*, in: Beck Bil-Komm., 7. Aufl., § 315a HGB Rn. 5; *Schulze-Osterloh*, in: HdJ, Abt. I/1 Rn. 113.

das *Wie* der Abschlusserstellung unter bestimmten Voraussetzungen nach den IFRS.

3. Bestimmung des Rechnungslegungssystems für den Konzernabschluss nach der IAS-Verordnung

Nach der IAS-Verordnung[660] werden alle kapitalmarktorientierten Unternehmen mit Sitz in einem Mitgliedstaat der Europäischen Union verpflichtet, für Wirtschaftsjahre, die am oder nach dem 01. Januar 2005 begannen, ihre Konzernabschlüsse nach den von der EU-Kommission anerkannten IFRS aufzustellen.[661] Adressaten dieser Verpflichtung sind jene Unternehmen, deren Wertpapiere (sowohl Eigen- als auch Fremdkapitaltitel) an einem regulierten Markt (z.B. einer Börse) innerhalb der EU gehandelt werden bzw. zum Handel zugelassen sind. Den Mitgliedstaaten wurde in Art. 5 der IAS-Verordnung zudem die Möglichkeit eröffnet, verbindliche Regelungen oder Wahlrechte zu schaffen, nach denen kapitalmarktorientierte Gesellschaften ihre Jahresabschlüsse und nicht kapitalmarktorientierte Unternehmen sowohl Jahres- als auch Konzernabschlüsse nach den von der EU anerkannten internationalen Rechnungslegungsstandards aufstellen können.[662] Die Verordnung entfaltet als europäisches Sekundärrecht unmittelbare Rechtsgeltung in allen EU-Mitgliedstaaten.

Die Anwendung der IFRS auf den Konzernabschluss wurde in Deutschland gesetzestechnisch durch die Erweiterung des Dritten Buches des HGB (Zweiter Abschnitt, Zweiter Unterabschnitt) um einen Zehnten Titel „Konzernabschluss nach internationalen Rechnungslegungsstan-

660 Verordnung Nr. 1606/2002 vom 19.7.2002 des Europäischen Parlamentes und des Rates betreffend die Anwendung internationaler Rechnungslegungsstandards, Abl. EG L 243 vom 11.9.2002.

661 Art. 4 der IAS-Verordnung „Konsolidierte Abschlüsse von kapitalmarktorientierten Gesellschaften".

662 Nach einer von der EU-Kommission in Auftrag gegebenen Studie der Wirtschaftsprüfungsgesellschaft KPMG nehmen bereits 17 der 27 Mitgliedstaaten diese Option wahr und lassen die IFRS zur Ausschüttungsbemessung zu; 10 dieser 17 Mitgliedstaaten fordern hierbei sogar keine Modifikationen, vgl. Contract ETD/2006/IM/F2/71, *Feasibility study on an alternative to the capital maintenance regime established by the Second Company Law Directive 77/91/EEC of 13 December 1976 and an examination of the impact on profit distribution of the new EU-accounting regime,* Main Report, S. 1. Abrufbar unter: http://ec.europa.eu/internal_market/company/docs/capital/feasbility/study_en.pdf (Abruf 30.10.2011).

dards" erreicht[663], welcher mit § 315a HGB aus lediglich einem Paragraphen besteht. Diese Vorschrift des § 315a HGB setzt einerseits die IAS-Verordnung in nationales Rechts um und bildet andererseits mit ihr zusammen den Rechtsrahmen für die Konzernrechnungslegung nach internationalen Standards.[664] Denn die Pflicht zur Anwendung der IFRS im Konzernabschluss ergibt sich unmittelbar aus Art. 4 der IAS-Verordnung.

II. Einbeziehung in den steuerlichen Konsolidierungskreis

Für die Prüfung der Konzernzugehörigkeit im Rahmen der Zinsschranke gilt ein sog. *erweiterter Konzernbegriff.*[665] Dieser bestimmt sich zum einen nach der Konsolidierungsfähigkeit gem. § 4h Abs. 3 Satz 5 EStG und zum anderen nach der einheitlichen Bestimmung der Finanz- und Geschäftspolitik gem. § 4h Abs. 3 Satz 6 EStG. Die steuerliche Einbeziehung geht damit über den aktienrechtlichen Konzernbegriff nach §§ 18 ff. AktG und die Konzernabgrenzung zur Bestimmung der handelsrechtlichen Konzernrechnungslegungspflicht gem. §§ 290 ff. HGB hinaus.[666] Denn Befreiungen von der Konzernerstellungspflicht gem. § 293 HGB[667] oder Einbeziehungswahlrechte[668] wirken sich steuerlich ebenso wenig aus, wie die Rechtsform des Mutterunternehmens[669] oder die Größenkriterien des PublG.[670] Mehr noch: Für die Feststellung eines Konzerns im Sinne der

---

663 Vgl. oben Kapitel 3, Abschnitt A/II (S. 90 ff.).

664 *Theile*, in: Heuser/Theile, IFRS-Handbuch, Rn. 100.

665 Vgl. Gesetzesbegründung zum Entwurf eines Unternehmensteuerreformgesetzes 2008, BT-Drucks. 16/4841, S. 50.

666 *Loschelder*, in: Schmidt, EStG, § 4h Rn. 27; *Stangl/Hageböke*, in: Schaumburg/Rödder, UntStR 2008, S. 469. In diesem Sinne auch die Gesetzesbegründung zum Entwurf eines Unternehmensteuerreformgesetzes 2008: „[…] Kriterien für das Vorliegen eines Konzerns führen in vielen Fällen zu einer Erweiterung des Konsolidierungskreises.", BT-Drucks. 16/4841, S. 50.

667 Vgl. *Köhler*, in: EY/BDI, UntStR 2008, S. 118; *Bohn*, Zinsschranke, S. 268 ff.; *Stangl/Hageböke*, in: Schaumburg/Rödder, UntStR 2008, S. 468. Dagegen *Mensching/ Rosseburg*, DStR 2008, 1224, 1225 f.

668 Vgl. dazu im Einzelnen Abschnitt B/II in diesem Kapitel (S. 202 ff.).

669 Die handelsrechtlichen Konzernrechnungslegungsvorschriften gelten nur für Kapitalgesellschaften und Personengesellschaften gem. § 264a HGB als Mutterunternehmen, vgl. *ADS*, Rechnungslegung und Prüfung der Unternehmen, § 290 HGB Rn. 17.

670 H.M., vgl. *Coenenberg*, PiR 2007, 207, 209; *Blumenberg/Lechner*, in: Blumenberg/Benz, UntStR 2008, S. 134 ff.; *Rödder/Stangl*, DB 2007, 479, 480; *Lüdenbach/Hoffmann*, DStR 2007, 636; *Scheunemann/Socher*, BB 2007, 1144, 1149; *Stangl/Hageböke*, in: Schaumburg/ Rödder, UntStR 2008, S. 469; *Köhler*, in: EY/BDI, UntStR 2008, S. 118; *Winkeljohann/Fuhr-*

Zinsschranke ist es nicht einmal notwendig, dass eine rechtliche Verpflichtung zur Aufstellung eines Konzernabschlusses existiert.[671] Vielmehr gilt die Konzernzugehörigkeit für Zwecke der Zinsschranke unabhängig von einer gesetzlichen Abschlussverpflichtung. Diese steuerliche „Nicht-Maßgeblichkeit" von tatsächlich bestehenden (und geprüften) Abschlüssen führt zu gravierenden Anwendungsproblemen.[672]

1. Tatsächliche oder potenzielle Konsolidierung (§ 4h Abs. 3 Satz 5 EStG)

Die Einbeziehung in den steuerlichen Konsolidierungskreis erfolgt zunächst nach § 4h Abs. 3 Satz 5 EStG unter Bezugnahme auf das zugrunde gelegte Rechnungslegungsrecht. Dabei wird nicht nur auf die tatsächliche Einbeziehung in den Konzernabschluss abgestellt, sondern auch auf eine reine Einbeziehungsmöglichkeit bzw. eine potenzielle Konsolidierungsfähigkeit des betroffenen Betriebs nach den einschlägigen Rechnungslegungsvorschriften.[673]

a) Maßgeblichkeit des zugrunde gelegten Rechnungslegungssystems

Nach dem Verweis des § 4h Abs. 3 Satz 5 EStG ist das Rechnungslegungssystem des Eigenkapitalvergleichs auch für die Prüfung der steuerli-

---

mann, in: PWC, UntStR 2008, Rn. 1069. A.A. *Eisgruber*, in: Herzig et al., Handbuch UntStRef 2008, Rn. 244 ff., wonach der erweiterte Konzernbegriff bzw. die Ausrichtung am größtmöglichen Konsolidierungskreis nicht dazu führen sollte, dass bestehende Konzernkreise für steuerliche Zwecke erweitert werden. Die Regelung diene demnach dem Zweck unter mehreren Konsolidierungskreisen den maßgeblichen zu bestimmen und Teilkonzerne als steuerlichen Konsolidierungskreis auszuschließen. Anknüpfungspunkt bleibt jedoch immer ein bestehender Konzernabschluss. Die Formulierung „konsolidiert werden könnte" bezieht sich nach dieser Ansicht ausschließlich auf solche Fälle, in denen der bestehende Abschluss nicht den Regeln des zugrunde liegenden Rechnungslegungsrechts entspricht oder eine Konsolidierung pflichtwidrig vollständig unterblieb. In diesem Sinne ebenfalls *Mensching/Rosseburg*, DStR 2008, 1224, 1225 f.

671 Der Konzernbegriff im Sinne der Zinsschranke knüpft weder an die Pflicht zur Aufstellung eines Konzernabschlusses an, noch setzt er eine handelsrechtliche Pflicht der übergeordneten Einheit zur Aufstellung eines Konzernabschlusses für die Gruppe voraus, vgl. *Heintges/Kamphaus/Loitz*, DB 2007, 1261; *Hennrichs*, DB 2007, 2101, 2102; *Hick*, in: HHR, EStG, § 4h Rn. 85; *Blumenberg/Lechner*, in: Blumenberg/Benz, UntStR 2008, S. 135. A.A: *Eisgruber*, in: Herzig et al., Handbuch UntStRef 2008, Rn. 244 f.

672 Vgl. *IDW*, IDW-FN 2007, 194, 197.

673 Vgl. *Coenenberg*, PiR 2007, 207, 211; *Hallerbach*, StuB 2007, 289, 290; *Hennrichs*, DB 2007, 2101; *Lüdenbach/Hoffmann*, DStR 2007, 636; *Stibi/Thiele*, BB 2008, 2507, 2508.

chen Konzernzugehörigkeit maßgebend. Zur Bestimmung des steuerlichen Konzernbegriffs für Zwecke der Konzernklausel ist damit zunächst die Ausnahmeregelung des Eigenkapitalvergleichs heranzuziehen.[674] Im Rahmen des Eigenkapitalvergleichs sind die Eigenkapitalquoten von Betrieb und Konzern einheitlich nach dem jeweiligen Rechnungslegungssystem zu ermitteln, nach dem der Konzernabschluss aufgestellt wird. Die Berechnung der Eigenkapitalquote des Konzerns soll hierbei vorrangig auf Grundlage eines IFRS-Konzernabschlusses erfolgen.

Durch die steuerliche Anknüpfung an den IFRS-Konzernabschluss wird nach einer Auffassung im Schrifttum unabhängig von bereits bestehenden Pflichten eine selbständige Verpflichtung zur Erstellung eines Konzernabschlusses und zur IFRS-Bilanzierung nach dem Einkommensteuergesetz etabliert.[675]

Allerdings schreibt der Steuergesetzgeber die Bilanzierung nach IFRS oder die Aufstellung eines Konzernabschlusses nicht zwingend vor, sondern knüpft an die Nichtbeachtung lediglich einen steuerrechtlichen und in der Konsequenz auch wirtschaftlichen Nachteil, nämlich die Versagung der Ausnahmeregelung des Eigenkapitalvergleichs. Dies führt unmittelbar zu einem Eingreifen der Zinsschranke, soweit keine der anderen Ausnahmetatbestände zur Verfügung stehen. Dies ist mit *Joachim Hennrichs* als „steuerlich induzierte Obliegenheit zur Aufstellung eines IFRS-Einzelabschlusses"[676] oder allenfalls als faktische Verpflichtung zu erkennen, deren Befolgung ein Gebot des eigenen Interesses ist.

Auch aufgrund des weiten Einbeziehungsrahmens kann sich eine steuerlich induzierte Obliegenheit zur Aufstellung eines Konzernabschlusses ergeben. Wenn nämlich trotz des Vorliegens eines Mutter-Tochter-Verhältnisses (mit der Folge einer grundsätzlichen Pflicht zur Aufstellung eines Konzernabschlusses) die Konsolidierung infolge der Ausübung von Einbeziehungswahlrechten oder einer Befreiung nach § 293 HGB entfällt, gilt das Tochterunternehmen steuerlich dennoch als konzernzugehörig. Der erhöhte administrative Aufwand zur Aufstellung einer Konzernbilanz allein für steuerliche Zwecke zieht einen mitunter deutlichen Anstieg der Dokumentations- und Deklarationskosten für die Unternehmen nach sich.

---

674 Durch *Stangl/Hageböke*, in: Schaumburg/Rödder, UntStR 2008, S. 469 (Fn. 146) treffend als „bemerkenswerte Verweisungstechnik" bezeichnet.

675 Vgl. *Heintges/Kamphaus/Loitz*, DB 2007, 1261; *Coenenberg*, PiR 2007, 207, 212; *Stibi/Thiele*, BB 2008, 2507, 2508, meinen, das Steuerrecht begründe eine "eigene Konzernrechnungslegungspflicht".

676 So erstmals *Hennrichs*, DB 2007, 2101.

Der Umfang des Konsolidierungskreises für Zwecke der Zinsschranke wird gesetzlich nicht definiert oder durch einen präzisen Rechtsverweis abgegrenzt, sondern bestimmt sich durch eine dynamische Verweisung auf das jeweilige Rechnungslegungsrecht.[677] Hinsichtlich der Konsolidierungsfähigkeit wird nach § 4h Abs. 3 Satz 5 EStG auf den „zugrunde gelegten Rechnungslegungsstandard"[678] verwiesen. Nach § 4h Abs. 3 Satz 5 EStG entfaltet immer der (größt-)mögliche Konsolidierungskreis mit dem sich dafür ergebenden obersten Rechtsträger unmittelbar steuerliche Wirkung.[679] Die maßgeblichen Rechnungslegungsstandards sind nach § 4h Abs. 2 Satz 1 Buchst. c Sätzen 8 und 9 EStG zunächst die Vorschriften der IFRS. Wenn kein Konzernabschluss nach den IFRS zu erstellen sowie offenzulegen ist[680] und innerhalb der letzten fünf Wirtschaftsjahre kein Konzernabschluss nach IFRS freiwillig erstellt wurde[681], können gem. § 4h Abs. 2 Satz 1 Buchst. c Satz 9 Halbs. 1 EStG alternativ Abschlüsse nach dem Handelsrecht eines der europäischen Mitgliedstaaten (z.B. HGB als deutsches EU-GAAP) oder nach den US-GAAP herangezogen werden. Die Prüfung des handelsrechtlichen Konsolidierungskreises ist mithin subsidiär zur Prüfung einer Konsolidierung nach IFRS.[682]

Gehört z.B. ein deutsches Unternehmen zum Konsolidierungskreis eines US-amerikanischen Mutterunternehmens, kann der nach US-GAAP aufgestellte Konzernabschluss für den Eigenkapitalvergleich herangezogen werden, wenn dieser nach den §§ 291, 292 HGB und der Verordnung über befreiende Konzernabschlüsse und Konzernlageberichte von Mut-

---

677 Vgl. *Hageböke/Stangl*, DB 2008, 200. Zu den verfassungsrechtlichen Anforderungen eines dynamischen Rechtsverweises siehe Kapitel 3, Abschn. B/II, Gliederungspunkt 2 a) bb) (3) (S. 124 ff.).

678 Diese Terminologie ist im Rahmen der Konzernrechnungslegung unüblich, die Bezeichnungen „Rechungslegungsrecht" oder „Rechungslegungssystem" wären exakter gewesen.

679 Vgl. *Coenenberg*, PiR 2007, 207, 209; *Rödder/Stangl*, DB 2007, 479, 480.

680 Regelungen zur verpflichtenden Anwendung der IFRS ergeben sich aus § 315a Abs. 1 und 2 HGB.

681 Regelungen zur freiwilligen Anwendung der IFRS finden sich in den Vorschriften der §§ 315a Abs. 3 HGB, 11 Abs. 6 Nr. 2 PublG.

682 Zu diesem Rangverhältnis siehe auch die Gesetzesbegründung zum Entwurf eines Unternehmensteuerreformgesetzes 2008, BT-Drucks. 16/4841, S. 48. Andere Rechnungslegungssysteme neben dem HGB oder den IFRS sind nicht Gegenstand dieser Arbeit.

terunternehmen mit Sitz in einem Drittstaat (KonBefrV[683]) befreiende Wirkung hat bzw. hätte.[684]

Dabei ist kritisch anzumerken, dass die globale Verweisung auf die einschlägigen Rechnungslegungssysteme eine Vielzahl ungeklärter Einzelfragen und Zweifelsfälle der Konzernbilanzierungspraxis in das Steuerrecht eingliedert.[685] Unklarheiten ergeben sich aufgrund von unterschiedlichen Ansatz- und Bewertungsregeln, Rechtsbegriffen und Auslegungsmethoden zwischen den einzelnen Rechnungslegungssystemen, denen teilweise eine völlig andere Rechnungslegungskultur und Rechnungslegungsphilosophie zugrunde liegt.[686] So wäre eine Lückenschließung innerhalb der aus der angelsächsischen Tradition des *case law* entstammenden Regelungen der IFRS („rule-based") mit der Dogmatik der kontinentaleuropäisch geprägten juristischen Methodenlehre („principle-based") von vornherein verfehlt.[687]

Der Begriff des "zugrunde gelegten Rechnungslegungsstandards" kann zunächst *abstrakt* verstanden werden. Danach könnten sämtliche vom Gesetzgeber für die Durchführung des Eigenkapitalvergleichs vorgesehenen Rechnungslegungssysteme gemeint sein (weite Gesetzesauslegung). Damit hätte der Steuerpflichtige für Zwecke der Zinsschranke ein Wahlrecht zwischen den IFRS, sämtlichen EU-GAAP oder den US-GAAP. Dieses Ergebnis vermag allerdings nicht zu überzeugen, da eine

683 Konzernabschlussbefreiungsverordnung vom 15. November 1991, BGBl. I 1996 S. 2122, die zuletzt durch Artikel 8 Abs. 4 des Gesetzes vom 4. Dezember 2004, BGBl. I 2004 S. 3166 geändert worden ist.

684 Vgl. Gesetzesbegründung zum Entwurf eines Unternehmensteuerreformgesetzes 2008, BT-Drucks. 16/4841, S. 48.

685 Solche ungeklärten und umstrittenen Konzernbilanzierungsfragen gehen weit über die bisher vom BFH im Rahmen des Maßgeblichkeitsgrundsatzes nach § 5 Abs. 1 Satz 1 EStG ausgelegten handelsrechtlichen GoB hinaus, vgl. *Stangl/Hageböke*, in: Schaumburg/Röd-der, UntStR 2008, S. 473.

686 Vgl. *Welling*, FR 2007, 735, 738; *Schulze-Osterloh*, in: HdJ, Abt. I/1 Rn. 119; *Wagenhofer*, Internationale Rechnungslegungsstandards, S. 33 ff. Zur Entwicklung der unterschiedlichen Rechnungslegungstraditionen in Kontinentaleuropa sowie Großbritannien und den angloamerikanischen Ländern vgl. *Watrin*, in: MünchKommBilR IFRS, Einf., Rn. 1 ff.; *Peemöller*, in: Wiley IFRS-Kommentar, Abschn. 1 Rn. 5 ff.

687 Vgl. *Wagenhofer*, Internationale Rechnungslegungsstandards, S. 35 ff.; *Lüdenbach/Hoffmann*, in: Lüdenbach/Hoffmann, Haufe IFRS-Kommentar, 9. Aufl. 2011, § 1 Rn. 76; *Schön*, BB 2004, 763, 766 f.; *Baetge/Zülch*, in: HdJ, Abt. I/2 Rn. 303 ff.

derart willkürliche Auswahl weder dem Zweck der Regelung entspricht noch praktikabel ist.[688]

Nach anderer Ansicht soll das im Rahmen der Escape-Klausel *konkret* verwendete Rechnungslegungssystem auch für die Konzernklausel maßgeblich sein.[689] Dem ist schon aus Praktikabilitätsgesichtspunkten uneingeschränkt zuzustimmen. Zudem bestimmt der Wortlaut des Gesetzes, dass ein Betrieb zu einem Konzern gehört, wenn er nach "*dem* [...] zugrunde gelegten Rechnungslegungsstandard"[690] konsolidiert wird oder konsolidiert werden könnte. Der Gesetzgeber entschied sich also für den bestimmten Artikel anstelle einer allgemeineren Formulierung.[691] Schließlich steht dem Steuerpflichtigen auch beim Eigenkapitalvergleich kein Wahlrecht hinsichtlich des Rechnungslegungssystems zu. Vielmehr existiert eine feste Anwendungsrangfolge. Aufgrund der klaren Verknüpfung kann für die Bestimmung der Konzernzugehörigkeit kein anderer Maßstab gelten.

b) Betriebseigenschaft als Voraussetzung der steuerlichen Konsolidierung

Nach dem Wortlaut des Gesetzes wird die (potenzielle) Konsolidierung mit einem oder mehreren anderen Betrieb(en) gefordert. Der Anwendungserlass des BMF bestimmt demgegenüber, dass ein Betrieb konzerngebunden sei, wenn er in einen Konzernabschluss einbezogen wird oder werden könnte.[692] Diese abweichende Formulierung der Finanzverwaltung kann erhebliche praktische Folgen haben. Während die Betriebseigenschaft der Muttergesellschaft nach der Formulierung des BMF

---

688 Auch eine Beschränkung auf die IFRS oder das HGB, wie von *Blumenberg/Lechner*, in: Blumenberg/Benz, UntStR 2008, S. 136 gefordert, ist unter Hinweis auf die fehlende gesetzliche Regelung abzulehnen.

689 *Heuermann*, in: Blümich, EStG, § 4h Rn. 56, 60; *Hick*, in: HHR, EStG, § 4h Rn. 86; *Mensching/Rosseburg*, DStR 2008, 1224, 1225. Danach sollen vorrangig die IFRS eine Konzernzugehörigkeit identifizieren. Nach dem Anwendungserlass des BMF soll nicht der „zugrunde gelegte", sondern der „einschlägige" Rechnungslegungsstandard in Bezug genommen werden, vgl. BMF-Schreiben vom 4.7.2008, BStBl. I 2008, S. 718, Rn. 59. Ein Gleichlauf mit dem Rechnungslegungssystem bei der Escape-Klausel erscheint – im Einklang mit dem Gesetzeswortlaut und der herrschenden Literaturmeinung – bei dieser Formulierung gewollt. Damit vollzieht die Finanzverwaltung die gesetzliche Anwendungsreihenfolge der Rechnungslegungssysteme nach.

690 § 4h Abs. 3 Satz 5 EStG.

691 Nach *Mensching/Rosseburg*, DStR 2008, 1224, 1225, deutet die Formulierung „zugrunde gelegt" daraufhin, dass vom Steuerpflichtigen ein aktives Tun bereits im Vorfeld verlangt wird.

692 BMF-Schreiben vom 4.7.2008, BStBl. I 2008, S. 718, Rn. 59.

keine Rolle spielt, wäre eine inländische Tochter-Kapitalgesellschaft mit einer ausländischen rein vermögensverwaltend tätigen Holding als Muttergesellschaft (= kein Betrieb[693]) nach dem Gesetzeswortlaut möglicherweise als nicht konzernzugehörig einzustufen.[694] Ein zu prüfender Betrieb könnte aufgrund dieser geringeren Anforderung der Verwaltung schneller als konzernzugehörig gelten.

Ungeachtet der Erlassformulierung sei daher das Vorliegen mindestens zweier Betriebe, wie im Gesetz gefordert, notwendige Voraussetzung für eine Konzernzugehörigkeit.[695] Nach dieser Ansicht wäre im oben genannten Fall die Konzernklausel nach § 4h Abs. 2 Satz 1 Buchst. b EStG einschlägig und die Tochter von der Zinsschranke befreit. Nach anderer Ansicht müsse die Betriebseigenschaft eines in den Konsolidierungskreis einbezogenen Unternehmens nach dem Sinn und Zweck der Konzernklausel unerheblich sein, da auch rein vermögensverwaltende Gesellschaften zu einem Konzern gehören können.[696]

M.E. bestimmt der Wortlaut des Gesetzes an dieser Stelle klar und eindeutig, dass eine steuerliche Konsolidierung mindestens einen weiteren Betrieb im Sinne der Zinsschranke erfordert. Der Wortlaut stellt ein starkes Indiz für den Willen des Gesetzgebers da. Da diese Formulierung auch zugunsten des Steuerpflichtigen wirkt – dieser wäre nämlich anderenfalls auf den positiven Ausgang des Eigenkapitalvergleichs angewiesen – ist die Erweiterung des Konsolidierungskreises auf vermögensverwaltende Gesellschaften nicht geboten, teleologisch verfehlt und im Übrigen unverhältnismäßig. Dies führt zwangsläufig zu einer Abweichung zwischen steuerlichem und handelsrechtlichem Konzernumfang.[697] Diese Inkongruenz der Konzernkreise nimmt der Gesetzgeber jedoch durch die

---

693 Vgl. zum Betriebsbegriff im Rahmen der Zinsschranke Kapitel 2, Abschn. A/II (S. 37 ff.).

694 *Wagner/Fischer*, BB 2008, 1872, 1876, die aber feststellen, dass die Auffassung des BMF wohl näher am gesetzgeberischen Willen als der Gesetzeswortlaut ist. Zu diesem Ergebnis kommt auch *Brunsbach*, IStR 2010, 745, 748 f.

695 Vgl. *Frotscher*, in: Frotscher, EStG, § 4h Rn. 64a; *Heuermann*, in: Blümich, EStG, § 4h Rn. 56; *Loschelder*, in: Schmidt, EStG, § 4h Rn. 27; *Winkler/Käshammer*, Ubg 2008, 478, 481; *Thielo/Szentpetery*, BB 2008, 1984, 1988; *Goebel/Eilinghoff*, DStZ 2010, 487, 488.

696 Vgl. *Möhlenbrock/Pung*, in: Dötsch/Jost/Pung/Witt, Körperschaftsteuer, § 8a KStG (URefG 2008) Rn. 77; *Dörfler*, Ubg 2008, 693, 702 f.

697 Im HGB kommt z.B. eine Konsolidierung auf eine rein vermögensverwaltende Personengesellschaft in Betracht, wenn diese entweder die Kriterien des § 11 PublG oder die Voraussetzungen des § 264a HGB erfüllt und daraus konzernrechnungslegungspflichtig ist. Vgl. dazu *ADS*, Rechnungslegung und Prüfung der Unternehmen, § 290 HGB Rn. 19, 29, § 11 PublG Rn. 31. Nach den IFRS ergibt sich ebenfalls eine Konsolidierung aufgrund des weiten Entity-Begriffs nach IAS 27 (vgl. z.B. IAS 27.16).

Festlegung eines erweiterten steuerlichen Konzernbegriffs bewusst in Kauf.

c) Abgrenzung des Konsolidierungskreises nach IFRS

Für die Prüfung einer steuerlichen Konsolidierungsmöglichkeit sind nach dem Verweis des § 4h Abs. 3 Satz 5 auf Abs. 2 Satz 1 Buchst. c Satz 8 EStG vorrangig die IFRS heranzuziehen. Der Begriff Konsolidierungskreis bezeichnet immer „die Gesamtheit der von einem Mutterunternehmen im Wege der Vollkonsolidierung in ihren Konzernabschluss einzubeziehenden Tochterunternehmen".[698] Die Bestimmung des Umfangs des Konsolidierungskreises nach den IFRS erfolgt auf der Grundlage von IAS 27 sowie der ergänzenden Interpretation SIC-12.[699] Nach IAS 27.12 sind alle Tochterunternehmen, unabhängig von Rechtsform und Sitz[700], in den Konzernabschluss einzubeziehen.[701]

aa) Stufenkonzept der Konsolidierung

Hinsichtlich des Umfangs der Einbeziehung in den Konzernabschluss folgen sowohl HGB als auch die IFRS dem sog. *Stufenkonzept der Konsolidierung*. Durch dieses Konzept wird ein stufenweiser Übergang vom

---

698 *Küting/Weber*, Konzernabschluss, S. 161; *Gräfer/Scheld*, Konzernrechnungslegung, S. 35.

699 Die Regelungen zur Abgrenzung des Konsolidierungskreises nach IFRS wurden zwischenzeitlich überarbeitet. Am 12.5.2011 veröffentlichte das IASB die Standards IFRS 10 „Consolidated Financial Statements" und IFRS 12 „Disclosures of Interests in Other Entities". IFRS 10 ersetzt insoweit die bisherigen Standards IFRS 27/SIC-12 und soll auf Basis des Kriteriums der Beherrschung den Konsolidierungskreis durch ein Power- und Return-Kriterium näher konkretisieren. Desweiteren sollen umfangreiche Anhangangaben zur Abgrenzung des Konsolidierungskreises sowie zu Geschäftsbeziehungen zu nicht-konsolidierten Gesellschaften für größtmögliche Transparenz der Aktivitäten des Unternehmens innerhalb und außerhalb des Konsolidierungskreises sorgen. Siehe zu den Neuregelungen *Kirsch/Ewelt*, BB 2009, 1574 ff.; *Kirsch/Ewelt-Knauer*, BB 2011, 1641 ff.; *Erchinger/Melcher*, DB 2011, 1229 ff.; *Oser/Milanova*, BB 2011, 2027 ff. Das Endorsement durch die EU-Kommission wird für das 3. Quartal 2012 erwartet. Die neuen Regelungen sind damit nach der hier vertretenen Auffassung bislang nicht im Rahmen der Zinsschranke heranzuziehen und nicht Gegenstand dieses Beitrags.

700 Es besteht ein sog. *Weltabschlussprinzip*, wonach grundsätzlich sämtliche Tochterunternehmen, unabhängig von ihrem Sitz, in den Konsolidierungskreis des Mutterunternehmens einzubeziehen sind.

701 Vgl. *Wüstemann/Bischof/Kierzek*, in. HdJ, Abt. I/3 Rn. 277; *Lüdenbach*, in: Haufe IFRS-Kommentar, 9. Aufl. 2011, § 32 Rn. 7 ff. Eine Ausnahme gilt für Tochterunternehmen, die zum Erwerbszeitpunkt die Kriterien für eine Klassifizierung nach IFRS 5 erfüllen.

Kern der Unternehmensgruppe nach außen vollzogen, wobei das Mutterunternehmen den Mittelpunkt dieses Systems bildet und der Grad seiner Einflussnahme auf die untergeordneten Unternehmen nach außen stetig abnimmt.[702]

Die Konzernrechnungslegungsvorschriften sowohl des HGB als auch der IFRS enthalten hinsichtlich der Bilanzierungs- und Konsolidierungsmethoden differenzierte Regelungen. Die Abgrenzung des Konsolidierungskreises ist mehrstufig und führt je nach Art und Intensität der Einflussnahme auf die Geschäftspolitik des Beteiligungsunternehmens zu unterschiedlicher Einbeziehung. Je stärker der Einfluss des Mutterunternehmens auf die Geschäfts- und Finanzpolitik ist, desto umfassender werden die Jahresabschlüsse dieser Unternehmen im Konzernabschluss berücksichtigt. [703] Hierbei werden vier Arten von Einbeziehungsstufen unterschieden: Tochterunternehmen, Gemeinschaftsunternehmen, assoziierte Unternehmen und schlichte Beteiligungen.

(1) Tochterunternehmen

Den innersten Kreis innerhalb der Stufenkonzeption bilden die *Tochterunternehmen,* die im Wege der *Vollkonsolidierung*[704] in den Konzernabschluss einbezogen werden. Im Rahmen der Vollkonsolidierung wird zwischen verschiedenen Konsolidierungsarten unterschieden: Kapitalkonsolidierung[705], Schuldenkonsolidierung[706], Aufwands- und Ertragskonsolidie-

---

702 Vgl. dazu *Senger/Brune,* in: Beck-IFRS-HB, § 30 Rn. 3; ferner *Baetge/Kirsch/Thiele,* Konzernbilanzen, S. 106; *Pellens,* Internationale Rechnungslegung, S. 150 f. Konzernunternehmen und schlichte Beteiligungen werden innerhalb eines Konzerns nach der Möglichkeit der Einflussnahme durch die Konzernobergesellschaft klassifiziert, dazu auch *Fröhlich,* Bilanzierung von Beteiligungen an assoziierten Unternehmen, S. 20.

703 Vgl. *ADS,* Rechnungslegung und Prüfung der Unternehmen, § 290 HGB Rn. 95; *Baetge/Kirsch/Thiele,* Konzernbilanzen, S. 106 ff.; *Busse von Colbe/Ordelheide/Gebhardt/ Pellens,* Konzernabschlüsse, S. 59 f.; *Pellens,* Internationale Rechnungslegung, S. 798 ff.; *Nordmeyer,* WPg 1994, 301, 308.704 Die Konsolidierungsform der Vollkonsolidierung bezeichnet eine Technik, nach der der Konzernabschluss durch Zusammenfassung der Einzelabschlüsse der einbezogenen Unternehmen – unter Eliminierung konzerninterner Beziehungen – zu erstellen ist.

705 Bei der Kapitalkonsolidierung sind die Kapitalverflechtungen der einzelnen Konzernunternehmen untereinander zu eliminieren, denn im Summenabschluss sind sowohl die Beteiligung des Mutterunternehmens an den Tochterunternehmen, die den Anteil am Eigenkapital darstellen soll, als auch die die Beteiligung repräsentierenden Vermögenswerte und Schulden der Tochterunternehmen selbst erfasst, vgl. *Baetge/Kirsch/Thiele,* Konzernbilanzen, S. 173; *Wohlgemuth,* in: HdJ, Abt. V/2, Rn. 1 ff. Diese Doppelerfassung ist für Kompensationszwecke herauszurechnen, indem die Beteiligungen des

rung sowie Zwischengewinneliminierung[707]. Nach den IFRS erfolgt eine Bestimmung der im Wege der Vollkonsolidierung einzubeziehenden Unternehmen nach dem sog. Control-Konzept des IAS 27.[708]

Die intensivste Form der Einflussnahme ist die sog. Beherrschung (*control*). Sie wird nach IAS 27.4 definiert als die Möglichkeit, die Finanz- und Geschäftspolitik eines Unternehmens zu bestimmen, um aus dessen Tätigkeit Nutzen zu ziehen. Da die Beherrschung unteilbar ist, kann eine Tochtergesellschaft nicht gleichzeitig zu zwei Gesellschaften in einem Mutter-Tochter-Verhältnis stehen (IAS 27.IG4).

Mutterunternehmens mit dem Eigenkapital der Tochterunternehmen verrechnet werden, § 301 Abs. 1 Satz 1 HGB, IAS 27.18(a).

706 Nach § 303 Abs. 1 HGB sind „Ausleihungen und andere Forderungen, Rückstellungen und Verbindlichkeiten zwischen den in den Konzernabschluss einbezogenen Unternehmen sowie entsprechende Rechnungsabgrenzungsposten [...] wegzulassen". Diese Vorschrift regelt die Schuldenkonsolidierung zur Eliminierung konzerninterner Schuldverhältnisse. Im Rahmen der IFRS-Rechnungslegung wird die Schuldenkonsolidierung in IAS 27.20 geregelt. Danach sind konzerninterne Salden, Transaktionen, Gewinne und Aufwendungen in voller Höhe zu eliminieren. Hierbei wird in knapper Form sowohl die Schulden- als auch die Aufwands- und Ertragskonsolidierung geregelt. In aller Regel ergeben sich keine Unterschiede zur Vorgehensweise nach dem HGB. Jedoch ist zu beachten, dass auch Eventualverbindlichkeiten und Eventualforderungen nach IAS 37.27 ff. ggfls. bilanziert und damit auch bei der Schuldenkonsolidierung eliminiert werden müssen, vgl. *Baetge/Kirsch/Thiele*, Konzernbilanzen, S. 251.

707 Bei der Aufwands- und Ertragskonsolidierung werden konzerninterne Erträge und Aufwendungen (Innenumsätze) neutralisiert, § 305 Abs. 1 HGB. Damit wird die Konzern-GuV von Erfolgskomponenten befreit, die sich allein aus Geschäften zwischen einbezogenen Unternehmen herleiten, vgl. *ADS*, Rechnungslegung und Prüfung der Unternehmen, § 305 HGB Rn. 5. Die IFRS regeln dies wiederum nur sehr allgemein in IAS 27.20 f. Auch an dieser Stelle gibt es keine Abweichungen zum deutschen Handelsrecht. Nach dieser Betrachtungsweise können Umsätze nur dann zu Gewinnen oder Verlusten führen, wenn der Geschäftspartner eines Konzernunternehmens ein Unternehmen außerhalb des Konsolidierungskreises ist (Außenumsätze). Das Realisationsprinzip gilt damit für den Konzernabschluss mit der Maßgabe, dass Erträge erst dann realisiert werden, wenn die Lieferung oder Leistung an konzernexterne Dritte gelangt ist. Im Einzelanschluss des Konzernunternehmens wird jedoch nicht zwischen Innen- und Außenumsätzen unterschieden. Da im konsolidierten Abschluss nur Ergebnisse aus Außenumsätzen gezeigt werden dürfen, sind die in den Einzelabschlüssen ausgewiesenen Zwischenergebnisse aus den Innenumsätzen herauszurechnen. Dies ist die Aufgabe der Zwischenergebniseliminierung gem. § 304 Abs. 1 HGB. Zu der Eliminierung von Zwischenergebnissen im Konzernabschluss ausführlich m.w.N. *Wohlgemuth*, in: HdJ, Abt. V/5, Rn. 1 ff.; *ADS*, Rechnungslegung und Prüfung der Unternehmen, § 304 HGB Rn. 6 ff.

708 Welche Tochterunternehmen auf Grundlage der Vollkonsolidierung in einen handelsrecht-lichen Konzernabschluss einzubeziehen sind, ergibt sich aus den §§ 294 bis 296 HGB.

Ein Mutterunternehmen ist jedes Unternehmen, welches über das Recht zur Ausübung eines beherrschenden Einflusses über mindestens ein anderes Unternehmen verfügt. Es muss in der Lage sein, unmittelbar oder mittelbar die Geschäftsführung und Geschäftspolitik eines Tochterunternehmens durch die Ausübung von Stimmrechten, durch vertragliche Rechte oder auf andere Weise zu übernehmen oder zu beeinflussen. Auf eine tatsächlich ausgeübte Beherrschung kommt es nicht an; erforderlich ist jedoch die uneingeschränkte Durchsetzbarkeit des beherrschenden Einflusses.[709] Das Beherrschungskriterium ist das zentrale Verbindungsmerkmal zwischen dem übergeordneten Mutterunternehmen (*parent*) und dem untergeordneten Tochterunternehmen (*subsidiary*), welche zusammen eine Gruppe nach IAS 27.4 bilden.[710]

Die allgemeine Definition der Beherrschung führt zu der Frage, unter welchen tatsächlichen Voraussetzungen die beschriebene Möglichkeit, die Finanz- und Geschäftspolitik eines Unternehmens zu bestimmen, überhaupt besteht. Diese Möglichkeit wird typisierend von IAS 27.13 bei Beteiligungen vermutet, bei denen das Mutterunternehmen unmittelbar oder mittelbar über mehr als die Hälfte der Stimmrechte eines Tochterunternehmens verfügt. Aufgrund der Ausgestaltung als widerlegbare Vermutung ist das Unternehmen in der Pflicht, diese gegebenenfalls zu beseitigen. Dazu muss es den Beweis erbringen, dass, obwohl mehr als 50% der Stimmrechte gehalten werden, kein beherrschender Einfluss begründet ist. Beispielsweise kann die Muttergesellschaft diese Annahme entkräften, indem sie vorbringt, dass sie aufgrund außergewöhnlicher Umstände den beherrschenden Einfluss nicht mehr ausüben kann. Geeignet sind zum Beispiel bereits abgeschlossene Entherrschungsverträge[711] oder nach IAS 27.32 eine Insolvenz des Tochterunternehmens, bei der alle Rechte auf einen Insolvenzverwalter übergehen. Ebenso kann eine Beeinträchtigung der Beherrschung vorliegen, wenn der Gesellschaftsvertrag für wesentliche Entscheidungen eine qualifizierte Mehrheit vor-

---

709 *Theile/Pawelzik*, in: Heuser/Theile, IFRS-Handbuch, Rn. 3015; *Lüdenbach*, in: Lüdenbach/Hoffmann, Haufe IFRS-Kommentar, 9. Aufl. 2011, § 32 Rn. 12; *Senger/Brune*, in: Beck-IFRS-HB, § 30 Rn. 5.

710 Vgl. *Fülbier*, Konzernbesteuerung nach IFRS, S. 254. Zum Control-Konzept nach IFRS siehe auch *Waschbusch/Steiner*, StB 2008, 73, 74 f.

711 Als Voraussetzungen gelten Schriftform und eine Laufzeit von mindestens fünf Jahren vgl. *Vetter*, in: Schmidt/Lutter, AktG, § 17 Rn. 60 ff.; *Hüffer*, AktG, § 17 Rn. 22. Allerdings ist im Schrifttum umstritten, ob das Mutterunternehmen seine Rechtsposition durch vertragliche Vereinbarung, z.B. durch einen Entherrschungs- oder Stimmbindungsvertrag aufgeben kann, vgl. *IDW*, WP Handbuch 2006, Abschn. M, Rn. 40.

sieht, die das vermutete Mutterunternehmen stimmrechtlich nicht hat.[712] Als Folge muss das Tochterunternehmen – vorbehaltlich einer Einbeziehung nach SIC-12 – nicht vollkonsolidiert werden, sondern ist nur noch *at equity* zu bilanzieren. Damit wäre eine steuerliche Konzernzugehörigkeit für Zwecke der Zinsschranke nicht mehr gegeben, denn sowohl eine tatsächliche oder potentielle Konsolidierung (§ 4h Abs. 3 Satz 5 EStG) als auch eine einheitliche Bestimmung der Finanz- und Geschäftspolitik (§ 4h Abs. 3 Satz 6 EStG) ist für die Muttergesellschaft nicht mehr möglich.

Aber auch eine Beteiligungshöhe von nur 50% der Stimmrechte oder weniger kann ein Beherrschungsverhältnis i.S. des IAS 27 auslösen. In diesen Fällen soll es insbesondere auf die Kriterien von IAS 27.13 ankommen, wonach eine Beherrschung auch ohne Stimmenrechtsmehrheit bei bestimmten Einflussnahmemöglichkeiten (unwiderlegbar) angenommen wird. Dieses faktische Beherrschungsverhältnis liegt dann vor, wenn eine der folgenden Bedingungen nach IAS 27.13 erfüllt ist:

- Es besteht die Möglichkeit, kraft einer mit den anderen Anteilseignern abgeschlossenen Vereinbarung über mehr als die Hälfte der Stimmrechte zu verfügen.
- Es besteht die Möglichkeit, die Finanz- und Geschäftspolitik eines Unternehmens gemäß einer Satzung oder einer Vereinbarung zu bestimmen.
- Es besteht die Möglichkeit, die Mehrheit der Mitglieder der Geschäftsführungs- und/oder Aufsichtsorgane zu ernennen oder abzuberufen, wobei die Verfügungsgewalt über das andere Unternehmen bei diesen Organen liegt.
- Es besteht die Möglichkeit, die Mehrheit der Stimmen bei Sitzungen der Geschäftsführungs- und/oder Aufsichtsorgane oder eines gleichwertigen Leitungsgremiums zu bestimmen, wobei die Verfügungsgewalt über das andere Unternehmen bei diesen Organen liegt.

Diese nicht abschließenden Bedingungen konkretisieren Einflussmöglichkeiten, die eine faktische Kontrolle und Bestimmung der Finanz- und

---

712 Beispielsweise könnte die Satzung oder der Gesellschaftsvertrag für alle wichtigen operativen Entscheidungen eine Stimmrechtsquote von 75% vorsehen, vgl. *Theile/Pawelzik*, Heuser/Theile, IFRS-Handbuch, Rn. 3016. Zum Verlust der Beherrschungsmöglichkeit siehe auch *Waschbusch/Steiner*, StB 2008, 73, 74 f.

Geschäftspolitik bewirken.[713] All diesen Kriterien ist gemein, dass eine Beherrschung im Wesentlichen aus der Möglichkeit einer aktiven Intervention in die Geschäftsführung des Tochterunternehmens abgeleitet wird.[714] Im Rahmen der Bestimmung des Vollkonsolidierungskreises nach IAS 27 sind zahlreiche Grenzfälle bekannt, die nunmehr eine ganz neue bilanzpolitische Brisanz erhalten.[715]

(2) Gemeinschaftsunternehmen

Innerhalb des zweiten Kreises der Stufenkonzeption befinden sich die *Gemeinschaftsunternehmen,* die von einem Konzernunternehmen und mindestens einem weiteren Unternehmen außerhalb des Konzerns *gemeinsam geführt* werden.[716] Der Begriff „Gemeinschaftsunternehmen" ist gesetzlich nicht definiert.[717] Letztlich soll mit dieser Begrifflichkeit der Sachverhalt gekennzeichnet werden, dass mindestens zwei *rechtlich selbständige* und *wirtschaftliche von-einander unabhängige* Unternehmen (sog. Gesellschafterunternehmen oder Partnerunternehmen) zur Verfolgung gemeinsamer Zwecke in einem anderen Unternehmen (Gemeinschaftsunternehmen) zusammenarbeiten.[718] Die Einflussnahme der *gemeinsamen Führung*[719] ist von ihrer Intensität geringer einzustufen als die Beherrschung.[720]

---

713 *Senger/Brune,* in: Beck-IFRS-HB, § 30 Rn. 8 f. Eine weitere Konkretisierung des Beherrschungsbegriffs enthält die Interpretationsnorm SIC-12 hinsichtlich sog. *Special Purpose Entities,* vgl. dazu im Folgenden Abschn. B/I, Gliederungspunkt 2 (S. 196 ff.).

714 Vgl. *Küting/Gattung,* KoR 2007, 397.

715 Zu nennen sind hier bspw. die sog. „faktische Beherrschung" (z.B. bei einer HV-Präsenzmehrheit), die Berücksichtigung „potenzieller Stimmrechte" oder die Einflussnahme von Minderheitenrechten, vgl. *Stibi/Thiele,* BB 2008, 2507, 2508; *Lüdenbach,* in: Haufe IFRS-Kommentar, 9. Aufl. 2011, § 32 Rn. 44 ff.; *Theile/Pawelzik,* in: Heuser/Theile, IFRS-Handbuch, Rn. 3019 ff.; *Goebel/Eilinghoff,* DStZ 2010, 487, 493.

716 Vgl. *Baetge/Kirsch/Thiele,* Konzernbilanzen, S. 107.

717 Zahlreiche Synonyme werden verwendet, z.B. Partnerschaftsunternehmen, jointly controlled entity, gemeinsames Tochterunternehmen und Joint Venture.

718 Vgl. *ADS,* Rechnungslegung und Prüfung der Unternehmen, § 290 HGB Rn. 90 m.w.N.; *Küting/Weber,* Konzernabschluss, S. 173.

719 Kennzeichnendes Merkmal von Gemeinschaftsunternehmen ist deren „gemeinsame Führung" durch die Partnerunternehmen, die tatsächlich ausgeübt werden muss und auf Vereinbarungen im Gesellschaftsvertrag, in der Satzung oder sonstigen Verträgen beruhen muss, vgl. *ADS,* Rechnungslegung und Prüfung der Unternehmen, § 310 HGB Rn. 23; *Ebeling,* in: Baetge/Kirsch/Thiele, Bilanzrecht, § 310 HGB Rn. 30. Nach § 310 Abs. 1 HGB ist eine „gemeinsame Führung" des Gemeinschaftsunternehmens Voraussetzung für eine Quotenkonsolidierung. Diese Einflussnahme darf nicht mit dem Be-

Gemeinschaftsunternehmen dürfen handelsrechtlich entsprechend den Anteilen am Kapital, die dem jeweiligen Mutterunternehmen gehören, in dessen Konzernabschluss einbezogen werden, § 310 Abs. 1 HGB.[721] Das Gesetz eröffnet damit ein Wahlrecht zur quotalen Konsolidierung. Wird von diesem Wahlrecht kein Gebrauch gemacht, sind Gemeinschaftsunternehmen aufgrund der Stufenkonzeption nach der Equity-Methode zu bilanzieren.[722] Folgt man der Vorschrift des § 310 HGB lassen sich Gemeinschaftsunternehmen definieren als Unternehmen, die von einem in den Konzernabschluss einbezogenen Unternehmen und einem außerhalb des Konzerns stehenden Unternehmen gemeinsam geführt werden (Mehrmütter-Verhältnis). Prototyp ist hierbei die paritätische Beteiligung (50:50) zweier Gesellschafterunternehmen an einem Gemeinschaftsunternehmen.[723]

---

griff der „einheitlichen Leitung" i.S. von § 290 Abs. 1 HGB a.F. gleichgesetzt werden, der inhaltlich der Begrifflichkeit des § 18 Abs. 1 AktG folgte. Nach überwiegender Ansicht ist unter der einheitlichen Leitung die Übernahme originärer Leitungsaufgaben durch das Mutterunternehmen für die gesamte Gruppe und die Koordinierung der Geschäftspolitik und Konzernleitung zu verstehen, vgl. statt aller *Hoyos/Ritter-Thiele*, in: Beck Bil-Komm., 6. Aufl., § 290 HGB Rn. 20 m.w.N. Bei Unternehmen, deren finanzielle und operative Entscheidungen nach § 310 Abs. 1 HGB oder IAS 31.24 gemeinschaftlich getroffen werden, sind diesbezüglich bedeutende Unterschiede durch die gemeinschaftliche Ausübung einer Führung mit einem oder mehreren Gesellschafterunternehmen und der gegenseitigen Rücksichtnahme der Gesellschafter zu erkennen, vgl. *Busse von Colbe/Ordelheide/Gebhardt/Pel-lens*, Konzernabschlüsse, S. 494; *Baetge/Kirsch/Thiele*, Konzernbilanzen, S. 315. Bei einer gemeinsamen einheitlichen Leitung besteht aus Sicht des Tochterunternehmens eine mehrfache Abhängigkeit zu jedem einzelnen der ihm gegenüber als Einheit auftretenden Mutterunternehmen i.S. von § 17 Abs. 1 AktG, vgl. *Emmerich*, in: Emmerich/Habersack, Aktien- und GmbH-Konzernrecht, § 17 Rn. 32; *Hüffer*, AktG, §17 Rn. 13 f., § 18 Rn. 16; *Hageböke/Stangl*, DB 2008, 200, 202. Nach Wegfall des Kriteriums der „einheitlichen Leitung" im Rahmen des BilMoG ist nunmehr nur noch ein „beherrschender Einfluss" im Sinne des § 290 Abs. 1 HGB n.F. dem Merkmal der „gemeinsamen Führung" gegenüber zu stellen.

720 Die beteiligten Unternehmen müssen im Rahmen der gemeinsamen Führung konsensual zusammenwirken, so dass die Einflussnahme der einzelnen Gesellschafter deutlich geringer ist als im Rahmen einer Beherrschung bzw. einheitlichen Leitung, vgl. *Winkeljohann/Böcker*, in: Beck Bil-Komm., 7. Aufl., § 310 HGB Rn. 5; *Baetge/Kirsch/Thiele*, Konzernbilanzen, S. 315; *Nordmeyer*, WPg 1994, 301, 308 f.

721 Die quotale Konsolidierung entspricht methodisch der Vollkonsolidierung. Vermögensgegenstände, Schulden, Rechnungsabgrenzungsposten, Bilanzierungshilfen, Aufwendungen und Erträge sind jedoch nur entsprechend dem Anteil am Kapital des Gemeinschaftsunternehmens im Konzernabschluss abzubilden.

722 Vgl. *Niehus*, in: HdJ, Abschnitt V/7, Rn. 162 f.

723 *IDW*, WP Handbuch 2006, Abschn. M, Rn. 530.*ADS*, Rechnungslegung und Prüfung der Unternehmen, § 290 HGB Rn. 91.

Da die typische Struktur eines Gemeinschaftsunternehmens darin besteht, dass keinem der Gesellschafterunternehmen ein beherrschender Einfluss beispielsweise durch Mehrheit der Stimmrechte zukommt, kommt eine Einbeziehung in den Konzernabschluss nach § 290 HGB nicht in Betracht. Ein Gemeinschaftsunternehmen kann mithin nicht vollkonsolidiert werden, da es die Voraussetzungen des § 290 HGB nicht erfüllt. Es steht nämlich nicht gem. § 290 Abs. 1 HGB unter einem beherrschenden Einfluss eines *einzigen* Unternehmens. Dies wäre aber Voraussetzung für eine Vollkonsolidierung. Die „gemeinsame Führung" stellt somit keinen Grenzfall der Vollkonsolidierung nach § 290 Abs. 1 HGB, sondern lediglich einen Grenzfall des maßgeblichen Einflusses i.S. des § 311 HGB dar.[724] Auch der Wortlaut des Gesetzes unterscheidet hier sprachlich eindeutig zwischen „gemeinsamer Führung" bei § 310 Abs. 1 HGB und „beherrschendem Einfluss" bei § 290 Abs. 1 HGB. Eine Quotenkonsolidierung stellt daher keine „Alternative" oder „Variante", sondern gegenüber der Vollkonsolidierung ein Minus dar.[725] Beide Konsolidierungsformen schließen sich tatbestandlich und begrifflich gegenseitig

---

724 Vgl. *Winkeljohann/Böcker*, in: Beck Bil-Komm., 7. Aufl., § 310 HGB Rn. 6.

725 Streng zu unterscheiden ist davon die handelsrechtlich bislang höchst umstrittene Frage, ob ein *abhängiges Unternehmen* bei gemeinsamer *einheitlicher Leitung* (nicht: Führung) in den Konzernabschluss seiner (beiden) Mutterunternehmen im Wege der Vollkonsolidierung einbezogen werden muss. Hierzu bestanden im Schrifttum unterschiedliche Ansätze, bejahend z.B. *IDW*, WP Handbuch 2006, Abschn. M, Rn. 532; ausführlich *ADS*, Rechnungslegung und Prüfung der Unternehmen, § 290 HGB Rn. 101 ff.; *Scheffler*, Rechnungslegung bei Joint Ventures, in: Schaumburg, Internationale Joint Ventures, S. 155; *Nordmeyer*, WPg 1994; 301; 307 f.; *Niehus*, in: HdJ, Abt. V/7 Rn. 159 ff.; *Merkt*, in: Baumbach/Hopt, HGB, § 310 Rn. 1. Ablehnend z.B. *Winkeljohann/Böcker*, in: Beck Bil-Komm., 6. Aufl., § 310 HGB Rn. 6. Dieser Streit ist jedoch durch den Verzicht auf das Merkmal „einheitliche Leitung" auch im Handelsrecht obsolet geworden, dazu *Küting/Weber*, Konzernabschluss, S. 119. Nach den IFRS ist eine mehrfache Konzernzugehörigkeit nach wie vor nicht denkbar, vgl. *Winkeljohann/Böcker*, in: Beck Bil-Komm., 7. Aufl., § 310 HGB Rn. 6. Von der Frage der Einbeziehung eines Gemeinschaftsunternehmens ebenfalls abzugrenzen ist die Frage, ob eine mehrfache Vollkonsolidierung eines gemeinsam *beherrschten* (nicht: „geführten") Unternehmens nach HGB möglich ist. Diese Frage wird im Schrifttum ebenfalls uneinheitlich beurteilt, ablehnend z.B. *Winkeljohann/Böcker*, in: Beck Bil-Komm., 6. Aufl., § 310 HGB Rn. 6; bejahend u.a. *ADS*, Rechnungslegung und Prüfung der Unternehmen, § 290 HGB Rn. 117; *Scheffler*, Rechnungslegung bei Joint Ventures, in: Schaumburg, Internationale Joint Ventures, 131, 155. Falls eine mehrfache Vollkonsolidierung nach HGB für möglich gehalten wird, liegt aus Sicht jedes einzelnen Mutterunternehmens ein Tochterunternehmen nach § 290 HGB und kein gemeinsam geführtes Gemeinschaftsunternehmen i.S. des § 310 HGB vor, vgl. in diesem Sinne *Stangl/Hageböke*, in: Schaumburg/Rödder, UntStR 2008, S. 471.

aus.[726] Die Quotenkonsolidierung stellt lediglich eine Alternative zur Equity-Methode dar.[727] Eine Wahlmöglichkeit zwischen Voll- und Quotenkonsolidierung besteht mithin nicht.[728]

Im Rahmen der IFRS-Rechnungslegung bestimmt IAS 31 die Behandlung von Gemeinschaftsunternehmen (*joint ventures*).[729] IAS 31 unterscheidet drei typische Formen von Joint Ventures: gemeinschaftliche Tätigkeiten, gemeinschaftlich geführte Vermögenswerte und gemeinschaftlich geführte Unternehmen. Das HGB enthält diesbezüglich keine Vorschriften zur Bilanzierung der ersten beiden Formen von Joint Ventures. Hinsichtlich der Bilanzierung von gemeinschaftlich geführten Unternehmen hat ein Partnerunternehmen seinen Anteil an dem Gemeinschaftsunternehmen nach IAS 31.30 unter Verwendung entweder der Quotenkonsolidierung oder der Equity-Methode anzusetzen (Wahlrecht[730]). Auch die Anwendungsbereiche von IAS 27/SIC-12 (Vollkonsolidierung) und IAS 31 (Quotenkonsolidierung bzw. Equity-Methode) schließen sich gegenseitig aus, so dass eine mehrfache Konzernzugehö-

726 Vgl. *Winkeljohann/Böcker*, in: Beck Bil-Komm., 7. Aufl., § 310 HGB Rn. 5; *Nordmeyer*, WPg 1994, 301, 308.

727 *ADS*, Rechnungslegung und Prüfung der Unternehmen, § 290 HGB Rn. 122; *Siebourg*, in: Küting/Weber, Handbuch der Konzernrechnungslegung, § 290 HGB Rn. 40; *Merkt*, in: Baumbach/Hopt, HGB, § 310 HGB Rn. 1.

728 *Winkeljohann/Böcker*, in: Beck Bil-Komm., 7. Aufl., § 310 HGB Rn. 2, 6; *Ebeling*, in: Baetge/Kirsch/Thiele, Bilanzrecht, § 310 HGB Rn. 27. Für ein Wahlrecht zwischen Voll- und Quotenkonsolidierung (soweit erkennbar) nur *Hoffmann-Becking/Rellermeyer*, FS Goerdeler, S. 215.

729 Am 12.5.2011 hat das IASB mit IFRS 11 „Joint Arrangements" einen neuen Standard zur bilanziellen Abbildung von gemeinschaftlichen Tätigkeiten und Gemeinschaftsunternehmen veröffentlicht. IFRS 11 soll künftig IAS 31 sowie SIC-13 vollständig ersetzen. Das Endorsement wird voraussichtlich im 3. Quartal 2012 abgeschlossen. IFRS 11 ist damit nach der hier vertretenen Auffassung bislang nicht im Rahmen der Zinsschranke heranzuziehen und nicht Gegenstand dieses Beitrags. Zu der Neuregelung siehe *Zülch/Erdmann/ Popp/Wünsch*, DB 2011, 1817 ff.; *Fuchs/Stibi*, BB 2011, 1451 ff.

730 *Winkeljohann/Böcker*, in: Beck Bil-Komm., 7. Aufl., § 310 HGB Rn. 90. Eine Quotenkonsolidierung ist nach US-GAAP unzulässig und wird z.Zt. auch vom IASB im Rahmen der Angleichung der IFRS an die US-GAAP kritisch hinterfragt. Nach dem im September 2007 vorgelegten Exposure Draft 9 zu Joint Ventures, der den bisherigen IAS 31 ablösen soll, ist in Anlehnung an die US-GAAP für Gemeinschaftsunternehmen nur noch die Equity-Methode zulässig. Dazu: *Busse von Colbe/Ordelheide/Gebhardt/Pellens*, Konzernabschlüsse, S. 508 f.; *Lüdenbach*, in: Lüdenbach/Hoffmann, Haufe IFRS-Kommentar, 9. Aufl. 2011, § 34 Rn. 108; *Baetge/Kirsch/Thiele*, Konzernbilanzen, S. 332 (Fn. 72); *Theile/Pawelzik*, in: Heuser/Theile, IFRS-Handbuch, Rn. 3008; *Zülch/Erdmann/ Popp/Wünsch*, DB 2011, 1817, 1818; *Fuchs/Stibi*, BB 2011, 1451.

rigkeit nicht in Betracht kommt.[731] Die Vorschriften sind hier erneut mit denen des HGB vergleichbar.[732] Während jedoch das HGB beide Bilanzierungsalternativen gleichberechtigt nebeneinander stellt, präferieren die IFRS (noch) ausdrücklich die Anwendung der Quotenkonsolidierung.[733]

(3) Assoziierte Unternehmen

Der dritte Kreis der Stufenkonzeption berücksichtigt die *assoziierten Unternehmen*. Dies sind Unternehmen, zu denen die Konzernobergesellschaft eine Beziehung unterhält, die schwächer ist als die *gemeinsame Führung*, aber noch stärker als ein schlichter Beteiligungsbesitz. Nach der gesetzlichen Definition des § 311 HGB ist ein assoziiertes Unternehmen dadurch gekennzeichnet, dass ein in den Konzernabschluss einbezogenes Unternehmen einen *maßgeblichen Einfluss*[734] auf dieses Unternehmen ausüben kann. Handelsrechtlich wird widerlegbar vermutet, dass ein maßgeblicher Einfluss vorliegt, wenn das Konzernunternehmen mindestens 20% der Stimmrechte an dem anderen Unternehmen innehat, § 311 Abs. 1 Satz 2 HGB. Als weitere Voraussetzung muss eine Beteiligung i.S. des § 271 Abs. 1 HGB gegeben sein. Assoziierte Unternehmen werden

---

731 Dazu *Lüdenbach*, in: Lüdenbach/Hoffmann, Haufe IFRS-Kommentar, 9. Aufl. 2011, § 34 Rn. 22; *Winkeljohann/Böcker*, in: Beck Bil-Komm., 7. Aufl., § 310 HGB Rn. 6.

732 *Baetge/Kirsch/Thiele*, Konzernbilanzen, S. 334; *Küting/Weber*, Konzernabschluss, S. 519; *Pellens*, Internationale Rechnungslegung, S. 831; *Ebeling*, in: Baetge/Kirsch/Thiele, Bilanzrecht, § 310 HGB Rn. 502.

733 Vgl. IAS 31.32: „Bei der Bilanzierung der Anteile an einem gemeinschaftlichen Unternehmen ist es von grundlegender Bedeutung, dass ein Partnerunternehmen den wirtschaftlichen Gehalt und das wirtschaftliche Ergebnis der Vereinbarung abbildet und nicht lediglich die besondere Struktur oder Form des Gemeinschaftsunternehmens. [...] Der wirtschaftliche Gehalt und das wirtschaftliche Ergebnis werden im Konzernabschluss des Partnerunternehmens dadurch abgebildet, dass das Partnerunternehmen seine Anteile an den Vermögenswerten, Schulden, Erträgen und Aufwendungen des gemeinschaftlich geführten Unternehmens unter Verwendung der beiden in Paragraph 34 beschriebenen Berichtsformate für die Quotenkonsolidierung bilanziert." Zur Einbeziehung von Gemeinschaftsunternehmen nach IFRS vgl. *Waschbusch/Steiner*, StB 2008, 73, 77 f.

734 Das Kriterium des *maßgeblichen Einflusses* ist – obwohl gesetzlich nicht definiert – erfüllt, wenn der Einfluss bedeutend ist und nicht nur vorübergehend besteht, vgl. *Merkt*, in: Baumbach/Hopt, HGB, § 311 Rn. 1. Er muss sich dabei auf die Geschäfts- oder Finanzpolitik des anderen Unternehmens auswirken und muss tatsächlich ausgeübt werden, vgl. *Merkt*, in: Baumbach/Hopt, HGB, § 311 Rn. 1; *Hachmeister*, in: Baetge/Kirsch/Thiele, Bilanzrecht, § 311 HGB Rn. 28 ff.; *Winkeljohann/Böcker*, in: Beck Bil-Komm., 7. Aufl., § 310 HGB Rn. 15.

nach der Equity-Methode gem. § 312 HGB im handelsrechtlichen Konzernabschluss erfasst.

Im Rahmen der IFRS behandelt IAS 28 den Typus und die bilanzielle Behandlung assoziierter Unternehmen. Nach IAS 28.2 ist ein assoziiertes Unternehmen „ein Unternehmen, einschließlich einer Nicht-Kapitalgesellschaft, wie etwa eine Personengesellschaft, bei dem der Eigentümer über maßgeblichen Einfluss verfügt und das weder ein Tochterunternehmen noch Anteil an einem Joint Venture ist". Unter einem maßgeblichen Einfluss versteht IAS 28.2 die Möglichkeit, an den finanz- und geschäftspolitischen Entscheidungen des Beteiligungsunternehmens mitzuwirken, jedoch nicht die Beherrschung (Tochterunternehmen) oder gemeinsame Führung (Gemeinschaftsunternehmen) der Entscheidungsprozesse. Auf die Beteiligungshöhe kommt es grundsätzlich nicht an, allerdings kann von ihr ein Indiz für das Bestehen eines maßgeblichen Einflusses ausgehen. Die Vermutung für einen maßgeblichen Einfluss greift nach IAS 28.6 dann, wenn der Anteilseigner direkt oder indirekt 20% oder mehr der Stimmrechte des assoziierten Unternehmens innehat. Bei einer geringeren Beteiligungshöhe wird umgekehrt vermutet, dass kein assoziiertes Unternehmen vorliegt.[735] Assoziierte Unternehmen werden auch im Rahmen der IFRS grundsätzlich nach der Equity-Methode bilanziert.[736]

(4) Schlichte Beteiligungen

Alle übrigen Anteile an Unternehmen, über die kein maßgeblicher Einfluss ausgeübt wird und die daher nicht nach der Equity-Methode zu er-

---

735 Beide Vermutungen sind gem. IAS 28.6 widerlegbar. Zur Einbeziehung von assoziierten Unternehmen nach IFRS vgl. *Waschbusch/Steiner*, StB 2008, 73, 78 f.

736 Die Technik der Equity-Methode nach IFRS beschreibt IAS 28.11: Zunächst werden die Anteile am assoziierten Unternehmen mit den Anschaffungskosten angesetzt. In der Folge erhöht oder verringert sich der Buchwert der Anteile entsprechend dem Anteil des Anteilseigners am Erfolg des Beteiligungsunternehmens. Der Anteil des Anteilseigners am Erfolg des Beteiligungsunternehmens wird in dessen Ergebnis ausgewiesen. Vom Beteiligungsunternehmen empfangene Ausschüttungen vermindern den Buchwert der Anteile. Änderungen des Buchwerts können auch auf Grund von Änderungen der Beteiligungsquote des Anteilseigners notwendig sein, welche sich aufgrund erfolgsneutraler Änderungen des Eigenkapitals des Beteiligungsunternehmens ergeben. Solche Änderungen entstehen unter anderem infolge einer Neubewertung von Sachanlagevermögen und aus der Umrechnung von Fremdwährungsabschlüssen. Der Anteil des Anteilseigners an diesen Änderungen wird unmittelbar im Eigenkapital des Anteilseigners erfasst.

fassen sind, müssen mit den Anschaffungskosten der Beteiligung bewertet werden. Diese Vorgehensweise entspricht der Bilanzierung von Beteiligungen im Einzelabschluss.[737] Im Rahmen der IFRS werden diese Beteiligungen als Finanzinvestitionen (*investments*) bezeichnet und in diesem Sinne nach IAS 39 bilanziert.

bb) Bewertung der steuerlichen Anknüpfung an die Konsolidierungsregeln nach IFRS

Die Gedankenwelt der IFRS entspricht "einer eher ökonomisch geprägten Vorstellung von einer Unternehmung" und verfolgt das Ziel, "sämtliche Ressourcen vollständig abzubilden [...], wenn sie im ökonomischen Eigentum der konsolidierungspflichtigen Hierarchiespitze stehen".[738] Aufgrund dieser Prägung sind die Bestimmungen der IFRS grundsätzlich geeignet, einen Konzernverbund für steuerliche Zwecke festzulegen. Denn auch das Steuerrecht ist ein wirtschaftlich orientiertes Rechtsgebiet, in dem die wirtschaftliche Auslegung eine teleologische Methode zur Verwirklichung des Gesetzeszwecks darstellt.[739]

Das Kriterium der einfachen Stimmrechtsmehrheit ist als Mittel zur einfachen, wirtschaftlich überzeugenden und rechtssicheren Abgrenzung eines Konzernkreises zweckdienlich. Auch die vorgenannten Beherrschungsfälle des IAS 27.13 erscheinen auf der Basis objektiver Anhaltspunkte geeignet zu sein, "ökonomische Eigentumsbeziehungen" [740] zu manifestieren. Im Zuge der Modernisierung des Handelsbilanzrechts wurden diese Kriterien weitgehend inhaltsgleich in die Vorschrift des § 290 Abs. 2 Nr. 1 bis 3 HGB übernommen.[741] Die Konsolidierungskreise nach IFRS und HGB dürften sich danach in der Regel decken, so dass insoweit keine Einwände gegen eine IFRS-Bezugnahme bestehen.[742] Auch bei einer vorrangigen Anknüpfung an die entsprechenden HGB-Vor-

---

737 Vgl. *Baetge/Kirsch/Thiele*, Konzernbilanzen, S. 119.

738 *Fülbier*, Konzernbesteuerung nach IFRS, S. 259, 273.

739 Vgl. *Lang*, in: Tipke/Lang, Steuerrecht, § 1 Rn. 12, § 5 Rn. 77. Dieser Gedanke findet ebenfalls Ausdruck in der Vorschrift des § 39 Abs. 2 Nr. 1 Satz 1 AO, die die wirtschaftliche Betrachtungsweise in Bezug auf die Zurechnung von Wirtschaftsgütern anordnet. Die wirtschaftliche Betrachtungsweise als Grundverständnis der Steuerrechtsanwendung geht zurück auf Enno Becker, vgl. *Groh*, StuW 1989, 227, 229.

740 *Fülbier*, Konzernbesteuerung nach IFRS, S. 282.

741 Zu den verbliebenen Abweichungen der Konzerntatbestände siehe *Kozikowski/Ritter*, in: Beck Bil-Komm., 7. Aufl., § 290 HGB Rn. 130.

742 Ebenso *Kahle/Dahlke/Schulz*, StuW 2008, 266, 271; *Blumenberg/Lechner*, in: Blumenberg/Benz, UntStR 2008, S. 137.

schriften wäre "keine abschließende Antwort auf die Vielzahl ungeklärter Einzelfragen und Zweifelsfälle bei der Konzernbilanzierung"[743] gefunden. Anders wäre die umfangreiche Kommentierung in diesem Bereich wohl nicht zu erklären.

Das Control-Konzept der IFRS knüpft im Grundsatz an objektivierbare Abgrenzungskriterien und damit an eine formaljuristische Betrachtungsweise an. Es erfüllt damit die rechtsstaatlichen Voraussetzungen der Rechtssicherheit und des Bestimmtheitsgrundsatzes.[744] Dies gilt jedoch nicht für die Interpretationsregelung nach SIC-12, die eine rein wirtschaftliche Betrachtung in den Kategorien Chancen und Risiken vorschreibt.[745] Dadurch wird die vormals justiziable Bestimmung des Konzernumfangs nach den IFRS für juristische, insbesondere steuerjuristische Zwecke wieder entwertet.[746]

---

743 *Stangl/Hageböke,* in: Schaumburg/Rödder, UntStR 2008, S. 473.

744 Dazu instruktiv *Witt,* Konzernbesteuerung, S. 185 ff., der für die Abgrenzung des steuerlichen Konzerntatbestandes auf die formal-rechtlichen Kriterien abstellen will, die der Konzernspitze einen beherrschenden Einfluss auf die untergeordneten Gesellschaften ermöglichen. Entscheidend sind damit die vorhandenen Beherrschungsmittel, die eine Beherrschungsmöglichkeit eröffnen. Dies entspricht dem Control-Konzept nach IAS 27. In diesem Zusammenhang interessant *ADS,* Rechnungslegung und Prüfung der Unternehmen, § 264 HGB Rn. 93a: „Für die Darstellung der Vermögens-, Finanz- und Ertragslage kommt es nicht auf eine Beurteilung aus betriebswirtschaftlicher Sicht an. Dieser Ansatz wäre für die Rechtsanwendung und die Verpflichtung der Unternehmen viel zu unsicher; er würde nicht nur die Unternehmen, sondern auch den Abschlussprüfer überfordern. Die Reduzierung des komplexen Sachverhalts [...] durch Objektivierung ermöglicht überhaupt erst, den JA (Jahresabschluss) als Informationsinstrument einzusetzen." Eine vergleichbare Abgrenzung findet sich bereits im Bereich der Fusionskontrolle bei § 37 Abs. 1 GWB.

745 Zur Interpretation SIC-12 ausführlich Abschn. B/I, Gliederungspunkt 2 in diesem Kapitel (S. 196 ff.).

746 Dennoch übernahm auch der Handelsgesetzgeber mit § 290 Abs. 2 Nr. 4 HGB i.d.F. des BilMoG diese juristisch problematische Ausweitung der Konzernbestimmung, vgl. dazu Beschlussempfehlung und Bericht des Rechtsausschusses, BT-Drucks. 16/12407, S. 89: „Im Licht der Finanzkrise erachtet es der Ausschuss für erforderlich, eine Angleichung des § 290 HGB an den Regelungsinhalt von IAS 27 und SIC 12 vorzunehmen, um im weitestmöglichen Umfang auch Zweckgesellschaften in den Konsolidierungskreis einzubeziehen. Damit soll die Auslagerung von Risiken aus dem handelsrechtlichen Jahres- und Konzernabschluss, soweit möglich, eingeschränkt werden." Zum handelsrechtlichen Konzept der wirtschaftlichen Betrachtungsweise siehe auch *Kozikowski/Ritter,* in: Beck Bil-Komm., 7. Aufl., § 290 HGB Rn. 65 ff.

2. Einheitliche Bestimmung der Finanz- und Geschäftspolitik (§ 4h Abs. 3 Satz 6 EStG)

Darüber hinaus wird ein steuerlicher Konzern nach § 4h Abs. 3 Satz 6 EStG angenommen, wenn die Finanz- und Geschäftspolitik des Betriebs zusammen mit einem oder mehreren anderen Betrieben einheitlich bestimmt werden kann. An dieser Stelle ist eine hierarchische Struktur zur Begründung eines Konzerns – entgegen dem Verständnis der IFRS – nicht erforderlich (sog. Gleichordnungskonzern). Es reicht vielmehr aus, dass die Finanz- und Geschäftspolitik mindestens zweier Betriebe durch einen Rechtsträger einheitlich bestimmt werden kann.[747]

Die Gesetzesbegründung enthält zum Tatbestand des § 4h Abs. 3 Satz 6 EStG den Klammerzusatz „Beherrschungsverhältnis nach IAS 27".[748] Daraus wird abgeleitet, dass für die Konzernbestimmung keine eigenen steuerlichen Kriterien begründet werden sollen, sondern grundsätzlich auf das Vorliegen eines Beherrschungsverhältnisses i.S. des IAS 27 abgestellt wird, auch wenn der Wortlaut nicht mit dem des IAS 27.4 identisch ist.[749] Soweit auf Konzernebene ein Konzernabschluss nach IFRS aufgestellt wird, ist das Beherrschungsverhältnis nach IAS 27 ohnehin Teil des „zugrunde gelegten Rechnungslegungsstandards" nach § 4h Abs. 3 Satz 5 EStG. Der Erwähnung in Satz 6 kommt in diesen Fällen somit keine eigenständige Bedeutung zu.[750] Die Gesetzesformulierung „daneben" kann sich nur auf einen Abschluss nach HGB, EU-GAAP oder US-GAAP sowie auf die Fälle fehlender Konzernabschlusserstellung beziehen.[751]

---

747 Vgl. *Möhlenbrock,* Ubg 2008, 1, 7.

748 Gesetzesbegründung zum Entwurf eines Unternehmensteuerreformgesetzes 2008, BT-Drucks. 16/4841, S. 50.

749 *Eilers/Ottermann,* in: Lüdicke/Sistermann, Unternehmensteuerrecht, § 8 Rn. 66; *Hallerbach,* StuB 2007, 289, 290; *Scheunemann/Socher,* BB 2007, 1144, 1149. Diese Regelung übernimmt erkennbar die Beherrschungsdefinition des IAS 27.4 für den steuerlichen Konzernbegriff. Allerdings verzichtet dieser Ansatz auf das Tatbestandsmerkmal der "Nutzziehung", vgl. *Ganssauge/Mattern,* DStR 2008, 213, 216 (Fn. 27). In diesem Zusammenhang verwundert, dass sich der Gesetzgeber gerade für die im handelsrechtlichen Schrifttum als abstrakt und in der Praxis als kaum handhabbar bezeichnete Control-Definition entschieden hat, vgl. *Küting/Gattung,* KoR 2007, 397.

750 Vgl. *Hennrichs,* DB 2007, 2101; *Lüdenbach/Hoffmann,* DStR 2007, 636; *Frotscher,* in: Frotscher, EStG, § 4h Rn. 166; kritisch *Kahle/Dahlke/Schulz,* StuW 2008, 266, 271.

751 *Lüdenbach/Hoffmann,* DStR 2007, 636; *Töben/Fischer,* BB 2007, 974, 976; *Scheunemann/Socher,* BB 2007, 1144, 1149; *Hennrichs,* DB 2007, 2101; *Blumenberg*/Lechner, in: Blumenberg/Benz, UntStR 2008, S. 140; *Preißer/von Rönn/Schultz-Aßberg,* UntStRef 2008, S. 63.

Nach IAS 27.4 ist Beherrschung die Möglichkeit, die Geschäfts- und Finanzpolitik eines Unternehmens zu bestimmen, *um daraus Nutzen zu ziehen*. Der Wortlaut in § 4h Abs. 3 Satz 6 EStG weicht also dahingehend ab, dass zum einen eine *einheitliche* Bestimmung der Geschäfts- und Finanzpolitik gefordert wird und zum anderen eine Nutzziehung aus der Tätigkeit nicht verlangt wird. Die Außerachtlassung des Tatbestandsmerkmals der Nutzziehung aus dem steuerlichen Konzernbegriff hat erhebliche Relevanz, weil in der Praxis viele Fälle existieren, in denen eine Partei die Geschäfts- und Finanzpolitik bestimmt, aber hieraus keinen Nutzen zieht. Derartige Fälle finden sich beispielsweise häufig im Zusammenhang mit Zweckgesellschaften sowie im Umfeld von Private-Equity-Investitionen.[752]

IAS 27 betrifft zudem nur Mutter-Tochter-Verhältnisse, nicht aber die von § 4h Abs. 3 Satz 6 EStG nunmehr selbständig erfassten Gleichordnungskonzerne.[753] Ein Gleichordnungskonzern liegt nach § 18 Abs. 2 AktG vor, wenn mehrere rechtliche selbständige Unternehmen unter einheitlicher Leitung stehen, ohne dass zwischen diesen ein Abhängigkeitsverhältnis nach § 17 Abs. 1 AktG besteht. Die Unternehmen haben sich vielmehr freiwillig, etwa durch die Übertragung der Leitungsmacht auf ein Gemeinschaftsorgan oder die personelle Vereinigung der Geschäftsführungsaufgaben, der einheitlichen Leitung unterworfen.[754] Der Gleichordnungskonzern ist kein Regelungsgegenstand der IFRS. So befasst sich IAS 27 ausschließlich mit einem hierarchisch aufgebauten Konzern. Gleichordnungskonzerne (*horizontal groups*) sind damit nach IFRS – wie auch nach deutschem Handelsrecht[755] – nicht zu konsolidie-

---

752 Zu diesen Konstellationen siehe die Ausführungen im folgenden Abschnitt B. Abweichungen können sich auch im Rahmen von Treuhandverhältnissen ergeben. Ein Treuhänder, der die Geschäfts- und Finanzpolitik lediglich zum Vorteil und Nutzen eines Dritten bestimmt, übt keine Beherrschung aus und kann damit kein Mutterunternehmen sein, vgl. *IDW*, RS HFA 2, Tz. 53. Zur Anwendung der Zinsschranke beim „Treuhandmodell" siehe auch *Stangl/Hageböke*, in: Schaumburg/Rödder, UntStR 2008, S. 456.

753 Vgl. BMF-Schreiben vom 4.7.2008, BStBl. I 2008, S. 718, Rn. 60.

754 *ADS*, Rechnungslegung und Prüfung der Unternehmen, § 18 AktG Rn. 77 ff.; *Hoyos/Ritter-Thiele*, in: Beck Bil-Komm., 6. Aufl., § 290 HGB Rn. 26; je m.w.N.

755 Dazu *Baetge/Kirsch/Thiele*, Konzernbilanzen, S. 83 f.; *Hoyos/Ritter-Thiele*, in: Beck Bil-Komm., 6. Aufl., § 290 HGB Rn. 4, 26. Das den europäischen Mitgliedstaaten durch die 7. EG-Richtlinie (s.o. Kapitel 3, Abschn. A/I, S. 87 ff.) eingeräumte Wahlrecht zur Einbeziehung von Gleichordnungskonzernen bei der Verpflichtung zur Aufstellung von Konzernabschlüssen wurde vom deutschen Gesetzgeber nicht ausgeübt, vgl. Beschlussempfehlung und Bericht des Rechtsausschusses vom 18.11.1985, BT-Drucks. 10/4268, S. 113; ferner *ADS*, Rechnungslegung und Prüfung der Unternehmen, § 290

ren.[756] Gleichordnungskonzerne könnten lediglich einen freiwilligen, kombinierten Abschluss aufstellen. Dieser Abschluss wäre regelmäßig aber selbst dann nicht IFRS-konform, wenn sämtliche sonstigen IFRS-Vorschriften beachtet werden.[757] Denn er widerspricht schon grundsätzlich dem Konzernverständnis der IFRS, die den Begriff des Gleichordnungskonzerns nicht kennen. Offen bleibt auch die praktische Umsetzung. Neben der Frage, welches Regelwerk im Falle eines nicht existierenden Konzernabschlusses anzuwenden ist[758], würde ein solcher Abschluss auch nicht im Einklang mit diesem Regelwerk stehen.[759]

Der Tatbestand des § 4h Abs. 3 Satz 6 EStG bewirkt damit eine weitere Ausdehnung der steuerlichen Konzernzugehörigkeit. Dabei werden sogar Einzelpersonen erfasst, die nicht als *(legal) entity* bzw. *reporting enterprise* (Unternehmen) zur Aufstellung eines Konzernabschlusses nach IAS 27 verpflichtet wären.[760] Dies führt in vielen Fällen erneut zu einer Ausweitung des handelsbilanziellen Konsolidierungskreises.[761] Insbesondere

---

HGB Rn. 89; *Hoyos/Ritter-Thiele*, in: Beck Bil-Komm., § 290 HGB Rn. 26; *IDW*, WP Handbuch 2006, Abschn. M, Rn. 78.

756 Vgl. *Küting/Weber*, Konzernabschluss, S. 118.

757 Im Schrifttum wird lediglich diskutiert, ob in seltenen Fällen, insbesondere bei gleichartigen Eigentümerstrukturen, Personalidentität der Organe und operativem Zusammenwirken der Eigentümer und Organe unter Berufung auf einen *principle override* (hinsichtlich der *fair presentation*) nach IAS 1.19 ein IFRS-konformer und als solcher testierfähiger kombinierter Abschluss erstellt werden kann. Die Beherrschung durch identische Eigentümer reicht hierfür jedenfalls nicht aus, vgl. *Lüdenbach*, in: Lüdenbach/Hoffmann, Haufe-IFRS Kommentar, § 32 Rn. 92.

758 Siehe zu dieser Frage im Allgemeinen den folgenden Gliederungspunkt „Anwendungsreichweite der IFRS". Kritisch in Bezug auf Gleichordnungskonzerne *Fischer/Wagner*, BB 2008, 1872, 1876 und *Dörfler*, Ubg 2008, 693, 702, der eine „Querkonsolidierung" vorschlägt, bei der eine Addition der unmittelbar von der Konzernspitze gehaltenen Beteiligungen zum Konzernabschluss und Konzerneigenkapital führt. Ferner sollen Zwischengewinne aus Liefer- und Leistungsbeziehungen sowie Forderungen und Verbindlichkeiten bei der Schuldenkonsolidierung eliminiert werden.

759 Dazu *Köhler*, in: EY/BDI, UntStR 2008, S. 119; *Lüdenbach/Hoffmann*, DStR 2007, 636, 637; *Bohn*, Zinsschranke, S. 278.

760 Vgl. Gesetzesbegründung zum Entwurf eines Unternehmensteuerreformgesetzes 2008, BT-Drucks. 16/4841, S. 50; *Stangl/Hageböke*, in: Schaumburg/Rödder, UntStR 2008, S. 477. Unter Konzernrechnungslegungsaspekten erscheint die Regelung zunächst als vertraut, wenn sich das Merkmal des „einheitlichen Bestimmens" ausschließlich auf ein Mutterunternehmen bezieht. Allerdings sieht der Gesetzgeber explizit auch die Beherrschung durch eine *natürliche Person* vor, was wiederum völlig außerhalb des gewohnten Denkmodells der Konzernrechnungslegung liegt.

761 Kritisch bezüglich einer Ausweitung über den handelsrechtlichen Konsolidierungskreis hinaus *Möhlenbrock/Pung*, in: Dötsch/Jost/Pung/Witt, Körperschaftsteuer, § 8a KStG (URefG 2008) Rn. 79.

aufgrund dieser Regelung konstatiert das Schrifttum eine „uferlose Ausdehnung des Anwendungsbereichs der Zinsschranke“[762] und eine „hieraus zwangsläufig resultierende Anwendungsunschärfe“[763]. Das "steuerliche control-Konzept"[764] nach § 4h Abs. 3 Satz 6 EStG ist zu unbestimmt, um die weitreichende Konsequenz einer steuerlichen Konzernzugehörigkeit eines Betriebs rechtssicher zu konkretisieren. Die zahlreichen Zweifelsfälle im Rahmen der steuerlichen Konzernzugehörigkeit machen dies deutlich.[765]

3. Anwendungsreichweite der IFRS

Die primär vorgesehene Anknüpfung an die IFRS im Rahmen von § 4h Abs. 3 Satz 5 EStG und auch der Rückgriff auf das Control-Konzept der IFRS im Rahmen von § 4h Abs. 3 Satz 6 werfen die weitere Frage auf, welches Rechnungslegungsregime zugrunde zu legen ist, wenn eine Aufstellungspflicht beispielsweise nach §§ 290 ff. HGB nicht besteht und damit tatsächlich keine Konsolidierung gleich nach welchem Rechnungslegungsrecht erfolgt.

Nach einer Ansicht im Schrifttum sei die steuerliche Konzernzugehörigkeit in diesem Fall auch vorrangig auf Basis der IFRS zu ermitteln.[766] Dafür spreche bereits das gesetzliche Rangverhältnis der Rechnungslegungssysteme nach § 4h Abs. 2 Satz 1 Buchst. c Sätze 8 und 9 EStG. Ähnlich argumentiert *Oliver Köster*, nach dessen Ansicht die Konzernzugehörigkeit eines Betriebs zwar nach dem jeweils zugrunde gelegten Rechnungslegungsstandard zu bestimmen sei, subsidiär jedoch immer die IFRS Anwendung fänden.[767] Dies ergebe sich ferner aus § 4h Abs. 3 Satz 6

---

762 *Eilers*, in: Eilers/Rödding/Schmalenbach, Unternehmensfinanzierung, Kap. C Rn. 602.

763 *Kahle/Dahlke/Schulz*, StuW 2008, 266, 271. Ähnlich *Shou*, Die Zinsschranke im Unternehmensteuerreformgesetz 2008, S. 87.

764 *Hennrichs*, DB 2007, 2101.

765 Dazu im Einzelnen Abschn. B dieses Kapitels (S. 195 ff.).

766 Vgl. *Heintges/Kamphaus/Loitz*, DB 2007, 1261, 1262; *Blumenberg*/Lechner, in: Blumenberg/Benz, UntStR 2008, S. 136; *Stangl/Hageböke*, in: Schaumburg/Rödder, UntStR 2008, S. 474; *Möhlenbrock*, Ubg 2008, 1, 7; *Ganssauge/Mattern*, DStR 2008, 213, 215; wohl auch *Schüppen*, JbFSt 2007/2008, S. 196, der vermutet, dass „der Steuergesetzgeber IFRS in einem unvorstellbar weiten Maße zulassen will“. Dafür liefert aber weder der Gesetzestext („nach dem für die Anwendung … zu Grunde gelegten Rechnungslegungsstandard") noch die Gesetzesbegründung („wenn er nach dem *jeweiligen* Rechnungslegungsstandard in einen Konzernabschluss einzubeziehen ist“) einen Anhaltspunkt.

767 Vgl. *Köster*, BB 2007, 2278, 2279. So wohl auch *Töben/Fischer*, BB 2007, 974, 976; *Lüdenbach/Hoffmann*, DStR 2007,636.

EStG, wonach immer das Vorliegen eines Beherrschungsverhältnisses nach IAS 27 zu prüfen sei.[768]

Nach anderer Auffassung können die IFRS nur dann steuerrechtliche Bedeutung erlangen, wenn zuvor das deutsche Handelsrecht eine Pflicht zur Aufstellung eines Konzernabschlusses auf Basis der IFRS begründet oder mit befreiender Wirkung gestattet. Denn nur in diesem Fall sei der Umfang des Konsolidierungskreises nach den IFRS zu bestimmen. Sofern eine solche originäre Verpflichtung nach nationalem Recht fehle, könne sogar eine Konsolidierungspflicht nach IFRS (IAS 27.9) dahinstehen.[769] Dies ergebe sich auch aus den Regelungen zum Eigenkapitalvergleich, die eine Anknüpfung an einen handelsrechtlich anerkannten Konzernabschluss fordern, § 4h Abs. 2 Satz 1 Buchst. c Satz 10 EStG. Die fehlende Verpflichtung zur Aufstellung eines Konzernabschluss stünde einer Anwendung der IFRS entgegen.

Diese Beurteilungsschwierigkeiten resultieren aus den unterschiedlichen Blickwinkeln bei der Feststellung einer Konzernzugehörigkeit.[770] Das Steuerrecht schaut gleichsam aus der Froschperspektive des einzelnen Betriebs „nach oben" in den möglichen Konzernverbund. Demgegenüber blickt das handelsrechtliche Konzernrecht aus der Vogelperspektive des Mutterunternehmens „nach unten" auf die untergeordneten Gesellschaften. Im Rahmen der Zinsschranke muss ausgehend vom einzelnen Betrieb geprüft werden, ob dieser mit anderen Betrieben konsolidiert wird oder werden könnte. Dafür müsste ihm selbst (Variante 1: Betrieb als Mutterunternehmen) oder seinem Mutterunternehmen (Variante 2: Betrieb als Tochterunternehmen) eine Verpflichtung oder ein Recht zur Konsolidierung zukommen.

In diese Richtung argumentieren auch *Mensching/Rosseburg*, nach deren Ansicht in den Fällen, in denen ein möglicher Konzernabschluss zulässigerweise (z.B. wegen größenabhängiger Befreiung oder fehlender Kapitalmarktorientierung) nicht erstellt wird, auch aus steuerlicher Sicht kein Konzern vorliegt.[771] Denn in diesem Fall gebe es gar keinen *zugrunde*

---

768 Zum systematischen Verhältnis der beiden Konzernbestimmungsregeln siehe unten Gliederungspunkt 4 in diesem Abschnitt.

769 *Heuermann*, in: Blümich, EStG, § 4h Rn. 57; *Hoffmann*, in: Littmann/Bitz/Pust, Einkommensteuerrecht, § 4h Rn. 166.

770 Ähnlich *Heuermann*, in: Blümich, EStG, § 4h Rn. 57.

771 Vgl. *Mensching/Rosseburg*, DStR 2008, 1224, 1225; in diesem Sinne auch *Heuermann*, in: Blümich, EStG, § 4h Rn. 57. Für die Anerkennung eines steuerlichen Konzerns dagegen *Hick*, in: HHR, EStG, § 4h Rn. 88, der seine Ansicht damit begründet, dass IAS 27 keine größenabhängigen Befreiungen kennt.

gelegten Rechnungslegungsstandard nach § 4h Abs. 3 Satz 5 i.V.m. Abs. 2 Satz 1 Buchst. c EStG. Anderenfalls würde ein für den Eigenkapitalvergleich lediglich zulässiges Rechnungslegungssystem, welches aber tatsächlich nicht angewendet wird, zu einem festen Tatbestandserfordernis für die Frage nach der Konzernzugehörigkeit erhoben. Eine Verknüpfung in diesem Sinne würde einen Zirkelschluss begründen, da die Beantwortung dieser Frage in der systematischen Prüfungsabfolge der Zinsschranke vor der Durchführung des Eigenkapitalvergleichs steht.[772] Schließlich können die IFRS auch handelsrechtlich nicht für einen Konzernabschluss zugrunde gelegt werden, der tatsächlich nicht existiert.[773] Es besteht vielmehr ein Stufenverhältnis zwischen § 315a HGB, der die Pflicht zur Aufstellung eines Konzernabschlusses (das „*Ob* einer Konzernabschlusserstellung“) regelt und den IFRS selbst, die in einem zweiten Schritt dann den Umfang (das "*Wie* der Konzernabschlusserstellung") des Konsolidierungskreises bestimmen.[774]

Nach einer vermittelnden Ansicht ist im Fall einer fehlenden tatsächlichen Konzernabschlusserstellung die Regelung des § 4h Abs. 3 Satz 6 EStG zur Bestimmung einer Konzernverbundenheit heranzuziehen.[775] Dieser Auffassung ist uneingeschränkt zuzustimmen, da der Konzernbestimmung nach § 4h Abs. 3 Satz 6 EStG sonst kein Anwendungsbereich verbliebe.

772 Denn bevor für Zwecke des Eigenkapitalvergleichs nach § 4h Abs. 2 Satz 1 Buchst. c EStG ein Rechnungslegungsstandard zugrunde gelegt werden kann, muss der Betrieb zuerst zu einem Konzern gehören. Dieses Zirkularitätsproblem erkennen auch *Frotscher*, in: Frotscher, EStG, § 4h Rn. 158 und *Bohn*, Zinsschranke, S. 271.

773 Vgl. *Frotscher*, in: Frotscher, EStG, § 4h Rn. 68.

774 So auch *Hoffmann*, in: Littmann/Bitz/Pust, Einkommensteuerrecht, § 4h Rn. 166. Im Übrigen kommt seit dem Inkrafttreten des BilMoG ohne eine handelsrechtliche Konzernabschlussverpflichtung auch eine Konsolidierung nach den IFRS nicht mehr in Betracht. An dieser Stelle sei erneut auf die an internationale Standards angepassten Reglungen zur handelsrechtlichen Konsolidierung im Rahmen des BilMoG hingewiesen, vgl. oben Abschn. A/I, Gliederungspunkt 2 in diesem Kapitel (S. 163 ff.). Es existiert in diesem Fall kein Konzern auf dessen Zugehörigkeit ein Betrieb hin überprüft werden könnte.

775 *Möhlenbrock/Pung*, in: Dötsch/Jost/Pung/Witt, Körperschaftsteuer, § 8a KStG (URefG 2008) Rn. 77; *Dörfler/Vogl*, BB 2007, 1084, 1085; ähnlich *Hick*, in: HHR, EStG, § 4h Rn. 85; *Hennrichs*, DB 2007, 2101.

4. Systematisches Verhältnis der steuerlichen Konzernbestimmungsregelungen

Neben der Anwendungsreichweite der IFRS wird auch das systematische Verhältnis von § 4h Abs. 3 Satz 5 und Satz 6 EStG im Schrifttum kontrovers diskutiert. Nach einer verbreiteten Meinung bilde Satz 6 stets einen *Auffangtatbestand* zum Konsolidierungserfordernis nach Satz 5.[776] In diesem Sinne wird Satz 5 im Anwendungserlass des BMF ausdrücklich als „Grundfall" bezeichnet, während die Voraussetzungen von Satz 6 nur dann zu prüfen seien, wenn kein Konzern nach dem Grundfall gegeben ist.[777] Nach anderer Bezeichnung, jedoch gleichem Verständnis, bilde Satz 6 einen *steuerlichen Ergänzungstatbestand* zu Satz 5 für Sachverhalte, in denen handelsrechtlich tatsächlich keine Konsolidierung möglich ist.[778]

Die gegenteilige Auffassung erkennt in dieser Vorschrift einen „eigenständigen steuerlichen Konzernbegriff".[779] Diese steuerliche Spezialregelung trete neben das Konsolidierungserfordernis nach Satz 5 und etabliere die Konsolidierungsregeln der IFRS als Mindestvoraussetzungen für die steuerliche Konzernzugehörigkeit.[780] So soll Satz 6 *neben* Satz 5 die Konzernzugehörigkeit eines Betriebes identifizieren.[781] Die Gesetzesbegründung spricht ebenfalls für dieses Verständnis: *Neben* § 4h Abs. 3 Satz 5 EStG soll die Konzernzugehörigkeit eines Betriebs für Zwecke der Zinsschranke angenommen werden, wenn seine Finanz- und Geschäftspolitik mit einem oder mehreren anderen Betrieben einheitlich bestimmt werden kann.[782] Der Gesetzeswortlaut steht dieser Auslegung nicht ent-

---

776 *Köster*, BB 2007, 2278, 2279; *Möhlenbrock/Pung*, in: Dötsch/Jost/Pung/Witt, Körperschaftsteuer, § 8a KStG (URefG 2008) Rn. 78. Für eine Einordnung als Auffangtatbestand wohl auch *Töben/Fischer*, BB 2007, 974, 976; *Lüdenbach/Hoffmann*, DStR 2007,636; *Winkeljohann/Fuhrmann*, in: PWC, UntStR 2008, Rn. 1066.

777 BMF-Schreiben vom 4.7.2008, BStBl. I 2008, S. 718, Rn. 59 f.; vgl. auch *Fischer/Wagner*, BB 2008, 1872, 1876.

778 Vgl. *Heuermann*, in: Blümich, EStG, § 4h Rn. 66; *Ganssauge/Mattern*, DStR 2008, 213, 216; *Kahle/Dahlke/Schulz*, StuW 2008, 266, 271; *Stangl/Hageböke*, in: Schaumburg/Rödder, UntStR 2008, S. 469.

779 *Dörr/Geibel/Fehling*, NWB 2007, Fach 4, 5199, 5208; *Kahle/Dahlke/Schulz*, StuW 2008, 266, 271.

780 Vgl. *Hick*, in: HHR, EStG, § 4h Rn. 85.

781 In diesem Sinne – widersprüchlich zu seiner Auffassung in: Dötsch/Jost/Pung/Witt, Körperschaftsteuer, § 8a KStG (URefG 2008) Rn. 78 – *Möhlenbrock*, Ubg 2008, 1, 7 m.w.N.

782 Vgl. Gesetzesbegründung zum Entwurf eines Unternehmensteuerreformgesetzes 2008, BT-Drucks. 16/4841, S. 50, dort heißt es: „*Daneben* wird ein Konzern…".

gegen, da Satz 6 Kriterien benennt, unter denen *auch* ein Konzern vorliegt.

Nach dieser letztgenannten Auffassung wären bestehende Konsolidierungskreise, die die Voraussetzungen des Konzernbegriffs nach § 4h Abs. 3 Satz 5 EStG erfüllen, regelmäßig um weitere grundsätzlich nicht konsolidierungsfähige Unternehmen nach Satz 6 zu ergänzen.[783] Der Konzernbegriff des Satzes 5 würde dadurch seine eigenständige Bedeutung verlieren und wäre gleichsam überflüssig. Bestehende und geprüfte handelsrechtliche Konzernabschlüsse wären steuerlich regelmäßig nicht verwendbar.[784] Daher wird der erstgenannten Auffassung gefolgt, dass ein systematisches Verhältnis von Grund- und Auffangtatbestand bzw. ein Ergänzungstatbestand vorliege.

B. Ausgewählte Zweifelsfälle steuerlicher Konzernzugehörigkeit

I. Zweckgesellschaften

Streitfragen hinsichtlich der Einbeziehung in einen steuerlichen Konsolidierungskreis sind zunächst im Rahmen sog. Zweckgesellschaften[785] zu finden.

1. Wesen und Aufgabe einer Zweckgesellschaft

Zweckgesellschaften sind i.d.R. juristische Personen, die für ein einziges konkret bestimmtes Ziel der Unternehmenstätigkeit zugunsten eines anderen Unternehmens (Initiator) gegründet werden.[786] Besonderes Merk-

---

783 Ablehnend *Möhlenbrock/Pung*, in: Dötsch/Jost/Pung/Witt, Körperschaftsteuer, § 8a KStG (URefG 2008) Rn. 79.

784 Dabei wird nicht verkannt, dass sich der Gesetzgeber auch mit der Einbeziehung potenziell konsolidierungsfähiger Betriebe gem. § 4h Abs. 3 Satz 5 EStG gegen die Anknüpfung an bestehende Konzernabschlüsse und für eine Heranziehung fiktiver Konsolidierungskreise entschieden hat. Dazu im Einzelnen Abschn. B/II in diesem Kapitel (S. 202 ff.).

785 Der Begriff der Zweckgesellschaft wird in der Literatur nicht einheitlich verwendet. Weitere Bezeichnungen sind Special Purpose Entities (SPE) oder Special Purpose Vehicles (SPV).

786 Typische Beispiele für Unternehmen, die häufig eine Zweckgesellschaft darstellen, sind Gesellschaften, die gegründet werden, um ein Leasinggeschäft, Forschungs- und

mal ist daher, dass diese Gesellschaften einen eng abgegrenzten Geschäftsbereich haben. Hintergrund dieser Konstruktion ist zumeist eine Finanzierungsstruktur, bei der das strukturierende Unternehmen (z.B. eine Bank) zur Schonung seines eigenen bilanziellen und aufsichtsrechtlichen Eigenkapitals Vermögensgegenstände und die damit verbundenen Verbindlichkeiten und Aufwendungen in eine Zweckgesellschaft ausgliedert und auf diese Weise *off-balance* bringt, d.h. nicht mehr in der eigenen Bilanz ausweist. Damit kommt es zu einer Optimierung der Bilanzstruktur. Durch die Auslagerung von Vermögensgegenständen und Schulden auf die Zweckgesellschaft tritt eine Bilanzverkürzung ein. Diese Verringerung der Bilanzsumme führt bei gleichbleibendem Eigenkapital dazu, dass sich wesentliche Finanzierungskennzahlen wie die Eigenkapitalquote, die Gesamtkapitalrendite und der Verschuldungsgrad entscheidend verbessern. Gleichzeitig erhält der Initiator i.d.R. das Recht, Leistungen von der Zweckgesellschaft zu erhalten. Trotz dieser Verflechtung musste die Gesellschaft bei entsprechender Gestaltung lange Zeit nicht im Konzernabschluss gezeigt werden.

2. Konsolidierung von Zweckgesellschaften nach IFRS

Im Rahmen der IFRS-Rechnungslegung ist auch für die Konsolidierung von Zweckgesellschaften das Bestehen eines Control-Verhältnisses i.S. von IAS 27 erforderlich. Allerdings wurden diese Voraussetzungen in der Praxis durch eine spezielle Ausgestaltung der Gesellschaftsverträge und ein geringes Beteiligungsverhältnis regelmäßig umgangen. Da das strukturierende Unternehmen im Rahmen einer solchen Konstruktion keine Stimmrechtsmehrheit an der Zweckgesellschaft mehr besitzt und im Übrigen bei entsprechender Gestaltung auch die Kriterien des IAS 27.13 nicht vorliegen, scheidet eine Konsolidierungspflicht nach IAS 27 zunächst aus.

Das Vehikel verfolgt seinen eng begrenzten Zweck jedoch regelmäßig auf Grundlage restriktiver Satzungsbestimmungen, die nicht ohne Zustimmung des strukturierenden Unternehmens geändert werden können. Die Zweckgesellschaft ist damit gleichsam auf „Autopilot“ geschaltet.[787]

Entwicklungsaktivitäten, die Tätigkeit eines Spezialfonds oder eine Verbriefung von Finanzinstrumenten im Rahmen einer Asset-Backed-Securities-Gestaltung durchzuführen, vgl. *Pellens*, Internationale Rechnungslegung, S. 155.

787 *Blumenberg/Lechner*, in: Blumenberg/Benz, UntStR 2008, S. 142. Zu Autopilot-Strukturen vgl. *Lüdenbach*, in: Haufe, IFRS-Kommentar, § 32 Rn. 70.

Sie wäre nach wirtschaftlicher Betrachtungsweise im Sinne einer *fair presentation* unabhängig von der rechtlichen Gestaltung dem Initiator zuzuordnen, wenn alleine bei diesem die Erfolge und Misserfolge der Konstruktion verbleiben. Dieses Ergebnis wurde jedoch allein mit den Konsolidierungsregeln des IAS 27 nicht erreicht. Vor dem Hintergrund dieser Problematik wurde im Jahr 1998 die Interpretation SIC-12 „Konsolidierung – Zweckgesellschaften" verabschiedet. Diese ergänzend zu IAS 27 beschlossene Interpretation schreibt eine wirtschaftliche Betrachtung vor und behandelt speziell die Konsolidierung von Zweckgesellschaften. Danach führt eine nunmehr vorzunehmende Gesamtwürdigung der Beziehungen zwischen Initiator und Zweckgesellschaft zur Beantwortung der Beherrschungsfrage. Losgelöst von formalen Kriterien kann nach Maßgabe des allgemeinen Grundsatzes *substance over form* in Verbindung mit einem „Risk-and-Reward-Konzept" nach SIC-12 eine verbesserte Erfassung faktischer Beherrschungsverhältnisse erreicht werden. Nach diesem Konzept besteht für Zweckgesellschaften eine Konsolidierungspflicht, wenn ein anderes Unternehmen aufgrund einer wirtschaftlichen Betrachtungsweise unter Berücksichtigung der Nutzen- und Risikoverteilung die Mehrheit der Chancen und Risiken trägt.[788] In diesen Fällen kommt es auf die Anzahl der Stimmrechte nicht mehr an. Es ist vielmehr im Einzelfall anhand der vertraglichen Regelungen zu analysieren, wessen Geschäftszweck die Gesellschaft dient und wer die Mehrheit der Chancen und Risiken aus deren Tätigkeit trägt. Nicht einmal eine Beteiligung ist Voraussetzung für eine Konsolidierung.

SIC-12 löst sich von dem Kriterium der Stimmrechts- und Eigenkapitalbeteiligung, da davon ausgegangen wird, dass Zweckgesellschaften vielfach von Dritten finanziert werden, die zwar rechtlich Eigenkapital-

---

788 Neben dieser quantitativen Analyse sind unter SIC-12 auch qualitative Faktoren zu untersuchen, z.B. wessen Geschäftszweck die Zweckgesellschaft dient (vgl. hierzu die Kriterien in SIC-12.10). Das Control-Konzept bezieht sich zur Begründung eines Mutter-Tochter Verhältnisses auf die faktische Möglichkeit der aktiven Einflussnahme des herrschenden Unternehmens auf die Geschäftstätigkeit des beherrschten Unternehmens, vgl. dazu die Ausführungen zum Control-Konzept in Abschn. A/II, Gliederungspunkt 1 c) dieses Kapitels (S. 175 ff.). So versucht SIC-12 die Lücke bei der Konsolidierung von Zweckgesellschaften, die aufgrund der speziellen Ausgestaltungen von Zweckgesellschaft, wie z.B. durch den Autopilot – Mechanismus oder eine fehlender Beteiligung, entsteht, zu schließen. SIC-12.8 konstatiert, dass eine Zweckgesellschaft dann zu konsolidieren ist, wenn diese wirtschaftlich betrachtet von einem anderen Unternehmen beherrscht wird. Die Beurteilung erfolgt aufgrund des „risk and reward-Konzepts", wonach die Chancen-Risiken-Relation zu beachten ist. Dazu ausführlich *Waschbusch/Steiner*, StB 2008, 73, 76 f.

geber darstellen, wirtschaftlich betrachtet aber mangels Kontrollrechten und Einflussnahmemöglichkeiten eine gläubigerähnliche Stellung innehaben. Der Initiator erhält seine wirtschaftliche Beherrschungsmacht in erster Linie durch die (satzungsmäßige) Vorbestimmung der geschäftlichen Aktivitäten zu seinen Gunsten. Daher können selbst Unternehmen, die keine Beteiligung an der Zweckgesellschaft halten, zur Konsolidierung dieser Gesellschaft verpflichtet sein.[789] Nach SIC-12 deuten folgende Umstände auf eine Beherrschung der Zweckgesellschaft hin:

- SIC-12.10(a): Abstimmung der Geschäftstätigkeit der Zweckgesellschaft auf die Bedürfnisse eines anderen Unternehmens.
- SIC-12.10(b): Ein anderes Unternehmen verfügt über die Entscheidungsmacht oder hat durch die Einrichtung eines „Autopilot"-Mechanismus diese delegiert, um die Mehrheit des Nutzens aus der Geschäftstätigkeit der Zweckgesellschaft zu ziehen.
- SIC-12.10(c): Das Unternehmen verfügt über das Recht, die Mehrheit des Nutzens aus der Zweckgesellschaft zu ziehen, und ist deshalb unter Umständen Risiken ausgesetzt, die mit der Geschäftstätigkeit der Zweckgesellschaft verbunden sind.
- SIC-12.10(d): Das Unternehmen behält die Mehrheit der mit der Zweckgesellschaft verbundenen Residual- oder Eigentumsrisiken oder Vermögenswerte, um Nutzen aus ihrer Geschäftstätigkeit zu ziehen.

3. Konsolidierung von Zweckgesellschaften nach HGB

Das deutsche Handelsrecht kannte eine derartige Regelung bislang nicht, so dass eine Nichtkonsolidierung von Zweckgesellschaften handelsrechtlich mindestens vertretbar, wenn nicht sogar geboten war.[790] Im Rahmen des BilMoG wurde jedoch auch an dieser Stelle eine Anpassung an die IFRS vorgenommen. Nach § 290 Abs. 2 Nr. 4 HGB n.F. besteht ein beherrschender Einfluss eines Mutterunternehmens nunmehr stets, wenn es

„bei wirtschaftlicher Betrachtung die Mehrheit der Risiken und Chancen eines Unternehmens trägt, das zur Erreichung eines eng begrenzten und genau definierten Ziels des Mutterunternehmens dient (Zweckgesell-

---

789 *Pellens*, Internationale Rechnungslegung, S. 156. Zur generellen Aufgabe des Beteiligungskriteriums im Rahmen des BilMoG siehe *Kozikowski/ Ritter*, in: Beck Bil-Komm., 7. Aufl., § 290 HGB Rn. 10, 56.

790 *Lüdenbach/Hoffmann*, DStR 2007, 636, 637 m.w.N.

schaft). Neben Unternehmen können Zweckgesellschaften auch sonstige juristische Personen des Privatrechts oder unselbständige Sondervermögen des Privatrechts, ausgenommen Spezial-Sondervermögen im Sinn des § 2 Abs. 3 des Investmentgesetzes, sein."

Damit werden Zweckgesellschaften auch handelsrechtlich als konsolidierungspflichtige Tochterunternehmen eingestuft. Diese Regelung ist insbesondere vor dem Hintergrund der Finanz- und Wirtschaftskrise 2008/2009 in das Gesetz eingeführt worden. Auch das deutsche Handelsrecht erweitert an dieser Stelle analog zu den IFRS die objektiven Kriterien der Konzernabgrenzung (Control-Konzept) um eine weniger griffige und justiziable wirtschaftliche Betrachtungsweise nach Chancen und Risiken.

4. Konzernzugehörigkeit von Zweckgesellschaften im Rahmen der Zinsschranke

Nach dem Gesetzeswortlaut sind auch Zweckgesellschaften in den Anwendungsbereich des Eigenkapitalvergleichs einzubeziehen, wenn eine Konzernzugehörigkeit aufgrund tatsächlicher oder zumindest potentieller Konsolidierung festgestellt werden kann bzw. eine einheitliche Bestimmung der Finanz- und Geschäftspolitik gegeben ist. Zweckgesellschaften sind nach den vorgenannten Feststellungen durchaus nach IFRS und künftig auch nach HGB konsolidierungsfähig.[791] Dem folgt grundsätzlich auch die Finanzverwaltung im Anwendungserlass des BMF.[792]

Verwirrung stiftet nun die Gesetzesbegründung. Danach sollen Verbriefungszweckgesellschaften im Rahmen von Asset-Backed-Securities-Gestaltungen, deren Unternehmensgegenstand in dem rechtlichen Erwerb von Forderungen aller Art und/oder der Übernahme von Risiken aus Forderung und Versicherungen liegt, als nicht konzernangehörig im Sinne des § 4h Abs. 2 Satz 1 Buchst. b EStG gelten, wenn eine Einbeziehung in den Konzernabschluss allein aufgrund einer wirtschaftlichen

791 *Hoffmann*, in: Littmann/Bitz/Pust, Einkommensteuerrecht, § 4h Rn. 187; *Winkeljohann/ Fuhrmann*, in: PWC, UntStR 2008, Rn. 1074. Zur Diskussion um die Auswirkungen der Neuregelungen des § 290 HGB i.d.F. des BilMoG mit Blick auf die Zinsschranke vgl. *Dettmeier*, NWB 2008, 3159, 3166.

792 BMF-Schreiben vom 4.7.2008, BStBl. I 2008, S. 718, Rn. 67.

Betrachtungsweise unter Berücksichtigung der Nutzen- und Risikoverteilung erfolgt ist.[793]

Bei Asset Backed Securities (ABS) handelt es sich um Finanzierungsgestaltungen, bei denen ein meist diversifizierter Pool von Finanzaktiva (z.B. langfristige Forderungen aus Leasing-, Darlehens- oder Kreditkartenverträgen) aus dem Vermögen einer Bank oder eines anderen Unternehmens ausgegliedert und an eine speziell dafür geschaffene Zweckgesellschaft übertragen werden. Diese Zweckgesellschaft bleibt rechtlich verselbständigt und refinanziert den Erwerb des Forderungspools über die Ausgabe von Schuldverschreibungen (Securities) an den internationalen Geld- und Kapitalmärkten. Diese Wertpapiere werden dann aus den Eingängen auf die übertragenen Forderungen bedient (Asset Backed).[794] Die Formulierung in der Gesetzesbegründung zielt ganz offensichtlich auf die Einbeziehung von solchen Zweckgesellschaft nach dem „Risk-and-Reward-Konzept" des SIC-12 ab.

Obwohl die Begründung insoweit gegen den Wortlaut des Gesetzes steht[795], wird ihr in der Literatur verbreitet Geltungsvorrang und Gesetzeskraft beigemessen. Teilweise wird dieses Verständnis sogar auf jedwede Form von Zweckgesellschaften ausgedehnt, die damit generalisierend aus dem Anwendungsbereich der Zinsschranke herausgenommen werden.[796] Hinsichtlich des Gesetzeswortlauts solle eine Auslegung im Wege der teleologischen Reduktion erfolgen. Auch das BMF räumt zumindest den vorgenannten Verbriefungszweckgesellschaften analog zur Gesetzesbegründung qua Fiktion einen Sonderstatus ein, indem diese nicht als konzernzugehörig gelten sollen.[797]

Es ist weder erkennbar, warum speziell Verbriefungszweckgesellschaften im Rahmen von ABS-Transaktionen im Vergleich zu anderen Zweckgesellschaften differenziert behandelt werden sollen, noch, warum eine generelle Ausnahme für jegliche Formen von Zweckgesellschaften

---

793 Vgl. Gesetzesbegründung zum Entwurf eines Unternehmensteuerreformgesetzes 2008, BT-Drucks. 16/4841, S. 50.

794 Vgl. dazu *ADS*, Rechnungslegung und Prüfung der Unternehmen, § 246 HGB Rn. 324 ff.

795 *Hennrichs*, DB 2007, 2101, 2102. Eine Unvereinbarkeit zumindest feststellend: *Heintges/Kamphaus/Loitz*, DB 2007, 1261, 1262; *Lüdenbach/Hoffmann*, DStR 2007, 636, 637.

796 *Blumenberg/Lechner*, in: Blumenberg/Benz, UntStR 2008, S. 142; *Heintges/Kamp-haus/Loitz*, DB 2007, 1261, 1262; *Lüdenbach/Hoffmann*, DStR 2007, 636, 637; *Köster*, BB 2007, 2278, 2279.

797 An dieser Stelle findet sich eine mit der Gesetzesbegründung identische Formulierung, vgl. BMF-Schreiben vom 4.7.2008, BStBl. I 2008, S. 718, Rn. 67 Satz 3.

gelten soll.[798] Diese Privilegierung hat im Wortlaut des Gesetzes keinen Ausdruck gefunden. Nach § 4h Abs. 3 Satz 5 EStG wird vielmehr auf den für den Eigenkapitalvergleich *zugrunde gelegten Rechnungslegungsstandard* verwiesen. Unter Bezugnahme auf die vorgenannten Ausführungen gilt für die Konsolidierung nach IFRS auch bei Zweckgesellschaften IAS 27 i.V.m. SIC-12. Die Gesetzesbegründung enthält demgegenüber keine bindende Richtschnur für eine Gesetzesauslegung, sondern bietet lediglich eine Hilfe zum Verständnis des Regelungsinhalts und stellt *ein* Kriterium bei der Auslegung des Wortlauts oder der Ausfüllung von Gesetzeslücken dar.[799] Andere Auslegungsmethoden, wie beispielsweise die objektiv-teleologische Auslegung und das daraus entnommene Gebot der Widerspruchsfreiheit, stehen im Rahmen einer Auslegung gleichrangig daneben und führen im vorliegenden Fall zumindest zu einer Relativierung der Gesetzesbegründung.[800] Ohnehin ist bei der Auslegung von Steuernormen nicht beim Wortlaut stehen zu bleiben, sondern vor allem auf den Sinn und Zweck des Gesetzes abzustellen.[801]

Ein privilegierter Sonderstatus der Zweckgesellschaften bei der Prüfung der Konzernzugehörigkeit für Zwecke der Zinsschranke lässt sich nicht rechtfertigen.[802] Eine Begünstigung ist auch nicht aus dem Sinn und Zweck der Regelung herzuleiten. Im Gegenteil versucht die Zinsschranke gerade unangemessene Finanzierungsgestaltungen im Konzernverbund zu sanktionieren. Eine Privilegierung dieser „Auslagerungsvehikel" liefe dem Gesetzeszweck sogar zuwider. Die Ausklammerung lediglich von ABS-Verbriefungsgesellschaften aus dem steuerlichen Konzernkreis kommt schon wegen einer Ungleichbehandlung zu anderen Fällen der Zweckgesellschaften nicht in Betracht.[803] Damit gehören alle Zweckgesellschaften zu einem Konzern, wenn die Voraussetzungen einer Konsolidierung nach IAS 27 i.V.m. SIC-12 vorliegen. Eine teleologische Reduktion des Gesetzes ist insoweit abzulehnen.

---

798 Vgl. *Ganssauge/Mattern*, DStR 2008, 213, 217; *G. Förster*, in: Breithecker/Förster/Förster/Klapdor, UntStRefG 2008, § 4h EStG Rn. 159.

799 So auch *Hennrichs*, DB 2007, 2101, 2102. Zum Streit um die Bedeutung des gesetzgeberischen Willens bei der Ausfüllung von Gesetzeslücken (subjektive und objektive Theorie) siehe *Lang*, in: Tipke/Lang, Steuerrecht, § 5 Rn. 62 f.

800 Vgl. *Hennrichs*, DB 2007, 2101, 2102.

801 Zugunsten einer teleologischen Gesetzesinterpretation eindringlich und m.w.N. *Lang*, in: Tipke/Lang, Steuerrecht, § 5 Rn. 40 ff.

802 Vgl. *Kahle/Dahlke/Schulz*, StuW 2008, 266, 272; *Heintges/Kamphaus/Loitz*, DB 2007, 1261, 1262; *Thielo/Szentpetery*, BB 2008, 1984, 1989; *Heuermann*, in: Blümich, EStG, § 4h Rn. 65.

803 *Coenenberg*, PiR 2007, 207, 211; so auch *Blumenberg/Lechner*, in: Blumenberg/Benz, UntStR 2008, S. 142.

II. Unwesentliche Tochterunternehmen

Abweichend vom Grundsatz der Einbeziehungspflicht jedes Tochterunternehmens können gem. § 296 Abs. 2 HGB und IAS 8.8 bestimmte Tochterunternehmen, die aus Sicht der Gruppe nur eine untergeordnete Bedeutung haben, von einer Konsolidierung ausgenommen werden.[804] Aufgrund der Informationsfunktion des Konzernabschlusses hat der Grundsatz der Wesentlichkeit und Wirtschaftlichkeit (*materiality*) eine große Bedeutung für die Rechnungslegung und ist daher bereits im Rahmenkonzept der IFRS als Grundprinzip festgelegt.[805] Unwesentliches beeinflusst nicht das den tatsächlichen Verhältnissen entsprechende Bild der Vermögens-, Finanz- und Ertragslage und kann deshalb unberücksichtigt bleiben. Zudem muss zwischen den Kosten der Bereitstellung von Informationen und ihrem Nutzen ein angemessenes Verhältnis bestehen.[806] Unwesentliche Tochterunternehmen sind zulässigerweise im Konzernabschluss des Mutterunternehmens nicht erfasst, obwohl es sich nach dem Control-Konzept eindeutig um Konzerngesellschaften handelt. Das Prinzip der Wirtschaftlichkeit und Wesentlichkeit ist für die Qualifizierung als Konzerngesellschaft i.S. des IAS 27 nicht von Bedeutung.[807] Fraglich ist daher, ob steuerrechtlich ein Konzernabschluss akzeptiert wird, welcher diese unwesentlichen Gesellschaften nicht umfasst. Dies gilt insbesondere, wenn diese Gesellschaften als Betrieb selbst Gegenstand des Eigenkapitalvergleichs sind.[808]

Da nach § 4h Abs. 3 Satz 5 EStG eine potentielle Konsolidierungsfähigkeit ausreicht, sind an dieser Stelle auch unwesentliche Tochterunter-

---

804 Weitere handelsrechtliche Einbeziehungswahlrechte bestehen in wenigen Ausnahmefällen nach § 296 Abs. 1 Nr. 1 – 3 HGB. Dazu im Einzelnen *Merkt*, in: Baumbach/Hopt, HGB, § 296 Rn. 2 ff.

805 Vgl. Rahmenkonzept F.29 f. Zum Grundsatz der Wesentlichkeit auch *Küting/Weber*, Konzernabschluss, S. 170 f.; *Lüdenbach/Hoffmann*, in: Lüdenbach/Hoffmann, Haufe IFRS-Kommentar, 9. Aufl. 2011, § 1 Rn. 61 ff.; *von Keitz/Ewelt*, in: Baetge/Kirsch/Thiele, Bilanzrecht, § 296 HGB Rn. 514; *Kleinle*, in: HHR, EStG, § 5 Rn. 224.

806 Ob ein Tochterunternehmen nach diesem Verständnis von untergeordneter Bedeutung ist, bestimmt sich nicht nach entsprechenden Verhältniszahlen, sondern muss nach einer Gesamtbetrachtung im Einzelfall beurteilt werden. Soll für mehrere Tochterunternehmen von dem Einbeziehungswahlrecht Gebrauch gemacht werden, ist die Frage nach der untergeordneten Bedeutung für die Gesamtheit der nicht einzubeziehenden Unternehmen zu beantworten, vgl. *Förschle/Lust*, in: Beck Bil-Komm., § 297 Rn. 195 ff.; *ADS*, Rechnungslegung und Prüfung der Unternehmen, § 296 HGB Rn. 32.

807 Vgl. *Heintges/Kamphaus/Loitz*, DB 2007, 1261, 1262.

808 Im Regelfall werden diese Gesellschaften wohl bereits durch die Freigrenze ausgenommen.

nehmen steuerlich konzernzugehörig, so dass diesen Betrieben der Rekurs auf die Konzernklausel verwehrt bleibt.[809] Auch die faktischen Einbeziehungswahlrechte nach IFRS bei „untergeordneter Bedeutung" (Rahmenkonzept F.29 f.) und bei „unverhältnismäßig hohen Kosten bzw. zeitlichen Verzögerungen" (Rahmenkonzept F.43 f.) bleiben steuerlich unbeachtlich.[810]

Vor dem Hintergrund einer verteilungsgerechten Besteuerung sind Wahlrechte für Besteuerungszwecke grundsätzlich zu versagen, um die Gleichmäßigkeit der Besteuerung zu gewährleisten. Dieser Grundsatz vermag die Anknüpfung an fiktive Konzernabschlüsse zwar zu erklären, rechtfertigen kann er sie jedoch auf den ersten Blick nicht. Denn die Anknüpfung an einen bestehenden Abschluss verstieße nicht gegen den Grundsatz gleichmäßiger Besteuerung, insbesondere weil die Ausrichtung des Konzernabschlusses allein an steuerlichen Gesichtspunkten eines Tochterunternehmens fernliegend ist. Der Einwand der missbräuchlichen „Selbsteinsteuerung" trägt an dieser Stelle nicht. Fern der Realität erscheint zudem, dass ein Tochterunternehmen bei konzerninternen Finanzierungsgestaltungen in einem solchen Umfang eingebunden ist, dass sich fiskalisch ein signifikanter Abfluss von Steuersubstrat ergibt, während sich dieses Tochterunternehmen gleichzeitig im Sinne des *true and fair view* als unbedeutend darstellt.[811] Insbesondere kapitalmarktorientierte Gesellschaften werden ihre Bilanzpolitik als wesentlichen Bestandteil der Kapitalmarktkommunikation wohl kaum nach nationalen Steuervorschriften ausrichten. Mehr noch: Die Ausnutzung bilanzieller Wahlrechte auf der Basis rein steuerlicher Überlegungen widerspricht

809 H.M., vgl. ausdrücklich BMF-Schreiben vom 4.7.2008, BStBl. I 2008, S. 718, Rn. 72. Die Ausübung von Einbeziehungswahlrechten bleibt für die Prüfung der steuerlichen Konzernzugehörigkeit ohne Wirkung, vgl. *Frotscher*, in: Frotscher, EStG, § 4h Rn. 67; *Hennrichs*, DB 2007, 2101, 2102; *Hick*, in: HHR, EStG, § 4h Rn. 88; *Hoffmann*, in: Littmann/Bitz/Pust, Einkommensteuerrecht, § 4h Rn. 162; *Heuermann*, in: Blümich, EStG, § 4h Rn. 57; *Lüdenbach/Hoffmann*, DStR 2007, 636; *Dörr/Geibel/Fehling*, NWB Fach 4, 5199, 5208; *Scheunemann/Socher*, BB 2007, 1144, 1149; *Heintges/Kamphaus/Loitz*, DB 2007, 1261, 1262; *Köster*, BB 2007, 2278, 2279; *Blumenberg/Lechner*, in: Blumenberg/Benz, UntStR 2008, S. 135; *Köhler*, in: EY/BDI, UntStR 2008, S. 118 f.; *Köster*, BB 2007, 2278, 2279; *Preißer/von Rönn/Schultz-Aßberg*, UntStRef 2008, S. 62 f.; *Winkeljohann/Fuhrmann*, in: PWC, UntStR 2008, Rn. 1070.

810 Vgl. *Kirsch*, DK 2007, 657, 658. Dies gilt mit gleicher Begründung auch im Fall der größenabhängigen Befreiung nach § 293 HGB, vgl. *Bohn*, Zinsschranke, S. 268 ff.; a.A. *Mensching/Rosseburg*, DStR 2008, 1224, 1225; *Eisgruber*, in: Herzig et al., Handbuch UntStRef 2008, Rn. 245.

811 In diesem Sinne zutreffend *Bohn*, Zinsschranke, S. 267.

der investorenorientierten True and Fair View-Prämisse und konterkariert damit die Ziele der IFRS-Rechnungslegung.[812]

Problematisch bleibt aber gleichwohl die mangelnde Objektivierbarkeit der Kriterien der „Wesentlichkeit" bzw. der „untergeordneten Bedeutung", da insofern nicht auf allgemeingültige Bewertungsmaßstäbe zurückgegriffen werden kann. Die Ausgestaltung des steuerlichen Konzernkreises ist in besonderem Maße an rechtsstaatliche Vorgaben geknüpft, da dieser Konzernbestimmung im Gegensatz zu den IFRS oder dem HGB keine Informationsfunktion, sondern eine mittelbare Zahlungsbemessungsfunktion zukommt. Für die Beurteilung der Befreiungstatbestände ist im Hinblick auf die steuerlichen Fundamentalprinzipien ein ebenso strenger Maßstab anzulegen, wie dies für Normen mit unmittelbarer Steuerbemessungsfunktion notwendig ist.[813] Wegen des steuerrechtlichen Bestimmtheitsgebots müssen besondere Objektivierungsmaßstäbe erfüllt werden. Unbestritten stellt das Vorliegen einer wirtschaftlichen Planungs-, Koordinierungs- und Entscheidungseinheit eine entscheidende Voraussetzung für die steuerliche Behandlung der Konzernunternehmung als Einheitsunternehmen dar. Eine rein betriebswirtschaftliche Konzerndefinition in diesem Sinne wäre jedoch aus Gründen der Rechtssicherheit für das Steuerrecht unangemessen.[814] Denn gerade hier ist ein objektives Abgrenzungskriterium zwingend erforderlich, das den Begriff der wirtschaftlichen Einheit praktikabel und justiziabel macht. Zutreffend vertritt *Carl-Heinz Witt* die Ansicht, dass im Bereich der Konzernbesteuerung trotz aller theoretischen Überlegenheit, nicht die tatsächliche Ausübung eines beherrschenden Einflusses (allein), sondern das Vorhandensein von Beherrschungsmöglichkeiten – und damit ein *juristischer Konzerntatbestand* – maßgebend sein muss.[815] Die Anknüpfung an eine potentielle Einbeziehung in den Konzernkreis, wie sie der Steuergesetzgeber im Rahmen der Zinsschranke normiert hat, erscheint daher sogar rechtsstaatlich geboten.

---

812 Zu den möglichen Rückwirkungen der steuerlichen Zinsschrankenregelung auf die externe Rechnungslegung vgl. *Langkau*, DStR 2009, 652 ff.; *Kirsch*, DK 2007, 657, 660.

813 Vgl. dazu eingehend die Ausführungen und das Ergebnis in Kapitel 3.

814 Auch die Betriebswirtschaftslehre kennt keinen einheitlichen Konzernbegriff, vgl. *Theisen*, Der Konzern, S. 15 ff.

815 Vgl. *Witt*, Konzernbesteuerung, S. 139 m.w.N.; dazu ferner *ADS*, Rechnungslegung und Prüfung der Unternehmen, § 290 HGB Rn. 29. In Abgrenzung zum ökonomischen Begriff der einheitlichen Leitung auch *Ulmer*, FS Goerdeler, S. 630 (Fn. 20) und 640 ff. Die Auffassung, dass der Grundsatz der Wesentlichkeit steuerrechtlich nicht anzuwenden sei, wird auch durch die EU-Kommission vertreten, vgl. KOM (2003), 726, S. 21.

Nach diesen Feststellungen erweitert § 4h Abs. 3 Satz 5 EStG abermals den Konzernkreis mit der Folge, dass auch unwesentliche Tochterunternehmen zur Vermeidung der Zinsschranke einen Eigenkapitaltest durchführen müssen. Handels- und steuerrechtliche Konzernkreise weichen damit in einem immer stärkeren Maße voneinander ab, so dass der Berichtsaufwand für die betroffenen Unternehmen stetig wächst. Unter den Prämissen der Steuervereinfachung[816] und der Entbürokratisierung ist dieser Ansatz völlig verfehlt. Die Bundesregierung nahm diese Folgen billigend in Kauf.[817]

Trotz dieser Feststellung ist damit noch nicht die Frage entschieden, ob der erweiterte steuerliche Konzernbegriff auch für den Eigenkapitalvergleich heranzuziehen ist. Die Regelung des § 4h Abs. 3 Sätze 5 und 6 EStG betrifft zunächst nur die Prüfung der Konzernzugehörigkeit eines Betriebs zur Bestimmung des einschlägigen Ausnahmetatbestands – Konzernklausel oder Eigenkapitalvergleich.

III. Nicht vollkonsolidierte Unternehmen

Nach § 4h Abs. 2 Satz 1 Buchst. b EStG sind Betriebe von der Zinsschranke befreit, die „nicht oder nur anteilmäßig zu einem Konzern" gehören.[818]

Die Bedeutung der Formulierung „nur anteilmäßig" ist auslegungsbedürftig. Nach der Gesetzesbegründung findet die Zinsschranke keine Anwendung, wenn der Betrieb nicht Teil eines Konzerns im Sinne des § 4h Abs. 3 EStG ist. Dies sei „typischerweise der Fall für einen Einzelunternehmer, der keine weiteren Beteiligungen hält, oder für eine Kapitalgesellschaft, die sich im Streubesitz befindet und ebenfalls keine weiteren Beteiligungen hält".[819] Zum Teil wird diese Formulierung in der Weise verstanden, dass ein „nur anteilmäßig" zu einem Konzern gehörendes

816 Zum verfassungsrechtlichen Gebot der Steuervereinfachung vgl. *Kirchhof*, FS Meyding, S. 3 ff.; ferner zur Verwirklichung von Steuergerechtigkeit durch Steuervereinfachung *Lang*, FS Meyding, S. 33 ff.

817 Siehe exemplarisch BT-Drucks. 16/4835, S. 1: „Mit den Regelungen zur Zinsschranke wird die Abzugsfähigkeit von Zinsaufwendungen in Abhängigkeit vom Gewinn zur Sicherung inländischen Steuersubstrats sowie zur Vermeidung von missbräuchlichen Steuergestaltungen beschränkt. Zur Erreichung dieses Ziels sind die damit notwendigerweise verbundenen Bürokratiekosten für die betroffenen Unternehmen vertretbar."

818 Kritisch zur Ausnahme für nur anteilmäßig zu konsolidierende Unternehmen *Köhler* in: EY/BDI, UntStR 2008, S. 119.

819 Vgl. Gesetzesbegründung zum Entwurf eines Unternehmensteuerreformgesetzes 2008, BT-Drucks. 16/4841, S. 48.

Tochterunternehmen nicht im vollen Eigentum des Mutterunternehmens steht.[820] Damit wären Tochterunternehmen, an denen das Mutterunternehmen keine 100%-Beteiligung hält, für Zwecke der Zinsschranke nicht konzerngebunden.

Dieses Verständnis ist sowohl aus systematischer als auch teleologischer Sicht verfehlt. Denn Regelungsgegenstand ist die Restriktion konzerninterner Finanzierungsstrukturen. Konzernfreie Betriebe sollen dabei durch die Konzernklausel verschont werden. Vor diesem Hintergrund muss der Begriff „anteilmäßig" konzernbezogen ausgelegt werden. Nach den konzernrechtlichen Vorschriften gehört ein Tochterunternehmen bereits in vollem Umfang zu einem Konzern, wenn es durch das Mutterunternehmen beherrscht wird. Auf eine Beteiligung, gleich welcher Höhe, kommt es nicht mehr an. Nach vorzugswürdiger Ansicht sollen mit dieser Begrifflichkeit daher lediglich nicht vollkonsolidierte Betriebe, wie Gemeinschaftsunternehmen oder assoziierte Unternehmen, von der Abzugsbeschränkung ausgenommen werden.[821]

1. Gemeinschaftsunternehmen

Gemeinschaftsunternehmen sind Unternehmen, die nach § 310 HGB bzw. IAS 31.30 nur anteilmäßig im Wege der Quotenkonsolidierung in einen Konzernabschluss einbezogen werden. Diese gehören nach dem Wortlaut des § 4h Abs. 2 Satz 1 Buchst. b EStG nicht zum steuerlichen Konzern.[822] Bei gemeinschaftlicher Führung durch mehrere Parteien sieht

---

820 So *Lüdenbach/Hoffmann*, DStR 2007, 636. Dagegen *Dörr/Geibel/Fehling*, NWB Fach 4, 5199, 5207; *Hallerbach*, StuB 2007, 289, 291; *Heintges/Kamphaus/Loitz*, DB 2007, 1261, 1263 (Fn. 16); *Hennrichs*, DB 2007, 2101, 2102.

821 Dazu Gesetzesbegründung zum Entwurf eines Unternehmensteuerreformgesetzes 2008, BT-Drucks. 16/4841, S. 50; BMF-Schreiben vom 4.7.2008, BStBl. I 2008, S. 718, Rn. 61; *Köhler*, DStR 2007, 597, 598; *Heintges/Kamphaus/Loitz*, DB 2007, 1261, 1262; *Hennrichs*, DB 2007, 2101, 2102; *Lüdenbach/Hoffmann*, DStR 2007, 636; *Stangl/Hageböke*, in: Schaumburg/Rödder, UntStR 2008, S. 469; *Stibi/Thiele*, BB 2008, 2507, 2508; *Reiche/Kroschewski*, DStR 2007, 1330, 1332; *Blumenberg/Lechner*, in: Blumenberg/Benz, UntStR 2008, S. 140; *Goebel/Eilinghoff*, DStZ 2010, 487, 495.

822 *Möhlenbrock/Pung*, in: Dötsch/ Jost/Pung/Witt, Körperschaftsteuer, § 8a (URefG 2008) Rn. 84; *Heuermann*, in: Blümich, EStG, § 4h Rn. 64; *Hick*, in: HHR, EStG, § 4h Rn. 89; *Stangl/Hageböke*, DB 2008, 200, 201; *Stibi/Thiele*, BB 2008, 2507, 2508. Kritisch dazu *Köhler*, in: EY/BDI, UntStR 2008, S. 119, der einen möglichen Verstoß gegen den Grundsatz der Gleichmäßigkeit der Besteuerung und Gestaltungsanfälligkeiten erkennt. Auch *Frotscher* bezeichnet dies als Begünstigung, in: Frotscher, EStG § 4h EStG Rn. 71.

der Steuergesetzgeber keine Gefahr einer missbräuchlichen Finanzierungsgestaltung.[823]

Zumindest missverständlich ist erneut die Formulierung in der Gesetzesbegründung. Danach gehören „gemeinschaftlich geführte Unternehmen nach § 310 HGB oder vergleichbare Unternehmen, die nach anderen zur Anwendung kommenden Rechnungslegungsstandards (z.B. IAS 31) nur anteilmäßig in den Konzernabschluss einbezogen werden, für Zwekke der Zinsschranke nicht zu einem Konzern, *wenn sie nicht von einem einzelnen Rechtsträger beherrscht werden*".[824] Dieser Feststellung liegt offenbar die Annahme zugrunde, dass Gemeinschaftsunternehmen auch von einem einzelnen Rechtsträger beherrscht und damit grundsätzlich als konzernzugehörig gelten können. Eine Beherrschung durch einen Rechtsträger ist jedoch nach allgemeiner Ansicht für Gemeinschaftsunternehmen per definitionem ausgeschlossen.[825]

2. Assoziierte Unternehmen

Die Gesetzesbegründung nimmt im Bereich der nicht vollkonsolidierten Unternehmen nur die Gemeinschaftsunternehmen ausdrücklich aus dem Anwendungsbereich der Zinsschranke heraus.[826] Die Vermögenswerte und Schulden eines assoziierten Unternehmens werden nicht direkt in der Konzernbilanz ausgewiesen, sie sind jedoch *at equity* in der Beteiligung reflektiert und werden in dieser fortgeschrieben.[827] Mangels entsprechender Ausführungen des Gesetzgebers ist fraglich, ob auch assoziierte Unternehmen einer Konzernfreiheit unterfallen.

Ein Teil der Literatur lehnt die Konzernzugehörigkeit von assoziierten Unternehmen ab. Dies wird einerseits unter Hinweis auf die Gesetzesbe-

---

823 Vgl. Gesetzesbegründung zum Entwurf eines Unternehmensteuerreformgesetzes 2008, BT-Drucks. 16/4841, S. 50.

824 Gesetzesbegründung zum Entwurf eines Unternehmensteuerreformgesetzes 2008, BT-Drucks. 16/4841, S. 50 (Hervorh. d. Verf.).

825 *Stangl/Hageböke*, in: Schaumburg/Rödder, UntStR 2008, S. 471; *Heintges/Kamphaus/ Loitz*, DB 2007, 1261, 1262 (Fn. 13). Siehe dazu auch die Ausführungen zu Gemeinschaftsunternehmen in Abschn. A/II, Gliederungspunkt 1 c) aa) (2) in diesem Kapitel (S. 180 ff.).

826 Gesetzesbegründung zum Entwurf eines Unternehmensteuerreformgesetzes 2008, BT-Drucks. 16/4841, S. 50.

827 Man spricht in diesem Zusammenhang daher auch von „One Line Consolidation". Vgl. die Ausführungen zu assoziierten Unternehmen in Abschn. A/II, Gliederungspunkt 1c) aa) (3) in diesem Kapitel (S. 184 ff.).

gründung mit einem „Erst-Recht-Schluss“[828] erklärt. Andererseits wird zur Begründung auf die handelsrechtliche Stufenkonzeption der Konsolidierung verwiesen.[829] Innerhalb der Konsolidierungssystematik nimmt der Intensitätsgrad der Einbindung in den Konzern bei assoziierten Unternehmen im Vergleich zu Gemeinschaftsunternehmen noch weiter ab („maßgeblicher Einfluss“ anstelle „gemeinsamer Führung“).[830] Eine Ungleichbehandlung nicht vollkonsolidierter Unternehmen muss auch generell ausscheiden. Die Finanzverwaltung hat sich dieser Auffassung angeschlossen.[831]

Nach anderer Ansicht im Schrifttum seien assoziierte Unternehmen schon deshalb in den steuerlichen Konzern einzubeziehen, weil nach der Definition des § 311 Abs. 1 HBG ein assoziiertes Unternehmen nur vor-

---

828 *Lüdenbach/Hoffmann*, DStR 2007, 636; *Blumenberg/Lechner*, in: Blumenberg/Benz, UntStR 2008, S. 140; *Frotscher*, in: Frotscher, EStG, § 4h Rn. 71; *G. Förster*, in: Breithecker/Förster/Förster/Klapdor, UntStRefG, § 4h EStG Rn. 156; *Loschelder*, in: Schmidt, EStG, § 4h Rn. 28; *Reiche/Kroschewski*, DStR 2007, 1330, 1332.

829 *Hick*, in: HHR, EStG, § 4h Rn. 89; *Hennrichs*, DB 2007, 2101, 2102; *Hageböke/Stangl*, DB 2008, 200, 202; *Stangl/ Hageböke*, in: Schaumburg/Rödder, UntStR 2008, S. 472; *Lüdenbach/Hoffmann*, DStR 2007, 636; *Möhlenbrock/Pung*, in: Dötsch/ Jost/Pung/Witt, Körperschaftsteuer, § 8a (URefG 2008) Rn. 84; *Stibi/Thiele*, BB 2008, 2507, 2508.

830 Vgl. *Senger/Brune*, in: Beck-IFRS-HB, § 30 Rn. 32 ff. Siehe dazu auch die Ausführungen zum Stufenkonzept der Konsolidierung, Abschn. A/II, Gliederungspunkt 1 c) aa) in diesem Kapitel (S. 175 ff.).

831 Vgl. BMF-Schreiben vom 4.7.2008, BStBl. I 2008, S. 718, Rn. 61. In ersten Stellungnahmen wurde noch eine Konzernzugehörigkeit von assoziierten Unternehmen angenommen, da das besondere Kennzeichen von Gemeinschaftsunternehmen deren mögliche Konsolidierung in mehreren Konzernbilanzen sei und sich die daraus ergebenden Probleme bei der Ermittlung der für den Escape maßgeblichen Kennzahlen nicht auf assoziierte Unternehmen nach § 311 HGB, IAS 28 übertragen lassen sollten. *Möhlenbrock* vertritt diese Ansicht bis heute, vgl. *Möhlenbrock/Pung*, in: Dötsch/ Jost/Pung/Witt, Körperschaftsteuer, § 8a (URefG 2008) Rn. 84. Diese Begründung beruht nach Einschätzung von *Hageböke/Stangl*, DB 2008, 200, 202 auf der Annahme, dass quotal konsolidierte Gemeinschaftsunternehmen i.S. von § 310 Abs. 1 HGB, IAS 31 grds. in den Konzernabschlüssen der Gesellschafterunternehmen dem Grunde nach vollkonsolidiert werden müssten bzw. könnten. Dies ist jedoch wegen des bestehenden Alternativverhältnisses beider Konsolidierungsformen gerade nicht möglich und mit der Stufenkonzeption der Konsolidierung nicht vereinbar. M.E. könnte *Möhlenbrock* aber auch die mehrfache Quotenkonsolidierung von Gemeinschaftsunternehmen im Rahmen eines Mehrmütter-Verhältnisses gemeint haben. Die mehrfache (Quoten-)Konsolidierung würde im Rahmen des Eigenkapitalvergleichs mit mehreren Konzern-Eigenkapitalquoten in der Tat zu neuen Schwierigkeiten führen. Jedoch können bei einem assoziierten Unternehmen ebenfalls mehrere Gesellschaften einen maßgeblichen Einfluss ausüben, so dass die von *Möhlenbrock* erkannten abweichenden Problemlagen im Rahmen der Durchführung des Eigenkapitalvergleichs nicht ersichtlich sind.

liegt, wenn ein anderes Unternehmen einen maßgeblichen Einfluss auf die Finanz- und Geschäftspolitik ausüben kann. Diese Formulierung entspreche dem Gesetzeswortlaut in § 4h Abs. 3 Satz 6 EStG.[832] Diese Auffassung vermag indes nicht zu überzeugen, da sie bereits die wesentlichen Unterschiede zwischen den Begriffen „Bestimmung" und „maßgeblicher Einfluss" verkennt, die in dieser Arbeit bereits an anderer Stelle beschrieben wurden.[833] Diese vorgenannte Sichtweise ist aufgrund der schwachen Einbindung der assoziierten Unternehmen in den Unternehmensverbund überzeugend.

Es bleibt festzuhalten, dass assoziierte Unternehmen, die nach § 311 HGB, IAS 28 *at equity* einbezogen werden, im Einklang mit der Stufenkonzeption der Konzernbilanzierung keine konzernzugehörigen Betriebe i.S. der Zinsschranke darstellen. Eine steuerliche Konzernzugehörigkeit ist nur bei Vollkonsolidierung des Betriebs anzunehmen. Bei einer anderweitigen Einbeziehung bleibt die Ausnahmeregelung der Konzernklausel einschlägig. Die Befreiung nicht vollkonsolidierter Unternehmen von der Zinsschranke bedeutet allerdings nicht gleichzeitig, dass deren Vermögen, welches im handelsrechtlichen Konzernabschluss (quotal oder at equity) einbezogen ist, für Zwecke des Eigenkapitalvergleichs anderer Betriebs heraus gerechnet werden muss. Diese Frage bedarf insofern einer weiteren Untersuchung.[834]

IV. Weitere Einzelfälle

1. Organschaft

Organträger und Organgesellschaft(en) gelten innerhalb eines Organkreises gem. § 15 Satz 1 Nr. 3 KStG für die Anwendung des § 4h EStG als ein einheitlicher Betrieb.[835] Sämtliche Finanzierungsstrukturen innerhalb des Organkreises bleiben für Zwecke der Zinsschranke völlig unberücksichtigt.[836]

---

832 *Rupp*, EStB 2007, 419, 420.

833 Vgl. dazu in diesem Kapitel Abschn. A/II, Gliederungspunkt 1 c) aa) „Stufenkonzept der Konsolidierung" (S. 175 ff.).

834 Vgl. dazu unten Kapitel 5, Abschn. A/V (S. 239 ff.).

835 Betriebsfiktion, vgl. BT-Drucks. 16/4841, S. 77; BMF-Schreiben v. 4.7.2008, BStBl. BStBl. I 2008, S. 718, Rn. 65.

836 Die Organschaft kann für die Anwendung der Zinsschrankenregelung vorteilhaft oder nachteilig sein, vgl. *Korn*, in: Beratungsschwerpunkt UntStRef 2008 (KSp 3), Tz. 78. Ge-

Damit liegt auch kein steuerlicher Konzern vor, wenn außerhalb des Organkreises keine weiteren konzernzugehörigen Betriebe vorhanden sind.[837] Da eine grenzüberschreitende Organschaft nicht möglich ist[838], führt jedoch bereits eine einzige ausländische Mehrheitsbeteiligung zu einem Konzern i.S. der Zinsschranke.[839] Die Organschaft bildet zwar keinen steuerlichen Konzern, sie kann allerdings als „Organkreis-Betrieb" selbst zu einem weiterreichenden Konzern gehören.[840]

2. Natürliche Personen und vermögensverwaltende Personengesellschaften als oberste Rechtsträger

Nach der amtlichen Gesetzesbegründung soll der erweiterte steuerliche Konzernbegriff auch natürliche Personen erfassen, die mit beherrschendem Einfluss Beteiligungen an mindestens zwei Kapitalgesellschaften halten.[841] Nach einer noch weitergehenden Auffassung soll auch ein bestimmender Einfluss auf zwei Personengesellschaften ausreichen, soweit diese als Betriebe im Sinne der Zinsschranke zu qualifizieren sind.[842]

Im Fall eines Einzelunternehmers, der darüber hinaus beherrschender Gesellschafter zumindest einer Gesellschaft ist, und seine Beteiligung im

---

lingt es, alle Konzerngesellschaften in einem Organkreis zusammenzufassen, ist die Zinsschranke mangels Konzernzugehörigkeit nach § 4h Abs. 2 Satz 1 Buchst. b EStG – vorbehaltlich schädlicher Gesellschafterfremdfinanzierung – überhaupt nicht anwendbar. Zu beachten ist allerdings, dass dies die Umwandlung bestehender Tochter-Personengesell-schaften in Kapitalgesellschaften voraussetzt und in der Regel nur bei Konzernen mit ausschließlichem Inlandsbezug zulässig ist. Nachteilig ist, dass die Freigrenze für den gesamten Zinssaldo des Organkreises nur einmal anzuwenden ist, während sie für die einzelnen Gesellschaften ohne Organschaft mehrfach anwendbar wäre. Durch die Saldierung von Zinserträgen und Zinsaufwendungen innerhalb des Organkreises kann sich die befreiende Wirkung der Freigrenze relativieren. Zudem werden durch die Ergebniskonsolidierung die Ergebnisse ertragsschwacher und ertragsstarker Gesellschaften und damit deren Ertrags- und Zinsrelationen vermischt. Zur Zinsschranke im Organkreis vgl. *Herzig/Liekenbrock*, DB 2007, 2387 ff.; *dies.*, Ubg 2009, 750 ff.

837 *Möhlenbrock/Pung*, in: Dötsch/ Jost/Pung/Witt, Körperschaftsteuer, § 8a (URefG 2008) Rn. 88. So auch BMF-Schreiben vom 4.7.2008, BStBl. I 2008, S. 718, Rn. 65.

838 Nach § 14 Abs. 1 Satz 1 KStG muss die Organgesellschaft Sitz und Geschäftsleitung im Inland haben. Vgl. statt aller *Kolbe*, in: HHR, KStG, § 14 Rn. 12.

839 Vgl. *Frotscher*, in: Frotscher, EStG, § 4h Rn. 70a, der in diesem „doppelten Inlandsbezug" weitere europarechtliche Probleme der Zinsschranke erkennt.

840 Zur Konzernabgrenzung und -bilanzierung bei Organschaft jüngst eingehend *Herzig/Liekenbrock*, Ubg 2009, 750 ff.

841 Gesetzesbegründung zum Entwurf eines Unternehmensteuerreformgesetzes 2008, BT-Drucks. 16/4841, S. 50.

842 Vgl. *Heuermann*, in: Blümich, EStG, § 4h Rn. 68; *Dörfler/Vogl*, BB 2007, 1084, 1085.

Betriebsvermögen hält, kommt bereits eine Konsolidierung nach IAS 27 und damit eine Konzernzugehörigkeit nach § 4h Abs. 3 Satz 5 EStG in Betracht, soweit die Gesellschaft als *(legal) entity* bzw. *reporting enterprise* zu qualifizieren ist. Denn ein Einzelunternehmen ist auch ein Unternehmens i.S. der IFRS. Dies gilt außerdem für einen Mitunternehmer mit Mehrheitsbeteiligung an einer Personengesellschaft, der daneben mit beherrschendem Einfluss eine Beteiligung an einer Kapitalgesellschaft oder einer weiteren Personengesellschaft hält.[843]

Wenn die natürliche Person die Beteiligungen im Privatvermögen hält, stimmt diese Ausweitung allerdings nicht mit den Regeln des HGB und der IFRS überein, da dort regelmäßig ein Mutterunternehmen als Konzernspitze verlangt wird (vgl. § 290 Abs. 1 HGB, IAS 27.4). Gesetzgeber, Finanzverwaltung und weite Teile des Schrifttums erfassen diese Konstellation unter dem Begriff des „Gleichordnungskonzerns".[844] Im HGB beschränkt sich der Begriff des Mutterunternehmens nach allgemeiner Meinung auf die Rechtsformen der Kapitalgesellschaft und der Personengesellschaft nach § 264a HGB.[845] Bei den IFRS wird aus der Formulierung im englischen Originalstandard IAS 27.4 „A parent is an entity that has one or more subsidiaries" geschlossen, dass auch natürliche Personen ein Mutterunternehmen darstellen können. Allerdings gilt diese Auslegung nur für unternehmerisch tätige natürliche Personen. Nichtunter-

---

843 So auch Gesetzesbegründung zum Entwurf eines Unternehmensteuerreformgesetzes 2008, BT-Drucks. 16/4841, S. 50; *Korn*, in: Beratungsschwerpunkt UntStRef 2008 (KSp 3), Tz. 94. Dies soll jedenfalls dann gelten, wenn diese Beteiligung im Betriebsvermögen des Einzel- bzw. Mitunternehmers gehalten wird, vgl. *Stangl/Hageböke*, in: Schaumburg/Rödder, UntStR 2008, S. 477; ferner *Neumann*, EStB 2007, 292, 295, der beide Fälle mit und ohne Zuordnung zum Betriebsvermögen des Einzelunternehmers erfassen will.

844 Vgl. z.B. BMF-Schreiben v. 4.7.2008, BStBl. I 2008, S. 718, Rn. 60. Kritisch zu dieser Begriffswahl *Bohn*, Zinsschranke, S. 276 (Fn. 1049).

845 Vgl. statt aller *Hoyos/Ritter-Thiele*, in: Beck Bil-Komm., 6. Aufl., § 290 HGB Rn. 15. Teilweise wird im gesellschaftsrechtlichen Schrifttum vertreten, dass auch eine natürliche Person, die keinen eigenen Geschäftsbetrieb unterhält und nicht als Kaufmann nach außen in Erscheinung tritt, als Mutterunternehmen i.S.d. PublG anzusehen ist, wenn sie mehrere Beteiligungen an Handelsgesellschaften hält. Dies soll jedenfalls dann gelten, wenn ihr Einfluss über eine reine Vermögensverwaltung hinausgeht, vgl. *ADS*, Rechnungslegung und Prüfung der Unternehmen, § 15 AktG Rn. 10, § 11 PublG Rn. 11 m.w.N. Dennoch wird die Pflicht zur Aufstellung eines Konzernabschlusses verneint, wenn die natürliche Person nicht auch selbst rechnungslegungspflichtig ist, vgl. *ADS*, Rechnungslegung und Prüfung der Unternehmen, § 11 PublG Rn. 11; *IDW*, WP Handbuch 2006, Abschn. O, Rn. 9; *Blumenberg/Lechner*, in: Blumenberg/Benz, UntStR 208, S. 139; a.A. *Kozikowski/Ritter*, Beck Bil-Komm., 7. Aufl. § 290 HGB Rn. 107.

nehmerisch tätige Privatpersonen können zwar einen beherrschenden Einfluss nach IAS 24.9(a) auf das Mutterunternehmen ausüben, sind jedoch nicht selbst das Mutterunternehmen.[846] In diesem Fall liegt somit keine Konzernzugehörigkeit nach § 4h Abs. 3 Satz 5 EStG vor.

Es bleibt jedoch der Ergänzungstatbestand des § 4h Abs. 3 Satz 6 EStG. Danach kann auch eine nichtunternehmerisch tätige natürliche Person als oberster Rechtsträger die Konzernspitze bilden, wenn sie Beteiligungen an mindestens zwei Betrieben hält und diese beherrscht.[847] Gleiches gilt auch für eine vermögensverwaltende Personengesellschaft.[848] Auf eine Unternehmereigenschaft der Konzernspitze kommt es im Rahmen des Ergänzungstatbestandes nicht mehr an. Die Führung von mindestens zwei Betrieben „in einer Hand" führt nach § 4h Abs. 3 Satz 6 EStG bereits steuerlich zu einem Konzern und zu dem Erfordernis einer Konzernabschlusserstellung für rein steuerliche Zwecke. Offen bleibt an dieser Stelle die Frage nach der praktischen Umsetzung.[849]

---

846 Siehe *Watrin/Hoehne/Lammert*, in: MünchKommBilR IFRS, IAS 27, Rn. 12; *Blumenberg/Lechner*, in: Blumenberg/Benz, UntStR 208, S. 138; je m.w.N.

847 *Stangl/Hageböke*, in: Schaumburg/Rödder, UntStR 2008, S. 477; *Middendorf/ Stegemann*, INF 2007, 305, 308; *Dörfler/Vogl*, BB 2007, 1084, 1085; *Ganssauge/Mattern*, DStR 2008, 213, 216; *Heuermann*, in. Blümich, EStG, § 4h Rn. 68; BMF-Schreiben v. 4. 7. 2008, BStBl. I 2008, S. 718, Rn. 60.

848 *Hick*, in: HHR, Jahresband 2008, § 4h EStG Rn. J 07-45; BMF-Schreiben v. 4.7.2008, BStBl. I 2008, S. 718, Rn. 60; Hierzu kritisch *Schulz*, DB 2008, 2043, 2045 f.; *Stibi/Thiele*, BB 2008, 2507, 2509.

849 Es könnte in einem solchen Fall auch das Privatvermögen für die Berechnung der „Konzerneigenkapitalquote" einzubeziehen sein. Nach überwiegender Ansicht in der Literatur sei in den rein steuerlichen Konzernabschluss jedoch nur das Vermögen der natürlichen Person einzubeziehen, das zu einem Betrieb im Sinne der Zinsschranke gehört, vgl. z.B. *Stangl/Hageböke*, in: Schaumburg/Rödder, UntStR 2008, S. 481; *Möhlenbrock/ Pung*, in: Dötsch/Jost/Pung/Witt, Körperschaftsteuer, § 8a KStG (URefG 2008), Rn. 130. Jede Form von Privatvermögen müsse unberücksichtigt bleiben, vgl. *Blumenberg/Lechner*, in: Blumenberg/Benz, UntStR 2008, S. 160; *Dörfler/Vogl*, BB 2007, 1084, 1086. Auch nach dem Anwendungserlass des BMF sind in den „Konzernabschluss" nur die beherrschten Betriebe einzubeziehen, sofern die Konzernspitze selbst keinen Betrieb im Sinne des § 4h EStG darstellt, BMF-Schreiben vom 4.7.2008, BStBl. I 2008 S. 718, Rn. 60 Satz 5. Die Umsetzung soll durch additive Zusammenfassung der (Teilkonzern-)Abschlüsse unterhalb der obersten Spitzeneinheit erfolgen, vgl. *Köhler/Hahne*, DStR 2008, 1505, 1514; *Stibi/Thiele*, BB 2008, 2507, 2509. Vorschriften bestehen zu diesen Fällen nicht, erst recht nicht nach den IFRS.

3. Betriebsaufspaltung

Im Rahmen der Betriebsaufspaltung wird eine ihrer Art nach nicht gewerbliche Tätigkeit – insbesondere die Vermietung und Verpachtung von Wirtschaftsgütern, in der Regel an eine Kapitalgesellschaft (Betriebsunternehmen) – aufgrund einer personellen und sachlichen Verflechtung als Gewerbebetrieb i.S. des § 15 EStG und § 2 GewStG qualifiziert (Besitzunternehmen).[850]

Besitz- und Betriebsunternehmen im Rahmen einer Betriebsaufspaltung sind auch für Zwecke der Zinsschranke selbständige Betriebe. Die Betriebsaufspaltung soll nach der Gesetzesbegründung jedoch keinen Konzern im Sinne der Zinsschranke darstellen.[851] Dieser Auffassung ist auch die Finanzverwaltung mit gleicher Begründung gefolgt.[852] Vom Gesetzeswortlaut ist diese Begünstigung allerdings nicht erfasst und wurde daher in der Literatur frühzeitig kritisiert.[853] Denn nach einer Auffassung im Schrifttum dürfte die (einfache) Betriebsaufspaltung unter den erweiterten Konzernbegriff nach § 4h Abs. 3 Satz 6 EStG fallen.[854] Im Falle der Beherrschungsidentität kann eine Person oder Personengruppe die Finanz- und Geschäftspolitik sowohl im Besitz- als auch im Betriebsunternehmen einheitlich bestimmen.[855]

---

850 Vgl. eingehend zu den Voraussetzungen und Rechtsfolgen einer Betriebsaufspaltung *Wacker*, in: Schmidt, EStG, § 15 Rn. 800 ff.; *Montag*, in: Tipke/Lang, Steuerrecht, § 18 Rn. 309 ff.

851 Gesetzesbegründung zum Entwurf eines Unternehmensteuerreformgesetzes 2008, BT-Drucks. 16/4841, S. 50: „Umfasst ein nicht konzerngebundenes Einzelunternehmen mehrere Betriebe oder ergibt sich die Gewerblichkeit eines Besitzunternehmens nur aufgrund einer personellen und sachlichen Verflechtung mit dem Betriebsunternehmen (Betriebsaufspaltung), liegt kein Konzern vor."

852 BMF-Schreiben vom 4.7.2008, BStBl. I 2008, S. 718, Rn. 63.

853 So z.B. *Stangl/Hageböke*, in: Schaumburg/Rödder, UntStR 2008, S. 478; *Hallerbach*, StuB 2007, 289, 291; *Neumann*, EStG 2007, 292, 295; *Hoffmann*, in: Littmann/Bitz/Pust, Einkommensteuerrecht, § 4h Rn. 175; zur Diskussion auch *Loschelder*, in: Schmidt, EStG, § 4h EStG Rn. 29.

854 *Coenenberg*, PiR 2007, 207, 212; *Eilers/Ottermann*, in: Lüdicke/Sistermann, Unternehmensteuerrecht, § 8 Rn. 66; a.A. wohl *Grotherr*, IWB 2007, Fach 3, Gr. 3, 1489, 1500. Eine Konsolidierung nach IFRS oder HGB scheitert bereits an der fehlenden Unternehmenseigenschaft des rein steuerlichen „Besitzunternehmens".

855 Diesen Fall beschreibt bereits explizit die Gesetzesbegründung zum Entwurf eines Unternehmensteuerreformgesetzes 2008, BT-Drucks. 16/4841 S. 50: „Ein Konzern ist z.B. auch dann anzunehmen, wenn eine natürliche Person ein Einzelunternehmen betreibt und darüber hinaus Gesellschafter einer GmbH ist, die sie beherrscht."

Dem wird jedoch mit einem Verweis auf den Einzelunternehmer, der mehrere Betriebe unterhält und damit nicht die Voraussetzungen eines steuerlichen Konzerns erfüllen soll, entgegengetreten. Die einfache Betriebsaufspaltung könne insoweit nicht anders beurteilt werden.[856] Aus fiskalischer Sicht missbräuchliche Finanzierungsgestaltungen finden in diesen Fällen nicht statt. Noch deutlicher: Eine typische Betriebsaufspaltung gerät nicht einmal in die Nähe der gesetzlich intendierten Missbrauchstypisierung der Zinsschranke. Nach dem gesetzgeberischen Willen zur Schaffung einer Missbrauchsvorschrift muss insoweit eine teleologische Reduktion des Anwendungsbereiches des steuerlichen Konzerns erfolgen. Die Gesetzesbegründung kann hierbei als Indiz für den wahren Willen des Gesetzgebers herangezogen werden, da sich – anders als im Bereich der Zweckgesellschaften – kein Widerspruch zu Sinn und Zweck des Gesetzestextes ergibt. Die einschränkende Auslegung eines zu weit gefassten Wortlauts ist in diesem Zusammenhang eine anerkannte Methode der Gesetzesauslegung.[857]

4. GmbH & Co. KG

Die GmbH & Co. KG ist handelsrechtlich eine Personengesellschaft. Im Gewerbesteuerrecht bilden die Tätigkeiten einer Personengesellschaft stets einen einheitlichen Gewerbebetrieb.[858] Ob eine GmbH & Co. KG, die keine weiteren Beteiligungen hält, selbst einen Konzern im Sinne der Zinsschranke darstellt, ist umstritten.[859]

---

856 *Hick*, in: HHR, EStG, § 4h Rn. 89; *Loschelder*, in: Schmidt, EStG, § 4h Rn. 29. Nach dem Wortlaut des § 4h Abs. 3 Satz 6 EStG müsste bereits ein Einzelunternehmen mit mehreren Betrieben einen Konzern darstellen. Denn die Zinsschranke ist auf jeden Betrieb gesondert anzuwenden, vgl. *Loschelder*, in: Schmidt, EStG, § 4h Rn. 9. Die ausdrückliche Herausnahme aus dem Anwendungsbereich nach der Gesetzesbegründung ändere daran nichts, siehe Gesetzesbegründung zum Entwurf eines Unternehmensteuerreformgesetzes 2008, BT-Drucks. 16/4841, S. 50.

857 Grdl. *Larenz*, Methodenlehre der Rechtswissenschaft, S. 391 ff.

858 Abschn. 16 Abs. 3 und 4 GewStR.

859 Eine Konzernstruktur i.S. der Zinsschranke bejahen im Grundsatz (vorwiegend in Bezug auf eine klassische Einmann-GmbH & Co. KG): *Blumenberg/Lechner*, in: Blumenberg/Benz, UntStR 2008, S. 143; *Winkeljohann/Fuhrmann*, in: PWC, UntStR 2008, Rn. 1080; *IDW*, Ubg 2008, 53; *Möhlenbrock/Pung*, in: Dötsch/ Jost/Pung/Witt, Körperschaftsteuer, § 8a (URefG 2008) Rn. 82; *Möhlenbrock*, Ubg 2008, 1, 8; *Neumann*, EStB 2007, 292, 295; *Streck*, NJW 2007, 3176, 3179; *Korn*, KÖSDI 2008, 15866 ,15872; *Korn/Strahl*, in: Beratungsschwerpunkt UntStRef 2008, Rn. 22; wohl auch *Schmitz-Herscheidt*, BB 2008, 699, 700 f.; *Schwedhelm*, .GmbH-StB 2007, 282, 284; *Hallerbach*, StuB 2007, 487, 490; *Dörfler/Vogl*, BB 2007, 1084, 1085; *Köster*, BB 2007, 2278, 2279. Dagegen

Bei einer GmbH & Co. KG stellen sowohl die regelmäßig als Komplementärin allein haftende GmbH als auch die KG selbst jeweils einen Betrieb i.S. der Zinsschranke dar.[860] Die gesellschaftsrechtliche Verbindung könnte dazu führen, dass eine der beiden Gesellschaften zur Konsolidierung der jeweils anderen Gesellschaft verpflichtet wäre. Die Pflicht zur Aufstellung eines Konzernabschlusses folgt – wie gesehen – aus den §§ 290 ff. HGB.[861] Ob die GmbH & Co. KG für sich genommen bereits einen handelsrechtlichen Konzern i.S. der §§ 290 ff. HGB darstellt, ist im Schrifttum umstritten.[862] Das Ergebnis hängt von den jeweiligen gesellschaftsvertraglichen Vereinbarungen und der Gesellschaftsorganisation im Einzelfall ab.[863]

Im Rahmen der Rechnungslegung nach IFRS liegt für die typische, nach dem gesetzlichen Normalstatut organisierte Personenhandelsgesellschaft i.S.d. § 264a HGB ein Beherrschungsverhältnis nach IAS 27 i.d.R. nicht vor.[864] Während die Komplementär-GmbH typischerweise nur die Geschäftsführungs- und Haftungsfunktion übernimmt und neben einer geringen Haftungsvergütung nicht am wirtschaftlichen Erfolg der KG teilnimmt, fehlt es an einer nach IAS 27.4 notwendigen Nutzziehung. Eine Beherrschung kann in diesem Fall weder durch die GmbH noch durch

---

sind beispielsweise *Hick,* in: HHR, Jahresband 2008, § 4h EStG Rn. J 07-44; *Hoffmann,* in: Littmann/Bitz/Pust, Einkommensteuerrecht § 4h Rn. 178; *Heuser/Pawelzik,* in: Heuser/ Theile, IFRS-Handbuch, Rn. 6015.

860 Dies gilt zumindest dann, wenn die GmbH & Co. KG entweder gewerblich tätig oder gem. § 15 Abs. 3 Nr. 2 EStG gewerblich geprägt ist. Sowohl die Komplementär-GmbH als auch die KG unterfallen sodann dem Betriebsbegriff der Zinsschranke, vgl. dazu auch Kapitel 2, Abschn. A/II (S. 37 ff.). Kritisch zur Betriebseigenschaft *Köster,* BB 2007, 2278, 2279.

861 Vgl. Abschnitt A/I, Gliederungspunkt 2 in diesem Kapitel (S. 163 ff.).

862 Zumindest eine dem Regelstatut des HGB entsprechende GmbH & Co. KG müsste ein Mutter-Tochter-Verhältnis i.S.d. § 290 HGB darstellen, da die Komplementär-GmbH in ihrer Geschäftsführungsbefugnis frei sowie alleinige Geschäftsführerin und Vertreterin der KG ist. Dem stünde jedoch entgegen, wenn mit dieser Geschäftsführungsbefugnis nicht die originären Leitungskompetenzen einhergingen; Strategie und Planung der unternehmerischen Tätigkeit also von den Kommanditisten übernommen würden. Daher scheint im handelsrechtlichen Schrifttum bereits umstritten zu sein, welcher der beiden Alternativen als Normalfall anzusehen ist. Vgl. *ADS,* Rechnungslegung und Prüfung der Unternehmen, § 290 HGB Rn. 116 ff.; *Hoyos/Ritter-Thiele,* in: Ellrott/ Förschle/Hoyos/Winkeljohann, Beck Bil-Komm., § 290 HGB Rn. 28 ff.; *IDW,* WP Handbuch 2006, Abschn. M, Rn. 33; je m.w.N.

863 *Krietenstein,* KoR 2006, 267, 272; *Pöschke,* Eigenkapital mittelständischer Gesellschaften nach IAS/IFRS, S. 122.

864 In diesem Sinne auch *Köster,* BB 2007, 2278, 2279. Zu den Konzernrechnungslegungspflichten einer GmbH & Co. KG nach IFRS speziell *Krietenstein,* KoR 2006, 267 ff.

die KG angenommen werden, so dass eine Konzernzugehörigkeit auf Grundlage der IFRS nach § 4h Abs. 3 Satz 5 EStG nicht gegeben ist.

Gleichwohl könnte die steuerliche Konzernbestimmung nach § 4h Abs. 3 Satz 6 EStG greifen. Danach gehört ein Betrieb für Zwecke der Zinsschranke auch dann zu einem Konzern, wenn seine Finanz- und Geschäftspolitik mit einem oder mehreren anderen Betrieben einheitlich bestimmt werden kann. Sind die Gesellschafter der Komplementär-GmbH in gleicher Höhe auch als Kommanditisten an der KG beteiligt, liegt eine GmbH & Co. KG im engeren Sinne vor.[865] Die Möglichkeit der einheitlichen Bestimmung der Finanz- und Geschäftspolitik könnte damit einem Kommanditisten der KG mit Mehrheitsanteil, der gleichzeitig beherrschender Gesellschafter der GmbH ist, zukommen.[866] Dann muss auch der Betrieb einer ansonsten nicht unternehmerisch tätigen GmbH, welche als reine Haftungs- und Geschäftsführungsgesellschaft besteht, als konzernangehörig i.S. der Zinsschranke gelten.[867]

Dagegen spricht jedoch ein weiteres Mal der Sinn und Zweck des Gesetzes. Die typische Komplementär-GmbH unterhält im wirtschaftlichen Sinne keinen Geschäftsbetrieb und steht damit nicht im Verdacht einer unangemessenen Unternehmensfinanzierung.[868] Für die Restriktionen des Schuldzinsenabzugs besteht kein sachlicher Grund, da die Gefahr einer missbräuchlichen Gewinnverlagerung nicht besteht. Denn bei der GmbH & Co. KG handelt es sich typischerweise um keine länderübergreifende Organisationsform. Weiter lässt sich argumentieren, dass die hinter der Kapitalgesellschaft und der KG stehenden Personen analog zur Betriebsaufspaltung einen einheitlichen geschäftlichen Betätigungs-

865 Zur Einheits-GmbH & Co. KG, bei der sich die Anteile an der Komplementär-GmbH im Gesamthandsvermögen der KG befinden, vgl. *Krietenstein*, StuB 2006, 16 ff.; *Werner*, DStR 2006, 706 ff.; je m.w.N.

866 Die einheitliche Bestimmung der Finanz- und Geschäftspolitik in einer typischen GmbH & Co. KG-Struktur erfolgt durch die beherrschenden Kommanditisten und nicht durch die Komplementär-GmbH, vgl. *Hoyos/Pastor*, in: Beck Bil-Komm., 6. Aufl., § 290 HGB Rn. 30; *Hick*, in: HHR, Jahresband 2008, § 4h EStG Rn. J 07-44.

867 H.M., vgl. *Möhlenbrock/Pung*, in: Dötsch/Jost/Pung/Witt, Körperschaftsteuer, § 8a (URefG 2008) Rn. 82; *Blumenberg/Lechner*, in: Blumenberg/Benz, UntStR 2008, S. 143; *Schulz*, DB 2008, 2043, 2046; *Hick*, in: HHR, Jahresband 2008, § 4h EStG Rn. J 07-44; *Hallerbach*, StuB 2007, 487, 490; *Dörfler/Vogl*, BB 2007, 1084, 1085; *Neumann*, EStB 2007, 292, 295; kritisch *Köster*, BB 2007, 2278, 2279; ablehnend *Hoffmann*, in: Littmann/Bitz/Pust, Einkommensteuerrecht, § 4h Rn. 178.

868 *Korn*, KÖSDI 2008, 15866, 15872; *Schmitz-Herscheidt*, BB 2008, 699, 701; *Möhlenbrock*, Ubg 2008, 1, 8; *IDW*, Ubg 2008, 53. In diesem Sinne auch Bundesrat in: Stellungnahme des Bundesrates zum Entwurf des Jahressteuergesetzes vom 21.9.2007, BR-Drucks. 544/07, S. 18 f.

willen haben, der in der Regel auf die Ausübung einer einzigen gewerblichen Tätigkeit durch die KG gerichtet ist.[869] Vor diesem Hintergrund ist die Anwendung der Zinsschranke bei einer GmbH & Co. KG ebenfalls nicht gerechtfertigt.

Infolgedessen sollen typische GmbH & Co. KG-Strukturen auch nach dem Anwendungserlass des BMF grundsätzlich nicht als Konzern qualifiziert werden, wenn weder die KG noch die GmbH anderweitig zu einem Konzern gehören.[870] Diese zutreffende Sichtweise ist mit dem weiten Gesetzeswortlaut jedoch schwer zu vereinbaren und verdeutlicht erneut die Schwächen des Gesetzestextes. Eine teleologische Reduktion des Anwendungsbereiches ist zum wiederholten Male geboten. Dies lässt die Formulierung des Gesetzes zunehmend als untauglich erscheinen.

5. Atypisch stille Gesellschaft

Die atypisch stille Gesellschaft ist eine Form der Unternehmensfinanzierung. Hierbei handelt es sich zunächst um eine stille Gesellschaft nach Handelsrecht, bei der sich der stille Gesellschafter mit einer Vermögenseinlage am Handelsgewerbe eines Kaufmanns beteiligt (§ 230 Abs. 1 HGB). Die stille Gesellschaft nach § 230 HGB ist eine reine Innengesell-

---

869 *Loschelder*, in. Schmidt, EStG, § 4h EStG Rn. 29. *Blumenberg/Lechner*, in: Blumenberg/ Benz, UntStR 2008, S. 144 f., erwägen sogar alle Fälle der GmbH & Co. KG, in denen eine natürliche Person Kommanditist und beherrschender Gesellschafter der Komplementär-GmbH ist, in Analogie zur Betriebsaufspaltung von der Zinsschranke auszunehmen.

870 Vgl. BMF-Schreiben vom 4.7.2008, BStBl. I 2008, S. 718, Rn. 66. Falls weder die KG noch die Komplementär-GmbH ihrerseits zu einem Konzern gehören und die Komplementär-GmbH keine eigene wirtschaftliche Betätigung entfaltet, bilde die GmbH & Co. KG einen einzigen einheitlichen Betrieb. Eine schädliche Eigentätigkeit der GmbH wird in diesem Zusammenhang beispielsweise dann nicht angenommen, wenn dieser keine Zinsaufwendungen im Sinne der Zinsschranke zugeordnet werden können und sich ihre Tätigkeit – neben ihrer Vertretungsbefugnis – auf die Geschäftsführung und Haftungsübernahme für die KG beschränkt, vgl. auch *Hallerbach*, StuB 2008, 624. Diese Grundsätze sollen nach dem BMF auch auf der GmbH & Co. KG „vergleichbare" Rechtsformen anwendbar sein. Nach der Einschätzung des IDW soll dies für alle Konstellationen gelten, in denen eine Kapitalgesellschaft Komplementärin einer KG ist. Zu nennen sind hier beispielsweise die Limited & Co. KG oder die AG & Co. KG, vgl. *IDW*, IDW-FN 2008, 135, 138. Diese Ausnahme wurde auch von der Literatur begrüßt, vgl. *Hick*, in: HHR, Jahresband 2008, § 4h EStG Rn. J 07-44; *Frotscher*, in: Frotscher, EStG, § 4h Rn. 70b; *Huken*, DB 2008, 544, 547 und zum Teil sogar als überflüssige Selbstverständlichkeit bewertet, vgl. *Möhlen-brock/Pung*, in: Dötsch/Jost/Pung/Witt, Körperschaftsteuer, § 8a (URefG 2008) Rn. 82.

schaft, da der „Stille" nicht nach außen in Erscheinung tritt und das Handelsgeschäft allein von dessen Inhaber geführt wird (§ 230 Abs. 2 HGB). Steuerrechtlich ist ein (typisch) stiller Gesellschafter i.S. des HGB nicht als Mitunternehmer anzusehen und erzielt aus seiner Beteiligung Einkünfte aus Kapitalvermögen gem. § 20 Abs. 1 Nr. 4 EStG.

Bei einer atypisch stillen Gesellschaft im Sinne des Steuerrechts erfüllt der „Stille" zusätzliche Voraussetzungen, die ihn als Mitunternehmer qualifizieren. Dazu gehört die Übernahme von Mitunternehmerinitiative und Mitunternehmerrisiko. Der Typus des Mitunternehmers bei der stillen Gesellschaft orientiert sich an der Stellung, die ein Kommanditist nach dem gesetzlichen Leitbild in der Kommanditgesellschaft einnimmt.[871] Aufgrund dieser Merkmale kommt ihm eine stärkere Rechtsposition gegenüber dem Geschäftsinhaber zu, als nach dem handelsrechtlichen Verständnis vorgesehen ist.[872] Der „Stille" entfaltet Mitunternehmerinitiative, wenn ihm Mitwirkungsrechte zustehen, die über die Einsichts- und Kontrollrechte nach § 233 HGB hinausgehen und wenigstens den Stimm-, Kontroll- und Widerspruchsrechten eines Kommanditisten angenähert sind.[873] Auch hinsichtlich des Mitunternehmerrisikos muss die Rechtsstellung des atypisch stillen Gesellschafters über das gesetzliche Regelstatut des Handelsrechts hinausgehen. Voraussetzung für das Mitunternehmerrisiko ist daher neben der unabdingbaren Gewinnbeteiligung gem. § 231 Abs. 2 Halbs. 2 HGB auch eine Beteiligung am Verlust, an den Anlagewerten, an den offenen und stillen Rücklagen und dem Geschäfts- oder Firmenwert.[874] Liegen diese Voraussetzungen vor, wird die atypisch stille Gesellschaft steuerrechtlich als „andere Gesellschaft" gem. § 15 Abs. 1 Satz 1 Nr. 2 EStG qualifiziert und den gewerblichen Mitunternehmerschaften zugeordnet. Sie bleibt jedoch eine rein steuerliche Fiktion.[875]

Eine atypisch stille Gesellschaft bildet für sich genommen keinen steuerlichen Konzern i.S. des § 4h Abs. 3 Satz 5 EStG, weil sie als rein steuerliche Einheit nicht nach handelsrechtlichen Regeln konsolidiert werden kann.[876] Nach den IFRS handelt es sich bei der Beteiligung eines stillen Gesellschafters lediglich um ein Finanzierungsinstrument, welches als

---

871 Vgl. *Blaurock*, Handbuch der stillen Gesellschaft, Rn. 20.59.

872 *Hey*, in: Tipke/Lang, Steuerrecht, § 18 Rn. 39.

873 BFH v. 25.6.1984, BStBl. II 1984, S. 751; *Haep*, in: HHR, EStG, § 15 Rn. 393 m.w.N.

874 *Wacker*, in: Schmidt, EStG, § 15 Rn. 343.

875 Vgl. *Kraft/Mayer-Theobald*, DB 2008, 2325, 2327.

876 *Frotscher*, in: Frotscher, EStG, § 4h Rn. 157; *Kraft/Mayer-Theobald*, DB 2008, 2325; *Blaurock*, Handbuch der stillen Gesellschaft, Rn. 22.49 f.

schlichte Beteiligung erfasst wird. Diese Finanzinvestition wird auf Ebene des Emittenten (Geschäftsinhaber) passiviert und auf Ebene des Zeichnenden (atypisch stiller Gesellschafter) als Beteiligung aktiviert. Eine Konsolidierung kann sowohl nach den IFRS als auch nach HGB nicht erfolgen.

Auch der Tatbestand der einheitlichen Bestimmung der Finanz- und Geschäftspolitik nach § 4h Abs. 3 Satz 6 EStG ist im Rahmen einer atypisch stillen Beteiligung nicht anwendbar, da der Inhaber des Handelsgewerbes keinen beherrschenden Einfluss auf den stillen Gesellschafter ausüben kann. Zudem stehen die erforderlichen Einsichts- und Kontrollrechte des atypisch stillen Gesellschafters gegenüber dem Geschäftsinhaber, die im Übrigen auch nicht die Qualität einer Beherrschung erreichen können, in umgekehrter Richtung nicht auch dem Inhaber des Handelsgewerbes zu.[877] Dies hat zur Folge, dass die Restriktionen der Zinsschranke für Finanzierungsaufwendungen innerhalb einer atypisch stillen Gesellschaft nicht greifen. Diese Begünstigung verwundert nicht, insbesondere weil diese Gesellschaftsform steuerlich den Personengesellschaften gleichgestellt ist und Personengesellschaften für sich genommen grundsätzlich keinen eigenen steuerlichen Konzern bilden.[878]

Dennoch könnte die atypisch stille Gesellschaft „als Anhängsel" einem weiterreichenden Konzern angehören, wenn dieser den Geschäftsinhaber mit seinem Handelsgewerbe umfasst.[879] Dies ergibt sich aus der steuerlichen Bezugnahme des § 4h EStG auf die Betriebseinheit.[880] Denn auch die atypisch stille Gesellschaft ist als steuerliche Einheit nach Ansicht von Rechtsprechung und Literatur selbständiges Steuersubjekt hinsichtlich der Gewinnerzielung, Gewinnermittlung und Einkünftequalifikation.[881] Sie stellt damit auch einen Betrieb i.S. der Zinsschranke dar.[882] Bestehen mehrere stille Beteiligungen an unterschiedlichen Geschäftszweigen des

877 In Ausnahmefällen hält *Blaurock*, Handbuch der stillen Gesellschaft, Rn. 22.51, eine Zurechnung des Handelsgewerbes zum Konzern des stillen Gesellschafters für möglich.

878 Zur Anwendung der Zinsschranke bei Personengesellschaften siehe *Wagner/Fischer*, BB 2007, 1811 ff.; *Schmitz-Herscheidt*, BB 2008, 699 ff.

879 *Blaurock*, Handbuch der stillen Gesellschaft, Rn. 22.46, 22.51. Dagegen *Kraft/Mayer-Theobald*, DB 2008, 2325, 2327, die einwenden, dass sich diese Einbeziehung nicht aus dem Wortlaut des § 4h EStG entnehmen ließe.

880 *Blaurock*, Handbuch der stillen Gesellschaft, Rn. 22.48. Zum Betriebsbegriff im Sinne der Zinsschranke vgl. Kapitel 2, Abschnitt A/II (S. 37 ff.).

881 BFH v. 26.11.1996, BStBl. II 1998, S. 328; BFH v. 28.3.2003, BFH/NV 2003, S. 1308 m.w.N.; ferner ausführlich *Blaurock*, Handbuch der Stillen Gesellschaft, Rn. 22.8 ff.

882 *Stangl/Hageböke*, in: Schaumburg/Rödder, UntStR 2008, S. 455; *Blumenberg/Lechner*, in: Blumenberg/Benz, UntStR 2008, S. 115, 154.

Handelsgewerbes, so existieren auch steuerlich mehrere stille Gesellschaften und mehrere Betriebe i.S. der Zinsschranke.[883] Eine steuerliche Konzernzugehörigkeit kann zumindest nach § 4h Abs. 3 Satz 6 EStG festgestellt werden, wenn ein übergeordneter Rechtsträger beherrschenden Einfluss auf den Betrieb des Handelsgewerbes des Geschäftsinhabers ausüben kann. In diesem Fall dehnt sich der Einfluss des obersten Rechtsträgers mittelbar auch auf den Betrieb der stillen Gesellschaft aus.

6. Private-Equity-Investitionen

Private Equity (PE) ist ebenfalls eine Form der Unternehmensfinanzierung und ein Oberbegriff für den Markt privater Finanzierungen, die außerhalb der geregelten Kapitalmärkte (z.B. Börsen) und abseits von Kreditinstituten bereitgestellt werden.[884] Vordringliche Aufgabe der Investoren ist es daher, Unternehmen (anteilig) zu erwerben, die meist nicht börsennotiert sind bzw. nach der Übernahme aus dem Handel genommen werden (sog. Delisting[885]). Dafür schließen sich Kapitalanleger in einem PE-Fonds zusammen, der meist zu diesem zeitlich begrenzten Anlagezweck gegründet wird. Das Aufgabenspektrum dieser Kapitalbeteiligungsgesellschaft umfasst alle Tätigkeiten von der Suche möglicher Beteiligungsgesellschaften, deren Kontrolle und Verwaltung sowie die Veräußerung zur Realisation der Rendite, die im Wesentlichen aus der Steigerung des Unternehmenswertes folgt. Der Fonds investiert länderübergreifend in verschiedene Projekte über sog. Akquisitions-Kapitalgesellschaften. Diese Gesellschaften werden durch den Fonds mit Eigenkapital

883 Vgl. *Kraft/Mayer-Theobald*, DB 2008, 2325, 2326; *Blaurock*, Handbuch der stillen Gesellschaft, Rn. 22.48.

884 Im internationalen Sprachgebrauch auch als „Venture Capital", in Deutschland teilweise als „Risikokapital" oder „Wagniskapital" bezeichnet. Vgl. zu diesen Begrifflichkeiten *Gocksch*, Besteuerung inländischer Private-Equity-Fonds, S. 12 ff.

885 Unter dem Begriff *Delisting* versteht man die dauerhafte Einstellung der Börsennotierung einer Aktiengesellschaft. Das *Delisting* ist ein verwaltungsrechtlicher Vorgang, nachdem die Aktie vom aktiven Handel dauerhaft entfernt wurde. Mögliche Gründe für ein solches Vorgehen können ein sog. *Going Private* im Rahmen einer Private-Equity-Transaktion oder die Vermeidung der umfassenden Publizitätspflichten börsennotierter Aktiengesellschaften sein. Ein *Delisting* kann auch durch die Zulassungsstelle der jeweiligen Börsenaufsichts- und/oder der Finanzdienstleistungsbehörde veranlasst werden, wenn ein ordnungsgemäßer Handel mit dem Wertpapier nicht mehr gewährleistet werden kann (z.B. nach einem *Squeeze-out*, bei dem alle Aktien in einer Hand zusammengeführt werden). Dazu bspw. *Hüffer*, AktG, § 119 Rn. 21 ff.

und durch Bankfinanzierungen mit Fremdkapital ausgestattet.[886] Die Erträge fließen den Investoren zu, ohne dass diese einen beherrschenden Einfluss auf den Fonds oder seine Anlageentscheidungen ausüben können.[887] Ziele der Investition sind i.d.R. die Finanzierung von Unternehmen in der Gründungs- oder Entwicklungsphase, die Wachstumsförderung von etablierten mittelständischen Unternehmen, die Ausgliederung von Unternehmensteilen oder die Unternehmensnachfolge.[888] Der Fonds stellt einen Mittler zwischen den Investoren auf der einen Seite und dem Zielunternehmen (Portfolio-Gesellschaft) auf der anderen Seite dar. Nach Erreichen des Ziels der Investition werden die Anteile wieder veräußert. An größeren PE-Investitionen ist zumeist eine Vielzahl von Fonds in den unterschiedlichsten Jurisdiktionen und Rechtsformen beteiligt, die das Kapital bei zahlreichen Investoren beschaffen. Diese Fonds sind strukturell auf die regulatorischen und steuerlichen Bedürfnisse ihrer Investoren ausgerichtet. Die investitionsfördernden Steuerprivilegien eines Fonds hängen dabei an seiner Anerkennung als reine Vermögensverwaltung ohne gewerblichen Charakter.[889]

Die Beschränkung des steuerlich abzugsfähigen Zinsaufwandes ist bei PE-Investitionen von großer Bedeutung, weil diese in aller Regel mit hohem Fremdkapitalanteil finanziert werden, um eine möglichst hohe Eigenkapitalrendite zu erreichen.[890] Der dadurch verursachte hohe Schuldzinsenaufwand unterläge ohne einen Befreiungstatbestand zu einem großen Teil den Restriktionen der Zinsschranke. Dennoch ist die Anwendung der Zinsschranke, insbesondere die Durchführung des Eigenkapitalvergleichs, in diesem Bereich noch völlig unklar. Erörterungsbedürftig ist an dieser Stelle, ob ein rein vermögensverwaltender PE-Fonds

---

886 *Töben/Fischer*, Ubg 2008, 149, 154.

887 Vgl. *Blumenberg/Lechner*, in: Blumenberg/Benz, UntStR 2008, S. 157.

888 *Jarass/Obermair*, Steuerliche Aspekt von Private-Equity- und Hedge-Fonds, S. 38. Weitere Ziele sind bspw. die Umwandlung der Portfolio-Gesellschaft in eine andere Rechtsform oder die (Neu-)Platzierung des Zielunternehmens an der Börse.

889 Nach Auffassung von Rechtsprechung und Finanzverwaltung liegt eine private Vermögensverwaltung vor, wenn sich die Tätigkeit noch als Nutzung von Vermögen im Sinne einer Fruchtziehung aus Substanzwerten darstellt und die Ausnutzung substanzieller Vermögenswerte durch Umschichtung nicht entscheidend in den Vordergrund tritt, vgl. BFH Urteile vom 4.3.1980 – BStBl. II 1980 S. 389 und vom 29.10.1998 – BStBl. II 1999 S. 448; BMF-Schreiben vom 16.12.2003 zu Venture Capital und Private-Equity-Fonds, BStBl. I 2004, S. 40 ff.

890 Zum sog. „Leverage-Effekt" siehe *Hasselbach/Rödding*, in: Eilers/Rödding/Schmalenbach, Unternehmensfinanzierung, S. 801 f.

mit seinen Portfoliogesellschaften einen Konzern i.S. der Zinsschranke bildet.[891]

Nach § 4h Abs. 3 Satz 5 EStG wäre mindestens eine potenzielle Konsolidierungsfähigkeit nach den IFRS erforderlich. Hierfür muss nach dem Control-Konzept für den PE-Fonds die Möglichkeit bestehen, die Finanz- und Geschäftspolitik der Portfoliogesellschaften zu bestimmen, um aus deren Tätigkeit Nutzen zu ziehen. Anwärter für PE-Beteiligungskapital sind Unternehmen in einer besonderen Entwicklungsphase, die mangels ausreichender Innenfinanzierungskraft oder Besicherungsmöglichkeiten für eine banküblche Kreditfinanzierung alternative Finanzierungsmöglichkeiten suchen. Im Rahmen einer PE-Investition erhalten die Kapitalgeber für die Überlassung von Eigenkapital keine Sicherheiten. Zur Kompensation dieses Risikos werden jedoch weitgehende Kontroll- und Mitspracherechte ausbedungen. Neben bestehenden gesellschaftsrechtlichen Kontroll- und Stimmrechten erhalten die Kapitalgeber häufig einen Sitz im Verwaltungsrat- bzw. Aufsichtsrat.[892]

Nach IAS 27.16 ist eine Konsolidierung nicht alleine deshalb ausgeschlossen, weil der Anteilsinhaber eine Wagniskapital-Organisation, ein Investmentfonds, ein Unit Trust oder ein ähnliches Unternehmen ist. Auch der PE-Fonds fällt unter diese Regelung. Allerdings muss er die in IAS 27 vorgenannten Konsolidierungsvoraussetzungen erfüllen. Eine Beherrschung wird in der Regel nicht vorliegen, da der Fonds weder über die Stimmrechtsmehrheit noch über sonstige gleichgestellte Einflussnahmemöglichkeiten verfügt.[893] Denn eine PE-Investition erfolgt überwiegend als Minderheitsbeteiligung. Auch die gegen-über dem bloßen Erwerb einer Minderheitsbeteiligung stärkeren Kontroll- und Mitspracherechte werden meist nicht den Grad einer Beherrschung i.S. des IAS 27.4 erreichen. Je nach Ausgestaltung und Höhe der PE-Investition kann dieses Ergebnis im Einzelfall auch gegenteilig ausfallen. Eine generalisierende Ausnahme von PE-Strukturen aus dem Anwendungsbereich der Zinsschranke lässt sich damit nicht begründen. Zumindest für den Fall, dass die IFRS das anzuwendende Rechnungslegungsregime darstellen, stehen die vorgenannten Argumente einer steuerlichen Konzernzugehörigkeit von Portfoliogesellschaften nicht grundsätzlich entgegen. Nach

891 Vgl. jüngst *Herzig/Liekenbrock*, Ubg 2011, 102, 109. Zu Fragen der Zinsschranke aus der Sicht ausländischer Investoren, insbesondere bei Immobilieninvestitionen von Private-Equity-Fonds vgl. *Töben/Fischer*, Ubg 2008, 149 ff.

892 Vgl. *Gocksch*, Besteuerung von inländischen Private Equity-Fonds, S. 14 f.

893 In diesem Sinne *IDW*, Ubg 2008, 53; *Dörr/Geibel/Fehling*, NWB Fach 4, 5199, 5208; *Blumenberg/Lechner*, in: Blumenberg/Benz, UntStR 2008, S. 156.

anderer Ansicht bilden die Portfoliogesellschaften bereits einen Konzern aufgrund der einheitlichen Bestimmung ihrer Finanz- und Geschäftspolitik durch den Fonds, § 4h Abs. 3 Satz 6 EStG.[894]

Das *IDW* vertritt dagegen die Auffassung, dass die Annahme einer einheitlichen Bestimmung der Finanz- und Geschäftspolitik der Portfoliogesellschaften nicht zutreffend sei. Als Begründung wird angeführt, dass die Portfoliogesellschaften in unterschiedlichen Branchen tätig seien und sich durch uneinheitliche Gesellschafterstrukturen auszeichneten. Eine einheitliche Bestimmung der Finanz- und Geschäftspolitik sei deshalb – unabhängig vom Einfluss des PE-Fonds – nicht möglich.[895] Auch nach teleologischer Betrachtung sind PE-Investitionen außerhalb des „Fadenkreuzes" der Zinsschranke anzusiedeln, da sie nicht mit einem typischen Konzern vergleichbar sind. Ein wesentlicher Unterschied besteht darin, dass zwischen den verschiedenen Investments keine Finanzierungsströme oder Transaktionen existieren. Investitionen des PE-Fonds werden mit Eigenkapital der Investoren oder mit Bankdarlehen finanziert. Ein Einstehen anderer Portfoliogesellschaften oder auch des Fonds für diese Verbindlichkeiten ist i.d.R. schon nach den Regularien des Fonds ausgeschlossen. Die einzelnen Gesellschaften sind vielmehr völlig selbständig und nur über das gemeinsame Dach des Fonds verbunden. Rein steuerlich motivierte Finanzierungsgestaltungen sind in diesem Bereich daher regelmäßig nicht zu finden.[896]

Dennoch fiele eine PE-Investition nach dem Wortlaut des § 4h Abs. 3 Satz 5 EStG bei Vorliegen der Konsolidierungsvoraussetzungen in den Anwendungsbereich der Zinsschranke.[897] Auch in diesem Zusammenhang wäre der Anwendungsbereich des steuerlichen Konzerns

---

894 *Förster*, in: Breithecker/Förster/Förster/Klapdor, UntStRefG, § 4h EStG Rn. 162; offengelassen bei *Töben/Fischer*, Ubg 2008, 149, 154.

895 Vgl. *IDW*, IDW-FN 2007, 640.

896 In diesem Sinne auch *Blumenberg/Lechner*, in: Blumenberg/Benz, UntStR 2008, S. 157; *Winkler/Käshammer*, Ubg 2008, 478, 481; *Eilers*, Ubg 2008, 197, 200; *Cryns*, Gesellschafterfremdfinanzierung, S. 326.

897 Private-Equity-Finanzierungen, die regelmäßig grenzüberschreitend strukturiert sind, können durch Ausweichgestaltungen in operative Finanzierungsinstrumente wie z.B. Sale-and-lease-back, Factoring, Forderungsverbriefungen sowie Verlagerung der Konzernfinanzierung in Länder mit günstigeren steuerlichen Rahmenbedingungen für die Unternehmensfinanzierung flexibel auf die Einführung der Zinsschranke reagieren, *Scheunemann/Socher*, BB 2007, 1144, 1147 ff. Dies zerstreut aber nicht die europarechtlichen Bedenken, vgl. *Führich*, IStR 2007, 341, 343 mit Hinweis auf EuGH v. 28.1.1986, Slg. 1986, S. 273. Sie sind aber auch durch Beschränkungen wie z.B. die auf inländische Sachverhalte beschränkte Organschaft betroffen.

daher teleologisch zu reduzieren. Dies zeigt abermals, dass Sinn und Zweck der Zinsschranke und deren tatsächliche Ausgestaltung nicht übereinstimmen.

C. Ergebnis des vierten Kapitels

Nicht konzernzugehörige Betriebe werden von vornherein durch die Konzernklausel von der Zinsschranke befreit. Der steuerlichen Konzernzugehörigkeit kommt mithin eine zentrale Bedeutung zu. Für die Bestimmung der steuerlichen Konzernzugehörigkeit eines Betriebs für Zwecke der Zinsschranke ist ein erweiterter Konzernbegriff heranzuziehen, der zwischen einem originären und einem steuerlichen Konzern unterscheidet. Maßgebend ist zunächst das handelsrechtlich konkret zugrunde gelegte Rechnungslegungssystem nach § 4h Abs. 3 Satz 5 EStG. Während sich der Umfang der Einbeziehung in einen Konzernabschluss bei der Zinsschranke vorrangig nach den IFRS bestimmt, bleiben für die Frage nach der Pflicht zur Aufstellung eines Konzernabschlusses allein die handelsrechtlichen Vorschriften der §§ 290 ff. HGB maßgebend.

Die Untersuchung hat gezeigt, dass das Control-Konzept der IFRS auch für steuerliche Zwecke geeignet ist. Die Erweiterung auf konsolidierungsfähige Betriebe ist im Rahmen eines steuerjuristischen Konzerntatbestandes sogar geboten. Dies gilt jedoch nicht für die Interpretationsregelung nach SIC-12, die eine rein wirtschaftliche Betrachtung vorschreibt. Dadurch wird die vormals justiziable Bestimmung des Konzernumfangs nach den IFRS für juristische, insbesondere steuerjuristische Zwecke entwertet. Im Übrigen hätte eine Anknüpfung an die Konzernrechnungslegungsvorschriften des HGB zu gleichen Ergebnissen geführt. Der Gesetzgeber greift damit an dieser Stelle ohne Not auf die internationalen Rechnungslegungsstandards zurück.

Bei der Abgrenzung des steuerlichen Konsolidierungskreises ist stets auf die Vollkonsolidierung abzustellen. Für Unternehmen, die innerhalb des Stufenkonzepts der Konsolidierung nicht vollkonsolidiert werden, gilt wie für schlichte Beteiligungen die Bereichsausnahme der Konzernklausel. Die Organschaft bildet zwar keinen steuerlichen Konzern, sie kann allerdings als „Organkreis-Betrieb" selbst zu einem weiterreichenden Konzern gehören. Gleiches gilt für die atypisch stille Gesellschaft.

Der steuerliche Konzernbegriff wird durch die Erweiterung auf einheitlich bestimmbare Betriebe zusätzlich ausgedehnt. Dieses ergänzende "steuerliche Control-Konzept" nach § 4h Abs. 3 Satz 6 EStG ist zu unbestimmt, um die weitreichende Konsequenz einer steuerlichen Konzernzugehörigkeit rechtssicher zu konkretisieren. Die zahlreichen Zweifelsfälle machen dies deutlich. Die auf den ersten Blick überzeugende Regelung der Konzernklausel wird dadurch erheblich relativiert. Obwohl handelsrechtlich keine Konzernrechnungslegungspflicht besteht, sehen sich nunmehr auch Privatpersonen oder vermögensverwaltende Gesellschaften gezwungen, ausschließlich für steuerliche Zwecke einen Konzernabschluss aufzustellen. Neben der Rechtsunsicherheit hinsichtlich der praktischen Umsetzung gehen mit der Regelung hohe Berichts- und Dokumentationslasten für Unternehmen einher, die bei kleineren Betrieben existenzgefährdende Ausmaße annehmen können.

Schließlich ergeben sich zahlreiche Widersprüche durch die konkrete Ausgestaltung der steuerlichen Konzernbestimmung. Sinn und Zweck der Zinsschranke sollte in erster Linie die Bekämpfung missbräuchlicher Finanzierungsgestaltungen in Konzernstrukturen sein. Durch die weite Gesetzesformulierung werden jedoch zahlreiche unverdächtige Unternehmensstrukturen in den Anwendungsbereich hineingezogen, bei denen ein fiskalisch problematischer Finanzierungssachverhalt nicht auftritt. Dies wurde anhand der Beispiele der Betriebsaufspaltung, der GmbH & Co. KG sowie der PE-Investitionen verdeutlicht. Das Gesetz hat insofern eine überschießende Tendenz. Die Einschränkung des Gesetzeswortlauts im Wege der teleologischen Reduktion bleibt zu oft der einzige, wenn auch mühsame, Ausweg. Andererseits begünstigen die Gesetzesbegründung und die Verwaltungsanweisung des BMF contra legem einige Fallgestaltungen wie etwa die Verbriefungszweckgesellschaften. Richtigerweise gehören alle Zweckgesellschaften zu einem Konzern, wenn die Voraussetzungen einer Konsolidierung vorliegen. Eine folgerichtige Umsetzung der gesetzgeberischen Intention ist nicht erfolgt. Das Gesetz stellt vielmehr eine Gleichheit zu Lasten aller her.[898]

898 Dazu prägnant *Gosch*, DStR 2007, 1553, 1558 f.

Fünftes Kapitel – Die Inbezugnahme der IFRS für Zwecke des Eigenkapitalvergleichs

Im Rahmen des Eigenkapitalvergleichs nach § 4h Abs. 2 Satz 1 Buchst. c EStG findet die IFRS-Rechnungslegung ausdrücklich Eingang in das deutsche Steuerrecht. Eine Beschränkung des Zinsabzuges kann nach dieser Vorschrift verhindert werden, wenn der Betrieb zu einem Konzern gehört und seine Eigenkapitalquote am Schluss des vorangegangenen Abschlussstichtages gleich hoch oder höher ist als die Eigenkapitalquote des Konzerns. In diesem Fall wird dem Betrieb eine konzerntypische Finanzierungsstruktur bescheinigt, mit der er sich von dem zuvor erhobenen Missbrauchsvorwurf exkulpieren kann.

A. Ermittlung der Eigenkapitalquote des Konzerns

Wenn eine Konzernzugehörigkeit nach den vorgenannten Kriterien festgestellt worden ist, findet der dritte Ausnahmetatbestand gem. § 4h Abs. 2 Satz 1 Buchst. c EStG Anwendung und ein Eigenkapitalvergleich ist durchzuführen. Der Vergleich der Eigenkapitalquoten wirft zahlreiche Fragen auf, die in erster Linie aus der herzustellenden Konsistenz der Zahlenwerke der steuerlichen Einheit „Betrieb" und der übergeordneten wirtschaftlichen Einheit „Konzern" resultieren.

I. Der Vergleichsmaßstab Eigenkapitalquote

Der Maßstab für den Eigenkapitalvergleich ist die Eigenkapitalquote. Die Vorschrift des § 4h Abs. 2 Satz 1 Buchst. c Satz 3 EStG definiert die Eigenkapitalquote als das Verhältnis des Eigenkapitals zur Bilanzsumme. Für Zwecke des Eigenkapitalvergleichs ist sie dabei für den Konzern aus dem konsolidierten Abschluss und für den Betrieb auf der Grundlage des Jahresabschlusses bzw. Einzelabschlusses zu ermitteln.

Der Vergleich der Eigenkapitalquoten setzt voraus, dass das Eigenkapital von Betrieb und Konzern nach einheitlichen Bilanzierungs- und Bewertungsregeln ermittelt wird. Um eine Vergleichbarkeit zu gewährleisten, sind die Abschlüsse von Betrieb und Konzern einheitlich nach dem jeweiligen Rechnungslegungssystem zu erstellen, nach dem auch der Konzernabschluss aufgestellt wird.[899] Wahlrechte sind deshalb in Jahres- bzw. Einzelabschluss und Konzernabschluss gem. § 4h Abs. 2 Satz 1 Buchst. c Satz 4 Halbs. 1 EStG einheitlich auszuüben.[900] Die Berechnung der Eigenkapitalquoten soll hierbei nach der Regelung des § 4h Abs. 2 Satz 1 Buchst. c Satz 8 EStG vorrangig auf der Grundlage der IFRS-Rechnungslegung erfolgen.

II. Konzernspitze als maßgebliche Konsolidierungsebene

Maßgeblich für den Eigenkapitalvergleich ist das Rechnungslegungssystem, nach dem der Konzernabschluss aufgestellt wird. Die Identifikation der tatsächlichen Konzernspitze kann insbesondere bei komplexen Konzernstrukturen zu Schwierigkeiten führen.

1. Konsolidierungsebenen im mehrstufigen Konzern

In der Unternehmenspraxis stellen sog. mehrstufige Konzerne die häufigste Organisationsform dar.[901] Unter einem mehrstufigen Konzern versteht man einen Unternehmensverbund, bei dem mindestens ein Tochterunternehmen selbst auch Mutterunternehmen eines weiteren Tochterunternehmens ist. Das oberste Mutterunternehmen, welches die Konzernspitze bildet, ist damit nicht an allen Tochterunternehmen unmittelbar beteiligt.

Im Rahmen eines mehrstufigen Konzerns können Teilkonzernabschlüsse auf unterschiedlichen Konzernebenen vorliegen. Die Verpflichtung zur Aufstellung eines Konzernabschlusses trifft jedes Mutterunter-

---

899 Dazu auch *Middendorf/Stegemann*, INF 2007, 305, 309; *Neumann*, EStB 2007, 292, 296; *Töben/Fischer*, BB 2007, 974, 977.

900 Neben Ansatzwahlrechten dürften auch Bewertungswahlrechte erfasst sein. Abweichende Wertansätze werden trotz übereinstimmender Wahlrechtsausübung nicht zu verhindern sein. Vgl. dazu *Bohn*, Zinsschranke, S. 299, der auf Abweichungen infolge der Zwischengewinneliminierung hinweist und die Frage aufwirft, wie bei Wahlrechten zu verfahren ist, die nur in einem der Abschlüsse zugelassen sind. Im Übrigen ergeben sich aufgrund der umfangreichen steuerlichen Modifikationen sowohl des Konzern- als auch des Betriebsabschlusses – wie sich zeigen wird – zahlreiche Verwerfungen.

901 Vgl. *Wohlgemuth*, in: HdJ, Abt. V/2 Rn. 240.

nehmen. Das hat zur Folge, dass in einem mehrstufigen Konzern jedes Tochterunternehmen, das im Verhältnis zu nachgeordneten Konzernunternehmen gleichzeitig als Mutterunterunternehmen anzusehen ist, für den ihm untergeordneten Teil des Konzerns zur Aufstellung eines Teilkonzernabschlusses verpflichtet ist.[902] Dieses Erfordernis besteht neben der Verpflichtung zur Aufstellung eines Gesamtkonzernabschlusses für die oberste Einheit und ist Folge einer hierarchisch aufgebauten Konzernstruktur. Einem Mutterunternehmen werden nach § 290 Abs. 3 Satz 1 HGB nicht nur unmittelbare Rechte, sondern auch die mittelbaren Rechte seiner Tochterunternehmen zugerechnet, so dass jede niedrigere Konzernebene von der jeweils höheren überlagert wird. Die Verpflichtung zur Aufstellung von Teilkonzernabschlüssen wird insbesondere mit den schutzwürdigen Interessen von Minderheitsgesellschaftern der (Teil-) Konzernspitzen und Gläubigern begründet.[903]

Hier stellt sich die Frage, welche Ebene für den Eigenkapitalvergleich im Rahmen der Zinsschranke maßgebend ist. Nach der Gesetzesbegründung soll bei der Ermittlung des Eigenkapitals „immer der größtmögliche Konsolidierungskreis mit dem [...] obersten Rechtsträger zugrunde gelegt" werden.[904] Auch vor dem Hintergrund einer zweckmäßigen Überprüfung der Finanzierungsstruktur (konzernweiter „Fremdvergleich") ist die Orientierung am Gesamtkonzern geboten. Entscheidend ist also immer die Konzernspitze, so dass im mehrstufigen Konzern die oberste Einheit den steuerlich maßgebenden Konzernabschluss erstellt.[905]

2. Sonderfall Private Equity

Nach den bisherigen Ausführungen könnte grundsätzlich auch eine PE-Struktur als Konzern i.S. der Zinsschranke angesehen werden, so dass ein Eigenkapitalvergleich für eine der Portfoliogesellschaften oder den Fonds

---

902 Falls das oberste Mutterunternehmen mehrere Tochterunternehmen hat, die ihrerseits ähnlich tiefgestaffelte Tochterunternehmen besitzen, ergibt sich bei schematischer Darstellung ein tannenbaumähnliches Gebilde. Die Verpflichtung zur Aufstellung von Teilkonzernabschlüssen wird daher auch als „Tannenbaumprinzip" bezeichnet, vgl. *ADS*, Rechnungslegung und Prüfung der Unternehmen, § 290 HGB Rn. 64.

903 Zur Aufstellungspflicht von Teilkonzernabschlüssen siehe *ADS*, Rechnungslegung und Prüfung der Unternehmen, § 290 HGB Rn. 62 ff.; *IDW*, WP Handbuch 2006, Abschn. M, Rn. 59; je m.w.N.

904 Gesetzesbegründung zum Entwurf eines Unternehmensteuerreformgesetzes 2008, BT-Drucks. 16/4841 S. 50.

905 So auch *Hennrichs*, DB 2007, 2101, 2103.

selbst erforderlich werden kann.[906] Im Anwendungserlass des BMF werden auch rein vermögensverwaltend tätige Gesellschaften als mögliche Konzernspitzen erachtet.[907] Falls der vermögensverwaltende PE-Fonds als oberste Einheit erkannt wird, müsste eine weltweite Konsolidierung der Portfoliogesellschaften erfolgen.[908] Neben dem beträchtlichen Dokumentations- und Berichtsaufwand bliebe der Ausgang dieses Eigenkapitalvergleichs völlig ungewiss, da die Fremdfinanzierungsquote aktueller oder zukünftiger Investitionen von stark schwankenden Bedingungen auf den internationalen Kapitalmärkten abhängt.[909]

Besondere Probleme treten bereits bei der Ermittlung des obersten Mutterunternehmens auf. Der PE-Fonds wird häufig als Holdinggesellschaft in der Rechtsform einer der Kommanditgesellschaft vergleichbaren ausländischen Personengesellschaft (*Limited Partnership*) betrieben. In diesen Fällen muss anhand der vertraglichen Regelungen analysiert werden, ob ggf. bereits der Komplementär (*General Partner*) oder die Kommanditisten (*Limited Partner*) die Konzernspitze darstellen.[910] In der Literatur wird die Anerkennung einer Konzernspitze für alle genannten Varianten abgelehnt. Dies wird teilweise mit den sehr individuellen Rechtsbeziehungen der jeweiligen Fonds sowie den Schwierigkeiten bei der Feststellung einer Beherrschungsmöglichkeit begründet.[911] Als weiteres Argument gegen eine Konsolidierung auf Ebene des PE-Fonds wird die regelmäßig nur zeitlich begrenzte Haltedauer der einzelnen Investments angeführt.[912]

Diese Argumentation hält einer rechtlichen Beurteilung indes nicht stand. Denn allein von besonderen Schwierigkeiten einer steuerrechtlichen Feststellung auf die Befreiung von dieser zu schließen, erscheint vor dem Hintergrund der Komplexität und Fülle heutiger steuergesetzlicher Regelungen realitätsfern und prozessual untauglich.[913]

---

906 Vgl. dazu oben Kapitel 4, Abschnitt B/IV, Gliederungspunkt 6 (S. 220 ff.).

907 BMF-Schreiben vom 4.7.2008, BStBl. I 2008, S. 718, Rn. 60. Im Rahmen der technischen Umsetzung sollen in diesem Fall nur die beherrschten Betriebe in den Konzernabschluss einbezogen werden.

908 So *Förster*, in: Breithecker/Förster/Förster/Klapdor, UntStRefG, § 4h EStG Rn. 162; *Frotscher*, in. Frotscher, EStG, § 4h Rn. 156; *Töben/Fischer*, BB 2007, 974, 977.

909 Vgl. *Töben/Fischer*, BB 2007, 974, 977.

910 An dieser Stelle sei auf die Feststellungen zur steuerlichen Konzernzugehörigkeit einer GmbH & Co. KG verwiesen. Kapitel 4, Abschn. B/IV, Gliederungspunkt 4 (S. 214 ff.).

911 Vgl. *Blumenberg/Lechner*, in: Blumenberg/Benz, UntStR 2008, S. 156 f.

912 *Haarmann*, Arbeitsbuch der Steuerrechtlichen Jahresarbeitstagung 2007, S. 162 f.

913 So formuliert *Lang*, in: Tipke/Lang, Steuerrecht, § 4 Rn. 168: „Obgleich die Bestimmtheit und Verständlichkeit des Gesetzes essentielle Voraussetzung von Steuerplanungs-

Auch das Argument der Kurzfristigkeit eines PE-Investments ist unergiebig. Denn die Dauer einer Investition hängt zum einen vom jeweiligen Einzelfall ab und ist zum anderen für die Konsolidierung nach IFRS belanglos, sofern die Kriterien eines Tochterunternehmens zum Stichtag der Aufstellung des Konzernabschlusses erfüllt werden. Schließlich ist darauf hinzuweisen, dass eine derart aufwendige Beurteilung auch in anderen (ähnlich komplexen) Unternehmensstrukturen mit einer ganzen Kette von übergeordneten Holdinggesellschaften erfolgen muss. Dann ist allein für steuerliche Zwecke eine aufwendige Einzelfallanalyse der vertraglichen Regelungen für die Ermittlung des relevanten obersten Mutterunternehmens erforderlich.

Als möglicher Ansatzpunkt für die Befreiung von diesen Dokumentations- und Berichtslasten bietet sich erneut die Berufung auf die Verfassungswidrigkeit der Regelung wegen Verstoßes gegen das Übermaßverbot an. Sollte die Finanzverwaltung zudem nicht in der Lage sein, den Konzernumfang bei PE-Strukturen hinreichend zu überprüfen, stellt sich die Frage nach der Verfassungswidrigkeit wegen strukturellen Vollzugsdefiziten.[914]

Gegen eine Einbeziehung spricht auch der Wortlaut des § 4h Abs. 3 Satz 6 EStG, wonach ein Betrieb *für Zwecke der Anwendung des Absatzes 2* (Eigenkapitalvergleich) auch zu einem Konzern gehört, wenn seine Finanz- und Geschäftspolitik mit einem oder mehreren anderen Betrieben einheitlich bestimmt werden kann. Die Regelung schließt den Eigenkapitalvergleich explizit mit ein, so dass im Umkehrschluss ein „Nicht-Betrieb" (z.B. der PE-Fonds) auch im Rahmen des Eigenkapitalvergleichs unberücksichtigt bleiben muss.[915] Abschließend ist insoweit – wie gesehen – eine teleologische Reduktion des Anwendungsbereichs gerechtfertigt, da eine PE-Struktur typischerweise nicht mit der eines Konzerns vergleichbar ist und steuerschädliche Finanzierungsbeziehungen (nahezu) ausgeschlossen sind.[916]

---

sicherheit sind, nimmt die streitanfällige Unbestimmtheit und Unverständlichkeit der Steuergesetze permanent zu."

914 *Köhler*, DStR 2007, 597, 602. Zu weiteren möglichen Vollzugsproblemen der Finanzverwaltung siehe unten Abschn. C in diesem Kapitel (S. 275 ff.).

915 Vgl. *Bohn*, Zinsschranke, S. 297 f. (Fn. 1119).

916 Dazu bereits Kapitel 4, Abschn. B/IV, Gliederungspunkt 6 (S. 220 ff.).

III. Bestimmung des anzuwendenden Rechnungslegungssystems

Innerhalb des Eigenkapitalvergleichs können nach dem Gesetz gleich mehrere Rechnungslegungswerke herangezogen werden. Hierbei gilt jedoch ein Prioritätsprinzip zugunsten der IFRS.

1. Subsidiarität der Rechnungslegungssysteme

Nach § 4h Abs. 2 Satz 1 Buchst. c *Satz 8* EStG sind die für den Eigenkapitalvergleich maßgeblichen Abschlüsse einheitlich nach den IFRS zu erstellen.

Abweichend hiervon kann ein Abschluss nach dem nationalen Handelsrecht eines EU-Mitgliedstaats herangezogen werden, wenn kein Konzernabschluss nach den IFRS aufzustellen und offen zu legen ist und auch tatsächlich kein IFRS-Abschluss für eines der letzten fünf Wirtschaftsjahre erstellt (nicht aber *offengelegt*)[917] wurde, § 4h Abs. 2 Satz 1 Buchst. c *Satz 9 Halbs. 1* EStG (Erste Stufe der Subsidiarität). Ein Abschluss nach US-GAAP kommt nur in Betracht, wenn weder ein Konzernabschluss nach dem Handelsrecht eines EU-Mitgliedstaats noch ein solcher nach IFRS zu erstellen und *offen zu legen* ist, § 4h Abs. 2 Satz 1 Buchst. c *Satz 9 Halbs. 2* EStG (Zweite Stufe der Subsidiarität). Zudem

---

917 Sowohl verpflichtend als auch freiwillig aufgestellte (befreiende) IFRS-Konzernabschlüsse führen damit unmittelbar zur steuerlichen Anwendung der IFRS. Dem Fünfjahreszeitraum kommt dabei eine besondere Bedeutung zu. Denn falls eine IFRS-Anwendung revidiert wird, ist der Eigenkapitalvergleich trotzdem noch weitere fünf Jahre „infiziert", und die Steuerpflichtigen müssen für steuerliche Zwecke ein IFRS-Zahlenwerk bereithalten. Eine „doppelte Konzernrechnungslegung" wird damit vielfach notwendig. Nach dem Wortlaut des Gesetzes ist schon die *Erstellung* eines IFRS-Abschlusses ausreichend. Das Kriterium der *Offenlegung* bleibt an dieser Stelle außen vor. Bei sachgerechter Beurteilung müsste dieses Kriterium allerdings neben die Erstellung eines Abschlusses treten, da sonst beispielsweise die Erstellung eines IFRS-Abschlusses nur für Zwecke des Eigenkapitalvergleichs den Betrieb für jeweils weitere fünf Jahre steuerlich an die IFRS-Rechnungslegung binden würde. Ein Wechsel zurück auf die Vorschriften des HGB wäre nicht mehr möglich. Ein IFRS-Abschluss für Zwecke der Zinsschranke soll daher seinerseits keinen neuen Fünfjahreszeitraum auslösen, vgl. *Köster*, BB 2007, 2278, 2280 (Fn. 25); *Stibi/Thiele*, BB 2008, 2507, 2508 (Fn. 11); *Hallerbach*, StuB 2007, 487, 491. Die gleichen Konsequenzen ergeben sich bei der im Rahmen einer Umstellung auf die IFRS häufigen Erstellung von IFRS-Probeabschlüssen, *G. Förster*, in: Breithecker/Förster/Förster/Klapdor, UntStRefG, § 4h EStG Rn. 95. Auch vor dem Hintergrund der anderslautenden Regelung in Satz 9 Halbs. 2 (*erstellen und offen zu legen*) kann von einem redaktionellen Versehen des Gesetzgebers ausgegangen werden.

müsste in diesem Fall eine Pflicht zur Aufstellung und Offenlegung eines Abschlusses nach den US-GAAP bestehen und sowohl die Vergleichbarkeit mit der handelsrechtlichen Konzernrechnungslegung als auch eine befreiende Wirkung dieses Abschlusses gem. §§ 291, 292 HGB gegeben sein, § 4h Abs. 2 Satz 1 Buchst. c *Satz 10* EStG. Eine Anerkennung sonstiger Rechnungslegungssysteme ist nicht vorgesehen.[918] Nach Ansicht des Gesetzgebers soll diese abschließende Aufzählung die Praktikabilität und Administrierbarkeit der Regelung für die Finanzverwaltung gewährleisten.[919] Das Gesetz konstituiert damit eine Hierarchie der heranzuziehenden Rechnungslegungssysteme, an deren Spitze die IFRS stehen.[920]

2. Konzernspitze als maßgebende Einheit für die Bestimmung des Rechnungslegungssystems

Auch bei der Bestimmung des anzuwendenden Rechnungslegungsrechts gilt das Prinzip der Maßgeblichkeit der obersten Einheit.[921] Relevant wird immer die Sicht des obersten Mutterunternehmens im Gesamtkonzern und dessen Pflicht zur Erstellung und Offenlegung des Konzernabschlusses. Wegen des Postulats der Vergleichbarkeit der Abschlüsse auf Konzern- und Betriebsebene, haben dann u.U. sogar die deutschen Be-

---

918 In diesem Zusammenhang wird im Schrifttum die Frage aufgeworfen, warum nicht auch die Rechnungslegungsstandards von EWR-Staaten zulässig sind, so z.B. *Schulz*, DB 2008, 2043 (Fn. 15); *Schüppen*, JbFSt 2007/2008, S. 196. *Frotscher*, in: Frotscher, EStG, § 4h Rn. 93, bezeichnet die abschließende Aufzählung als „Diskriminierung der Nicht-EU-Staaten mit Ausnahme der USA".

919 Vgl. Gesetzesbegründung zum Entwurf eines Unternehmensteuerreformgesetzes 2008, BT-Drucks. 16/4841, S. 49. In der Vielfältigkeit der möglichen Rechnungslegungssysteme erkennt *Shou*, Die Zinsschranke im Unternehmensteuerreformgesetz 2008, S. 84, einen Verstoß gegen das Prinzip der Rechtsformneutralität der Besteuerung.

920 Die im Gesetz ausdrücklich normierte Abfolge der Benennung der Rechnungslegungswerke bestimmt gleichzeitig das Rangverhältnis, vgl. *Ganssauge/Mattern*, DStR 2008, 213, 215; *Stangl/Hageböke*, in: Schaumburg/Rödder, UntStR 2008, S. 474; *Möhlenbrock*, Ubg 2008, 1, 7; BMF-Schreiben vom 4. 7. 2008, BStBl. I 2008, S. 718, Rn. 77. Teilweise wird ein Rückgriff auf die IFRS auch dann für möglich gehalten, wenn bereits Einzel- und Konzernabschlüsse nach HGB vorliegen. Das Gesetz spreche insoweit ein Wahlrecht zu, da Abschlüsse nach dem Handelsrecht eines EU-Mitgliedstaats verwendet werden *können*, vgl. *Krüger/Thiere*, KoR 2007, 470, 473. Allerdings ist dieser Fall nicht von praktischer Relevanz, da eine doppelte Konzernrechnungslegung schon aus Kostengründen vermieden werden müsste.

921 *Hick*, in: HHR, Jahresband 2008, § 4h EStG Rn. J 07-28; *Hennrichs*, DB 2007, 2101, 2103; *Möhlenbrock/Pung*, in: Dötsch/Jost/Pung/Witt, Körperschaftsteuer, § 8a (URefG 2008) Rn. 135.

triebe der Gruppe für Zwecke der Zinsschranke nach US-GAAP Rechnung zu legen oder wenigstens eine Überleitungsrechnung zu erstellen. Falls das Mutterunternehmen seinen Sitz im Drittland hat und seinen Konzernabschluss nach anderen als den bisher genannten Regeln aufstellt, ist ein Escape für das deutsche Tochterunternehmen von vornherein versperrt. Denn es wird dem deutschen Betrieb i.d.R. nicht gelingen, sein Mutterunternehmen zu einer steuerlich konformen Rechnungslegung bzw. Überleitungsrechnung zu veranlassen. Die Zinsschranke wirkt in diesem Fall definitiv.[922]

Ob diese Anforderungen mit dem verfassungsrechtlichen Übermaßverbot zu vereinbaren sind, muss bezweifelt werden.[923] Daher wird im Schrifttum zu Recht vertreten, dass in diesem Fall auch die IFRS für den Eigenkapitalquotenvergleich heranzuziehen sind.[924] Ähnliche Fragen ergeben sich, wenn bislang noch gar kein Konzernabschluss erstellt wurde (z.B. bei Gleichordnungskonzernen[925]). Teilweise sollen in diesen Fällen wahlweise die IFRS, das HGB oder die US-GAAP für den Eigenkapital-

---

922 In Analogie zur Regelung auf Betriebsebene (§ 4h Abs. 2 Satz 1 Buchst. c Satz 11) wird man aber wohl auch eine Überleitungsrechnung auf IFRS ausreichen lassen können.

923 Vgl. *Hennrichs*, DB 2007, 2101, 2103.

924 *Hallerbach*, StuB 2007, 487, 491; *Hennrichs*, DB 2007, 2101, 2103; *Hick*, in: HHR, Jahresband 2008, § 4h EStG Rn. J 07-28; *Brunsbach*, IStR 2010, 745, 749; *Herzig/Liekenbrock*, Ubg 2009, 750, 752; a.A. wohl *Kußmaul/Pfirmann/Meyering/ Schäfer*, BB 2008, 135, 139 (Abb. 2), wonach in solchen Konstellationen die IFRS erst zur Anwendung gelangen, wenn kein Konzernabschluss nach dem HGB oder dem Handelsrecht eines anderen Mitgliedstaats erstellt werden „soll".

925 Für Gleichordnungskonzerne ergibt sich eine Konzernrechnungslegungspflicht nach § 290 HGB nur in seltenen Ausnahmefällen. Denn nach allen hier betrachteten Rechnungslegungsvorschriften ist das Bestehen eines Subordinationsverhältnisses (Mutter-Tochter-Verhältnis) konstituierendes Merkmal einer Konzernrechnungslegungspflicht, vgl. *Küting/Weber*, Konzernabschluss, S. 118; *Baetge/Kirsch/Thiele*, Konzernbilanzen, S. 83 f. Das den Mitgliedstaaten durch Art. 12 der 7. EG-Richtlinie eingeräumte Wahlrecht zur Einbeziehung auch von sog. Gleichordnungskonzernen in die Pflicht zur Aufstellung eines Konzernabschlusses hat der deutsche Gesetzgeber nicht ausgeübt, vgl. Beschlussempfehlung und Bericht des Rechtsausschusses, BT-Drucks. 10/4268, S. 113; dazu ferner *ADS*, Rechnungslegung und Prüfung der Unternehmen, § 290 HGB Rn. 89; *Hoyos/Ritter-Thiele*, in: Beck Bil-Komm. 6. Aufl., § 290 HGB Rn. 26. Eine Pflicht zur Erstellung eines Konzernabschlusses kann sich für Gleichordnungskonzerne lediglich dann ergeben, wenn die einheitliche Leitung durch ein Gemeinschaftsorgan ausgeübt wird, dass selbst die Merkmale des § 290 Abs. 1 HGB erfüllt, vgl. *ADS*, Rechnungslegung und Prüfung der Unternehmen, § 290 HGB Rn. 87 ff.; *IDW*, WP Handbuch 2006, Abschn. M, Rn. 77 f.

vergleich zugelassen werden.[926] Für ein solches Wahlrecht bietet das Gesetz jedoch keinen Anhaltspunkt. Vielmehr hebt es die Priorität der IFRS ausdrücklich hervor. Auch die Finanzverwaltung erklärt die IFRS dann für maßgeblich, wenn bislang kein Konzernabschluss aufgestellt wurde.[927]

3. Verweisungsziel

Schließlich ergibt sich die Frage nach dem genauen Verweisungsziel der steuerlichen Indienstnahme. Sind eigentlich die von der EU bereits übernommenen *„endorsed IFRS"* oder die originären *„full IFRS"* des IASB in Bezug genommen? Der Wortlaut des Gesetzes trifft hierzu – anders als beispielsweise § 315a HGB – keine Unterscheidung. Wiederum erst aus der Gesetzesbegründung wird deutlich, dass der Gesetzgeber nur die von der EU übernommenen Standards einbeziehen wollte.[928]

Auch im Schrifttum herrscht insoweit Einigkeit darüber, dass nur diese „EU-IFRS" den verfassungsrechtlichen Anforderungen des Demokratie- und Rechtsstaatsprinzips genügen können.[929] Die Zinsschrankenregelung ist Teil des Steuertatbestands. Schon aus verfassungsrechtlichen Überlegungen kommen nur die „EU-IFRS" als steuerlicher Referenzpunkt in Betracht. Die Einbeziehung privatrechtlicher Regeln als Grundlage für öffentlich-rechtliches Eingriffsrecht ist mit rechtsstaatlichen und demokratischen Vorgaben nicht zu vereinbaren.[930] Die vom IASB erlasse-

---

926 Vgl. *Köster*, BB 2008, 2278, 2280; *G. Förster*, in: Breithecker/Förster/Förster/Klapdor, UntStRefG, § 4h EStG Rn. 98; *Bohn*, Zinsschranke, S. 300. In der Literatur wird in diesem Zusammenhang aber auch die gezielte Anwendung der IFRS in Erwägung gezogen, um auf diese Weise bestimmte Bilanzkennzahlen zu verbessern und „ein steuerlich günstigeres Verhältnis der Eigenkapitalrelationen" zu erzielen, vgl. *Krüger/Thiere*, KoR 2007, 470, 473. *Fischer/Wagner*, BB 2008, 1872, 1876, gehen indes davon aus, dass auch das Handelsrecht eines anderen EU-Mitgliedstaats zulässig sei.

927 BMF-Schreiben vom 4.7.2008, BStBl. I 2008, S. 718, Rn. 77. Zustimmend *Möhlenbrock/Pung*, in: Dötsch/Jost/Pung/Witt, Körperschaftsteuer, § 8a KStG (URefG 2008) Rn. 135; kritisch *Stibi/Thiele*, BB 2008, 2507, 2508.

928 Gesetzesbegründung zum Entwurf eines Unternehmensteuerreformgesetzes 2008, BT-Drucks. 16/4841, S. 48; dazu ferner *Frotscher*, in: Frotscher, EStG, § 4h EStG Rn. 89; *Kirsch*, DK 2007, 657, 659; *Stibi/Thiele*, BB 2008, 2507, 2508.

929 *Prinz*, FR 2008, 441, 447; *ders.*, GmbHR 2007, R 257; *Möhlenbrock*, Ubg 2008, 1, 7; *Korn*, KÖSDI 2008, 15866, 15874; *G. Förster*, in: Breithecker/ Förster/Förster/Klapdor, UntStRefG, § 4h EStG Rn. 90; *Frotscher*, in: Frotscher, EStG, § 4h EStG Rn. 89; *Hennrichs*, DB 2007, 2101, 2103; *Kirsch*, DK 2007, 657, 659; *Kahle*, IRZ 2006, 87, 90.

930 Zur Vereinbarkeit der IFRS mit dem steuerrechtlichen Legalitätsprinzip siehe eingehend Kapitel 3, Abschnitt B/II, Gliederungspunkt 2 a) aa) (S. 113 ff.).

nen „Original-IFRS" können damit bis zu einer endgültigen Übernahme in europäisches Recht nur als fachliche Empfehlung begriffen werden.[931] Eine Zinsschrankenrelevanz muss zwingend ausscheiden.

IV. Einbeziehung von Tochterunternehmen nach Wesentlichkeits- und Wirtschaftlichkeitsgesichtspunkten

Unklar ist weiterhin, ob die Vermögenswerte und Schulden *jedes* steuerlich konzernzugehörigen Betriebes für die Ermittlung der Konzerneigenkapitalquote in die Konzernbilanz einzubeziehen sind. Dies ist vor allem für Fälle relevant, in denen eine Verpflichtung zur Aufstellung eines Konzernabschlusses besteht, aber der Betrieb aufgrund von Wirtschaftlichkeits- und Wesentlichkeitsüberlegungen tatsächlich nicht konsolidiert wurde.[932] Zu fragen ist an dieser Stelle, ob diese Gesellschaften allein für Zwecke des Eigenkapitaltests wieder in den maßgeblichen Konzernabschluss hinein zurechnen sind, oder ob steuerrechtlich ein Konzernabschluss akzeptiert wird, welcher diese „unwesentlichen" Gesellschaften nicht umfasst. Dies gilt insbesondere dann, wenn diese Gesellschaften selbst als inländischer Betrieb Gegenstand des Eigenkapitalvergleichs sind.

Für eine steuerliche Modifikation des Konzernabschlusses lässt sich zunächst der gesetzgeberische Wille nach der Gesetzesbegründung heranziehen. Hiernach sind alle Betriebe einzubeziehen, welche die steuerlichen Konzernvoraussetzungen nach § 4h Abs. 3 EStG erfüllen.[933] Zudem nimmt § 4h Abs. 2 Satz 1 Buchst. c Satz 3 Halbs. 2 EStG Bezug auf den Konzernabschluss, *der den Betrieb umfasst*. Diese Formulierung könnte für eine Einbeziehung aller unwesentlichen Betriebe sprechen.[934]

---

931 Vgl. dazu *Wüstemann/Bischof/Kierzek*, in: HdJ, Abt. I/3 Rn. 3 m.w.N.

932 Zur Behandlung von unwesentlichen Tochterunternehmen im Rahmen der Konzernklausel siehe bereits Kapitel 4, Abschnitt B/II (S. 202 ff.). Diese Frage stellt sich gleichermaßen auch für Unternehmen, die schon bereits keinen Betrieb i.S.d. Zinsschranke darstellen, gleichwohl aber innerhalb eines Unternehmensverbundes tätig werden. Dazu eingehend *Bohn*, Zinsschranke, S. 297 f. Speziell zur Behandlung von Private-Equity-Fonds siehe oben Kapitel 4, Abschn. B/IV, Gliederungspunkt 6 (S. 220 ff.) sowie Kapitel 5, Abschn. A/II, Gliederungspunkt 2 (S. 229 ff.).

933 Wörtlich sagt die Gesetzesbegründung: „In den Konsolidierungskreis für die Anwendung der Zinsschranke sind dabei alle Betriebe einzubeziehen, die eine der genannten Konsolidierungsvoraussetzungen erfüllen.", BT-Drucks. 16/4841, S. 50.

934 *Coenenberg*, PiR 2007, 207, 211; *Frotscher*, in: Frotscher, EStG, § 4h EStG Rn. 90; *Hallerbach*, StuB 2007, 487, 491; dagegen *Hennrichs*, DB 2007, 2101, 2104; *Seiler*, in: Kirchhof, EStG, § 4h Rn. 43.

Dagegen spricht, dass die Vorschrift des § 4h Abs. 3 EStG ihrem Wortlaut nach aus betriebsspezifischer Perspektive lediglich die Zugehörigkeit zu einem Konzern regelt. Der Umfang des für den Eigenkapitalvergleich maßgeblichen Konzernabschlusses wird damit noch nicht konkretisiert. Eine steuerliche Modifikation des Konzernabschlusses erscheint überdies unverhältnismäßig, denn die Nichteinbeziehung aus Wirtschaftlichkeits- und Wesentlichkeitsgründen erfolgt gerade unter Kosten-Nutzen-Gesichtspunkten (*materiality*-Grundsatz nach IFRS[935]). Nach § 4h Abs. 2 Satz 1 Buchst. c Satz 8 EStG sind die einheitlich nach den IFRS aufgestellten Abschlüsse für den Eigenkapitalvergleich maßgeblich. Wenn aber nach den IFRS eine Einbeziehung zulässigerweise unterbleiben kann, muss dies auch für die Durchführung des Eigenkapitalvergleichs gelten. Gegen eine steuerlich induzierte Einbeziehung aller unwesentlichen Unternehmen in den Konzernabschluss sprechen auch Sinn und Zweck des Eigenkapitalvergleichs. Denn dadurch soll sichergestellt werden, dass die Eigenkapitalquote des Betriebs nicht konzernunüblich ist. Oder anders formuliert: Der Eigenkapitalvergleich stellt fest, ob die Finanzierungsstruktur des Betriebs innerhalb der konzernweiten Bandbreite liegt und damit nach diesem gesetzlich normierten Maßstab als angemessen zu beurteilen ist. Zu einer solchen Feststellung bedarf es aber der Anknüpfung an eine tatsächlich bestehende Konzernstruktur.[936] Eine steuerliche Modifikation der realen Verhältnisse erzeugt ein Zerrbild des Konzerns und stünde dem Zwecke der Regelung entgegen. Diese Sichtweise berücksichtigt auch das verfassungsrechtlich garantierte Prinzip eigentumsschonender Besteuerung in Verbindung mit dem frei-

---

935 Die IFRS kennen weder Konsolidierungsverbote noch Konsolidierungswahlrechte (IAS 27.12). Dazu ferner *Waschbusch/Steiner*, StB 2008, 73, 76. Sämtliche festgelegten Bilanzierungsmethoden stehen aber nach IAS 8.8 unter dem Vorbehalt der Wesentlichkeit (*materiality*). Daher besteht nicht auf Basis spezieller Regelungen, aber nach dem Wesentlichkeitsgrundsatz ein (Nicht-)Einbeziehungswahlrecht für Tochterunternehmen von untergeordneter Bedeutung. Eine solche Einbeziehung könnte im Einzelfall im Interesse des Steuerpflichtigen sein, soweit eine freiwillige Einbeziehung von unwesentlichen Tochterunternehmen die Konzerneigenkapitalquote vermindert.

936 *Hennrichs*, DB 2007, 2101, 2104; *Stibi/Thiele*, BB 2008, 2507, 2509; *Dörfler*, Ubg 2008, 693, 703. Unwesentliche Tochterunternehmen ohne eigene (inländische) Betriebsqualität, die keinen Eigenkapitalvergleich durchführen müssen, dürfen konsequenterweise erst recht nicht in den Konzernabschluss einbezogen, vgl. *Ganssauge/Mattern*, DStR 2008, 213, 218. Nichteinbezogene Tochterunternehmen, die gleichwohl als Betrieb i.S.d. Zinsschranke gelten, müssen sich daher mit einem Konzernabschluss vergleichen, dem sie gar nicht angehören, vgl. *Schulz*, DB 2008, 2043, 2048; *Fischer/Wagner*, BB 2008, 1872, 1877.

heitsrechtlichen Übermaßverbot.[937] Denn bei großen Konzernstrukturen verbleiben i.d.R. zahlreiche Tochterunternehmen wegen untergeordneter Bedeutung außerhalb des Konzernabschlusses.[938] Eine rein steuerlich motivierte Anpassung würde zum wiederholten Male hohe Berichts- und Dokumentationslasten auslösen und zu einem erheblichen finanziellen Mehraufwand für die Unternehmen führen.[939] Die freiwillige Einbeziehung von unwesentlichen Tochterunternehmen ist schon nach den einschlägigen Rechnungslegungsvorschriften zulässig und bleibt daher auch steuerlich möglich.

Die Finanzverwaltung schuf an dieser Stelle eine Erleichterung für den Steuerpflichtigen: Nach dem Anwendungserlass des BMF können bereits vorhandene Konzernabschlüsse in den Fällen des § 4h Abs. 3 Satz 5 EStG grds. unverändert im Rahmen des Eigenkapitalvergleichs herangezogen werden, soweit sie nach §§ 291, 292, und 315a HGB befreiend wirken. Eine Berücksichtigung handelsrechtlich nicht zu konsolidierender Tochterunternehmen kann danach unterbleiben.[940] Insoweit weichen allerdings die Konsolidierungskreise nach Konzernklausel und Eigenkapitalvergleich voneinander ab. Denn solche Betriebe sind nach dem Gesetzeswortlaut als konzernzugehörig anzusehen, so dass sie zur Vermeidung der Zinsschranke selbst einen positiven Eigenkapitaltest durchführen müssen. Ausweislich der Verwaltungsanweisung ist die Eigenkapitalquote eines solchen Betriebs mit der Konzerneigenkapitalquote zu vergleichen, die selbst keine Vermögenswerte und Schulden desselben berücksichtigt.[941] Diese Widersprüchlichkeit ist im Gegensatz zu den Folgen einer zwingenden Erweiterung des Konsolidierungsumfangs für steuerliche Zwecke das kleinere Übel.[942]

---

937 Dazu *Lang*, in: Tipke/Lang, Steuerrecht, § 4 Rn. 209 ff.; *ders.*, NJW 2000, 457, 459 f.; *Hennrichs*, DStJG 24 (2001), 301, 314; *Herzig/Bär*, DB 2003, 1, 7; *Kirchhof*, Stbg 1996, 1, 2; je m.w.N.

938 So wies bspw. der Siemens-Konzern in seiner publizierten Aufstellung des Anteilsbesitzes gemäß § 313 Abs. 2 HGB zum 30.9.2007 insgesamt 913 konsolidierte, aber immerhin 523 (!) wegen untergeordneter Bedeutung für die Vermögens-, Finanz- und Ertragslage nicht konsolidierte Tochterunternehmen aus.

939 Ebenso *Hennrichs*, S:R 2007, 352, 353.

940 BMF-Schreiben vom 4.7.2008, BStBl. I 2008, S. 718, Rn. 72.

941 Vgl. BMF-Schreiben vom 4.7.2008, BStBl. I 2008, S. 718, Rn. 72 Satz 2.

942 So im Ergebnis auch *Schulz*, DB 2008, 2043, 2048; *Fischer/Wagner*, BB 2008, 1872, 1877.

V. Behandlung von nicht vollkonsolidierten Unternehmen

Nicht vollkonsolidierte Unternehmen gelten für Zwecke der Zinsschranke als nicht konzernzugehörig.[943] Ihr Vermögen wird jedoch im Konzernabschluss sowohl nach HGB als auch nach den IFRS quotal oder at equity abgebildet.

Nach der Gesetzesbegründung soll das Vermögen von gemeinschaftlich geführten Unternehmen (Joint Ventures), die nach § 310 HGB, IAS 31 nur anteilmäßig in den Konzernabschluss einbezogen werden, bei der Ermittlung der Eigenkapitalquote des Konzerns aus dem Konzernabschluss herauszurechnen sein.[944] Sinn und Zweck dieser Maßnahme sind weder aus dem Gesetz noch aus der Gesetzesbegründung ersichtlich. Offenbar war es die Intention des Gesetzgebers, dass nur vollkonsolidierte Unternehmen – analog zur steuerlichen Konzernzugehörigkeit – in den Konzernabschluss für Zwecke des Eigenkapitalvergleichs einzubeziehen sind. Dies ist allerdings aus dem Gesetzeswortlaut nicht zu entnehmen, wonach der Konzernabschluss grundsätzlich nach dem „anwendbaren Rechnungslegungsstandard" aufzustellen ist.[945] Zudem enthält der Konzernabschluss neben den Vermögenswerten der Tochterunternehmen typischerweise eine Vielzahl von weiteren Vermögenswerten, z.B. auch Anteile an assoziierten Unternehmen und schlichte Beteiligungen, die nach der Gesetzesbegründung nicht herauszurechnen sind. Eine Bereinigung von quotal konsolidierten Unternehmen ist folglich weder mit dem Wortlaut noch mit Sinn und Zweck des Gesetzes vereinbar. Die Gesetzesbegründung steht damit zum wiederholten Mal im Widerspruch zum Gesetzeswortlaut.[946]

Im Schrifttum ist diese Streitfrage höchst umstritten. Ein Teil der Literatur lehnt eine Eliminierung nicht vollkonsolidierter Unternehmen unter Hinweis auf die Zweckdienlichkeit einer realen Konzernstruktur ausdrücklich ab.[947] Nach anderer Ansicht wäre zwar ein Abstellen auf den originären Abschluss wünschenswert, durch den Gesetzeswortlaut je-

---

943 Vgl. dazu im Einzelnen Kapitel 4, Abschn. B/III (S. 205 ff.).

944 Gesetzesbegründung zum Entwurf eines Unternehmensteuerreformgesetzes 2008, BT-Drucks. 16/4841, S. 50.

945 § 4h Abs. 2 Satz 1 Buchst. c Sätze 3 und 8 EStG. Diese Formulierung findet sich auch in Gesetzesbegründung, vgl. BT-Drucks. 16/4841, S. 49.

946 So auch *Heintges/Kamphaus/Loitz*, DB 2007, 1261, 1263, die eine Ungereimtheit konstatieren.

947 *Ganssauge/Mattern*, DStR 2008, 213, 218; *Hennrichs*, DB 2007, 2101, 2104.

doch nicht zugelassen.[948] Nach einer weiteren Meinung wird die Eliminierung aber auch ohne Widerspruch für sinnvoll und zulässig erachtet.[949]

Auch die Finanzverwaltung unterstützt an dieser Stelle das sog. „Korrespondenzprinzip“[950], nach dem ein Betrieb, der nicht konzernzugehörig ist, auch bei der Ermittlung der Konzerneigenkapitalquote nicht zu berücksichtigen ist.[951] Nach dem Anwendungserlass des BMF kann eine Bereinigung jedoch unterbleiben, wenn sich dadurch „keine erheblichen Veränderungen der Konzerneigenkapitalquote“ ergeben.[952] Wann eine erhebliche Veränderung in diesem Sinne vorliegt, ist jedoch unklar und bedarf einer Konkretisierung. Zumindest erscheint aber allein zur Prüfung dieses Wesentlichkeitsmerkmals eine überschlägige und dennoch aufwendige Bereinigung nicht vollkonsolidierter Gesellschaften notwendig.[953] Zu kritisieren ist weiterhin, dass der Anwendungserlass keine Erläuterung zur technischen Durchführung einer Korrektur bietet.[954]

---

948 Vgl. *Frotscher*, in: Frotscher, EStG, § 4h EStG Rn. 90; wohl auch *Grotherr*, IWB 2007, Fach 3 Gr. 3, 1489, 1500.

949 In diesem Sinne *Stangl/Hageböke*, in: Schaumburg/Rödder, UntStR 2008, S. 481; *Winkeljohann/Fuhrmann*, in: PWC, UntStR 2008, Rn. 1121; ferner *Blumenberg/Lechner*, in: Blumenberg/Benz, UntStR 2008, S. 159; *Lüdenbach/Hoffmann*, DStR 2007, 636, die offenbar allein aufgrund der Gesetzesbegründung davon ausgehen, dass das Vermögen von gemeinschaftlich geführten Unternehmen aus dem Konzernabschluss herauszurechnen ist.

950 *Hennrichs*, DB 2007, 2101, 2104.

951 Vgl. BMF-Schreiben vom 4.7.2008, BStBl. I 2008, S. 718, Rn. 72. Der Anwendungserlass des BMF regelt daher, dass nicht konzernzugehörige Verbriefungsgesellschaften für Zwecke des Eigenkapitalvergleichs aus dem Konzernabschluss herauszurechnen sind. Bei Gemeinschaftsunternehmen wird die Anwendung einer anteilmäßigen Konsolidierung für Zwecke der Escape-Klausel versagt. Die Rückgängigmachung einer evtl. erfolgten Quotenkonsolidierung ist erforderlich. In diesem Zusammenhang weist *Köster* darauf hin, dass die Eliminierung von nicht voll konsolidierten Unternehmen aus dem Konzernabschluss bei quotaler Konsolidierung oder at-equity-Bilanzierung zu unterschiedlichen Ergebnissen führe, vgl. *Köster*, BB 2007, 2278, 2281. Das Herausrechnen quotal konsolidierter Gemeinschaftsunternehmen bewirkt einen positiven Effekt auf das Konzerneigenkapital, da bisher anteilig bilanzierte Schulden wegfallen. Demgegenüber ergibt sich bei der Konsolidierung nach der Equity-Methode ein negativer Effekt.

952 BMF-Schreiben vom 4.7.2008, BStBl. I 2008, S. 718, Rn. 72.

953 Kritisch zu dieser steuerlichen Modifikation „durch die Hintertür“ *Kaminski*, Stbg 2008, 196, 203.

954 Nach einer Literaturansicht kann dies betriebswirtschaftlich nur in der Weise erfolgen, dass das „Konzerneigenkapital um das Nettovermögen und die Konzernbilanzsumme um das Gesamtvermögen der jeweiligen Gesellschaft gekürzt wird“, *Heintges/Kamp-*

Zur Entscheidung der Frage nach der Behandlung nicht vollkonsolidierter Unternehmen im Rahmen des Eigenkapitalvergleichs kann an die vorgenannten Argumentationsmuster bei der Einbeziehung von unwesentlichen Tochterunternehmen angeknüpft werden. Wenn der Eigenkapitalvergleich die reale Finanzierungsstruktur des Konzerns berücksichtigen soll, kann eine Bereinigung nicht vollkonsolidierter Unternehmen aus dem Konzernabschluss nicht verlangt werden. Der Korrespondenzgedanke ist aus Gründen des gegenläufigen Gesetzeswortlauts und der ratio legis abzulehnen.

VI. Gesellschaftsrechtliche Kapitalüberlassung und ihre Darstellung im Rahmen des Eigenkapitalvergleichs

Für die Ermittlung der relevanten Eigenkapitalquoten von Konzern und Betrieb ist nach dem Gesetzeswortlaut *insoweit mindestens das Eigenkapital anzusetzen, das sich nach den Vorschriften des Handelsgesetzbuchs ergeben würde,* soweit Eigenkapital mit *gesellschaftsrechtlichen Kündigungsrechten* verknüpft ist.[955] Hintergrund dieser auf den ersten Blick schwer verständlichen Bestimmung sind die Regelungen zur Kapitalabgrenzung im Rahmen der IFRS. Während kündbare Gesellschaftereinlagen nach deutschem Handelsrecht regelmäßig Eigenkapital darstellen, waren diese Kapitalbestandteile nach den im Zeitpunkt des Inkrafttretens der Unternehmensteuerreform 2008 gültigen IFRS grundsätzlich nicht als Eigenkapital, sondern zwingend als Fremdkapital auszuweisen. Dies führte bei der erstmaligen Aufstellung eines IFRS-Abschlusses zur Umqualifizierung des gesellschaftsrechtlichen Eigenkapitals in bilanzielles Fremdkapital. Betroffen waren vor allem deutsche Personengesellschaften, bei denen für die Gesellschafter ein gesetzliches Kündigungsrecht besteht. Aber auch Kapitalgesellschaften wurden erfasst, beispielsweise GmbHs, deren Satzungen etwaige Austrittsklauseln enthielten.[956] Dieses vom deutschen

haus/Loitz, DB 2007, 1261, 1263; *Köster,* BB 2007, 2278, 2281. Zu weiteren möglichen Korrekturtechniken *Stibi/Thiele,* BB 2008, 2507, 2509.

955 § 4h Abs. 2 Satz 1 Buchst. c Satz 4 Halbs. 2 EStG.

956 Vgl. *E. Kraft,* ZGR 2008, 324, 336. Zur Kapitalabgrenzung nach IFRS bei Austritt aus der GmbH eingehend *Dettmeier/Pöschke,* GmbHR 2006, 297 ff.

Handelsrecht deutlich abweichende und zunächst überraschende[957] Bilanzierungsverständnis soll im Folgenden näher beleuchtet werden.

1. Begriff und Funktionen des Eigenkapitals

Eine Unternehmensfinanzierung kann anhand unterschiedlicher Kriterien kategorisiert werden. Neben der Finanzierungsdauer und dem Finanzierungsanlass werden die verschiedenen Alternativen in erster Linie nach der Rechtsstellung des Kapitalgebers, dem Grad der Haftung und der Mittelherkunft abgegrenzt. Nach den Kriterien Kapitalgeber, Haftung und Mittelherkunft kann eine Einteilung in Eigen- und Fremdkapital erfolgen. Im Rahmen der Eigenkapitalfinanzierung wird das Eigenkapital entweder durch Einlagen der Gesellschafter (Außenfinanzierung) oder durch Thesaurierung von Gewinnen (Innenfinanzierung) aufgebaut.

Das Eigenkapital eines Unternehmens dient gleich mehreren unverzichtbaren Zwecken. Zunächst ist es Grundlage einer Unternehmensgründung und Ausdruck der Beteiligung der Eigenkapitalgeber an Vermögen und Ergebnis des Unternehmens. Das originäre Eigenkapital eines Unternehmens stammt aus Kapitaleinlagen der Unternehmenseigner in Form von Einzahlungen (Bareinlage) oder der Einbringung von anderen Vermögenswerten (Sacheinlage) gegen Gewährung von Eigentümer- und Mitgliedschaftsrechten. Diese Rechte umfassen in Abhängigkeit von der Rechtsform des Unternehmens eine direkte oder indirekte Einflussnahme auf die Geschäftsleitung sowie Ansprüche auf den anteiligen Unternehmensgewinn. Allerdings geht damit auch das Unternehmerrisiko einer anteiligen Verlustübernahme einher.[958] Schließlich steht den Eigenkapitalgebern nach Befriedigung sämtlicher Gläubigeransprüche der anteilige Liquidationserlös im Liquidationsfall zu.[959] Bei Kapitalgesellschaften ist das Eigenkapital alleinige Haftungsmasse für Verbindlichkeiten von Gesellschaftsgläubigern. Bei Personengesellschaften kommt auch eine Haftung mit dem Privatvermögen der Gesellschafter in Betracht. Fremdkapital haftet demgegenüber nicht für Verbindlichkeiten

957 Nach *Hennrichs*, WPg 2006, 1253 offenbart die erstmalige Anwendung der IFRS für Personenunternehmen eine böse Überraschung, nämlich den bilanziellen Verlust des Eigenkapitals.

958 *Scheffler*, Eigenkapital in Jahres- und Konzernabschluss nach IFRS, S. 1.

959 Zu betriebswirtschaftlichen Eigenkapitalfunktionen siehe m.w.N. *Pöschke*, Eigenkapital mittelständischer Gesellschaften nach IAS/IFRS, S. 235.

von Dritten. Zudem erfolgt die Fremdkapitalüberlassung befristet und im Zusammenhang mit einer Rückzahlungsverpflichtung.[960]

Trotz der immensen Bedeutung für die Finanzverfassung eines Unternehmens fehlt es im HGB an einer allgemeinen gesellschaftsrechtlichen Begriffsbestimmung, die insbesondere die klare Unterscheidung zwischen Eigen- und Fremdkapital ermöglichen würde.[961] Nach einer von *Karsten Schmidt* vorgeschlagenen materiellen Definition ist Eigenkapital durch folgende Merkmale gekennzeichnet:

- Eigenkapital rührt grundsätzlich von den Mitgliedern (vom „Inhaber" des Unternehmens) her;
- Eigenkapital ist gebundenes Kapital und damit einer freien Kreditkündigung entzogen;
- Eigenkapital ist haftendes Kapital, womit im Insolvenzfall die Geltendmachung als Insolvenzforderung ausgeschlossen ist.[962]

Die Rechnungslegung ist ein Rechtsakt, bei dem Herkunft und Art der Betriebs- und Finanzmittel eindeutig und klar zum Ausdruck kommen muss.[963] Im Gegensatz zum HGB findet sich in den IFRS die Definition des Begriffes „Eigenkapital" als Residualanspruch der Eigenkapitalgeber an den Vermögenswerten, der nach Befriedigung sämtlicher Gläubigeransprüche verbleibt.[964] Maßstäbe zur genauen Qualifikation von Bilanzposten enthält diese Definition jedoch nicht. Der Begriff des Eigenkapitals wird nach IFRS nur mittelbar bestimmt. Zur Konkretisierung ist eine Definition der Verbindlichkeit, deren Abgrenzung zum Eigenkapital sowie die Definition des Vermögenswerts notwendig.[965]

---

960 *Gocksch*, Besteuerung inländischer Private-Equity-Fonds, S. 11.

961 Es gilt lediglich die bilanzielle Grundgleichung: Eigenkapital ist gleich Vermögen abzüglich Schulden. Dazu *Hennrichs*, WPg 2009, 1066. Zur Abgrenzung von Eigen- und Fremdkapital siehe auch *Cryns*, Gesellschafterfremdfinanzierung, S. 44 ff.

962 *K. Schmidt*, Gesellschaftsrecht, S. 515.

963 Vgl. *Großfeld/Luttermann*, Bilanzrecht, 2005, S. 1, 173. Dabei stellt sich die Bilanz als Waage mit den Schalen Vermögen (Aktiva = Mittelverwendung) sowie Schulden und Eigenkapital (Passiva = Mittelherkunft) dar.

964 So ist bereits im Rahmenkonzept unter F.49(c) bestimmt, dass Eigenkapital *„der nach Abzug aller Schulden verbleibende Restwert der Vermögenswerte des Unternehmens"* ist. Dazu *Clemens/Hebestreit*, in: Beck IFRS-HB, § 12 Rn. 5; *Pellens*, Internationale Rechnungslegung, S. 487.

965 *Lüdenbach*, in: Lüdenbach/Hoffmann, Haufe IFRS-Kommentar, 9. Aufl. 2011, § 20 Rn. 5; *Isert/Schaber*, KoR 2005, 299, 300; *Pöschke*, Eigenkapital mittelständischer Gesellschaften nach IAS/IFRS, S. 35.

2. Die Kapitalabgrenzung im IFRS-Abschluss

Nach IFRS wird das Eigenkapital als Residualanspruch der Eigenkapitalgeber an den Vermögenswerten des Unternehmens nach Abzug aller dazugehörigen Schulden definiert.[966] Diese Differenzgröße aus Aktiva und Passiva ist nicht selbständig zu bewerten, sondern ergibt sich zwangsläufig aus der Anwendung der IFRS-Rechnungslegungsnormen und der daraus resultierenden Bilanzierung und Bewertung von Vermögenswerten und Schulden.[967] Die das Eigenkapital betreffenden Regelungen der IFRS finden sich vor allem in IAS 32 „Finanzinstrumente: Darstellung". Von besonderer Bedeutung sind dort die Regelungen zur Abgrenzung von Eigen- und Fremdkapital.

Das Konzept der Kapitalabgrenzung nach IAS 32 basiert auf einem grundlegenden Prinzip: Eigenkapital darf mit keinerlei Verpflichtungen des Unternehmens verbunden sein, finanzielle Mittel an die Kapitalgeber leisten oder Vermögenswerte und Verbindlichkeiten zu ungünstigen Konditionen tauschen zu müssen.[968] Als Eigenkapital dürfen nur solche Kapitalbestandteile ausgewiesen werden, die dem Unternehmen dauerhaft zur Verfügung stehen. Ohne den Willen des Unternehmens bzw. des zuständigen Organs darf es nicht zu einem Abfluss der Mittel aus dem Gesellschaftsvermögen kommen. Bereits die bloße Möglichkeit eines solchen Mittelabflusses steht dem Eigenkapitalausweis entgegen und führt zu einer Fremdkapitalklassifizierung.[969] Diese eindimensionale Betrachtungsweise lässt wesentliche Funktionen des Eigenkapitals, das insbesondere auch als Verlustpuffer sowie als Haftungs- und Garantiekapital dem Schutz der Gläubiger dient, außer Acht.[970]

---

966 Vgl. Rahmenkonzept F.49(c) und IAS 32.11.

967 Vgl. Rahmenkonzept F.67.

968 *Scheffler*, Eigenkapital im Jahres- und Konzernabschluss nach IFRS, S. 17. Die den Kapitalgebern zustehenden Austritts- und Kündigungsrechte, die eine Abfindungszahlung nach sich ziehen, führen nach diesem Verständnis grundsätzlich zu einem Ausweis von Fremdkapital. Eine ausführliche Darstellung des Konzepts der Kapitalabgrenzung nach IFRS findet sich mit weiteren Nachweisen z.B. bei *Isert/Schaber*, KoR 2005, 299 ff. und 357 ff.

969 Vgl. IAS 32.19.

970 *Scheffler*, AG Report 2008, R 156.

a) Die Eigen- und Fremdkapitalabgrenzung nach IAS 32 (rev. 2003)

Die Regelung IAS 32 (rev. 2003)[971] wurde im Jahr 2003 überarbeitet, Ende 2004 durch die EU-Kommission in europäisches Recht übernommen und war erstmals für Geschäftsjahre ab dem 1.1.2005 anzuwenden. Schon die Terminologie in diesem Standard ist für den deutschen Bilanzleser befremdlich.[972] So werden anstelle der Begriffe Eigenkapital und Fremdkapital die Bezeichnungen Finanzinstrument[973], Eigenkapitalinstrument und finanzielle Verbindlichkeit verwendet.

Nach IAS 32.11 ist ein Eigenkapitalinstrument zunächst ein Vertrag, welcher einen Residualanspruch an den Vermögenswerten des Unternehmens[974] nach Abzug aller dazugehörigen Schulden begründet. Die gleiche Regelung definiert die finanzielle Verbindlichkeit als jede vertragliche Verpflichtung, Cash oder Cash-Äquivalente abzugeben. Die wirtschaftliche Substanz und nicht allein die rechtliche Ausgestaltung bestimmt dabei die Klassifizierung eines Finanzinstruments in der Bilanz (*substance over form*).[975] Als ein Beispiel für ein Finanzinstrument, das seiner rechtlichen Gestalt nach Eigenkapital, wirtschaftlich betrachtet jedoch Fremdkapital darstellt, benennt IAS 32.18(b) *„kündbare Instrumente"*[976]. Danach liegt Fremdkapital vor, wenn der Inhaber eines Finanzinstruments „zur Rückgabe an den Emittenten gegen flüssige Mittel oder andere finanzielle Vermögenswerte berechtigt" ist (sog. *Finanzinstrumente mit Rückgabemöglichkeit*[977]). IAS 32.19 (rev. 2003) ergänzt sodann: „Sofern ein Unternehmen nicht über ein uneingeschränktes Recht verfügt, sich bei der Erfüllung einer vertraglichen Verpflichtung der Abgabe von flüssi-

971 Der Standard IAS 32 wurde in seiner bisherigen Fassung am 17.12.2003 vom IASB veröffentlicht und am 29.12.2004 von der Europäischen Union als Verordnung (Verordnung (EG) Nr. 2237/2004 der Kommission vom 29.12.2004, ABl. EG L 393 vom 31.12.2004, S. 1 ff.) übernommen. Kritisch hinsichtlich der (europa-)rechtlich wirksamen Übernahme des IAS 32: *Hennrichs*, WPg 2006, 1253, 1258 ff. Soweit keine ausdrückliche Kennzeichnung der Standardversion erfolgt, sind die Regelungen beim Übergang von IAS 32 (rev. 2003) zu IAS 32 (rev. 2008) unverändert geblieben.

972 Vgl. *Prinz*, FR 2006, 566, 569.

973 Zum Begriff des Finanzinstruments vgl. auch *Schubert*, WM 2006, 1033, 1035 f.

974 Nach IAS 32.14 umfasst der Begriff „Unternehmen" Einzelpersonen, Personengesellschaften, Kapitalgesellschaften, Treuhänder und öffentliche Institutionen.

975 Das Prinzip *substance over form* gilt als zentraler Bilanzierungsgrundsatz der IFRS, vgl. Rahmenkonzept F.35. Zur Abgrenzung der Finanzinstrumente enthält IAS 32.16 konkrete Vorgaben.

976 Im englischen Originalstandard als *„puttable instrument"* bezeichnet.

977 *Pawelzik/Heuser*, in: Heuser/Theile, IFRS-Handbuch, Rn. 2020.

gen Mitteln oder anderen finanziellen Vermögenswerten zu entziehen, erfüllt diese Verpflichtung die Definition einer finanziellen Verbindlichkeit." Zentrales Kriterium ist somit die Unentziehbarkeit finanzieller Vermögenswerte für das Unternehmen.[978] Dies gilt nach IAS 32.14 ausdrücklich auch für Personengesellschaften.

Nach dem deutschen Gesellschaftsrecht ist jedem Gesellschafter einer Personengesellschaft die Kündigung seiner Beteiligung von Gesetzes wegen gestattet. Es besteht insofern ein individuelles Kündigungsrecht. Für die GbR ergibt sich dieses Recht aus den §§ 723, 724 BGB, für die OHG aus den §§ 131 Abs. 3 Nr. 3, 132 HGB und für die KG nach § 161 Abs. 2 i.V.m. §§ 131, 132 HGB. Das in den §§ 131 ff. HGB normierte ordentliche Kündigungsrecht des Gesellschafters einer Personenhandelsgesellschaft mit einer Frist von 6 Monaten zum Ende des Geschäftsjahres kann durch Gesellschaftsvertrag zwar ausgestaltet, nicht jedoch ausgeschlossen werden (§ 105 Abs. 3 HGB i.V.m. § 723 Abs. 3 BGB).[979] Mit der Kündigung scheidet der Gesellschafter nach der gesetzlichen Regelung des § 131 Abs. 3 HGB aus der Personenhandelsgesellschaft aus und sein Anteil wächst den anderen Gesellschaftern zu. Im Gegenzug erhält der Gesellschafter für den Wegfall seiner Beteiligung gem. § 105 Abs. 3 HGB i.V.m. § 738 Abs. 1 BGB einen Abfindungsanspruch gegen die Gesellschaft und die verbleibenden Gesellschafter.[980]

Die Anteile an einer Personengesellschaft, die jederzeit gegen Abfindung zurückgeben werden können und dadurch individuelle Rückforderungsansprüche auslösen, erfüllen die Merkmale der *„kündbaren Instrumente"* i.S. des IAS 32.18(b).[981] Da die Personengesellschaft nach dem ge-

---

978 *Hennrichs*, WPg 2009, 1066, 1067.

979 Vgl. *K. Schmidt*, Gesellschaftsrecht, S. 1455.

980 *Küting/Wirth/Dürr*, WPg 2006, 69, 71; *Hopt*, in: Baumbach/Hopt, HGB, § 131 HGB Rn. 48; a.A. *Lorz*, in: Ebenroth/Boujong/Joost/Strohn, HGB, Bd. 1, § 131 HGB Rn. 65 sowie *Pawelzik/Heuser*, in: Heuser/Theile, IFRS-Handbuch, Rn. 2020, die eine Verpflichtung nur gegen die Gesellschaft annehmen. Wenn die Abfindung (wie üblich) ohne weitere Beschlüsse aus dem Vermögen der Gesellschaft geleistet wird, müsste bereits dies als individuelles Entnahmerecht im Abfindungsfall gewertet und nach dem Prinzip *substance over form* gem. IAS 32.18 als Fremdkapital klassifiziert werden. Nach diesem Grundsatz bestimmt die wirtschaftliche Substanz eines Finanzinstruments und nicht allein seine rechtliche Gestaltung die Klassifizierung in der Bilanz des Unternehmens.

981 *Baetge/Haenelt*, ZGR 2008, 296, 299 f.; *Breker/Harrison/ Schmidt*, KoR 2005, 469, 471; *Dettmeier/Pöschke*, GmbHR 2006, 297, 300; *Hennrichs*, WPg 2006, 1253, 1254; *ders.*, WPg 2009, 1066, 1067; *E. Kraft*, ZGR 2008, 324, 339; *Küting/Wirth/Dürr*, WPg 2006, 69, 71; *Prinz*, FR 2006, 566, 569; *Schubert*, WM 2006, 1033 ff.; *Mentz*, in: MünchKommBilR IFRS, IAS 32, Rn. 139 ff.; je m.w.N.

setzlichen Regelstatut ganz im Sinne des IAS 32.19 auch nicht über ein uneingeschränktes Recht verfügt, sich der Abfindungszahlung zu entziehen, sind die Gesellschaftereinlagen in einem IFRS-Abschluss als Fremdkapital zu bilanzieren. Dies gilt selbst dann, wenn der Gesellschafter die Kündigung noch nicht erklärt hat, da bereits die rechtlich gesicherte *Möglichkeit* einer Kündigung ausreicht.[982] Auch eine auf unbestimmte Zeit eingegangene stille Gesellschaft im Sinne des § 230 HGB kann der stille Gesellschafter ordentlich kündigen. Die stille Beteiligung ist damit ebenfalls ein kündbares Instrument i.S. von IAS 32.18(b), so dass der Fremdkapitalausweis zwingend ist.[983] In einer nur auf bestimmte Zeit eingegangenen stillen Gesellschaft ist der Mittelabfluss sogar bereits ausdrücklich vorbestimmt. Schon dieser Umstand steht dem Eigenkapitalausweis nach IFRS entgegen.[984]

Die gleichen Anteile stellen nach deutschem Handelsrecht regelmäßig Eigenkapitalbestandteile dar.[985] Diese differenzierte bilanzielle Behandlung identischer Sachverhalte ist jedoch weniger eine Besonderheit der IFRS, da eine Klassifizierung von Fremdkapital nach diesen Kriterien international üblich ist. Sie ist vielmehr der besonderen Stellung und historischen Entwicklung der Personengesellschaften im deutschen Handels- und Steuerrecht sowie der deutschen Unternehmenskultur geschuldet.[986]

---

982 *Hick*, in: HHR, EStG, § 4h Rn. 51; kritisch zu dieser Bewertungskonzeption *Hennrichs*, WPg 2006, 1253, 1256 f.

983 *Scheffler*, Eigenkapital in Jahres- und Konzernabschluss nach IFRS, S. 59; *E. Kraft*, ZGR 2008, 324, 342 f.

984 Dazu *Pöschke*, Eigenkapital mittelständischer Gesellschaften nach IAS/IFRS, S. 160 f.

985 Die zur Erlangung von Mitgliedschaftsrechten (z.B. Stimmrechten) geleisteten Kapitaleinlagen der Gesellschafter stellen schon nach gesellschaftsrechtlichem Verständnis Eigenkapital dar. Nach der Regelung des § 120 Abs. 2 HGB (für die KG i.V.m. §§ 161 Abs. 2 und 167 HGB) ist für jeden Gesellschafter einer OHG ein einheitliches Eigenkapitalkonto zu führen. Ein Gesellschafterkonto ist nach h.M. nur dann dem Eigenkapital zuzuordnen, wenn künftige Verluste mit dem Konto bis zur vollen Höhe – auch mit Wirkung gegenüber den Gesellschaftsgläubigern – zu verrechnen sind und im Fall der Insolvenz oder Liquidation nur eine nachrangige Forderung besteht, vgl. statt aller *ADS*, Rechnungslegung und Prüfung der Unternehmen, § 247 HGB Rn. 60; *Förschle/Hoffmann*, in: Beck Bil-Komm., 7. Aufl., § 247 HGB Rn. 160. Gesellschaftsvertraglich vereinbarte Einlageleistungen der Personengesellschafter erfüllen diese Voraussetzungen und sind daher stets als Eigenkapital auszuweisen, vgl. *ADS*, Rechnungslegung und Prüfung der Unternehmen, § 247 HGB Rn. 61; *Schubert*, WM 2006, 1033, 1034.

986 So stellte *Rädler* treffend fest: „Eine der wesentlichen Kuriositäten, die das deutsche Steuersystem für andere Staaten zu bieten hat, ist die wirtschaftliche und steuerliche Bedeutung der Personengesellschaft. So gibt es z.B. wenig Verständnis für die GmbH & Co. KG und die Probleme, die mit dieser zusammenhängen." Vgl. *Rädler*, DStJG 16 (1994), 277, 278.

Die Kapitalkonten der Gesellschafter einer Personengesellschaft sind im IFRS-Abschluss als finanzielle Verbindlichkeit in Höhe des Abfindungsanspruchs anzusetzen und in den Folgeperioden – im Gegensatz zu einem Eigenkapitalinstrument – neu zu bewerten.[987] Ohne Abfindungsbeschränkungen im Gesellschaftsvertrag sind die Abfindungslasten nach dem vollen Unternehmenswert mitsamt der (anteiligen) abzufindenden stillen Reserven und des originären Geschäfts- oder Firmenwert zu bemessen.[988] Nach IAS 39.47(a) hat die Folgebewertung mit dem jeweils aktuellen Abfindungsbetrag zu erfolgen. Im einfachsten Fall einer Abfindung zu Buchwerten reduziert sich das IFRS-Eigenkapital der Personengesellschaft auf Null, bei Abfindung zu Verkehrswerten kann es sogar negativ werden. Eine Bilanzierung des Abfindungsanspruchs zum anteiligen Zeitwert (*fair value*) des Unternehmens wäre der gesetzliche Regelfall.[989] Bei Anwendung der IFRS-Rechnungslegung droht den Personengesellschaften damit nicht nur der Verlust des (bilanziellen) Eigenkapitals, sondern zusätzlich eine überproportionale Erhöhung des Fremdkapitals.[990] Denn das Fremdkapital wird durch die Zeitwertbilanzierung höher bewertet als das Eigenkapital vor der Umqualifizierung. Weitreichende Konsequenzen ergeben sich nicht nur „buchmäßig" und „optisch" bei Verschuldungsgrad, Eigenkapitalrentabilität und Eigenka-

987 Zur technischen Umsetzung *Förster*, in: Breithecker/Förster/Förster/Klapdor, UntStRefG, § 4h EStG Rn. 108. Obwohl nach der gesetzlichen Konzeption (§ 120 Abs. 2 HGB für die OHG) nur die Errichtung eines einzelnen, variablen Kapitalkontos für jeden Gesellschafter vorgesehen ist, werden in der Praxis nach entsprechenden Vereinbarungen des Gesellschaftsvertrags üblicherweise neben dem Festkapitalkonto (Kapitalkonto I) variable Konten (Kapitalkonto II etc.) geführt, vgl. zur bilanziellen Beibehaltung dieser Untergliederung im IFRS-Abschluss *Küting/Wirth/Dürr*, WPg 2006, 69, 72 ff.

988 Bewertungsmaßstab ist der beizulegende Zeitwert gem. IAS 32.23 (rev. 2003), IAS 39.49, IFRIC 2.10. Der Abfindungsbetrag ist über eine Kündigungsfrist zu diskontieren, vgl. IAS 32.23 i.V.m. IAS 39.43 und IAS 39.49, IFRIC 2.10. Vgl. dazu auch *Clemens*, in: Beck-IFRS-HB, § 12 Rn. 103 f.; *Beine/Meyer*, in: Wiley IFRS-Kommentar, Abschn. 7 Rn. 96 f.

989 Siehe dazu die Vorschrift des § 738 BGB i.V.m. § 105 Abs. 3 HGB bzw. § 161 Abs. 2 HGB. Vgl. ferner *Lorz*, in: Ebenroth/Boujong/Joost/Strohn, HGB, Bd. 1, § 131 Rn. 64 ff.

990 Diese „bilanzielle Katastrophe" erkennend *Hennrichs*, WPg 2006, 1253, 1257; *ders.*, WPg 2009, 1066, 1067 („anomalous accounting"); *Lüdenbach/Hoffmann*, DStR 2007, 636, 640; *Dörfler/Vogl*, BB 2007, 1084, 1087; *Möhlenbrock/Pung*, in: Dötsch/Jost/Pung/Witt, Körperschaftsteuer, § 8a KStG (URefG 2008) Rn. 157; *Blumenberg/Lechner*, in: Blumenberg/Benz, UntStR 2008, S. 160.

pitalquote, sondern u.U. auch in der realwirtschaftlichen Praxis bei Rating und anschließender Kreditbeschaffung.[991]

Diese Bilanzierungsfolge ist aber selbst vor dem Hintergrund der IFRS-spezifischen Grundsätze nicht konsistent. Denn eine *fair presentation* der tatsächlichen Vermögens-, Finanz- und Ertragslage gelingt auf diese Weise nicht.[992] Der wirtschaftliche Gehalt der Gesellschaftereinlage bei Personengesellschaften wird nicht zutreffend erfasst. Es ergibt sich vielmehr folgendes Paradoxon: Umso höher die Performance und damit auch der Unternehmenswert einer Personengesellschaft ist, desto schlechter stellt sich das Bilanzbild aufgrund der proportional anwachsenden finanziellen Verbindlichkeiten dar.[993] Mehr noch: Die mit der Veränderung des Unternehmenswerts verbundene Anpassung des Abfindungsanspruchs ist erfolgswirksam als Aufwand in der GuV zu erfassen.[994] Sofern sämtliche Finanzinstrumente kündbar sind, würde das Bilanzbild nicht nur auf ein umfassend fremdfinanziertes, sondern auf ein überschuldetes Unternehmen hindeuten. Während die Bilanzposten der Passivseite in Höhe des Unternehmenswerts (*fair value*) zu erfassen sind, können auf der Aktivseite nicht einmal alle Vermögenswerte umfassend dem Grunde nach (z.B. originärer Goodwill oder selbst geschaffene immaterielle Vermögenswerte), geschweige denn der Höhe nach mit dem Zeitwert ausgewiesen werden. Der Ausweis eines negativen Eigenkapitals kann die Folge sein.[995]

Der Steuergesetzgeber hat bei Errichtung der Zinsschranke zumindest die Problematik des (fehlenden) Eigenkapitalausweises bei Personengesellschaften nach IAS 32 erkannt.

---

991 Darauf weisen *Baetge/Winkeljohann/Haenelt*, DB 2008, 1518, 1522, zutreffend hin. Ebenso *Prinz*, FR 2006, 566, 569, der feststellt: „Bilanzierung beeinflusst und prägt Finanzierungsentscheidungen". Allerdings werde ein „kundiger" Bilanzleser diese Besonderheiten erkennen.

992 Vgl. *E. Kraft*, ZGR 2008, 324, 339.

993 Ebenso *Hennrichs*, WPg 2006, 1253, 1257; *Hennrichs/Dettmeier/Pöschke/Schubert*, KoR 2007, 61; *Prinz*, FR 2006, 566, 569; *Baetge/Winkeljohann/Haenelt*, DB 2008, 1518, 1522; *Breker/Harrison/Schmidt*, KoR 2005, 469, 473.

994 In diesem Sinne auch *Küting/Wirth/Dürr*, WPg 2006, 69, 75: „[…] erfolgreiche Unternehmen kämpfen mit explodierenden Aufwendungen".

995 Vgl. *Baetge/Haenelt*, ZGR 2008, 296, 301; *Hennrichs*, WPg 2006, 1253, 1257.

b) Die novellierte IFRS-Kapitalabgrenzung nach IAS 32 (rev. 2008)

Mit der Überarbeitung des IAS 32 wurde das grundsätzliche Konzept der Kapitalabgrenzung nach IFRS nicht geändert.[996] Allerdings wurden Ausnahmen von der Kapitalabgrenzungssystematik zugelassen. Bestimmte Instrumente sind nunmehr im Eigenkapital auszuweisen, obwohl sie nach dem Grundkonzept eigentlich als Verbindlichkeiten gelten. Durch die Neufassung trägt das IASB dem Umstand Rechnung, dass das allgemeine System der Kapitalabgrenzung nach IFRS in besonderen Fällen zu unerwünschten Ergebnissen führte.[997] Diese sollen durch die Ausnahmeregelungen vermieden werden. Dennoch arbeitet das IASB zusammen mit dem amerikanischen FASB[998] auch an einer grundlegenden Überarbeitung der Kapitalabgrenzung, so dass die Ausnahmeregelungen des

---

996 Bereits im Juni 2006 hatte das IASB aufgrund der weltweit anhaltenden Kritik an den engen und formalen Vorschriften zur Kapitalabgrenzung einen Entwurf zur Änderung des IAS 32 vorgelegt (ED IAS 32 „Exposure Draft of Proposed Amendments to IAS 32 Financial Instruments: Presentation and IAS 1 Presentation of Financial Statements: Financial Instruments Puttable at Fair Value and Obligations Arising on Liquidation"). Hintergrund der Änderungsbestrebungen waren die ungelöste Bewertungsproblematik, insbesondere für Personengesellschaften, ein paralleles Reformprojekt bei den US-GAAP (*FASB*, "Milestone Draft Proposed Classification for Single-Component Financial Instruments and certain other Instruments"; vgl. dazu *Breker/Harrison/Schmidt*, KoR 2005, 469, 474 ff.) sowie die Vergleichbarkeit des (Eigen-)Kapitals von Personen- und Kapitalgesellschaften, vgl. dazu auch *Pöschke*, Eigenkapital mittelständischer Gesellschaften nach IAS/IFRS. Nach überwiegend ablehnenden Stellungnahmen überarbeitete das IASB den Entwurf noch einmal grundlegend und veröffentlichte am 14. Februar 2008 den novellierten Standard IAS 32 (rev. 2008). Zur Anpassungsgeschichte siehe m.w.N. *Mentz*, in: MünchKommBilR IFRS, IAS 32, Rn. 151 ff.

997 Vgl. dazu ausführlich IAS 32.BC50. Die Bezeichnung „BC" steht für *Basis for Conclusions* (Begründungserwägungen), die einem Standard beigefügt sind. Diese Begründungserwägungen sind kein Bestandteil der Standards und daher nicht in europäisches Recht übernommen worden. Sie sind damit nicht rechtsverbindlich, können aber im Rahmen der Auslegung herangezogen werden. Siehe dazu *Hennrichs*, in: MünchKommBilR IFRS, Einf., Rn. 58 f., 70. Zu der Novellierung ferner *Baetge/Winkeljohann/ Haenelt*, DB 2008, 1518 ff.; *Baetge/Haenelt*, ZGR 2008, 296 ff.; *Löw/Antonakopoulos*, KoR 2008, 261 ff.; *M. Schmidt*, BB 2008 S. 434 ff.

998 Das *Financial Accounting Standards Board* (FASB) ist die Organisation, welche die Rechnungslegungsstandards der US-GAAP setzt.

IAS 32 (rev. 2008) nur Übergangscharakter haben.[999] Die Änderungen wurden zwischenzeitlich in europäisches Recht übernommen.[1000]

Nach den neuen Ausnahmetatbeständen in IAS 32.16A bis IAS 32.16D (rev. 2008) sind bestimmte kündbare Instrumente und Instrumente oder Bestandteile derselben, die das Unternehmen dazu verpflichten, einer anderen Partei im Falle der Liquidation einen proportionalen Anteil an seinem Nettovermögen zu liefern, als „gewillkürtes Eigenkapital" auszuweisen.

Hierdurch werden zusätzliche Möglichkeiten des Eigenkapitalausweises geschaffen. Gesellschaftsanteile an Personengesellschaften dürften danach als privilegierte kündbare Instrumente nach IAS 32.16A und IAS 32.16B (rev. 2008) zu klassifizieren sein.[1001] Dies gilt i.d.R. auch für eine GmbH, deren Gesellschafter ihre Geschäftsanteile nach der Satzung ordentlich kündigen können.[1002]

3. Steuerliche Relevanz der Neufassung des IAS 32

Der Abgrenzung von Eigen- und Fremdkapital nach den IFRS kommt nunmehr auch im deutschen Steuerrecht Bedeutung zu. Im Rahmen des Eigenkapitalvergleichs für Zwecke der Zinsschranke wird primär auf das Eigenkapital nach den IFRS abgestellt.

Die bisherige Regelung in IAS 32 (rev. 2003) führte dazu, dass deutsche Personengesellschaften kein Eigenkapital ausweisen konnten. Ohne Eigenkapital wäre ein Eigenkapitalvergleich für eine Personengesellschaft als Tochterunternehmen von vornherein aussichtslos. Auf der anderen Seite wäre der Eigenkapitaltest bei einer Personengesellschaft als Konzernspitze für alle Tochterunternehmen stets erfolgreich. Vor diesem Hintergrund war eine steuerrechtliche Sonderregelung unumgänglich.

---

999 Siehe dazu die Begründungserwägungen IAS 32.BC55 „short-term solution" sowie IAS 32.BC69. Zum sog. „Convergence Project" von IASB und FASB auch *Mentz*, in: Eilers/Rödding/Schmalenbach, Unternehmensfinanzierung, S. 702 f. Dazu und der wieteren Verbreitung der IFRS auch in den USA vgl. Geleitwort von *Zülch/Hendler* in Wiley Textausgabe IFRS 2011.

1000 Verordnung (EG) Nr. 1274/2008 der Kommission vom 17.12.2008, ABl. L 339, S. 3 ff.

1001 Dazu ausführlich *Pöschke*, Eigenkapital mittelständischer Gesellschaften nach IAS/IFRS, S. 220 ff.; *Hennrichs*, WPg 2009, 1066, 1068 ff.; ferner *Pawelzik/Heuser*, in: Heuser/Theile, IFRS-Handbuch, Rn. 2001; *Scheffler*, AG Report 2008, R156, R158; *Baetge/Winkeljohann/Haenelt*, DB 2008, 1518, 1521; *Weber*, in: Wiley IFRS-Kommentar, Abschn. 19 Rn. 49 ff.; je m.w.N.

1002 Vgl. *Pöschke*, Eigenkapital mittelständischer Gesellschaften nach IAS/IFRS, S. 232 f.

Durch die neue Fassung des IAS 32 (rev. 2008) wird der Eigenkapitalausweis für Personengesellschaften auch nach IFRS möglich. Dennoch ist die steuerrechtliche Sonderregelung des § 4h Abs. 2 Satz 1 Buchst. c Satz 4 Halbs. 2 EStG nicht überflüssig geworden. Denn nach der Neufassung des IAS 32 können Personengesellschaften durch entsprechende Gestaltung selbst bestimmen, ob sie die Anteile der Gesellschafter am Gesellschaftsvermögen als Eigenkapital oder Fremdkapital ausweisen. So ist ein Ausweis von Eigenkapital dann möglich, wenn die Gesellschaften durch entsprechende Ausgestaltung des Gesellschaftsvertrages und der Finanzstruktur die restriktiven Voraussetzungen des IAS 32.16A und IAS 32.16B (rev. 2008) erfüllen. Anderenfalls, insbesondere, wenn bestimmten Finanzinstrumenten Vorrechte eingeräumt sind, kommt es weiterhin zum Ausweis der Gesellschafteranteile als Fremdkapital. Zwar kann nunmehr das gesellschaftsrechtliche Eigenkapital von Personengesellschaften überwiegend auch im IFRS-Abschluss ausgewiesen werden. Es verbleiben aufgrund der kasuistischen Abgrenzung des Anwendungsbereichs von IAS 32 (rev. 2008) jedoch weiterhin Unternehmensstrukturen, die einen Eigenkapitalausweis ausschließen.[1003] Ziel einer steueroptimierten Gestaltung müsste der Ausweis einer möglichst niedrigen Eigenkapitalquote im Konzernabschluss bei gleichzeitig möglichst hoher Eigenkapitalquote im Einzelabschluss des Betriebes sein. Da die Personengesellschaft und ihre Gesellschafter auf diese Weise Einfluss auf die Kapitalklassifizierung und das Bilanzbild nehmen können, bestünde die Gefahr einer Manipulation des Eigenkapitalvergleichs. Die Regelung des IAS 32 (rev. 2008) liefe insofern dem Grundsatz der Gleichmäßigkeit der Besteuerung zuwider. An dieser Stelle offenbart sich erneut das Risiko einer dynamischen Verweisung des Steuergesetzes auf die IFRS im Hinblick auf Planbarkeit und Verlässlichkeit des staatlichen Steueranspruchs sowie die Vorhersehbarkeit der Steuerbelastung für den Steuerpflichtigen.[1004]

Zu beachten ist ferner, dass die neuen Ausnahmeregelungen der IAS 32.16A ff. (rev. 2008) nur für kündbare Finanzinstrumente im IFRS-Einzelabschluss gelten. Sie sind demgegenüber nicht auf die Darstellung von Minderheitenanteilen im Konzernabschluss anwendbar.[1005] Dies

1003 Vgl. *Baetge/Winkeljohann/Haenelt*, DB 2008, 1518; *Dettmeier*, S:R 2008, 92; *Hick*, in: HHR, EStG, § 4h Rn. 51.

1004 Vgl. *Dettmeier*, S:R 2008, 92; kritisch beispielsweise auch *Töben*, FR 2007, 739, 743.

1005 IAS 32.AG29A. Vgl. dazu *M. Schmidt*, BB 2008, 434, 438; *Pöschke*, Eigenkapital mittelständischer Gesellschaften nach IAS/IFRS, S. 232; *Beine/Meyer*, in: Wiley IFRS-Komwirkt sich in den Fällen aus, in denen Tochterunternehmen in der Rechtsform der Personengesellschaft zum Konsolidierungskreis eines Konzerns gehören und nicht alle Anteile an diesen Tochterunternehmen von dem Mutterunternehmen gehalten werden.[1006] Werden sämtliche Anteile einer Tochter-Personengesellschaft von anderen Konzernunternehmen gehalten (100%-Beteiligung des Konzerns), so werden die Gesellschaftereinlagen regelmäßig im Rahmen der Kapitalkonsolidierung eliminiert. Hält die Muttergesellschaft z.B. nur 90% der Anteile, so wird der 10%ige Fremdanteil in der Konzernbilanz als Minderheitenanteil ausgewiesen. Der Ausweis dieses Minderheitenanteils erfolgt nach IAS 27.27 grundsätzlich gesondert im Eigenkapital der Konzernbilanz.[1007] Dies gilt jedoch nicht für Minderheitenanteile an Personengesellschaften, da diese der allgemeinen Systematik der Kapitalabgrenzung nach IAS 32 unterfallen. Sie sind im IFRS-Konzernabschluss, unabhängig davon, ob sie die neuen Eigenkapitalbedingungen des IAS 32 (rev. 2008) erfüllen, weiterhin als Fremdkapital auszuweisen und einer Folgebewertung zu unterziehen.[1008] Der Wertansatz entspricht nach der prinzipiellen Systematik des IAS 32 dem Abfindungsanspruch bei fiktiver Ausübung des Kündigungsrechts. Somit kommen Minderheitenanteile an Tochterpersonengesellschaften nicht in den Genuss der begünstigenden Neuregelung.

Nach Auffassung des IASB ist eine Gleichbehandlung in diesem Fall nicht angezeigt, da kündbare Instrumente aus Konzernsicht keinen Residualanspruch vermitteln.[1009] Zudem stellen die geänderten Eigenkapitalbedingungen lediglich Ausnahmen von der prinzipiellen Kapitalabgrenzungssystematik dar und sollen nicht auf Konzernabschlüsse über-

---

mentar, Abschn. 7 Rn. 95. Nach dem eindeutigen Wortlaut gelten die Ausnahmen nicht für Minderheitenanteile („non-controlling interests").

1006 IAS 32 (rev. 2008) enthält nach wie vor keine Bestimmung dazu, wie die Konsolidierung von Anteilen an Personengesellschaften im Konzernabschluss zu erfolgen hat. Dazu ausführlich *Pöschke*, Eigenkapital mittelständischer Gesellschaften nach IAS/IFRS, S. 122 ff.

1007 *Dettmeier/Pöschke*, KoR 2006, 76. Dazu ferner *Weber*, in: in: Wiley IFRS-Kommentar, Abschn. 13 Rn. 69 ff.; *Lüdenbach*, in: Lüdenbach/Hoffmann, Haufe IFRS-Kommentar, 8. Aufl. 2010, § 31 Rn. 194. Diese Regelung befand sich bislang in IAS 27.33 (rev. 2003).

1008 Dazu *Theile/Pawelzik*, in: Heuser/Theile, IFRS-Handbuch, Rn. 3520 f.; *Baetge/Winkeljohann/Haenelt*, DB 2008, 1518, 1522; *M. Schmidt*, BB 2008, 434, 438; *Pöschke*, Eigenkapital mittelständischer Gesellschaften nach IAS/IFRS, S. 126, 232; *Köster*, BB 2007, 2278, 2281. Zur Behandlung von Minderheitsanteilen an Kapitalgesellschaften bei Vorliegen eines sog. Unternehmensvertrags siehe *Dettmeier/ Pöschke*, KoR 2006, 76 ff.

1009 Vgl. IAS 32.A29A. Kritisch dazu *M. Schmidt*, BB 2008, 434, 438, der dieses Kriterium aufgrund der Einheitstheorie für den Konzernabschluss als ungeeignet ansieht.

tragen werden.[1010] Der kritische Hinweis auf eine inkonsequente Behandlung von Gesellschaftsanteilen geht an dieser Stelle fehl, weil bereits die Ausnahmeregelungen zur Eigenkapitalklassifizierung der Grundsystematik der IFRS bei der Kapitalabgrenzung widersprechen und in ihrer begünstigenden Wirkung gewissermaßen willkürlich sind.

4. Ansatz im Rahmen des Eigenkapitalvergleichs

Im Rahmen des Eigenkapitalvergleichs sind grundsätzlich die IFRS zur Ermittlung der Eigenkapitalquoten einheitlich zugrunde zu legen. Eine Durchbrechung dieser punktuellen IFRS-Maßgeblichkeit bilden die Gesellschaftereinlagen mit Kündigungsrechten. Hierbei soll der handelsbilanzielle Ausweis erfolgen, soweit die Bilanzierung nach den IFRS diesem Mindestausweis nicht entspricht.

a) Geltung auch für Konzernabschluss

Fraglich ist zunächst, ob die Regelung eines „HGB-Mindesteigenkapitals" nur für den Einzelabschluss des Betriebs (der Personengesellschaft) oder auch für den Konzernabschluss gilt, wenn die oberste Muttergesellschaft eine Personengesellschaft ist.

Die Gesetzesbegründung führt dazu aus: „ Sofern aufgrund spezieller Regelungen in einzelnen Rechnungslegungsstandards (z. B. International Accounting Standards – IAS – 32) in den Einzelabschlüssen von Personengesellschaften kein oder nur ein vermindertes Eigenkapital ausgewiesen ist, ist das Eigenkapital der Personengesellschaften ausgehend von den im Konzernabschluss ausgewiesenen Aktiva und Passiva der Personengesellschaften zu ermitteln."[1011] Diese Formulierung spricht für eine Anpassung nur auf Betriebsebene, wenngleich ein anderer Ermittlungsansatz als im Gesetzeswortlaut verfolgt wird.[1012]

Der Gesetzeswortlaut unterscheidet nicht zwischen Konzern- und Jahres- bzw. Einzelabschluss. Nach § 4h Abs. 2 Satz 1 Buchst. c Satz 4

1010 Siehe zu diesen Begründungsansätzen IAS 32.AG29 und 29A sowie IAS 32.BC68.

1011 Gesetzesbegründung zum Entwurf eines Unternehmensteuerreformgesetzes 2008, BT-Drucks. 16/4841, S. 49.

1012 Statt einer Ermittlung auf der Grundlage des HGB soll das Eigenkapital der Tochterpersonengesellschaften nach den Werten von Vermögen und Schulden solcher Gesellschaften in der Konzernbilanz berechnet werden. Für eine Anwendung nur auf Betriebsebene ebenfalls *Köster*, BB 2007, 2278, 2281; offen lassend *Coenenberg*, PiR 2007, 207, 212.

Halbs. 2 EStG gilt: „Bei gesellschaftsrechtlichen Kündigungsrechten ist insoweit mindestens das Eigenkapital anzusetzen, das sich nach den Vorschriften des Handelsgesetzbuches ergeben würde". Für eine Modifikation von Betriebs- und Konzernabschluss spricht ferner, dass die Regelung im Gesetz explizit vor den speziellen Anpassungsregeln zur Eigenkapitalquote des Betriebs normiert ist. Der vorstehende erste Halbsatz in § 4h Abs. 2 Satz 1 Buchst. c Satz 4 EStG gilt zudem sowohl für Konzern- als auch Einzelabschluss und bringt erneut den Grundsatz der Einheitlichkeit der Abschlüsse zum Ausdruck. Diese gesetzessystematischen Erwägungen bekräftigen die grammatikalische Auslegung.[1013]

Für diese Auslegung spricht auch Sinn und Zweck des Eigenkapitalvergleichs. Denn dieser soll eine konzernweite Finanzierungsstruktur als Maßstab für den Betrieb bereitstellen. Die Einheitlichkeit und Vergleichbarkeit der Abschlüsse steht im Vordergrund.

Die eigenkapitalerhaltenden Ausnahmen des IAS 32 (rev. 2008) gelten auch für den Einzelabschluss des Mutterunternehmens in der Rechtsform einer Personengesellschaft. Dieses Eigenkapital des Mutterunternehmens fließt vollständig über die Summenbilanz auch in die Konzernbilanz ein. Insofern ergibt sich keine Diskriminierung der Konzerneigenkapitalquote einer Personengesellschaft als Mutterunternehmen.[1014] Dennoch ist die neue Regelung zur Kapitalabgrenzung nach IAS 32 (rev. 2008) nach den vorgenannten Ausführungen nicht auf Minderheitenanteile im Konzernabschluss anzuwenden. Dies kann zu einer signifikanten Absenkung der Eigenkapitalquote des Konzerns führen. Für den Steuerpflichtigen ergibt sich hingegen kein Nachteil, denn eine geringere Konzerneigenkapitalquote kann durch den Betrieb leichter übertroffen werden. Dennoch entspricht sie nicht dem Sinn und Zweck der Regelung des Eigenkapitalvergleichs. Denn die verbliebene Abweichung läuft seiner Überprüfungsfunktion zuwider.

Die Regelung eines „HGB-Mindestkapitals" hat auch für den Konzernabschluss zu gelten. Anderenfalls würde ein HGB-Eigenkapital zu einem nach IFRS ermittelten Gesamtvermögen in Beziehung gesetzt. Die

---

1013 In diesem Sinne auch *Dettmeier*, S:R 2008, 91. Für eine Anwendung sowohl auf Betriebs- und Konzernebene ebenso *Frotscher*, in: Frotscher, EStG, § 4h EStG Rn. 81; *Hick*, in: HHR, EStG, § 4h Rn. 51; *Ganssauge/Mattern*, DStR 2008, 213, 219; *Reiche/Kroschewski*, DStR 2007, 1330, 1335; *Möhlenbrock*, Ubg 2008, 1, 10 (Fn. 108); wohl auch *Küting/Weber/Reuter*, DStR 2008, 1602, 1605.

1014 A.A. *Lüdenbach/Hoffmann*, DStR 2007, 636, 640 und *Winkeljohann/Fuhrmann*, in: PWC, UntStR 2008, Rn. 1117, wonach die Konzerneigenkapitalquote einer Personengesellschaft als Mutterunternehmen im Sinne des IFRS-Verständnisses stets null sei.

so ermittelte Größe ist nicht in der Lage, eine Aussage über die Kongruenz der Finanzierungsstruktur in Konzern und Betrieb zu treffen.[1015] Die Durchführung des Eigenkapitalvergleichs erfordert einheitliche Maßstäbe. So besteht der Sinn der Regelung nicht nur in einer Reaktion auf die Kapitalabgrenzung nach den internationalen Rechnungslegungsstandards, die im Rahmen des Eigenkapitalvergleichs zu teilweise unvertretbaren Ergebnissen geführt hätte. Sie gewährleistet darüber hinaus die notwendige Vergleichbarkeit und Einheitlichkeit der Abschlüsse und muss daher auch im Konzernabschluss, insbesondere für Minderheitenanteile von Tochter-Personengesellschaften gelten. Gesellschaftereinlagen mit Kündigungsrechten mindern folglich in keinem Fall das Konzerneigenkapital, auch wenn diese unter IFRS weiter als Fremdkapital zu klassifizieren wären.

b) Aufstellung eines handelsrechtlichen Parallelabschlusses

Weiterhin stellt sich die Frage, ob die Regelung so zu verstehen ist, dass ein umfassender handelsrechtlicher Parallelabschluss aufzustellen ist, um das Eigenkapital zu ermitteln, „das sich nach den Vorschriften des Handelsgesetzbuches ergeben würde". Der Gesetzeswortlaut deutet zunächst auf dieses Verständnis hin, das zu einer weiteren drastischen Ausweitung der Berichts- und Dokumentationslasten der Unternehmen führen würde.

Um dieses Erfordernis festzustellen, ist zuvor klärungsbedürftig, ob der handelsrechtliche Eigenkapitalausweis sowohl dem Grunde als auch der Höhe nach erforderlich ist. Nach deutschem Handelsrecht werden die Gesellschaftereinlagen im Regelfall mit dem Nennwert auszuweisen sein, ggf. korrigiert um die anteiligen kumulierten Jahresergebnisse der Gesellschafter. Nach den IFRS sind Einlagen der Gesellschafter nicht notwendigerweise mit dem Nennwert anzusetzen. Vielmehr hat auch die Folgebewertung grundsätzlich zum beizulegenden Wert zu erfolgen[1016],

1015 Ähnlich *Lüdenbach/Hoffmann*, DStR 2007, 636, 639 sowie *Hennrichs*, DB 2007, 2101, 2106: „Äpfel mit Birnen vergleichen".

1016 H.M., siehe *Beine/Meyer*, in: Wiley IFRS-Kommentar, Abschn. 7 Rn. 96 ff.; *Weber*, in: Wiley IFRS-Kommentar, Abschn. 19 Rn. 48; *Breker/Harrison/Schmidt*, KoR 2005, 469, 473; ebenso *Förschle/Hoffmann*, in: Beck Bil-Komm., 7. Aufl., § 247 HGB Rn. 167; *Isert/Schaber*, DStR 2005, 2097, 2098; *Pöschke*, Eigenkapital mittelständischer Gesellschaften nach IAS/IFRS, S. 166; *Schubert*, WM 2006, 1033, 1036; kritisch *Clemens*, in: Beck-IFRS-HB, § 12 Rn. 104. Diese Auffassung bestätigte auch das IASB, in: IASB-Update 07/2004, S. 2.

so dass die Gesellschaftsanteile an einer Personengesellschaft regelmäßig jedes Jahr ergebniswirksam neu zu bewerten sind.

Soweit die Gesellschaftsanteile nach der Neuregelung des IAS 32 als Eigenkapital zu klassifizieren, erfolgt keine Bewertung zum beizulegenden Wert nach IAS 39.[1017] Denn Eigenkapital ist nach dem Verständnis der IFRS eine Residualgröße, deren Wert sich aus der Differenz von Vermögenswerten und Schulden ergibt. Besondere Bewertungsvorschriften für Eigenkapital enthalten die IFRS nicht.[1018] Der handelsrechtliche Bewertungsansatz wird daher zumeist nicht mit der Bewertung nach IFRS übereinstimmen.

Da sich diese Differenzen durchgängig auf die Vergleichbarkeit des Eigenkapitals auswirken, wird im Schrifttum überwiegend lediglich eine Qualifikation dem Grunde nach für erforderlich gehalten.[1019] Während die Berechnung von Vermögen und Schulden und damit die Saldogröße Eigenkapital der Höhe nach *einheitlich* auf der Grundlage des maßgebenden Rechnungslegungssystems erfolgt, soll die Klassifizierung der relevanten Gesellschaftereinlagen dem Grunde nach als Eigen- oder Fremdkapital nach dem HGB erfolgen. Die umfassende Bilanzierung und Bewertung aller Vermögensgegenstände und Schulden nach HGB ginge obendrein über den Wortlaut der Vorschrift hinaus. Eine Anknüpfung an die IFRS wäre in diesen Fällen vollkommen überflüssig.

Nach anderer Auffassung sei auch hinsichtlich der Höhe des auszuweisenden Eigenkapitalpostens auf die Vorschriften des HGB zurückzugreifen.[1020] Dieses Verständnis liefe allerdings dem Postulat der Vergleichbarkeit und Einheitlichkeit der Abschlüsse zuwider, insbesondere weil die betreffende Regelung nur bei entsprechenden Kündigungsrechten einschlägig ist. Für die überwiegende Zahl der Konzernunternehmen wären weiter die IFRS für Zwecke des Eigenkapitalvergleichs maßgeblich. Nach dem Zweck der Regelung sollte für die Ermittlung der Eigenkapitalquote lediglich die bilanzielle Umqualifizierung kündbarer Gesellschaftereinlagen von Eigenkapital zu Fremdkapital nach IAS 32 aus-

---

1017 IAS 32.23 (rev. 2008), IAS 39.2 (d); *Beine/Meyer*, in: Wiley IFRS-Kommentar, Abschn. 7 Rn. 96.

1018 *Pöschke*, Eigenkapital mittelständischer Gesellschaften nach IAS/IFRS, S. 165; *Hennrichs*, WPg 2009, 1066, 1074.

1019 Siehe dazu *Möhlenbrock/Pung*, in: Dötsch/Jost/Pung/Witt, Körperschaftsteuer, § 8a KStG (URefG 2008) Rn. 157; *Frotscher*, in: Frotscher, EStG, § 4h Rn. 81; *Hennrichs*, DB 2007, 2101, 2106; *Heintges/Kamphaus/Loitz*, DB 2007, 1261, 1263; *Ganssauge/Mattern*, DStR 2008, 213, 219.

1020 In diesem Sinne *Hick*, in: HHR, EStG, § 4h Rn. 51.

geblendet werden. Unter bewusster Nichtberücksichtigung dieser Klassifizierung ist das fiktive Eigenkapital nach IFRS zu ermitteln.[1021]

Eine Verpflichtung zur Aufstellung eines kompletten gesonderten HGB-Abschlusses zur Ermittlung eines handelsrechtlichen Eigenkapitals kann aus dem Gesetz nicht abgeleitet werden und ist auch bei Vorliegen von gesellschaftsrechtlichen Kündigungsrechten nicht erforderlich. Lediglich die Einlagen der Gesellschafter sind daraufhin zu untersuchen, ob bzw. inwieweit Kündigungsrechte vorliegen, die eine Klassifizierung als Eigenkapital nach dem HGB erforderlich machen.

B. Ermittlung der Eigenkapitalquote des Betriebs

Um die Vergleichbarkeit der Abschlüsse auf Konzern- und Betriebsebene zu gewährleisten, ordnet das Gesetz gem. § 4h Abs. 2 Satz 1 Buchst. c Sätze 8 und 11 EStG insoweit das *Prinzip der Einheitlichkeit der Abschlüsse* an. An dieser Stelle entsteht eine steuerlich induzierte Obliegenheit für den Betrieb zur Bilanzierung nach den IFRS, falls auch auf Konzernebene nach diesen Standards Rechnung gelegt wird.[1022]

I. Der Einzelabschluss als Vergleichsgröße

Nach § 4h Abs. 2 Satz 1 Buchst. c Satz 3 Halbs. 2 EStG ist die Eigenkapitalquote des Betriebs „auf der Grundlage des Jahresabschlusses oder Einzelabschlusses zu ermitteln". Die Gesetzesbegründung führt hierzu aus: „Für die Ermittlung der Eigenkapitalquote des Konzerns ist der nach dem angewandten Rechnungslegungsstandard konsolidierte Konzernabschluss zu Grunde zu legen. Für den jeweiligen Betrieb ist ein Einzelabschluss nach dem nämlichen Rechnungslegungsstandard zu erstellen."[1023] Erstellt der Konzern gemäß § 315a HGB seinen Konzernabschluss nach IFRS, folgt daraus die Obliegenheit zur Erstellung eines IFRS-Einzelabschlusses oder einer Überleitungsrechnung. In diesem Zusammenhang bezeichnet der Begriff „Einzelabschluss" den Abschluss einer einzelnen Rechnungslegungseinheit (hier: der Betrieb) in Abgrenzung zu einem Abschluss für eine Mehrzahl von Einheiten, dem Konzernabschluss. Der

---

1021 Zutreffend *Dettmeier*, S:R 2008, 92; *Hennrichs*, S:R 2007, 352, 355.

1022 Siehe dazu bereits Kapitel 4, Abschn. A/II, Gliederungspunkt 1 a) (S. 169 ff.).

1023 Gesetzesbegründung zum Entwurf eines Unternehmensteuerreformgesetzes 2008, BT-Drucks. 16/4841, S. 49.

Einzelabschluss nach dem deutschen HGB wird als „Jahresabschluss" bezeichnet. Nur für Offenlegungszwecke kann in Deutschland gem. § 325 Abs. 2a HGB ein Einzelabschluss nach IFRS erstellt werden.[1024]

Obwohl der Gesetzeswortlaut die Ermittlung der betrieblichen Eigenkapitalquote auf der Basis eines modifizierten Einzelabschlusses anordnet,[1025] wird im Schrifttum lebhaft darüber diskutiert, ob das betriebliche Eigenkapital nach den Ansatz- und Bewertungsgrundsätzen des Konzernabschlusses zu ermitteln sei.[1026] Möglicherweise stellt die Vorschrift des § 4h Abs. 2 Satz 1 Buchst. c Satz 4 EStG, wonach Wahlrechte im Konzern- und Einzelabschluss einheitlich auszuüben sind, einen Lösungsansatz dar. Davon geht offenbar auch der Gesetzgeber aus. Denn nach der Gesetzesbegründung sind „Vermögenswerte und Schulden [...] im Einzelabschluss mit den Werten anzusetzen, mit denen sie im Konzernabschluss ausgewiesen sind".[1027] Dies führe zu einer Vergleichbarkeit von Konzern- und Einzelabschluss.

Teilweise wird aus dieser Regelung abgeleitet, dass eine Hinzurechnung sämtlicher im Rahmen der Kapitalkonsolidierung aufgedeckter stiller Reserven zum Eigenkapital des jeweiligen Betriebes im Wege des sog. „*Push Down Accounting*" erfolgen muss.[1028] Aus diesem Grund wird im Schrifttum eine „Maßgeblichkeit der Konzernwerte"[1029] im Wege der teleologischen Extension gefordert.[1030] Sämtliche Aktiva des Tochterun-

---

1024 In diesem Zusammenhang ist bemerkenswert, dass bislang kein Dax 30-Unternehmen von dem Wahlrecht nach § 325 Abs. 2a HGB Gebrauch gemacht hat, vgl. *Böcking/Gros*, DStR 2007, 2339, 2344 (Fn. 81).

1025 § 4h Abs. 2 Satz 1 Buchst. c Sätze 3, 4 und 11 EStG.

1026 Vgl. stellvertretend *Küting/Weber/Reuter*, DStR 2008, 1602, 1604 f.; *Köhler/Hahne*, DStR 2008, 1505, 1515; *Lüdenbach/Hoffmann*, DStR 2007, 636, 637f.

1027 Gesetzesbegründung zum Entwurf eines Unternehmensteuerreformgesetzes 2008, BT-Drucks. 16/4841, S. 49.

1028 Für diese Vorgehensweise *Stibi/Thiele*, BB 2008, 2507, 2510; *Pawelzik*, Ubg 2009, 50, 51. Teilweise als „Scheibentheorie" bezeichnet, vgl. *Huken*, DB 2008, 544, 548; *Fischer/Wagner*, BB 2008, 1872. Unter *Push Down Accounting* versteht man, dass die Wertansätze des Einzelabschlusses durch das Wert- und Mengengerüst aus der Kaufpreisallokation ersetzt werden, also das "Herunterdrücken" der konzernbilanziellen Wertansätze in das Buchwerk des Tochterunternehmens. Aus dem Konzernabschluss wird der für den Eigenkapitalvergleich maßgebende Einzelabschluss herausgeschnitten („top-down-approach"), vgl. *Köhler/ Hahne*, DStR 2008, 1505, 1515; *Schulz*, DB 2008, 2043, 2050.

1029 *Stibi/Thiele*, BB 2008, 2507, 2510.

1030 In diesem Sinne *G. Förster*, in: Breithecker/Förster/Förster/Klapdor, UntStRefG, § 4h EStG Rn. 117; *Heintges/Kamphaus/Loitz*, DB 2007, 1261, 1264; *Hennrichs*, DB 2007, 2101, 2105 f.; *Köhler*, DStR 2007, 597, 600; *Köster*, BB 2007, 2278, 2282; *Möhlenbrock/Pung*, in:

ternehmens, die im Konzernabschluss mit dem Zeitwert bilanziert werden, sollen für Zwecke des Eigenkapitalvergleichs auch im Einzelabschluss mit diesen höheren Werten erfasst werden. Die Wertverzerrungen aufgrund der technischen Umsetzung der Kapitalkonsolidierung würden auf diese Weise vermieden. So wird im Sinne einer weiten Auslegung vertreten, dass „aus der ausdrücklichen Erwähnung der anteiligen Beachtung des Firmenwerts [...] nicht geschlossen werden darf, dass andere stille Reserven nicht aufgedeckt werden dürfen".[1031] Für die Ermittlung des betrieblichen Eigenkapitals sollen die entsprechenden Konzernbilanzwerte umfassend maßgeblich sein, und nicht etwa die Werte eines eigenständig erstellten oder übergeleiteten Einzelabschlusses.[1032]

Nach anderer Ansicht kann eine allgemeine Verpflichtung zum sog. *„Push Down Accounting"* aus der steuerlichen Einzelregelung des § 4h Abs. 2 Satz 1 Buchst. c Satz 4 EStG nicht gefolgert werden, da diese Methode sowohl nach HGB als auch nach IFRS unzulässig ist.[1033] Außerdem sei von der Gesetzesbegründung allenfalls die Bewertung von bereits im Einzelabschluss des Betriebes zu bilanzierenden Vermögenswerten und Schulden erfasst, nicht aber die Bilanzierung von immateriellen Vermögenswerten, die im Rahmen der Kapitalkonsolidierung erstmalig angesetzt werden.[1034] Schließlich handelt es sich bei der Kaufpreisallokation nicht um ein Wahlrecht, so dass die Regelung schon dem Wortlaut nach nicht auf diesen Fall anzuwenden ist.[1035]

Dötsch/Jost/Pung/Witt, Körperschaftsteuer, § 8a KStG (URefG 2008) Rn. 151; *Blumenberg/Lechner*, in: Blumenberg/Benz, UntStR 2008, S. 162; *Frotscher*, in: Frotscher, EStG, § 4h EStG Rn. 82a. Zweifelnd *Lüdenbach/Hoffmann*, DStR 2007, 636, 639; *Ganssauge/Mattern*, DStR 2008, 267, 268.

1031 *Eisgruber*, in: Herzig et al., Handbuch UntStRef 2008, Rn. 276.

1032 Dazu *Stibi/Thiele*, BB 2008, 2507, 2510; *Dörfler*, Ubg 2008, 693, 704. Weil danach kein eigenständiger Einzelabschluss nach IFRS aufzustellen ist, sind auch die Fragen nach einer eventuellen Ausübung von Wahlrechten bspw. nach IFRS 1 bei erstmaliger Erstellung eines IFRS-Abschlusses obsolet geworden, vgl. *Lüdenbach/Hoffmann*, DStR 2007, 636, 637; *Heintges/Kamphaus/Loitz*, DB 2007, 1261, 1264; *Kirsch*, DK 2007, 657, 662.

1033 Vgl. *Lüdenbach/Hoffmann*, DStR 2007, 636, 639, die zutreffend einräumen, dass eine solche Möglichkeit lediglich nach US-GAAP existiert. Eine fehlende IFRS-Konformität konstatieren auch *Blumenberg/Lechner*, in: Blumenberg/Benz, UntStR 2008, S. 161; *Hennrichs*, DB 2007, 2101, 2106.

1034 Zudem ist zu bedenken, dass die erworbenen stillen Reserven (und Lasten) zwar bei der Erstkonsolidierung vollständig erfasst, aber in den Folgeperioden z.B. durch Abschreibungen gemindert werden, vgl. dazu ausführlich *Hennrichs*, FS Schaumburg, S. 367 ff.

1035 Vgl. *Ganssauge/Mattern*, DStR 2008, 267, 268; *Hick*, in: HHR, Jahresband 2008, § 4h EStG Rn. J 07-27; *Küting/Weber/Reuter*, DStR 2008, 1602, 1605.

Auch die Finanzverwaltung scheint dieses Problem erkannt zu haben. Der Anwendungserlass führt in diesem Zusammenhang aus: „Bei der Ermittlung der Eigenkapitalquote des Betriebs sind Vermögensgegenstände und Schulden, einschließlich Rückstellungen, Bilanzierungshilfen, Rechnungsabgrenzungsposten u.ä., sofern sie im Konzernabschluss enthalten sind, mit den dort abgebildeten Werten anzusetzen."[1036] Allerdings findet sich im Gesetz keine Stütze dieser Verwaltungsanweisung. Vielmehr ordnet das Gesetz die Ermittlung des betrieblichen Eigenkapitals ausdrücklich auf Basis des Einzelabschlusses bzw. Jahresabschlusses und nicht etwa des Konzernabschlusses an.[1037]

Insbesondere weil die Übernahme der konzernbilanziellen Wertansätze nicht im Einklang mit der Rechnungslegung nach IFRS oder dem HGB steht, ist eine gesetzliche Klarstellung der Anwendung des *„Push Down Accounting"* notwendig.[1038] Anderenfalls käme es wegen der vorrangigen Anbindung an die IFRS (Primat der IFRS) innerhalb des Eigenkapitalvergleichs zu einem unüberwindbaren Wertungswiderspruch. Dies gilt auch

---

1036 BMF-Schreiben vom 4.7.2008, BStBl. I 2008, S. 718, Rn. 73. Hinsichtlich der praktischen Ermittlung durch Heranziehung der konzernadjustierten Handelsbilanzen (HB II, HB III) siehe *Herzig/Liekenbrock*, Ubg 2009, 750, 755 f.; *Lüdenbach/Hoffmann*, DStR 2007, 636, 639; *Heintges/Kamphaus/Loitz*, DB 2007, 1261, 1263 f.; *Hennrichs*, DB 2007, 2101, 2106; *Stibi/Thiele*, BB 2008, 2507, 2509 f. Zur technischen Umsetzung der Kapitalkonsolidierung siehe *Küting/Weber*, Konzernabschluss, S. 267 ff.; *Theile/Pawelzik*, in: Heuser/Theile, IFRS-Handbuch, Rn. 3080 ff.

1037 Siehe dazu explizit die Vorschrift des 4h Abs. 2 Satz 1 Buchst. c Satz 3 Halbs. 2 EStG. Dazu auch *Köhler/Hahne*, DStR 2008, 1505, 1515.

1038 Vgl. *Stibi/Thiele*, BB 2008, 2507, 2510; *Herzig/Liekenbrock*, Ubg 2009, 750, 756; *Köhler/Hahne*, DStR 2008, 1505, 1515; *Küting/Weber/Reuter*, DStR 2008, 1602, 1605; *Ganssauge/Mattern*, DStR 2008, 267, 268. Eine Hinzurechnung von Konsolidierungseffekten bei der Schuldenkonsolidierung oder der Zwischengewinneliminierung ist im Gesetz ebenfalls nicht ausdrücklich benannt. Sie könnte jedoch analog zur Argumentation bei der Kapitalkonsolidierung aus der Ratio des Eigenkapitalvergleichs, nämlich der Vergleichbarkeit von Konzern- und Einzelabschluss, abgeleitet werden. Nach Ansicht von *Heuser/Pawelzik* seien beispielsweise Zwischengewinne bei Lieferunternehmen, dessen Ergebnis und Eigenkapital bei der Zwischengewinneliminierung berichtigt worden ist, zu kürzen, vgl. *Heuser/Pawelzik*, in: Heuser/Theile, IFRS-Handbuch, Rn. 6037. Dagegen wenden *Herzig/Liekenbrock*, Ubg 2009, 750, 756, zutreffend ein, dass eine Übernahme der Konzernwerte nur für Bilanzpositionen gelte, die auch tatsächlich im Konzernabschluss abgebildet und nicht etwa „neutralisiert" werden. Da der Anwendungserlass des BMF (BStBl. I 2008 S. 718) in Tz. 73 mit Bezug auf den Ansatz der Vermögensgegenstände und Schulden um den Passus „sofern sie Konzernabschluss enthalten sind" erweitert wurde, dürften die weiteren Konsolidierungsmaßnahmen im Konzernabschluss (v.a. die Schuldenkonsolidierung) auch nach Ansicht der Finanzverwaltung nicht auf den Einzelabschluss durchschlagen.

vor dem Hintergrund, dass nach den bisherigen Feststellungen bei der Ausgestaltung der Zinsschranke an vielen Stellen ein konsequenter Rückgriff auf die IFRS unterblieben ist. Mit *Kai Udo Pawelzik* ist jedoch festzustellen, dass im Falle einer Ablehnung des *„Push Down Accounting"* die mangelnde Vergleichbarkeit von Konzern- und Einzelabschluss ebenfalls Wertungswidersprüche erzeugt.[1039] Die gesetzliche Bestimmung führt damit zu einem klassischen Dilemma.

Ferner wird deutlich, dass der Eigenkapitalvergleich als Maßstab zur Bestimmung einer konzernüblichen Finanzierungsstruktur untauglich ist, weil Bilanzierungs- und Bewertungsansätze sowie die Ziele der Abschlüsse von Konzern und Einzelbetrieb auseinanderfallen. Eine notwendige Vergleichbarkeit und Einheitlichkeit ist naturgemäß nicht vorhanden.

II. Ermittlung des Eigenkapitals einer Organschaft

Die Erstellung eines IFRS-Einzelabschlusses bereitet in den Fällen der Organschaft Schwierigkeiten, weil der Begriff „Betrieb" an dieser Stelle eine Mehrzahl von Unternehmen umfasst. Denn die gesamte Organschaft bildet nach der Betriebsfiktion des § 15 Satz 1 Nr. 3 KStG selbst einen Betrieb i.S. der Zinsschranke. Dieser „Organkreis-Betrieb" muss eine eigene Eigenkapitalquote ermitteln, wenn er in einen weiterreichenden Konzern eingebunden ist. Demgegenüber sehen die IFRS allenfalls den Einzelabschluss für ein Unternehmen vor.

Es ist daher im Fall einer Organschaft für Zwecke des Eigenkapitalvergleichs neben den regulär zu erstellenden Konzern- und Einzelabschlüssen ein gesonderter „Teilkonzernabschluss" für den Organkreis aufzustellen und zugrunde zu legen.[1040] Das Eigenkapital, welches sich aus diesem Teilkonzernabschluss ergibt, stellt dann das Eigenkapital der Organschaft dar. Die Konsolidierung der Organgesellschaften erfolgt auf der Ebene des Organträgers nach der Maßgabe des Rechnungslegungs-

---

1039 *Pawelzik*, Ubg 2009, 50 (Fn. 6).

1040 *Köhler*, DStR 2007, 597, 602; *Möhlenbrock/Pung*, in: Dötsch/Jost/Pung/Witt, Körperschaftsteuer, § 8a KStG (URefG 2008) Rn. 131; *Ganssauge/Mattern*, DStR 2008, 267; *Herzig/Liekenbrock*, Ubg 2009, 750, 752; *Eilers*, FS Schaumburg, S. 282; ferner Gesetzesbegründung zum Entwurf eines Unternehmensteuerreformgesetzes 2008, BT-Drucks. 16/4841, S. 3.

rechts, das für den Konzern insgesamt anzuwenden ist.[1041] Erforderlich ist damit ein gesonderter Teilkonzernabschluss für den Organkreis i.d.R. nach den IFRS.[1042] Sofern der Organkreis nicht zugleich mit einem Teilkonzern nach den Grundsätzen der IFRS übereinstimmt, ist der steuerliche Abschluss wiederum nicht IFRS-konform.[1043] Die gewonnenen Daten zu Eigenkapital und Bilanzsumme für den Betrieb "Organkreis" sind – nach Vornahme der gesetzlich vorgeschriebenen Korrekturen – den entsprechenden Werten für den (Gesamt)Konzern gegenüberzustellen.

III. Ausgewählte Modifikationen des Eigenkapitals und der Bilanzsumme des Betriebs

Das nach den IFRS ermittelte Eigenkapital des Betriebs ist nach § 4h Abs. 2 Satz 1 Buchst. c Satz 5 EStG wie folgt anzupassen:

Eigenkapital laut Einzelabschluss/Jahresabschluss des Betriebs

Hinzurechnung:
- im Konzernabschluss enthaltener Firmenwert, soweit er auf den Betrieb entfällt
- 50% eines Sonderpostens mit Rücklageanteil gem. § 273 HGB[1044]

1041 Gesetzesbegründung zum Entwurf eines Unternehmensteuerreformgesetzes 2008, BT-Drucks. 16/4841, S. 77; *Hick*, in: HHR, Jahresband 2008, § 4h EStG Rn. J 07-28; *Möhlenbrock/Pung*, in: Dötsch/Jost/Pung/Witt, Körperschaftsteuer, § 8a KStG (URefG 2008) Rn. 131; *G. Förster*, in: Breithecker/Förster/Förster/Klapdor, UntStRefG, § 4h EStG Rn. 111; *Frotscher*, in: Frotscher, EStG, § 4h EStG Rn. 89; *Blumenberg/Lechner*, in: Blumenberg/Benz, UntStR 2008, S. 155; *Köhler*, DStR 2007, 597, 600; *Heintges/Kamphaus/Loitz*, DB 2007, 1261, 1263; *Herzig/Liekenbrock*, DStR 2007, 2387, 2389; *Töben/Fischer*, BB 2007, 974, 977.

1042 Ein Teilkonzernabschluss nach IFRS erfordert die Aufstellung einer Summenbilanz aus den IFRS-Einzelabschlüssen sowie die Eliminierung sämtlicher Beziehungen zwischen den Unternehmen im Wege der Kapitalkonsolidierung, der Schuldenkonsolidierung, der Aufwands- und Ertragskonsolidierung sowie der Zwischengewinneliminierung. Zu den Konsolidierungsmethoden siehe Kapitel 4, Abschn. A/II, Gliederungspunkt 1 c) aa) (1) „Tochterunternehmen" (S. 176).

1043 *Heintges/Kamphaus/Loitz*, DB 2007, 1261, 1263; *Ganssauge/Mattern*, DStR 2008, 267.

1044 Diese Hinzurechnung soll dem Umstand Rechnung tragen, dass die unversteuerten Rücklagen wirtschaftlich betrachtet aus einem Eigenkapital- und einem Fremdkapitalanteil bestehen, vgl. BT-Drucks. 16/4841, S. 49. Nach der Streichung des § 273 HGB im Zuge des BilMoG läuft diese Regelung künftig ins Leere, vgl. *Küting/Weber/Reuter*, DStR 2008, 1602, 1605. Zudem wäre in einem Abschluss nach IFRS ohnehin kein Son-

Kürzung:
- stimmrechtslose Anteile mit Ausnahme von Vorzugsaktien[1045]
- Anteile an anderen Konzerngesellschaften

---

derposten mit Rücklageanteil zulässig und damit zwingend aufzulösen, vgl. *G. Förster*, in: Breithecker/Förster/Förster/Klapdor, UntStRefG, § 4h EStG, Rn. 118. Nach IFRS sind Sonderposten grundsätzlich als Fremdkapital auszuweisen, vgl. *Blumenberg/Lechner*, in: Blumenberg/Benz, UntStR 2008, S. 162. Unter IAS 20 werden etwa Investitionszuschüsse und -zulagen regelmäßig nicht als Sonderposten, sondern vollumfänglich als Fremdkapital ausgewiesen bzw. unter bestimmten Voraussetzungen direkt vom Buchwert der erworbenen Vermögenswerte abgesetzt. Vgl. hierzu auch *Lüdenbach/Hoffmann*, DStR 2007, 636, 638, die darauf hinweisen, dass im Interesse einer Gleichbehandlung eine hälftige Zurechnung vergleichbarer Posten auch unter IFRS angemessen gewesen wäre. Nach *Möhlenbrock/Pung*, in: Dötsch/Jost/Pung/Witt, Körperschaftsteuer, § 8a KStG (URefG 2008) Rn. 152, bedarf es in diesen Fällen jedoch keiner Korrektur. Ein Betrieb, der sein Eigenkapital nach IFRS ermittelt, müsste bereits im Rahmen der Umstellung auf die IFRS den Sonderposten je nach Steuersatz ungefähr hälftig auf das Eigenkapital (Gewinnrücklagen) und das Fremdkapital (latente Steuern) aufteilen. Eine zusätzliche „hälftige" Zuordnung aus steuerlichen Gesichtspunkten sei zumindest im Rahmen der IFRS unnötig, vgl. *Heintges/Kamphaus/Loitz*, DB 2007, 1261, 1265.

1045 Beabsichtigt scheint mit dieser Regelung die Kürzung von „Mezzanine-Kapital" zu sein, das im Einzelabschluss bilanziell zwar als Eigenkapital ausgewiesen wird, aber im steuerlichen Sinne Fremdkapitalcharakter hat. Darauf gezahlte Vergütungen können als Betriebsausgaben abgezogen werden und mindern die steuerliche Bemessungsgrundlage. Vgl. BT-Drucks. 16/4841, S. 49; *Volb*, UntStR 2008, S. 53; *G. Förster*, in: Breithecker/Förster/Förster/Klapdor, UntStRefG, § 4h EStG, Rn. 120. Unter „Mezzanine-Kapital" werden Finanzierungsarten erfasst, die in ihrer jeweiligen Ausgestaltung eine Mischform zwischen Eigen- und Fremdkapital darstellen. Der Gesetzeswortlaut schließt jedoch auch Kapitalüberlassungen ein, die sowohl bilanz- als auch steuerrechtlich Eigenkapital darstellen (z.B. Genussrechte mit Beteiligung am Liquidationserlös oder stille Beteiligungen). Insofern geht der Wortlaut abermals über das ersichtlich Gewollte hinaus. Ebenso *Blumenberg/Lechner*, in: Blumenberg/Benz, UntStR 2008, S. 163; *Heintges/Kamphaus/Loitz*, DB 2007, 1261, 1265. Die Kürzungsregelung soll der Verhinderung von Gestaltungen dienen, bei denen Finanzinstrumente unter IFRS als Eigenkapital klassifiziert werden, aber aus steuerlicher Sicht Fremdkapital darstellen. Interessanterweise stellt sich diese Konstellation zu der bereits ausführlich behandelten Problematik der Kapitalabgrenzung nach IFRS bei gesellschaftsrechtlichen Kündigungsrechten als spiegelbildlich dar. Eine Ausnahme wurde im Gesetzgebungsverfahren für Vorzugsaktien aufgenommen, da hier eine Qualifikation als Fremdkapital für steuerliche Zwecke ausgeschlossen ist. Kritisch ist anzumerken, dass vom jeweiligen Betrieb ausgegebene Vorzugsaktien – je nach Ausgestaltung – unter IFRS sowohl Eigenkapital als auch Fremdkapital darstellen können. Für den Fall, dass Vorzugsaktien unter IFRS als Fremdkapital zu klassifizieren sind, ist keine entsprechende Hinzurechnung vorgesehen, obwohl steuerlich echtes Eigenkapital gegeben ist.

- stichtagsnahe Einlagen[1046]

= maßgebliches Eigenkapital des Betriebs für Zwecke des Eigenkapitalvergleichs

Diese Modifikationen sind nach dem Anwendungserlass des BMF außerhalb des Abschlusses in einer steuerlichen Nebenrechnung zu vollziehen.[1047]

1. Geschäfts- oder Firmenwert

Der Geschäfts- oder Firmenwert ist der Mehrwert, der einem Unternehmen über den Substanzwert hinaus innewohnt.[1048] Der Unterschiedsbetrag, um den die im Rahmen eines Unternehmenskaufs bewirkte Gegenleistung den Wert der übernommenen Vermögensgegenstände abzüglich der Schulden im Übernahmezeitpunkt übersteigt, wird als *entgeltlich erworbener (derivativer) Geschäfts- oder Firmenwert* bezeichnet.[1049] In dieser Größe wird eine Gesamtheit von selbständig nicht zu bilanzierenden Wertfaktoren des Unternehmens, wie z.B. Ruf, Kundenbindung, Bezugs- und Absatzquoten, Standortvorteile, Unternehmensorganisation, Belegschaftsqualität etc. zusammengefasst. Sie ist immer das Ergebnis einer realen Unternehmenstransaktion und ergibt sich aus dem Preisbestandteil, der bei der Akquisition vom Erwerber „zu viel" bezahlt wurde.[1050]

Demgegenüber stellt der sog. *originäre Geschäfts- oder Firmenwert* einen vom Unternehmen selbst aufgebauten Mehrwert dar, der sich über die Zeitwerte der einzelnen Vermögensgegenstände des Unternehmens abzüglich der Schulden bestimmt. Auch dort kommen nicht bilanzierbare immaterielle Faktoren zum Ausdruck, die allerdings – im Unterschied zum derivativen Geschäfts- oder Firmenwert – nicht durch den Markt

---

1046 Zur Vermeidung von Gestaltungen ist das Eigenkapital um Einlagen der letzten sechs Monate vor dem Abschlussstichtag zu kürzen, soweit ihnen Entnahmen innerhalb der ersten sechs Monate nach dem Abschlussstichtag gegenüberstehen, § 4h Abs. 2 Satz 1 Buchst. c Satz 5 EStG. Diese Vorschrift soll eine „kurzfristige" Optimierung der Eigenkapitalquote durch die Gesellschafter unterbinden.

1047 BMF-Schreiben vom 4.7.2008, BStBl. I 2008, S. 718, Rn. 71.

1048 BFH v. 27.3.1996, BStBl. II 1996, S. 576, 577.

1049 Vgl. dazu die handelsbilanziellen Vorschriften § 255 Abs. 4 Satz 1 HGB a.F. und § 246 Abs. 1 Satz 4 HGB i.d.F. durch das BilMoG.

1050 In diesem Sinne *Hennrichs*, FS Schaumburg, S. 368 m.w.N.

bestätigt worden sind.[1051] In allen hier betrachteten Bilanzierungssystemen herrscht Einigkeit über den Ansatz dem Grunde nach. So besteht für den originären Geschäfts- oder Firmenwert ein Ansatzverbot[1052], während der derivative Geschäfts- oder Firmenwert aktiviert werden muss.[1053]

Nach § 4h Abs. 2 Satz 1 Buchst. c Satz 5 EStG ist das Eigenkapital des Betriebs „um einen im Konzernabschluss enthaltenen Firmenwert, soweit er auf den Betrieb entfällt, [...] zu erhöhen".

Diese Regelung wurde aufgenommen, da nach IFRS bei der Kapitalkonsolidierung im Rahmen der Aufstellung eines Konzernabschlusses aufgedeckte stille Reserven und stille Lasten unmittelbar dem Vermögen und dem Geschäfts- oder Firmenwert (auch *Goodwill* genannt) der jeweiligen Tochtergesellschaft zugeordnet werden. Erwirbt ein Mutterunternehmen ein Tochterunternehmen durch Anteilskauf (*share deal*), werden konzernbilanziell die stillen Reserven des erworbenen Unternehmens aufgedeckt, d.h. die Aktiva des Tochterunternehmens einschließlich eines Geschäfts- oder Firmenwerts gehen mit ihren Zeitwerten in die Konzernbilanz ein. Dadurch erhöht sich das Eigenkapital des Konzerns. Im Einzelabschluss der Tochtergesellschaften werden die Vermögensgegenstände und Schulden demgegenüber weiter mit den (fortgeführten) Anschaffungs- bzw. Herstellungskosten (Buchwert) bilanziert. Insofern fällt die Eigenkapitalquote der jeweiligen Konzerngesellschaft immer geringer aus als die des Konzerns. Um eine Vergleichbarkeit für Zwecke des Eigenkapitalvergleichs sicherzustellen, ist das Eigenkapital des Betriebs anzupassen.[1054]

Der nunmehr im Gesetz normierte sog. „Goodwill Drop Down" führt jedoch nur annähernd zu richtigen Ergebnissen. Denn eine auf den ersten Blick naheliegende Gleichsetzung des im Steuergesetz genannten Firmenwerts mit dem *Goodwill* nach IFRS 3.32 erscheint bei näherer Betrachtung systemwidrig.

1051 Dazu *Hennrichs*, FS Schaumburg, S. 368.

1052 Umkehrschluss zu § 246 Abs. 1 Satz 4 HGB, § 5 Abs. 2 EStG und IAS 38.48.

1053 Für das Steuerrecht folgt dies aus der Qualifikation als Wirtschaftsgut, vgl. BFH v. 24.3.1987 – I R 202/83, BStBl. II 1987, S. 705, 706. Für das Handelsrecht ergibt sich dies aus § 246 Abs. 1 Satz 4 HGB und für die IFRS aus IFRS 3.32.

1054 Vgl. Gesetzesbegründung zum Entwurf eines Unternehmensteuerreformgesetzes 2008, BT-Drucks. 16/4841, S. 49; *Kaligin*, in: Lademann, EStG, § 4h Rn. 117; *Winkeljohann/Fuhrmann*, in: PWC, UntStR 2008, Rn. 1105; *Heintges/Kamphaus/Loitz*, DB 2007, 1261, 1264; *Coenenberg*, PIR 2007, 207, 212 f.; *Stangl/Hageböke*, in: Schaumburg/Rödder, UntStR 2008, S. 483; *Küting/Weber/Reuter*, DStR 2008, 1602, 1605; *Blumenberg/Lechner*, in: Blumenberg/Benz, UntStR 2008, S. 161 f.; *Ganssauge/Mattern*, DStR 2008, 267, 268.

Im Rahmen der Kaufpreisaufteilung (*Purchase Price Allocation*[1055]) nach IFRS werden die aufgedeckten stillen Reserven vorab eigenkapitalerhöhend im Konzernabschluss auf sämtliche mit dem Beteiligungserwerb verbundenen Vermögensgegenstände und Schulden verteilt, bevor ein lediglich nicht zuzuordnender Restbetrag als Goodwill angesetzt wird.[1056] Auch nach der Novellierung des IFRS 3 im Jahr 2008 bleibt der Goodwill eine solche Residualgröße.[1057] In diesem Fall bliebe für die steuerliche Hinzurechnung nur der Restbetrag, der bei der Kapitalkonsolidierung nicht den einzelnen Vermögenswerten und Schulden zugerechnet werden kann. Dadurch entsteht von vornherein eine Diskriminierung des Betriebseigenkapitals gegenüber dem Konzerneigenkapital, und ein Eigenkapitalvergleich scheint a priori wenig erfolgversprechend.[1058] Unberücksichtigt bliebe, dass im Rahmen einer Kapitalkonsolidierung neben den im Goodwill des Tochterunternehmens verhafteten stillen Reserven auch stille Reserven in anderen Vermögensgegenständen aufgedeckt werden (vgl. IFRS 3.10, IFRS 3.18). Das führt dazu, dass neben dem Goodwill auch diese Mehrwerte, insbesondere immaterielle Vermögenswerte wie Kundenstamm, Markenname, Lizenzen und Patente etc. im Konzernabschluss abgebildet werden.[1059] Dies erfolgt abweichend vom deutschen Handelsrecht, wo der Unterschiedsbetrag aus einem Unternehmenserwerb i.d.R. vollständig dem Geschäfts- oder Firmenwert zugewiesen wird. Im Rahmen der IFRS verkörpert der eigentliche Goodwill mithin nur einen (kleinen) Teil der bei der Konsolidierung aufgedeckten stillen Reserven. Auch alle übrigen aufgedeckten stillen Reserven wären jedoch bei der Ermittlung des betrieblichen Eigenkapitals zu berücksich-

---

1055 Zu dieser Verteilungsmethode im Detail *Schultze/Kafadar/Thiericke*, DStR 2008, 1348 ff.; *Zülch/Wünsch*, KoR 2008, 466, 467 f.

1056 Vgl. IFRS 3.32. Zur Berücksichtigung stiller Reserven im Konzernabschluss siehe *Theile/Pawelzik*, in: Heuser/Theile, IFRS-Handbuch, Rn. 3250; *Baetge/Heidemann/Jonas*, in: Baetge/Kirsch/Thiele, Bilanzrecht, § 301 HGB Rn. 49 ff.

1057 Zur Novellierung *Hachmeister*, IRZ 2008, 115 ff.; *Küting/Weber/Wirth*, KoR 2008, 139 ff.; *Pellens/Amshoff/Sellhorn*, BB 2008, 602 ff.

1058 Kritisch z.B. *Eilers*, in: Eilers/Rödding/Schmalenbach, Unternehmensfinanzierung, Kap. C Rn. 607; *Blumenberg/Lechner*, in: Blumenberg/Benz, UntStR 2008, S. 161; *Köhler*, DStR 2007, 597, 600 (Fn. 17); *Reiche/Kroschewski*, DStR 2007, 1330, 1335; *Kahle/Dahlke/Schulz*, StuW 2008, 266, 273 f.; *Hennrichs*, DB 2007, 2101, 2105; *Stibi/Thiele*, BB 2008, 2507, 2510. *Lüdenbach/Hoffmann* bezeichnen diesen Umstand als „umgekehrte(n) Münchhauseneffekt", der mit der Bedeutung des jeweiligen Tochterunternehmens zunimmt, vgl. *Lüdenbach/Hoffmann*, DStR 2007, 636, 639.

1059 *Lüdenbach/Hoffmann*, DStR 2007, 636, 639; *Heintges/Kamphaus/Loitz*, DB 2007, 1261, 1264; *G. Förster*, in: Breithecker/Förster/Förster/Klapdor, UntStRefG, § 4h EStG Rn. 117.

tigen, um dem Normzweck des § 4h Abs. 2 Satz 1 Buchst. c Satz 5 EStG, nämlich der Vergleichbarkeit der Abschlüsse auf Konzern- und Betriebsebene, gerecht zu werden.[1060]

Allerdings ist dem Gesetzeswortlaut eine weitere Zuweisung stiller Reserven (und Lasten) zum Eigenkapital des Betriebs über den Firmenwert hinaus nicht zu entnehmen.[1061] Der Wortlaut des Gesetzes bietet mit seiner beschränkten Erfassung des Firmenwerts keine befriedigende Lösung.[1062] Aus diesem Grund plädiert das Schrifttum zu Recht für eine Ausdehnung des Begriffes „Firmenwert" im Wege der teleologischen Extension oder eines Analogieschlusses auf alle im Konzernabschluss enthaltenen stillen Reserven und Lasten, soweit sie auf den Betrieb entfallen.[1063] Dem schließt sich sinngemäß auch die Finanzverwaltung an, wonach ein im Konzernabschluss enthaltener Firmenwert und im Rahmen eines Beteiligungserwerbs mitbezahlte stille Reserven dem Betrieb zuzuordnen sind, soweit sie auf diesen entfallen.[1064]

1060 Überwiegende Auffassung siehe *Hick*, in: HHR, EStG, § 4h Rn. 53; *Frotscher*, in: Frotscher, EStG, § 4h Rn. 82a; *Blumenberg/Lechner*, in: Blumenberg/Benz, UntStR 2008, S. 162; *Hoffmann*, in: Littmann/Bitz/Pust, Einkommensteuerrecht, § 4h Rn. 213; *Lüdenbach/Hoffmann*, DStR 2007, 636, 639; *G. Förster*, in: Breithecker/Förster/Förster/Klapdor, UntStRefG, § 4h EStG Rn. 117; *Möhlenbrock/Pung*, in: Dötsch/ Jost/Pung/Witt, Körperschaftsteuer, § 8a KStG (URefG 2008) Rn. 151; *Hennrichs*, DB 2007, 2101, 2105 f.

1061 Dazu *Lüdenbach/Hoffmann*, DStR 2007, 636, 639, die – mangels einer gesetzlichen Regelung zur Zuordnung von immateriellen Vermögenswerten sowie stillen Reserven und Lasten – davon ausgehen, dass nur in Bezug auf den Firmenwert (in einer Nebenrechnung) eine Korrektur des Eigenkapitals des Betriebs vorzunehmen ist. Dies wird von *Stibi/Thiele* als inkonsistent bezeichnet, BB 2008, 2507, 2511.

1062 So z.B. *Hick*, in: HHR, Jahresband 2008, § 4h EStG Rn. J 07-27; *Hennrichs*, DB 2007, 2101, 2105 f.; *Köhler*, DStR 2007, 597, 600; *Lüdenbach/Hoffmann*, DStR 2007, 636, 639; *Reiche/Kroschewski*, DStR 2007, 1330, 1335; *Frotscher*, in: Frotscher, EStG, § 4h Rn. 82b.

1063 *Blumenberg/Lechner*, in: Blumenberg/Benz, UntStR 2008, S. 162. Speziell zur Berücksichtigung im Wege eines Analogieschlusses *Hennrichs*, DB 2007, 2101, 2106; zustimmend *Pawelzik*, Ubg 2009, 50 (Fn. 6). Auf diese Weise könnten auch die Ergebnisse des *Push Down Accounting* erreicht werden. Siehe dazu mit den entsprechenden Argumentationsansätzen Abschn. B/I in diesem Kapitel (S. 258 ff.).

1064 BMF-Schreiben vom 4.7.2008, BStBl. I 2008, S. 718, Rn. 73: „Bei der Ermittlung der Eigenkapitalquote des Betriebs sind Vermögensgegenstände und Schulden, einschließlich Rückstellungen, Bilanzierungshilfen, Rechnungsabgrenzungsposten u.ä., sofern sie im Konzernabschluss enthalten sind, mit den dort abgebildeten Werten anzusetzen. Ein im Konzernabschluss enthaltener Firmenwert und im Rahmen eines Beteiligungserwerbs mitbezahlte stille Reserven der Beteiligungsgesellschaft sind dem Betrieb zuzuordnen, soweit sie auf diesen entfallen. Die Bilanzsumme des Betriebs ist ggf. anzupassen." Ähnlich bereits die Gesetzesbegründung BT-Drucks. 16/4841, S. 49.

Selbst bei theoretischer Berücksichtigung der aufgeteilten stillen Reserven und Lasten auf Betriebsebene, wäre unklar, wie diese Berücksichtigung in der Praxis vollzogen werden soll. Weder im Gesetz noch in der Gesetzesbegründung findet sich ein Hinweis zur technischen Umsetzung der Regelung, d.h. wie eine solche Zuweisung des auf Konzernebene entstandenen „Firmenwerts" auf die einzelnen Betriebe erfolgen soll.

Es stellt sich zunächst die Frage, ob der Konzernabschluss Anhaltspunkte hinsichtlich der Höhe des Goodwills liefert, der auf das einzelne Unternehmen entfällt. Unter IFRS existieren Allokationsmethoden für den Goodwill in bestimmten Fallkonstellationen.[1065] Zuweisungseinheit dieser Allokation sind jedoch sog. zahlungsmittelgenerierende Einheiten (*CGU – Cash Generating Unit*). Das Konzept der CGU wird in IAS 36.65 ff. und speziell für die Goodwillzuordnung in IAS 36.80 ff. geregelt. Unter einer CGU versteht man die kleinste identifizierbare Gruppe von Vermögenswerten eines Unternehmens, die weitestgehend unabhängig von den Cashflow-Zuflüssen anderer Vermögenswerte bzw. anderer Gruppen von Vermögenswerten ist.[1066] Nach IAS 36.80 ist der Goodwill im Erwerbszeitpunkt auf die CGU oder die Gruppe von CGU zu verteilen, die voraussichtlich zukünftig von den Synergien aus dem Unternehmenszusammenschluss profitieren wird bzw. werden.[1067]

In der Literatur wird teilweise angenommen, dass die Ermittlung des betrieblichen Firmenwerts für Zwecke des Eigenkapitalvergleichs auch an die Verteilung auf die *CGU* anknüpft.[1068] Da der Goodwill meist aus (künftigen) Synergieeffekten zwischen mehreren Unternehmen entsteht, besteht eine *CGU* regelmäßig aus mehreren übergreifenden Einheiten. Diese müssen aber keinesfalls mit der jeweiligen steuerlichen Einheit

---

1065 Vgl. etwa die Allokationsmethoden von Goodwill im Rahmen von ggf. durchzuführenden Wertminderungstests (*impairment tests*) nach IAS 36.80 ff. sowie die Aufteilung von Goodwill im Falle eines Teilverkaufs von Vermögenswerten einer zahlungsmittelgenerierenden Einheit nach IAS 36.86. Zur Abgrenzung von *CGU* und der Allokation des Goodwill siehe *Hoffmann*, in: Lüdenbach/Hoffmann, Haufe IFRS-Kommentar, 8. Aufl. 2010, § 11 Rn. 31 ff.; *Theile/Pawelzik*, in: Heuser/Theile, IFRS-Handbuch, Rn. 1518 ff.; kritisch *Hennrichs*, FS Röhricht, S. 884; ferner im Hinblick auf die Zinsschranke *Pawelzik*, Ubg 2009, 50, 51 f.

1066 Siehe IAS 36.6. Die Regelung des IAS 36.130(d) benennt etwa Produktionslinien, Geschäftsbereiche, Werke oder Regionen als Beispiele für CGUs.

1067 Hierbei kann es sich um Kostenvorteile wegen größerer Einkaufsvolumina, Einsparungen im Gemeinkosten- oder Entwicklungsbereich, Vorteile aus der Vergrößerung des Produktportfolios u.v.m. handeln.

1068 Vgl. *Heintges/Kamphaus/Loitz*, DB 2007, 1261, 1264; *Köster*, BB 2007, 2278, 2281; *Coenenberg*, PIR 2007, 207, 212 f.; *Pawelzik*, Ubg 2009, 50, 52.

„Betrieb" übereinstimmen; vielmehr dürfte dies die Ausnahme sein.[1069] Der Goodwill müsste damit von dieser aggregierten Ebene auf eine zusätzliche Ebene herunter gerechnet werden.[1070] Die praktische Umsetzung bleibt völlig offen. Da hierzu weder im Gesetzestext noch durch das Anwendungsschreiben des BMF eine Methode vorgegeben wird, liegt die Allokation weitgehend im Ermessen des Steuerpflichtigen.[1071] Eine willkürfreie Zurechnung des Goodwills auf einzelne Konzernunternehmen ist nicht möglich und wird i.Ü. nach IFRS auch nicht verlangt (IAS 36.81). Steuerrechtlich ist dieses Ergebnis brisant, da mit der Zuweisung ein erheblicher Ermessensspielraum des Steuerpflichtigen einhergeht. Unter dem Gesichtspunkt der Gleichmäßigkeit der Besteuerung ist dieses Ergebnis unvertretbar.

Die Anknüpfung an die IFRS offenbart an dieser Stelle erneut ihre Schwierigkeiten. Obwohl eine Grundsystematik der IFRS durch den Steuergesetzgeber erkannt wird, bleibt die steuergesetzliche Ausgestaltung auf halber Strecke stehen und vermag keine konsistente Lösung bereitzustellen.[1072] Der Zweck des Eigenkapitalvergleichs bleibt durch den Gesetzeswortlaut unerreichbar. Eine teleologische Auslegung ist erneut unumgänglich und führt – anders als die Anerkennung des sog. *Push Down Accounting* – sogar erst zur IFRS-Konformität. Bei der praktischen Umsetzung zeigt sich dagegen ein anderes Bild. Hier ist die Methodik der IFRS steuerrechtlich nicht brauchbar. Eine von den IFRS abweichende, eindeutige steuerliche Zuweisungsmethode wird erforderlich.

1069 *Pellens*, Internationale Rechnungslegung, S. 762 f.; *Heintges/Kamphaus/Loitz*, DB 2007, 1261, 1264; *G. Förster*, in: Breithecker/Förster/Förster/ Klapdor, UntStRefG, § 4h EStG Rn. 117; *Herzig/Liekenbrock*, Ubg 2009, 750, 757; *Pawelzik*, Ubg 2009, 50, 51.

1070 Dazu *Heintges/Kamphaus/Loitz*, DB 2007, 1261, 1264; *Pawelzik*, Ubg 2009, 50, 52.

1071 Vgl. *Ganssauge/Mattern*, DStR 2008, 267, 268; *Langkau*, DStR 2009, 652, 653. In Anlehnung an IAS 36.81 schlägt *Pawelzik*, Ubg 2009, 50, 52, die Relation der Unternehmenswerte oder Ergebnisgrößen (EBIT/DA) als Maßstäbe vor. Ähnlich auch *Heintges/Kamphaus/Loitz*, DB 2007, 1261, 1264, die als mögliche Methoden eine Zuordnung des Firmenwertes anhand der relativen Buchwerte oder der relativen beizulegenden Zeitwerte (*fair value*) der einzelnen Betriebe nennen. Zu den enormen Ermessenspielräumen bei der Verteilung und Folgebewertung des Goodwill nach IFRS siehe *Kirsch*, DK 2007, 657, 661 f. sowie *Langkau*, DStR 2009, 652, 654 ff., der wegen der Gefahr einer verzerrenden, steuerlichen Rückwirkung auf den IFRS-Abschluss die Indienstnahme der IFRS für die Zinsschranke ablehnt.

1072 So auch *Lüdenbach/Hoffmann*, DStR 2007, 636, 642: „Demgegenüber wirkt der Regierungsentwurf mit seiner Bezugnahme auf die IFRS eher als unbeholfenes Tasten im Dickicht der internationalen Rechnungslegung. Er spielt eine Melodie der Zukunftsmusik."

2. Beteiligungsbuchwertkürzung

Das betriebliche Eigenkapital ist gem. § 4h Abs. 2 Satz 1 Buchst. c Satz 5 EStG weiterhin um Anteile an anderen Konzerngesellschaften zu kürzen. Die Regelung soll wie schon die bisherige Vorschrift des § 8a Abs. 2 Satz 2 KStG a.F. Kaskadeneffekte, d.h. die Mehrfachberücksichtigung des Eigenkapitals sowohl beim Gesellschafter (Beteiligungsansatz) als auch beim Tochterunternehmen, unterbinden.[1073] Ohne die Kürzung der Beteiligungsbuchwerte könnte das Eigenkapital mit Hilfe einer Beteiligungskette vervielfacht werden. Durch Zwischenschaltung weiterer Konzerngesellschaften wäre ein Konzern in der Lage „künstlich" Eigenkapital zu schaffen und auf diese Weise die Zinsschranke zu umgehen.[1074] Besonders belastend ist diese Regelung insbesondere für Holdinggesellschaften, da diesen im Rahmen der Zinsschranke aufgrund der Steuerfreistellung gem. § 8b KStG auch nur ein geringes steuerliches EBITDA zur Verfügung steht. Anders als bei § 8a Abs. 4 Satz 1 KStG a.F. besteht bei der Zinsschranke kein Holdingprivileg.[1075] Für reine Holdinggesellschaften führt dies regelmäßig zu einer Eigenkapitalquote von Null.[1076] Gleiches gilt für reine Finanzierungsgesellschaften (Finanzhol-

---

1073 *Heintges/Kamphaus/Loitz*, DB 2007, 1261, 1264; *Köhler*, DStR 2007, 597, 601; *Middendorf/Stegemann*, INF 2007, 305, 309; *Heuermann*, in: Blümich, EStG, § 4h Rn. 81; *Rödder*, Beihefter DStR 40/2007, S. 10. Zu den Unterschieden zwischen Alt- und Neuregelung der Beteiligungsbuchwertkürzung siehe *Bohn*, Zinsschranke, S. 304.

1074 Dies war die Begründung der Bundesregierung, siehe BT-Drucks. 16/4835, S. 2.

1075 Zur Kritik im Schrifttum siehe *Bohn*, Zinsschranke, S. 304 ff.; ferner *Welling*, FR 2007, 735, 738; *Dörr/Geibel/Fehling*, NWB Fach 4, 5199, 5211; *Rödder/Stangl*, DB 2007, 479, 484; *Köhler*, DStR 2007, 597, 601; *Scheunemann/Socher*, BB 2007, 1144, 1145; *Kessler/Köhler/Knörzer*, IStR 2007, 418, 419 f.; *Winkeljohann/Fuhrmann*, in: PWC, UntStR 2008, Rn. 1039; *Dörfler*, Ubg 2008, 693, 704.; *Blumenberg/Lechner*, in: Blumenberg/Benz, UntStR 2008, S. 164 f.; *Frotscher*, in: Frotscher, EStG, § 4h Rn. 85; *Hick*, in: HHR, EStG, § 4h Rn. 54; *Prinz*, GmbHR 2007, R 257.

1076 Dazu *Möhlenbrock/Pung*, in: Dötsch/Jost/Pung/Witt, Körperschaftsteuer, § 8a KStG (URefG 2008) Rn. 154 m.w.N. Für Organschaften spielt die Regelung keine Rolle, da diese als ein Betrieb gelten und das konsolidierte Eigenkapital für den steuerlichen Querverbund zu ermitteln haben. Soweit Gesellschaften zum Organkreis gehören, läuft die erforderliche Beteiligungsbuchwertkürzung leer, weil die einzelnen Beteiligungen in dem organschaftlichen Teilkonzernabschluss schon nicht mehr enthalten sind, vgl. *Köhler*, DStR 2007, 597, 601; *Herzig/Liekenbrock*, DB 2007, 2387, 2389; *dies.*, Ubg 2009, 750, 757. Die Beteiligung des Organträgers an einer Organgesellschaft ist in diesem Einzelabschluss eigener Art nicht ausgewiesen, da an deren Stelle das Vermögen und die Schulden der Organgesellschaft treten. Für die Kürzung vom Eigenkapital des Organträgers bleibt daher kein Raum.

ding[1077]), die nicht selten ausschließlich das operative Geschäft finanzieren sollen und deren Eigenkapital daher ebenfalls nur aus den Beteiligungen an anderen Konzerngesellschaften besteht. Diese Beteiligungen sind im Rahmen des Eigenkapitalvergleichs zu kürzen, so dass eine Befreiung unmöglich wird.[1078]

Fraglich ist, wie der Begriff der „Konzerngesellschaft" zu verstehen ist. Dieser Begriff wird weder in der handelsrechtlichen Rechnungslegung noch im Steuerrecht verwendet. Aus dem Kontext der Eigenkapitalermittlung für Zwecke der Zinsschranke ist aber ein normenspezifisches Verständnis abzuleiten. Danach werden nur Gesellschaften erfasst, die zu einem Konzern im Sinne der Zinsschranke gehören, d.h. vollkonsolidierte Tochterunternehmen.[1079] Nur in diesem Fall kämen eine Erhöhung des Eigenkapitals und die Erzielung eines Kaskadeneffektes in Betracht. Für den IFRS-Einzelabschluss bedeutet dies, dass lediglich die ausgewiesenen Anteile an Tochterunternehmen zu kürzen sind.

3. Kündbare Gesellschaftereinlagen

Für kündbare Gesellschaftereinlagen auf Betriebsebene gelten die Ausführungen in Abschnitt A/VI entsprechend.

4. Kürzung der Bilanzsumme um Kapitalforderungen

Nach § 4h Abs. 2 Satz 1 Buchst. c Satz 6 EStG ist die Bilanzsumme um Kapitalforderungen zu kürzen, die gegenüber anderen Konzerngesellschaften bestehen und deshalb nicht im konsolidierten Konzernabschluss ausgewiesen sind, weil ihnen Verbindlichkeiten in mindestens gleicher Höhe gegenüberstehen.

1077 Zu den möglichen Formen eines Holdingkonzerns siehe *Theisen*, Der Konzern, S. 174 ff.

1078 Vgl. *Eilers*, FS Schaumburg, S. 284, der zusätzlich darauf hinweist, dass in Krisenzeiten ganz generell der Wertverlust von Beteiligungen den Eigenkapitalvergleich belastet.

1079 Anteile an assoziierten Unternehmen und Gemeinschaftsunternehmen sind nicht erfasst, vgl. *Köhler*, DStR 2007, 597, 601; *G. Förster*, in: Breithecker/Förster/Förster/ Klapdor, UntStRefG, § 4h EStG, Rn. 121. Dagegen ist der Begriff „Anteil" sowohl im Steuerrecht als auch im Bilanzrecht nach HGB bzw. IFRS zu finden. Im Einzelabschluss nach IFRS sind Anteile an Tochterunternehmen, Gemeinschaftsunternehmen und assoziierten Unternehmen zu bilanzieren; im HGB ist der Ausweis von Anteilen an verbundenen Unternehmen erforderlich. Der bilanzrechtliche Anteilsbegriff kann vom steuerrechtlichen Anteilsbegriff abweichen. Dazu auch *Ganssauge/Mattern*, DStR 2008, 267, 269.

Nach der Gesetzesbegründung soll eine Bilanzverlängerung[1080] durch die konzerninterne Weiterreichung von Fremdkapital korrigiert werden, da solche Finanzierungsbeziehungen aufgrund der Schuldenkonsolidierung nicht auf das Konzerneigenkapital durchschlagen.[1081] Damit wird der Fall erfasst, dass der Betrieb Fremdkapital bei einem außerhalb des Konzerns stehenden Kreditgeber aufgenommen und dieses Fremdkapital anderen Konzerngesellschaften zur Verfügung gestellt hat. Innerhalb einer Konzernstruktur umfassen die Bilanzsummen einzelner Konzerntöchter auch Forderungen und Verbindlichkeiten, die gegenüber anderen Konzerngesellschaften bestehen. Bei der Aufstellung des Konzernabschlusses werden diese Positionen im Wege der Schuldenkonsolidierung eliminiert.[1082] Dadurch ist die zusammengefasste Bilanzsumme aller Konzernunternehmen höher als die Konzernbilanzsumme mit entsprechenden Auswirkungen auf Eigenkapitalquote und Eigenkapitalvergleich.[1083]

Im Schrifttum wird der Begriff der „Kapitalforderung" teilweise auf *Durchleitungsfälle* bei Kapitalgesellschaften[1084] oder eine Kapitalüberlassung *in Geld* (Darlehensvertrag)[1085] begrenzt. Nach anderer Ansicht müssten *alle* konzerninternen Leistungsbeziehungen, d.h. Forderungen und Verbindlichkeiten, analog zur Schuldenkonsolidierung im Konzernabschluss bereinigt werden, um dem Erfordernis der Vergleichbarkeit zu entsprechen.[1086] Dies scheint jedoch nicht beabsichtigt, da die Kürzungsvorschrift des § 4h Abs. 2 Satz 1 Buchst. c Satz 6 EStG ihrem Wortlaut

---

1080 Hierunter wird eine Erhöhung der Bilanzsumme durch betragsgleiche Aktiv-Passivmehrung verstanden. Dies führt automatisch zu einer Absenkung der Eigenkapitalquote. Der auf der Aktivseite ausgewiesene Wert des Bankkontos wird um einen Betrag z.B. bei Zufluss eines Darlehens erhöht, d.h. der Aktivsaldo wächst. Die Passivseite wächst in gleicher Höhe um eine neue Schuld. Vgl. dazu das Beispiel bei *Blumenberg/Lechner*, in: Blumenberg/Benz, UntStR 2008, S. 166.

1081 Gesetzesbegründung zum Entwurf eines Unternehmensteuerreformgesetzes 2008, BT-Drucks. 16/4841, S. 49.

1082 Zur Schuldenkonsolidierung siehe Kapitel 4, Abschn. A/II, Gliederungspunkt 1 c) aa) (1) „Tochterunternehmen" (S. 176 ff.).

1083 Vgl. *Pawelzik*, DB 2008, 2439, 2440.

1084 *Möhlenbrock*, Ubg 2008, 1, 9 (Fn. 96).

1085 In diesem Sinne *Hick*, in: HHR, Jahresband 2008, § 4h EStG Rn. J 07-27; *Heuermann*, in: Blümich, EStG, § 4h Rn. 83; *G. Förster*, in: Breithecker/Förster/Förster/Klapdor, UntStRefG, § 4h EStG Rn. 123; ähnlich *Frotscher*, in: Frotscher, EStG, § 4h Rn. 87: „Längerfristige Darlehen [...] zur Finanzierung von Anlagevermögen und Akquisitionen".

1086 Für eine teleologische Extension des § 4h Abs. 2 Satz 1 Buchst. c Satz 6 EStG plädiert *Pawelzik*, DB 2008, 2439, 2440 f. Im Übrigen werden Forderungen aus Lieferungen und Leistungen nach IAS 39 als Finanzinstrumente, also „Kapitalforderungen" im Wortsinn eingestuft.

nach explizit nur *Kapital*forderungen benennt und die Zinsschranke gerade auf konzerninterne Finanzierungsbeziehungen abzielt.[1087] Eine umfassende Anwendung der Schuldenkonsolidierung auf Ebene des Betriebs könnte dazu führen, dass auf der Passivseite des Betriebs sämtliche Verbindlichkeiten eliminiert werden und der Eigenkapitaltest bei einer Eigenkapitalquote des Betriebs von 100% stets gelingt. Dies widerspricht der Überprüfungsfunktion des Eigenkapitalvergleichs. Zweck der Vorschrift des § 4h Abs. 2 Satz 1 Buchst. c Satz 6 EStG ist lediglich, dass Fremdkapital des Betriebs nicht dessen Eigenkapitalquote belastet, wenn es operativ einem anderen Konzernunternehmen zur Verfügung steht.[1088] Auch der Verweis des Gesetzes auf „Verbindlichkeiten im Sinne des Absatzes 3" deutet auf einen reinen Fremdkapitalbezug hin. Die Bilanzsumme des Betriebs ist daher zu kürzen, soweit sich entsprechende Kapitalforderungen und Fremdkapitalverbindlichkeiten betragsmäßig gegenüberstehen. Weitere Inkonsistenzen zwischen Einzel- und Konzernabschluss sind die Folge und offenbaren erneut die strukturellen Widersprüche des Eigenkapitalvergleichs.[1089]

5. Korrespondierende Anpassungen der Bilanzsumme

Die Finanzverwaltung hat im Rahmen des Anwendungserlasses klargestellt, dass die Anpassungen des Eigenkapitals – mit Ausnahme der Hinzurechnung des Sonderpostens mit Rücklageanteil und der Kürzung um Eigenkapital, das keine Stimmrechte vermittelt – auch bei der Bilanzsumme des Betriebs nachzuvollziehen sind.[1090] Auch im Schrifttum wird die analoge Anpassung der Bilanzsumme in diesen Fällen als erforderlich erachtet.[1091]

1087 Die Ausdehnung der Kürzungsvorschrift ebenfalls ablehnend *Möhlenbrock/Pung*, in: Dötsch/Jost/Pung/Witt, Körperschaftsteuer, § 8a KStG (URefG 2008) Rn. 156; *Herzig/Liekenbrock*, Ubg 2009, 750, 758; *Fischer/Wagner*, BB 2008, 1872, 1878 (v.a. Fn. 41).

1088 Gesetzesbegründung zum Entwurf eines Unternehmensteuerreformgesetzes 2008, BT-Drucks. 16/4841, S. 49; ferner *Möhlenbrock/Pung*, in: Dötsch/Jost/ Pung/Witt, Körperschaftsteuer, § 8a KStG (URefG 2008) Rn. 156; *Köhler*, DStR 2007, 597, 600.

1089 Dazu ferner *Stibi/Thiele*, BB 2008, 2507, 2510; *Frotscher*, in: Frotscher, EStG, § 4h Rn. 78a „Einzelabschluss nach Konsolidierungsprinzipien".

1090 BMF-Schreiben vom 4.7.2008, BStBl. I 2008, S. 718, Rn. 76.

1091 Vgl. *Hick*, in: HHR, Jahresband 2008, § 4h EStG Rn. J 07-27; *G. Förster*, in: Breithecker/ Förster/Förster/Klapdor, UntStRefG, § 4h EStG Rn. 115; *Hick*, in: HHR, EStG, § 4h Rn. 52; *Stangl/Hageböke*, in: Schaumburg/Rödder, UntStRef 2008, S. 481. Für den Fall der Beteiligungsbuchwertkürzung ebenfalls dafür *Rödder/Stangl*, DB 2007, 479, 481, *Rödder*, Beihefter DStR 40/2007, S. 10.

Im Gesetz fehlt es an einer ausdrücklichen Anordnung einer korrespondierenden Anpassung der Bilanzsumme, da isoliert auf die Größen „Eigenkapital" und „Bilanzsumme" abgestellt wird. Eine wortgetreue Anwendung führte jedoch zu fragwürdigen Ergebnissen. So würde z.B. die Kürzung des Eigenkapitals um Anteile an Konzerngesellschaften ohne eine entsprechende Kürzung der Bilanzsumme zu einer übermäßigen Minderung der Eigenkapitalquote führen. Umgekehrt verhilft die Hinzurechnung des anteiligen Firmenwertes zum Eigenkapital ohne entsprechende Anpassung der Bilanzsumme zu einer inflationären Erhöhung der Eigenkapitalquote. Aus diesem Grund wird im Schrifttum zu Recht gefolgert, dass bei den vorgenannten Hinzurechnungen und Kürzungen eine entsprechende Anpassung der Bilanzsumme zu erfolgen hat.[1092] Dies dürfte allerdings nicht für die Fälle gelten, in denen die Modifikation lediglich zu einer Umqualifikation von Eigen- zu Fremdkapital führt, also betreffend Sonderposten mit Rücklageanteil und Eigenkapital, das keine Stimmrechte vermittelt (mit Ausnahme von Vorzugsaktien). Mangels klarer Gesetzesbestimmung ist auch hier gesetzgeberischer Nachbesserungsbedarf vorhanden.

C. Durchsetzung und Vollzug der IFRS-Verknüpfung

Die Abschlüsse auf Konzern- und Betriebsebene sind entsprechend den Vorschriften des § 4h EStG zu modifizieren, so dass die letztlich für Zwecke der Zinsschranke zugrunde gelegten Zahlenwerke meist nicht mehr den Vorschriften der IFRS entsprechen werden.[1093] Dennoch verlangt der Gesetzgeber, dass der zugrunde gelegte Konzernabschluss und auf Verlangen der Einzelabschluss des Betriebs von einem Abschlussprü-

1092 *Ganssauge/Mattern*, DStR 2008, 267, 269.

1093 Zutreffend weist *Frotscher*, in: Frotscher, EStG, § 4h Rn. 78a, daraufhin, dass u.U. neben den handelsbilanziellen Einzel- und Konzernabschlüssen sowie der Steuerbilanz jeweils eine eigene „Eigenkapitalvergleichsbilanz" für den einzelnen Betrieb und den Konzern entsteht. Ähnlich *Kirsch*, DK 2007, 657, 660. Nach Auffassung der Finanzverwaltung sollen demgegenüber bestehende Konzern- und Einzelabschlüsse *grundsätzlich* ohne Änderung für den Eigenkapitalvergleich zugrunde gelegt werden. Gegebenenfalls erforderliche Anpassungen könnten in einer steuerlichen Nebenrechnung erfolgen, BMF-Schreiben vom 4.7.2008, BStBl. I 2008, S. 718, Rn. 71. Ähnlich bereits Gesetzesbegründung zum Entwurf eines Unternehmensteuerreformgesetzes 2008, BT-Drucks. 16/4841, S. 49.

fer testiert sind.[1094] Der Abschlussprüfer kann den Konzernabschluss aber regelmäßig nicht mit einem uneingeschränkten Bestätigungsvermerk versehen, da der Konzernabschluss i.S. der Zinsschranke gerade nicht den Vorschriften der IFRS oder der sonstigen jeweils anzuwendenden Rechnungslegungsstandards entspricht.[1095] Der Abschlussprüfer wird also oftmals die Konformität des nach den Vorschriften des § 4h EStG aufgestellten Konzernabschlusses mit den IFRS (oder EU-Handelsrecht oder US-GAAP) nicht im Rahmen eines klassischen Jahresabschlusstestats bestätigen können. Fraglich bleibt daher, wie ein solches vom Gesetzgeber gefordertes „Zinsschranken-Testat" aussehen könnte.[1096] Es zeigt sich abermals, dass die Zinsschranke in essentiellen Bereichen keine operationalisierbare Architektur aufweist.

Im Fall der Uneinheitlichkeit der Rechnungslegungsstandards auf Konzern- und Betriebsebene ist die Eigenkapitalquote des Betriebs in einer Überleitungsrechnung nach dem für den Konzernabschluss geltenden Rechnungslegungsrecht zu ermitteln, § 4h Abs. 2 Satz 1 Buchst. c Satz 11 EStG. Eine weitere Konkretisierung zu Art und Umfang dieser Rechnung bietet das Gesetz nicht. Auch die Ausführungen in der Gesetzesbegründung, wonach Anhangangaben nur erforderlich sind, soweit darin für die Eigenkapitalquote notwendige Angaben enthalten sind, ist ob der potentiellen Relevanz sämtlicher Anhangangaben wenig hilfreich.[1097] Da eine derartige Überleitungsrechnung keiner handelsrechtlichen Pflichtprüfung unterliegt, schreibt die Zinsschrankenregelung eine prüferische Durchsicht vor.[1098]

Eine gesetzeswidrige Verwaltungspraxis verletzt sowohl die Grundsätze der Gesetzmäßigkeit als auch der Gleichmäßigkeit der Besteuerung. Das in Art. 20 Abs. 3 GG verankerte Prinzip des Gesetzesvorrangs steht

---

1094 § 4h Abs. 2 Satz 1 Buchst. c Satz 13 EStG. Gesetzesbegründung zum Entwurf eines Unternehmensteuerreformgesetzes 2008, BT-Drucks. 16/4841, S. 49.

1095 *Lüdenbach/Hoffmann*, DStR 2007, 636, 640.

1096 In Betracht käme evtl. eine „Bescheinigung" statt eines Testats oder ein speziell für Zwecke der Zinsschranke modifiziertes Testat. Hinsichtlich der Überleitungsrechnung hat der Hauptfachausschuss des IDW am 6. 3. 2009 den Entwurf eines IDW Prüfungsstandards 901 „Grundsätze für die prüferische Durchsicht von Überleitungsrechnungen nach § 4h EStG in Zusammenhang mit dem Betriebsausgabenabzug für Zinsaufwendungen (Zinsschranke)" verabschiedet. Darin wird auch die Ausgestaltung eines entsprechenden Vermerks beschrieben. Zu diesem Entwurf auch *Dettmeier*, S:R 2009, 114.

1097 Vgl. *Hennrichs*, DB 2007, 2101, 2105.

1098 Zu der prüferischen Durchsicht einer Überleitungsrechnung für Zwecke des Eigenkapitalvergleichs eingehend *Hennrichs*, DStR 2007, 1926 ff.; *Dettmeier*, S:R 2009, 114.

in Zusammenhang mit der in Art. 3 Abs. 1 GG verbürgten Gleichheit aller Menschen vor dem Gesetz. Das daraus folgende Gebot der Rechtsanwendungsgleichheit statuiert für die vollziehende Gewalt neben einem Abweichungsverbot von geltenden Rechtssätzen auch ein Anwendungsgebot der einschlägigen Rechtsnormen. Klagebefugt ist der Steuerpflichtige jedoch nur dann, wenn sich eine Ungleichbehandlung nicht nur auf einem im Massenverfahren jederzeit möglichen *Vollzugsmangel,* sondern auf einem *strukturellen,* dem Gesetzgeber zurechenbaren *Vollzugsdefizit* beruht.[1099] In einem solchen Fall führt die gleichheitswidrige Verwaltungspraxis zur Verfassungswidrigkeit der materiellen Gesetzesnorm selbst. Nach *Drüen* droht im Falle nicht vollziehbarer Normen der Verlust der Legitimität des Steuerzugriffs.[1100]

Ebenso wie die Steuerverwaltung aufgrund des Maßgeblichkeitsgrundsatzes nach § 5 Abs. 1 Satz 1 EStG die Einhaltung der handelsrechtlichen GoB zu überprüfen hat, sind nunmehr auch die in Bezug genommenen außersteuerlichen Vorschriften der Internationalen Rechnungslegung bei der Besteuerung anzuwenden und deren Einhaltung zu überprüfen. Mit Hilfe der prüferischen Durchsicht oder einer Prüfung durch den Abschlussprüfer soll eine höhere Glaubhaftigkeit und Schlüssigkeit der entsprechenden Beurteilungsgrundlagen erreicht werden.[1101] Eine Richtigkeitsgewähr geht mit der externen Prüfung allerdings nicht einher, so dass sie der Finanzverwaltung nicht als (alleinige) Entscheidungsgrundlage dienen kann.[1102] Die Ermittlung des Steuertatbestands obliegt den Finanzbehörden gem. §§ 85, 88 AO nach wie vor in eigener Verantwortung. Ob die Finanzverwaltung in absehbarer Zeit zur Anwendung und Prüfung internationaler Rechnungslegungsstandards im Stande ist, wird im Schrifttum vielfach bezweifelt.[1103] Gelingt dies nicht,

---

1099 Vgl. BVerfG v. 27.6.1991, BVerfGE 84, 239, 272 f.; BVerfG v. 9.3.2004, BVerfGE 110, 112 f. Zu den Voraussetzungen eines gleichmäßigen und gerechten Steuervollzugs vgl. *Seer,* DStJG 31 (2008), 7, 9 ff.; *ders.,* in: Tipke/Lang, Steuerrecht, § 22 Rn. 127; *Lang,* in: Tipke/Lang, Steuerrecht, § 4 Rn. 70 ff.

1100 *Drüen,* StuW 2008, 3, 13.

1101 Zu dem damit korrespondierenden erhöhten Berichts- und Kostenaufwand für den Steuerpflichtigen auch *Cryns,* Gesellschafterfremdfinanzierung, S. 345 f.

1102 Vgl. *Hennrichs,* DStR 2007, 1926, 1928 f.

1103 *Kaligin,* in: Lademann, EStG, § 4h Rn. 115; *Kußmaul/Pfirmann/Meyering/Schäfer,* BB 2008, 135, 140; *Fischer,* S:R 2009, S. 114; *Küting/Weber/Reuter,* DStR 2008, 1602, 1606; *Shou,* Die Zinsschranke im Unternehmensteuerreformgesetz 2008, S. 84 f.; *München,* Die Zinsschranke, S. 77.

könnte bereits dies die Verfassungsmäßigkeit der Neuregelung wegen strukturellen Vollzugsdefiziten in Frage stellen.[1104]

D. Ergebnis des fünften Kapitels

Im Rahmen des Eigenkapitalvergleichs nach § 4h Abs. 2 Satz 1 Buchst. c EStG findet die IFRS-Rechnungslegung ausdrücklich Eingang in das deutsche Steuerrecht. Durch einen Vergleich der Eigenkapitalquoten von Betrieb und Konzern soll dem Betrieb eine konzerntypische Finanzierungsstruktur bescheinigt werden, die ihn von der Zinsschranke befreit.

In einem mehrstufigen Konzern erstellt die oberste Einheit als Konzernspitze den steuerlich maßgebenden Konzernabschluss. Nur auf diesem Wege kann der Zweck des Eigenkapitalvergleichs, einen konzernweiten „Fremdvergleich" der Finanzierungsstruktur abzubilden, erreicht werden. Das Gesetz konstituiert eine Hierarchie der heranzuziehenden Rechnungslegungssysteme, an deren Spitze die IFRS stehen. Dies gilt auch für Fälle, in denen bislang kein Konzernabschluss aufgestellt wurde. Nur die „EU-IFRS" können den verfassungsrechtlichen Anforderungen des Demokratie- und Rechtsstaatsprinzips genügen und kommen als Verweisungsziel der steuerlichen Inbezugnahme in Betracht.

Im Rahmen des Eigenkapitalvergleichs sind – abweichend von der Konzernklausel – real existierende Konzernabschlüsse heranzuziehen. Die Erweiterung um nicht einbezogene Tochterunternehmen oder eine Eliminierung nicht vollkonsolidierter Unternehmen muss unterbleiben. Der Korrespondenzgedanke ist aus Gründen des gegenläufigen Gesetzeswortlauts und der ratio legis abzulehnen. Denn eine steuerliche Modifikation der realen Verhältnisse erzeugt ein Zerrbild des Konzerns und stünde dem Zwecke des Eigenkapitalvergleichs entgegen.

Um die Vergleichbarkeit der Abschlüsse auf Konzern- und Betriebsebene zu gewährleisten, ordnet das Gesetz das *Prinzip der Einheitlichkeit der Abschlüsse* an. An dieser Stelle entsteht eine steuerlich induzierte Obliegenheit für den Betrieb zur Bilanzierung nach den IFRS, falls auch auf Konzernebene nach diesen Standards Rechnung gelegt wird. Gleichzeitig werden zahlreiche Modifikationen des Eigenkapitals und der Bilanzsumme angeordnet.

1104 Vgl. *Köhler*, DStR 2007, 597, 602; *München*, Die Zinsschranke, S. 77; *Shou*, Die Zinsschranke im Unternehmensteuerreformgesetz 2008, S. 85 f.

Für die Ermittlung der relevanten Eigenkapitalquoten von Konzern und Betrieb ist im Falle gesellschaftsrechtlicher Kündigungsrechte mindestens das Eigenkapital anzusetzen, das sich nach den Vorschriften des Handelsgesetzbuchs ergeben würde. Diese Sonderbestimmung war notwendig, weil die bisherige Regelung in IAS 32 (rev. 2003) dazu führte, dass deutsche Personengesellschaften kein Eigenkapital ausweisen konnten. Durch die neue Fassung des IAS 32 (rev. 2008) wurde der Eigenkapitalausweis nach IFRS auch für Personengesellschaften möglich. Dies gilt für die Einzelabschlüsse sowohl von Tochter- als auch Mutterunternehmen in der Rechtsform einer Personengesellschaft. Dennoch ist die steuerrechtliche Sonderregelung im Rahmen des Eigenkapitalvergleichs nicht überflüssig geworden, da aufgrund der kasuistischen Abgrenzung des Anwendungsbereichs von IAS 32 (rev. 2008) weiterhin Unternehmensstrukturen existieren, die einen Eigenkapitalausweis ausschließen. Auch Minderheitenanteile an Personengesellschaften sind im Konzernabschluss nach IFRS weiter als Fremdkapital auszuweisen. Die Regelung eines „HGB-Mindestkapitals“ hat auch für den Konzernabschluss zu gelten, wobei lediglich eine HGB-Eigenkapitalklassifizierung dem Grunde nach erforderlich ist.

Auch bei der Hinzurechnung des anteiligen Firmenwerts erkennt der Steuergesetzgeber spezifische Strukturen der IFRS, bleibt aber mit seiner gesetzlichen Ausgestaltung hinter den Anforderungen einer konsistenten Umsetzung zurück. Um eine Vergleichbarkeit der Abschlüsse herzustellen, ist eine weitere Zuweisung stiller Reserven (und Lasten) zum Eigenkapital des Betriebs über den Firmenwert hinaus erforderlich. Die Ausfüllung von Gesetzeslücken durch Analogieschluss oder teleologische Auslegung ist auch an dieser Stelle unumgänglich. Der Zweck des Eigenkapitalvergleichs bleibt durch den Gesetzeswortlaut unerreichbar.

Es konnte gezeigt werden, dass der Eigenkapitalvergleich als Maßstab zur Bestimmung einer konzernüblichen Finanzierungsstruktur untauglich ist, weil Bilanzierungs- und Bewertungsansätze von Konzern und Einzelbetrieb auseinanderfallen. Eine notwendige Vergleichbarkeit und Einheitlichkeit ist naturgemäß nicht vorhanden. Umfangreiche Modifikationen werden erforderlich. Bei den dann in Relation gesetzten Größen handelt es sich jedoch nicht mehr um reine Eigenkapitalquoten nach IFRS. Daher ist auch nur eine „lediglich grundsätzliche Maßgeblichkeit von IFRS-Abschlüssen“ gegeben.[1105] Angesichts der umfangreichen und auch komplexen Anpassungen des Eigenkapitals und der Bilanzsumme

1105 *Küting/Weber/Reuter*, DStR 2008, 1602, 1605.

erscheint es fraglich, ob der Eigenkapital-Escape in der Praxis überhaupt gelingen kann. Jedenfalls ist eine hohe Rechts- und Planungsunsicherheit mit dem Eigenkapitalvergleich verbunden.[1106] Dieser Befund lässt die Geeignetheit einer Verknüpfung mit den IFRS im Rahmen des Eigenkapitalvergleichs zweifelhaft erscheinen, insbesondere weil ein konsequenter Rückgriff des Steuergesetzes auf die IFRS unterbleibt.

Mangelnde Kreativität kann dem Steuergesetzgeber sicherlich nicht vorgeworfen werden. Die vermeintliche Fortschrittlichkeit der IFRS-Anbindung wirkt auf den ersten Blick zukunftsweisend. Fest steht jedoch, dass der Gesetzgeber ein kompliziertes Zusammenspiel verschiedener Normebenen geschaffen hat. Die Zinsschranke ist durch den Verweis auf internationale Bilanzierungsregeln in höchstem Maße gestaltungsanfällig. Neben der berechtigten Kritik an den entstehenden Unklarheiten aus dem Zusammenwirken von IFRS und Zinsschranke stellt sich die Frage, ob die erforderlichen Compliance-Maßnahmen mit den Grundsätzen der Zumutbarkeit und Verhältnismäßigkeit zu vereinbaren sind. Aber auch die Gleichmäßigkeit der Besteuerung wird durch den Eigenkapitalvergleich nicht sichergestellt, denn der administrative und finanzielle Aufwand wird sich vor allem für viele mittelständische Unternehmen nicht lohnen, die deshalb durch diese Regelung benachteiligt sind. Auch die mit der Zinsschranke verbundenen teilweise exorbitanten Lasten für die Unternehmen im Hinblick auf Dokumentation und Kosten für eine entsprechende Expertise stehen damit in keinem Verhältnis. Aus diesen Gründen muss der Zinsschranke auch die Angemessenheit in Relation zu ihren angestrebten Zwecken abgesprochen werden.

1106 *Schulz*, DB 2008, 2043, 2049; *München*, Die Zinsschranke, S. 76 f.; aus praktischer Sicht ferner *Eilers*, FS Schaumburg, S. 282 f.; *ders.*, Ubg 2008, 197, 198; *Dettmeier*, S:R 2009, 114.

Zusammenfassung der Ergebnisse

Die Untersuchung hat gezeigt, dass die steuerliche Beratung von Unternehmen zukünftig umfassende Kenntnisse der IFRS erfordert. Die auf kapitalmarktorientierte Unternehmen ausgerichtete IFRS-Rechnungslegung hält im Rahmen der Zinsschranke unmittelbar Einzug in das deutsche Ertragsteuerrecht. Aus Sicht der Steuerpflichtigen ist die Regelung eine weitere, unnötig komplexe Verschärfung der steuerlichen Rahmenbedingungen für unternehmerisches Handeln in Deutschland. Der bürokratische Aufwand wird durch die Zinsschranke einmal mehr erhöht und die Steuererklärung ist um eine neue Anlage „Zinsschranke" zu erweitern.

Die wesentlichen Ergebnisse der Untersuchung lassen sich in folgenden Thesen zusammenfassen:

1. Mit Einführung der Zinsschranke im Rahmen der Unternehmensteuerreform 2008 hat der Gesetzgeber in mehrfacher Hinsicht steuersystematisches Neuland betreten. Während das Rechtsfolgenkonzept einem internationalen Trend folgt, ist das Tatbestandskonzept, insbesondere durch die Anknüpfung an internationale Rechnungslegungsstandards, beispiellos.
2. Bei der Zinsschranke handelt es sich um einen – aus fiskalischer Sicht – nachvollziehbaren Versuch, das Ziel der Missbrauchsbekämpfung mit Gegenfinanzierungsinteressen im Kontext einer steuerwettbewerbsorientierten Unternehmensteuerreform zu vereinbaren. Die Zinsschranke als gesetzgeberische Antwort auf missbräuchliche Gestaltungen grenzüberschreitender Steuerplanung steht in einem Spannungsverhältnis zwischen der Sicherung inländischen Steuersubstrats und der weitgehenden Beibehaltung der inneren Ordnung der Unternehmensbesteuerung unter Einhaltung gemeinschaftsrechtlicher und verfassungsrechtlicher Vorgaben.
3. Die Zinsschranke ist bereits in ihrer Grundkonzeption gewichtigen verfassungsrechtlichen und europarechtlichen Bedenken ausgesetzt. Sie führt zu einer Durchbrechung des objektiven Nettoprinzips und damit zu einer Ungleichbehandlung im Sinne des Art. 3 Abs. 1 GG. Diese Ungleichbehandlung lässt sich ebenso wenig rechtfertigen wie

die Verstöße gegen das Verbot der Substanzbesteuerung (Art. 14 Abs. 1 GG) oder den rechtsstaatlichen Bestimmtheitsgrundsatz. Weiterhin lassen sich Verstöße gegen Gemeinschaftsrecht feststellen, und zwar sowohl sekundärrechtlich gegen das Doppelbesteuerungsverbot der ZLRL als auch primärrechtlich (Art. 49 AEUV) aufgrund der Privilegierung der Organschaft. Vor allem in Krisenzeiten wirkt die Zinsschranke besonders einschneidend.

4. Die Internationalisierung der Rechnungslegung strahlt auch auf das Steuerrecht aus. Der handelsrechtliche Jahresabschluss bleibt wegen des Maßgeblichkeitsprinzips aber weiterhin Ausgangspunkt der ertragsteuerlichen Bemessungsgrundlage. Die von der EU-Kommission vorangetriebene Vereinheitlichung der Bemessungsgrundlage für die Gewinnbesteuerung von Unternehmen in der EU verleiht den IFRS spürbar an Bedeutung. Eine flächendeckende Anwendung der IFRS zeichnet sich jedoch nicht ab, insbesondere weil sich der deutsche Gesetzgeber durch das BilMoG gerade für die Beibehaltung der handelsrechtlichen Bilanzierungstradition entschieden hat. Den Internationalisierungstendenzen begegnete er dabei durch eine vernünftige und ausgewogene Modernisierung ausgewählter handelsrechtlicher Grundsätze und der Anpassung von Bilanzierungs- und Bewertungsregeln nach dem Vorbild der IFRS. Durch das BilMoG wurde das deutsche Handelsbilanzrecht im Wege einer behutsamen Annäherung an die IFRS modernisiert und internationalisiert. Die jüngsten steuerrechtlichen Verknüpfungen mit den IFRS belegen eindrucksvoll, dass die Internationalisierung der Rechnungslegung auch für die Besteuerung an Bedeutung gewinnt.
5. Die IFRS sind für Zwecke der steuerlichen Gewinnermittlung sowohl aus formal-rechtlichen als auch aus materiell-rechtlichen Gründen ungeeignet. Zunächst ist der Normcharakter der IFRS als angelsächsisch geprägtes Case-Law-System mit der kontinentaleuropäisch geprägten Prinzipienorientierung des Steuerrechts inkompatibel. Auch dem Entstehungsprozess der IFRS sowie dem europäischen Übernahmeverfahren werden im Hinblick auf Transparenz, Verlässlichkeit, Objektivierungserfordernisse und offenkundige Demokratiedefizite verfassungsrechtliche Bedenken entgegen gebracht. Bereits die konzeptionelle Zielsetzung und die tragenden Grundsätze der IFRS stehen einer unmittelbaren Steuerbemessungsfunktion entgegen. So wird dem steuerrechtlichen Gebot der Gleichmäßigkeit der Besteuerung durch die IFRS nicht entsprochen, da dort mitunter große Ermessens- und Gestaltungsspielräume existieren. Auch führt bei-

spielsweise das Fair Value-Konzept, das über die historische Anschaffungs- oder Herstellungskostenbewertung hinausgeht, zu einer Besteuerung von Scheingewinnen ohne eine reale wirtschaftliche Leistungsfähigkeit. Insbesondere das steuerrechtliche Realisationsprinzip stellt eine unüberwindbare Hürde für die Indienstnahme der IFRS dar. Eine Anwendung ist mit den Argumenten der fehlenden Liquidität und der unsicheren Bewertung abzulehnen. Die Orientierung an den Prinzipien der Markteinkommenstheorie, hier namentlich der Besteuerung von (am Markt) realisierten Vermögensmehrungen, ist ein gleichheitsrechtliches Gebot der System- und Folgerichtigkeit. Das steuerrechtliche Vorsichtsprinzip ist in dieser Ausprägung für die steuerliche Gewinnermittlung fundamental und weicht grundlegend von der Konzeption einer *fair presentation* nach IFRS ab.

6. Im Rahmen der Zinsschranke erfolgt die Indienstnahme bei den Befreiungstatbeständen und damit außerhalb einer unmittelbaren Steuerbemessungsfunktion. Sämtliche materiell-rechtlichen Einwände gegen die IFRS greifen an dieser Stelle nicht durch, da die IFRS keinen direkten Einfluss auf die Steuerbemessung erlangen. Die formaljuristischen Bedenken gegen eine IFRS-Maßgeblichkeit bleiben weiterhin bestehen.
7. Für die Bestimmung der steuerlichen Konzernzugehörigkeit eines Betriebs für Zwecke der Zinsschranke ist ein erweiterter Konzernbegriff heranzuziehen, der zwischen einem originären und einem steuerlichen Konzern unterscheidet. Das Control-Konzept der IFRS ist für steuerliche Zwecke geeignet. Die Erweiterung auf konsolidierungsfähige Betriebe ist im Rahmen eines steuerjuristischen Konzerntatbestandes sogar geboten. Dies gilt jedoch nicht für die Interpretationsregelung nach SIC-12, die eine rein wirtschaftliche Betrachtung vorschreibt. Dadurch wird die vormals justiziable Bestimmung des Konzernumfangs nach den IFRS für juristische, insbesondere steuerjuristische Zwecke entwertet. Der Steuergesetzgeber greift zur Bestimmung der steuerlichen Konzernzugehörigkeit auf die internationalen Bilanzierungsregeln zurück, obwohl eine Anbindung an das deutsche HGB zu gleichen Ergebnissen geführt hätte.
8. Für die steuerliche Konzernzugehörigkeit ist nur auf Unternehmen abzustellen, die im Wege der Vollkonsolidierung in den Konzernabschluss einbezogen werden oder werden könnten. Dies betrifft Tochterunternehmen, nicht jedoch Gemeinschaftsunternehmen und assoziierte Unternehmen. Die Nichteinbeziehung sowohl von quotenkon-

solidierten als auch von *at equity* bilanzierten Unternehmen in den steuerlichen Konzern entspricht insofern der Stufenkonzeption der Konsolidierung. Zweckgesellschaften sind steuerrechtlich konzernzugehörig, wenn sie die Voraussetzungen eines Tochterunternehmens erfüllen. Die Organschaft bildet keinen steuerlichen Konzern, sie kann allerdings als „Organkreis-Betrieb" selbst zu einem weiterreichenden Konzern gehören. Gleiches gilt für die atypisch stille Gesellschaft.

9. Durch die Erweiterung auf einheitlich bestimmbare Betriebe wird der Anwendungsbereich der Zinsschranke zusätzlich ausgedehnt. Durch dieses ergänzende "steuerliche Control-Konzept" wird die auf den ersten Blick eindeutige Regelung der Konzernklausel erheblich relativiert. Zahlreiche unverdächtige Unternehmensstrukturen werden in den Anwendungsbereich der Zinsschranke hineingezogen. Dies wurde anhand der Beispiele der Betriebsaufspaltung, der GmbH & Co. KG sowie der PE-Investitionen verdeutlicht. Neben der bestehenden Rechtsunsicherheit gehen mit der Regelung hohe Berichts- und Dokumentationslasten für diese Unternehmen einher, die bei kleineren Einheiten existenzgefährdende Ausmaße annehmen können.
10. Im Rahmen des Eigenkapitalvergleichs sind – abweichend von der Konzernklausel – real existierende Konzernabschlüsse heranzuziehen. Das Gesetz konstituiert eine Hierarchie der heranzuziehenden Rechnungslegungssysteme, an deren Spitze die IFRS stehen. In Bezug genommen sind die von der EU übernommenen IFRS. Um die Vergleichbarkeit der Abschlüsse auf Konzern- und Betriebsebene zu gewährleisten, ordnet das Gesetz das *Prinzip der Einheitlichkeit der Abschlüsse* an. Dadurch entsteht eine steuerlich induzierte Obliegenheit für den Betrieb zur Bilanzierung nach den IFRS, falls auch auf Konzernebene nach diesen Standards Rechnung gelegt wird. Daneben wird die Aufstellung von bisher nicht existierenden Abschlüssen, z.B. für Gleichordnungskonzerne und Organschaften, erforderlich.
11. Für die Ermittlung der relevanten Eigenkapitalquoten von Konzern und Betrieb ist im Falle gesellschaftsrechtlicher Kündigungsrechte mindestens das Eigenkapital anzusetzen, das sich nach den Vorschriften des Handelsgesetzbuchs ergeben würde. Diese Bestimmung ist der Kapitalabgrenzung nach IFRS geschuldet. Durch die neue Fassung des IAS 32 (rev. 2008) wurde der Eigenkapitalausweis nach IFRS auch für Personengesellschaften möglich. Dennoch ist die steuerrechtliche Sonderregelung nicht überflüssig geworden. Die Re-

gelung eines „HGB-Mindestkapitals" hat auch für den Konzernabschluss zu gelten, wobei lediglich eine HGB-Eigenkapitalklassifizierung dem Grunde nach erforderlich ist.

12. Der Vergleich der Eigenkapitalquoten erfordert vielfältige Anpassungen des Eigenkapitals und der Bilanzsumme auf Betriebsebene. Hierbei erkennt der Steuergesetzgeber spezifische Bilanzierungsmethoden der IFRS. Eine konsequente Umsetzung unter Berücksichtigung dieser Besonderheiten gelingt indes nicht. Der Zweck des Eigenkapitalvergleichs bleibt durch den Gesetzeswortlaut unerreichbar. Dies zeigt sich insbesondere bei der Hinzurechnung des anteiligen Firmenwerts. Um eine Vergleichbarkeit der Abschlüsse herzustellen, ist eine weitere Zuweisung stiller Reserven und stiller Lasten zum Eigenkapital des Betriebs über den Firmenwert hinaus erforderlich.
13. Der Eigenkapitalvergleich ist als Maßstab zur Bestimmung einer konzernüblichen Finanzierungsstruktur untauglich, weil Bilanzierungs- und Bewertungsansätze von Konzern und Einzelbetrieb auseinanderfallen. Eine notwendige Vergleichbarkeit und Einheitlichkeit ist naturgemäß nicht vorhanden.
14. Mit der Anknüpfung an die IFRS entstehen neue Ermessensspielräume, die den Anforderungen an Rechtsklarheit und Rechtssicherheit widersprechen. Auch die bestehenden Ungewissheiten über Auslegungsfragen sowie die zukünftigen Veränderungen der Rechtslage bei sich stetig und schnell wandelnden Standards steht diesen Anforderungen entgegen. Zudem ist eine in sich geschlossene und konsequente Indienstnahme der IFRS im Rahmen der Zinsschranke nicht erfolgt. Schließlich erweist sich die Anbindung an die IFRS bei der Zinsschranke vor dem Hintergrund der formal-rechtlichen Unvereinbarkeit mit dem Steuerrecht als „unforced error" des Gesetzgebers. Die vertraute und herkömmliche Heranziehung der Vorschriften des HGB hätte auch für die Konzernbestimmung und den Konzernabschluss für Zwecke der Zinsschranke genügt.
15. Auch die handelsrechtliche Rechnungslegung oder das Steuerbilanzrecht sind nicht über jeden Zweifel erhaben. Dennoch haben diese Systeme den großen Vorteil der durch wissenschaftliche Kommentierung und Rechtsprechung geschaffenen (weitgehenden) Rechtssicherheit. Dieses elementare Prädikat einer rechtsverbindlichen Rechenschaftslegung fehlt dem neuen, in Entwicklung wie Umsetzung sehr aufwendigen System der IFRS. Die Internationalisierung der Rechnungslegung vermag den Rückgriff des Steuergesetzgebers auf die IFRS zwar zu erklären, rechtfertigen kann sie ihn jedoch nicht.

Gerade in den zurückliegenden Zeiten der Finanz- und Wirtschaftskrise erschien eine grundlegende Vereinfachung und Strukturreform des Steuerrechts möglich, da in der Bevölkerung verbreitet die Erkenntnis überwog, dass eine reine Steuersenkung hinter das Gemeinwohlinteresse einer Haushaltskonsolidierung zurücktreten müsse. Die Zinsschranke ist wegen der damit einhergehenden Verkomplizierung ein abermaliger Beleg dafür, dass das „heldenhafte" Motiv der Steuervereinfachung eine Illusion bleibt, ja vielleicht bleiben muss.

Literaturverzeichnis

Adler, Hans (Begr.) — Adler/Düring/Schmaltz
Rechnungslegung und Prüfung der Unternehmen – Kommentar zum HGB, AktG, GmbHG, PublG nach den Vorschriften des Bilanzrichtlinien-Gesetzes, 6. Auflage, Stuttgart 1996/1997/1998
(zit.: *ADS*, Rechnungslegung und Prüfung der Unternehmen)

Ahmann, Karin-Renate — Die Bilanzrichtlinie und die steuerliche Gewinnermittlung – Eine Zwangsehe?
In: Raupach/Uelner (Hrsg.), Ertragsbesteuerung: Zurechnung, Ermittlung, Gestaltung, Festschrift für Ludwig Schmidt zum 65. Geburtstag, München 1993, S. 269 – 289
(zit.: *Ahmann*, FS Schmidt)

Arbeitskreis Bilanzrecht der Hochschullehrer Rechtswissenschaft — Nochmals: Plädoyer für eine Abschaffung der „umgekehrten Maßgeblichkeit"!
In: Deutsches Steuerrecht, 2008, S. 1057 – 1060
(zit.: *Arbeitskreis Bilanzrecht*, DStR 2008)

ders. — Zur Fortentwicklung des deutschen Bilanzrechts
In: Betriebs-Berater, 2002, S. 2372 – 2381
(zit.: *Arbeitskreis Bilanzrecht*, BB 2002)

Arnold, Arnd — Die Zukunft des Verhältnisses von Handelsbilanz und steuerlicher Gewinnermittlung
In: Steuer und Wirtschaft, 2005, S. 148 – 157
(zit.: *Arnold*, StuW 2005)

Baetge, Jörg / Haenelt, Timo — Kritische Würdigung der Kapitalabgrenzung im IFRS-Abschluss und Darstellung des alternativen Loss Absorption Approach der EFRAG und des DSR
In: Zeitschrift für Unternehmens- und Gesellschaftsrecht, 2008, S. 296 – 323
(zit.: *Baetge/Haenelt*, ZGR 2008)

Baetge, Jörg / Kirsch, Hans-Jürgen / Thiele, Stefan — Bilanzen
11. Auflage, Düsseldorf 2011
(zit.: *Bearbeiter*, in: Baetge/Kirsch/Thiele, Bilanzen)

dies. — Bilanzrecht – Handelsrecht mit Steuerrecht und den Regelungen des IASB, Kommentar, Bonn 2002, Loseblattsammlung, Stand April 2011
(zit.: *Bearbeiter*, in: Baetge/Kirsch/Thiele, Bilanzrecht)

dies. — Konzernbilanzen
9. Auflage, Düsseldorf 2011
(zit.: *Baetge/Kirsch/Thiele*, Konzernbilanzen)

Baetge, Jörg / Winkeljohann, Norbert / Haenelt, Timo — Die Bilanzierung des gesellschaftsrechtlichen Eigenkapitals von Nicht-Kapitalgesellschaften nach der novellierten Kapitalabgrenzung des IAS 32 (rev. 2008)
In: Der Betrieb, 2008, S. 1518 – 1522
(zit.: *Baetge/Winkeljohann/Haenelt*, DB 2008)

Ballwieser, Wolfgang — Die Konzeptionslosigkeit des International Accounting Standards Board (IASB)
In: Crezelius/Hirte/Vieweg, Festschrift für Volker Röhricht zum 65. Geburtstag, Köln 2005, S. 727 – 745
(zit.: *Ballwieser*, FS Röhricht)

Ballwieser, Wolfgang (Hrsg.) / u.a. — Wiley Handbuch International Financial Reporting Standards 2010
6. Auflage, Weinheim 2010
(zit.: *Bearbeiter*, in: Wiley IFRS-Kommentar)

Ballwieser, Wolfgang (Hrsg.) / Sven Beyer (Hrsg.) / Hansjörg Zelger (Hrsg.)	Unternehmenskauf nach IFRS und US-GAAP Purchase Price Allocation, Goodwill und Impairment-Test 2. Auflage, Stuttgart 2008 (zit.: *Bearbeiter,* in: Ballwieser/Beyer/Zelger, Unternehmenskauf)
Baßler, Johannes	Zu den „Steuerspezifika" der Grundfreiheiten des EG-Vertrages In: Internationales Steuerrecht, 2005, S. 822 – 828 (zit.: *Baßler,* IStR 2005)
Bauer, Anna	Unterkapitalisierungsregelungen in Europa – eine Analyse In: Steuer und Wirtschaft, 2009, S. 163 – 183 (zit.: *Bauer,* StuW 2009)
Baumbach, Adolf (Begr.) / Hopt, Klaus J. / Merkt, Hanno	Handelsgesetzbuch 34. Auflage, München 2010 (zit.: *Bearbeiter,* in: Baumbach/Hopt, HGB)
Becker, Manfred / Kloock, Josef / Schmidt, Reinhart / Wäscher, Gerhard (Hrsg.)	Unternehmen im Wandel und Umbruch – Transformation, Evolution und Neugestaltung privater und öffentlicher Institutionen Stuttgart 1998 (zit.: *Bearbeiter,* in: Becker/Kloock/Schmidt/ Wäscher, Unternehmen im Wandel und Umbruch)
Beisse, Heinrich	Gläubigerschutz – Grundprinzip des deutschen Bilanzrechts In: Festschrift für Karl Beusch zum 68. Geburtstag am 31. Oktober 1993, Berlin 1993, S. 77 – 97 (zit.: *Beisse,* FS Beusch)
Birk, Dieter	Das Leistungsfähigkeitsprinzip als Maßstab der Steuernormen zugl. Habil., Köln 1983 (zit.: *Birk,* Das Leistungsfähigkeitsprinzip als Maßstab der Steuernormen)

ders.	Steuerrecht 14. Auflage, Heidelberg [u.a.] 2011 (zit.: *Birk*, Steuerrecht)
Blaurock, Uwe	Handbuch der Stillen Gesellschaft 7. Auflage, Köln 2010 (zit.: *Blaurock*, Handbuch der Stillen Gesellschaft)
Blümich, Walter (Begr.) / Heuermann, Bernd (Hrsg.)	EStG/KStG/GewStG – Kommentar München, Loseblattsammlung, Stand Oktober 2010 (zit.: *Bearbeiter*, in: Blümich, EStG)
Blumenberg, Jens / Benz, Sebastian	Die Unternehmensteuerreform 2008 Köln 2007 (zit.: *Bearbeiter*, in: Blumenberg/Benz, UntStR 2008)
Böcking, Hans-Joachim	IFRS auch als Grundlage für die Ausschüttungs- und Steuerbemessung In: Wehrheim/Heurung (Hrsg.), Steuerbelastung – Steuerwirkung – Steuergestaltung, Festschrift zum 65. Geburtstag von Winfried Mellwig, Wiesbaden 2007, S. 53 – 86 (zit.: *Böcking*, FS Mellwig)
Böcking, Hans-Joachim / Gros, Marius	IFRS und die Zukunft der steuerlichen Gewinnermittlung In: Deutsches Steuerrecht, 2007, S. 2339 – 2344 (zit.: *Böcking/Gros*, DStR 2007)
Bohl, Werner (Hrsg.) / Riese, Joachim (Hrsg.) / Schlüter, Jörg (Hrsg.)	Beck'sches IFRS-Handbuch 3. Auflage, München 2009 (zit.: *Bearbeiter*, in: Beck-IFRS-HB)
Bohn, Alexander	Zinsschranke und Alternativmodelle zur Beschränkung des steuerlichen Zinsabzuges zugl. Diss., Köln 2009 (zit.: *Bohn*, Zinsschranke)

Bohn, Alexander / Loose, Thomas — Ausgewählte Zweifelsfragen bei der Anwendung des EBITDA-Vortrags
In: Deutsches Steuerrecht, 2011, S. 241 – 246
(zit.: *Bohn/Loose*, DStR 2011)

Breithecker, Volker / Förster, Guido / Förster, Ursula / Klapdor, Ralf — Unternehmensteuerreformgesetz 2008
Kommentar
Berlin 2007
(zit.: *Bearbeiter*, in: Breithecker/Förster/Förster/Klapdor, UntStRefG)

Breithecker, Volker / Klapdor, Ralf / Rokitta, Miriam — Stellen die IFRS die richtige Grundlage für eine gemeinsame steuerliche Bemessungsgrundlage in der EU dar?
In: Steuer und Wirtschaft, 2007, S. 145 – 160
(zit.: *Breithecker/Klapdor/Rokitta*, StuW 2007)

Breker, Norbert / Harrison, David A. / Schmidt, Martin — Die Abgrenzung von Eigen- und Fremdkapital – Der gegenwärtige IASB-Ansatz und Verbesserungsvorschläge –
In: Zeitschrift für internationale und kapitalmarktorientierte Rechnungslegung, 2005, S. 469 – 479
(zit.: *Breker/Harrison/Schmidt*, KoR 2005)

Brinkmann, Jürgen — Zweckadäquanz der Rechnungslegung nach IFRS – Eine Untersuchung aus deutscher Sicht
zugl. Diss., Berlin 2006
(zit.: *Brinkmann*, Zweckadäquanz der Rechnungslegung nach IFRS)

Bron, Jan Frederik — Betriebsbegriff und beschränkte Steuerpflicht im Rahmen der Zinsschrankenregelung der §§ 4h EstG und 8a KStG
In: Internationales Steuerrecht, 2008, S. 14 – 16
(zit.: *Bron*, IStR 2008)

Brunsbach, Stefan — Eigenkapitalvergleich im Rahmen der Zinsschranke – Bestimmung des relevanten Konzerns
In: Internationales Steuerrecht, 2010, S. 745 – 750
(zit.: *Brunsbach*, IStR 2010)

Budde, Wolfgang (Begr.) / u.a. — Beck'scher Bilanz-Kommentar – Handels- und Steuerbilanz
§§ 238 bis 339, 342 bis 342e HGB mit EGHGB und IAS/IFRS-Abweichungen
5. Auflage, München 2003
6. Auflage, München 2006
7. Auflage, München 2010
(zit.: *Bearbeiter*, in: Beck Bil-Komm.)

Bünning, Martin / Möser, Christian — Gemeinsame konsolidierte Körperschaftsteuer-Bemessungsgrundlage (GKKB) – Vorbild für eine nationale Gruppenbesteuerung?
In: Betriebs-Berater, 2011, S. 2647 – 2653
(zit.: *Bünning/Möser*, BB 2011)

Burkert, Manfred — Funktionsverlagerungen im internationalen Konzern
In: Internationales Steuerrecht, 2003, S. 320 – 324
(zit.: *Burkert*, IStR 2003)

Busse von Colbe, Walther / Ordelheide, Dieter / Gebhardt, Günter / Pellens, Bernhard — Konzernabschlüsse – Rechnungslegung nach betriebswirtschaftlichen Grundsätzen sowie nach Vorschriften des HGB und der IAS/IFRS
9. Auflage, Wiesbaden 2010
(zit.: *Busse von Colbe/Ordelheide/Gebhardt/Pellens*, Konzernabschlüsse)

Butzer, Hermann — Der Halbteilungsgrundsatz und seine Ableitung aus dem Grundgesetz
In: Steuer und Wirtschaft, 1999, S. 227 – 242
(zit.: *Butzer*, StuW 1999)

Bydlinski, Franz | Juristische Methodenlehre und Rechtsbegriff, Wien 1982
(zit.: *Bydlinski,* Juristische Methodenlehre und Rechtsbegriff)

Centrale für GmbH Dr. Otto Schmidt | Stellungnahme vom 26.3.2007 zum Gesetzentwurf der Bundesregierung eines Unternehmensteuerreformgesetzes 2008 vom 14.3.2007
In: GmbH-Rundschau, 2007, S. 421 – 424
(zit.: *Centrale für GmbH Dr. Otto Schmidt,* GmbHR 2007)

Coenenberg, Alexandra | Die Einführung der Zinsschrankenregelung und des IFRS-Jahresabschlusses als Grundlage für deutsche Besteuerungszwecke
In: Praxis der internationalen Rechnungslegung, 2007, S. 207 – 214
(zit.: *Coenenberg,* PiR 2007)

Cremer, Wolfram | Gewinnstreben als öffentliche Unternehmen legitimierender Zweck: Die Antwort des Grundgesetzes
In: Die Öffentliche Verwaltung, 2003, S. 921 – 932
(zit.: *Cremer,* DÖV 2003)

Cryns, Anna Sabrina | Gesellschafterfremdfinanzierung in Frankreich und Zinsschranke – ein Rechtsvergleich
zugl. Diss., Frankfurt a.M. 2011
(zit.: *Cryns,* Gesellschafterfremdfinanzierung)

Dauber, Desiree | Das Realisationsprinzip als Grundprinzip der steuerrechtlichen Gewinnermittlung
zugl. Diss., Frankfurt a.M. 2003
(zit.: *Dauber,* Realisationsprinzip als Grundprinzip der steuerrechtlichen Gewinnermittlung)

Dederer, Hans-Georg Halbteilungsgrundsatz – woher, wohin? Zum Urteil des BFH vom 11.8.1999
In: Steuer und Wirtschaft, 2000, S. 91 – 98
(zit.: *Dederer*, StuW 2000)

Dettmeier, Michael Escape-Klausel: Der Notausgang als Sackgasse – Zu IDW EPS 901 (Grundsätze für die prüferische Durchsicht von Überleitungsrechnungen nach § 4h EStG) –
In: Status:Recht, Beilage zu Der Betrieb, 2009, S. 114
(zit.: *Dettmeier*, S:R 2009)

ders. [*Neuer* IAS 32 lässt kündbares Eigenkapital zu!]…welche Folgen hat das steuerlich?
In: Status:Recht, Beilage zu Der Betrieb, 2008, S. 91 – 92
(zit.: *Dettmeier*, S:R 2008)

ders. Steuerliche Auswirkungen des BilMoG
In: Neue Wirtschafts-Briefe, 2008, S. 3159 – 3167
(zit.: *Dettmeier*, NWB 2008)

Dettmeier, Michael / Pöschke, Moritz Der „ordentliche" Austritt aus der GmbH – Gesellschaftsrecht und Eigenkapitalausweis nach IAS/IFRS
In: GmbH-Rundschau, 2006, S. 297 – 300
(zit.: *Dettmeier/Pöschke*, GmbHR 2006)

dies. Minderheitsanteile im Konzernabschluss nach IAS/IFRS
In: Zeitschrift für internationale und kapitalmarktorientierte Rechnungslegung, 2006, S. 76 – 81
(zit.: *Dettmeier/Pöschke*, KoR 2006)

dies. Schwerpunktbereich – Einführung in das „internationale" Bilanzrecht
In: Juristische Schulung, 2007, S. 313 – 317
(zit.: *Dettmeier/Pöschke*, JuS 2007)

Deutsches Institut für Wirtschaftsforschung — Unternehmensbesteuerung: Trotz hoher Steuersätze mäßiges Aufkommen
In: DIW, Wochenbericht 5/2007, S. 57 – 65
(zit.: *DIW*, Wochenbericht 5/2007)

Döllerer, Georg — Maßgeblichkeit der Handelsbilanz in Gefahr
In: Betriebs-Berater, 1971, S. 1333 – 1335
(zit.: *Döllerer*, BB 1971)

Dörfler, Oliver — Das BMF-Schreiben zur Zinsschranke vom 04.07.2008 – Überblick, Anmerkungen und offene Fragen
In: Die Unternehmensbesteuerung, 2008, S. 693 – 705
(zit.: *Dörfler*, Ubg 2008)

Dörr, Ingmar / Geibel, Stephan / Fehling, Daniel — Die neue Zinsschranke – Neues Abzugsverbot für Zinsaufwendungen lässt Gestaltungsspielraum
In: Neue Wirtschaftsbriefe für Steuer- und Wirtschaftsrecht, Fach 4, S. 5199 – 5216
(zit.: *Dörr/Geibel/Fehling*, NWB Fach 4)

Dötsch, Ewald / Jost, Werner / Pung, Alexandra / Witt, Georg — Die Körperschaftsteuer – Kommentar zum Körperschaftsteuergesetz, Umwandlungssteuergesetz und zu den einkommensteuerrechtlichen Vorschriften der Anteilseignerbesteuerung
Band 2, §§ 8 Abs. 3 – 8c KStG
Stuttgart, Loseblattsammlung, Stand Juni 2011
(zit.: *Bearbeiter,* in: Dötsch/Jost/Pung/Witt, Körperschaftsteuer)

Doralt, Werner — Sind Rückstellungen steuerpolitisch gerechtfertigt?
In: Der Betrieb, 1998, S. 1357 – 1358
(zit.: *Doralt*, DB 1998)

Dorenkamp, Christian	Eigen- und Fremdkapitalfinanzierung im Steuerrecht In: Veröffentlichung der Deutschen Steuerjuristischen Gesellschaft e.V., Gestaltungsfreiheit und Gestaltungsmissbrauch, DStJG Band 33, Köln 2010, S. 301 – 338 (zit.: *Dorenkamp*, DStJG 33 (2010))
Drüen, Klaus-Dieter	Die Bruttobesteuerung von Einkommen als verfassungsrechtliches Vabanquespiel In: Steuer und Wirtschaft, 2008, S. 3 – 14 (zit.: *Drüen*, StuW 2008)
Ebenroth, Carsten T. (Begr.) / Boujong, Karlheinz (Begr.) / Joost, Detlev (Begr./Hrsg.) / Strohn, Lutz (Hrsg.)	Handelsgesetzbuch Band 1: §§ 1 – 342e 2. Auflage, München 2008 (zit.: *Bearbeiter*, in: Ebenroth/Boujong/Joost/Strohn, HGB)
Eickhorst, Daniel	Auswirkungen der Unternehmensteuerreform 2008 auf Krisenunternehmen und ihre Sanierung In: Betrieb-Berater, 2007, S. 1707 – 1710 (zit.: *Eickhorst*, BB 2007)
Eilers, Stephan	Die Zinsschranke in der Finanzmarktkrise In: Spindler/Tipke/Rödder (Hrsg.), Steuerzentrierte Rechtsberatung, Festschrift für Harald Schaumburg zum 65. Geburtstag, Köln 2009, S. 275 – 286 (zit.: *Eilers*, FS Schaumburg)
ders.	Fremdfinanzierung im Unternehmen nach der Unternehmensteuerreform 2008 In: Finanz-Rundschau, Ertragsteuerrecht, 2007, S. 733 – 735 (zit.: *Eilers*, FR 2007)

ders. — Zinsschrankenerfahrungen – Sub-prime crisis; Reaktionsgestaltungen; Private Equity Strukturen –
In: Die Unternehmensbesteuerung, 2008, S. 197 – 201
(zit.: *Eilers,* Ubg 2008)

Eilers, Stephan / Bühring, Franziska — Das Ende des Schönwetter-Steuerrechts – Die Finanzmarktkrise gebietet Änderungen im deutschen Sanierungssteuerrecht
In: Deutsches Steuerrecht, 2009, S. 137 – 141
(zit.: *Eilers/Bühring,* DStR 2009)

Eilers, Stephan (Hrsg.) / Rödding, Adalbert (Hrsg.) / Schmalenbach, Dirk (Hrsg.) — Unternehmensfinanzierung
München 2008
(zit.: *Bearbeiter,* in: Eilers/Rödding/Schmalenbach, Unternehmensfinanzierung)

Emmerich, Volker / Habersack, Mathias — Aktien- und GmbH-Konzernrecht
6. Auflage, München 2010
(zit.: *Bearbeiter,* in: Emmerich/Habersack, Aktien- und GmbH-Konzernrecht)

Englisch, Joachim — Dividendenbesteuerung – Europa- und verfassungsrechtliche Vorgaben im Vergleich der Körperschaftsteuersysteme Deutschlands und Spaniens
zugl. Diss., Köln 2005
(zit.: *Englisch,* Dividendenbesteuerung)

ders. — Folgerichtiges Steuerrecht als Verfassungsgebot
In: Tipke/Seer/Hey/Englisch (Hrsg.), Gestaltung der Steuerrechtsordnung, Festschrift für Joachim Lang zum 70. Geburtstag, Köln 2010, S. 167 – 220
(zit.: *Englisch,* FS Lang)

ders. Verfassungsrechtliche Grundlagen und Grenzen des objektiven Nettoprinzips
In: Beihefter zu Deutsches Steuerrecht, 2009, Heft 34, S. 92 – 100
(zit.: *Englisch*, Beihefter DStR 34/2009)

Erchinger, Holger / Melcher, Winfried IFRS-Konzernrechnungslegung – Neuerungen nach IFRS 10
In: Der Betrieb, 2011, S. 1229 – 1238
(zit.: *Erchinger/Melcher*, DB 2011)

Ernst, Christoph BB-Gesetzgebungsreport: Auswirkungen des 10-Punkte-Programms „Unternehmensintegrität und Anlegerschutz" auf das Bilanzrecht
In: Betriebs-Berater, 2003, S. 1487 – 1491
(zit.: *Ernst*, BB 2003)

ders. Die Zukunft des handelsrechtlichen Einzelabschlusses
In: Steuerberater-Jahrbuch, 2003 – 2004, S. 69 – 78
(zit.: *Ernst*, StbJb 2003/2004)

Ernst & Young / BDI Die Unternehmensteuerreform 2008
Bonn/Berlin 2007
(zit.: *Bearbeiter*, in: EY/BDI, UntStR 2008)

Euler, Roland Paradigmenwechsel im handelsrechtlichen Einzelabschluss: Von den GoB zu den IAS?
In: Betriebs-Berater, 2002, S. 875 – 880
(zit.: *Euler*, BB 2002)

Fischer, Hardy Die Zinsschranke in der Krise
In: Status:Recht, Beilage zu Der Betrieb, 2009, S. 114 – 115
(zit.: *Fischer*, S:R 2009)

Fischer, Hardy / Wagner, Thomas — Das BMF-Schreiben zur Zinsschranke – Überblick/Bewertung/Verbleibende Gestaltungen
In: Betriebs-Berater, 2008, S. 1872 – 1879
(zit.: *Fischer/Wagner*, BB 2008)

Fröhlich, Christoph — Bilanzierung von Beteiligungen an assoziierten Unternehmen – Die Equity-Methode nach HGB und IAS
(zit.: *Fröhlich*, Bilanzierung von Beteiligungen an assoziierten Unternehmen)

Frotscher, Gerrit — Die rechtlichen Wirkungen des § 8a KStG n.F.
In: Deutsches Steuerrecht, 2004, S. 377 – 386
(zit.: *Frotscher*, DStR 2004)

ders. — Einkommensteuergesetz – Praxis Kommentar
Freiburg, Loseblattsammlung, Stand Juli 2011
(zit.: *Bearbeiter*, in: Frotscher, EStG)

Fuchs, Markus / Stibi, Bernd — IFRS 11 „Joint Arrangements" – lange erwartet und doch noch mit (kleinen) Überraschungen?
In: Betriebs-Berater, 2011, S. 1451 – 1455
(zit.: *Fuchs/Stibi*, BB 2011)

Führich, Gregor — Auswirkungen der Zins- und Lizenzrichtlinie auf Abzugsbeschränkungen im deutschen Steuerrecht
In: Die Unternehmensbesteuerung, 2009, S. 30 – 42
(zit.: *Führich*, Ubg 2009)

ders. — Ist die geplante Zinsschranke europarechtskonform?
In: Internationales Steuerrecht, 2007, S. 341 – 345
(zit.: *Führich*, IStR 2007)

Fülbier, Rolf Uwe — Konzernbesteuerung nach IFRS – IFRS-Konsolidierungsregeln als Ausgangspunkt einer konsolidierten steuerlichen Gewinnermittlung in der EU?
Frankfurt a.M. 2006
(zit.: *Fülbier*, Konzernbesteuerung nach IFRS)

ders. — Systemtauglichkeit der International Financial Reporting Standards für Zwecke der steuerlichen Gewinnermittlung
In: Steuer und Wirtschaft, 2006, S. 228 – 242
(zit.: *Fülbier*, StuW 2006)

Fülbier, Rolf Uwe / Gassen, Joachim — Wider die Maßgeblichkeit der International Accounting Standards für die steuerliche Gewinnermittlung
In: Der Betrieb, 1999, S. 1511 – 1513
(zit.: *Fülbier/Gassen*, DB 1999)

Fuest, Clemens — Das Reformkonzept der Kommission Steuergesetzbuch der Stiftung Marktwirtschaft
In: Achim Truger, Die Zukunft des deutschen Steuersystems, Marburg 2006
(zit.: *Fuest*, in: Truger, Die Zukunft des deutschen Steuersystems)

Ganssauge, Karsten / Mattern, Oliver — Der Eigenkapitalvergleich im Rahmen der Zinsschranke
In: Deutsches Steuerrecht, 2008, Teil I: S. 213 ff., Teil II: S. 267 ff.
(zit.: *Ganssauge/Mattern*, DStR 2008)

Gocksch, Sebastian — Besteuerung inländischer Private Equity-Fonds
zugl. Diss., Köln 2004
(zit.: *Gocksch*, Besteuerung inländischer Private Equity-Fonds)

Goebel, Sören / Eilinghoff, Karolina (Nicht-)Konformität der Zinsschranke mit dem Grundgesetz und Europarecht?
In: Deutsche Steuer-Zeitung, 2010, S. 550 – 562
(zit.: *Goebel/Eilinghoff*, DStZ 2010)

dies. Systematische Darstellung der Konzernklausel im Sinne der Zinsschranke vor und nach BilMoG
In: Deutsche Steuer-Zeitung, 2010, Teil I: S. 487 ff., Teil II: S. 515 ff.
(zit.: *Goebel/Eilinghoff*, DStZ 2010)

Gosch, Dietmar Vielerlei Gleichheiten – Das Steuerrecht im Spannungsfeld von bilateralen, supranationalen und verfassungsrechtlichen Anforderungen
In: Deutsches Steuerrecht, 2007, S. 1553 – 1561
(zit.: *Gosch*, DStR 2007)

Gräfer, Horst / Scheld, Guido A. Grundzüge der Konzernrechnungslegung
10. Auflage, Berlin 2007
(zit.: *Gräfer/Scheld*, Konzernrechnungslegung)

Groh, Manfred Die wirtschaftliche Betätigung im rechtlichen Sinne
In: Steuer und Wirtschaft, 1989, S. 227 – 231
(zit.: *Groh*, StuW 1989)

Günterberg, Brigitte / Kayser, Gunter SMEs in Germany – Facts and Figures 2004
Bonn 2004, abrufbar unter: (Abruf am 30.10.2011)
http://www.ifm-bonn.de/assets/documents/IfM-Materialien-161.pdf
(zit.: *Günterberg/Kayser*, SMEs in Germany 2004)

Haferkamp, Ute — Die Kapitalverkehrsfreiheit im System der Grundfreiheiten des EG-Vertrags
zugl. Diss., Baden-Baden 2003
(zit.: *Haferkamp*, Die Kapitalverkehrsfreiheit)

Hageböke, Jens / Stangl, Ingo — Zur Konzernfreiheit von assoziierten Unternehmen im Rahmen der Zinsschranke
In: Der Betrieb, 2008, S. 200 – 202
(zit.: *Hageböke/Stangl*, DB 2008)

Hahne, Klaus D. — Die Begünstigung von Beteiligungen an Personengesellschaften bei der „Zinsschranke" – Gestaltungsmöglichkeiten zur Erhöhung des steuerlichen Zinsabzugs
In: Deutsches Steuerrecht, 2007, S. 1947 – 1950
(zit.: *Hahne*, DStR 2007)

Hallerbach, Dorothee — Das BMF-Anwendungsschreiben zur Zinsschranke (Teil II)
In: Steuern und Bilanzen, 2008, S. 624 – 629
(zit.: *Hallerbach*, StuB 2008)

dies. — Einführung einer Zinsschranke im Entwurf eines Unternehmensteuerreformgesetzes 2008
In: Steuern und Bilanzen, 2007, S. 289 – 294
(zit.: *Hallerbach*, StuB 2007)

dies. — Problemfelder der neuen Zinsschrankenregelung des § 4h EStG
In: Steuern und Bilanzen, 2007, S. 487 – 494
(zit.: *Hallerbach*, StuB 2007)

Hansen, Herbert — Die GmbH verbessert ihre Position als umsatzstärkste Unternehmensgruppe
In: GmbH-Rundschau, 1997, S. 832 – 834
(zit.: *Hansen*, GmbHR 1997)

Heintges, Sebastian — Entwicklung der Rechnungslegung nach internationalen Vorschriften – Konsequenzen für deutsche Unternehmen
In: Der Betrieb, 2006, S. 1569 – 1576
(zit.: *Heintges*, DB 2006)

Heintges, Sebastian / Kamphaus, Christine / Loitz, Rüdiger — Jahresabschluss nach IFRS und Zinsschranke
In: Der Betrieb, 2007, S. 1261 – 1266
(zit.: *Heintges/Kamphaus/Loitz*, DB 2007)

Hennrichs, Joachim — Ausbau der Konzernrechnungslegung im Lichte internationaler Entwicklungen
In: Zeitschrift für Unternehmens- und Gesellschaftsrecht, 2000, S. 627 – 650
(zit.: *Hennrichs*, ZGR 2000)

ders. — Bilanzgestützte Kapitalerhaltung, HGB-Jahresabschluß und Maßgeblichkeitsprinzip – Dinosaurier der Rechtsgeschichte?
In: Steuer und Wirtschaft, 2005, S. 256 – 264
(zit.: *Hennrichs*, StuW 2005)

ders. — Bilanzierung und Bewertung eines Geschäfts- oder Firmenwerts nach BilMoG, Steuerbilanzrecht und IFRS
In: Spindler/Tipke/Rödder (Hrsg.), Steuerzentrierte Rechtsberatung, Festschrift für Harald Schaumburg zum 65. Geburtstag, Köln 2009, S. 367 – 385
(zit.: *Hennrichs*, FS Schaumburg)

ders. — Bilanz- und steuerrechtliche Aspekte der sog. Scheinauslandsgesellschaften
In: Berger/Borges/Herrmann/Schlüter/Wackerbarth (Hrsg.), Zivil- und Wirtschaftsrecht im Europäischen und Globalen Kontext, Festschrift für Norbert Horn zum 70. Geburtstag, Berlin 2006, S. 387 – 402
(zit.: *Hennrichs*, FS Horn)

ders. Der steuerrechtliche sog. Maßgeblichkeitsgrundsatz gem. § 5 EStG – Stand und Perspektiven
In: Steuer und Wirtschaft, 1999, S. 138 – 153
(zit.: *Hennrichs,* StuW 1999)

ders. Dualismus der Unternehmensbesteuerung aus gesellschaftsrechtlicher und steuersystematischer Sicht – Oder: Die nach wie vor unvollendete Unternehmenssteuerreform
In: Steuer und Wirtschaft, 2002, S. 201 – 216
(zit.: *Hennrichs,* StuW 2002)

ders. IAS 32 amended – Eigenkapital deutscher Personengesellschaften im IFRS-Abschluss – zugleich Bemerkungen zur Gewinnermittlung und Gewinnverwendung bei Personenhandelsgesellschaften
In: Die Wirtschaftsprüfung, 2009, S. 1066 – 1075
(zit.: *Hennrichs,* WPg 2009)

ders. Immaterielle Vermögensgegenstände nach dem Entwurf des Bilanzrechtsmodernisierungsgesetzes (BilMoG)
In: Der Betrieb, 2008, S. 537 – 542
(zit.: *Hennrichs,* DB 2008)

ders. Kündbare Gesellschaftereinlagen nach IAS 32 – Ein Beispiel zur Auslegung und Rechtskontrolle von in Gemeinschaftsrecht übernommenen IFRS –
In: Die Wirtschaftsprüfung, 2006, S. 1253 – 1262
(zit.: *Hennrichs,* WPg 2006)

ders. Leistungsfähigkeit – objektives Nettoprinzip – Rückstellung
In: Tipke/Seer/Hey/Englisch (Hrsg.), Gestaltung der Steuerrechtsordnung, Festschrift für Joachim Lang zum 70. Geburtstag, Köln 2010, S. 237 – 254
(zit.: *Hennrichs*, FS Lang)

ders. Maßgeblichkeitsprinzip oder eigenständige Prinzipien für die Steuerbilanz
In: Veröffentlichung der Deutschen Steuerjuristischen Gesellschaft e.V., Besteuerung von Einkommen, DStJG Band 24, Köln 2001, S. 301 – 328
(zit.: *Hennrichs*, DStJG 24 (2001))

ders. Neufassung der Maßgeblichkeit gemäß § 5 Abs. 1 EStG nach dem BilMoG
In: Die Unternehmensbesteuerung, 2009, S. 533 – 543
(zit.: *Hennrichs*, Ubg 2009)

ders. Prognosen im Bilanzrecht
In: Die Aktiengesellschaft, 2006, S. 698 – 706
(zit.: *Hennrichs*, AG 2006)

ders. Wahlrechte im Bilanzrecht der Kapitalgesellschaften unter besonderer Berücksichtigung der EG-Bilanz-Richtlinie
zugl. Habil., Köln 1999
(zit.: *Hennrichs*, Wahlrechte im Bilanzrecht der Kapitalgesellschaften)

ders. Wahrheit und Dichtung – oder: Aspekte zur Wiederherstellung des Vertrauens in Bilanzen
In: Crezelius/Hirte/Vieweg (Hrsg.), Festschrift für Volker Röhricht zum 65. Geburtstag, Köln 2005, S. 881 – 896
(zit.: *Hennrichs*, FS Röhricht)

ders. — Zinsschranke, Eigenkapitalvergleich und IFRS
In: Der Betrieb, 2007, S. 2101 – 2107
(zit.: *Hennrichs*, DB 2007)

ders. — Zinsschranke, IFRS-Rechnung und prüferische Durchsicht oder Prüfung
In: Deutsches Steuerrecht, 2007, S. 1926 – 1931
(zit.: *Hennrichs*, DStR 2007)

ders. — Zur normativen Reichweite der IFRS – Zugleich Anmerkungen zu den Urteilen des EuGH und des FG Hamburg in der Rechtssache „BIAO"
In: Neue Zeitschrift für Gesellschaftsrecht, 2005, S. 783 – 787
(zit.: *Hennrichs*, NZG 2005)

Hennrichs, Joachim / Dettmeier, Michael / Pöschke, Moritz / Schubert, Daniela — Geplante Änderungen der Kapitalabgrenzung nach ED IAS 32: „Neues" Eigenkapital für Personenhandelsgesellschaften
In: Kapitalmarktorientierte Rechnungslegung, 2007, S. 61 – 69
(zit.: *Hennrichs/Dettmeier/Pöschke/Schubert*, KoR 2007)

Hennrichs, Joachim (Hrsg.) / Kleindiek, Detlef (Hrsg.) / Watrin, Christoph (Hrsg.) — Münchener Kommentar zum Bilanzrecht
Band 1: IFRS, München 2008/2009, Loseblattsammlung, Stand September 2010
(zit.: *Bearbeiter*, in: MünchKommBilR IFRS)

Herrmann, Carl / Heuer, Gerhard / Raupach, Arndt — Einkommensteuer und Körperschaftsteuergesetz – Kommentar,
Köln 1950/2011, Loseblattsammlung, Stand September 2011
(zit.: *Bearbeiter*, in: HHR, EStG/KStG)

dies. — Jahresband 2008 – Kurzkommentar zur Unternehmensteuerreform 2008,
Köln 1950/2008
(zit.: *Bearbeiter*, in: HHR, Jahresband 2008)

Herzig, Norbert — IAS/IFRS und steuerliche Gewinnermittlung, Düsseldorf 2004
(zit.: *Herzig*, IAS/IFRS und steuerliche Gewinnermittlung)

ders. — IAS/IFRS und steuerliche Gewinnermittlung
In: Die Wirtschaftsprüfung, 2005, S. 211 – 235
(zit.: *Herzig*, WPg 2005)

ders. — Internationalisierung der Rechnungslegung und steuerliche Gewinnermittlung
In: Küting, Karlheinz / Pfitzer, Norbert / Weber, Claus-Peter – Herausforderungen und Chancen durch weltweite Rechnungslegungsstandards, Stuttgart 2004
(zit.: *Herzig*, Internationalisierung der Rechnungslegung)

ders. — Internationalisierung der Rechnungslegung und steuerliche Gewinnermittlung
In: Die Wirtschaftsprüfung, 2000, S. 104 – 119
(zit.: *Herzig*, WPg 2000)

ders. — Modernisierung des Bilanzrechts und Besteuerung
In: Der Betrieb, 2008, S. 1 – 10
(zit.: *Herzig*, DB 2008)

ders. — Reform der Unternehmensbesteuerung
In: Die Wirtschaftsprüfung, 2007, S. 7 – 14
(zit.: *Herzig*, WPg 2007)

ders. — Steuerliche Gewinnermittlung und handelsrechtliche Rechnungslegung
In: Internationales Steuerrecht, 2006, S. 557 – 560
(zit.: *Herzig*, IStR 2006)

Herzig, Norbert / Bär, Michaela	Die Zukunft der steuerlichen Gewinnermittlung im Licht des europäischen Bilanzrechts In: Der Betrieb, 2003, S. 1 – 8 (zit.: *Herzig/Bär*, DB 2003)
Herzig, Norbert / Bohn, Alexander	Internationale Vorschriften zur Zinsabzugsbeschränkung – Systematisierung denkbarer Alternativmodelle zur Zinsschranke In: Internationales Steuerrecht, 2009, S. 253 – 261 (zit.: *Herzig/Bohn*, IStR 2009)
dies.	Modifizierte Zinsschranke und Unternehmensfinanzierung – Diskussion von Plänen zur Unternehmensteuerreform 2008 – In: Der Betrieb, 2007, S. 1 – 10 (zit.: *Herzig/Bohn*, DB 2007)
Herzig, Norbert / Kuhr, Johannes	Grundlagen der steuerlichen Gewinnermittlung nach dem GKKB-Richtlinienentwurf In: Der Betrieb, 2011, S. 2053 – 2058 (zit.: *Herzig/Kuhr*, DB 2011)
Herzig, Norbert / Liekenbrock, Bernhard	Expertenbefragung zu Rechtsunsicherheiten der Zinsschranke In: Die Unternehmensbesteuerung, 2011, S. 102 – 112 (zit.: *Herzig/Liekenbrock*, Ubg 2011)
dies.	Konzernabgrenzung und Konzernbilanzierung nach §§ 4h EStG, 8a KStG bei Organschaft In: Die Unternehmensbesteuerung, 2009, S. 750 – 760 (zit.: *Herzig/Liekenbrock*, Ubg 2009)

dies.	Zinsschranke im Organkreis, Systematisierung und Analyse der gesetzlichen Neuregelungen In: Der Betrieb, 2007, S. 2387 – 2395 (zit.: *Herzig/Liekenbrock*, DB 2007)
dies.	Zum Zinsvortrag bei der Organschaft In: Der Betrieb, 2009, S. 1949 – 1956 (zit.: *Herzig/Liekenbrock*, DB 2009)
Herzig, Norbert / Lochmann, Uwe / Liekenbrock, Bernhard	Die Zinsschranke im Lichte einer Unternehmensbefragung – Einfluss auf Steuerplanung, Steuergestaltung und Steuerbelastung In: Der Betrieb, 2008, S. 593 – 602 (zit.: *Herzig/Lochmann/Liekenbrock*, DB 2008)
Herzig, Norbert / u.a.	Handbuch Unternehmensteuerreform 2008 Münster 2008 (zit.: *Bearbeiter*, in: Herzig et al., Handbuch UntStRef 2008)
Heuser, Paul J. / Theile, Carsten	IFRS-Handbuch, Einzel- und Konzernabschluss 4. Auflage, Köln 2009 (zit.: *Heuser/Theile*, IFRS-Handbuch)
Hey, Johanna	Gestaltungsspielraum des Gesetzgebers und Sicherung des Steueraufkommens – Mit einem Plädoyer für eine Vorabprüfung durch die EU-Kommission In: Finanz-Rundschau, 2008, S. 1033 – 1040 (zit.: *Hey*, FR 2008)
dies.	Körperschaft- und Gewerbesteuer und objektives Nettoprinzip In: Beihefter zu Deutsches Steuerrecht, 2009, Heft 34, S. 109 – 117 (zit.: *Hey*, Beihefter DStR 34/2009)

dies. Perspektiven der Unternehmensbesteuerung in Europa
In: Steuer und Wirtschaft, 2004, S. 193 – 211
(zit.: *Hey*, StuW 2004)

dies. Spezialgesetzliche Missbrauchsgesetzgebung aus steuersystematischer, verfassungs- und europarechtlicher Sicht
In: Steuer und Wirtschaft, 2008, S. 167 – 183
(zit.: *Hey*, StuW 2008)

dies. Steuerplanungssicherheit als Rechtsproblem
zugl. Habil., Köln 2002
(zit.: *Hey*, Steuerplanungssicherheit als Rechtsproblem)

dies. Verletzung fundamentaler Besteuerungsprinzipien durch die Gegenfinanzierungsmaßnahmen des Unternehmensteuerreformgesetzes 2008
In: Betriebs-Berater, 2007, S. 1303 – 1309
(zit.: *Hey*, BB 2007)

dies. Zur Geltung des Gebots der Folgerichtigkeit im Unternehmensteuerrecht
In: Deutsches Steuerrecht, 2009, S. 2561 – 2568
(zit.: *Hey*, DStR 2009)

Hierstetter, Felix Zinsvortrag und Restrukturierung
In: Der Betrieb, 2009, S. 79 – 84
(zit.: *Hierstetter*, DB 2009)

Hirsch, Günter Verhältnis des deutschen Verfassungsrechts zum Europarecht
In: Veröffentlichung der Deutschen Steuerjuristischen Gesellschaft e.V., Europa- und verfassungsrechtliche Grenzen der Unternehmensbesteuerung, DStJG Band 23, Köln 2000, S. 175 – 185
(zit.: *Hirsch*, DStJG 23 (2000))

Höfling, Wolfram Finanzmarktregulierung – Welche Regelungen empfehlen sich für den deutschen und europäischen Finanzsektor?
In: Beilage 3/2010 zu Neue Juristische Wochenschrift Heft 22/2010, S. 98 – 101
(zit.: *Höfling*, NJW-Beil. 2010)

Hölscher, Sebastian Ende der Zinsabzugsbeschränkungen bei konzerninternen Finanzierungen in der EU?
In: Recht der Internationalen Wirtschaft, 2010, S. 51 – 54
(zit.: *Hölscher*, RIW 2010)

Hoffmann-Becking, Michael / Rellermeyer, Klaus Gemeinschaftsunternehmen im neuen Recht der Konzernrechnungslegung
In: Havermann (Hrsg.), Bilanz- und Konzernrecht, Festschrift zum 65. Geburtstag von Reinhard Goerdeler, Düsseldorf 1987, S. 199 – 220
(zit.: *Hoffmann-Becking/Rellermeyer*, FS Goerdeler)

Homburg, Stefan Die Zinsschranke – eine beispiellose Steuerinnovation
In: Finanz-Rundschau, Ertragsteuerrecht, 2007, S. 717 – 728
(zit.: *Homburg*, FR 2007)

Hommel, Michael / Berndt, Thomas Das Realisationsprinzip – 1884 und heute
In: Betriebs-Berater, 2009, S. 2190 – 2194
(zit.: *Hommel/Berndt*, BB 2009)

Hommelhoff, Peter Deutscher Konzernabschluss: International Accounting Standards und das Grundgesetz
In: Böttcher/Heuck/Jähnke (Hrsg.), Festschrift für Walter Odersky zum 65. Geburtstag, Berlin 1996, S. 779 – 797
(zit.: *Hommelhoff*, FS Odersky)

Hüffer, Uwe — Aktiengesetz
9. Auflage, München 2010
(zit.: *Hüffer*, AktG)

Huken, Johannes — Entwurf eines BMF-Schreibens zur Zinsschranke
In: Der Betrieb, 2008, S. 544 – 549
(zit.: *Huken*, DB 2008)

Institut der Wirtschaftsprüfer in Deutschland e.V. (Hrsg.) — WP Handbuch 2006 – Wirtschaftsprüfung, Rechnungslegung, Beratung, Band I
13. Auflage, Düsseldorf 2006
(zit.: *IDW*, WP Handbuch 2006)

ders. — IDW Stellungnahme zu Auslegungsfragen zur Anwendung der sog. Zinsschranke (§ 4h EStG/§8a KStG)
In: Die Unternehmensbesteuerung, 2008, S. 53 – 55
(zit.: *IDW*, Ubg 2008)

ders. — IDW Stellungnahme zur Rechnungslegung: Einzelfragen zur Anwendung von IFRS (IDW RS HFA 2)
In: *IDW*, Prüfungsstandards/Stellungnahmen zur Rechungslegung, Loseblattsammlung, Stand August 2011
(zit.: *IDW*, RS HFA 2)

ders. — Stellungnahme zum Entwurf eines Unternehmensteuerreformgesetzes 2008
In: IDW Fachnachrichten, 2007, S. 194 – 207
(zit.: *IDW*, IDW-FN 2007)

Institut „Finanzen und Steuern" e.V. — Bilanzierung nach IAS/IFRS und Besteuerung
IFSt-Schrift Nr. 424, Bonn 2005
(zit.: IFSt-Schrift Nr. 424)

ders. Internationaler Steuerwettbewerb – Nationale und internationale Maßnahmen zur Eindämmung „schädlichen Steuerwettbewerbs"
IFSt-Schrift Nr. 427, Bonn 2005
(zit.: IFSt-Schrift Nr. 427)

ders. Zur Rechtsverbindlichkeit der internationalen Rechnungslegungsstandards (IAS/IFRS)
IFSt-Schrift Nr. 448, Bonn 2008
(zit.: IFSt-Schrift Nr. 448)

Inwinkl, Petra Die neue Prüfgruppe der EU-Kommission und das neue Verfahren zur Anerkennung der IFRS
In: Die Wirtschaftsprüfung, 2007, S. 289 – 295
(zit.: *Inwinkl*, WPg 2007)

Isensee, Josef (Hrsg.) / Kirchhof, Paul (Hrsg.) Handbuch des Staatsrechts der Bundesrepublik Deutschland
Band III – Das Handeln des Staates
2. Auflage, Heidelberg 1996
(zit.: *Bearbeiter*, in: Isensee/Kirchhof, Handbuch des Staatsrechts)

Isert, Dietmar / Schaber, Mathias Die Bilanzierung von Einlagen in Personenhandelsgesellschaften, Mezzanine-Kapital und anderen Finanzinstrumenten nach IFRS
In: Deutsches Steuerrecht, 2005, S. 2097 – 2100
(zit.: *Isert/Schaber*, DStR 2005)

dies. Zur Abgrenzung von Eigenkapital und Fremdkapital nach IAS 32 (rev. 2003)
In: Zeitschrift für internationale und kapitalmarktorientierte Rechnungslegung, 2005, S. 299 – 310 (Teil I), S. 357 – 364 (Teil II)
(zit.: *Isert/Schaber*, KoR 2005)

Jachmann, Monika — Besteuerung von Unternehmen als Gleichheitsproblem
In: Veröffentlichung der Deutschen Steuerjuristischen Gesellschaft e.V., Europa- und verfassungsrechtliche Grenzen der Unternehmensbesteuerung, DStJG Band 23, Köln 2000, S. 9 – 65
(zit.: *Jachmann*, DStJG 23 (2000))

Jacobs, Otto H. (Hrsg.) — Internationale Unternehmensbesteuerung
7. Auflage, München 2011
(zit.: *Jacobs*, Internationale Unternehmensbesteuerung)

ders. — Unternehmensbesteuerung und Rechtsform
4. Auflage, München 2009
(zit.: *Jacobs*, Unternehmensbesteuerung)

Jarass, Hans D. / Pieroth, Bodo — Grundgesetz für die Bundesrepublik Deutschland – Kommentar
11. Auflage, München 2011
(zit.: *Bearbeiter*, in: Jarass/Pieroth, Grundgesetz)

Jarass, Lorenz / Obermair, Gustav M. — Steuerliche Aspekte von Private-Equity- und Hedge-Fonds unter Berücksichtigung der Unternehmensteuerreform 2008
Düsseldorf 2007
(zit.: *Jarass/Obermair*, Steuerliche Aspekte von Private-Equity- und Hedge-Fonds)

Kahle, Holger — Europarechtliche Einflüsse auf den Maßgeblichkeitsgrundsatz
In: Steuer und Wirtschaft, 2001, S. 126 – 136
(zit.: *Kahle*, StuW 2001)

ders. — Steuerliche Gewinnermittlung unter dem Einfluss der IAS/IFRS
In: Zeitschrift für internationale Rechnungslegung, 2006, S. 87 – 94
(zit.: *Kahle*, IRZ 2006)

ders. Zur Zukunft der Rechnungslegung in Deutschland: IAS im Einzel- und Konzernabschluss?
In: Die Wirtschaftsprüfung, 2003, S. 262 – 275
(zit.: *Kahle*, WPg 2003)

Kahle, Holger / Dahlke, Andreas / Schulz, Sebastian Zunehmende Bedeutung der IFRS für die Unternehmensbesteuerung?
In: Steuer und Wirtschaft, 2008, S. 266 – 279
(zit.: Kahle/Dahlke/Schulz, StuW 2008)

Kaminski, Bert Entwurf eines BMF-Schreibens zur Zinsschranke (§ 4h EStG, § 8a KStG)
In: Die Steuerberatung, 2008, S. 196 – 211
(zit.: *Kaminski*, Stbg 2008)

Karrenbrock, Holger Wider die Aushöhlung des Leistungsfähigkeitsprinzips durch die Mindestbesteuerung
In: Der Betrieb, 2004, S. 559 – 564
(zit.: *Karrenbrock*, DB 2004)

Kessler, Wolfgang / Köhler, Stefan / Knörzer, Daniel Die Zinsschranke im Rechtsvergleich: Problemfelder und Lösungsansätze
In: Internationales Steuerrecht, 2007, S. 418 – 422
(zit.: *Kessler/Köhler/Knörzer*, IStR 2007)

Kessler, Wolfgang / Lindemer, Jörg Die Zinsschranke nach dem Wachstumsbeschleunigungsgesetz
In: Der Betrieb, 2010, S. 472 – 476
(zit.: *Kessler/Lindemer*, DB 2010)

Kirchhof, Paul Der verfassungsrechtliche Auftrag zur Besteuerung nach der finanziellen Leistungsfähigkeit
In: Steuer und Wirtschaft, 1985, S. 319 – 329
(zit.: *Kirchhof*, StuW 1985)

ders. Der verfassungsrechtliche Auftrag zur Steuervereinfachung
In: Bühler/Kirchhof/Klein (Hrsg.), Steuervereinfachung, Festschrift für Dietrich Meyding zum 65. Geburtstag, Heidelberg 1994, S. 3 – 20
(zit.: *Kirchhof*, FS Meyding)

ders. Die Kunst der Steuergesetzgebung
In: Neue Juristische Wochenschrift, 1987, S. 3217 – 3226
(zit.: *Kirchhof*, NJW 1987)

ders. Die Rechtsprechung des Bundesverfassungsgerichts zur Vermögen- und Erbschaftsteuer
In: Die Steuerberatung, 1996, S. 1 – 6
(zit.: *Kirchhof*, Stbg 1996)

ders. Die Unternehmensbesteuerung im Karlsruher Entwurf zur Reform des Einkommensteuergesetzes
In: Steuerberater-Jahrbuch 2002/2003, S. 7 – 26
(zit.: *Kirchhof*, StbJb 2002/2003)

ders. Die Widerspruchsfreiheit im Steuerrecht als Verfassungspflicht
In: Steuer und Wirtschaft, 2000, S. 316 – 327
(zit.: *Kirchhof*, StuW 2000)

ders. Einkommensteuergesetz – Kommentar
10. Auflage, Köln 2011
(zit.: *Bearbeiter*, in Kirchhof, EStG)

ders. Gesetzgebung und private Regelsetzung als Geltungsgrund für Rechnungslegungspflichten?
In: Zeitschrift für Unternehmens- und Gesellschaftsrecht, 2000, S. 681 – 692
(zit.: *Kirchhof*, ZGR 2000)

ders.	Steuergleichheit In: Steuer und Wirtschaft, 1984, S. 297 – 314 (zit.: *Kirchhof*, StuW 1984)
Kirsch, Hanno	Potenzielle Auswirkungen der Zinsschrankenregelung des § 4h EStG auf die Bilanzpolitik im IFRS-Konzern- und Einzelabschluss In: Der Konzern, 2007, S. 657 – 665 (zit.: *Kirsch*, DK 2007)
Kirsch, Hans-Jürgen / Ewelt, Corinna	ED 10 „Neuabgrenzung des Konsolidierungskreises": ein kleiner Schritt in die richtige Richtung In: Betriebs-Berater, 2009, S. 1574 – 1578 (zit.: *Kirsch/Ewelt*, BB 2009)
Kirsch, Hans-Jürgen / Ewelt-Knauer, Corinna	Abgrenzung des Vollkonsolidierungskreises nach IFRS 10 und IFRS 12 – Update zu BB 2009, 1574 ff. In: Betriebs-Berater, 2011, S. 1641 – 1645 (zit.: *Kirsch/Ewelt-Knauer*, BB 2011)
Knobbe-Keuk, Brigitte	Bilanz- und Unternehmenssteuerrecht 9. Auflage, Köln 1993 (zit.: *Knobbe-Keuk*, Bilanz- und Unternehmenssteuerrecht)
Knopf, Rüdiger / Bron, Jan F.	Höherrangiges Recht bei der Zinsschrankenbesteuerung zu beachten In: Betriebs-Berater, 2009, S. 1222 – 1224 (zit.: *Knopf/Bron*, BB 2007)
Köhler, Stefan	Erste Gedanken zur Zinsschranke nach der Unternehmensteuerreform In: Deutsches Steuerrecht, 2007, S. 597 – 604 (zit.: *Köhler*, DStR 2007)

Köhler, Stefan / Hahne, Klaus D.	BMF-Schreiben zur Anwendung der steuerlichen Zinsschranke und zur Gesellschafter-Fremdfinanzierung bei Kapitalgesellschaften – Wichtige Verwaltungsregelungen, strittige Punkte und offene Fragen nach dem BMF-Schreiben vom 4.7.2008, IV C 7 – S 2742-a/07/10001 In: Deutsches Steuerrecht, 2008, S. 1505 – 1516 (zit.: *Köhler/Hahne*, DStR 2008)
Köster, Oliver	Zinsschranke: Eigenkapitalvergleich und Bilanzpolitik In: Betriebs-Berater, 2007, S. 2278 – 2284 (zit.: *Köster*, BB 2007)
Köster-Böckenförde, Andreas / Clauss, Alexa	Der Begriff des „Betriebs" im Rahmen der Zinsschranke In: Der Betrieb, 2008, S. 2213 – 2216 (zit.: *Köster-Böckenförde/Clauss*, DB 2008)
Korn, Klaus	Die Zinsschranke nach § 4h EStG In: Kölner Steuerdialog, 2008, S. 15866 – 15883 (zit.: *Korn*, KÖSDI 2008)
Korn, Klaus / Strahl, Martin	Beratungsschwerpunkt Unternehmensteuerreform 2008 Köln 2007 (zit.: *Bearbeiter*, in: Beratungsschwerpunkt UntStRef 2008)
Kraft, Cornelia	Steuergerechtigkeit und Gewinnermittlung zugl. Diss., Wiesbaden 1991 (zit.: *C. Kraft*, Steuergerechtigkeit und Gewinnermittlung)
Kraft, Ernst Thomas	Die Abgrenzung von Eigen- und Fremdkapital nach IFRS In: Zeitschrift für Unternehmens- und Gesellschaftsrecht, 2008, S. 324 – 356 (zit.: *E. Kraft*, ZGR 2008)

Kraft, Andreas / Mayer-Theobald, Felicitas
Zinsschranke und atypisch stille Gesellschaft
In: Der Betrieb, 2008, S. 2325 – 2329
(zit.: *Kraft/Mayer-Theobald,* DB 2008)

Kraft, Gerhard / Bron, Jan F.
Die Zinsschranke – Ein europarechtliches Problem?
In: Europäisches Wirtschafts- und Steuerrecht, 2007, S. 487 – 492
(zit.: *Kraft/Bron,* EWS)

Kraus, Christoph
Körperschaftsteuerliche Integration von Personenunternehmen
zugl. Diss., Frankfurt a.M. 2009
(zit.: *Kraus,* Körperschaftsteuerliche Integration von Personenunternehmen)

Krietenstein, Cord-Friedrich
Gewerbliche Prägung der Einheits-GmbH & Co. KG
In: Steuern und Bilanzen, 2006, S. 16 – 18
(zit.: *Krietenstein,* StuB 2006)

ders.
Rechtsstellung der Komplementär-GmbH als auslösendes Moment der Konzernrechnungslegungspflicht nach HGB und IFRS
In: Zeitschrift für internationale und kapitalmarktorientierte Rechnungslegung, 2006, S. 267 – 272
(zit.: *Krietenstein,* KoR 2006)

Krüger, Holm / Thiere, Mathias
Gestaltungen im Bereich der Rechnungslegung als Reaktion auf die Einführung einer Zinsschranke
In: Zeitschrift für internationale und kapitalmarktorientierte Rechnungslegung, 2007, S. 470 – 477
(zit.: *Krüger/Thiere,* KoR 2007)

Küting, Karlheinz
Der Objektivierungsgrundsatz im HGB- und IFRS-System
In: Der Betrieb, 2011, S. 1404 – 1410
(zit.: *Küting*, DB 2011)

ders.
Saarbrücker Thesen zur Fortentwicklung des deutschen Bilanzrechts
In: Betriebs-Berater, 2004, Heft 30, Seite I
(zit.: *Küting*, BB 2004, Heft 30, S. I)

Küting, Karlheinz / Eichenlaub, Raphael
Einzelbewertungsgrundsatz im HGB- und im IFRS-System
In: Betriebs-Berater, 2011, S. 1195 – 1200
(zit.: *Küting/Eichenlaub*, BB 2011)

Küting, Karlheinz / Gattung, Andreas
Zweckgesellschaften als Tochterunternehmen nach SIC-12
In: Zeitschrift für internationale und kapitalmarktorientierte Rechnungslegung, 2007, S. 397 – 408
(zit.: *Küting/Gattung*, KoR 2007)

Küting, Karlheinz / Lauer, Peter
Die Jahresabschlusszwecke nach HGB und IFRS – Polarität oder Konvergenz?
In: Der Betrieb, 2011, S. 1985 – 1991
(zit.: *Küting/Lauer*, DB 2011)

Küting, Karlheinz / Weber, Claus-Peter
Der Konzernabschluss – Praxis der Konzernrechnungslegung nach HGB und IFRS
12. Auflage, Stuttgart 2010
(zit.: *Küting/Weber*, Konzernabschluss)

Küting, Karlheinz / Weber, Claus-Peter / Reuter, Michael
Steuerbemessungsfunktion als neuer Bilanzzweck des IFRS-/Konzern-Abschlusses durch die Zinsschrankenregelung? – Eine bilanz- und steuerrechtliche sowie bilanzanalytische Betrachtung
In: Deutsches Steuerrecht, 2008, S. 1602 – 1610
(zit.: *Küting/Weber/Reuter*, DStR 2008)

Küting, Karlheinz / Wirth, Johannes / Dürr, Ulrike — Personenhandelsgesellschaften durch IAS 32 (rev. 2003) vor der Schuldenfalle?
In: Die Wirtschaftsprüfung, 2006, S. 69 – 79
(zit.: *Küting/Wirth/Dürr,* WPg 2006)

Kuntschik, Nina — Steuerliche Gewinnermittlung und IAS/IFRS am Beispiel immaterieller Vermögenswerte – Insbesondere Forschungs- und Entwicklungskosten und Geschäftswerte
zugl. Diss., Köln 2004
(zit.: *Kuntschik,* Steuerliche Gewinnermittlung und IAS/IFRS)

Kußmaul, Heinz / Pfirmann, Armin / Meyering, Stephan / Schäfer, René — Ausgewählte Anwendungsprobleme der Zinsschranke
In: Betriebs-Berater, 2008, S. 135 – 141
(zit.: Kußmaul/Pfirmann/Meyering/Schäfer, BB 2008)

Kußmaul, Heinz / Ruiner, Christoph / Schappe, Christian — Ausgewählte Gestaltungsmaßnahmen zur Vermeidung der Anwendung der Zinsschranke
In: GmbH-Rundschau, 2008, S. 505 – 514
(zit.: Kußmaul/Ruiner/Schappe, GmbHR 2008)

Kußmaul, Heinz / Zabel, Michael — Ist Deutschland auf dem Weg (zurück) zu einer verstärkten Substanzbesteuerung? – Kritische Anmerkungen zu aktuellen Gesetzesvorhaben der Bundesregierung
In: Betriebs-Berater, 2007, S. 967 – 974
(zit.: *Kußmaul/Zabel,* BB 2007)

Lademann, Fritz (Begr.) — Kommentar zum Einkommensteuergesetz
4. Auflage, Stuttgart 1997, Loseblattsammlung, Stand Dezember 2010
(zit.: *Bearbeiter,* in: Lademann, EStG)

Lanfermann, Georg / Röhricht, Victoria	Auswirkungen des geänderten IFRS-Endorsement-Prozesses auf die Unternehmen In: Betriebs-Berater, 2008, S. 826 – 830 (zit.: *Lanfermann/Röhricht*, BB 2008)
Lang, Joachim	BB-Forum: Unternehmenssteuerreform im Staatenwettbewerb In: Betriebs-Berater, 2006, S. 1769 – 1773 (zit.: *Lang*, BB 2006)
ders.	Der Stellenwert des objektiven Nettoprinzips im deutschen Einkommensteuerrecht In: Steuer und Wirtschaft, 2007, S. 3 – 15 (zit.: *Lang*, StuW 2007)
ders.	Die Bemessungsgrundlage der Einkommensteuer – Rechtssystematische Grundlagen steuerlicher Leistungsfähigkeit im deutschen Einkommensteuerrecht zugl. Habil., Köln 1981/88 (zit.: *Lang*, Bemessungsgrundlage der Einkommensteuer)
ders.	Die Unternehmenssteuerreform – eine Reform pro GmbH, In: GmbH-Rundschau, 2000, S. 453 – 462 (zit.: *Lang*, GmbHR 2000)
ders.	Einfachheit und Gerechtigkeit der Besteuerung von investiertem Einkommen In: Rose, Manfred (Hrsg.), Integriertes Steuer- und Sozialsystem, Heidelberg 2003, S. 83 – 146 (zit.: *Lang*, in: Rose, Integriertes Steuer- und Sozialsystem)
ders.	Einkommensteuer – quo vadis? In: Finanz-Rundschau, Ertragsteuerrecht, 1993, S. 661 – 670 (zit.: *Lang*, FR 1993)

ders. Gewinnrealisierung – Rechtsgrundlagen, Grundtatbestände und Prinzipien im Rahmen des Betriebsvermögensvergleichs nach § 4 Abs. 1 EStG
In: Veröffentlichung der Deutschen Steuerjuristischen Gesellschaft e.V., Gewinnrealisierung im Steuerrecht, DStJG Band 4, Köln 1981, S. 45 – 96
(zit.: *Lang*, DStJG 4 (1981))

ders. Kritik an der Unternehmensteuerreform 2008
In: Kirchhof/Nieskens (Hrsg.), Festschrift für Wolfram Reiss zum 65. Geburtstag, Köln 2008, S. 379 – 397
(zit.: *Lang*, FS Reiß)

ders. Konkretisierungen und Restriktionen des Leistungsfähigkeitsprinzips
In: Drenseck/Seer (Hrsg.), Festschrift für Heinrich Wilhelm Kruse zum 70. Geburtstag, Köln 2001, S. 313 – 338
(zit.: *Lang*, FS Kruse)

ders. Prinzipien und Systeme der Besteuerung von Einkommen
In: Veröffentlichung der Deutschen Steuerjuristischen Gesellschaft e.V., Besteuerung von Einkommen, DStJG Band 24, Köln 2001, S. 49 – 133
(zit.: *Lang*, DStJG 24 (2001))

ders. Reform der Unternehmensbesteuerung auf dem Weg zum europäischen Binnenmarkt und zur deutschen Einheit
In: Steuer und Wirtschaft, 1990, S. 107 – 129
(zit.: *Lang*, StuW 1990)

ders. Steuergerechtigkeit durch Steuervereinfachung
In: Bühler/Kirchhof/Klein (Hrsg.), Steuervereinfachung, Festschrift für Dietrich Meyding zum 65. Geburtstag, Heidelberg 1994, S. 33 – 48
(zit.: *Lang*, FS Meyding)

ders. Steuergerechtigkeit und Globalisierung
In: Spindler/Tipke/Rödder (Hrsg.), Steuerzentrierte Rechtsberatung, Festschrift für Harald Schaumburg zum 65. Geburtstag, Köln 2009, S. 45 – 64
(zit.: *Lang*, FS Schaumburg)

ders. Wider Halbteilungsgrundsatz und BVerfG – Der BFH verbleibt an der Grenze konfiskatorischer Besteuerung
In: Neue Juristische Wochenschrift, 2000, S. 457 – 460
(zit.: *Lang*, NJW 2000)

Langkau, Dirk Rückwirkung der steuerlichen Zinsschrankenregelung auf den Goodwill-Impairment-Test nach IFRS
In: Deutsches Steuerrecht, 2009, S. 652 – 658
(zit.: *Langkau*, DStR 2009)

Larenz, Karl Methodenlehre der Rechtswissenschaft
6. Auflage, Berlin u.a. 1991
(zit.: *Larenz*, Methodenlehre der Rechtswissenschaft)

Lehner, Moris Die verfassungsrechtliche Verankerung des objektiven Nettoprinzips – Zum Vorlagebeschluss des BFH und zur Entscheidung des BVerfG über die Verfassungswidrigkeit der Entfernungspauschale
In: Deutsches Steuerrecht, 2009, S. 185 – 191
(zit.: *Lehner*, DStR 2009)

Leisner-Egensperger, Anna — Umbau des Einkommensteuerrechts – Neuorientierung bei den gemischten Erwerbsaufwendungen
In: Betriebs-Berater, 2007, S. 639 – 645
(zit.: *Leisner-Egensperger*, BB 2007)

Lenz, Martin / Dörfler, Oliver — Die Zinsschranke im internationalen Vergleich
In: Der Betrieb, 2010, S. 18 – 24
(zit.: *Lenz/Dörfler*, DB 2010)

Liekenbrock, Bernhard — Management und Bilanzierung von Zinsschrankenrisiken – Qualitative Rechts- und quantitative Steuerwirkungsanalyse
zugl. Diss., Wiesbaden 2011
(zit.: *Liekenbrock*, Management und Bilanzierung von Zinsschrankenrisiken)

Littmann, Eberhard (Begr.) / Bitz, Horst (Hrsg.) / Pust, Hartmut (Hrsg.) — Das Einkommensteuerrecht – Kommentar
15. Auflage, Stuttgart 2008, Loseblattsammlung, Stand August 2011
(zit.: *Bearbeiter*, in: Littmann/Bitz/Pust, Einkommensteuerrecht)

Löffler, Helge (Hrsg.) / Rohatschek, Roman (Hrsg.) — Internationale und nationale Rechnungslegung am Wendepunkt
Wien 2007
(zit.: *Bearbeiter*, in: Löffler/Rohatschek, Rechnungslegung am Wendepunkt)

Löw, Edgar / Antonakopoulos, Nadine — Die Bilanzierung ausgewählter Gesellschaftsanteile nach IFRS unter Berücksichtigung der Neuregelungen nach IAS 32 (rev. 2008)
In: Zeitschrift für internationale und kapitalmarktorientierte Rechnungslegung, 2008, S. 261 – 271
(zit.: *Löw/Antonakopoulos*, KoR 2008)

Lüdenbach, Norbert / Hoffmann, Wolf-Dieter	Der IFRS-Konzernabschluss als Bestandteil der Steuerbemessungsgrundlage für die Zinsschranke nach § 4h EStG-E In: Deutsches Steuerrecht, 2007, S. 636 – 642 (zit.: *Lüdenbach/Hoffmann*, DStR 2007)
dies.	Haufe IFRS-Kommentar 8. Auflage, Freiburg i. Br. 2010 9. Auflage, Freiburg i. Br. 2011 (zit.: *Bearbeiter*, in: Lüdenbach/Hoffmann, Haufe IFRS-Kommentar, Auflage Erscheinungsjahr)
Lüdicke, Jochen (Hrsg.) / Sistermann, Christian	Unternehmensteuerrecht München 2008 (zit.: *Bearbeiter*, in: Lüdicke/Sistermann, Unternehmensteuerrecht)
Lüdicke, Jürgen	Unternehmensteuerreform 2008 im internationalen Umfeld Köln 2008 (zit.: *Bearbeiter*, in: Lüdicke, UntStRef 2008 im internationalen Umfeld)
Marx, Franz Jürgen	Teilhaberthese als Leitbild zur Neukonzeption der steuerrechtlichen Gewinnermittlung nach Inkrafttreten des BilMoG In: Betriebs-Berater, 2011, S. 1003 – 1006 (zit.: *Marx*, BB 2011)
Maunz, Theodor / Dürig, Günter (Begr.)	Grundgesetz Kommentar München 1958, Loseblattsammlung, Stand Mai 2011 (zit.: *Bearbeiter*, Maunz/Dürig, Kommentar zum GG)
Mensching, Oliver / Rosseburg, Jörn	Ein Konzern ist ein Konzern ist ein Konzern – Zur Auslegung des Konzernbegriffs durch die herrschende Meinung In: Deutsches Steuerrecht, 2008, S. 1224 – 1226 (zit.: *Mensching/Rosseburg*, DStR 2008)

Meyer, Herbert / Braun, Robert	Fair Value als Treiber der Komplexität von IFRS In: Betriebs-Berater, 2010, S. 1779 – 1782 (zit.: *Meyer/Braun*, BB 2010)
Meyer, Justus	Die GmbH und andere Handelsgesellschaften im Spiegel empirischer Forschung In: GmbH-Rundschau, 2002, S. 177 – 189 (zit.: *Meyer*, GmbHR 2002)
Middendorf, Oliver / Stegemann, Dieter	Die Zinsschranke nach der geplanten Unternehmensteuerreform 2008 – Funktionsweise und erste Gestaltungsüberlegungen In: Die Information über Steuer und Wirtschaft, 2007, S. 305 – 312 (zit.: *Middendorf/Stegemann*, INF 2007)
Mössner, Jörg Manfred	Prinzipien im Steuerrecht In: Tipke/Seer/Hey/Englisch (Hrsg.), Gestaltung der Steuerrechtsordnung, Festschrift für Joachim Lang zum 70. Geburtstag, Köln 2010, S. 83 – 99 (zit.: *Mössner*, FS Lang)
Mössner, Jörg Manfred (Hrsg.) / Seeger, Siegbert F. (Hrsg.)	Körperschaftsteuergesetz Kommentar Herne 1979, Loseblattsammlung, Stand Januar 2011 (zit.: *Bearbeiter*, in: Mössner/Seeger, KStG)
Moreno, Andrés Báez / Kaiser, Thomas	„Fair Value" und die Körperschaftsteuer aus spanischer Sicht – Anmerkungen zur steuerlichen Geeignetheit der IFRS – In: Steuer und Wirtschaft, 2007, S. 172 – 186 (zit.: *Moreno/Kaiser*, StuW 2007)
Moxter, Adolf	Absehbarer Abschied von der HGB-Bilanzierung? In: Betriebs-Berater, 2006, Heft 13, Erste Seite (zit.: *Moxter*, BB 13/2006, Erste Seite)

ders. Georg Döllerers bilanzrechtliches Vermächtnis
In: Steuer und Wirtschaft, 1994, S. 97 – 102
(zit.: *Moxter*, StuW 1994)

ders. Missverständnisse um das Maßgeblichkeitsprinzip
In: Deutsche Steuer-Zeitung, 2000, S. 157 – 161
(zit.: *Moxter*, DStZ 2000)

Müller-Gatermann, Gert Unternehmensteuerreform 2008
In: Die Steuerberatung, 2007, S. 145 – 161
(zit.: *Müller-Gatermann*, Stbg 2007)

München, Markus Die Zinsschranke – eine verfassungs-, europa- und abkommensrechtliche Würdigung
zugl. Diss., Frankfurt a.M. 2010
(zit.: *München*, Die Zinsschranke)

Musil, Andreas / Volmering, Björn Systematische, verfassungsrechtliche und europarechtliche Probleme der Zinsschranke
In: Der Betrieb, 2008, S. 12 – 16
(zit.: *Musil/Volmering*, DB 2008)

Nawrath, Axel Entscheidungskompetenz des Gesetzgebers und gleichheitsgerechte Sicherung des Steueraufkommens
In: Deutsches Steuerrecht, 2009, S. 2 – 4
(zit.: *Nawrath*, DStR 2009)

Neumann, Steffen Die Zinsschranke „bei schlechtem Wetter“
In: Die Unternehmensbesteuerung, 2009, S. 461 – 467
(zit.: *Neumann*, Ubg 2009)

ders. Zinsschranke nach dem Unternehmensteuerreformgesetz 2008 – Die schwierige Neuregelung in 9 Prüfungsschritten
In: Der Ertrag-Steuer-Berater, 2007, S. 292 – 297
(zit.: *Neumann*, EStB 2007)

Nordmeyer, Andreas Die Einbeziehung von Joint Ventures in den Konzernabschluss
In: Die Wirtschaftsprüfung, 1994, S. 301 – 312
(zit.: *Nordmeyer*, WPg 1994)

Oehler, Ralph Internationale Rechnungslegung bei KMU
In: Zeitschrift für internationale und kapitalmarktorientierte Rechnungslegung, 2006, S. 19 – 28
(zit.: *Oehler*, KoR 2006)

Oestreicher, Andreas Konzernbesteuerung in Europa – Zum Vorschlag einer konsolidierten körperschaftsteuerlichen Bemessungsgrundlage für die grenzüberschreitende Unternehmenstätigkeit in der EU
In: Steuer und Wirtschaft, 2002, S. 342 – 356
(zit.: *Oestreicher*, StuW 2002)

Oestreicher, Andreas / Spengel, Christoph International Accounting Standards, Maßgeblichkeitsprinzip und Besteuerung
In: Der Betrieb, 1999, S. 593 – 600
(zit.: *Oestreicher/Spengel*, DB 1999, 593, Zitatsseite)

dies. Replik zu Fülbier/Gassen, DB 1999, S. 1511 – 1513
In: Der Betrieb, 1999, S. 1513 – 1516
(zit.: *Oestreicher/Spengel*, DB 1999, 1513, Zitatsseite)

Ortmann-Babel, Martina / Bolik, Andreas / Fuest, Clemens Beurteilung von Zinsschranke, Verlustverrechnungsbeschränkung und steuerpolitischen Zukunftserwartungen aus Unternehmenssicht
In: Deutsches Steuerrecht, 2010, S. 1865 – 1871
(zit.: *Ortmann-Babel/Bolik/Fuest*, DStR 2010)

Oser, Peter / Milanova, Elitsa

Aufstellungspflicht und Abgrenzung des Konsolidierungskreises – Rechtsvergleich zwischen HGB/DRS 19 und dem neuen IFRS 10
In: Betriebs-Berater, 2011, S. 2027 – 2032
(zit.: *Oser/Milanova*, BB 2011)

Palao Taboada, Carlos

Leistungsfähigkeitsprinzip, Gleichheitssatz und Eigentumsgarantie
In: Tipke/Seer/Hey/Englisch (Hrsg.), Gestaltung der Steuerrechtsordnung, Festschrift für Joachim Lang zum 70. Geburtstag, Köln 2010, S. 263 – 279
(zit.: *Palao Taboada*, FS Lang)

Pawelzik, Kai Udo

Die Zuordnung von Firmenwerten und Akquisitionsschulden beim Eigenkapitaltest nach § 4h EStG (Zinsschranke) – Implikationen für die Akquisitionsstruktur
In: Die Unternehmensbesteuerung, 2009, S. 50 – 56
(zit.: *Pawelzik*, Ubg 2009)

ders.

Unzureichende Eliminierung von Konzernforderungen beim Eigenkapitaltest nach § 4h EStG (Zinsschranke)
In: Der Betrieb, 2008, S. 2439 – 2443
(zit.: *Pawelzik*, DB 2008)

Pelka, Jürgen

Rechtsformneutralität im Steuerrecht – Verfassungsmäßigkeit der Steuersatzsenkung für Kapitalgesellschaften
In: Steuer und Wirtschaft, 2000, S. 389 – 398
(zit.: *Pelka*, StuW 2000)

Pellens, Bernhard / Amshoff, Holger / Sellhorn, Thorsten

IFRS 3 (rev. 2008): Einheitstheorie in der M&A-Bilanzierung
In: Betriebs-Berater, 2008, S. 602 – 606
(zit.: *Pellens/Amshoff/Sellhorn*, BB 2008)

Pellens, Bernhard / u.a. | Internationale Rechnungslegung
8. Auflage, Stuttgart 2011
(zit.: *Pellens,* Internationale Rechnungslegung)

Persch, Andreas | Unternehmensteuerreform 2008 – Auswirkungen auf die Attraktivität des Wirtschaftsstandorts Deutschland
Hamburg 2007
(zit.: *Persch,* UntStRef 2008)

Pezzer, Heinz-Jürgen | Bilanzierungsprinzipien als sachgerechte Maßstäbe der Besteuerung
In: Veröffentlichung der Deutschen Steuerjuristischen Gesellschaft e.V., Probleme des Steuerbilanzrechts, DStJG Band 14, Köln 1991, S. 3 – 27
(zit.: *Pezzer,* DStJG 14 (1991))

Piltz, Detlev J. / Schaumburg, Harald | Internationale Unternehmensfinanzierung
Köln 2006
(zit.: *Bearbeiter,* in Piltz/Schaumburg, Internationale Unternehmensfinanzierung)

Pöschke, Moritz | Eigenkapital mittelständischer Gesellschaften nach IAS/IFRS
zugl. Diss., Frankfurt a.M. 2009
(zit.: *Pöschke,* Eigenkapital mittelständischer Gesellschaften nach IAS/IFRS)

Pottgießer, Gaby | Einflüsse internationaler Standards auf die handelsrechtliche Rechnungslegung und die steuerliche Gewinnermittlung – Kritische Analyse der Entwicklung des deutschen Bilanzierungssystems unter Berücksichtigung mittelständischer Unternehmen
zugl. Diss., Wiesbaden 2006
(zit.: *Pottgießer,* Einflüsse internationaler Standards)

Preißer, Michael / von Rönn, Matthias / Schultz-Aßberg, Immo — Unternehmensteuerreform 2008
Freiburg u.a. 2007
(zit.: *Preißer/von Rönn/Schultz-Aßberg,* UntStRef 2008)

PricewaterhouseCoopers AG (Hrsg.) — Unternehmensteuerreform 2008
Stuttgart 2007
(zit.: *Bearbeiter,* in: PWC, UntStR 2008)

Prinz, Ulrich — Der bilanzielle Betriebsvermögensvergleich als Grundform leistungsfähigkeitsentsprechender Gewinnermittlung – Zur Steuerrelevanz kaufmännischer Rechnungslegung
In: Finanz-Rundschau, Ertragsteuerrecht, 2010, S. 917 – 924
(zit.: *Prinz,* FR 2010)

ders. — Eigenkapitalvernichtende Konsequenzen freiwilliger IAS/IFRS Bilanzierung bei deutschen Personengesellschaften
In: Finanz-Rundschau, Ertragsteuerrecht, 2006, S. 566 – 572
(zit.: *Prinz,* FR 2006)

ders. — Finanzierungsfreiheit im Steuerrecht – Plädoyer für einen wichtigen Systemgrundsatz
In: Finanz-Rundschau, Ertragsteuerrecht, 2009, S. 593 – 599
(zit.: *Prinz,* FR 2009)

ders. — Komplex und unübersichtlich: Die neue Zinsschranke und ihre IFRS-Bezüge
In: GmbH-Rundschau, 2007, R 257 – R 258
(zit.: *Prinz,* GmbHR 2007)

ders. Maßgeblichkeit versus eigenständige Steuerbilanz – Auswirkungen einer HGB-Reform auf das Steuerrecht
In: Kirchhof/Schmidt/Schön/Vogel (Hrsg.), Steuer- und Gesellschaftsrecht zwischen Unternehmerfreiheit und Gemeinwohl, Festschrift für Arndt Raupach zum 70. Geburtstag, Köln 2006, S. 279 – 298
(zit.: *Prinz,* FS Raupach)

ders. Mittelstandsfinanzierung in Zeiten der Zinsschranke
In: Finanz-Rundschau, Ertragsteuerrecht, 2008, S. 441 – 448
(zit.: *Prinz,* FR 2008)

ders. Optimierte Akquisitionsfinanzierung in Zeiten der Zinsschranke
In: Status:Recht, Beilage zu Der Betrieb, 2008, S. 22 – 23
(zit.: *Prinz,* S:R 2008)

ders. Reform der deutschen Rechnungslegung – Gedanken und Anregungen an den Gesetzgeber zur Umsetzung der Mitgliedstaatenwahlrechte der IAS/IFRS-Verordnung aus Praktikersicht
In: Deutsches Steuerrecht, 2003, S. 1359 – 1364
(zit.: *Prinz,* DStR 2003)

ders. Zinsschranke und Organisationsstruktur: Rechtsformübergreifend, aber nicht rechtsformneutral
In: Der Betrieb, 2008, S. 368 – 370
(zit.: *Prinz,* DB 2008)

Rädler, Albert J.

Überlegungen zur Harmonisierung der Unternehmensbesteuerung in der Europäischen Gemeinschaft
In: Veröffentlichung der Deutschen Steuerjuristischen Gesellschaft e.V., Unternehmensbesteuerung in EU-Staaten, DStJG Band 16, Köln 1994, S. 277 – 293
(zit.: *Rädler,* DStJG 16 (1994))

Reiche, Felix / Kroschewski, Robert

Akquisitionsfinanzierungen nach Einführung der Zinsschranke – erste Empfehlungen für die Praxis
In: Deutsches Steuerrecht, 2007, S. 1330 ff.
(zit.: *Reiche/Kroschewski,* DStR 2007)

Rödder, Thomas

Perspektiven der Konzernbesteuerung
In: Zeitschrift für das gesamte Handelsrecht und Wirtschaftsrecht, Band 171 (2007), S. 380 – 408
(zit.: *Rödder,* ZHR 171 (2007))

ders.

Unternehmensteuerreformgesetz 2008
In: Beihefter zu Deutsches Steuerrecht, 2007, Heft 40
(zit.: *Rödder,* Beihefter DStR 40/2007)

Rödder, Thomas / Stangl, Ingo

Zur geplanten Zinsschranke
In: Der Betrieb, 2007, S. 479 – 485
(zit.: *Rödder/Stangl,* DB 2007)

Rödding, Adalbert

Änderungen der Zinsschranke durch das Wachstumsbeschleunigungsgesetz
In: Deutsches Steuerrecht, 2009, S. 2649 – 2652
(zit.: *Rödding,* DStR 2009)

Rüthers, Bernd

Das Ungerechte an der Gerechtigkeit
In: Juristenzeitung, 2009, S. 969 – 975
(zit.: *Rüthers,* JZ 2009)

Rupp, Christoph — Die Zinsschranke – Einzelne Problembereiche und Gestaltungsmöglichkeiten
In: Der Ertrag-Steuer-Berater, 2007, S. 419 – 421
(zit.: *Rupp*, EStB 2007)

Sachs, Michael — Grundgesetz – Kommentar
6. Auflage, München 2011
(zit.: *Bearbeiter*, in: Sachs, Grundgesetz)

Schaden, Michael — Die Neuregelung des § 8a KStG im Rahmen der Zinsschranke
In: Betriebs-Berater, 2007, S. 2259 – 2266
(zit.: *Schaden*, BB 2007)

Schanz, Deborah / Schanz, Sebastian — Maßgeblichkeit der Handelsbilanz für die Steuerbilanz in Europa und in den USA
In: Steuer und Wirtschaft, 2009, S. 311 – 322
(zit.: *Schanz/Schanz*, StuW 2009)

Schaumburg, Harald — Internationales Steuerrecht
3. Auflage, Köln 2011
(zit.: *Schaumburg*, Internationales Steuerrecht)

Schaumburg, Harald (Hrsg.) / Rödder, Thomas (Hrsg.) — Unternehmensteuerreform 2008
München 2007
(zit.: *Bearbeiter*, in: Schaumburg/Rödder, UntStR 2008)

Scheffler, Eberhard — Eigenkapital im Jahres- und Konzernabschluss nach IFRS – Abgrenzung, Konsolidierung, Veränderung
München 2006
(zit.: *Scheffler*, Eigenkapital im Jahres- und Konzernabschluss nach IFRS)

ders. — Neues zur Rechnungslegung – Eigenkapital in der IFRS-Rechnungslegung
In: Die Aktiengesellschaft Report, 2008, R 156 – R 158
(zit.: *Scheffler*, AG Report 2008)

ders.
Rechnungslegung bei Joint Ventures
In: Schaumburg, Harald (Hrsg.), Internationale Joint Ventures, Stuttgart 1999, S. 131 – 160
(zit.: *Scheffler,* in: Schaumburg, Internationale Joint Ventures)

Scheunemann, Marc P. / Dennisen, Andre
Unternehmensbesteuerung 2010 – Überblick über die im Wachstumsbeschleunigungsgesetz vorgesehenen Änderungen
In: Betriebs-Berater, 2009, S. 2564 – 2567
(zit.: *Scheunemann/Dennisen,* BB 2009)

Scheunemann, Marc P. / Socher, Oliver
Zinsschranke beim Leveraged Buy-out – Handlungsbedarf für bestehende und künftige Finanzierungsstrukturen bei Private Equity Investitionen
In: Betriebs-Berater, 2007, S. 1144 – 1151
(zit.: Scheunemann/Socher, BB 2007)

Schlotter, Carsten
Teilwertabschreibung und Wertaufholung zwischen Steuerbilanz und Verfassungsrecht
zugl. Diss., Köln 2005
(zit.: *Schlotter,* Teilwertabschreibung)

ders.
Verfassungsrechtliche Grenzen bei der Ausgestaltung des Steuerbilanzrechts
In: Steuer und Wirtschaft, 2007, S. 951 – 959
(zit.: *Schlotter,* StuW 2007)

Schmidt, Karsten
Gesellschaftsrecht
4. Auflage, Köln u.a. 2002
(zit.: *K. Schmidt,* Gesellschaftsrecht)

Schmidt, Karsten (Hrsg.) / Lutter, Marcus (Hrsg.)
Aktiengesetz Kommentar
I. Band §§ 1 – 149
2. Auflage, Köln 2010
(zit.: *Bearbeiter,* in: Schmidt/Lutter, AktG)

Schmidt, Ludwig — Anmerkung zum Urteil des BFH vom 14.5.1991 – VIII R 31/88
In: Deutsches Steuerrecht, 1991, S. 1346
(zit.: *L. Schmidt*, DStR 1991)

ders. — Einkommensteuergesetz
30. Auflage, München 2011
(zit.: *Bearbeiter*, in: Schmidt, EStG)

Schmidt, Martin — IAS 32 (rev. 2008): Ergebnis- statt Prinzipienorientierung
In: Betriebs-Berater, 2008, S. 434 – 439
(zit.: *M. Schmidt*, BB 2008)

Schmidt-Fehrenbacher, Volker — Zinsschranke und „Mantelkauf" aus der Sicht der Praxis
In: Die Unternehmensbesteuerung, 2008, S. 469 – 477
(zit.: *Schmidt-Fehrenbacher*, Ubg 2008)

Schmitz-Herscheidt, Fabian — Zinsschranke und Gesellschafterfremdfinanzierung bei nachgeordneten Mitunternehmerschaften
In: Betriebs-Berater, 2008, S. 699 – 704
(zit.: *Schmitz-Herscheidt*, BB 2008)

Schneider, Dieter — Konzernrechnungslegung nach IAS als Besteuerungsgrundlage?
In: Betriebs-Berater, 2003, S. 299 – 304
(zit.: *D. Schneider*, BB 2003)

Schneider, Stefan — Verfassungsrechtliche Grundlagen und Grenzen des objektiven Nettoprinzips
In: Beihefter zu Deutsches Steuerrecht, 2007, Heft 34, S. 87 – 91
(zit.: *S. Schneider*, Beihefter DStR 34/2009)

Schön, Wolfgang — Die Abzugsschranken des § 3c EStG zwischen Verfassungs- und Europarecht
In: Finanz-Rundschau, Ertragsteuerrecht, 2001, S. 381 – 392
(zit.: *Schön*, FR 2001)

ders. Die Steuerbilanz zwischen Handelsrecht und Grundgesetz
In: Steuer und Wirtschaft, 1995, S. 366 – 377
(zit.: *Schön*, StuW 1995)

ders. Kompetenzen der Gerichte zur Auslegung von IAS/IFRS
In: Betriebs-Berater, 2004, S. 763 – 768
(zit.: *Schön*, BB 2004)

ders. Legalität, Gestaltungsfreiheit und Belastungsgleichheit als Grundlagen des Steuerrechts
In: Veröffentlichung der Deutschen Steuerjuristischen Gesellschaft e.V., Gestaltungsfreiheit und Gestaltungsmissbrauch, DStJG Band 33, Köln 2010, S. 29 – 63
(zit.: *Schön*, DStJG 33 (2010))

ders. Perspektiven der Konzernbesteuerung
In: Zeitschrift für das gesamte Handelsrecht und Wirtschaftsrecht, Band 171 (2007), S. 409 – 445
(zit.: *Schön*, ZHR 171 (2007))

ders. Steuerliche Maßgeblichkeit in Deutschland und Europa
Köln 2005
(zit.: *Bearbeiter*, in: Schön, Steuerliche Maßgeblichkeit)

ders. Zurück in die Zukunft? Gesellschafter-Fremdfinanzierung im Lichte der EuGH-Rechtsprechung
In: Internationales Steuerrecht, 2009, S. 882 – 889
(zit.: *Schön*, IStR 2009)

Schreiber, Jochem Der Maßgeblichkeitsgrundsatz des § 5 Abs. 1 Satz 1 EStG und die IAS/IFRS
In: Deutsches Steuerrecht, 2005, S. 1351 – 1355
(zit.: *J. Schreiber*, DStR 2005)

Schreiber, Ulrich Unternehmensbesteuerung im Binnenmarkt. Angleichung der Gewinnermittlung und des Satzes der Körperschaftsteuer?
In: Steuer und Wirtschaft, 2004, S. 212 – 226
(zit.: *U. Schreiber*, StuW 2004)

Süß, Christian / Wilke, Ulrich Das objektive Nettoprinzip und die Beschränkung des Zinsabzugs
In: Steuer und Studium, 2010, S. 561 – 570
(zit.: *Süß/Wilke*, SteuerStud 2010)

Schubert, Daniela Die Einlage in Personenhandelsgesellschaften nach HGB-Bilanzrecht und IAS 32 (2003) – Eigen- oder Fremdkapital?
In: Wertpapier-Mitteilungen, 2006, S. 1033 – 1040
(zit.: *Schubert*, WM 2006)

Schütz, Robert Der Maßgeblichkeitsgrundsatz gemäß § 5 Abs. 1 EStG – ein Fossil?
zugl. Diss., Münster 2002
(zit.: *Schütz*, Maßgeblichkeitsgrundsatz)

Schulz, Sebastian Zinsschranke und IFRS – Geklärte, ungeklärte und neue Fragen nach dem Anwendungserlass vom 4.7.2008
In: Der Betrieb, 2008, S. 2043 – 2051
(zit.: *Schulz*, DB 2008)

Schulze-Osterloh, Joachim Handelsbilanz und steuerrechtliche Gewinnermittlung
In: Steuer und Wirtschaft, 1991, S. 284 – 296
(zit.: *Schulze-Osterloh*, StuW 1991)

ders. Handels- und Steuerbilanz
In: Zeitschrift für Unternehmens- und Gesellschaftsrecht, 2000, S. 594 – 603
(zit.: *Schulze-Osterloh*, ZGR 2000)

ders. Internationale Rechnungslegung für den Einzelabschluß und für Unternehmen, die den öffentlichen Kapitalmarkt nicht in Anspruch nehmen
In: Zeitschrift für Wirtschaftsrecht, 2003, S. 93 – 101
(zit.: *Schulze-Osterloh*, ZIP 2003)

ders. Verfassungsrechtliche Grenzen der bilanzsteuerrechtlichen Gesetzgebung
In: Veröffentlichung der Deutschen Steuerjuristischen Gesellschaft e.V., Europa- und verfassungsrechtliche Grenzen der Unternehmensbesteuerung, DStJG Band 23, Köln 2000, S. 67 – 85
(zit.: *Schulze-Osterloh*, DStJG 23 (2000))

Schwarz, Peter Zur Notwendigkeit einer Zinsschranke: Empirische Befunde und Probleme
In: Internationales Steuerrecht, 2008, S. 11 – 14
(zit.: *Schwarz*, IStR 2008)

Seer, Roman Das Steuergesetz als Experimentierklausel? Eröffnungsvortrag zum 58. Steuerrechtlichen Jahresarbeitstagung, Wiesbaden, vom 7. bis 9. Mai 2007
In: Jahrbuch der Fachanwälte für Steuerrecht 2007/2008
(zit.: *Seer*, JbFStR 07/08)

Seer, Roman — Der Vollzug von Steuergesetzen unter den Bedingungen einer Massenverwaltung
In: Veröffentlichung der Deutschen Steuerjuristischen Gesellschaft e.V., Steuervollzug im Rechtsstaat, DStJG Band 31, Köln 2008, S. 7 – 36
(zit.: *Seer,* DStJG 31 (2008))

Selchert, Friedrich Wilhelm — Internationalisierung der Rechnungslegung und Maßgeblichkeitsprinzip
In: Kleinedamm (Hrsg.), Unternehmenspolitik und Internationale Besteuerung, Festschrift für Lutz Fischer zum 60. Geburtstag, Berlin 1999, S. 913 – 933
(zit.: *Selchert,* FS Fischer)

Shou, Shuning — Die Zinsschranke im Unternehmensteuerreformgesetz 2008 – Zur Frage ihrer Vereinbarkeit mit dem Verfassungs-, Europa- und Abkommensrecht
zugl. Diss., München 2010
(zit.: *Shou,* Die Zinsschranke im Unternehmensteuerreformgesetz 2008)

Siegel, Theodor — Rückstellungen in der Steuerbilanz und Leistungsfähigkeitsprinzip
In: Steuern und Bilanzen, 2000, S. 29 – 33
(zit.: *Siegel,* StuB 2000)

ders. — Saldierungsprobleme bei Rückstellungen und die Subventionswirkung des Maßgeblichkeitsprinzips
In: Betriebs-Berater, 1994, S. 2237 – 2245
(zit.: *Siegel,* BB 1994)

Sittel, Thomas Christoph Der Grundsatz der umgekehrten Maßgeblichkeit – Beurteilung der Verbindung von Handels- und Steuerbilanz unter besonderer Berücksichtigung einer Internationalisierung der Rechnungslegung
zugl. Diss., Frankfurt a.M. 2003
(zit.: *Sittel*, Grundsatz der umgekehrten Maßgeblichkeit)

Söffing, Günter Für und Wider den Maßgeblichkeitsgrundsatz
In: Förschle/Kaiser/Moxter (Hrsg.), Rechenschaftslegung im Wandel, Festschrift für Wolfgang Dieter Budde, München 1995, S. 635 – 673
(zit.: *Söffing*, FS Budde)

Spengel, Christoph IFRS als Ausgangspunkt der steuerlichen Gewinnermittlung in der Europäischen Union – Steuerbelastungskonsequenzen im Länder- und Branchenvergleich
In: Der Betrieb, 2006, S. 681 – 687
(zit.: *Spengel*, DB 2006)

ders. International Accounting Standards und Unternehmensbesteuerung in der Europäischen Union (Teil I)
In: Internationales Steuerrecht, 2003, S. 29 – 36
(zit.: *Spengel*, IStR 2003)

Spindler, Gerald Konzernfinanzierung
In: Zeitschrift für das gesamt Handelsrecht und Wirtschaftsrecht, Band 171 (2007), S. 245 – 281
(zit.: *Spindler*, ZHR 171 (2007))

Stern, Klaus — Das Staatsrecht der Bundesrepublik Deutschland
Band III/2 – Allgemeine Lehren der Grundrechte
München 1994
(zit.: *Stern,* Staatsrecht III/2)

Stibi, Bernd / Thiele, Stefan — IFRS und Zinsschranke nach dem BMF-Schreiben vom 4.7.2008 – Ausweg oder Irrweg?
In: Betriebs-Berater, 2008, S. 2507 – 2511
(zit.: *Stibi/Thiele,* BB 2008)

Streck, Michael — Die Unternehmensteuerreform 2008
In: Neue Juristische Wochenschrift, 2007, S. 3176 – 3184
(zit.: *Streck,* NJW 2007)

Theisen, Manuel René — Der Konzern
2. Auflage, Stuttgart 2000
(zit.: *Theisen,* Der Konzern)

Thiel, Jochen — Die steuerliche Behandlung von Fremdfinanzierungen im Unternehmen
In: Finanz-Rundschau, Ertragsteuerrecht, 2007, S. 729 ff.
(zit.: *Thiel,* FR 2007)

ders. — Einheitliche Unternehmenssteuer
In: Steuerberater-Jahrbuch 2002/2003, S. 27 – 36
(zit.: *Thiel,* StbJb 2002/2003)

Thielo, Hans-Joachim / Szentpetery, Daniela — Die Auswirkungen der Unternehmensteuerreform 2008 und des Jahressteuergesetzes 2008 auf Verbriefungsstrukturen
In: Betriebs-Berater, 2008, S. 1984 -1993
(zit.: *Thielo/Szentpetery,* BB 2008)

Tipke, Klaus — Das Nettoprinzip – Angriff und Abwehr, dargestellt am Beispiel des Werkstorprinzips
In: Betriebs-Berater, 2007, S. 1525 – 1533
(zit.: *Tipke*, BB 2007)

ders. — Die Steuerrechtsordnung
Band I – Wissenschaftsorganisatorische, systematische und grundrechtlich-rechtsstaatliche Grundlagen
2. Auflage, Köln 2000
(zit.: *Tipke*, StRO I)
Band II – Steuerrechtfertigungstheorie, Anwendung auf alle Steuerarten, sachgerechtes Steuersystem
2. Auflage, Köln 2003
(zit.: *Tipke*, StRO II)

ders. — Mehr oder weniger Entscheidungsspielraum für den Steuergesetzgeber?
In: Juristenzeitung, 2009, S. 533 – 540
(zit.: *Tipke*, JZ 2009)

ders. — Steuerrecht als Wissenschaft
In: Tipke/Seer/Hey/Englisch (Hrsg.), Gestaltung der Steuerrechtsordnung, Festschrift für Joachim Lang zum 70. Geburtstag, Köln 2010, S. 21 – 56
(zit.: *Tipke*, FS Lang)

Tipke, Klaus / Kruse, Heinrich Wilhelm — Abgabenordnung / Finanzgerichtsordnung – Kommentar
Köln 1961/2007, Loseblattsammlung, Stand Juli 2011
(zit.: *Bearbeiter*, in: Tipke/Kruse, AO)

Tipke, Klaus / Lang, Joachim — Steuerrecht
20. Auflage, Köln 2010
(zit.: *Bearbeiter*, in: Tipke/Lang)

Töben, Thomas — Die Zinsschranke – Befund und Kritik
In: Finanz-Rundschau, Ertragsteuerrecht, 2007, S. 739 – 746
(zit.: *Töben*, FR 2007)

Töben, Thomas / Fischer, Hardy — Die Zinsschranke für Kapitalgesellschaften
In: GmbH-Rundschau, 2007, S. 532 – 535
(zit.: *Töben/Fischer*, GmbHR 2007)

dies. — Die Zinsschranke – Regelungskonzept und offene Fragen
In: Betriebs-Berater, 2007, S. 974 – 978
(zit.: *Töben/Fischer*, BB 2007)

dies. — Fragen zur Zinsschranke aus der Sicht ausländischer Investoren, insbesondere bei Immobilieninvestitionen von Private-Equity-Fonds
In: Die Unternehmensbesteuerung, 2008, S. 149 – 160
(zit.: *Töben/Fischer*, Ubg 2008)

Ulmer, Peter — Begriffsvielfalt im Recht der verbundenen Unternehmen als Folge des Bilanzrichtlinien-Gesetzes
In: Havermann (Hrsg.), Bilanz- und Konzernrecht, Festschrift zum 65. Geburtstag von Reinhard Goerdeler, Düsseldorf 1987, S. 623 – 648
(zit.: *Ulmer*, FS Goerdeler)

van Lishaut, Ingo / Schumacher, Andreas / Heinemann, Peter — Besonderheiten der Zinsschranke bei Personengesellschaften
In: Deutsches Steuerrecht, 2008, S. 2341 – 2348
(zit.: *van Lishaut/Schumacher/Heinemann*, DStR 2008)

von Wysocki, Klaus (Hrsg.) / u.a.	Handbuch des Jahresabschlusses – Rechnungslegung nach HGB und internationalen Standards Köln 1984/2007, Loseblattsammlung, Stand Juli 2011 (zit.: *Bearbeiter*, in: HdJ)
Volb, Helmut	Unternehmensteuerreform 2008 Herne 2007 (zit.: *Volb*, UntStR 2008)
von der Laage, Gudrun / Reusch, Susen	Deutsches Bilanzrecht und IFRS: Gewinnermittlung, Gewinnverwendung im Sinne von Ausschüttungsbemessung und Besteuerung In: Neue Zeitschrift für Gesellschaftsrecht, 2009, S. 245 – 250 (zit.: *von der Laage/Reusch*, NZG 2009)
Wagenhofer, Alfred	Internationale Rechnungslegungsstandards – IAS / IFRS 6. Auflage, Frankfurt a.M. 2009 (zit.: *Wagenhofer*, Internationale Rechnungslegungsstandards)
Wagner, Thomas / Fischer, Hardy	Anwendung der Zinsschranke bei Personengesellschaften In: Betriebs-Berater, 2007, S. 1811 – 1816 (zit.: *Wagner/Fischer*, BB 2007)
Waschbusch, Gerd / Steiner, Christof	Der IFRS-Konsolidierungskreis des Mutterunternehmens In: Der Steuerberater, 2008, S. 73 – 79 (zit.: *Waschbusch/Steiner*, StB 2008)
Watrin, Christoph	Rechtsformneutrale Unternehmensbesteuerung: Heilmittel oder Sündenfall? Anmerkungen zur geplanten Betriebsteuer In: Deutsche Steuer-Zeitung, 1999, S. 238 ff. (zit.: *Watrin*, DStZ 1999)

Weber-Grellet, Heinrich — Bestand und Reform des Bilanzsteuerrechts
In: Deutsches Steuerrecht, 1998, S. 1343 – 1349
(zit.: *Weber-Grellet*, DStR 1998)

ders. — Der Maßgeblichkeitsgrundsatz im Lichte aktueller Entwicklungen
In: Betriebs-Berater, 1999, S. 2659 – 2666
(zit.: *Weber-Grellet*, BB 1999)

ders. — Maßgeblichkeitsschutz und eigenständige Zielsetzung der Steuerbilanz
In: Der Betrieb, 1994, S. 288 – 291
(zit.: *Weber-Grellet*, DB 1994)

Welling, Berthold — Die Zinsschranke – Übersteigerte politische Zielvorgabe an eine Neuordnung der Regelung zur Gesellschafterfremdfinanzierung
In: Finanz-Rundschau, Ertragsteuerrecht, 2007, S. 735 – 739
(zit.: *Welling*, FR 2007)

Wendt, Michael — Prinzipien der Verlustberücksichtigung
In: Veröffentlichung der Deutsche Steuerjuristische Gesellschaft e.V., Verluste im Steuerrecht, DStJG Band 28, Köln 2005, S. 41 – 80
(zit.: *Wendt*, DStJG 28 (2005))

Werner, Rüdiger — Die GmbH & Co. KG in der Form der Einheitsgesellschaft
In: Deutsches Steuerrecht, 2006, S. 706 – 711
(zit.: *Werner*, DStR 2006)

Willgerodt, Hans — Ordnungspolitik und Rechtsstaatlichkeit
In: Frankfurter Allgemeine Zeitung vom 3.1.2011, Nr. 1, S. 12
(zit.: *Willgerodt*, FAZ v. 3.1.2011)

Winkler, Hartmut / Käshammer, Daniel — Betrieb und Konzern im Sinne der Zinsschranke (§ 4 h EStG) – Überlegungen zur Abgrenzung des für die Zinsschranke relevanten Konsolidierungskreises
In: Die Unternehmensbesteuerung, 2008, S. 478 – 484
(zit.: *Winkler/Käshammer*, Ubg 2008)

Witt, Carl-Heinz — Die Konzernbesteuerung – Vorschlag zur Fortentwicklung des Rechts der steuerlichen Organschaft
zugl. Habil., Köln 2006
(zit.: *Witt*, Konzernbesteuerung)

Wojcik, Karl-Phillip — Die internationalen Rechnungslegungsstandards IAS/IFRS als europäisches Recht
zugl. Diss., Berlin 2008
(zit.: *Wojcik*, Die IFRS als europäisches Recht)

Zülch, Henning / Erdmann, Mark-Ken / Popp, Marco / Wünsch, Martin — IFRS 11 – Die neuen Regelungen zur Bilanzierung von Joint Arrangements und ihre praktischen Implikationen
In: Der Betrieb, 2011, S. 1817 – 1822
(zit.: *Zülch/Erdmann/Popp/Wünsch*, DB 2011)

Zwirner, Christian — IFRS – Ein zehnjähriger Rückblick auf die sukzessive Rezeption
In: Zeitschrift für internationale und kapitalmarktorientierte Rechnungslegung, 2007, S. 599 – 607
(zit.: *Zwirner*, KoR 2007)

Schriften zum Gesellschafts-, Bilanz- und Unternehmensteuerrecht

Herausgegeben von Joachim Hennrichs

Band 1 Moritz Pöschke: Eigenkapital mittelständischer Gesellschaften nach IAS/IFRS. 2009.

Band 2 Ulrike Lehmann: Gesellschaftsrechtliche Gestaltungen im Erbschaft- und Schenkungsteuerrecht. Eine Untersuchung der Erbschaft- und Schenkungsteuersubjektivität der Personengesellschaft sowie der mittelbaren Anteilsschenkung. 2009.

Band 3 Christian Graw: Das Konzept der Anteilseignerbesteuerung nach § 22 UmwStG 2006 – insbesondere im Vergleich zu § 21 UmwStG 1995. 2009.

Band 4 Christopher M. Picot: Die Rechte der Aktionäre beim Delisting börsennotierter Gesellschaften. 2009.

Band 5 Pascal Alexander Salomon: Regelungsaufträge in der Societas Privata Europea. Einführung in eine neue Rechtsform unter besonderer Berücksichtigung des Gesetzgebungsinstruments des Regelungsauftrages. 2010.

Band 6 Anna Sabrina Cryns: Gesellschafterfremdfinanzierung in Frankreich und Zinsschranke – ein Rechtsvergleich. 2011.

Band 7 Björn Karst: Das Marktmanipulationsverbot gem. § 20a WpHG. Unter besonderer Berücksichtigung der „Safe-Harbor"-Regelung. 2011.

Band 8 Ulrike Petig: Verdeckte Sacheinlagen im GmbH- und Aktienrecht. Die Veränderungen durch MoMiG und ARUG. 2012.

Band 9 Jochen Möller: Vorteilsanrechnung bei nützlichen Pflichtverletzungen im Kapitalgesellschafts- und Kartellrecht. 2012.

Band 10 Alexander Kersten: Zinsschranke und IFRS. Rechtssystematische Einordnung einer punktuellen Maßgeblichkeit der IFSR im Steuerrecht am Beispiel der Zinsschranke. 2012.

www.peterlang.de